mandelbaum *verlag*

Christian Reder

MEDITERRANE URBANITÄT

Perioden vitaler Vielfalt als Grundlagen Europas

mandelbaum *verlag*

mandelbaum.at • mandelbaum.de

ISBN 978-3-85476-878-4

Lektorat: ELVIRA M. GROSS
Satz: KEVIN MITREGA
Umschlag: MICHAEL BAICULESCU
Umschlagbild: *Orbis Herodoti* (Rekonstruktion nach Herodots Ortsangaben), in: Samuel Butler: *The Atlas of Ancient and Classical Geography*, London 1907
Druck: PRIMERATE, Budapest

INHALT

Protestaktion in der Freien und Hansestadt Hamburg, 2009
Foto: Christian Reder

EUROPA-ERZÄHLUNGEN?

Als Herodot vor 2.500 Jahren als Erster die Mittelmeerwelt beschrieben hat, fasziniert von deren Vielfalt, meinte er damit trotz aller geografischen Ungewissheit weite Regionen rundum. Unverständlich blieb ihm, »warum man eigentlich den Erdteilen, die doch ein zusammenhängendes Land sind, drei Namen gibt, und zwar Frauennamen«. Selbst die von Zeus missbrauchte Phönizierin, nach der Europa benannt ist, »stammt doch aus Asien und ist nie in das Land gekommen, das man heute in Hellas Europa nennt«, womit anfangs nur der Peloponnes gemeint war. Einbezogen hatte er Gebiete bis zum Atlantik, den Donauraum, eurasische Steppen und den Osten bis Indien (»weitaus das größte Volk, das man kennt«) sowie Ägypten, Äthiopien und die großen Wüsten Arabiens und Nordafrikas, das damals Libyen hieß, wo »die gesündesten Menschen« leben, »von denen wir wissen«. Zur römischen Küstenprovinz Afrika geworden, nach dem Berberstamm der Afri, galt das in Europa dann für den ganzen Kontinent. Ihm Fremdes charakterisierte Herodot detailreich und höchst respektvoll. An ungewöhnlichem Verhalten störte ihn wenig. Beispielhaftes fiel ihm besonders auf, etwa die Vertragstreue der Araber, von denen »ein Bündnis hochheilig gehalten« werde. Obwohl sich Perser »für die allervorzüglichsten Menschen« hielten, seien sie »fremden Sitten so zugänglich« wie kaum ein anderes Volk. »Die äußersten Länder der Erde besitzen die kostbarsten Dinge«, ob Gold, Zinn oder Bernstein, konstatierte er entschieden. »Viele Wissenschaften und Künste« und »die Schriftzeichen« waren durch Phönizier nach Hellas gelangt. Herodot (ca. 490/480–430/420 v. u. Z.), aus dem heute türkischen Bodrum stammend, beeindruckten vor allem die Weisheit der Ägypter und der Reichtum des Landes. Ihrer uralten Kultur wegen seien die Ägypter »die geschichtskundigsten Menschen«, die er kenne, sie hätten die berühmtesten Ärzte und lehrten als Erste »die Unsterblichkeit der Seele«. »Fast alle hellenischen Götternamen« stammten von dort, selbst »die Geometrie«, die »dann nach Hellas gebracht« worden sei.[1] Die frühgriechischen Löwen der Prozessionsstraße auf Delos orientierten sich am Amun-Tempel im ägyptischen Karnak.[2] Für griechische Skulpturen waren solche Impulse wegweisend.

Auf Homer wiederum, auf den sich Herodot oft bezieht, gehen die frühen Mythen Europas als Vorrat an Menschheitswissen zurück, mit dem um 1200 v. u. Z. zu datierenden Trojanischen Krieg als zentralem Geschehen, in dem Paris und Helena, Agamemnon und Iphigenie, Achill, Hektor oder Odysseus die Hauptrollen spielen. Des listenreichen Helden jahrelange Irrfahrt heim nach Ithaka wurde zur Erkundung des den Griechen noch kaum bekannten westlichen Mittelmeeres. Jason und die Argonauten mit Herakles, Orpheus oder Theseus waren am Schwarzen Meer erstmals bis zum Kaukasus des Prometheus gelangt. Namentlich dürften sie alle immer noch vielen Menschen bekannt sein, obwohl ihre religiöse Verehrung bald komplett vom Christentum verdrängt worden war. Galten in Griechenland die trotz ihrer Übermacht glücklich abgewehrten Perser als fundamentale Bedrohung, reichte das kurzlebige Reich von Alexander dem Großen (356–323 v. u. Z.) dann bis an den Indus, was Europa weit nach Osten geöffnet hätte. Die Mittelmeerwelt selbst erhielt mit Rom als unbestrittenem Zentrum erstmals stabile Reichsstrukturen, die alle Küstenländer sowie Britannien, Westeuropa, große Teile Mitteleuropas, den Balkan, Kleinasien, Armenien, Mesopotamien und selbst Ägypten integrierten, das mit dem Ewigkeitsanspruch der Pyramiden langlebigste Reich überhaupt.

Zivilisationen und Erinnerungen an diese bleiben markant von Städten geprägt. Beruhte die griechische *Polis* auf »der ›bewussten Entscheidung‹ für das *Zusammenleben*« einer größeren Zahl von Freien und Gleichen an einem Ort, hatte sich Rom »trotz seiner immensen Eroberungen nicht als Nation oder Staat, sondern stets im traditionellen Rahmen eines Stadtstaates begriffen«, so der französische Philosoph und Sinologe François Jullien zur Proble-

1 Herodot: *Historien*, Hg.: H. W. Haussig, Stuttgart 1971, S. 63, 122, 132, 144, 153, 184, 224, 228, 237, 269, 321, 351

2 Cyprian Broodbank: *Die Geburt der mediterranen Welt. Von den Anfängen bis zum klassischen Zeitalter*, München 2018, S. 717

matik wieder weithin forcierter Debatten über kulturelle Identität. Roms historische Bedeutung basiert vor allem darauf, »immer mehr Menschen das eigene Bürgerrecht verliehen zu haben, bis dieses (ab dem Edikt von Caracalla 212) für alle freien Bewohner des Reiches galt und somit die Stadt und die Welt, *urbs* und *orbis*, durch ein gemeinsames rechtliches Band vereinte«. Man war »zugleich Bürger seiner eigenen Stadt und Bürger Roms«. Als Überwindung eines stets zu Separatismus und Militanz tendierenden Nationalismus ist diese Vorstellung nun selbst in der Europäischen Union eine ferne Utopie. Ein integrierendes Selbstverständnis blieb brüchig, denn »was später zu Europa werden sollte«, so François Jullien, entstand aus einer »chaotischen Geschichte« voller Widersprüche, auch was die angeblich essenziellen Grundlagen betrifft, sei es »die philosophische (griechische) Ebene der Konzepte, die juristische (römische) der Bürgerrechte« oder »die religiöse (christliche) des Heils«, bis hin zum behaupteten Universalismus von Demokratie, Republik, Vernunft, Aufklärung.[3] Ursprünge der Europa prägenden Geisteswelten entstanden am Mittelmeer, die großen Buchreligionen vorerst in zivilisationsfernen Wüsten, mit Jerusalem als Mitte der Welt für Juden (Tempelberg, Klagemauer) und Christen (Kreuzigung, Auferstehung) und dem Felsendom (Mohammeds Himmelfahrt), dem für Muslime drittwichtigsten Heiligtum nach Mekka und Medina.

Trotz aller von dort importierten Nächstenliebe- und Friedensbotschaften wurde jedoch gerade Europa zum Kontinent permanenter Kriege, die meist als geschichtsrelevanter gelten als ruhigere Zeiten. Hatte die Völkerwanderung zwischen Ostsee, Schwarzem Meer und Nordafrika neue Verhältnisse geschaffen, können Stichworte nur andeutungsweise daran erinnern, welche Feindseligkeiten in der Folge Europa geprägt haben, zwischen Ostrom und Westrom, Lateinern und Griechen, Kaisern und Päpsten, Christen und Muslimen, Katholiken und Protestanten, um Gebiete streitende Imperien. Zu in ihrer Kontinuität und Dichte singulären Leistungen in Kunst und Wissenschaft kam es dennoch, weil

3 François Jullien: *Es gibt keine kulturelle Identität. Wir verteidigen die Ressourcen einer Kultur*, Berlin 2018, S. 19f., 24, 80

sich ein freigeistig forschender Humanismus behaupten konnte. Frauen jedoch blieben von der Kirche gestützter patriarchalischer Dominanz unterworfen. Jüdische und andere Minoritäten wurden immer wieder erbarmungslos verfolgt. Die Kriege der dynastischen Reiche lassen sich sogar als mörderische Familienfehden unter Verwandten begreifen: Österreichs Kaiser Franz I. als Schwiegervater Napoleons, Deutschlands Kaiser Wilhelm II. als Enkel der britischen Königin Victoria, Zar Nikolaus II. als dessen Großneffe etc. Erst Frankreichs neues Selbstbewusstsein als revolutionäre *Grande Nation* provozierte einen deutschen Nationalismus, was sich mit einer Gegnerschaft zu dessen von Liberalen weithin unterstützten Aufklärungsideen verband. Die vehement propagierte Trennung von Kirche und Staat wurde erst nach Generationen konkreter. Nach dem Europa neu ordnenden Wiener Kongress vertiefte sich die Kluft zum Westen und dessen von der Kolonialmacht England ausgehenden Kapitalismus- und Industriedynamik. Denn die etablierten Monarchien schotteten sich davon ab – als »die damalige Dritte Welt jenseits des Rheins«, so das sarkastische Bild des Philosophen und Anthropologen Ernest Gellner.[4] Die Weltkriege des 20. Jahrhunderts mit ihren Millionen Toten ruinierten vieles von bereits Erreichtem. Weithin anerkannt blieb, dass die Shoah der zivilisatorische Tiefpunkt gewesen ist, mit Hiroshima als in Momenten möglicher Auslöschungsvariante. Auch die vielen weiteren Kriege waren nationalistisch und oft rassistisch, trotz aller Hoffnungen nach Ende des Kalten Krieges – nun mit der neuen Macht- und Militärkonstellation USA–China–Russland.

Europa dominierte die Welt, seit sich nach der Entdeckung Amerikas und den Indienrouten die Gravitationszentren seiner Entwicklung »vom Mittelmeer an den Atlantik verschoben hatten« als maritimer Zugang zu Grenzenlosigkeit, was einen Kolonialismus forcierte, der »den Planeten in viele Provinzen Europas aufteilen konnte«, unter »Verachtung und Beherrschung der Anderen«, wie der Soziologe Franco Cassano zum Verlust »der Vermittlerrolle des Mittelmeerraumes« konstatiert. Deshalb sei es überfällig, dass

4 Ernest Gellner: *Pflug, Schwert und Buch. Grundlinien der Menschheitsgeschichte*, Stuttgart 1990, S. 133

Europa wieder »den Rhythmus des Südens, dessen Hoffnungen und Träume« als seinen Ursprung anerkenne, war doch sogar »seine Freiheitsliebe in Griechenland entstanden«. Denn dazu brauchte es Erfahrungen mit verschiedenartigen Menschen und ständigem Transit. Diese »Hybridisierung von Kulturen« am Mittelmeer habe aufkommende »Ansprüche auf Exklusivität, Reinheit und Unversehrtheit« immer wieder aufgeweicht, waren doch sogenannte Andere »nie sehr weit entfernt«. Im Sinne Franco Cassanos weltweit »Southern Thoughts« aufzuwerten, könne auch postkoloniale Überlegenheitsansprüche demaskieren, die gerade im Süden spürbar blieben, bis hin zum propagierten westlichen »Modernitätsfundamentalismus« mit seiner Konsum- und Besitzfixierung, was latent mit »anderen Vorstellungen von Reichtum« konkurriere. Dass der Mittelmeerraum längst »als negatives Gegengewicht Europas« gilt, als »counterpart to modernity«, weil er nicht genug »modern, liberal und vollständig verwestlicht sei«, bleibe ohne Moderation völlig einseitig. Paradoxerweise ist er gerade deswegen noch ein Tourismus-Traumland, als temporär mögliche Flucht aus dem disziplinierten Arbeitsalltag zu angeblich gelasseneren Lebensweisen, kultureller Vielfalt, wunderbaren Städten und Landschaften, dem Erleben »von Freiheit und Sonne«.[5] Längst ziehen zahllose Zweitwohnungsbesitzer und Pensionisten in diese freundlicheren Gegenden. Für die Austerity-Politik der Europäischen Union gelten jedoch gerade Mittelmeerländer als störrische Problemfälle.

Das weltweit Einzigartige des in Europa gesellschaftlich Erreichten mit seinen liberalen Institutionen und friedlichen Perspektiven wird jedoch nun desperater infrage gestellt. Bestärkt werde das, weil Nationalstaatsmythen auf diffuse Weise Europas Geschichte verbergen, so der Historiker Timothy Snyder in seiner markanten Wiener »Rede an Europa« vom 9. Mai 2019. Denn eben nicht Nationen, sondern multinationale Imperien haben Europas Geschichte geprägt, jene Mächte, »die zuvor für ein halbes Jahrtausend die Welt beherrschten« und dann »dazu gezwungen

5 Franco Cassano: *Southern Thought and Other Essays on the Mediterranean*, New York 2012, S. 110, 115, 132, 133, 140, 143, 147, 149, 152

waren, sich nach Europa zurückzuziehen, wo sie etwas Neues erschufen«, als ihre Kolonialreiche nicht mehr zu halten waren. Wie die Absage an Faschismus und Nationalismus wirkte dies endlich integrationsfördernd und friedensstiftend. Historisch einmalig sei jedenfalls, dass Europa zum weltweit ausstrahlenden Modell kreativer demokratischer und regionaler Entwicklung werden konnte – »a source of hope«, was weiter energischen Einsatz verlange.[6]

Zu seiner Geschichte gehört, dass Europa lange *der* Emigrationskontinent gewesen ist, was weltweit so sichtbar blieb wie die Nachkommen der 20 Millionen aus Afrika über den Atlantik gebrachten Sklaven. Kamen in den beiden Dekaden vor 2000 weitere 22 Millionen Einwanderer in die USA, nach Kanada und Australien, so hatten »im 19. Jahrhundert und bis zum Ersten Weltkrieg« Europa »über 50 Millionen Menschen« Richtung Übersee verlassen – als weitere Ausbreitung europäischer Vorherrschaft. »Zwischen 1840 und 1900 geht man von insgesamt 26 Millionen und von 1900 bis 1914 von weiteren 24 Millionen aus. 37 Millionen (72 %) gingen nach Nordamerika, 11 Millionen (21 %) nach Südamerika und 3,5 Millionen nach Australien und Neuseeland.«[7]

Auch innerhalb Europas mussten Juden, Protestanten und politisch Verfolgte oft genug flüchten. Kolonisten zogen nach Russland und donauabwärts. Massen von Wanderarbeitern folgten dem Straßen- und Eisenbahnbau. Der Zustrom in Städte und Industriegebiete urbanisierte die Welt. Nach 1945 hatte Europa zwölf Millionen *Displaced Persons* zu integrieren, Deutschland dann noch vier Millionen DDR-Flüchtlinge – alles Größenordnungen, weit über jenen, von denen heute die Rede ist. Willkommen waren auch sie selten irgendwo. Denn intensive »Zuwanderung ist immer konfliktreich«, kaum je sofort eine Bereicherung, so der

6 Timothy Snyder: Judenplatz 1010. Eine Rede an Europa, Wien, 9. Mai 2019, in: Ivan Vejvoda (Hg.): *Brexit. Farce und Tragödie*, Wien 2019, S. 151ff.

7 Philip D. Curtin: *The Atlantic Slave Trade. A Census*, Madison 1969, S. xvi | Eric J. Hobsbawm: *Nationen und Nationalismus. Mythos und Realität seit 1780*, Frankfurt am Main 2005, S. IX | Saskia Sassen: *Migranten, Siedler, Flüchtlinge. Von der Massenauswanderung zur Festung Europa*, Frankfurt am Main 1996, S. 58

Migrationsforscher Paul Scheffer, »da jeder sich ändern muss« – »auf beiden Seiten«.[8]

Nun aber gelingt es dem politischen Geschäftsmodell ›nationalistischer Fremdenfeindlichkeit‹ sogar, Gesellschaften zu spalten – anders und unübersichtlicher als früher – und eine Krise der Europäischen Union und ihrer liberalen Demokratien heraufzubeschwören. Sie könnte zu einem von Nationalstaaten dominierten, zu Entscheidungen unfähigen, ausgehöhlten Gebilde degenerieren, ohne gefestigte Position in der Welt. Provoziert nationalistische Propaganda Überfremdungsängste, macht das jedoch deren Anhänger in liberalen Demokratien selbst zu Fremden, solange sie ein Zusammenleben mit Andersdenkenden – und Zugewanderten – verweigern. Das richtet sich derzeit primär gegen über das Meer kommende Fremde, während die EU-interne Migration bereits weithin akzeptiert ist. Dabei haben seit Öffnung der Grenzen im Osten »zwölf bis 15 Millionen Menschen ihre Heimat verlassen, um im Ausland, vor allem in Westeuropa, zu leben und zu arbeiten«. Lettland verlor 27 Prozent seiner Bevölkerung, Litauen 22,5 und Bulgarien 23 Prozent. Polen verließen zeitweise 3,3 Millionen Arbeitssuchende, partiell ersetzt durch 1,5 Millionen aus der Ukraine. Ein Fünftel der Erwerbstätigen Rumäniens arbeitet im Ausland. »Rund 600.000 Ungarn, dreimal so viele wie die Zahl der Flüchtlinge nach der Niederschlagung des 1956er-Aufstandes, zogen nach dem Westen.« »In Bosnien, Serbien, Mazedonien und erst recht in Albanien und im Kosovo spürt man eine enorme Emigrationsbereitschaft.« »Statt der erhofften Verwestlichung nach der Wende«, so Paul Lendvai im *Standard* zu den »Halbwahrheiten über Migration«, »geht das Gespenst der Entvölkerung um«, mit krassem Ärzte- und Fachkräftemangel und abwandernder Jugend, gerade in Ländern mit provokanter Flüchtlingsabwehr und vielen zunehmend menschenleeren Gegenden.[9]

8 Paul Scheffer: Die offene Gesellschaft und ihre Einwanderer, in: Isolde Charim, Gertraud Auer Borea (Hg.): *Lebensmodell Diaspora. Über moderne Nomaden*, Bielefeld 2012, S. 90, 91

9 Paul Lendvai: Halbwahrheiten über Migration, *Der Standard*, Wien, 9. April 2019

Auffällig ist in diesem Zusammenhang, wie aktivierbare Wir-und-sie-Emotionen traditionelle Links-rechts-Kontroversen überlagern, Vorstellungen von Staat, Gemeinwohl oder Kultur deformierend. Rückhalt bekommen illiberale Kräfte, die Grund- und Freiheitsrechte und die Liberalisierung vieler Lebensbereiche beschränken und eine gegen säkulare Rechtsstaaten gerichtete Antimoderne vertreten. Dieses Vorgehen korreliert mit der ständigen Behauptung, das angeblich noch christliche Europa werde vom Islam unterwandert, so als ob es zur Machtbalance – im Krimkrieg, Ersten Weltkrieg bis hin zur NATO – nicht zu Koalitionen gekommen wäre, abgesehen davon, dass Spanien, Sizilien, der Balkan einst von Muslimen kulturell bereichert wurden. Sogar die vom Krieg gegen den Terror allseits aktivierte staatliche Militanz beruft sich vielfach wieder auf quasi-religiöse Motive, so wie jene Gruppen, die der Religionssoziologe Mark Juergensmeyer in *Die Globalisierung religiöser Gewalt* darstellt. Denn über Unterstützungsnetze verfügen nicht nur »die islamistischen Revolutionäre im Iran, die sunnitischen Dschihadisten in Ägypten, Palästina und anderswo im Nahen Osten«, sondern ebenso »die christlichen Milizen in den Vereinigten Staaten«, »die katholischen und die protestantischen Militanten in Nordirland«, »die messianischen Juden in Israel«, »die Sikhs im Punjab, die muslimischen Separatisten in Kaschmir, die buddhistischen Regierungsgegner in Sri Lanka, die Aum Shinrikyo in Japan«. Angesichts dieses gewaltbereiten Aktivismus sei entscheidend, »wie viele es nicht tun« und »hartnäckig an demokratischen Verfahren und an den Menschenrechten« festhalten.[10]

Rassistische Morde und Anschläge auf Flüchtlingsunterkünfte durch westliche Rechtsextreme blieben jedoch lange unterschätzt, trotz der NSU-Morde, der Gewaltdelikte in Norwegen, Neuseeland, Halle oder Hanau 2020. Denn als krassere Bedrohung galten ebenso dezentral agierende Islamisten (seit 2001 New York, Washington, Madrid, Barcelona, Paris, Brüssel, Nizza, Berlin, London, in Afrika und Asien). Sich islamistischem Terror An-

10 Mark Juergensmeyer: *Die Globalisierung religiöser Gewalt. Von christlichen Milizen bis al-Qaida*, Hamburg 2009, S. 354, 398

schließende würden eben, so die Wiener Philosophin Isolde Charim, »mit einer Identität versorgt«, sobald sie bereit sind, »ihr Verlangen nach Zugehörigkeit durch Morde« auszuleben. Einem »selbstgebastelten Islam« zu folgen genüge. Das sei »kein pervertierter Ausdruck einer Ungerechtigkeitserfahrung. Der Terror ist nicht einfach eine fehlgeleitete Rebellion gegen Armut, Unterdrückung, rassistische oder ökonomische Ausgrenzung«, sondern die durch Alltagserfahrungen und mediale Bilder unbedingt nötig erscheinende »Abwehr von Pluralisierung«, der Grundintention jedes Fundamentalismus. Denn dabei geht es im Kern um eine illusorische Wiederherstellung von Homogenität und Identität, befreit von jeglicher Fremdbestimmung. Aber in gemischten Gesellschaften steht längst »jede Kultur neben anderen Kulturen« und »diese Pluralisierung verändert uns *alle*«, weil es eben »keine *selbstverständliche* Zugehörigkeit« mehr gibt.[11] Das gelte längst generell, nicht nur bei Migration.

Solche Zusammenhänge negierend, werden derzeit gerade Mittelmeerländer wieder als teils christlich, teils islamisch geprägter, in vielem unvereinbarer Raum betrachtet. Fast scheint eine Fassungslosigkeit darüber aktivierbar, dass einst alle biblischen Stätten und die frühchristlichen Patriarchate Jerusalem, Alexandria, Antiochia und Konstantinopel an Muslime verloren gingen und deren Bevölkerung endgültig zum Islam konvertierte. Seit den Kreuzzügen ist es jedoch erst jüngst wieder ein Konfliktstoff, wem die Heiligen Stätten von Juden, Christen und Muslimen gehören. Wegen der europäischen Dominanz rückten solche Kontroversen lange in den Hintergrund, war doch sogar ein maßgeblicher Philosoph wie G. F. W. Hegel (1770–1831) überzeugt, der Islam sei »schon längst von dem Boden der Weltgeschichte verschwunden und in orientalische Gemächlichkeit und Ruhe zurückgetreten«.[12]

Bis über die 1960er Jahre hinaus erschienen mentale Differenzen zwischen Okzident und ›Orient‹ längst irrelevant. Auch

11 Isolde Charim: *Ich und die Anderen. Wie die neue Pluralisierung uns alle verändert*, Wien 2018, S. 29, 31, 83, 84, 85, 88, 89

12 Georg Friedrich Wilhelm Hegel: *Vorlesungen über die Philosophie der Geschichte* (1821–1831), Stuttgart 1961, S. 491

bei der Lagerbildung im Kalten Krieg ging es nie um Religion, denn ein Rückhalt durch die Sowjetunion verband sich durchwegs mit säkularer sozialistischer Programmatik unter Tolerierung des Volksglaubens. Frauen hatten damals weit mehr Freiheiten. Von Konflikten zwischen Sunniten und Schiiten war nie die Rede. Selbst Afghanistan galt als Traumland grenzenloser Freiheitserfahrungen. Alle diese Regionen waren noch problemlos zu bereisen. Tausende Studierende aus arabischen Ländern, der Türkei, dem Iran profitierten von Europas Bildungsangeboten. Der Massentourismus begann Europas gegenüberliegende Küsten zu erschließen. Erdöllieferungen und kooperierende Potentaten schienen die Interessenslagen halbwegs in Balance zu halten. Ein weltpolitischer Konfliktherd blieb die Region, weil es weder Israel noch Palästina, aber auch nicht im Libanon bisher gelang, sich friedlich zu integrieren, und die arabische Welt weiter im Stadium desperater Polizeistaaten verharrt. Um Entwicklungen hin zu mehr Demokratie und sozialem Ausgleich geht es kaum irgendwo.

Gerade wenn jedoch nach dem Schema des Kalten Krieges aus Opposition zum Kapitalismus des Westens ein vager Sozialismus vertreten wurde, ergab die Implosion kommunistischer Hegemonieabsichten ein ideologisches Vakuum, was eine – vielfach als Revolution verstandene – neuen Halt bietende Islamisierung begünstigte, sichtbar vor allem durch wieder krass eingeschränkte Frauenrechte. Latent verschärft hatten das Klima die Attentate von damit ihre Unterdrückung publik machenden, sich zunehmend islamisierenden Palästinensern. Im Schlüsseljahr 1979 folgte Chomeinis anfangs weithin begrüßte, aber bald autoritäre Gottesstaat-Revolution im Iran, die auch den Sturz der Saudi-Herrscher forderte, mit den US-Geiseln in Teheran als Kampfansage an die USA. Es kam zum Massaker in der Großen Moschee in Mekka an wahhabitisch-puritanischen Besetzern. Schließlich bot der sowjetische Einmarsch in Afghanistan Dschihad-Kämpfern ein Ziel fern der Herkunftsländer und mentalen Rückhalt. Kaum im Irak an der Macht, griff damals Saddam Hussein mit US-Unterstützung für Jahre den Iran an. Der Bürgerkrieg im Libanon war in vollem Gang.

Als Gegenbild dazu fand in diesem Wendejahr internationaler Politik die erste Wahl zum Europäischen Parlament statt. In Wien wurden die UNO-City und das von Saudi-Arabien finanzierte Islamische Zentrum eröffnet, mit Österreichs erster großer Moschee, Jahrzehnte nach Berlin, Paris, London. Für säkulare Zuwanderer aus der Türkei und Bosnien gedacht, gab es keinerlei Anti-Islam-Proteste, auch deren rigid wahhabitische Tendenz störte niemand. Zur nächsten Zäsur internationaler Politik wurden bekanntlich die von Osama bin Ladens *al-Qaida* geplanten 9/11-Anschläge von 2001. Wie intendiert, wirkte sich der damit einsetzende Krieg gegen den Terror mit weiteren Attentaten als Unterminierung westlicher Liberalität und Weltoffenheit aus, bis hin zum ausufernden Misstrauen gegen Flüchtlinge aus solchen Ländern. Eine häufig unterstellte Rückkehr ins Mittelalter ist das alles nicht, da solche Entwicklungen Aspekte einer konfusen Moderne sind, die eben nur sehr punktuell von Aufklärung und demokratischer Kontrolle geprägt ist. Bezeichnend ist die politische Dauerfreundschaft der USA mit der Erdölmacht Saudi-Arabien, derzeit größter Waffenimporteur der Welt, obwohl es weltanschaulich »kaum einen Unterschied zwischen dem Wahhabismus, Osama bin Laden oder dem ›Islamischen Staat‹« gebe.[13] Der US-Politik gilt jedoch nur der Iran trotz unterdrückter Bevölkerung und seiner uralten Kultur als das Böse schlechthin.

Europas jahrzehntelange Teilung durch den Eisernen Vorhang blieb längst nicht so deutlich spürbar wie die zunehmende Distanz zu Gesellschaften jenseits des Mittelmeers. Trotz Indoktrinierung mit einer totalitären Ideologie, des Feindbilds »kapitalistischer Westen« und ähnlicher Diktaturerfahrungen war diese Kluft wesentlich leichter zu überwinden als bei offiziell intensivierter, ihrerseits anti-kapitalistischer Islamisierung. Dabei gab und gibt es beidseitig drastische Unterschiede bei der persönlichen Akzeptanz ideeller Vorstellungen. Trotz aller Reiseerfahrungen von Millionen gelten seither arbeitslose, als Muslime eingeordnete Asylsuchende und Migranten, eben weil sie keine kaufkräftigen Touristen sind, wegen angeblich religiös gesteuerter Verhaltensweisen vielen als störende oder sogar gefährliche Fremde. Probleme erzeugen in

13 Michael Lüders: *Wer den Wind sät. Was westliche Politik im Orient anrichtet*, München 2017, S. 28

aller Regel nicht so sehr diese angebliche Fremdheit, sondern jene Organisationen, die in Europa mit islamistisch-nationalistischer Propaganda systematisch spaltend wirken. Klar ist, dass diese und die kleinen Gruppen gefährlicher Radikaler in Rechtsstaaten so entschieden zu bekämpfen sind, wie es von 1970 bis 1990 in Deutschland und Italien gelang. Öffentliche Hysterie bestärkt nur die Publicity erwartenden Täter.

Nicht Flüchtlinge sind die eigentliche Krise, sondern die Unfähigkeit der EU-Staaten menschenrechtskonform zu reagieren. Es ist *Die Schande Europas*, so etwa der Menschenrechtsaktivist Jean Ziegler, dass die katastrophalen Zustände in den Lagern politisch hingenommen werden und im Mittelmeer seit Jahren mehr Flüchtlinge sterben als sonst wo je in Grenzzonen, weil sie sich Schutz und ein menschenwürdiges Leben erhofften.[14] Dabei ist gerade Europa durch Freizügigkeit und Migration entstanden und demografisch auf Zuwanderung angewiesen. Trotz Wohlstands und deutlich sinkender Flüchtlingszahlen scheitert die Politik permanent, die Attraktivität Europas als Menschenrechten verpflichtete, weltoffene demokratische Friedenszone durch plausible Asyl- und Einwanderungsgesetze auszubauen. Eine politisch offensivere Unterstützung würde auch emotionalisierte Fremdenabwehr eindämmen. Priorität bekamen jedoch Zäune, Abschiebungen, militanter Grenzschutz, was Europas Erfolge beim Ächten rassistischer Vorurteile und nationaler Feindschaften latent gefährdet, seine Freiheitsbotschaften desavouiert und weithin Bitterkeit erzeugt. Viel bewusster müsste sein, wie und wo es möglich war und wieder sein kann, dass »Menschen trotz ihrer Unterschiede in der Lage sind, zusammenzuleben«, sie also zu »kompetenten Städtern« werden – so die Vision des Soziologen Richard Sennett in *Die offene Stadt* –, leben doch die meisten Menschen längst in urbanen Agglomerationen.[15] Selbst die Überlebenskünste in trostlosen Slums sind Ausdruck solcher Energien.

14 Jean Ziegler: *Die Schande Europas. Von Flüchtlingen und Menschenrechten*, München 2020

15 Richard Sennett: *Die offene Stadt. Eine Ethik des Bauens und Bewohnens*, München 2018, S. 213

Deshalb konzentrieren sich diese Nachforschungen auf die Urbanität mediterraner Hafenstädte, die von Beginn an markanter als im Norden von Bewohnern unterschiedlicher Herkunft und den ständigen Kontakten mit Fremden geprägt waren. Gerät diese Vielfalt unter Vereinheitlichungsdruck, verweist das auf heutige Kontroversen und die Haltlosigkeit plakativer Feindbild-, Islam- und Abendland-Debatten. Mitzudenken ist, dass die Europäische Union wie kaum eine andere Weltgegend latent von Krisengebieten umgeben ist, was viel mit Europas Geschichte zu tun hat, in Nordafrika, der Levante, im Irak, in Anatolien, im Kaukasus, in der Ukraine, und dass Demokratiebewegungen wie der Arabische Frühling von 2010/11 in Diktaturen kaum Chancen haben.

Vom Mittelmeer und Schwarzen Meer aus gesehen lassen sich Konturen von Europas Selbstverständnis und Zukunft gedanklich anreichern, ist doch von diesem Raum vieles ausgegangen, was als essenziell europäisch gelten kann, gerade wegen der entwicklungsfähigen Unbestimmtheit zugehöriger Vorstellungen. Die gelebte, an Fremde und Fremdheit seit jeher gewohnte Urbanität an mediterranen Küsten realisiert sich ohne nationalistisches Ausgrenzen längst in heutigen Großstädten als Zusammenleben in Verschiedenheit, lose verbunden durch Produkte, Speisen, Musik, Kunst, Wissenschaft, Sportereignisse. Je nach Selbstverständnis und sozialer Abstufung genügt ein Nebeneinander ohne demonstrative Gemeinsamkeit. Sprachen, Herkunft, Religion bleiben vielfach irrelevant. Wie auch sonst brauchen Mittellose, Frauen, Kinder, Traumatisierte besondere Unterstützung und Bildungsangebote. Weder uniformierende Assimilation und Integration, angeblich unveränderbare Identitäten und Lebensweisen oder unverbindliche Dialoge seien entscheidend, sondern die Ressourcen kultureller Fruchtbarkeit, so François Jullien. Denn das anzustrebende »Gemeinsame ist der Ort, an dem sich die Abweichungen/Abstände entfalten, und die Abstände bringen das Gemeinsame zur Entfaltung«.[16] Da »Stadtentwicklung und Urbanität ohne Migra-

16 François Jullien: *Es gibt keine kulturelle Identität,* a. a. O., S. 80

tion kaum vorstellbar ist«, gehe es darum, »Räume der Vielheit« dezidiert aufzuwerten.[17]

Um solche Veränderungen offensiv mitzugestalten, bräuchte es nach der Entwicklung »vom (Stadt-)Bürger um 1700 über den (Staats-)Bürger um 1800 zum Bürger (= Nichtproletarier) um 1900« (Reinhart Koselleck) nun ambitionierte »Baustellen der (und für die) Demokratie«, wie sie der französische Philosoph Étienne Balibar in *Sind wir Bürger Europas?* insistierend fordert. So könnte eine neuformierte kosmopolitische »Bürgerschaft in Europa«, die »fortgeschrittener ist als die nationalen Gemeinschaften« und bloßer Lobbyismus, im Rahmen von »wirklich europäischen Parteien« konsequenter agieren. Als Grundlage sei anzuerkennen: »Die ›Menschenrechte‹«, so Balibar, »sind den ›Bürgerrechten‹ weder vor- noch übergeordnet, beide stehen nebeneinander und bedingen einander.«[18]

Für Wien, wo dieses Buch entstand, blieb mir die oft verdrängte Feststellung der Aufklärungs-*Encyclopédie* wichtig, dass dessen 100.000 Einwohner im 18. Jahrhundert »Italiener, Deutsche, Böhmen, Ungarn, Franzosen, Lothringer, Flamen« gewesen sind, »die zusammen mit den Juden Handel treiben & verschiedenste Handwerkskünste ausüben«.[19] In diesem Sinn haben mich auch die konfusen Entwicklungen rund ums Mittelmeer stets beschäftigt, über durchwegs zu Publikationen führende Projekte bis hin nach Afghanistan, Pakistan, Syrien, Libyen und zum Schwarzen Meer. Dieses endlos zu präzisierende und erweiterbare Mittelmeer-Archiv enthält daher frühere und neu gewonnene Einsichten über wenig Bekanntes als fragmentarische Erzählungen über Europa und Europäisches, die sich nicht an Grenzen halten.

17 Thomas Geisen, Christine Riegel, Erol Yildiz (Hg.): *Migration, Stadt und Urbanität. Perspektiven auf die Heterogenität migrantischer Lebensweisen*, Wiesbaden 2017, S. 3, 5

18 Reinhard Koselleck: *Vergangene Zukunft. Zur Semantik geschichtlicher Zeiten*, Frankfurt am Main 2000, S. 116 | Étienne Balibar: *Sind wir Bürger Europas? Politische Integration, soziale Ausgrenzung und die Zukunft des Nationalen*, Hamburg 2003, S. 12, 189, 280, 283, 286,

19 Anette Selg, Rainer Wieland (Hg.): *Die Welt der Encyclopédie*, Frankfurt am Main 2001, S. 428ff.

Die zeitübergreifende Konzentration auf mediterrane Urbanität liefert Material zu Bedingungen für zivilisiertes Verhalten und dessen immer wieder akut werdende Bedrohung und Brutalisierung, bewusst lexikalisch, überall Einstiege ermöglichend, als Impulse für ein Weiterdenken komplexer Situationen – müsste es doch generell um weltoffene Städte mit einer aktiven Zivilgesellschaft gehen, die auf ihr Umland belebend ausstrahlen.

Wien, im Februar 2020 (bevor vom Coronavirus die gewohnte Mobilität blockiert und das Flüchtlingsthema verdrängt wurde)

GÜNSTIGE BEDINGUNGEN

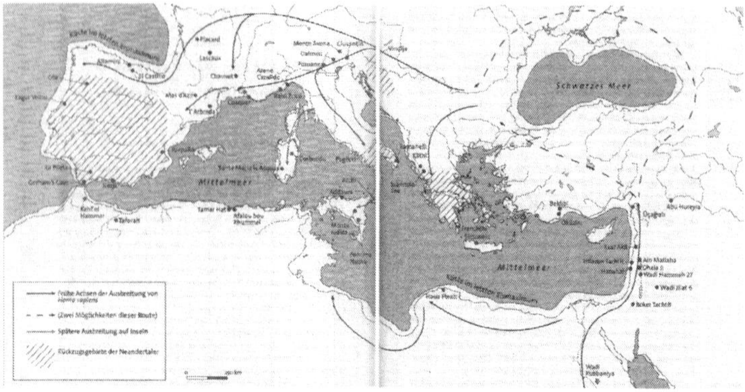

Verbreitung des *Homo sapiens* rund um das Mittelmeer
Cyprian Broodbank: *Die Geburt der mediterranen Welt. Von den Anfängen bis zum klassischen Zeitalter*, München 2018

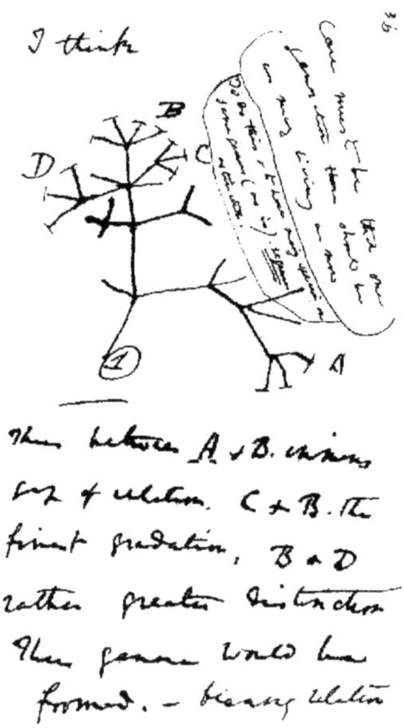

Darwins erste Skizze vom Stammbaum des Lebens, 1837

FRÜHE EINWANDERUNG

Obwohl längst belegt ist, dass die Menschheit aus Afrika stammt, haben sich für Europa keine von Biblischem abweichenden Gründungsmythen gemeinsamer Herkunft ergeben – trotz der Präsenz früher Menschen am Kontinent und des ihnen vor 40.000 Jahren oder bereits deutlich davor über den Mittelmeerraum nachfolgenden *Homo sapiens*. Spielt die Handlung der Erzählungen zu Adam und Eva im Garten Eden, zu Abraham, zur Arche Noah in Mesopotamien, so lassen auch spätere Nationalgeschichten kaum ein breiteres Interesse am realen Geschehen erkennen. Denn zeitgleich mit der ersten evolutionsbiologischen Skizze vom Stammbaum des Lebens, die 1837 Charles Darwin (1809–1882) angefertigt hatte, intensivierten sich nationale Bestrebungen, denen Abgrenzung weit wichtiger war als Gemeinsames. Dass die sich überlegen fühlenden Weißen wie Affen aus Afrika stammten, war undenkbar. Selbst Genanalysen zu weitverzweigten Verwandtschaften ändern das Denken über Zusammengehörigkeiten kaum. (▸ DNA-RELATIONEN)

Weil weniger fern, könnte es zumindest geläufiger sein, dass »die meisten Europäer von Bauern aus dem Nahen Osten abstammen«.[20] Der immer wieder kritische Phasen und Kälteperioden durchstehende *Homo sapiens* konnte als einzige Menschenart überleben, weil sein Gehirn »um 200.000 vor heute seine moderne Größe« erreichte, mental bereits damals besser vernetzt und flexibler war.[21] Hominiden lebten seit einer Million Jahren am Mittelmeer, bis die nach Gibraltar zurückgedrängten Neandertaler ausstarben. Dabei war es zu Genübertragungen zwischen diesen und anderen archaischen Menschen gekommen. Stanley Kubrick (1928–1999) lieferte in seinem Film *2001: Odyssee im Weltraum* von 1968 ein grandioses Bild für ein notwendiges Bewusstsein um die Millionen Jahre der Menschwerdung, den in der Frühzeit in die

20 Niall Ferguson: *Krieg der Welt. Was ging schief im 20. Jahrhundert?*, Berlin 2006, S. 20

21 Cyprian Broodbank: *Die Geburt der mediterranen Welt*, a. a. O., S. 127

Luft geschleuderten Knochen, der sich zum Raumschiff transformiert. Nun bestehe »in der Forschung weitgehend Einigkeit«, so Hermann Parzinger in seiner *Geschichte der Menschheit vor der Erfindung der Schrift*, »dass sich der *Homo sapiens* des Jungpaläolithikums ab 40.000 vor heute in seinen kulturellen Fähigkeiten nicht mehr grundlegend vom heutigen Menschen unterscheidet«.[22]

Die diesen Abschnitt einleitende, durch zahllose archäologische Funde belegte Wanderungskarte des britischen Archäologen Cyprian Broodbank aus seiner detailreichen Studie *Die Geburt der mediterranen Welt* (2018) zeigt, wie der *Homo sapiens* vom Niltal kommend (oder auch über Arabiens Süden) vom östlichen Mittelmeerraum ins Ungewisse vorgedrungen war und vom Schwarzen Meer her zuerst nach Südeuropa und über den Balkan Richtung Westen. In Kleingruppen von Jägern und Sammlern wandernd und in kritischen Phasen immer wieder verschwunden und durch Nachkommende, schließlich bereits insular landwirtschaftlich Tätige ersetzt, prägte sich beim *Homo sapiens* sichtlich ein frühes Besitzdenken aus, nach dem Muster »wer als erster einen Landstrich besiedelt, dem gehörte er fürderhin«. Zuerst-Gekommene fühlten sich bald »zur Oberhoheit autorisiert«. Es entstanden frühe Clan-Hierarchien und Ahnenkulte um die Ältesten und deren Nachkommen.[23] Am Höhepunkt der letzten Eiszeit vor 20.000 Jahren lebten »vielleicht nur 45.000« Menschen im Mittelmeerraum, was sich bis zur Blütezeit des Römischen Reichs mit seiner *Pax Romana* und etwa 10.000 Städten groben Schätzungen zufolge relativ rasch auf etwa 35 bis 50 Millionen steigerte,[24] denn die Umweltbedingungen waren besonders günstig. Die West-Ost-Ausdehnung, die Jahreszeiten dieser Breitengrade, vielfältige Landschaften und schützende Gebirgszüge ergaben allmähliche Klimaübergänge und ein nach Höhenlagen abgestuftes Mikroklima. Ausgehend vom »Fruchtbaren Halbmond« (Mesopotamien, Südost-Anatolien, Syrien, Libanon), wo früh Regenfeld-

22 Hermann Parzinger: *Die Kinder des Prometheus. Eine Geschichte der Menschheit vor der Erfindung der Schrift*, München 2014, S. 62

23 Jan Assmann, Klaus E. Müller (Hg.): *Der Ursprung der Geschichte. Archaische Kulturen, das Alte Ägypten und das Frühe Griechenland*, Stuttgart 2005, S. 43

24 Cyprian Broodbank: *Die Geburt der mediterranen Welt*, a. a. O., S. 41

bau und Bewässerungsanlagen möglich waren, konnten sich die »landwirtschaftlichen Revolutionen« verbreiten, wozu es anderswo viel später kam, zuerst in China, dann in Neuguinea, in Mittel- und Südamerika, in Teilen Afrikas und in Nordamerika, wobei neue Funde laufend Korrekturen erfordern.[25] Entscheidend waren die vielen zur Züchtung geeigneten Wildpflanzen, »die zum Teil nirgendwo sonst vorkommen«, so Cyprian Broodbank. Da »von den 148 Arten großer Pflanzenfresser, die wir heute auf unserem Planeten haben«, nicht einmal ein Zehntel »jemals domestiziert worden« ist, weil sie sich kaum in Gefangenschaft vermehren, waren die im Fruchtbaren Halbmond heimischen in weltweit einmaliger Weise essenziell für das Züchten von Haustieren: »Schaf, Ziege, Wildschwein/Schwein und Auerochse/Rind.« Das glich schwindende Wildbestände aus; Jagen »verlor seine Bedeutung fast völlig«.[26] Erst in der Moderne wurde erkannt, dass jahrhundertelanges Zusammenleben mit Haustieren »genetische Widerstandskräfte bis hin zu Immunität gegen die tödlichsten Krankheiten der Geschichte bewirkte: Pocken, Masern, Grippe, Pest, Tuberkulose, Typhus, Cholera, Malaria«. Dazu kam es anderswo nicht, weshalb aus Europa eingeschleppte Mikroben und Viren zu Epidemien mit Millionen von Toten führten, vor allem in Amerika. Das uferte drakonisch aus, weil sich die Krankheiten schneller verbreiteten als die Eindringlinge selbst.[27]

Die Ernährungsbedingungen im östlichen Mittelmeerraum begünstigten die »Entstehung und Verbreitung dörflicher Gemeinschaften« und größerer Siedlungen.[28] Die Steinkreise und Stelen von Göbekli Tepe in Anatolien waren eine frühe Kultstätte im Übergang vom Nomadendasein zum viel mühsameren, aber weit mehr Menschen ernährenden Ackerbau. Mit Jericho, Çatalhöyük, Eridu, Uruk, Ur (dem Geburtsort Abrahams, Stammvater von Juden und Arabern), Susa, Tell Brak, Byblos entstanden die ersten Städte der

25 Landkarte »landwirtschaftliche Revolution«: Yuval Noah Harari: *Eine kurze Geschichte der Menschheit*, München 2013, S. 103

26 Cyprian Broodbank: *Die Geburt der mediterranen Welt*, a. a. O., S. 88, 204, 219

27 Jared Diamond: *Guns, Germs and Steel. A Short History of Everybody for the Last 13.000 Years*, London 1998, S. 207, 210, 214, 357

28 Cyprian Broodbank: *Die Geburt der mediterranen Welt*, a. a. O., S. 207

Region. Wegen der vergleichsweise »geringsten geographischen und ökologischen Hindernisse« konnte eine große Zahl »konkurrierender Gesellschaften« entstehen. »Zahlreiche Erfindungen, die sich an einem Ort durchgesetzt hatten«, fanden »relativ rasch den Weg in andere Regionen«, so die in Vorderasien begonnene Herstellung von Bronze und ersten Münzen, was zunächst »im punischen Sizilien« zu einer Geldwirtschaft führte. Die Vielfalt der Landschaften ergab Gesellschaften mit unterschiedlichen Lebensweisen, Sprachen, Kultvorstellungen, wodurch sich der Horizont der Menschen ständig erweiterte. Denn »vor rund 7.500 Jahren wurden Menschen erstmals in der Geschichte vor die Notwendigkeit gestellt, regelmäßig mit Fremden zu verkehren, ohne ihnen gleich nach dem Leben zu trachten«, so der Evolutionsbiologe Jared Diamond. Angehörige »einer einzigen ethnischen und sprachlichen Gruppe« bildeten »durch Vereinigung oder Eroberung« erste sogenannte Reiche mit durchwegs »multiethnischem, multilingualem Charakter« als Muster für Späteres.[29] Aber erst in modernen Rechtsstaaten sanken gewaltsame Todesfälle auf jährlich »einen Mord pro 100.000 Einwohner«, wie derzeit in Europa, während über lange Phasen selbst im Frieden bis zu 400 anzunehmen sind.[30]

Für Europa selbst, als die über Jahrtausende »rückständigste Region«, war lange kaum absehbar, dass es »einmal die Vorherrschaft erlangen würde«. Denn »bis zum Aufkommen von Wassermühlen ab etwa 900 u. Z. leistete Europa westlich und nördlich der Alpen keine größeren Beiträge zu Technik und Zivilisation der Alten Welt, sondern war lediglich Nutznießer von Entwicklungen, die sich im östlichen Mittelmeerraum, in Vorderasien und China abspielten«. »Von 8500 v. u. Z. bis zum Aufstieg Griechenlands und später Roms ab ca. 500 v. u. Z. stammten fast alle wichtigen Neuerungen im westlichen Eurasien – Pflanzen- und Tierdomestikation, Schrift, Metallverarbeitung, Rad, Staatenbildung und so weiter – aus dem Bereich des Fruchtbaren Halbmonds.« Für Europa entscheidend wurde die Initiativen fördernde kleinteilige

29 Jared Diamond: *Arm und Reich. Die Schicksale menschlicher Gesellschaften*, Frankfurt am Main, 2009, S. 318, 333, 344, 507 | Fernand Braudel, Georges Duby, Maurice Aymard: *Die Welt des Mittelmeeres*, Frankfurt am Main, 1987, S. 84

30 Yuval Noah Harari: *Eine kurze Geschichte der Menschheit*, a. a. O., S. 449

Vielfalt, so Jared Diamond resümierend: »Entstehung von Kaufmannsschicht und Kapitalismus, Schutz von Erfindungen durch Patente, kein Aufstieg absoluter Despoten, keine vernichtende Besteuerung, kritisch-empirische Geisteshaltung in griechisch-jüdischer-christlicher Tradition.«[31]

Würden endlich tatsächlich globale und damit auch afrikanische Sichtweisen stärker akzeptiert, könnten sich mit der ursprünglichen Abstammung zusammenhängende Verdrängungen auflösen. Denn etwa der Historiker Joseph Ki-Zerbo (1922–2006) aus Burkina Faso hielt in *Die Geschichte Schwarz-Afrikas* den Kontinent gemeinsamer Herkunft für das eigentliche »Laboratorium einer neuen Menschheit«, wo in Millionen Jahren Verhaltensweisen und Werkzeuge entstanden, die den *Homo sapiens* erst ermöglicht haben. Unbestreitbar sei, »dass die afrikanische prähistorische Kunst die bei weitem reichste der Welt« ist, mit »Ausdrucksformen von solch großer Originalität, dass sie unsere heutige Kunst noch beeinflussen«. Auch eine Hochkultur wie Ägypten hatte in der Kerma-Kultur und im Reich von Kusch im heutigen Sudan Parallelen. Da es von dort aus zur »politischen Einigung des Landes« kam, gab es auch schwarze Pharaonen. Die weitere Entwicklung brachte die Erfindung der Hieroglyphen, grandiose Bauten, den ägyptischen Kalender, den die Römer übernahmen. »Die Ägypter nannten sich selbst Khem (Schwarze) und sie nannten die Nubier Nehesi (diejenigen aus dem Süden).«[32] Dies lässt sich auch damit erklären, dass Ägypter »im ›schwarzen Land‹ des Nilschlamms« lebten und ihre nächsten Nachbarn in der ›roten‹ Wüste, die für sie das Totenreich darstellte.[33] Neuen linguistischen Theorien zufolge dürften auch die »semitischen Sprachen Aramäisch (die Sprache Jesu Christi und der Apostel), Hebräisch und Arabisch«, »die von den Verfassern des Alten und Neuen Testaments und des Korans« gesprochen wurden, als afroasiatische Sprachen »ursprünglich aus Afrika stammen«.[34] An

31 Jared Diamond: *Arm und Reich*, a. a. O., S. 501, 507

32 Joseph Ki-Zerbo: *Die Geschichte Schwarz-Afrikas*, Wuppertal 1979, S. 53f., 71, 75, 78, 79, 81

33 Cyprian Broodbank: *Die Geburt der mediterranen Welt*, a. a. O., S. 343

34 Jared Diamond: *Arm und Reich*, a. a. O., S. 474f.

solche Zusammenhänge erinnern die seit jeher zwischen Afrika und Europa wechselnden Zugvögel. Dass »die griechische Zivilisation«, so der britische Sinologe Martin Bernal (1937–2013) in *Black Athena*, »ihre Wurzeln in der ägyptischen, semitischen und verschiedenen anderen südlichen und östlichen Kulturen« hatte, was schon Herodot betonte, macht bewusst, wie eurozentrisch die Kulturgeschichte zugunsten der »antiken Reinheit« eines »arischen« Griechenlands manipuliert worden ist. Mit der Fiktion einer seit Antike und Byzanz andauernden Hellenismus-Kontinuität wurde der griechische *Megali-Idea*-Nationalismus dann sogar »Vorbote späterer ethnischer Säuberungen in der Region«, so der Historiker Jürgen Osterhammel.[35] (▸ ODESSA ▸ SALONIKI)

Die intensivere Küstenschifffahrt, stets noch mit Land in Sichtweite, begünstigte den »Transfer aller möglichen Dinge, von Getreide bis Parfum, von Techniken der Seefahrt bis zu Kenntnissen der Landschaft«. So entstanden »Orte des Übergangs und der Vermischung«, denn »sehr lange blieb das Meer eine abschreckende Weite, eine Barriere, die mit viel Aufwand umgangen werden musste«. Überfälle vom Meer aus demonstrierten früh, »dass der Seefahrer überall als Feind kam«, so Jules Michelet (1798–1874) in *Das Meer* lakonisch.[36] Sich verbreitende Arbeitsteilung ermöglichte vor 10.000 Jahren, dass »das Leben am und mit dem Meer im gesamten Mittelmeerraum aufblühte«.[37] Ende des vierten und im dritten Jahrtausend v. u. Z. machte »der Umschwung zu einem trockeneren Klima« und »die Rückverwandlung der Sahara in eine Wüste« dann »die mediterrane Umwelt zu dem, was wir heute kennen«, woran die vielen Löwendarstellungen Alt-Ägyptens erinnern. Es kam »zur Expansion der ersten Großgesellschaften, der ägyptischen und der mesopotamischen«, mit der »Zunahme von Aktivitäten und Unternehmungen, die über lange Strecken ver-

35 Edward W. Said: *Kultur und Imperialismus, Einbildungskraft und Politik im Zeitalter der Macht*, Frankfurt am Main 1994, S. 52 | Martin Bernal: *The Afroasiatic Roots of Classical Civilization*, London 1991 | Jürgen Osterhammel: *Die Verwandlung der Welt. Eine Geschichte des 20. Jahrhunderts*, München 2009. S. 215

36 Jules Michelet: *Das Meer* (Paris 1861), Frankfurt am Main 1987, S. 229

37 Cyprian Broodbank: *Die Geburt der mediterranen Welt*, a. a. O., S. 75, 111, 187, 230

folgt werden, insbesondere zu Wasser«.[38] Die zentrale Bedeutung des Fruchtbaren Halbmonds spiegelt sich im Gilgamesch-Epos und im Alten Testament wider, als über Jüdisches weit hinausweisende Mythen. Noch der Auszug der Israeliten aus Ägypten ins Gelobte Land Kanaan mit den von Moses in der Sinai-Wüste übernommenen Zehn Geboten hatte die babylonische Gefangenschaft zum Gegenpol, »als es darum ging, ›Israel‹ im Sinn einer ethnischen und religiösen Identität neu zu erfinden«. Als »Wende vom Polytheismus zum Monotheismus« war das »ein evolutionärer Einschnitt ersten Ranges«, so der Ägyptologe und Kulturwissenschaftler Jan Assmann. Auch Immanuel Kant verwendete ausdrücklich »das Symbol des Exodus« für die Aufklärung und den »Ausgang des Menschen aus seiner selbstverschuldeten Unmündigkeit«.[39] (▸ TEL AVIV–HAIFA)

Aus dem Norden kommend, habe er »das Mittelmeer leidenschaftlich geliebt«, so begann Fernand Braudel (1902–1985) sein zentrales Werk um dessen »Beziehungen zwischen Geschichte und Raum darzustellen«. Die von ihm beschworene »menschliche Einheit des Mittelmeeres« – als »das Reich der Städte« – sei »eine räumliche Verbindung von Straßen und Städten, Kraftlinien und Kraftpolen«, eine »Erschließung des Raums durch den Menschen«.[40] Überzeugt war er, dass »das osmanische Mittelmeer ›im gleichen Rhythmus lebte und atmete‹ wie das christliche«.[41] In dem Braudels Erkenntnisse neben weiteren markanten Stimmen berücksichtigenden Kompendium *Der Mediterran. Raum und Zeit* von Predrag Matvejević (1932–2017) wird konstatiert, dieser Raum reiche viel weiter, als »die Olive wächst«, so eine arabischen Weisheit. Denn »mediterrane Eigenheiten« prägen weit »größere Teile des Kontinents«. Sie »durchdringen ihn mit vielerlei Einfluss und Folgen«.[42]

38 Cyprian Broodbank: *Die Geburt der mediterranen Welt*, a.a.O., S. 333f.
39 Jan Assmann: *Exodus. Die Revolution der Alten Welt*, München 2015. S. 19, 23, 24f.
40 Fernand Braudel: *Das Mittelmeer und die mediterrane Welt in der Epoche Philipps II.*, 3 Bände, Frankfurt am Main 1990, Band 1, S. 15, 401, 402
41 Cyprian Broodbank: *Die Geburt der mediterranen Welt*, a.a.O., S. 46
42 Predrag Matvejević: *Der Mediterran. Raum und Zeit*, Zürich 1993, S. 17

Olivenbaum

»Gegen Abend kam die Taube zu ihm zurück und siehe:
In ihrem Schnabel hatte sie einen Ölzweig. Da wusste Noah,
dass das Wasser auf der Erde abgenommen hatte.«
Genesis, 1. Mose 8,11

»Der mediterrane Mensch, Landwirt wider Willen, ist ein Städter.«
Maurice Aymard, in: Fernand Braudel, Georges Duby, Maurice Aymard:
Die Welt des Mittelmeeres. Zur Geschichte und Geographie kultureller Lebensformen, Frankfurt am Main 1987

NAHRUNG, TIERE, TECHNIK

Für Humanität bezeichnend bleibt, wie häufig fremd wirkende Menschen diskriminiert werden, während Speisen und Getränke aus anderen Kulturen längst alltäglich sind, ohne dass noch an die Herkunft solcher Qualitäten und ihrer Vielfalt gedacht wird. Deshalb hat die erfreuliche Aufwertung regionaler Küche nichts mit wieder grassierendem Volkstumsdenken und dessen Wohlfühlmusik zu tun. Denn Monokulturen sind selbst für Pflanzen schädlich. Gerade in Mitteleuropa hieße eine radikal bodenständig-heimische Ernährung – mit von fremden Zutaten bereinigten Gerichten –, zu Bohnen, Kraut, Gerste und Hirse als Volksnahrungsmittel zurückzukehren, dem bis ins Mittelalter meistangebauten Getreide, um daraus Brei, Fladenbrot oder bierähnliche Getränke herzustellen. Selbst Weißbrot aus Weizen verbreitete sich erst ab dem 11. Jahrhundert. Erst Kartoffeln und Mais erlösten Europa weitgehend von Hungersnöten, bekanntlich aus Amerika übernommen wie Tabak (Virginias erstes Exportgut), Tomaten, Bohnenarten, Paprika, Pfefferoni, Kürbisse, Kakao, Schokolade, Sonnenblumen. Ein angeblich türkisches Getränk wie der Kaffee wurde zuerst in Äthiopien und Jemen kultiviert und ersetzte im Osmanischen Reich nur partiell den dort heimischen Tee. Konstantinopels erstes Kaffeehaus wurde 1554 errichtet. Es folgten Venedig, London, Wien. Dem von dort aus in Mode gekommenen »Kaffee und Tee ist es zu verdanken«, so Franco Cardini, »dass Europa im 17. und 18. Jahrhundert vor dem Alkoholismus gerettet wurde. Diese Getränke veränderten die Alltagsgewohnheiten, die Etikette und die zwischenmenschlichen Beziehungen von Grund auf.«[43] Wie sehr anderswo gelungene Kultivierungsleistungen Europas Alltagsleben bereichern, führt ins Uferlose, wird aber hier stichwortartig resümiert.[44]

43 Franco Cardini in: Maria Haarmann (Hg.): *Der Islam. Ein Lesebuch*, München 2002, S. 185

44 Überarbeitete eigene Texten aus *Kartographisches Denken*, Wien–New York 2012 | plus aktualisierte Wikipedia-Angaben

Für Jared Diamond basierten kulturgeschichtliche Möglichkeiten zuallererst auf der Landwirtschaft: »Mehr Kalorien bedeuten mehr Menschen.« Keineswegs »angeborene Unterschiede zwischen den Völkern«, sondern »Unterschiede ihrer Umwelt« hätten auf allen Kontinenten spezielle Entwicklungen ergeben. Für den Mittelmeerraum entscheidend war, dass von den acht »Gründerpflanzen«, also ursprünglichen Anbaupflanzen – den »drei Getreidearten (Emmerweizen, Einkornweizen, Gerste), vier Hülsenfrüchten (Linse, Erbse, Kichererbse, Linsenwicke) und einer Faserpflanze (Flachs)« –, nur Flachs und Gerste überhaupt »in größerem Umfang auch außerhalb des Fruchtbaren Halbmonds und Anatoliens« als Wildformen vorkamen. Daraus lassen sich relativ genau die frühen Kultivierungszonen erschließen, ist doch seither »keine einzige bedeutende Anbaupflanze« mehr domestiziert worden.[45] Aus Kreuzungen von Getreide- und Wildgrasarten ging im Fruchtbaren Halbmond der heutige Saatweizen hervor, als Grundstoff von Mehl, Brot und Backwaren. Aus wildem Reis entstandene Anbauarten verbreiteten sich von China nach Ostasien und gelangten über Indien und Mesopotamien nach Ägypten und in den Mittelmeerraum. Angereichert wurde die Ernährung seit der Steinzeit mit Haselnüssen, Beeren, Obst, Pilzen und Kräutern. Trüffel sind Pilzsuchern vermutlich seit frühester Zeit bekannt; bereits in Mesopotamien und Ägypten galten sie als Delikatesse. Bei seit jeher gesammelten Erdbeeren, Himbeeren, Stachelbeeren wiederum gelang es in Europa erst in den Klöstern des Mittelalters, ertragreiche Formen mit großen Früchten zu züchten. Heilpflanzen sind bereits im Altertum zu Pillen verarbeitet worden.

Um den Ackerboden für das Säen aufzulockern, wurden Grabstöcke verwendet. Formen des zuerst von Menschen gezogenen Pfluges entstanden unabhängig voneinander in vielen Regionen. Älteste Relikte stammen aus dem fünften Jahrtausend. Für frühe Siedlungen im östlichen Mittelmeerraum waren Rundhäuser aus Stein oder lehmverschmiertem Flechtwerk typisch, wie sie etwa für das bis zu 9.000 Jahre alte Dorf Khirokitia auf Zypern re-

45 Jared Diamond: *Arm und Reich*, a. a. O., S. 92, 147, 153, 164, 501

konstruiert wurden. Auf noch so kargen Böden sehr alt werdende Olivenbäume definieren mediterrane Landschaften, als deren südliche Grenze die großen Palmenhaine der Wüsten gelten. Seit etwa 6.000 Jahren gezüchtet, machte das ihre Früchte »nicht nur größer, sondern auch ölhaltiger als ihre wilden Verwandten«.[46] Lawrence Durrell (1912–1990) sah in Oliven (arab. *al-zeitun*) die archaische Frucht schlechthin, mit »einem Geschmack, der älter ist als der des Fleisches und des Weines – ein Geschmack, so alt wie der des klaren Wassers«.[47] Die engere Heimat des Feigenbaums soll – im Gegensatz zu biblischer Paradiestradition – am Kaspischen Meer und in Nordostanatolien liegen. Für das Mittelmeer typische Zypressen dürften Phönizier aus Asien eingeführt und zuerst in Zypern angepflanzt haben. In nördlichen Gegenden gab es seit jeher Pinien. Während der letzten Eiszeit war Kleinasien das Refugium von Nussbaum und Edelkastanie. Früh zum Exportgut gewordene mächtige Libanon-Zedern gibt es kaum noch. Rosskastanien nutzten osmanische Truppen als Pferdefutter und Pferdeheilmittel. Früh am Balkan verbreitet, wurden sie über Wien zum beliebten Zierbaum. Vorstellungen von biblischen Landschaften und den Orient prägenden Dattelpalmen erwähnen bereits Archive Mesopotamiens. Ölpalmen stammen jedoch aus Westafrikas Regenwäldern, Hanfpalmen aus Asien, nun am Mittelmeer heimische Kakteen und Agaven aus Mittel- und Südamerika.

Zitronen (arabisch *laimūn*, Limone) entstanden aus Kreuzungen, wahrscheinlich in Nordindien. Um das Jahr 1000 sind sie am Mittelmeer und in China nachgewiesen. Orangen wurden zuerst in China oder Südostasien kultiviert. Bitterorangen gelangten im 11. Jahrhundert nach Italien. Süße Orangen, inzwischen die weltweit meistangebaute Zitrusfrucht, gibt es erst seit dem 15. Jahrhundert in Europa. Anfangs sind sie vor allem in Portugal und in Palästina kultiviert worden (»Jaffa-Orangen«). Bananen wurden erst um 1900 in Europa bekannt, obwohl sie auf den Kanarischen Inseln seit dem 16. Jahrhundert auf Plantagen angebaut wurden.

46 Fernand Braudel: *Das Mittelmeer*, a. a. O., Band 2, S. 335 | Jared Diamond: *Arm und Reich*, a. a. O., S. 136

47 Lawrence Durrell: *Schwarze Oliven. Korfu – Insel der Phäaken*, Reinbek bei Hamburg 1968, S. 92

Zum Volksnahrungsmittel Spaghetti gewordene dünne Nudeln gab es bereits vor 4.000 Jahren in China. Parmesan wird in Italien erst seit 800 Jahren hergestellt. Im Mittelmeerraum wildwachsender Rosmarin und Thymian wurden schon lange gezüchtet. Basilikum stammt vermutlich aus Nordwest-Indien und dürfte sich im Altertum über Ägypten am Mittelmeer als Gewürz- und Heilpflanze verbreitet haben, wie der aus Vorderasien stammende Echte Lorbeer und der Kirschlorbeer. Vom Salbei sind vom Mittelmeer bis Zentralasien etwa 250 Arten bekannt. Minze kommt fast weltweit vor, ist aber durch die Osmanen als Tee- und Gewürzpflanze am Balkan und im Westen verbreitet worden. Der seit Jahrtausenden beliebte Kümmel kommt ursprünglich aus Vorderasien, was sich im Begriff ›Kümmeltürke‹ erhalten hat. Die Vanille stammt aus Mexiko, Zimt aus China und Indien. Zwiebel und Knoblauch haben ihren Ursprung in Zentralasien, wahrscheinlich im heutigen Afghanistan. Schnittlauch und die noch unbekannte Wildform der Petersilie gelangten über Westasien ans Mittelmeer. Raps zur Gewinnung von Speise- und Lampenöl stammt aus dessen östlichen Gebieten, Mohn vermutlich aus Eurasien oder Nordafrika. Der in China früh beliebte Senf kam über Kleinasien nach Griechenland, wo er als Heilmittel galt.

Aus Solequellen, Meerwasser oder mineralischen Lagerstätten gewonnenes Salz wurde seit der Jungsteinzeit zur Konservierung und als Speisezugabe benutzt und war ein wichtiges Handelsgut. Im bislang ältesten entdeckten Bergwerk in Oberägypten ist bereits vor 30.000 Jahren Feuerstein gewonnen worden. Wie jene von Salz waren dessen Fundstellen Schnittpunkte der ältesten Handelsrouten. Auch Obsidian und besondere Steine wurden als Amulette und Schmuck bereits früh über weiteste Strecken verbreitet. Als das mit 10.000 Jahren älteste große Kupferbergwerk gilt das von Ergani-Maden in Anatolien. Auch in der Vinča-Kultur am Balkan, im Kaukasus und in Timna in der Negev-Wüste wurde sehr früh Kupfer abgebaut. Bronze, das Innovationsmaterial der Bronzezeit, eine Legierung aus Kupfer, Zinn und Beimengungen, war nach heutigem Wissensstand zuerst in China und im Kaukasus entwickelt worden, was Bronzegeräte belegen, die älter sind als jene aus Mesopotamien, Anatolien oder dem Kuban-Gebiet. Zinnlager gab es auch im Südkaukasus, im Taurus-Gebirge, in Zentralasien. Später wurden die Zinninseln Britanniens einbezogen. Bis zur Eisengewinnung für Werkzeuge, Messer und Waffen dauerte es weitere 2.000 Jahre. Bronzeschwerter dienten vermutlich bloßer Repräsentation, solche aus Eisen waren die erste nur gegen Menschen gerichtete Waffe. Auch dafür war Anatolien ein frühes Zentrum, da Hethiter lange ein Monopol für größere Mengen behaupten konnten, mit Preisen zum mehrfachen Wert von Gold, dessen Gewinnung seit der frühen Kupferzeit an vielen Orten nachgewiesen ist. Davor war nur höchst kostbares Meteoriteisen bekannt. In Mesopotamien ist die Eisenverhüttung vor etwa 5.000 Jahren belegt, in Ägypten deutlich später.

Für eine epochale Erfindung wie das Rad fanden sich am Schwarzen Meer 5.400 Jahre alte Nachweise, eine hölzerne Scheibe »aus drei zusammengefügten Holzstücken«. Auch ein 2002 bei Ljubljana gefundenes Holzrad dürfte etwa so alt sein.[48] Gräber im Kaukasusgebiet mit vierrädrigen Wagen und Darstellungen in Mesopotamien und Ägypten belegen weit frühere Entwicklungen als in China. Herodot erwähnte die »vierspännigen Rennwagen« der Garamanten Libyens.[49] Zuerst in Indien und Mesopotamien verwendete Töpferscheiben dürften Anregungen geliefert haben. Im östlichen Mittelmeerraum gelang es früh, Glas herzustellen. Naturasphalt und Bitumen aus Erdöl dienten zum Abdichten von Booten. Schatten- und Wasseruhren, Bronzespiegel, erste Metallsägen und viele Musikinstrumente sind östlichen Ursprungs (Trompete, Harfe, Leier, Laute, frühe Gitarren). »Als Schmiede und Musiker« sind Roma bereits in Sanskrit-Texten erwähnt.[50] Flöten aus Tierknochen gab es bereits vor 40.000 Jahren. Für die früh legendäre arabische Medizin waren Krankenhäuser, auch für geistig Kranke, und Apotheken selbstverständlich (Bagdad, Damaskus, Kairo, Fes). Aus China ans Mittelmeer gelangt waren Kenntnisse zur Papierherstellung, metallurgische Verfahren, geschmuggelte Seidenraupen, bewegliche Lettern, Druckpressen,

48 Jared Diamond: *Arm und Reich*, a. a. O., S. 309 | FAZ, 28. Februar 2002
49 Herodot: *Historien*, a. a. O., S. 319
50 Mircea Eliade: *Schmiede und Alchemisten*, Stuttgart 1980, S. 105

Tinten, allerdings ohne durchwegs angewendet zu werden. Der Kompass mit schwimmender Nadel war früh in China und am Mittelmeer bekannt, der praktischere Trockenkompass ist eine italienische Erfindung aus dem 13. Jahrhundert. Neben Abwasser-, Wasserleitungs- und Bewässerungssystemen, Wasserrädern, Schöpfwerken, Bädern und Thermen sind nach Jared Diamond auch »Türschlösser, Flaschenzüge, Handmühlen, Windmühlen – und das Alphabet« westasiatischen Ursprungs.[51]

Von der Astronomie bis zur Zeitrechnung (12 Monate, 12 Stunden, 60 Minuten), zum Kalender, zur Schrift – ein Europa ohne solche aus dem Mittleren Osten bezogene Zivilisationsgrundlagen hätte all das selbständig entwickeln müssen. Diese Kontinuitäten betonend, hielt John Maynard Keynes (1883–1946) selbst den die Moderne prägenden Wissenschaftler Isaac Newton (1642–1727) wegen seines ausufernden Forschergeistes und Interesses für Alchemie nicht für einen Rationalisten und »Vorreiter der Vernunft«. Für ihn sei er »der letzte Zauberer, der letzte der Babylonier und Sumerer; der letzte große Geist, der auf unsere sichtbare und geistige Welt mit genau denselben Augen blickte wie diejenigen, die vor etwas weniger als 10.000 Jahren begannen, unser geistiges Erbe zu entwickeln«.[52]

Für den Alltag blieben Nahrung, Aussaat- und Erntezyklen und Werkzeuge entscheidend. So dürfte die Bienenhaltung für Honig als lange wichtigstem Süßstoff vor etwa 7.000 Jahren in Zentralanatolien und an der mittleren Wolga begonnen haben. Erst das in Ostasien kultivierte Zuckerrohr lieferte einen Ersatz, als es sich über Indien und Ägypten nach Zypern und Sizilien verbreitete. Bereits auf seiner zweiten Reise brachte es Christoph Kolumbus (ca. 1451–1506) in die Karibik, als wichtige Quelle kolonialen Reichtums. Tomaten kamen vermutlich durch ihn nach Europa, wo sie lange als Zierpflanzen galten, bis ihre Essbarkeit geläufig wurde. Gurken sind wahrscheinlich zuerst in Indien kultiviert worden. Wegen ihrer Blätter wurden große Rüben bereits in

51 Jared Diamond: *Arm und Reich*, a. a. O., S. 309

52 John Maynard Keynes: *Newton, the Man*, London 1942, http://mathshistory.st-andrews.ac.uk/Extras/Keynes_Newton.html

Mesopotamien angebaut. Zuckerrüben zu entwickeln gelang erst im Europa des 18. Jahrhunderts. Pfeffer kam aus Südwestindien ans Mittelmeer, bis das die Gewürzinseln Südostasiens übernahmen. Die enormen Gewinne damit machten den Begriff ›Pfeffersäcke‹ populär. Zum Weinbaugebiet wurde das Mittelmeer nach Anfängen in Georgien, Persien und früh auch in Mesopotamien. Arak aus Anisfrüchten mit destilliertem Wein stammt offenbar aus dem Libanon. Kenntnisse zur Destillation von Wein- und Obstbränden transferierten Kreuzfahrer nach Europa.

Wegen langwieriger Veredelung wurden »Äpfel, Birnen, Pflaumen und Kirschen erst im Altertum« domestiziert. Zu diesen Nachzüglern gehörten »Roggen, Hafer, Steckrüben, Radieschen, Rüben, Lauch und Kopfsalat«.[53] Urformen des Apfels dürften aus der Kaukasusregion stammen. Granatäpfel und Maulbeeren waren früh in Asien verbreitet. Die Quitte ist kaukasischen Ursprungs. Vermutlich über Armenien gelangte die in Nordostchina kultivierte Marille/Aprikose ans Mittelmeer und durch die Kreuzzüge nach Europa, der dort kultivierte Pfirsich wurde vorerst in Persien heimisch. Birnen sind erstmals in Vorderasien gezüchtet worden, aber schon in der Jungsteinzeit auch am Bodensee belegt. Das natürliche Verbreitungsgebiet der Kirsche reichte vom Kaukasus über Nordanatolien bis zum Nordiran. Pflaumen und Ringlotten gelangten vermutlich mit den Kriegszügen Alexanders des Großen ans Mittelmeer, mit berühmten Pflaumenkulturen rund um Damaskus. Wildformen der Mandel kommen von der Levante bis Usbekistan vor und seit 10.000 Jahren in Griechenland. In langwierigen Versuchen musste ihr die Bitterkeit genommen werden, die »von einem einzigen dominanten Gen gesteuert« wird.[54] Heute sind die USA der größte Mandelproduzent.

Die Ackerbohne geht auf Wildformen in Indien, am Himalaja und in Südostspanien zurück. Kleinasien gilt als Ursprungsgebiet bereits vor 10.000 Jahren gezüchteter Erbsen wie auch von Majoran, Pistazien und Rhabarber. Die Wildform der Linsen stammt wahrscheinlich aus dem Mittleren Osten. Samen des

53 Jared Diamond: *Arm und Reich*, a. a. O., S. 143
54 Jared Diamond: *Arm und Reich*, a. a. O., S. 135, 149

Karfiols (Blumenkohls) brachten Kreuzfahrer nach Italien. Durch Kreuzung gelber und rotvioletter Karotten aus Afghanistan und weißer des Mittelmeergebiets dürften in Kleinasien deren später verbreitete Arten entstanden sein. Zentral- und Vorderasien gelten als Urheimat wildwachsender Spinatarten, kultivierte Formen sind vermutlich aus Persien ins muslimische Spanien gelangt. Umgekehrt hat sich die aus Afrika stammende, zuerst in Ägypten und Westasien kultivierte Wassermelone bis Indien, China und Südrussland verbreitet. Wie kultiviert in der Zeit von Kolumbus im fernen Afghanistan gelebt wurde, hat Bābur Shah (1483–1530), der muslimische Gründer des Mogulreiches in Indien, in seiner Autobiografie festgehalten. Darin schwärmte er vom »großen Reichtum an Früchten« in seiner Lieblingsstadt Kabul. Es gebe hervorragende »Trauben, Granatäpfel, Aprikosen, Äpfel, Quitten, Pfirsiche, Brustbeeren, Mandeln und Nüsse«, Orangen und Zitronen. »Der Rhabarber, die Quitten, die Pflaumen und die Gurken« seien ausgezeichnet, »die Weine von Kabul« für ihren »kräftigen Geschmack berühmt«.[55]

Hanf wurde früh in China genutzt. Über Indien erreichte es den Mittelmeerraum, war aber auch in Kasachstan heimisch. Als Rauschmittel, zur Schmerzlinderung und für Gewebe bereits von Herodot erwähnt, war er lange die wichtigste Faserpflanze für Taue und Segel. Eine 7.000 Jahre alte ägyptische Totenurne aus Luxor zeigt die älteste bekannte Darstellung eines Segels für Fahrten am Nil. Leinsamenfunde belegen im Iran und in Südostanatolien die Herstellung von Flachs und Leinen vor etwa 10.000 Jahren. Über 30.000 Jahre alte Beispiele von Webtechnik und Leinen haben sich in einer Höhle Georgiens erhalten. Der mit 2.500 Jahren älteste (in Eis konservierte) geknüpfte Pasyryk-Teppich stammt aus einem Grab im Altaigebirge. Die früh in Ägypten und Mittelamerika kultivierte Baumwolle lokalisierte Herodot als indisch, denn »die Inder trugen Kleider, die aus Wolle von Bäumen hergestellt sind«.[56] Auch Chinas Papier bestand anfangs

55 Zahiruddin Muhammad Babur: *Die Erinnerungen des ersten Großmoguls von Indien. Das Babur-nama*, Zürich 1980, S. 348f.

56 Herodot: *Historien*, a. a. O. S. 462

aus Baumwollfasern. Aus Ostindien stammende Indigopflanzen wurden zuerst in Ägypten zum Färben verwendet. Höchst aufwendig herzustellendes Purpurrot aus mindestens 10.000 lebenden Purpurschnecken für eine Toga verbreiteten die Phönizier als Luxusgut aus dem Meer. (▸ BEIRUT)

Persiens Rosengärten und Rosenöle waren legendär; auch China und Ägypten hatten uralte Rosenkulturen. Nach Griechenland dürften sie über Kleinasien gelangt sein. Herodot bewunderte sie in den Gärten von König Midas in Kleinasien; dort »wuchsen wilde Rosen mit sechzig Blütenblättern und stärkerem Duft als alle Rosen sonst«. Seerosen wiederum sah er nur in Ägypten.[57] Wilde Hyazinthen kamen im Nahen Osten, in Süd-Turkmenistan und im Nordostiran vor. Der Jasmin war in Vorderasien heimisch. Der Flieder war ursprünglich von Südosteuropa bis China und Japan verbreitet. Flieder, Tulpen und Hyazinthen hatte Ogier de Busbecq (1522–1592), Habsburgs Botschafter in Konstantinopel, über Wien in Europa bekannt gemacht.[58] Wildtulpen gab es im Kaukasus, in Anatolien, Zentralasien, Afghanistan und Persien. Als Lebens- und Fruchtbarkeitssymbol wurde die Tulpe zur türkischen Nationalblume. Die Aufklärungs-*Encyclopédie* würdigte sie als »schönste Blume der Welt«.[59] Über Wien in die Niederlande gelangt, heute der größte Tulpenproduzent, führte die Faszination über die unvorhersehbare Entfaltung ihrer Zwiebeln zur ersten Spekulationsblase der Wirtschaftsgeschichte, die nach exorbitanten Preissteigerungen 1637 mit enormen Verlusten zusammenbrach. Der ebenso als türkisches Nationalsymbol dienende Halbmond, eigentlich eine Mondsichel, steht für die Mondphasen, für zyklisches Werden, für Geburt, Wachstum und Tod, und damit auch für die Frau, und ist eines der ältesten mythischen Motive.[60]

Neben vegetarischer Nahrung haben tierische Produkte von früh an ein Überleben gesichert. Alle Arten des als Fleisch- und Milchlieferant und wegen seiner Wolle gezüchteten Hausschafs

57 Herodot: *Historien*, a. a. O. S. 578
58 Ogier de Busbecq: *Turkish Letters* (1555–1562), London 2001, S. xiii
59 Anette Selg, Rainer Wieland (Hg.): *Die Welt der Enzyclopédie*, a. a. O., S. 400
60 Manfred Lurker (Hg.): *Wörterbuch der Symbolik*, Stuttgart 1979, S. 379f.

stammen genetisch von der Wildform des »asiatischen Mufflons aus West-und Zentralasien« ab,[61] auch Armenisches Mufflon genannt, das bereits vor mindestens 10.000 Jahren in Anatolien und der Levante domestiziert wurde. Christus als Hirte und das Osterlamm, traditionelles Opfertier vieler Kulte, wurden zentrale christliche Symbole, ostentativ friedlicher wirkend als der Leichnam am Kreuz. Herkunftsgebiet der Wildziege wiederum – im Gegensatz zum Lamm vielfach als Erscheinungsform des Satans betrachtet – dürfte das iranisch-anatolische Zagros-Gebirge sein. Jedenfalls wurden Ziege, Schaf, Schwein und Rind schon früh in Vorderasien domestiziert, »vielleicht früher als irgendein anderes Tier an irgendeinem Ort der Welt (mit Ausnahme des Hundes)«. Zur Rinderzucht kam es »unabhängig voneinander in Indien und Westeurasien«. Nun in Europa und Nordamerika übliche Rinder stammen genetisch aus Anatolien und dem Mittleren Osten, die Wasserbüffel am Mittelmeer ursprünglich aus Indien und China. Schafe verbreiteten sich in Südwesteuropa deutlich früher als jedes Getreide. Zur Kaninchenhaltung kam es erst im Mittelalter.[62] Das Hausschwein wurde zuerst in China und Ostanatolien domestiziert. Unabhängig voneinander erfolgte Züchtungen von Enten und Gänsen führten in ganz Eurasien zu spezifischen Arten. Auf diese Weiträumigkeit verweist auch, dass sich das früh in China und Südostasien gezüchtete Haushuhn genetisch vom dort wildlebenden Bankivahuhn herleitet. Die Taubenzucht hat im gesamten Osten eine lange Tradition; auch auf den Dächern New Yorks blieb sie lange beliebt (man denke nur an *Die Faust im Nacken* mit Marlon Brando, Regie: Elia Kazan 1954). Zur Römerzeit wurde der aus Zentralasien stammende Fasan und der in vielen Flüssen heimische, aber zuerst in Asien gezüchtete Karpfen im Mittelmeerraum eingeführt. Goldfische aus der Familie der Karpfenfische wurden schon vor 1.000 Jahren in China zu farbenprächtigen Varianten gezüchtet und sind heute die weltweit meistverbreiteten und -gehandelten Haustiere. Der ursprünglich in Indien heimische, auch wegen seines Fleisches geschätzte Blaue Pfau tauchte vor 4.000

61 Jared Diamond: *Arm und Reich*, a. a. O., S. 188
62 Jared Diamond: *Arm und Reich*, a. a. O., S. 107, 122. 163, 196

Jahren am Mittelmeer auf. Seine dramatische Erscheinung machte ihn zum Symbol von Schönheit, Reichtum, Königlichkeit, Liebe und Leidenschaft, aber auch von Unsterblichkeit, Arroganz und Eitelkeit. Der elegante, aber mit dem todesnahen Schwanengesang belastete Höckerschwan war anfangs nur in nördlichen Breiten heimisch. Eine Hausbewohnerin wie die Maus ist früh in Indien nachgewiesen; Knochenfunde belegen ihre Ausbreitung über Zentral- und Westasien in den Mittelmeerraum.

Die Zucht des Haushundes als Jagdgefährte, Wächter und Schoßtier dürfte, als allererste Domestikation eines Wildtiers, vor 12.000, vielleicht aber bereits vor 40.000 Jahren als genetische Abspaltung vom Wolf in Südwestasien, China und Nordamerika eingesetzt haben. Neue Theorien vermuten dessen Selbstzähmung wegen zunehmender Ernährung von menschlichem Abfall. Als Vorfahre der Hauskatze – Symbol für Glück und Freiheit – gilt die Falbkatze, eine in Afrika, Westasien und auf einigen Mittelmeerinseln vorkommende Wildkatzenart. Die Beliebtheit von Katzen und Hunden in Ägypten, wo laut Herodot »sämtliche Tiere«, vor allem auch Kühe, als heilig galten, zeigte das Todesfallritual: »Wenn in einem Hause eine Katze stirbt, scheren sich alle Hausbewohner die Augenbrauen ab; und wenn ein Hund stirbt, so scheren sie sämtliche Körper- und Kopfhaare.«[63]

Die Zähmung von Pferden, bis ins 20. Jahrhundert dominierendes, erst durch Europäer nach Nord- und Südamerika gekommenes Transportmittel, gelang »wahrscheinlich im späten vierten und dritten Jahrtausend v. u. Z. an mehr als nur einer Stelle, wobei sowohl die nordpontischen (Jamnaja-Kultur) als auch die nordkasachischen Steppen (Botaj-Kultur) in Betracht zu ziehen sind«, also die eurasischen Ebenen mit damals zahlreichen Wildpferden.[64] Um 1800 v. u. Z. war das Pferd »in Ägypten eingetroffen und hatte bald darauf eine Revolution der Kriegführung in Nordafrika ausgelöst« (noch im Zweiten Weltkrieg setze die Wehrmacht

63 Herodot: *Historien*, a. a. O., S. 117, 128, 129

64 Hermann Parzinger: *Die frühen Völker Eurasiens. Vom Neolithikum bis zum Mittelalter*, München 2006, S. 866

2,8 Millionen Pferde ein, so viel wie nie zuvor in einem Krieg).[65] Herodot pries vor allem jene aus dem zentralasiatischen Ferganatal und aus Nordwestpersien.[66] Zuerst als Lederschlaufen eingeführt, gelten Steigbügel als Erfindung der Skythen, solche aus Metall als Innovation der Awaren, was die Kampfkraft von Reitern wesentlich erhöhte. Römer und Perser übernahmen sie erst in der Spätantike, in Zentraleuropa fanden sie im frühen Mittelalter Verwendung. Reitsättel entstanden aus dem Packsattel. Ein Klimawandel um 850 v. u. Z. machte weite Regionen feuchter, kühler, fruchtbarer, wodurch »der für den eurasischen Steppenraum so charakteristische Reiternomadismus« entstehen konnte und die »von nun an die Geschichte Vorder- und Mittelasiens bestimmenden Konflikte zwischen Nomaden und Sesshaften« einsetzten, was auch Europas Bedrohungsbilder über Jahrhunderte geprägt hat. Nicht mehr haltbar ist die Vorstellung, Reiternomaden seien eine ›freie‹ Vorstufe des Ackerbaus. Denn nur Sesshafte konnten »die Kunst der Domestikation wild lebender Herdentiere« entwickeln – »eine der bedeutendsten menschlichen Leistungen überhaupt« –, die auch Nomaden zur Versorgung mit Fleisch, Milch und Fellen gebraucht haben.[67] Temporäres Nomadentum von Beduinen blieb im Hinterland der Levante und Nordafrikas bis in die Gegenwart eine dominierende Lebensform. Arnold J. Toynbee (1889–1975) würdigte sie in *Der Gang der Weltgeschichte* als absolut gleichrangig, denn ein Nomade schaffe es, »von rohem Gras zu leben, das er nicht selbst essen kann, indem er es in Milch und Fleisch seiner zahmen Tiere verwandelt, und um für sein Vieh im Sommer und Winter aus der natürlichen Vegetation der kahlen und geizigen Steppe Unterhalt zu finden, hat er sein Leben und seine Bewegung mit peinlicher Genauigkeit einer Jahreszeitentafel angepasst. In der Tat erfordert das Gewaltstück des Nomadentums ein rigoros hohes Niveau von Charakter und Lebensführung«, was

65 Jared Diamond: *Arm und Reich*, a. a. O., S. 499 | Wikipedia: Pferde der Wehrmacht

66 Herodot: *Historien*, a. a. O., S. 228

67 Hermann Parzinger: *Die frühen Völker Eurasiens*, a. a. O., S. 862ff.

dessen Kulturleistungen in China, Indien, Südrussland, Arabien, Nordafrika erklären könne.[68]

Arabien blieb berühmt für die Dromedar-Domestikation, für Zuchtpferde und Weihrauch. Hausesel aus Kleinasien hatten bereits die Etrusker, die Ägyptens gehen auf den nubischen Wildesel zurück. Lange das wichtigste Transportmittel, stammten sie genetisch vom Afrikanischen Esel ab, der als Wildform nur im nordöstlichen Afrika überlebte. Bereits die Sumerer kreuzten Pferdestuten und Eselhengste zu Maultieren. Wegen der schwierigen umgekehrten Paarung bei Mauleseln wird dies seit jeher so praktiziert. In christlicher Symbolik stehen Esel und Maultier für Demut, als Gegenbild zum elitären Reiter ›hoch zu Ross‹.

Signifikant für den Umgang mit Exotik ist, dass aus Zentralamerika stammende Truthähne als ›Turkey‹ zur Nationalspeise der USA wurden, offenbar weil Fremdes oft als türkisch galt oder die Tiere über als Türken geltende Kaufleute in England bekannt wurden. Seit dem 15. Jahrhundert beliebte Kanarienvögel kommen tatsächlich von den Kanarischen Inseln, den Azoren und aus Madeira. Der im 19. Jahrhundert zum Ziervogel stilisierte Wellensittich stammt aus Australien. Großräumige Verbindungen kann auch das Schneeglöckchen bewusst machen, mit seinem von Europa bis über das Kaspische Meer hinausreichenden Verbreitungsgebiet. Die Riesen-Glockenblume wiederum – oft mit Feen und Elfen in Zusammenhang gebracht – hat den Kaukasus, Nordostanatolien und den Nordwestiran als Ursprungsgebiete.

Die bisweilen als provokantes deutschnationales Symbol verwendete Kornblume stammt aus östlichen Mittelmeergebieten. Auch angesichts der bodenständig-alpinen Symbolkraft des Edelweiß wäre zu beachten, dass dessen nächste Verwandte in Tibet, der Mongolei, im Himalaya, in Japan und Korea beheimatet sind und es sich nach der letzten Eiszeit aus den innerasiatischen Steppen bis weit in den Westen verbreitet hatte.

68 Arnold J. Toynbee: *Der Gang der Weltgeschichte* (Oxford 1946), 2 Bände, Zürich 1970, Band 1, S. 238

Mitteleuropäische Zeit, 15. Längengrad Ost

Norwegen

Schweden

Dänemark

Polen

Deutschland

Tschechische Republik

Österreich

Slowenien

Kroatien

Italien

Ätna

Libyen

Tschad

Kamerun

Äquator

Republik Kongo

Demokrat. Republik Kongo

Angola

Namibia

MITTELEUROPÄISCHE ZEIT

Die in allen Mittelmeerländern Europas – außer Griechenland und europäischen Gebieten der Türkei – den Alltag nach der Sonne und der Erdrotation ordnende Mitteleuropäische Zeit präzisiert geografisch der durch zehn europäische und acht afrikanische Staaten verlaufende 15. Längengrad Ost. In Österreich gilt das seit 1891, in Deutschland und Italien seit 1893. Als Basislinie dieser Koordinaten setzte sich Greenwichs Null-Meridian erst nach der Internationalen Meridiankoferenz von Washington 1884 allmählich durch, weil die meisten Seekarten bereits so normiert waren. Deshalb hält das seither definitive – früh im antiken Alexandria konzipierte – Gradnetz den Einfluss des Britih Empire und Kolonialzeiten in Erinnerung, was auch der demagogisch manipulierte britische EU-Austritt nicht mehr ändern wird.

Der wie die Bernsteinstraße des Altertums aber als abstrakte Linie zwischen Ostsee und Mittelmeer verlaufende MEZ-Meridian verbindet in Europa bemerkenswerterweise nur kleinere Städte in ländlichen Gegenden, so Motala in Schweden, Stargard in Polen, Görlitz in Sachsen (mit einem Meridianstein im Stadtpark), Liberec/Reichenberg in Tschechien, Gmünd und Ybbs an der Donau in Niederösterreich, Leoben in der Steiermark, Bleiburg in Kärnten. Nur genau auf dieser Nord-Süd-Linie befinden sich Menschen in der örtlich exakt richtigen Zeit. Diese Präzisierung setzt sich über slowenische Landschaften hinweg fort, bis bei den kroatischen Inseln Pag (einst ein Ustascha-KZ) und Goli Otok (einst ein berüchtigtes Zwangsarbeitslager der Tito-Ära) die Adria erreicht wird. In Italien quert der MEZ-Meridian bei der antiken Ruinenstadt Paestum (15° 0' 18" O) südlich von Neapel die Apenninenhalbinsel und markiert die Trennung des reichen Nordens vom trotz aller propagierten Ausgleichsprogramme viel ärmeren Dritte-Welt-Süden des Landes, dem Mezzogiorno. Durch den eine Redewendung zitierenden Titel *Christus kam nur bis Eboli* des autobiografishen Romans von Carlo Levi (1902–1975), der als Antifaschist 1935/36 nach Aliano in den Süden verbannt war, blieb der im Bergland Salernos liegende Ort ein Begriff (15° 3' O). »Wir gelten nicht als Menschen, sondern als Tiere, als Lasttiere«, heißt es darin zur seit jeher grassierenden Auswanderungssehnsucht. »Weder Rom noch Neapel, sondern New York würde die wahre Hauptstadt der lukanischen Bauern sein, wenn diese Menschen ohne Staat jemals eine solche haben könnten« – denn »aus Rom kommt nie etwas«. »Gagliano hat zwöfhundert Einwohner, in Amerika sind zweitausend Gaglianer, Grassano hat fünftausend Einwohner, und fast die gleiche Anzahl von Grassianern lebt in den Vereinigten Staaten.«[69]

Signifikant ist, dass ausgerechnet der MEZ-Meridian nun seit langem friedliche Gegenden in der Mitte Europas jenseits des Mittelmeers mit den ärmsten Zonen Afrikas verbindet, als Querschnitt durch diesen Kontinent, globale Spaltungen markierend. Denn der reiche Norden wurde zum Gegenbild dieses Südens, wo es weiterhin angeblich an fast allen Errungenschaften mangelt, ob Kapital, Staatlichkeit, Rechtsordnung oder Bildung, trotz der eklatanten Vielfalt dortiger Kulturen. Wegen unzähliger destruktiver Einflüsse ergeben sich in diesen Regionen nach wie vor kaum Perspektiven für ein menschenwürdiges Dasein, obwohl die Menschheit in Afrika ihren Ursprung hat. Als ob diese Herkunft verleugnet werden sollte, blieb der Kontinent noch krasser als andere rücksichtsloser Ausbeutung unterworfen. Jenseits mediterraner Tourismuszonen wird diese Polarität gerade entlang des MEZ-Meridians deutlich, der, auf die mörderische Kolonialherrschaft Italiens in Libyen verweisend, von der im andauernden Bürgerkriegschaos umkämpften Hafenstadt Misrata (15° 5' O), einer phönizischen Gründung, entlang grausamer Flüchtlingsrouten durch die Sahara verläuft (▸ TRIPOLIS). Nach der Hauptstadt des Tschad N'Djamena (15° 4' O) verbindet der Meridian den Osten Kameruns (einst deutsche Kolonie) mit dem Kongogebiet und dessen unverändert katatastrophaler Lage. Seit dieses in der Hochphase von Imperialismus und Kolonialismus von der den ›Wettlauf um Afrika‹ koordinierenden Berliner Kongo-Konferenz

69 Carlo Levi: *Christus kam nur bis Eboli* (1945), München 1985, S. 5, 110, 117; Film von Francesco Rosi mit Gian Maria Volonte, 1973

1884/85 (nun unterstützt vom Maxim-MG) als Privatstaat dem furchtbaren Regime von Belgiens König Leopold II. (1835–1909) zugesprochen worden war, der mit Versklavung und Kautschuk exzessive Profite machte, gab es in der an Bodenschätzen reichen Region nie friedliche Phasen (▸ TRIEST). Patrice Lumumba (1925–1961) blieb dafür als erster, bereits nach Monaten ermorderter Premierminister eine Symbolfigur wie Dag Hammarskjöld (1905–1961), der als intervenierender UNO-Generalsekretär bei einem mysteriösen Flugzeugabsturz umkam, vemutlich von einem belgisch-britischen Söldnerpiloten im Dienste der Katanga-Rebellen abgeschossen. Auch Che Guevara (1928–1967) scheiterte daran, im Kongo eine Revolution nach kubanischem Muster herbeizuführen. Die große hoffnungsvolle Ausnahme bleibt der Triumph von Nelson Mandela (1918–2013) über Südafrikas Apartheid ohne Racheaktionen, nach dessen stets als kommunistisch diffamiertem Kampf und 27 Jahren Haft. Daran erinnernd, verläuft die mit Mitteleuropa verbundene Linie vom Kongo weiter durch Angola (dessen internationalisierter Bürgerkrieg bis 2002 dauerte) und nach Namibia (erst seit 1990 unabhängig). Dort schloss Hermann Görings Vater erste ›Schutzverträge‹ ab und die deutsche Kolonialarmee verübte ab 1904 im Kampf gegen Herero und Nama einen grausamen Völkermord. Ausgerechnet in dieser belasteten Region erinnert im alten Diamantensperrgebiet am letzten in Afrika vom MEZ-Meridian berührten Punkt ein wegen Portugals ursprünglicher Ansprüche errichtetes Steinkreuz auf der Diaz-Spitze (15° 5' 18" O) an Bartolomeu Dias (ca. 1450–1500), der als erster Europäer das Südkap Afrikas umsegelte, bevor Vasco da Gama (ca. 1469–1524) nach Indien gelangte.

Solchen von Wikipedia für jeden Ort präzisierten Koordinatenangaben zu folgen kann durch Perspektivenwechsel jenseits nationaler Horizonte auf sonst Unbedachtes globaler Situationen aufmerksam machen.[70] So ist etwa zu entdecken, dass der steirische Erzberg (14° 54' 42" O) mit seinen markanten Abbau-Terrassen wie auch der 3.300 Meter hohe Ätna (14° 59' 45" O) exakt am MEZ-

70 Ausführlicher in: Christian Reder (Hg.): *Kartographisches Denken*, Wien–New York, 2022, S. 199ff.

Meridian liegen. Dessen urzeitliche Naturgewalten halten trotz aller Überwachung weiterhin unberechenbare Explosivkräfte präsent. Als der Klassizismus-Architekt Karl Friedrich Schinkel 1804 den Ätna bestieg, notierte er ergriffen: »Ich glaubte, die ganze Erde unter mir mit einem Blick zu fassen, die Entfernungen erschienen so gering, die Breite des Meeres bis zu den Küsten Afrikas, die Ausdehnung des südlichen Kalabriens, die Insel selbst, alles lag so überschaulich unter mir, dass ich mich selbst fast außer dem Verhältnis größer glaubte.« Der von Italien und dem Orientalischen faszinierte Goethe hielt 1786/87 Sizilien für »ein unsäglich schönes Land« mit glücklichen Menschen, »die es nur sind weil sie ganz sind, auch der Geringste wenn er ganz ist kann glücklich und in seiner Art vollkommen seyn, das will und muss ich nun auch erlangen«.[71] Das nahe Syrakus (15° 17' O), Stadt der *Heureka*-Einfälle von Archimedes (ca. 287–212 v. u. Z.), lässt daran denken, wie einseitig die Griechen Athens zum Höhepunkt damaliger Kulturleistungen stilisiert worden sind, obwohl diese gerade auch in Sizilien von intellektuelle Freiheiten nutzenden mediterranen Transfers geprägt waren. Legendäre Interpretationen der *Norma*, vor allem von Maria Callas (1923–1977), halten den jung verstorbenen Komponisten Vincenzo Bellini (1801–1835) in Erinnerung, der in Catania (15° 5' O) am Fuß des Ätna geboren wurde, Zeitgenosse des von der Ostsee stammenden Natur-Romantikers Caspar David Friedrich (1774–1840).

Pier Paolo Pasolini (1922–1975) wiederum dachte bereits offensiv in Kategorien von »Afroasien, das – um es klar zu sagen – an der Peripherie Roms beginnt und Süditalien, einen Teil Spaniens, Griechenland, die Mittelmeerstaaten und den Mittleren Osten umfasst«. Das mache Spaltungen evident, »die Welt des ›konsumierenden‹ Subproletariats gegenüber dem produzierenden Kapitalismus« und »der vorindustriellen ausgebeuteten Zivilisation«.[72] Dazu die Parallele bei Jean-Luc Godard, der ebenfalls mediterrane Probleme

71 Karl Friedrich Schinkel: *Reisen nach Italien. Tagebücher, Briefe, Zeichnungen, Aquarelle*, Berlin 1979, S. 91ff. | Johann Wolfgang Goethe: *Tagebuch der Italienischen Reise 1786*, Frankfurt am Main 1976, S. 217, 221

72 Peter Kammerer (Hg.): *Pier Paolo Pasolini. Afrika, letzte Hoffnung*, Hamburg 2011, S. 34

als eminent europäische Fragestellungen begreift: »Ich frage mich, wie es eine kulturelle Kritik des Kapitalismus geben kann, wenn sich die Kultur längst selbst kapitalisiert hat (...). Es entsteht keine Vision daraus. Zu einer kulturellen Kritik des Kapitalismus müsste auch eine Kritik durch Bilder gehören.« Am Kommunismus sei höchstens noch relevant, »was bestimmte Länder daraus gemacht haben. Das gilt auch für den Kapitalismus.« Seinen essayistisch-komplexen *Film Socialisme* von 2010 widmete er einem Europa, »das in seiner Geschichte verloren ist«. Gedreht wurde auf einem Symbol standardisierten Konsums, dem später vor der Insel Giglio gestrandeten Kreuzfahrtschiff *Costa Concordia*. Bildsequenzen werden kombiniert mit rätselhaft fragenden, vieles verfremdenden Aussagen zum Mittelmeer und seiner Geschichte, fokussiert auf Tanger, Algier, Alexandria, Haifa, Palästina, Odessa, Griechenland, Neapel, Barcelona. Verwendet werden Textfragmente von Walter Benjamin, Jacques Derrida, Hannah Arendt, Jean-Paul Sartre, Jean Giraudoux, Luis Aragon, Henri Bergson, Samuel Beckett, William Shakespeare, Claude Lévi-Strauss, Patti Smith. Selbst die Schönheit der Landschaft wird radikal segmentiert als oft genug devastiertes Umfeld unzähliger Verlierer, mit Bild-Assoziationen zur Feststellung: »Demokratie und Tragödie wurden in Athen verheiratet, unter Perikles und Sophokles«; das »einzige Kind: der Bürgerkrieg«. Godard selbst sagte zu seinem Suchen einmal, er glaube, »primitive Gesellschaften sind glücklicher als unsere«.[73]

Dass aus angeblich primitiven, tatsächlich aber konkreteren Lebensweisen ein neues, vielleicht sogar öfter glückliches Selbstbewusstsein entstehen müsste, hatte schon die Négritude-Bewegung forciert (Aimé Césaire, Léopold Senghor, Frantz Fanon, Julius Nyerere, Kwame Nkrumah), ebenso der Blues, der Jazz und der »Black is beautiful«-Aktivismus. Diese Ansätze differenzieren sich längst weiter, seit nicht mehr »im Sklavenhandel und im Kolonialismus die Dreh- und Angelpunkte« von Afrikas jahr-

73 Jean-Luc Godard: »Es kommt mir obszön vor«. Interview mit Katja Nicodemus, *Die Zeit*, Hamburg, Nr. 41, 6. Oktober 2011 | Jean-Luc Godard: *Film Socialisme. Dialoge mit Autorengesichtern*, Zürich 2012

tausendealter Geschichte gesehen werden, noch dazu wo der Erdteil lange als »Kontinent ohne Geschichte« galt und nach G. W. F. Hegel (1770–1831) »keine Bewegung und keine Entwicklung aufzuweisen habe«.[74]

Längst gehe es offensiver darum, die unterstellte Zurückgebliebenheit nicht durch Nachahmung offenbar höher entwickelter Gesellschaften zu überwinden, sondern selbstbewusst »den Geist, die Kraft und die Energie eines jungen, vor Vitalität strotzenden Kontinents« und vor allem seiner Frauen freizusetzen, wie es etwa der Ökonom, Autor und Musiker Felwine Sarr aus Senegal – eine markante Stimme für Kunstrückgaben – mit vielen Wissenschaftlern und Künstlern propagiert. Auch der Politikwissenschaftler Achille Mbembe aus Kamerun gehört dazu, wenn er von einer Welt spricht, »die befreit ist von der Last der Rasse und des Ressentiments und des Wunsches nach Rache, die jeder Rassismus auslöst«.[75] Für Felwine Sarr gibt es genügend Gründe für Optimismus, denn »Afrika ist ein Kontinent mit einer Fläche von 30 Millionen Quadratkilometern und umfasst 54 Staaten. Flächenmäßig könnte man dort die USA, China, Indien und einen Teil Westeuropas unterbringen.« Er wird »in einem halben Jahrhundert mit 2,2 Milliarden Einwohnern der bevölkerungsreichste Erdteil sein und ein Viertel der Weltbevölkerung beheimaten. Afrika verfügt über ein Viertel der globalen Landmasse, 60 Prozent des ungenutzten Kulturbodens und ein Drittel der weltweiten Bodenschätze.« Über 45 Prozent leben in Städten. »2030 wird Lagos 25 Millionen Einwohner zählen, Kinshasa 16 Millionen, Kairo 14 Millionen, Dakar 5 Millionen.« Diese Reformer streben fundamental neue Prioritäten an mit dem »Aufbau einer verantwortungsvollen Zivilisation« und einem Universalismus, »in den alle lokalen Besonderheiten eingegangen sind«, inklusive mündlich überlieferten Wissens. (▸ DNA-RELATIONEN) Statt der kolonialen Sprachen Englisch und Französisch sollten regionale und Direktübersetzungen wieder Eigenes bewusster machen. Überfällig

74 G. W. F. Hegel: *Vorlesungen über die Philosophie der Geschichte*, a. a. O., S. 163
75 Achille Mbembe: *Kritik der schwarzen Vernunft*, Berlin 2014, S. 332 | Aimé Césaire: *Rede über den Kolonialismus und andere Texte*, Berlin 2010

sei: Fairness von Handel und Lieferketten, keine subventionierten EU-Exporte und industrielle Fischerei, so auch die *Agenda 2063* der Afrikanischen Union. Geldüberweisungen von Afrikas Subsahara-Migranten belegen ihre familiäre Solidarität, »deren Summe in den meisten Ländern die der Entwicklungshilfe, mitunter sogar die der ausländischen Direktinvestitionen übersteigt«.[76]

Dass politische Flüchtlinge aus Afrika, die vor dem Schreckensregime von Idi Amin Dada (1928–2003) geflohen waren, einst von Österreich aus Uganda revolutionieren konnten, demonstrierten geheime Treffen im Gasthof »Zum grünen Jäger« in Unterolberndorf bei Mistelbach, wo mithilfe der Politikwissenschaftlerin Charlotte Teuber aus Wien die Verfassung eines demokratischen Uganda konzipiert wurde. Denn dorthin planten der dann mehrfach wiedergewählte Präsident Yoweri Museveni und seine Exilregierung zurückzukehren. Nur wurde auch er, wie viele einstige Hoffnungsträger, »mit jeder Amtszeit noch autokratischer«.[77]

Das führt wieder zum Meridian Mitteleuropäischer Zeit, was einen Exkurs zu regionalen Erfahrungen plausibel macht, als Ausgangspunkt dieser auf den zivilisierten Umgang mit angeblich Fremden konzentrieren Recherchen. Denn auf diesem liegt auch der 1980 eröffnete Ostarrichi-Kulturhof in Neuhofen an der Ybbs (14° 51' O) in Niederösterreich, wo an die älteste bekannte schriftliche Nennung des Namens »Ostarrichi« erinnert wird, aus dem »Österreich« entstand. Die ihn für dieses kleine, historisch belanglose Gebiet erwähnende Schenkungsurkunde vom 1. November 996, heute im Bayerischen Hauptstaatsarchiv München, sollte als Beleg tausendjähriger Geschichte bisweilen das Nationalbewusstsein bestärken, blieb aber primär ein Schulbuchthema. Selbst Österreichs Bundehymne demonstriert seit 1946 ein singulär-introvertiertes Mitteleuropa-Selbstverständnis, heißt es doch darin, Österreich liege »dem Erdteil inmitten, einem starken Herzen gleich«, so als ob ganz Europa organisch von ihm abhängig wäre. Dabei stilisiert sich das Land nun seit zwanzig Jahren durch ÖVP-FPÖ-Koalitionen und ständige rechtsextreme Aktio-

76 Felwine Sarr: *Afrotopia*, Berlin 2019, S. 45, 48, 77, 97, 128, 137, 153
77 Madeleine Albright: *Faschismus. Eine Warnung*, Köln 2018, S. 284

nen und Kommentare zum Grenzfall internationaler Akzeptanz. Von »einem starken Herzen« Europas kann schon deshalb keine Rede sein. Noch im Richtungsstreit der Bundespräsidentenwahl 2016 gewann Alexander Van der Bellen nicht durch eine Partei, sondern wegen der aufgeschreckten Zivilgesellschaft. Trotz der im sogenannten Ibiza-Video evident werdenden kriminellen Denkweise des ehemaligen FPÖ-Vorsitzenden und Vizekanzlers, was davor niemand im Umfeld auch nur erahnt haben will, erreichte die FPÖ noch bei der Europawahl 2019 etwa in den genannten MEZ-Meridian-Gemeinden mit 17 bis 23 Prozent weiter höhere Werte als im Landesdurchschnitt. Die geistesverwandte AfD, anders als in Österreich von CDU/CSU (noch?) strikt ausgegrenzt, kam in Görlitz am MEZ-Meridian sogar auf 32,4 Prozent. Inzwischen soll es 24.000 gewaltbereite Rechtsradikale in Deutschland geben mit Zellen in Polizei und Bundeswehr. Der FPÖ brachte erst ihre interne Spesenkorruption bei den September-Wahlen 2019 drastische Verluste. Auch wenn die Partei daher so bald keiner Bundesregierung mehr angehören dürfte, wirkt das polarisierende Klima weiter, wenn sich in der Koalition von ÖVP und Grünen ab 2020 nicht eine halbwegs deutliche Liberalisierung durchsetzen lässt. Aber Erfolgsgeheimnisse sollen fremdenfeindliche Kürzungen der Sozialhilfe und – europarechtlich unhaltbar – des Kindergelds für so notwendige Altenpflegerinnen aus Osteuropa prolongieren, ferner Aufnahmelager, Sicherungsverwahrung mancher Asylwerber und eine völlig einseitige Symbolpolitik (wie das *halāl–harām* für erlaubt–verboten bigotter Muslime), mit Burkaverbot, Kopftuchverbot für Schulmädchen, so als ob Österreich ein strikt laizistischer Staat wäre. Dennoch könnte diese »Koalition von Konservativen und Grünen« zum Modell für Europa werden, wie es heißt – obwohl der ÖVP davor die FPÖ als idealer Partner galt, woran nicht nur die Positionen des neuen ÖVP-Innenministers ständig erinnern. Dabei hatte eine Befragung des renommierten SORA-Instituts in 340 Gemeinden 2018 viel positivere Stimmungen zu Flüchtlingen erhoben, als ständig unterstellt. Entscheidend seien persönliche Kontakte, was sich in zentralen Lagern nie ergeben könne. Sogar »85 Prozent« der Befragten waren der Meinung, »dass die Aufnahme der Geflüchteten sehr gut oder gut gelungen sei«. Selbst die Zahl jener, »die hoffen, dass sich Geflüchtete dauerhaft im Ort niederlassen, ist seit 2016 von 34 auf 42 Prozent gestiegen«. Nur 13 Prozent lehnten die Aufnahme weiter ab. Da die Asylanträge in Österreich vom Höchststand 88.340 (2015) auf 42.285 (2016), 24.735 (2017), 13.746 (2018) und 12.511 (2019) zurückgingen, waren viele politische Aussagen dazu »skurril und schwer verständlich«, so der Mitinitiator Christian Konrad, einst als Raiffeisen-Chef eine gewichtige ÖVP-Stimme und nun ein engagierter Flüchtlingshelfer. Zum ÖVP-Bundeskanzler Sebastian Kurz konstatierte er, dieser sei gerade »in der Flüchtlingsfrage auf ein anderes Gleis abgebogen« und seine erneuerte ÖVP längst »nicht mehr christlich-sozial«, so diffus sie es – wie Bayerns CSU – stets war, wurden doch selbst Caritas und Diakonie als Linke diffamiert. Aber am Ausstieg aus dem UNO-Migrationspakt von 190 Staaten wird festgehalten, obwohl Österreich damit, so der frühere ÖVP-Chef Erhard Busek, völlig unnötig »in eine Gesellschaft mit Donald Trump und Viktor Orbán« gerät, die Räume für Dissens autoritär drastisch beschränken. »Kurz unterstreicht damit lediglich die Botschaft, auf allen Ebenen alles gegen Flüchtlinge zu unternehmen« (Michael Völker, *Der Standard*). Am Marketing-Kurs der Regierung dürfte sich nicht allzu viel ändern, da man als erfolgreiche und beliebte »Mitte-rechts-Regierung« stets »den eigenen Wählern im Wort« sei – nun eben mit kontrollierbaren Grünen ›als Mitte‹ und dezidiert rechter ÖVP. Die SPÖ-Opposition bleibt allzu oft ratlos geschwächt. Daher ist »der wahre Gegner der derzeitigen Regierung«, wie Barbara Coudenhove-Kalergi bereits damals im *Standard* feststellte, »nicht die parlamentarische Opposition, sondern die Zivilgesellschaft«. Der Tendenz nach gehe es längst »um Demokraten gegen Nichtdemokraten«.[78]

Welche Weltoffenheit und Liberalität nach den diversen destruktiven Maßnahmen wieder erreicht werden musste, hatte etwa

78 SORA-Umfrage für die Initiative »Menschen. Würde. Österreich«, *Kurier*, Wien, 3. Oktober 2018 (Katharina Zach) | *Der Standard*, Wien, 26. Juli 2018 | *News*, Wien, 27. Juli 2018 | Erhard Busek, *Die Presse*, Wien, 17. Oktober 2018 | *Der Standard*, Wien, 3./4. November 2018 (Michael Völker) | *Der Standard*, Wien, 15. November 2018, 23. Jänner 2020 (Barbara Coudenhove-Kalergi) | https://de.statista.com | oe 24, 17. Dezember 2018

der Schriftsteller Peter Turrini in einer markanten *Presse*-Stellungnahme deutlich gemacht. Gerade »eine bürgerliche Partei mit christlichen Wurzeln«, heißt es darin, »müsste gegen diese neue Barbarei auftreten, sie müsste mithelfen, dass Flüchtlinge wie Menschen behandelt werden und dass ihnen geholfen wird, soweit es irgendwie möglich ist. Man kann durchaus über das Mögliche diskutieren, man muss nicht auf dem Unmöglichen beharren. Eine demokratische Regierung, in welcher Zusammensetzung auch immer, müsste diesem grassierenden Fremdenhass entgegentreten, doch das explizite Gegenteil geschieht. Beinahe täglich sind von der jetzigen Regierung Vorschläge zu hören, was man den Flüchtlingen noch alles wegnehmen und welche Unterstützungen man immer weiter kürzen könnte.« Denn »was diese Regierung macht, ist nicht nur ein moralischer Umsturz, vom Anstand zur Unanständigkeit, sondern vor allem ein politischer. Arbeiterrechte werden reduziert, Frauenvereinigungen wird die Unterstützung entzogen und Organisationen, die Immigranten helfen wollen, werden abgedreht. Alles soll in einer einzigen Behörde zusammengefasst werden, eine eigene Agentur für Fremdenwesen soll geschaffen werden, in der von der Beratung der Flüchtlinge bis zur Abschiebung alles in den Händen von Beamten des Innenministeriums liegt. Private Hilfsorganisationen, Rechtsanwälte, Helfende sollen nichts mehr mitzureden haben. Das ist ein Staatsstreich in Zeitlupe gegen die Zivilgesellschaft, immer ein bisschen weiter nach rechts ins Menschenfeindliche … so als sei ein Wettrennen darüber ausgebrochen, wer der größere Feind des Nächsten ist, wer die Schwächeren am besten verhöhnen kann.« »Sind denn alle verrückt geworden?«, fragte Peter Turrini, selbst Sohn eines italienischen Einwanderers, angesichts solcher Vorgänge. »Hat ein Land wie Österreich, welches in seiner Geschichte alle möglichen Ethnien aufgenommen und zum Nationalcharakter verschmolzen hat und gerade dadurch zu vielen kreativen Großtaten fähig wurde, seine Geschichte vergessen?« – eine latent von Migration geprägte Geschichte, wie sie in praktisch jeder Familie rekonstruierbar ist.[79] Auch der Schriftsteller Michael Köhlmeier

79 Peter Turrini, *Die Presse*, Wien, 3. November 2018

fand im Parlament zum Gedenken an die Opfer des Nationalsozialismus überaus deutliche Worte: »Zum großen Bösen kamen die Menschen nie mit *einem* Schritt, sondern mit vielen kleinen, von denen jeder zu klein schien für eine große Empörung. Erst wird gesagt, dann wird getan«, und auch damals schon hat es »Menschen gegeben, auf der ganzen Welt, die sich damit brüsteten, Fluchtrouten geschlossen zu haben«.[80]

Für Europa bleibt signifikant, wie solche sich volksnah gebenden Parteien und ihre Partner weiter das öffentliche Klima polarisieren, selbst in Gegenden ohne Flüchtlinge, sichtlich weil Fernsehbilder von Flüchtlingsmassen stärker nachwirken als kaum noch verbreitete aus trostlosen Lagern. Wer sich ohnedies als Opfer sieht, dürfte sein Mitgefühl für krasser Benachteiligte verlieren. Geht es anderen noch schlechter, erscheint das abstiegsbedrohte eigene Leben erträglicher, wozu auch ein Hass auf Fremde, Minoritäten, Schwache und Unangepasste beiträgt – aber auch auf Qualitätsmedien, Experten, Eliten und die EU, weshalb ganz andere an die Macht kommen sollen. Aufgeklärte Liberalität wird zum Sonderfall, wenn sich eine solche kaum verhehlte Ablehnung ›des gesamten Systems‹ weiter ausbreiten kann.

Dabei sind in Wien wie in anderen Großstädten mittlerweile rund 60 Nationalitäten vertreten und in Österreich etwa 250 Sprachen.[81] Wahlerfolge bestärken jedoch offenbar die Tendenz, ein möglichst fremdenfeindliches Tourismusland daraus zu machen, das Fremde nur akzeptiert, wenn sich an ihnen direkt verdienen lässt. Verbindungen zwischen Mitteleuropa, Mittelmeer und Afrika könnten auch bewusster machen, wie fiktiv und ausgrenzend Fixierungen auf irgendeine Mitte sind, vor allem als wieder weithin propagierte nationalistische Parole: »Unser Land zuerst«…

80 Michael Köhlmeier: Gedenkrede, Österreichisches Parlament, 4. Mai 2018

81 https://www.wien.gv.at/menschen/integration/daten-fakten/bevoelkerung-migration.html | https://www.demokratiewebstatt.at/angekommen-demokratie-und-sprache-ueben/sprachen-in-oesterreich

Logo der ›Union für den Mittelmeerraum‹
2008 hervorgegangen aus der 1995 gegründeten
euro-mediterranen Partnerschaft EUROMED

»Im Römischen Reich war dunkler Teint
kein Grund für Diskriminierungen oder Vorurteile.«
Dieter Richter: *Der Süden. Geschichte einer Himmelsrichtung*, Berlin 2009

MITTELMEERUNION?

Als die Atlantik-Charta von 1941, das Kriegsende und die Gründung der NATO 1949 den Westen als transatlantisches Bündnis gegen ›die Unfreiheit des Ostens‹ konstituierte, war es im Mittelmeerraum weiter um Entkolonialisierung gegangen: Libanon (1943), Syrien (1946), Palästina/Israel (1948/1988?), Libyen (1951), Marokko (1956), Tunesien (1956), Algerien (1962). Außer Luxemburg sind zwar alle Gründungsmitglieder der späteren Europäischen Union Küstenländer, Mittelmeeranrainer aber nur Frankreich und Italien. Wie nebensächlich dieser Bezug wurde, zeigt sich darin, dass weder die *Union für den Mittelmeerraum* noch die *Partnerschaft Afrika-EU* oder die *Europäische Nachbarschaftspolitik ENP* Richtung Süden ein über Expertenkreise hinausgehendes Gewicht bekam. Denn solche außenpolitischen Projekte erhalten seit Jahren kaum Rückhalt durch öffentliche Debatten über Ziele, Misserfolge und Erreichtes.

So dürfte kaum geläufig sein, dass die als EU-Institution seit 2008 von Barcelona aus agierende *Union für den Mittelmeerraum* – symbolisch für rundum anzustrebende friedliche Zustände – »die Entgiftung des Mittelmeers« durch koordinierte Interventionen »bis ins Jahr 2020« [!] zum vorrangigen Ziel erklärt hatte, um es »zum saubersten Meer der Welt zu machen«. Mit welchen Maßnahmen und Resultaten dies angesichts desperater Interessen erreicht werden sollte, blieb medial weitgehend unbeachtet, so wie bei den früh beschlossenen Aktionsfeldern ›Wirtschaft, Sicherheit und Kultur‹. Denn dieses auch wegen der über 200 Millionen jährlichen Touristen (ein Drittel des Welttourismus) vielfach gefährdete Ökosystem gehört immer noch »zu den am stärksten ausgebeuteten Meeresregionen der Welt« mit sehr hoher »Konzentration an Mikroplastik«, dezimierten Fischbeständen, minimalen Schutzzonen, unkontrollierten Schiffsrouten, oft katastrophalem Umweltschutz, kontaminierten Flüssen, Wassermangel im Umland.[82]

82 Simone Höllmüller: *Barcelona-Prozess: Union für den Mittelmeerraum. Mittelmeerunion*, Tübingen 2009, S. 6, 16, 18 | Wikipedia: Mittelmeer | Alexis Marrant: *Mittelmeer in Gefahr*, Dokumentarfilm, arte 2017

Sein Zustand verdeutlicht Kooperationsblockaden selbst bei überlebensnotwendigen Programmen für Klima- und Meeresschutz. Auch EU-Staaten verhalten sich keineswegs vorbildlich. So macht Plastikmüll »aktuell 95 Prozent der Müllbelastung auf offener See, dem Meeresgrund und den Stränden im Mittelmeerraum aus«. »Am meisten Plastik gelangt aus der Türkei ins Meer (144 Tonnen/Tag), gefolgt von Spanien (126), Italien (90), Ägypten (77) und Frankreich (66)«.[83] Irreversibel könnte vieles sein – so wie die Landschaft und Klima völlig verändernde radikale Entwaldung seit der Antike und dem Mittelalter.

Begonnen hatten solche ehrgeizigen Kooperationsversuche für den Mittelmeerraum mit der ›Erklärung von Barcelona‹ 1995 über eine euro-mediterrane Partnerschaft (*EUROMED*) der 15 damaligen EU-Mitglieder, von Malta und Zypern (die später dazu wurden) und allen zehn südlichen Anrainerstaaten außer Libyen. Offenbar noch vom Optimismus nach dem Ende des Kalten Krieges geleitet, sollte »die Schaffung eines Raumes des Friedens und der Stabilität, die Einrichtung einer Zone des gemeinsamen Wohlstands und der Förderung des gegenseitigen Verständnisses unter der Völkern der Region« angestrebt werden, sowie ab 2005 auch »die Kooperation auf den Gebieten Migration, soziale Integration, Justiz und Innere Sicherheit«. Zur operativen Vernetzung wurde die *Anna-Lindh-Stiftung* mit Sitz in Alexandria gegründet, benannt nach der 2003 in Stockholm von einem Attentäter ermordeten schwedischen Außenministerin und EU-Ratspräsidentin. Intensive interkulturelle Dialoge sollten sogar die Vision »einer gemeinsamen euro-mediterranen Identität« bestärken,[84] geprägt vom Klima, von angeblich gelassener Konfliktlösung und Lebensweise, umgänglicher Vitalität, Sprachenvielfalt, weit nach Osten reichender Musiktraditionen und der regional so vielfältigen, weltweit einflussreichen mediterranen Küche. Deshalb konnten sich Mittelmeeranrainer über lange Phasen überall rasch heimisch

83 World Wide Fund For Nature (WWF): *Wege aus der Plastikfalle – Was zu tun ist, damit das Mittelmeer nicht baden geht,* 2018, S. 10

84 Simone Höllmüller: *Barcelona-Prozess*, a. a. O., S. 6, 8 http://ufmsecretariat.org | Anna-Lindh-Stiftung, http://www.alfaustria.org

fühlen, ohne dass nunmehr so betonte kulturelle und religiöse Differenzen im Alltag allzu spürbar wurden. Als die meisten noch Analphabeten waren, ist Mehrsprachigkeit alltäglich gewesen. Noch »bis ins 19. Jahrhundert« wurde eine nie verschriftlichte *Lingua franca*, als Gemisch italienischer Dialekte und anderer Idiome, überall auf den Schiffen und in den Häfen verstanden.[85]

Vieles davon blieb Träumerei, denn solche Überlegungen und Initiativen sind von den Nahostkonflikten und der arabisch-israelischen Gegnerschaft überschattet worden. Das Einmischen in innere Angelegenheiten wurde vielfach nicht geduldet. Europa und seine mediterranen Nachbaren drifteten sogar noch weiter auseinander. Finanzierungen blieben vage. Außer Kontaktnetzen ergab sich wenig Greifbares. Vertrauensbildung ging kaum über die üblichen Lippenbekenntnisse hinaus. Die Programmatik der EUROMED-Partnerschaft sollte die dann 2008 gegründete, von Frankreichs damaligem Präsidenten Nicolas Sarkozy forcierte *Union Méditerranée* stabilisieren. Als Alleingang Frankreichs stieß das jedoch vor allem in Deutschland auf heftige Kritik, da ein Bündnis mediterraner Staaten innerhalb der EU Nord-Süd-Spaltungstendenzen verstärken könnte, was von der Türkei als Kompromiss-Alternative zum erstrebten EU-Beitritt aufgefasst würde. Nach diversen internen Klärungen akzeptierte der Europäische Rat stattdessen eine *Union für den Mittelmeerraum* als Neubelebung der Initiativen von 1995, der nun alle EU-Mitgliedstaaten angehören sowie 15 südliche Anrainer: Bosnien-Herzegowina, Montenegro, Albanien und alle Küstenstaaten von der Türkei bis Marokko (Libyen nur als Beobachter), aber auch Jordanien und Mauretanien. Zur großräumigen Kontaktpflege wird die Arabische Liga stets eingeladen. Im EU-Finanzplan standen von 2007 bis 2013 dafür sieben Milliarden Euro zur Verfügung. Vorrangige Projekte waren weiterhin »die Sanierung des stark verschmutzten Mittelmeers«, »Schnellrouten für LKW-Fähren sowie die engere Zusammenarbeit des Zivilschutzes bei Waldbränden, Erdbeben und Überschwemmungen«. Ein von Frankreich und

85 Phlip Mansel: *Levant. Splendour and Catastrophe on the Mediterranean*, London 2011, S. 14

Deutschland entwickelter ›Solarplan‹ soll zum Ausbauprogramm für Solarkraftwerke rund um das Mittelmeer werden.[86]

In seinem dieser Problematik gewidmeten Buch *Zukunft des Südens. Wie die Mittelmeerunion Europa wiederbeleben kann* von 2012 hält der Politik- und Kulturwissenschaftler Claus Leggewie das mediterrane Umfeld einbeziehende Konzeptionen weiterhin für essenziell, um EU-Perspektiven zu konkretisieren. Dies umso mehr, als alle MENA-Staaten (Middle East & North Africa) seit 1979/80 (Chomeini-Revolution, Irak-Iran-Krieg, Islam-Radikalisierung durch Dschihad-Salafisten) durchwegs auf unabsehbare Konstellationen zusteuern. Nur sei nach über zwanzig Jahren vielfach unverbindlich gebliebener Konferenzdiplomatie mit nur sporadischer Beteiligung gewichtiger EU-Vertreter ein Neuanfang überfällig. Denn »über die schwache, den meisten Europäern kaum dem Namen nach bekannte *Union für den Mittelmeerraum (UfM)* mit ihren 43 Partnerstaaten ist die krisenhafte Entwicklung schlicht hinweggegangen. Kaum jemand wettet noch einen Cent auf die halbherzige Konstruktion einer subregionalen Gemeinschaft rund ums Mittelmeer. Ausschluss, Abschottung und Abwehr sind die vorherrschenden Fantasien im Norden Europas. Dabei gibt es gute Gründe«, so Leggewies Forderungen, »dem drohenden Zerfall der südlichen Peripherie, der Europa als Ganzes ja nicht unbeschadet lassen würde, mit einer *anspruchsvolleren*, *inklusiveren* und *entschlosseneren* Neufassung der Mittelmeerunion entgegenzutreten. *Neu*, weil sich die Lage sämtlicher Mittelmeeranrainer durch die Schuldenkrise wie durch die arabische Demokratiebewegung radikal verändert hat. *Anspruchsvoller* muss die Union werden, indem sie bisher im Vordergrund stehende, an sich eher nebensächliche und fragmentierte Agenden (wie mariner Umweltschutz und Energieversorgung)« – mit trotz drängender Probleme bescheidenem Erfolg – »in ein kohärentes Friedens- und Entwicklungsprojekt überführt. *Inklusiver* würde dies, wenn die Süd-Staaten auf Augenhöhe mitwirkten, auch wenn sie auf lange Sicht nicht als Beitrittskandidaten infrage kommen. Und *entschlossener* müssen die Protagonisten werden, weil der Mittel-

86 http://www.eu-info.de/europa/mittelmeerunion

meerpolitik vor allem eines fehlt: Führung und Vision. Das alles erfordert ein neues Verständnis und Muster der (Sub-)Regionsbildung in Europa.«[87]

Fundierten Reflexionen über Zukunft und Selbstverständnis der EU müsste es gelingen, so Claus Leggewie, das Mittelmeer »als historischen Kern Europas zu rehabilitieren«, ist es doch »vor allem mit Blick auf das dynamische Netzwerk der mediterranen Städte« eindeutig die »Wiege der Zivilisation« und die »Arena einer ersten Globalisierung«. Dessen vom dominierenden Mittelmeer-Historiker Fernand Braudel (1902–1985) früh als spezielle Lebenswelt charakterisierte »faktische Einheit« war durch die »Stadtstaaten des Attischen Seebundes im fünften Jahrhundert vor unserer Zeitrechnung« entstanden, symbolisiert durch die Akropolis Athens. »Seit den Phöniziern und Etruskern« sei gerade die Mittelmeerwelt zu allseitigem Nutzen vom weiträumigen Handel »zwischen den Stadtstaaten« geprägt gewesen. Urbanität und »die Polis« (griech. Stadt, Staat, Bürgergemeinde) waren das Essenzielle, ob auf autonome Stützpunkte an den Küsten konzentriert oder im persischen, alexandrinischen oder römischen Reich zur Blüte gelangt. Denn »die historischen Stärken des Mittelmeerraums lagen in einem Netzwerk lebendiger Städte, in der Flüssigkeit seiner Grenzen und in der hohen Dichte des Personen- und Warenverkehrs an seinen Küsten«.[88]

Übertrieben historische Reminiszenzen brauche es nicht, um wahrzunehmen, dass auch heute über »dessen rund 450 Häfen und Terminals etwa ein Drittel des Welthandels« und »ein Viertel des weltweiten Mineralölhandels« abgewickelt werden, mit dem Containerhafen Gioia Tauro bei Reggio Calabria als wichtigem Verteiler zwischen Suezkanal und Europa (mit vermuteter Mafia-Beteiligung).[89] Gemeinsamen Regulierungsbedarf sowie endlich zu realisierende Projekte, deren Investitionen sich durchaus rechnen, gäbe es jede Menge, ob hochrangige Koordinierungsstellen zum

87 Claus Leggewie: *Zukunft im Süden. Wie die Mittelmeerunion Europa wiederbeleben kann*, Hamburg 2012, S. 142f.

88 Claus Leggewie: *Zukunft im Süden*, a. a. O., S. 18, 21, 71, 74, 200

89 Christian Gramstadt: *Das Gift der Mafia – Und das europäische Gesetz des Schweigens*, Dokumentarfilm arte/D, 2019

Meeresschutz, Sonnen- und Windenergie, Ausbildungsoffensiven oder sanfter Tourismus mit »Rückbau der bestehenden Infrastruktur«, sonst werde diese »kollektive Plage« unerträglich. Ein weiteres Anwachsen der über eine Million Kreuzfahrttouristen belaste vielfach. Auch generelle Politikvorhaben könnten übergreifende Wirkung zeigen, so reformierte Agrarsubventionen, eine Finanztransaktionssteuer, Schuldentilgungsfonds, Ökosteuern, Emissionshandel beim Flug- und Schiffsverkehr. Für das Aktivieren reformerischer Energien sei die Bestärkung von Zivilgesellschaft und Nichtregierungsorganisationen unerlässlich. Nur lasse sich ohne »Revision der restriktiven Flüchtlingspolitik«, keine neue Balance in den Beziehungen erreichen. Als optimistischer Visionär deklariert sich Leggewie, wenn er statt der »Vergangenheitsfixierung des Kapitals« auf die »Zukunftsorientierung einer alternativen Ökonomie« setzt.[90]

Der Soziologe und Wissenschaftspolitiker Wolf Lepenies wiederum bleibt weit skeptischer und kritisiert in seinem Buch *Die Macht am Mittelmeer* von 2016 vor allem Alleingänge Frankreichs »als französische Träume von einem anderen Europa«. Denn weder de Gaulles katholisch orientiertes, durch romanische Sprachen verbundenes »Lateinisches Reich«, Mitterands leidenschaftlicher »Sozialismus des Südens« oder eben Sarkozys *Union Méditerranée* konnten tatsächlich Kooperationen über das Mittelmeer hinweg bestärken. Rückgriffe auf Fernand Braudels Geschichtsauffassung, auf Montesquieu, Paul Valéry oder Alexandre Kojève würden Mediterranes oft allzu einseitig als Gegenkraft zum eher barbarischen Norden und angloamerikanischer Zivilisation betrachten. Ein angeblich arbeitsamerer Norden blieb auch in Frankreich selbst immer wieder ein kontroverses Thema. Mussolinis *Mare-nostrum*-Faschismus und Frankreichs Kolonialgeschichte würden weiterhin belasten. Die erste Phase der Mittelmeerunion »unter Frankreichs Führung« scheiterte dann »am Widerstand der deutschen Regierung«, so Wolf Lepenies, obwohl es Paris für einen großen Fehler der EU hielt, »dem Mittelmeer zu lange den Rücken zuzukehren«. Dort nämlich dominierte die Überzeugung, »die

90 Claus Leggewie: *Zukunft im Süden*, a.a.O., S. 182ff., 221

Zukunft Europas liegt im Süden«. Wie früher »mit Kohle, Stahl und Atomkraft« zur Überwindung nationalstaatlicher Konflikte müsste nun »mit nachhaltiger Entwicklung«, also mit »Energie, Transport und Wasser«, begonnen werden, um politische Differenzen vorerst pragmatisch zu umgehen.[91]

Jugoslawienkriege und EU-Osterweiterung verschoben jedoch die Prioritäten drastisch. Der EU-Kandidat Türkei wurde zum verhandlungstechnischen Problemfall. Die Irak-, Syrien- und Libyen-Kriege zerrütteten die Region weiter. Budgetär ausgetrockneten *World-Food-* und *UNHCR*-Programmen wurde nicht ausreichend ermöglicht, in Syriens Nachbarländern – wie sonst in aller Welt – rechtzeitig betreute Lagerstrukturen aufzubauen. Wegen der Flüchtlinge aus Libyen bekam Afrika plötzlich eine neue Priorität. Die 1995 einsetzenden EU-Mittelmeer-Initiativen blieben insgesamt konturlos, gerade auch bei der Unterstützung demokratischer Kräfte und bei überfälligen Waffenembargos.

Jedenfalls: Erst als aus der *Mittelmeerunion*, »die als gleichberechtigte Parallelinstitution der EU konzipiert war«, 2008 »eine Union *für* das Mittelmeer« wurde, so Lepenies, nun »unter Führung der Europäischen Union, das heißt mit erheblicher Mitsprache der Deutschen«, ergaben sich kompaktere Aktionschancen. Auf Spaniens Finanzkrise von 2007 und Griechenlands Staatsschuldenkrise von 2010 wurde jedoch mit finanztechnisch umstrittenen Rettungsaktionen ohne den nötigen Schuldenschnitt reagiert. Der dem Norden »jenseits der Olivenhaine« unterstellte Machtpragmatismus potenzierte Vorurteile gegen den offenbar leistungsschwächeren EU-Süden zu Lasten einer zunehmend illusorischen Mittelmeerunion. Die rechte Parteien bestärkende Flüchtlingskrise von 2015 forcierte Spaltungen, erzwang aber auch mehr Aufmerksamkeit für Herkunftsländer und die mediterrane Aufnahmebereitschaft. Auch Lepenies ist ein Rückbesinnen auf Ursprünge wichtig, denn »die drei monotheistischen Religionen, die athenische Demokratie, das römische Recht, die arabische Medizin – sie alle sind Produkte des Mittelmeers«. Schon ein Auf-

91 Wolf Lepenies: *Die Macht am Mittelmeer. Französische Träume von einem anderen Europa*, München 2016, S. 71, 73, 76

klärer wie Napoleon, als Korse mediterran geprägt, wollte »Orient und Okzident zusammenführen«.[92] Auf Elba hatte er sogar einen ägyptischen Salon.

Hochkompliziert bleibt es, weil mit dem übergeordneten Ziel der »Förderung von Stabilität und Integration im gesamten Mittelmeerraum« jeweils in Treffen hochrangiger Amtsträger der *Union für den Mittelmeerraum* festgelegt wird, welche regionalen Projekte »nach einvernehmlichem Beschluss unter den 43 Ländern« offiziell als unterstützungswert anerkannt werden. Einvernehmlich vorgegeben sind sechs Tätigkeitsbereiche: Unternehmensentwicklung, Hochschulbildung und Forschung, soziale und zivile Angelegenheiten, Energie- und Klimaschutzmaßnahmen, Transport und städtische Entwicklung sowie Wasser und Umwelt. Vorgesehen ist ferner das gemeinsame Bekämpfen von Korruption, Terrorismus, organisiertem Verbrechen und Menschenhandel. Die ersten, bewusst keinem EU-Staat angehörenden Generalsekretäre kamen aus Jordanien und Marokko. Unter den bisher über 50 realisierten Projekten werden etwa eine »Meerwasserentsalzungsanlage für den Gazastreifen« ausgewiesen, der Windpark Tafila in Jordanien, die Online-Kurse der Energy University von Schneider Electric, das Abfallmanagementprojekt Izmir, »Junge Frauen schaffen Arbeitsplätze«, »Governance und Finanzierung der Wasserwirtschaft im Mittelmeerraum«, »Skills for Success«, »auf den Gebieten inklusives Wachstum, nachhaltige Entwicklung und Selbstbestimmung der Frau« oder die Euromed University of Fes. Gerade arabischsprachige Dissidenten fordern solche freigeistigen Gründungen seit Jahrzehnten, weil kaum irgendwo das Niveau der Amerikanischen Universität Beirut erreicht wird, die es seit 1866 gibt. Wegen hyperbürokratischer Abstimmungsverfahren ist jedoch fraglich, inwieweit gerade im Mittelmeerraum tatsächlich Resultate von gesellschaftlicher Relevanz erreicht werden.[93]

Signifikant bleibt, wie sich seit der Antike Ressentiments entwickelt haben. So war gerade für Hafenstädte die biblische

92 Wolf Lepenies: *Die Macht am Mittelmeer. Französische Träume von einem anderen Europa*, München 2016, S. 79, 90, 99

93 Wikipedia: Union für den Mittelmeerraum

Sprachverwirrung Babylons seit jeher ein Negativbild. Schon Roms berühmtester Redner Marcus Tullius Cicero (106–43 v. u. Z.) hielt nicht in Landwirtschaft eingebundene »Städte am Meer« wegen ihrer Offenheit und Unordnung für anrüchige Orte der »Verderbnis und Veränderlichkeit des sittlichen Zustandes«, wo eine »Gier nach Handel und Seefahrt« zu »Heimatlosigkeit und Zerstreuung der Bürger« führe.[94] Andererseits war im Römischen Reich »dunkler Teint kein Grund für Diskriminierungen oder Vorurteile«, da Menschen verschiedenster Herkunft überall anzutreffen waren und es viele »angesehene soziale Aufsteiger aus den afrikanischen Provinzen« gab, so der Germanist Dieter Richter in *Der Süden. Geschichte einer Himmelsrichtung*, primär die romantische Idealisierung südlicher Landschaften und ihrer Bewohner seit dem 18. Jahrhundert kommentierend.[95] Selbst Kaiser stammten aus fernen Regionen, der Punisch sprechende Septimius Severus (146–211) aus dem heutigen Libyen, Macrinus (164–218) aus dem heutigen Algerien, Severus Alexander (208–235) aus dem Libanon. Philippus Arabs (um 204–249) galt als Araber aus Syrien, wo auch Zenobia (um 240–272), die Herrscherin Palmyras, beheimatet war. Die Kaiser Aurelian (214–275) und Konstantin der Große (ca. 270/288–337) kamen aus dem heutigen Serbien. Dass es je wieder eine dem römischen Bürgerrecht vergleichbare, schließlich allen Einwohnern zustehende großräumige Staatsbürgerschaft geben könnte, wie sie Kaiser Caracalla (188–217) ermöglichte, ist selbst für die EU derzeit kaum vorstellbar, sollte aber an Mittelmeerbeziehungen denken lassen. In dieser Hinsicht war der sonst keineswegs positiv in die Annalen eingegangene Sohn des aus Syrien stammenden, in Carnuntum an der Donau zum Kaiser ausgerufene Septimius Severus ein Pionier: »Ich gebe daher allen Fremden, die im Reich sind, das Recht des römischen Bürgers, eingeschlossen diejenigen, die sich in Städten jeglicher Art aufhalten, ausgenommen diejenigen, die *dediticii* [›Unterworfene‹]

94 Karl Büchner (Hg.): *Marcus Tullius Cicero: Der Staat*, München–Zürich 1993, S. 102f.

95 Dieter Richter: *Der Süden. Geschichte einer Himmelsrichtung*, Berlin 2009, S. 45

sind«, heißt es in seinem Edikt aus dem Jahr 212. Es galt noch nicht für Sklaven, jedoch für die vielen fortwährend Freigelassenen und deren Kinder. Eine Römerin als Mutter oder römische Vorfahren waren längst nicht mehr Bedingung. Dieses universelle Bürgerrecht beendete die traditionelle »Unterscheidung von Bürgern und Nichtbürgern«, von Römern und Fremden, von Armee und Hilfstruppen, was sich bereits durch zahllose Verleihungen zunehmend erübrigt hatte, ob sie wegen spezieller Verdienste erfolgten oder käuflich erworben wurden.[96] Denn »Römer als Volk hat es nie gegeben«, waren doch »alle freien Untertanen des Imperium Romanum ›Römer‹. Und es waren viele Völker, die Lateinisch sprachen.« Erst der Nationalismus kreierte dann »für jede der verwandten Sprachen ein Volk«, so der Linguist Harald Haarmann.[97] Dennoch wird ethnische Abstammung weiter viel wichtiger genommen als der Lebensmittelpunkt und das Aufenthaltsrecht als Basis von Staatsbürgerschaft.

Für den in *Das Mittelmeer. Eine Biographie* Gemeinsamkeiten erforschenden britischen Historiker David Abulafia bleibt es »ein utopischer Traum«, dass die Europäische Union einmal »eine Europäisch-Mediterrane Union wird, zu der alle Mittelmeeranrainer Zutritt erhalten«. Aber das erübrige sich vermutlich, so seine sarkastische Skepsis, da die vernetzte Welt in ihrer Komplexität längst »ein einziger großer Mittelmeerraum geworden« sei.[98]

96 Wikipedia: Constitutio Antoniniana
97 Harald Haarmann: *Die Indoeuropäer*, München 2013, S. 8
98 David Abulafia: *Das Mittelmeer. Eine Biographie*, Frankfurt am Main 2013, S. 808, 810

STADTKULTUREN

Leoluca Orlando, Bürgermeister von Palermo:
»Palermo ist eine Migrantenstadt. Hier sind alle willkommen.«
Foto: ICORN – International Cities of Refugee Network

PALERMO

Zentral im Mittelmeer nahe dem Meridian Mitteleuropäischer Zeit gelegen, mit etwa gleichen Distanzen zu den Küsten rundum, könnte Palermo mit seinen 700.000 Einwohnern die zumindest symbolische (Kultur-)Hauptstadt einer – weiterhin völlig fiktiven – Mittelmeerunion sein, steht doch sogar ihr aus dem Griechischen kommender Name für weltoffener ›großer Hafen‹.

Trotz sich über Jahrhunderte dort ansiedelnder Fremder war jedoch ganz Süditalien über Generationen vor allem von drastischer Massenemigration geprägt, mit weit höheren Zahlen als die nun über das Meer kommenden Asylsuchenden und Migranten. Auch die offizielle nationale Begeisterung über das geeinte Italien konnte sie nicht halten. Überdies hatten dessen Regionalsprachen noch lang eine Verständigung erschwert, bis sich das anfangs nur von 2,5 Prozent verwendete Toskanische über die Schulpflicht als Standard durchsetzte. Von 1876 bis 1915 hatten insgesamt 14,5 Millionen Auswanderer das Land verlassen, die meisten aus dem armen Süden. Nach Süd- und Nordamerika zog es 7,6 Millionen, 6,1 Millionen suchten jenseits der Alpen neue Möglichkeiten. Erfasst wurden »1,7 Millionen Wanderungsvorgänge nach Frankreich«, »über 1,4 Millionen nach Österreich, mehr als 1,3 Millionen in die Schweiz sowie 1,2 Millionen nach Deutschland«.[99] Als ›italienischstämmig‹ gelten heute in Südamerika 55 Millionen Menschen, in den USA 17,8 Millionen, in Kanada 1,5 Millionen, in Australien 0,9 Millionen. In Europa ist ihr Anteil in Frankreich am höchsten (3,5 Millionen), gefolgt von Deutschland und der Schweiz (je 0,7 Millionen). Von den derzeit im Ausland lebenden Italienerinnen und Italienern behielten etwa 4 Millionen ihre Staatsbürgerschaft.

99 Eric J. Hobsbawm: *Nationen* a.a.O., S. 50, 66 | René del Fabrio: Italienische industrielle Arbeitskräfte in West- und Mitteleuropa im späten 19. und frühen 20. Jahrhundert, in: Klaus J. Bade, Pieter C. Emmer, Leo Lucassen, Jochen Oltmer: *Enzyklopädie Migration in Europa. Vom 17. Jahrhundert bis zur Gegenwart*, Paderborn 2007, S. 689

Sizilianer waren der Komponist Vincenco Bellini und der Tenor Giuseppe Di Stefano. Enrico Caruso kam aus Neapel. Luigi Pirandello, Salvatore Quasimodo, Giuseppe Tomasi di Lampedusa, Elio Vittorini, Natalia Ginzburg oder Leonardo Sciascia blieben wichtige literarische Stimmen aus Sizilien. Renato Guttuso wurde Siziliens einflussreichster Maler der Moderne. Frank Sinatras Vater kam aus Palermo, die Väter Frank Zappas und Al Pacinos waren Sizilianer. Ohne Italoamerikaner hätten sich die Vereinigten Staaten markant anders entwickelt, zählen doch die demokratische Politikerin Nancy Pelosi und die New Yorker Bürgermeister Fiorello LaGuardia und Rudolph Giuliani ebenso dazu wie Francis Ford Coppola, Frank Capra, Robert De Niro, Martin Scorsese, Dean Martin, Liza Minelli oder Madonna.[100]

Wie manche Städte in den USA galt auch Palermo lange als Mafia-Hochburg, von ihr beherrscht wie Neapel von der Camorra und Kalabrien von der ’Ndrangheta. Francis Ford Coppolas Filmtrilogie *Der Pate* erreichte ein Millionenpublikum, mit Marlon Brando als Don Vito Corleone und Al Pacino als dessen Sohn, nach dem 1969 erschienenen Roman von Mario Puzo (1920–1999). Der erste Mafiosi-Satz darin: »Ich liebe Amerika.« Offenbar faszinieren solche erbarmungslos kriminellen Familienclans, denen italienisches Essen, traditionelle Sitten und der katholische Anschein wichtig sind, weil unterstellt wird, dass ohnehin vieles wie in Bandengesellschaften funktioniert, durch eingespielte Seilschaften und Lobbys, für die in Grenzbereichen der Legalität oder jenseits davon so gut wie alles machbar ist.[101] Als phasenweise durchaus willkommene Ordnungsmacht konnte die Cosa Nostra Siziliens stets eine fast unangreifbare Überlegenheit ausspielen, gerade auch als Arbeitgeber und zur sozialen Absicherung. Ihr Gesetz des Schweigens (*omertà*), des Gehorsams, die Unerbittlichkeit gegen Denunzianten (den *pentito*), geheime Zugehörigkeit und Mittäterschaft erzeugen eine sonst vermisste, Schutz und Respekt

100 Wikipedia: Italiener | Italoamerikaner

101 Christian Reder: Entwicklungsperspektive: die Bandengesellschaft, in: Wolfgang Müller-Funk (Hg.): *Die berechnende Vernunft. Über das Ökonomische in allen Lebenslagen*, Wien 1993 | Mosco Levi Boucault: *Corleone. Pate der Paten 1+2*, Dokumentarfilm, arte 2019

bietende Zugehörigkeit. Selbst die völlig einseitige Vermögensverteilung wird in aller Regel akzeptiert. Denn auch Subalternen bleibt die Hoffnung, mit solchen Methoden ebenfalls Chancen auf Reichtum zu haben, der aber nie demonstriert wird.

Trotz drückender Mafiaherrschaft in Sizilien gelang jedoch gerade von Palermo aus ein höchst bemerkenswerter Neuanfang. Nur haben den jahrzehntelangen Kampf gegen sie mit Hunderten Toten viele verdienstvolle Vertreter des Rechtsstaates nicht überlebt, wie der Anti-Mafia-Kämpfer Giuseppe Impastato (1948–1978), der Präsident der Region Sizilien Piersanti Mattarella (1935–1980), der Richter Giovanni Falcone (1939–1992) mit seiner Frau oder der Richter Paolo Borsellino (1940–1992). Seit 1977 entwickelt das *No Mafia Memorial* als Initiative der Zivilgesellschaft »new ideas and ways of securing liberation from the Mafia«.[102] Durch Infiltration erreichte Zeugenaussagen und endlich angelaufene Verurteilungen hatten den juristischen Druck auf die Mafia immer mehr gesteigert. Gemordet wird offenbar kaum noch. Längst im offiziellen Wirtschaftsleben verankert, änderten sich ihre Geschäftsfelder. In Palermo selbst kann sie offenbar inzwischen von der Kommunalpolitik ferngehalten werden und die Stadt ist wegen ihrer aktiven Kultur-, Sozial- und Reformpolitik 2018 sogar als »italienische Kulturhauptstadt« ausgezeichnet worden.

Zur signifikanten Stimme dafür, worum es auf kommunaler Ebene vor allem gehen müsste, wurde der nun siebzigjährige, mehrfach wiedergewählte Bürgermeister Palermos. Als Universitätsprofessor und Anwalt war er auch Berater der *Organisation für Sicherheit und Zusammenarbeit in Europa*. Wegen seiner Zähigkeit als erfolgreicher Mafia-Kontrahent, Stadtsanierer und sensibler Erneuerer der historischen Altstadt unterstützen ihn seit der Wahl von 2012 drei Viertel der Bevölkerung. Völlig konträr zur auch in Italien weithin akklamierten ›Stop Invasione‹-Politik nimmt er Menschenrechte ernst und propagiert das auch lautstark. »Wenn mich jemand fragt«, erklärt er unverdrossen, »wie viele Migranten wir in Palermo

102 Giovanni Falcone, Marcelle Padovani: *Inside Mafia,* München 1992 | Centro siciliano di documentazione »Giuseppe Impastato« | https://www.centroimpastato.com

haben, sage ich nicht 70.000 oder 80.000«, entsprechend den realen Zahlen. »Ich sage: Wir haben keine. Wer in Palermo lebt, ist Palermitaner. Sie können geboren sein wo auch immer, aber solange sie hier sind, werden sie behandelt wie jemand, der hier geboren ist.« Manchmal sagt er auch »ein oder zwei Millionen. Denn wir sind alle Migranten« und Palermo ist »eine Migrantenstadt«. Im Unterschied zur sonstigen Radikalisierung gelang es mit einer an alle Bewohner gerichteten Politik und der *Charta von Palermo 2015* »unser gesamtes Denken« zu verändern, wie er betont. Anhänger europafeindlicher Hassprediger wie des von Furor und Furore lebenden zeitweiligen Innenministers Matteo Salvini von der Lega (davor Lega Nord) halten das sicher für völlig weltfremdes Gutmenschendenken: »Von der Migration als Problem zur Freizügigkeit als unveräußerlichem Menschenrecht«. Denn »kein Mensch wählt den Ort, an dem er geboren wird«, so Orlando, und »jeder Mensch habe das Recht zu entscheiden, wo er besser leben könne«[103] – wie die jährlich 50.000 jungen italienischen Emigranten, was die Propagandisten der Fremdenabwehr sichtlich kaum irritiert.

Trotz seines Eintretens für eine umfassende solidarische Flüchtlingshilfe sagt Orlando aber auch: »Machen Sie sich keine Illusionen über Palermo. Natürlich haben wir viele Probleme. Palermo ist keine europäische Stadt. Es ist eine nahöstliche Stadt mitten in Europa. Palermo ist Beirut, Istanbul, Libanons Tripoli.« Gerade das müsse den Umgang mit Fremdheit und Fremden, mit Asylsuchenden und Einwanderern würdevoller machen. Für ihn liefert Palermos Geschichte einen in der Bevölkerung spürbaren Rückhalt, denn »wir Palermitaner sind niemals Rassisten gewesen«. Deshalb sei er stolz, »Bürgermeister von Palermo zu sein«. »Einmal Hauptstadt der Illegalität«, sei sie nun »Hauptstadt des Rechts und der Menschenrechte«. Explizit mediterrane Gefühlswelten würden verhindern, Menschen aus arabischen, islamischen, afrikanischen, asiatischen Gesellschaften als fremdartige Andere anzusehen. Denn »Palermo hat eine enge Verbindung mit Friedrich II.,

103 ZDF Kulturzeit extra, 27. Juni 2018 | *NZZ* am Sonntag, 16. Juni 2018 (Patricia Arnold) | *FAZ*, 13. Juli 2018 (Andreas Rossmann) | TV-Film *Palermo Renaissance*, I/F 2018, arte, 5. Dezember 2018 | *Spiegel*-Online, 3. Jänner 2019

dem Stauferkönig, der perfekt Arabisch sprach, einem politischen Genie, das fast nebenbei König von Jerusalem wurde – ganz ohne Krieg [Friede von Jaffa, 1229]. Wir hatten hier in Palermo eine großartige arabisch-normannische Zeit und wurden dafür von der UNO als Weltkulturerbe anerkannt.« Erreicht werden konnte, dass »wir heute in einer Stadt leben, wo der Hund, die Katze und die Maus zusammen spazieren gehen. So sicher und tolerant geht es bei uns zu. Bei uns rufen auch die Muslime die Polizei, wenn es ein Problem mit Extremisten gibt.« Warum sollte auch aufgegeben werden, »dass Palermo seit langer Zeit eine Stadt ist, in der alle willkommen sind?« Mitstreiter sind inzwischen etwa die Bürgermeister von Neapel und Florenz oder Domenico Lucano aus der zur ›Heimat für Flüchtlinge‹ erklärten Gemeinde Riace in Kalabrien. Geflüchtete konnten sich dort und in rundum aussterbenden Orten ansiedeln, unterstützt durch Handwerks- und Agrarprojekte – nicht bloß als Erntesklaven. Obwohl mit dem *Dresdner Friedenspreis* ausgezeichnet und von *Fortune* wegen seiner Beispielwirkung zu den 50 weltweit einflussreichsten Personen gezählt, versuchte die Lega-Regierung gerade Lucanos Betreuungsmodell wegen Flüchtlingsbegünstigung zu ruinieren und war auf dem Weg, jede Seerettung und Landung drakonisch zu bestrafen.[104] Immerhin dürfte sich seit 2019 mit der neuen Innenministerin Luciana Lamborgese einiges ändern, betonte sie doch gleich, das Anderssein von Ankommenden sei auch bereichernd.

Indem sich Palermos Bürgermeister weiter dezidiert auf die Geschichte der Stadt beruft, konterkariert er damit jeden ausgrenzenden Nationalismus. Gegründet von Phöniziern, war Sizilien dann Roms erste Kolonie. Palermo wurde jahrhundertelang römisch, dann byzantinisch und nach düsteren Zeiten für zwei Jahrhunderte eine glanzvolle arabische Metropole, bis 1091 Normannen aus der Normandie – die unter Wilhelm dem Eroberer 1066 England annektiert hatten – mit ihrer überlegenen Militärmacht unter Roger I. (1031–1101) die Herrschaft über Sizilien übernahmen. Diese ging durch Erbfolge mit Friedrich II. (1194–1250),

104 Leoluca Orlando: *Der Tagespiegel*, Berlin, 3. Juli 2018 (Werner Bloch) | Domenico Lucano, *Die Presse*, Wien, 3. Oktober 2018

der auch Kaiser des Heiligen Römischen Reiches wurde, auf die deutschen Stauffer über. Die arabische Toleranz gegenüber friedlichen Andersgläubigen fortsetzend und viele Sitten übernehmend, wurde Sizilien »zu einem der reichsten Staaten Europas« und »ein Zentrum der mediterranen Welt, wo sich Ideen frei zwischen den Kulturen bewegen konnten«, obwohl »eine winzige ausländische Elite« militanter Eroberer über eine vorwiegend arabisch-berberische Bevölkerung regierte. Die Sommerresidenz muslimischer Emire wurde zum Palazzo di Normanni mit der Cappella Palatina als Hofkapelle, normannisch-arabisch-byzantinische Elemente integrierend. Offizielle Dokumente wurden in Griechisch, Latein und Arabisch verfasst. Mit der *Tabula Rogeriana* des arabischen Geografen al-Idrisi (ca. 1100–1166) entstand an Palermos Hof in jahrelanger Arbeit die genaueste Weltkarte der Vormoderne. In Alexandria verfasste Schriften von Euklid (3. Jhdt. v. u. Z.) und Ptolemäus (ca. 100–160) wurden aus dem Arabischen und Griechischen ins Lateinische übersetzt, auch solche des Galenos von Pergamon, genannt Galen (ca. 128/131–199/216), die für Jahrhunderte die Medizin beeinflussten (▸ ALEXANDRIA). Der 1099 zum Massaker bei der Eroberung Jerusalems führende Erste Kreuzzug hatte auch Antiochia und die Levante zugänglicher gemacht. Deshalb konnte etwa Adelard von Bath (ca. 1070–1160) wichtige Schriften aus dem Arabischen übersetzen, so jene des einst in Bagdad tätigen Universalgelehrten und Mathematikers al-Chwarizmi (ca. 780–835/850). Auch Michael Scotus (ca. 1180–1235) arbeitete am Hof Friedrich II. als Übersetzer, was ebenso frühe Verbindungen zu England herstellte. In Palermo ergaben sich auch Kontakte mit dem bahnbrechenden Mathematiker Leonardo Fibonacci (ca. 1170–1240), der im heute algerischen Bejaja als Sohn eines Notars der Pisaner Kaufmannschaft arabische Mathematik und das Rechnen mit den neuen indo-arabischen Ziffern erlernt hatte und sein Wissen schließlich im berühmten *Liber abbaci* zusammenfasste. Für das geistige Klima unter Friedrich II. war bezeichnend, dass er, obwohl vom Papst exkommuniziert und selbst dauernd auf Reisen und Kriegszügen, die Universität Neapel gründete und an »Gelehrte und Herrscher seines Reiches und der islamischen Welt« Fragen aussandte, als ständigen Dialog, die der aus

Andalusien vertriebene Sufi-Philosoph Ibn Sab'in (ca. 1217–1271) in *Die Sizilianischen Fragen* sammelte, exemplarisch für kulturübergreifende Interessen. Darin heißt es etwa, gerade »die schwierigen und dunklen Probleme gehören zu den Dingen, nach denen man forscht …«[105] Jedenfalls war dort damals mehr zu lernen »als irgendwo sonst auf der Welt«, so der aus Wien stammende Kunsthistoriker Ernst Gombrich (1909–2001).[106]

Im »halbafrikanisch-sarazenischen« Palermo aufgewachsen und sechs Sprachen sprechend, war Friedrich II. gerade in Zeiten militanter Kreuzzüge eine trotz aller Zwiespältigkeit, Tyrannei und Grausamkeit weithin gedankliche Perspektiven aufzeigende, singuläre Persönlichkeit, so Ernst Kantorowicz (1895–1963) in seiner klassischen Biografie, nämlich »der erste und einzige mittelalterliche Kaiser, der den Orient ganz unmittelbar aufnahm« mit dem Ziel, als Diplomat »Ost und West zu vereinen«. Auf dem Festland wurde Lucera »in eine sarazenische Militärkolonie« deportierter aufständischer Muslime verwandelt, die dort »ganz unter ihresgleichen« blieben und seine Leibwache stellten. »So entstand mitten im ältesten christlichen Land nahe der Grenze des päpstlichen Patrimoniums eine richtige Mohammedanerstadt mit ihren im flachen Apulien weithin sichtbaren Wahrzeichen, Moscheen und Minaretten.« Das sollte deren militärisch nutzbarer Integration dienen, denn seit Sarazenen 831 Palermo erobert hatten und vorübergehend auch Tarent, Bari und Brindisi in Apulien, waren deren Vorstöße weiter nach Norden möglich erschienen. Palermo selbst war damals geprägt von Moscheen, Minaretten, den Kuppeln von Synagogen, »neben normannischen Kirchen und Domen, die wieder von byzantinischen Meistern mit Goldmosaiken geschmückt waren und deren Gebälk griechische Säulen trugen, in welche Sarazenen den Namen Allahs mit kufischen Lettern gemeißelt hatten«.[107]

105 Violet Moller: *The Map of Knowledge. How Classical Ideas Were Lost and Found: A History of Seven Cities*, London 2019, S. 203–234 | Ibn Sab'in: *Die Sizilianischen Fragen*, Freiburg im Breisgau 2005, S. 171

106 Ernst H. Gombrich: *Eine kurze Weltgeschichte für junge Leser*, Köln 2018, S. 194

107 Ernst Kantorowicz: *Kaiser Friedrich der Zweite*, Düsseldorf 1927, S. 25, 31, 121f., 167, 181, 297

Nachwirkungen blieben im Alltag und Verhalten spürbar, als durch Erbschaft und Ehen Franzosen und Spanier folgten (Anjou, Aragon, Bourbonen), bis von Sizilien aus die staatliche Einheit Italiens erreicht wurde. Denn der dort mit tausend Rothemden und englischer Unterstützung gelandete Revolutionsheld Giuseppe Garibaldi (1807–1882) wirkte maßgeblich an der Vereinigung von Sardinien-Piemont mit dem Königreich beider Sizilien mit, die unter König Viktor Emanuel II. (1820–1878) bis 1870 zustande kam. Früh das Frauenwahlrecht fordernd, sollten selbst territoriale Veränderungen erst wirksam werden, wenn sie »das Parlament gebilligt habe«.[108] Garibaldis von Gräueln begleitete Herrschaft in Sizilien und sein Zug nach Neapel beendeten fast kampflos die spanische Bourbonen-Herrschaft. Franz II., der letzte König beider Sizilien, war mit einer Schwester von Österreichs Kaiserin Elisabeth verheiratet. Auch ein Vorgänger hatte eine Tochter Maria Theresias zur Frau. Der Name Giuseppe Verdis (1813–1910) wurde als Abkürzung zum idealen nationalen Slogan: *Vittorio Emanuele Re d'Italia*. Für den Süden hatte das jedoch drastische Folgen, denn die Politik und wirtschaftliche Initiativen konzentrierten sich von Anfang an auf den wohlhabenderen Norden. Zwanzig Jahre nach Italiens Einheit war selbst die einst strahlende Metropole Neapel von »Arbeitslosigkeit, Verbrechen und Überbevölkerung« geprägt, mit mehr als doppelt so vielen Analphabeten wie in Turin oder Mailand; etwa ein Viertel lebte in bitterster Armut. Vielerorts kam es zu andauernden Protesten.[109] Sizilien selbst wurde noch krasser vom Aufschwung des Nordens abgeschnitten. Sogar die erste Bahnlinie verlief von Mailand über Ancona, Bari und Lecce an die südliche Adria.

Zum feudalen Sizilien dieser Zeit heißt es im Roman *Der Leopard* von Giuseppe Tomasi di Lampedusa (1896–1957), »die Umwelt, das Klima, die sizilianische Landschaft« hätten stets die Übernahme »verschiedenartiger Kulturen« mit sich gebracht, »alle sind sie von außen gekommen«. Sizilien sei »seit zweitausendfünf-

108 Denis Mack Smith: *Garibaldi. A Portrait in Documents*, Florenz 1982, S. 27
109 Jordan Lancaster: *In the Shadow of Vesuvius. A cultural History of Naples*, London 2009, S. 200

hundert Jahren eine Kolonie«, mit Regierenden, »die nicht von unserer Religion waren, die nicht unsere Sprache sprachen«, was alle gezwungen habe, sich »mit Winkelzügen durchzuhelfen«. Auch vom Norden war, so die verbreitete Skepsis, »nach den Eintreibern von Steuergeldern, die hernach anderswo ausgegeben werden«, nie Positives zu erwarten. An Änderungen glaubte kaum jemand, denn »unsere Sinnlichkeit ist Sehnsucht nach Vergessen; unsere Flintenschüsse und Messerstiche Sehnsucht nach Tod«.[110] Lampedusa und seine Frau, die deutsch-baltische Psychoanalytikerin Alexandra von Wolff (1894–1983), hatten miterlebte Kriegszerstörungen – bis hin zu Bombentreffern auf seinen Palast – stark geprägt. Auch die *Leopard*-Verfilmung von Luchino Visconti (1906–1976) wurde ein Welterfolg, mit Burt Lancaster als Fürst Salina, mit Alain Delon und Claudia Cardinale, die als Kind sizilianischer Auswanderer in Tunesien aufgewachsen war. Als klassisches Beispiel der reichen Literatur Italiens zu den sich einer Angleichung entziehenden regionalen Differenzen verweist *Der Leopard* auf ein Europa der Regionen rund um große Städte, was die weltweit einflussreiche Kochkunst Italiens in besonderem Maße repräsentiert. Denn den Menschen sei »ihre Stadt, die Region, die Familie und Freunde, also das soziale und emotionale Umfeld, oder auch die Kirche« als »Gefühl von Heimat« durchwegs wichtiger als nationale Identität, so Ulrike Guérot in ihrem Plädoyer für eine Republik Europa, in der Nationen nicht mehr die primäre, letztlich trennende Struktur sein müssten.[111] Weil sich für Lampedusas Buch vorerst kein Verlag fand, hatte es erst Giangiacomo Feltrinelli (1926–1972) posthum publiziert, der auch das berühmte Che-Guevara-Foto populär machte und später als linker Terrorist bei einem von ihm versuchten Bombenanschlag auf einen Hochspannungsmast umkam.

Wegen der kriegsentscheidenden Landung der Alliierten in der Normandie am 6. Juni 1944 rückte in den Hintergrund, dass deren Befreiung Westeuropas bereits im Jahr davor begonnen

110 Giuseppe Tomasi di Lampedusa: *Der Leopard*, München 1959, S. 209f.
111 Ulrike Guérot: *Warum Europa eine Republik werden muss! Eine politische Utopie*, Bonn 2016, S. 37, 38, 45, 159

hatte, durch die von Winston Churchill (1874–1965) forcierte, in Algier geplante Landung in Sizilien im Juli 1943 von Tunesien aus, nachdem dort die deutsch-italienische Armee Erwin Rommels kapituliert hatte (▸ TUNIS). Neben US-Truppen und Briten beteiligten sich auch Kontingente aus Australien, Neuseeland, Frankreich, Polen, Brasilien oder Griechenland. Das sollte die Wehrmacht im Süden binden und Mitteleuropa für die Armee und aus Foggia startende Bombenflugzeuge schneller erreichbar machen. Nach Mussolinis Sturz kam es Anfang September zum in Sizilien unterzeichneten Waffenstillstand mit Italien und weiteren Landungen der Alliierten im Großraum Neapel bei Salerno und Anzio. Nach fast einem Jahr heftigster Kämpfe war Rom eingenommen worden, zwei Tage vor der Invasion im Westen.

Gleich zu Beginn der alliierten Landung war die für die Fürsten von Lampedusa namensgebende Insel vor Sizilien besetzt worden, mittlerweile allseits bekannt als Hoffnungsort aus dem Meer geretteter Flüchtlinge, die dort erstmals Europa betreten. Solche Konstellationen verbinden Krisensituationen mit Zeitgeschichte und Gründungsintentionen der EU, als Grundstruktur für ein weltoffenes Europa. Zu erinnern ist daran, wie sehr es nach 1945 von der ausstrahlenden kulturellen und wirtschaftlichen Entwicklung Italiens trotz latenter innenpolitischer Konfusionen beeinflusst wurde: Gastronomie, Autos, Mode, Design, Neoverismo-Filme und ihre Nachfolger. Zugleich sollten unterschwellige Manöver des Kalten Krieges die Linke und die Macht der mit 1,8 Millionen Mitgliedern größten Kommunistischen Partei Westeuropas in Grenzen halten, bis diese sich 1991 auflöste. Mit den Römischen Verträgen von 1958 wurde das Land Gründungsmitglied der EWG und damit der EU. Die Roten Brigaden terrorisierten – als Parallele zu Deutschland – eine Zeit lang das öffentliche Leben, bis hin zur Entführung und Ermordung von Ministerpräsident Aldo Moro (1916–1978). Wegen seiner stets instabilen Innenpolitik ergaben sich höchst umstrittene Politikerkarrieren, etwa die von Giulio Andreotti (1919–2013), der 33 Regierungen angehörte und siebenmal Ministerpräsident war, schließlich jedoch von allen Mafiavorwürfen freigesprochen wurde. Aber seine lange dominierende Partei, die *Democrazia Cristiana*, verschwand und gab sich nach endlosen Korruptionsskandalen 1994 einen neuen Namen. Der Sozialist Bettino Craxi (1934–2000) floh vor juristischer Verfolgung nach Tunesien. Italiens Parteienstruktur formierte sich völlig neu, was sich auch anderswo abzeichnet. Silvio Berlusconi konnte für Jahre zur akklamierten politischen Kraft werden, mental die bizarren Manöver Donald Trumps vorwegnehmend, mit Matteo Salvini als analogem Politikertypus, weil leisere Stimmen kaum noch Aufmerksamkeit erzeugen können.

Demgegenüber demonstriert die Politik Palermos und anderer Kommunen weiterhin praxisnahe solidarische Möglichkeiten in ohnedies vielfältiger werdenden Städten und in zunehmend verlassenen, durch Migranten wiederbelebbaren Gegenden. Tatsächliche ›Überfremdungsgrade‹ ergeben sich nämlich vor allem durch politisches Bestärken fremdenfeindlicher, zu nationalistischen Identitätskämpfen tendierender Aktivisten – die eigentlichen, zivilisatorische Errungenschaften gefährdenden Fremden.

So lautet die zentrale politische Frage des 21. Jahrhunderts nicht »*Wer sind wir?*, sondern *Zu wem können wir werden?* Die Aufgabe bestehe daher nicht darin, weiterhin so zu denken wie bisher«, wie der jamaikanisch-britische Soziologe Stuart Hall (1932–2014) resümiert, »sondern zu lernen *anders* zu denken«.[112]

112 Stuart Hall: *Das verhängnisvolle Dreieck. Rasse, Ethnie, Nation*, Berlin 2018, S. 184f.

Oum Kalsoum (Umm Kulthum, 1898/1910–1975)
»Stern des Orients« | »Die Stimme Ägyptens«

Im 19. Jahrhundert lebten in Alexandria »Araber, Türken, Tscherkessen, Mamluken, Kopten, Armenier, Malterser, Griechen, Italiener und europäische Exilanten«.
Christopher de Bellaigue: *Die islamische Aufklärung*, Frankfurt am Main 2018

ALEXANDRIA

Die von venezianischen Kaufleuten des Mittelalters ›Levante‹ genannten ostmediterranen Küsten waren der Europa gegenüberliegende ›Orient‹ (lat. *oriens*, ital. *il levante*, Ostwind, Morgenland, arab. *Maschrek*) – im Kern die Region zwischen Euphrat und Sinai (arab. *Asch Scham*), in weiterem Sinn auch Ägypten, Nordafrika, Kleinasien und die Ägäis. Als frühe Globalisierung hatten deren dominierende Hafenstädte das Mittelmeer zur Transferzone von Wissen und für begehrte Produkte aus dem Osten gemacht.

Wichtigster Zugang zum Reichtum Ägyptens und dessen Handelsbeziehungen ist in der Antike Alexandria gewesen, wo Ägypter, Griechen und Juden in eigenen Stadtvierteln lebten, aber dann unter christlicher Herrschaft auch »die Idee des Ghettos« entstand. »Armenier, Perser, Araber, Syrer und Nubier« waren ständig präsent. Gehandelt wurden Getreide, Baumwolle und alle speziellen Produkte Afrikas, Arabiens, Indiens und sogar Chinas. Geläufig war offenbar seit jeher: »Wer sich amüsieren und ausleben wollte, kam hierher.«[113]

Neuerlich zum Modellfall weithin ausstrahlender Urbanität wurde Alexandria durch sein »goldenes Zeitalter von 1860 bis 1960«, vor allem aber sein »golden age of cosmopolitarism« zwischen 1936 und 1956. Denn durch Zehntausende Zuwanderer aus Europa und omanischen Provinzen war es zur »Maschine für die Transformation Ägyptens« geworden, wie der britische Historiker Philip Mansel in seinem Buch *Levant. Splendor and Catastrophe on the Mediterranean* resümiert. Als kommerzielles Zentrum des Landes war es des kühleren Klimas wegen auch inoffizielle Sommerhauptstadt. Neben Arabisch dominierte das Französische, »die Sprache der Levante«. *Al-Ahram*, immer noch »die berühmteste Zeitung der arabischen Welt«, gründeten dort 1876 zwei »Katho-

113 Leonardo Benevolo: *Die Geschichte der Stadt*, Frankfurt am Main 2000, S. 166 | Manfred Clauss: *Alexandria. Schicksal einer antiken Weltstadt*, Stuttgart 2000, S. 21, 35, 156

liken libanesischer Herkunft«. In den Villen und den Vorstädten, wo auch »arme Europäer und Ägypter« Tür an Tür lebten, fühlten sich alle »eher als Alexandriner denn als Ägypter«, gehörte die Stadt doch durch stetige Kontakte mit Europa »eher zur Mittelmeerkultur als zur Islamischen Welt«.[114] Mit dem »Wiederaufblühen des verfallenen Alexandria« expandierte es rasch, denn »um 1850 waren auf der Welt 40 Prozent der Städte mit mehr als 100.000 Einwohnern Häfen«. Obwohl deren »besonders instabile und fluktuierende Bevölkerung« den Ruf als »Brutherde von Verbrechen und Aufruhr« provozierte, tendierten sie zugleich dazu, »Räume der Abweichung und Innovation zu sein«, so Jürgen Osterhammel zur *Verwandlung der Welt* im 19. Jahrhundert.[115]

Die Stadt war von Alexander dem Großen (356–323 v. u. Z.) vor seinem Zug bis zum Indus am 7. April 331 im Nildelta gegründet worden. Auch begraben wurde er dort. Als Barbar aus Mazedonien nur bedingt als echter Grieche geltend, übernahm er dann zügig imperiale persische Sitten. Erst durch das unter Kaiser Augustus (63 v. u. Z. – 14 n. u. Z.) aufgrund der Einwanderer aus dem Osten zur Millionenstadt aufsteigende Rom wurde es an Größe und Bedeutung übertroffen. Athen als Zentrum von Philosophie und Hellenismus ablösend, war Alexandria auch wegen der Gelehrte anziehenden Wissenschaften des noch singulären Universitätsbetriebs mit enormer Bibliothek die strahlende Mittelmeermetropole, wofür ihr über hundert Meter hoher Leuchtturm symbolisch stand, den erst Erdbeben im 14. Jahrhundert zerstörten.[116] Schon Herodot hatte die Weisheit der Ägypter, den Reichtum des Landes und dessen Einfluss auf Griechenland höchst respektvoll beschrieben.[117]

Im 19. Jahrhundert war Alexandria (arab. *al-Iskandariyyah*) von 6.000 wieder auf über 300.000 Einwohner angewachsen und neuerlich einer jener Mittelmeerhäfen mit am stärksten vermischter Bevölkerung, »in der Araber, Türken, Tscherkessen, Mamluken,

114 Philip Mansel: *Levant*, a. a. O., S. 110, 113, 124, 243, 246f., 261, 290
115 Jürgen Osterhammel: *Die Verwandlung* …, a. a. O., S. 70, 394, 410, 411
116 Platonische Akademie, gegründet von Platon (428/27–348/47 v. u. Z.) | Perikles (490–429 v. u. Z.) | Manfred Clauss: *Alexandria*, a. a. O, S. 81
117 Herodot: *Historien*, a. a. O., S. 122, 132, 144, 153

Kopten, Armenier, Malteser, Griechen, Italiener und europäische Exilanten, von Saint-Simonisten bis hin zu mittellosen polnischen Adeligen, miteinander einen vertrauten, wenn auch zuweilen gereizten Umgang pflegten«.[118] Heute leben dort fünf, in Ägypten hundert Millionen – eine drastisch veränderte Situation. Die einstige kosmopolitische Atmosphäre wird an jenen deutlich, die aus der Stadt stammen. So wurden der griechische Dichter Konstantinos Kavafis (1863–1933), der Futurismus-Gründer Filippo Tommaso Marinetti (1876–1944), der Schriftsteller Giuseppe Ungaretti (1888–1970), der britische Historiker Eric Hobsbawm (1917–2012) oder der französische Sänger und Lyriker Georges Moustaki (1934–2013) in Alexandria geboren – aber auch Hitlers Stellvertreter Rudolf Heß (1894–1987), dessen Vater dort eine Importfirma betrieb. Lawrence Durrell (1912–1990) blieb einige Jahre, nannte sie »die Hauptstadt der Erinnerungen« und widmete ihr sein vierbändiges *Alexandria-Quartett*. Auch der Historiker Manfred Clauss oder der Diplomat, Lyriker und Übersetzer Joachim Sartorius haben sie detailreich porträtiert.[119] Von den dort geborenen Ägyptern sind der Lehmbau oder Lichtgitterfenster reaktivierende Architekt Hassan Fathy (1900–1989) und der Schauspieler Omar Sharif (1932–2015) international bekannt – sowie der Nationalheld Gamal Abdel Nasser (1918–1970).[120]

Die Transformation zur modernen Stadt hatte nach der auf höchst konfliktreiche Weise Aufklärungsimpulse verbreitenden Ägypten-Expedition Napoleons von 1798 eingesetzt, die von Alexandria aus das Land befreien, so die Propaganda, und wie später Algerien zur französischen Provinz machen sollte, als koloniales Manöver gegen die maritime Übermacht Großbritanniens. Die beteiligten Wissenschaftler und die enorme Text- und Bildsammlung

118 Christopher de Bellaigue: *Die islamische Aufklärung*, a. a. O., S. 70

119 *The National Geographic Traveller: Ägypten*, Hamburg 2002, S. 188 | Manfred Clauss: *Alexandria. Schicksal einer antiken Weltstadt*, Stuttgart 2003 | Joachim Sartorius (Hg.): *Alexandria. Fata Morgana*, Stuttgart 2001

120 Konstantinos Kavafis: *Das Gesamtwerk*, München 1997 | Lawrence Durrell: *The Alexandria Quartet*, London 2012 | James Steele: *Hassan Fathy*, London 1988 | Hassan Fathy: *Architecture for the Poor. An Experiment in Rural Egypt*, Chicago 2000

Description de l'Égypte steigerten weithin das Interesse. Das Land wurde kartografiert. Mit der dreisprachigen Inschrift auf dem ›Stein von Rosetta‹ konnten die Hieroglyphen entziffert werden. Beidseitig kam es zu extremen Gewalttaten. Tausende angebliche Rebellen wurden hingerichtet. Napoleons Armee, die bis Syrien vorgedrungen war, hatte durch Kämpfe und Krankheiten enorme Verluste erlitten (▸ BEIRUT). Den General Jean-Baptiste Kléber (1753–1800) ermordete ein Attentäter. Unter dessen Nachfolger Jacques-François Menou (1750–1810), der zum Islam übertrat und eine Muslimin heiratete, musste Frankreichs Präsenz jedoch unter britischem Druck aufgegeben werden.

Schließlich übernahm der als osmanischer Offizier aus Mazedonien mit albanischen Truppen ins Land gekommene, nur Türkisch sprechende Muhammad Ali Pascha (ca. 1770–1849) die Macht in Ägypten, das seit 1517 zum dadurch erstarkten Osmanischen Reich gehörte – als Luthers Reformthesen Europa zu erschüttern begannen. Die Mamluken-Herrschaft ehemaliger Militärsklaven beendete er radikal, indem deren Honoratioren bei einem Empfang »bis zum letzten Mann abgeschlachtet wurden«.[121] Wegen seiner starken Position war das Land seither bloß noch formal mit dem Osmanischen Reich verbunden, durch Tributzahlungen, Geschenke, »die gemeinsame Flagge, die Währung, die Uniformen, das gemeinsame Rechtssystem und einzuhaltende internationale Verträge«. Als »reichster Pascha des Osmanischen Reichs« verfolgte Muhammad Ali stets auch eigene Geschäftsinteressen. Er konnte eine Erbfolgedynastie durchsetzen, die sich bis 1952 hielt, als der letzte König Faruq (1920–1965) vertrieben wurde. Sich »als neuer Bonaparte sehend«, hatte er eine leistungsfähige Armee geschaffen, die sogar bis Anatolien vordrang, weil er ein eigenes Imperium anstrebte, was aber europäische Mächte durch Unterstützung der Osmanen nicht zuließen. Im Land selbst wurde »das Schulsystem ausgebaut, die Landwirtschaft reformiert«, die Baumwolle als Exportgut, Seidenverarbeitung sowie der Anbau von »Ananas, Bananen, Mangos, Feigen, Wein und Orangen« for-

121 Efraim Karsh, Inari Karsh: *Empires of the Sand. The Struggle for Mastery in the Middle East 1789–1923*, Harvard University Press, 2001, S. 28

ciert, was sein Enkel Ismail Pascha (1830–1895) fortsetzte. Alexandria bekam einen leistungsfähigen Hafen und Marinestützpunkt mit einem Kanal zum Nil. Erstmals in muslimischen Regionen wurde eine Fortbildung in Italien oder Paris gefördert. Durch lukrative Ausgrabungslizenzen florierte der Antikenhandel. Die Museen in London, Paris, Wien oder New York kamen zu ihren frühen Ägyptensammlungen. Alexandria wurde zur »boom town« und »zum Fenster in den Westen«.[122] Ein rudimentäres Parlament wurde eingerichtet und offensiv um Investoren geworben. Die Zahl der Ausländer, viele davon Berater, »stieg von einigen Tausend auf mehrere Hunderttausend«.[123]

Der vom Franzosen Ferdinand de Lesseps (1805–1894) unter Mitwirkung des Österreichers Alois Negrelli (1799–1858) initiierte Bau des 1869 eröffneten Suezkanals sollte als drastisch verkürzte Verbindung mit Indien und dem Fernen Osten Ägyptens imperialen Status durch enorme Einnahmen bestärken. Nur musste der Khedive seine Aktien wegen des von internationalen Kommissaren überwachten Staatsbankrotts bald der britischen Regierung verkaufen, die so wie Frankreich die Kontrollrechte bekam (▸ TRIEST). An der Eröffnung hatten Frankreichs Kaiserin Eugénie und Österreichs Kaiser Franz Josef teilgenommen. Für Verdis zu spät beauftragte *Aida* wurde extra ein Opernhaus errichtet. Zahllose Unternehmen siedelten sich an. Dass beim Kanalbau vermutlich 120.000 Arbeiter umgekommen waren, blieb allseits verdrängt. Ein Orient-Tourismus intensivierte sich, mit Reiseführern als Grundform des Programmierens. Wegen der Märchenland-Nachfrage kamen viele Orientmaler. 1875 arbeitete Hans Makart in Kairo. Erst 1899, als er ›seinen Orient‹ längst popularisiert hatte, führte Karl Mays erste Fernreise nach Ägypten.[124]Als Slatin Pascha Gouverneur im Sudan geworden, war der Wiener Rudolf Slatin (1857–1932) bis zu seiner abenteuerlichen Flucht Gefangener von Muhammad Ahmad (1844–1885), dem es mit seinem lange ver-

122 Philip Mansel: *Levant,* a. a. O., S. 59, 60, 67, 77, 82, 87, 89
123 Efraim Karsh, Inari Karsh: *Empires of the Sand,* a. a. O., S. 45
124 Lynne Thornton: *Les Orientalistes. Peintes voyageurs,* Paris 1993 | Hans Wollschläger: *Karl May. Grundriss eines gebrochenen Lebens,* Zürich 1976

geblich bekämpften Mahdi-Aufstand um eine radikale Islamisierung ging.[125] Dabei war selbst der britische Generalgouverneur Charles George Gordon (1833–1885) umgekommen. Die radikalen Wahhabiten Arabiens waren bereits früh von Muhammad Ali bekämpft und ihr Imam Abdallah I. Ibn Saud 1818 in Konstantinopel hingerichtet worden. Parallel dazu formierte sich die von Muhammad as-Sanussi (1787–1859) gegründete Senussi-Bruderschaft von Libyen aus. Auch gegen aufständische Griechen wurde von Ägypten aus vorgegangen.

In Alexandria war davon wenig zu bemerken. Seit 1817 gab es ein europäisches Krankenhaus, seit 1835 Dampfschiffverbindungen mit Marseille, bald eine Bahnlinie nach Kairo und wie in Smyrna und Beirut ein verlässliches österreichisches Postamt.[126] Bereits 1839 waren die frühesten Fotografien zu sehen und 1897 eröffneten die Brüder Lumière dort das erste Kino Ägyptens. Um 1900 war es der drittwichtigste Mittelmeerhafen nach Genua und Marseille. Hotels entstanden und der »erste moderne Hauptplatz des Mittleren Ostens«, mit Muhammad Alis Statue, »der ersten in einem muslimischen Land«. Es gab früh Gasbeleuchtung, Straßenschilder, Hausnummern, seit 1863 eine Straßenbahn und seit 1895 das Archäologische Museum. Das Baden im Meer wurde üblicher. Ab 1907 entstand eine Strandpromenade. 1919 wurde hier die erst dritte große Ausstellung islamischer Kunst nach Paris (1893) und München (1910) gezeigt, die viele Künstler der Moderne beeindruckt hatte. Alle denkbaren Waren und die neuesten Zeitschriften und Bücher aus Europa waren erhältlich. Vielen galt das Land als »neues Kalifornien«. 30.000 Griechen waren eine der großen Zuwanderergruppen. Ehen zwischen diesen und mit Ägypterinnen blieben selten, aber solche von Katholiken und Protestanten wurden ebenso toleriert wie Homosexualität oder die islamische ›Ehe auf Zeit‹ mit Einheimischen, was in Europa noch lange schockierte. Alexandria war zur »city of nightclubs« und vieler Bordelle geworden, aber auch »eine der schmutzigsten Städte der

125 Gordon Brook-Shepherd: *Slatin Pascha. Ein abenteuerliches Leben*, Wien 1972
126 Elmar Samsinger: *Morgenland & Doppeladler. Eine Orientreise um 1900*, Wien 2006, S. 225

Welt«, hatte durch häufige Seuchen die »höchste Sterblichkeitsrate Ägyptens« und war wegen krasser Massenarmut eine »brutal city«, was Reiseberichte eher als folkloristisches Detail erwähnen.[127] Geprägt vom Frankenquartier (so die seit den Kreuzzügen und wegen Frankreichs Präsenz in der Levante als Schutzmacht von Christen übliche Bezeichnung für Europäer) mit den Regierungspalästen und einer »Anzahl schöner Privatbauten«, dominierte »ein völlig europäisches Leben«, so *Meyers Großes Konversationslexikon* von 1902. Die über hundert Moscheen nennt es nicht, nur dass es zwölf christliche Kirchen verschiedener Konfession, drei Synagogen und einige Theater gab, Krankenhäuser für Ausländer und Einheimische, Schulen für Italiener, Deutsche, Griechen, Armenier, Juden und sechs für Mädchen.[128]

Wie die Harvard-Professorin Ilham Khuri-Makdisi zum *Global Radicalism 1860–1914* im östlichen Mittelmeerraum erforscht hat, wurden dafür Alexandria, Kairo und Beirut über Jahrzehnte wichtige Stützpunkte internationaler Netzwerke subversiver Oppositionspolitik. Denn mit zunehmender Integration in das globale kapitalistische System erstarkten Protestbewegungen, denen es um eine »arabische Renaissance« (*nahda*) ging, mit Varianten eines vorerst eher vagen Sozialismus (*al-Ishtirakiyya*) und eines von den 12.000 Italienern der Stadt forcierten Anarchismus (*fawdawiyya*). Weil damals allein aus dem Libanon ein Drittel der Bevölkerung nach Nord- und Südamerika ausgewandert war, viele davon nach Brasilien, gab es für den Transfer politischer Ideen eine fast globale, über Zeitschriften Kontakt haltende arabische Diaspora. Angesichts der vielen Analphabeten waren Kaffeehäuser, Abendschulen, Theater, Lieder, Laienaufführungen, Lesestuben und öffentliche Bibliotheken wichtige Popularisierungsmöglichkeiten, um tatsächlich im Volk modernisierend und reformerisch zu wirken. Das Interesse war »weniger auf Theorie als auf Praxis« hin orientiert, waren doch die meisten Menschen noch kaum je »ermuntert worden zu denken und zu sprechen«. Dabei waren

127 Philip Mansel: *Levant*, a.a.O., S. 62, 68, 69, 73, 74, 82, 105, 109, 111, 112, 125, 130, 132, 134, 137, 143, 243, 263, 265, 279

128 *Meyers Großes Konversationslexikon*, Leipzig–Wien 1903

die Missstände im Alltag unübersehbar. Die Kaste der Reichen blieb extrem privilegiert. Die Bauern der Umgebung litten unter Enteignungen, hohen Abgaben, Steuern, ständigem Unrecht, Zwangsarbeit. Die elende Behandlung von Arbeitern provozierte beginnende Klassenkämpfe mit Demonstrationen und Streiks. Shibli Shumayyil (1850–1917), der auch in Alexandria vieles initiierende Aktivist aus dem Libanon, gilt als »der erste sich als solcher deklarierende arabische Sozialist«. Die Evolutionstheorie von Charles Darwin (1809–1882), die Schriften Lew Tolstois (1828–1810) oder Pjotr Kropotkins (1842–1921) wurden dort früh rezipiert. *Der Graf von Monte Christo* von Alexandre Dumas d. Ä. (1802–1870) war als Geschichte von Verrat, Gerechtigkeit, Rache und Belohnung in Vorlesezirkeln sehr populär, nicht nur wegen orientalischer Bezüge (Schiff *Pharao*, Marseille als ›Tor zum Orient‹, Haydée, Tochter des Ali Pascha von Janina/Ioannina). Der zeitweilig in Alexandria wirkende italienische Anarchist Errico Malatesta (1853–1932) hatte große Resonanz. Auf die Hinrichtung des spanischen Reformpädagogen Francisco Ferrer (1859–1909) als angeblichen Anarchisten in Barcelona wurde mit einem empörten, oft gespielten Theaterstück reagiert. Das revolutionäre Frankreich, die Frühsozialisten und die Pariser Kommune lieferten Anhaltspunkte, bevor noch Karl Marx intensiver zur Kenntnis genommen wurde. *Das Kommunistische Manifest* war jedoch früh in Übersetzungen zugänglich, und die Erste und die Zweite Internationale wurden, obwohl als europäische Angelegenheiten geltend, »weithin kommentiert«, so wie der überraschende SPD-Sieg bei den Reichstagswahlen von 1912.[129]

Das Erstarken Japans durch die Seeschlacht bei Tsushima, die russische Revolution von 1905, Irans Verfassung von 1906, die jungtürkische Revolution von 1908, die chinesische Revolution von 1911 sind in den gegenüber dem osmanischen Syrien viel freieren Zeitungen Alexandrias und Kairos intensiv diskutiert worden. Der von Afghanistan bis Frankreich, Russland und Konstantinopel aktive, »die Trennung politischer und religiöser Autori-

129 Ilham Khuri-Makdisi: *The Eastern Mediterranean and the Making of Global Radicalism, 1860–1914*, London 2013, S. 4, 18, 23, 27, 30, 31, 33, 114, 117, 168

tät fordernde«, aber auch als »Pate des modernen universellen Islam« und des Salafismus geltende Dschamal ad-Din al-Afghani (1838–1897) wirkte eine Zeit lang von Alexandria und Kairo aus. Mit ihm war auch Salim al-Naqqash (1850–1884) in Kontakt, in dessen Schriften es nicht um »die Nation« als wahre Heimat ging, »sondern um ein Land, in dem Fremde willkommen sind und wo sie sich integrieren können«. Für sozialen Zusammenhalt, so der Tenor von vielen, würden primär Theater und Versammlungen durch Erziehung von Arbeitern und dem Mittelstand zu »sozialer Verantwortung, Reformen und Zivilisation« sorgen. Das Publikum waren Gegner der »inkompetenten und korrupten Führungsschicht«, »säkulare Intellektuelle«, Antiklerikale, linke Gruppen, Syndikalisten, »muslimische Reformer, italienische Anarchisten, die mit ihnen sympathisierende Bourgeoisie Alexandrias wie auch die Nationalisten«. Selbst etablierte Familien unterstützten diese Bewegung. Viele Aktivisten waren Freimaurer. In der Geschichtsdarstellung wenig beachtet blieb, dass um 1870/90 »tausende Arbeitskräfte vom Balkan, aus Italien und Spanien wegen höherer Löhne nach Ägypten, Nordafrika, an das östliche Mittelmeer und nach Anatolien zogen«. Arbeit gab es in der Tabakindustrie, vor allem für Frauen, in Zuckerraffinerien, im gewerblichen Textilsektor, im Bau- und Transportwesen. Ein Zuwandern wurde kaum kontrolliert, bis nach dem Ersten Weltkrieg Ausweise und Pässe obligat wurden. Zunehmend vermischt, »lebten im jüdischen Viertel Alexandrias Juden von griechischen Inseln (unter anderem aus Chios) mit orthodoxen Griechen zusammen, während im Maghreb-Viertel hauptsächlich Arbeiter aus Ägypten und Italien wohnten«.[130]

Anachronistisch sei, diese Urbanität »ethnisch« oder »national« zu gliedern, so Ilham Khuri-Makdisi, selbst nach den Sprachen nicht, benutzen doch alle das übliche Sprachgemisch. Von ihren Herkunftsländern wussten die meisten kaum etwas, was häufig zur »damnation of homelands« führte, waren doch alle

130 Ilham Khuri-Makdisi: *The Eastern Mediterranean and the Making of Global Radicalism,* a. a. O., S. 47, 66, 67, 74, 87, 90, 148, 159 | Christopher de Bellaigue: *Die islamische Aufklärung,* a. a. O., S. 324

weggezogen, um es anderswo etwas besser zu haben. Ein Fremder zu sein hatte keine deutliche Signifikanz, waren doch auch viele Ägypter zugewandert. Ausländische Arbeiter bildeten jedoch oft lose Gruppenhierarchien mit einem gewissen Rassismus, wenn sie Einheimische von Posten ausschließen konnten oder bloß als Hilfskräfte akzeptierten. Wegen Alexandrias markanter Klassenunterschiede sei es unabdingbar, so Ilham Khuri-Makdisi, den tendenziell sozialistisch-anarchistischen »working-class cosmopolitism« dieser Zeit deutlich vom leichtlebigen, oft romantisierten Kosmopolitismus der europäisch geprägten Bourgeoisie zu unterscheiden. Gerade am Mittelmeer gab es eben viele Variationen eines relativ weltoffenen, wenn auch nach Sozialschichten getrennten Zusammenlebens. Bereits ein »nationales Erwachen« zu unterstellen sei Unsinn. »Nationalisten haben zwar eine zentrale Rolle gespielt, wenn es um soziale Reformen und die Formierung der Bevölkerung als gesellschaftspolitische Einheit ging (woraus sich erst später Vorstellungen von ›Nation‹ ergaben), aber sie waren weder die ersten, noch die einzigen und auch keineswegs die einflussreichste Gruppe dafür.« Denn die damalige »global radical culture« war äußerst kontrovers. »Zur Konsolidierung des Nationalstaates und des Kommunismus als *der* offiziell triumphierenden Staatsideologie und zum Anwachsen nationaler kommunistischer Parteien« kam es erst durch die »weiter zunehmende Radikalisierung der 1920er Jahre und danach«.[131]

»Die personelle Basis der kommunistischen Parteien Nordafrikas« sind vor allem »jüdische Aktivisten« gewesen. Vom Juden Jacob Sanoua (1839–1912) stammte sogar die Losung »Ägypten den Ägyptern«. Undenkbar war, dass einmal 75.000 Juden das Land verlassen mussten.[132] Politischer Hauptgegner blieben der Kolonialismus und dessen Eliten. Denn nach Napoleons Ägypten-Abenteuer hatte Frankreich ab 1830 Algerien und 1881 Tunesien, Großbritannien 1839 die Hafenstadt Aden besetzt und 1882 auch

131 Ilham Khuri-Makdisi: *The Eastern Mediterranean and the Making of Global Radicalism,* a. a. O., S. 161, 162, 163, 169, 171

132 Nathan Weinstock: *Der zerrissene Faden. Wie die arabische Welt ihre Juden verlor 1947–1967,* Freiburg–Wien 2019, S. 15, 432

Ägypten. Dadurch de facto zur Kolonie und 1914 zum Protektorat unter einem britischen Hochkommissar erklärt, wurde ihm 1922 weitgehende Selbständigkeit und 1936 die volle Souveränität zugestanden. Aber die arrogant »über allem stehende« Macht europäischer Konsuln, die sich als »Mini-Staaten« eigenen Rechts verstanden, war längst typisch für die Levante, als beanspruchte nationale Zuständigkeit für christliche Bürger und Einrichtungen, womit Russland sogar auf das Orthodoxie-Zentrum Konstantinopel abgezielt hatte. Aber unter Muhammad Ali »existierte noch kein ägyptischer Nationalismus«. Erst kolonialer Druck, europäische Beispiele und die *Wafd*-Partei machten ihn nach dem Ersten Weltkrieg für sich bald nicht mehr bloß als Fellachen, sondern als Araber fühlende Ägypter zum Thema. Der unverstandene Staatsbankrott, die Fremdbestimmung, die internationale Finanzkontrolle bestärkten Oppositionskräfte. Ein nationales Denken propagierte früh der kurz als Kriegs- und Premierminister fungierende Ahmed Urabi Pascha (1841–1911), der ebenso unter dem Motto »Ägypten den Ägyptern« den Aufstand von 1881/82 anführte, den britische Einheiten nach heftigem Artilleriebeschuss Alexandrias blutig niederschlugen und daraufhin das Land besetzten. »In Alexandria waren 50 Europäer und 250 Ägypter zu Tode gekommen.« Urabi wurde als Führer der Nationalpartei für Jahre in Ceylon interniert, dann unter Nasser wieder als früher Patriot gewürdigt. Der entstandene »ägyptische Nationalismus flaute jedoch keineswegs ab, sondern erreichte noch unerwartete Höhen«.[133] Denn der sich »zwischen Madrid und Moskau« verbreitende Nationalismus wirkte bald wie »eine Religion, der oft viel glühender gefolgt wurde als dem Christentum oder dem Islam«, so Philip Mansel. Zwar war Ägypten seit Muhammad Ali »von einer der fanatischsten Provinzen des Osmanischen Reiches« zu »einer der tolerantesten« geworden, weil »keine islamistische Opposition« geduldet wurde, im gläubigen Volk hatte sie jedoch viele Anhänger. Slawen, Griechen oder Albaner hatten Wesire, Deutsche oder Ungarn Paschas werden können, ohne zum Islam zu konvertieren. Osmanische ›Türken‹ waren meist keine Türken,

133 Efraim Karsh, Inari Karsh: *Empires of the Sand,* a. a. O., S. 56, 57

sondern Araber, Kaukasier, Albaner, Bosnier oder Kurden. »Deren alter Hass auf Araber« blieb vor allem in der weiterhin türkisch dominierten Armee spürbar, wo Ägypter viel geringere Aufstiegschancen und schlechtere Löhne hatten.[134]

In der Globalisierungsphase des 19. Jahrhunderts war es noch durchaus möglich erschienen, dass ein prosperierendes Ägypten ökonomisch mit europäischen Ländern mithalten konnte. Das blockierten jedoch die Großmächte mit erzwungenen Privilegien, niedrigen Importzöllen für eigene Produkte und Interventionen in ständigen Orientkrisen (Londoner Vertrag 1840). Auch wegen dadurch drastisch sinkender Steuereinnahmen war das Osmanische Reich bereits »1854 zu einem Schuldnerland« geworden, was 1878 zur »Einsetzung einer Kommission zur Überwachung der Staatsfinanzen durch die europäischen Großmächte« führte.[135]

Zur einschneidenden Zäsur in Ägyptens jüngerer Geschichte wurde erst die Ausrufung der Republik 1952 durch die Offiziere um Gamal Abdel Nasser, Sohn eines Postbeamten aus Alexandria. Nach der osmanisch-türkischen Monarchie, kolonialer Abhängigkeit von Großbritannien von 1882 bis 1936 und im Zweiten Weltkrieg wurde der von ihm propagierte panarabisch-sozialistische Nationalismus praktisch zur Staatsdoktrin.

Über die *Stimme Kairos*, den erstmals alle arabischen Länder erreichenden Radiosender, wurde die aus dem Nildelta stammende, schon als Kind bewunderte Sängerin Oum Kalsoum (Umm Kulthum, 1898/1910–1975) zur legendären, die Massen begeisternden ›Stimme Ägyptens‹, zur ›Stimme der Araber‹, zum ›Stern des Orients‹. Dem – aus Sicht ihres wichtigsten Liedtexters Ahmed Rami (1892–1981) verfassten – Buch von Selim Nassim zufolge (*Stern des Orients*, 1999) musste Kalsoum zuerst als Beduinenjunge auftreten, denn »ein Mädchen auf der Bühne, das war unanständig«. Dabei hatte die Gründerin der *Ägyptischen Feministischen Union* Hudā Scha'rāwī (1879–1947) »den Schleier in

134 Philip Mansel: *Levant*, a. a. O., S. 64, 80, 81, 102f., 139

135 Immanuel Wallerstein: *Die große Expansion. Das moderne Weltsystem III. Die Konsolidierung der Weltwirtschaft im langen 18. Jahrhundert*, Wien 2004, S. 256f.

aller Öffentlichkeit« 1926 ostentativ abgelegt, weil das »nicht vom Islam, sondern vom Brauchtum« ausgehe.[136] Neben klassischen Versen, etwa aus dem *Rubaijat* von Omar Chayyām (1048–1131), sang Oum Kalsoum erstmals in ägyptischer Volkssprache. Nach Munira al-Mahdiya (1884–1965), »die als erste Ägypterin auf die Bühne ging, wo man bis dahin nur Syrerinnen oder Libanesinnen zu sehen bekam«, solche aus »dem leichtlebigen Nahen Osten«, wurde sie trotz konservativer Anfeindungen zur singulären Identifikationsfigur, zu *Umm*, der »Mutter von allen, einer kinderlosen Mutter«, da bald »ein ganzes Land im Klima ihrer Stimme lebte«. In ihr klassisch-arabisches Orchester holte sie »die besten Musiker ihrer Zeit«. War jemand nicht ersetzbar, ehrte sie ihn durch einen leeren Sitz mit seinem Instrument darauf. Wegen ihrer Volksnähe war sie »nicht zur Stimme der Monarchie« geworden, der kaum jemand nachtrauerte, sondern wie der Sänger und Filmschauspieler Mohammed Abd el-Wahhab (1902–1991) zum äußerst beliebten Popstar der panarabischen Euphorie unter dem Volkshelden Nasser. Bei ihrem Begräbnis im Februar 1975 sollen mehrere Millionen Menschen die Straßen gesäumt haben.[137]

Selim Nassib, der, aus jüdischer Familie im multikulturellen Beirut stammend, schließlich in Paris als Autor und Filmemacher reüssierte, kommentierte im ihr gewidmeten Buch auch die dramatischen Veränderungen des öffentlichen Klimas. Denn die Suezkrise von 1956 radikalisierte den ägyptischen Nationalismus. Nur mit massivem Druck konnten die USA den von britischen und französischen Einheiten unterstützten Angriff Israels auf die Kanalzone stoppen, der die von Nasser in Alexandria verkündete Verstaatlichung des Suezkanals verhindern sollte. In der angespannten Lage während des Ungarnaufstandes wurde dieses Einlenken zum den Weltmachtstatus Großbritanniens und Frankreichs beendenden Desaster. Nasser bekam umso mehr Zustimmung für seine Reformprojekte, die sogar nach der katastrophalen militärischen Niederlage gegen Israel von 1967 anhielt,

136 Abdelwahab Meddeb: *Die Krankheit des Islam*, Heidelberg 2002, S. 47
137 Selim Nassib: Stern des Orients *(Oum*, Paris 1994), Zürich 1999, S. 13, 20, 50, 70, 80, 82, 114, 116, 125, 167, 183 | Wikipedia: Umm Kulthum

weil er die Nation wieder aufgerichtet habe, so der Tenor: erstmaliges Frauenwahlrecht, Suezkanal-Nationalisierung, kostenlose Schulen, zahllose Schulbauten, Aufteilung von Großgrundbesitz, Förderung von Kooperativen, höheres Heiratsalter von Mädchen. Da USA und Weltbank die Weiterfinanzierung des Assuan-Staudamms ablehnten, wurde die Sowjetunion zum Partner. Ägypten geriet zwischen die Fronten des Kalten Krieges. Aber in zehn Jahren »hatte sich das Volkseinkommen verdoppelt«. »Das wirkliche Leben« fand jedoch weiter »unter Ausschluss der Frauen statt«.[138]

Der ägyptische Autor Chaled al-Chamissi erinnert daran, dass bereits 1947 Arbeitsmigranten aus Italien und Griechenland das Leben erschwert und oft die Einreise verweigert worden war. Aber nach »der Pracht und Erhabenheit« Alexandrias war ihm noch 1977 selbst Marseille klein und arm erschienen. Inzwischen sei es »trostlos und verschlossen«; vieles seiner früheren Glanzzeit »verschwindet hinter einer hässlichen Fassade«.[139] Der antikolonialistischen Begeisterung wegen waren nach 1956 ansässige Ausländer und vor allem Juden nicht mehr willkommen. »Ganze Viertel von Alexandria schnürten ihr Bündel«, so Selim Nassib. Denn nun übernahm auch Ägypten die viele ausschließende »fragwürdige Logik der Volkszugehörigkeit« als Abstammungsgemeinschaft – nicht als übergeordnete Staatsnation wie die USA oder Frankreich. Alexandria – und damit auch Ägypten – wurde »eines Teils seiner Substanz beraubt. Zum einen finanziell, aber auch an Menschen, und das waren nicht nur die Besitzenden. Griechen, Italiener, Franzosen, Malteser, Briten zu Tausenden, all die Minderheiten«, die wegmussten, bis hin zum armenischen Schneider und italienischen Zahnarzt. Das Land war »unabhängiger, aber auch härter, ärmer und feindseliger geworden«, jedoch keineswegs gerechter. Allzu vieles ging verloren: »Das Seidengespinst, das sich Schicht für Schicht in dieser Stadt abgelagert hatte, all die Farben, ein buntscheckiges, zerbrechliches Gewebe. Eine Wirklichkeit aus Fleisch und Stein, ein Schmelztiegel, der unsere ganze Sehnsucht

138 Selim Nassib: *Stern des Orients*, a. a. O., S. 178, 187, 189, 201
139 Chaled al-Chamissi in: *Südwind-Magazin*, Wien, März–April 2019

nach Öffnung und Vermischung mit anderen aufnahm, in dem sich unsere Toleranz entwickelt hatte.«[140]

Auch die christlich-levantinische Familie von Edward Said (1935–2003), der in Kairo aufwuchs und zum einflussreichen Fürsprecher der Palästinenser wurde, musste schließlich Ägypten verlassen, weil ihr Unternehmen, das »größte für Büromaterial im Nahen Osten«, in Nassers von ihm anfangs durchaus begrüßtem Sozialismus wegen undurchsichtiger Reglementierungen, der »Verstaatlichungen und dem Verbot ausländischer Konten« nicht fortgeführt werden konnte. Bezeichnungen für Ausländer bekamen »einen feindseligen Beiklang«. Obwohl »jetzt jüngere, ernsthafte Männer an der Macht« waren, die »der Korruption ein Ende bereiten« wollten, ging es primär um Administratives. Vor allem »das plötzliche Auftreten der Muslim-Bruderschaften versetzte uns Araber, die wir weder Ägypter noch Muslime waren, in zusätzliche Unruhe«. Neben dem Verdrängen europäischer »Finanziers, Handelsbankiers, Kreditanstalten und Wirtschaftsabenteurer« kam es in Kairo und Alexandria zur »Entvölkerung der levantinischen Gemeinschaften« mit ihren »griechischen, französischen, italienischen, muslimischen, armenischen, libanesischen, tscherkessischen und jüdischen Mitgliedern«. Niemals davor »war Kairo kosmopolitischer« gewesen, so Edward Said, und für Ausländer »ein gastfreundliches, offenes, verschwenderisches und sinnliches Paradies«. Bewusst wurde ihm schließlich durchaus, wie privilegiert und luxuriös auch sie gelebt hatten, denn »die uns nahestehenden Familien besaßen alle ihr eigenes Personal an Fahrern, Gärtnern, Dienstmädchen, Waschfrauen und einem Bügler«. Wegen Verstoßes »gegen das Gesetz zur Kontrolle des Außenhandels« im Rahmen der väterlichen Firma konnte selbst er fünfzehn Jahre nicht aus den USA nach Ägypten zurück.[141]

Wie diese nationalistische Ausgrenzung miterlebt wurde, hat der 1951 in Alexandria geborene US-amerikanische Autor André

140 Selim Nassib: Stern des Orients, a. a. O., S. 189, 190

141 Edward W. Said: *Am falschen Ort. Autobiografie*, Berlin 2000, S. 144, 276, 299, 304, 306, 307, 377, 405, 440 | Edward W. Said: *Kultur und Imperialismus,* a. a. O., S. 183

Aciman als autobiografische Familiengeschichte subtil beschrieben: *Damals in Alexandria. Erinnerung an eine verschwundene Welt.* Der Patriarch der Großfamilie sephardischer Juden mit türkischen und italienischen Verzweigungen war 1905 mit drei Schwestern und fünf Brüdern von Konstantinopel, wo er eine Glasfabrik besaß, in das prosperierende Alexandria gezogen und hatte mit einem Auktionshaus Erfolg, ein Bruder mit einem Billardsalon. Die seit dem Studium in Turin bestehende Freundschaft eines Onkels mit dem späteren König Fu'ad (1868–1936) hätte ein Etablieren erleichtern sollen. Eine Protektion gab es jedoch nie, auch seitens der Kolonialmacht nicht. Gegen diese hatten Zuwanderer keine Aversionen, weil »das levantinische Bedürfnis, allem Britischen nachzueifern«, integrierend wirkte, obwohl auch »die osmanische Verachtung für alles Britische« spürbar blieb. Gewohnt wurde dezidiert bürgerlich in großzügigen Wohnungen oder Villen mit mehreren Bediensteten. In der Großfamilie Acimans wurde primär Französisch gesprochen. Aber fast allen waren auch Italienisch, Griechisch, Arabisch und Ladino, das Judenspanische, geläufig. Einige konnten auch Deutsch und etwas Albanisch. Gerade für Alexandria blieb diese Vielfalt charakteristisch, weil im Alltag ein Sprachgemisch üblich war. Ihre Unterhaltungen seien »immer voller Klatsch, Tränen, Gift und Selbstmitleid« gewesen, mit »hinterhältigen Höflichkeiten und sippenstolzen Umgangsformen«. Von »einer fernen, primitiven Welt namens Türkei« war viel die Rede und von »der italienisch-byzantinischen Welt, aus der sie kamen«. Das Ladino drückte »ihre Sehnsucht nach Konstantinopel aus«, wo spanische Juden willkommen waren. Sephardische Gerichte mit »Fisch, Artischocken, Lamm, Reis, Auberginen, Lauch« blieben beliebt, obwohl sie vielfach »nicht einmal Sephardim mehr zubereiten können«. Arabische Juden wurden, da sie als weniger zivilisiert galten, »nicht einmal potentiell als Gäste in Betracht gezogen«, auch weil sie wie Parvenüs oft »den Sportwagen- und Cocktailbar-Lebensstil von Europäern« imitierten. Eher respektierte syrische Juden wiederum galten als »die größten Heimlichtuer«. Im Geschäftsleben dominierte »die lärmende Aufdringlichkeit alexandrinischer Griechen«. Am Freitag ging »ganz Alexandria ins Kino«. Beliebt war die Konditorei Délices am alten Hafen. André

Acimans Eltern, die eine Textilfabrik und Färberei aufgebaut hatten, fanden, »dass eine Familie umso europäisierter war, je geruchloser Wohnung, Kleidung und Küche« blieben, daher irritierten sie »alle Arten erkennbarer ethnischer Gerüche«. Freude sei »nach sephardischer Art erst einmal in Form von Klagen« ausgedrückt worden; Träume wiederum würden »nach altem levantinischem Brauch« immer »das Gegenteil dessen« bedeuten, »was sie sagen«.[142]

Anders als Franzosen in Algerien und Italiener in Libyen waren Briten nicht als Kolonisten im Land, sondern zur Absicherung ihrer Seemacht. Antibritische Stimmungen waren jedoch selbst im Krieg offensiv spürbar und bestärkten früh eine Begeisterung für Hitler-Deutschland, was in Kairo sogar zu »Vorwärts, Rommel!«-Demonstrationen geführt hatte (»*ila'al-alam ya Roumil!*«) und bis heute Hitlers *Mein Kampf* selbst in der säkularen Türkei zum Bestseller macht.[143] Denn als die deutsch-italienischen Truppen im Sommer 1942 El-Alamein erreichten, 100 Kilometer vor Alexandria, erschien sogar deren Vorstoß über Palästina hinaus möglich, um sich mit den Kaukasus-Truppen zu vereinen. Den Juden in Acimans Umfeld war diese Bedrohung absolut bewusst, denn sobald »die Nazis in Alexandria einmarschieren«, würden sie »alle männlichen Juden über achtzehn abführen«, »wobei jeder nur einen kleinen Koffer mit dem Allernötigsten« dabeihaben durfte. Trotz dieser optimistischen Annahme war klar, »sobald sie Suez erobern«, wäre alles aus. »Nachts stand die ganze Familie stundenlag auf dem Balkon, wie in Erwartung eines festlichen Feuerwerks, angestrengt in westlicher Richtung über die verdunkelte Stadt schauend, um etwas von der historischen Schlacht zu sehen, die ihrer aller Schicksal bestimmen würde.«[144] Anfang November 1942 – kurz bevor Hitlers Stalingrad-Armee eingekesselt wurde – konnten die Angreifer von der britischen Armee mit Kontingenten aus vielen Ländern zum Rückzug gezwungen werden.

142 André Aciman: *Damals in Alexandria. Erinnerungen an eine verschwundene Welt* (*Out of Egypt*, New York 1994), München 1996, S. 13, 53, 54, 59, 64, 66, 75, 83, 95, 111, 118, 125, 148, 192, 237

143 Nathan Weinstock: *Der zerrissene Faden*, a.a.O., S. 50, 225

144 André Aciman: *Damals in Alexandria*, a.a.O., S. 33, 34, 38

Alles schien wie gewohnt weiterzugehen, bis »im Gefolge des Krieges von 1956« ständige Telefonate, Vorladungen und Fragen zur Staatsangehörigkeit Druck erzeugten, stets Spionage oder Landesverrat unterstellend. Täglich deutlicher wurde: Wegen der militärischen Aggression würde es »zu schwerwiegenden Repressalien gegen französische und britische Staatsangehörige kommen. Enteignungen, Ausweisungen. Das gelte auch für Juden«, sogar wenn sie »keine Israelis« waren. Ins Ausland gereiste Juden durften nicht mehr zurück. Manche hatten daher bereits »heimlich Geld in die Schweiz geschafft«. Der betagte, weitaus reichste ihrer jüdischen Bekannten wollte nicht mehr fort, wurde sogar Ägypter und Muslim, musste sich aber »als Hauslehrer für Geschichte, Literatur und Mathematik« durchbringen. André Aciman hatte als Schüler nun zu sein »wie die anderen« und befürchtete das Entdecken seiner Beschneidung. »Seit 1960 alle in Ägypten wohnhaften Ausländer gezwungen waren, Arabisch zu lernen« und oft genug die Rede davon war, »Juden zu hassen«, aber wegen Beleidigung des Islam jeder verhaftet werden konnte und schließlich ein »Ausländer raus!«-Geschrei alltäglich wurde, blieb 1965 nur die Emigration. Denn nun hieß es kategorisch: »Wir sollen aus Ägypten verschwinden.« Damit »offiziell des Landes verwiesen« und enteignet, blieb »eine Woche Zeit«, um zu packen. »Schließlich nahmen sie uns auch alles andere weg«, hieß es dazu überall, »und wir ließen es geschehen, wie Juden diese Dinge immer mit sich geschehen lassen, denn im Grund unseres Herzens wissen wir, dass wir alles, was wir besitzen, mindestens zweimal in unserem Leben verlieren«. Trotz verbreiteten Verständnisses für die »nationalistischen Bestrebungen« Ägyptens, so häufige Bemerkungen, hätte nicht vergessen werden sollen, was die 50.000 damals Alexandria verlassenden Juden alles geleistet hatten.[145] Für Selim Nassim war gerade dessen Kulturleben existenziell betroffen, denn »ohne sie hätte die Schallplatte und das Kino niemals einen solchen Aufschwung erfahren« und jüdische »Sänger, Komponisten, Musiker« gehörten zu jenen, »die verjagt wurden«, »obwohl

145 André Aciman: *Damals in Alexandria*, a. a. O., S. 54, 100, 158, 198, 200, 232, 242, 245, 254, 277, 282, 284, 310, 328, 362

sie eine Tradition für sich, ein wesentlicher Teil unserer Kultur« und »ebenso Ägypter« gewesen sind.[146]

Das öffentliche Klima wurde islamistischer, auch weil sich dieser Nationalismus nur an Muslime wandte. Um das zu bestärken, hatte der aus dem dichtbevölkerten Nildelta stammende, schließlich von einem Attentäter ermordete Volksschullehrer Hasan al-Bannā (1906–1949) ab 1928 die Muslimbruderschaft zur über karitative Leistungen einflussreichen Opposition aufgebaut. Das basierte auf Theorien von Sayyid Qutb (1906–1966), der unter Präsident Nasser nach einem Attentat auf ihn hingerichtet wurde, als Fundamentalisten zu Staatsfeinden wurden. Auch die Ermordung von Präsident Anwar as-Sadat (1918–1981), der zu Nassers Offizieren gehörte und 1979 mit Israel Frieden schloss, organisierte der Islamische Dschihad. Den 2012 zum Präsidenten gewählten Muslimbruder Mohammed Mursi (1951–2019) stürzte bekanntlich das Militär. Präsident wurde as-Sisi, der Milliardenhilfe vom Konkurrenten Saudi-Arabien bekam. Trotz des Ölreichtums bleibt Ägypten – wo 1944 in Alexandria die Arabische Liga gegründet wurde – das politisch einflussreichste arabische Land, zugleich aber in höchst kontroverse autoritäre Konstellationen verstrickt. Auch dem Arabischen Frühling von 2010/11 gelang keine Konsolidierung. Ausgelöst hatten diesen im Internet verbreitete Fotos »des brutal zugerichteten Leichnams« des jungen Apothekers Chalid Said, den stets straffrei bleibende Polizisten in Alexandria grundlos »zu Tode geprügelt« hatten.[147]

Ägyptens panarabischer Nationalismus scheiterte nach dem Zusammenschluss mit Syrien und Nordjemen bereits nach drei Jahren. Trotz dann nationaleren Sozialismusanspruchs brauchte es schließlich eine neuerliche USA-Annäherung, nachdem anfangs mit blockfreien Staaten wie Jugoslawien und Indien ein ›Dritter Weg‹ gesucht worden war. Nassers Offiziere blieben antiimperialistische Nationalisten, die auf Wirtschaftskontrolle und einen Polizeistaat setzten, mit »Reise- und Exportbeschränkungen, Zensur, über-

146 Selim Nassib: *Stern des Orients*, a. a. O., S. 189

147 Gilles Kepel: *Chaos. Die Krisen in Nordafrika und im Nahen Osten verstehen*, München 2019, S. 197

wachten Telefonen, Denunziationen, spontanen Inhaftierungen, Foltergefängnissen, Konzentrationslagern für Kommunisten und Muslimbrüder«, wodurch nie eine Zivilgesellschaft und gesicherte Rechtsstaatlichkeit aufkommen konnte. Schließlich waren auch viele Ägypter überzeugt, dass »Nasser das Land ruiniert habe«. Seine Anhänger glauben weiter, dass er für eine Demokratisierung zu wenig Zeit hatte, sich aber als Einziger tatsächlich um die Armen kümmerte. Letztlich sei Ägyptens Entwicklung bereits »von siebzig Jahren britischer Okkupation« deformiert worden, so Philip Mansel. Das kosmopolitische Alexandria, einst »a symbol of modernity«, ruinierte der von der Suezkrise provozierte Hyper-Nationalismus. Deswegen mussten 100.000 gut ausgebildete Alexandriner emigrieren – letztlich »Nassers größtes Geschenk an den Westen«. Alexandrias »freedom and elegance« gingen unwiederbringlich verloren. Überlebt hatte dieses Lebensgefühl durch »government protection«, weil die osmanisch geprägte Monarchie – wie alle damaligen Imperien – »kosmopolitisch, vielsprachig und minoritätenfreundlich« sein musste, so Philip Mansel.[148] Ägyptens Hauptprobleme bleiben Millionen arbeitslose Jugendliche und »das weltweit größte Bevölkerungswachstum«.[149]

Selbst Alexandrias Ausstrahlung in der Antike gilt nur noch peripher als eine Grundlage europäischer Zivilisation, obwohl dessen durch Vernachlässigung, Plünderung und Brände verschwundene Bibliothek seit 2002 unter UNESCO-Schirmherrschaft reaktiviert wird. Legendär blieb sie, weil deren langjähriger Leiter Eratosthenes (ca. 276/273–194 v. u. Z.) als Erster den Erdumfang erstaunlich genau berechnet und das Koordinatensystem für Landkarten präzisiert hatte – mit dem Alexandria-Meridian als Zentrum. Auch Claudius Ptolemäus (ca. 100–175 u. Z.) und der einflussreiche Arzt Galen (Galenos von Pergamon, ca. 128/131–199/216 u. Z.) wirkten dort. Frühe Homer-Fassungen, Euklids *Elemente* und viele übersetzt erhaltene Schriften stammen aus Alexandria, so die griechische Fassung der diese erst einem weiten Kreis zugäng-

148 Philip Mansel: *Levant*, a. a. O., S. 75, 126, 275, 276, 286, 290
149 Gilles Kepel: *Chaos*, a. a. O., S. 188

lich machenden hebräisch-aramäischen Bibel.[150] Legendärste Frau Alexandrias blieb die letzte Pharaonin Kleopatra (69–30 v. u. Z) der makedonisch-griechischen Ptolemäer wegen ihrer Beziehungen zu Julius Cäsar und Mark Anton, was wie viele mediterrane Themen auch Shakespeare faszinierte (*Antonius und Cleopatra,* 1606/07). Der aus Ägypten übernommene Julianische Kalender und der Juli ist nach Cäsar, der August nach Augustus benannt, dem Monat »des Sieges über Kleopatra«, als Ägypten in den Endphasen der Römischen Republik »in die Macht des römischen Volkes« gelangte.[151] Die fälschlich ›Nadeln der Kleopatra‹ genannten Obelisken Alexandrias stehen nun in London und New York. Die als Schenkung des jüdischen Mäzens James Simon (1851–1932) nach Berlin gelangte Büste der Nofretete, Hauptfrau von Echnaton (um 1350 v. u. Z.), war 1912 gefunden worden. Nach dessen kurzlebigem Monotheismus begann der jüdische mit dem Auszug der Israeliten aus Ägypten und den in der Sinai-Wüste von Moses übernommenen Zehn Geboten. Auch Immanuel Kant verwendete »das Symbol des Exodus« für einen aufgeklärten »Ausgang des Menschen aus seiner selbstverschuldeten Unmündigkeit«, so Jan Assmann.

Mit Ausbreitung des Christentums verschwand als radikale Zäsur vielfältigen Volksglaubens die turbulent agierende griechisch-römische Götterwelt, die stets »ihr eigenes Spiel der Ehre« spielte, denn nichts lag ihr ferner, »als sich um Gerechtigkeit zu kümmern«.[152] In Alexandria, dem bevölkerungsreichsten frühchristlichen Patriarchat, haben Origenes (185 – ca. 254 u. Z.), der Arianismus-Gründer Arius (ca. 260–327) oder Athanasius der Große (ca. 300–373) ihre Kirchenspaltungen provozierenden Auslegungsstreite ausgetragen. Deren Umfeld beruhte, so der Historiker Peter Brown in *Die Entstehung des christlichen Europa*, »auf

150 Weltkarte des Eratosthenes, Meridian von Alexandria: Lloyd A. Brown: *The Story of Maps*, New York 1979 | Manfred Clauss: *Alexandria,* a. a. O., S. 100ff. | Günther Aumann: *Euklids Erbe: Ein Streifzug durch die Geometrie und ihre Geschichte*, Darmstadt 2008

151 Manfred Clauss: *Alexandria*, a. a. O., S. 121, 139, 143, 144

152 Jan Assmann: *Exodus. Die Revolution der Alten Welt*, München 2015, S. 24f. | Jan Assmann, Klaus E. Müller (Hg.): *Der Ursprung …*, a. a. O., S. 220

Unterschlagung und Gewaltanwendung«. Wie heutige Salafisten zerstörten von der religiösen Obrigkeit gesteuerte »kirchliche Schlägerorganisationen« Kultstätten »der alten Religion«. Auch die als erste Frau in Alexandria lehrende Mathematikerin und Philosophin Hypatia (ca. 355–414/415), frühe Leitfigur des Feminismus, wurde wegen ihrer Freigeistigkeit gesteinigt.[153] Die Biografie des Athanasius popularisierte den Ägypter Antonius den Großen (ca. 251–356) als ›Vater der Mönche‹ und die Wüsteneremiten.[154] »Denn das Prinzip Wüste«, so der Philosoph Peter Sloterdijk zum Thema *Weltfremdheit* und damaligen »Wüstentourismus«, »erstarkt in dem Augenblick, in dem das Christentum aufgehört hat, Widerstandsreligion zu sein«.[155]

Seit der Hl. Georg Kreuzrittern in Beirut als Drachentöter und Heilsbringer erschienen sein soll, wurde er Symbol für Ritterlichkeit, Schutzpatron Englands und blieb sogar unter Muslimen sehr präsent. Edward Gibbon (1737–1794), »der Skeptiker, Wissenschaftler und Anti-Christ« (Barbara Tuchman), hielt diese Verehrung für absurd. Denn dieser Georg sei durch sein »Talent zum Parasiten«, so dessen Polemik, einst bloß ein korrupter Specklieferant der römischen Armee gewesen. Vor der Justiz an den »von Grausamkeit und Habgier vergifteten« Hof des Athanasius in Alexandria geflohen, hätten Fanatiker ihn und andere Günstlinge dort gelyncht und deren Körper »auf dem Rücken von Kamelen im Triumph durch die Straßen geführt« und ins Meer geworfen.[156]

Als die bald Spanien und den Indus erreichenden Araber 641 Alexandria widerstandslos einnahmen, konvertierte die Bevölkerung zügig zum Islam mit seinen im Kern einfachen Regeln ohne strikte Klerus-Hierarchie, was regional variantenreiche Pha-

153 Manfred Clauss: *Alexandria*, a. a. O., S. 156, 297, 301

154 Peter Brown: *Die Entstehung des christlichen Europa*, München 1999, S. 55

155 Peter Sloterdijk: *Weltfremdheit*, Frankfurt am Main 1993, S. 87, 103

156 Amin Maalouf: *Der Heilige Krieg der Barbaren. Die Kreuzzüge aus der Sicht der Araber*, München 1997, S. 97 | Barbara W. Tuchman: *Bible and Sword. England and Palestine from the Bronze Age to Balfour*, New York 1956, S. 149 | Edward Gibbon: *The Decline and Fall of the Roman Empire* (1776/88), New York 1995. Vol. I., S. 692ff. | Peter Brown: *Die Entstehung des christlichen Europa*, a. a. O., S. 55

sen der Reglementierung des Alltagslebens, der Rechtsprechung und der Schriftauslegung ergeben hat. Einige blieben früh abgespaltene, erst jüngst wieder verfolgte christliche Kopten. Gut die Hälfte der christlichen Heiligen lebte im Orient; rund 20 Prozent davon waren Frauen. Etwa 300 blieben durch in Europa verteilte Reliquien materiell präsent, bis hin zu jenen der Heiligen Drei Könige aus dem Morgenland in Köln.[157] Als Gründer von Alexandrias Christengemeinde gilt der Evangelist Markus, für Kopten ihr erster Papst. Seine Gebeine haben Kaufleute 828 gestohlenen und nach Venedig gebracht, um dessen Status aufzuwerten, mit dem Markuslöwen als Symbol. 1219 war Franz von Assisi (1181/82–1226) mit Kreuzfahrern im Nildelta, um Sultan al-Kamil – der dann mit Friedrich II., nun auch König von Jerusalem, Frieden schloss – zu bekehren oder Märtyrer zu werden, kehrte aber wegen der freundlich-unaufgeregten Reaktionen unbeschadet nach Italien zurück.

Zu seiner Weltsicht bemerkte der Filmemacher, Fernsehproduzent und Schriftsteller Alexander Kluge in seinem Ausstellungskatalog *Pluriversum. Die poetische Kraft der Theorie:* »Die Bibliothek von Alexandria, von Fanatikern in der Antike angezündet, brennt für mich noch heute. Das, was damals und heute brennt, ist das, was ich erzählenswert finde.« Denn »das Poetische heißt für mich Sammeln. Dafür ist es wichtig, dass ich mich an etwas Fremdem abarbeite.«[158]

157 Ausführlicher: Christian Reder: *Transferprojekt Damaskus*, a.a.O., S. 141ff.

158 Alexander Kluge: *Pluriversum. Die poetische Kraft der Theorie*, Hg.: Museum Folkwang, Leipzig 2017, S. 30, 53

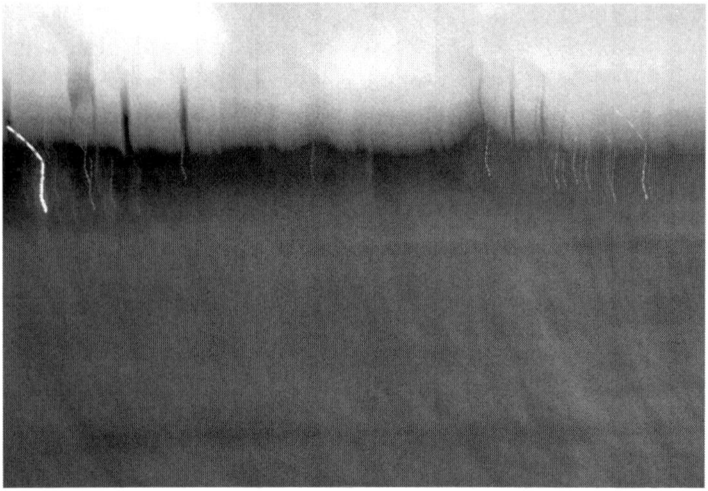

Istanbul
Foto: Christian Reder

»Zur Essenz der Stadt wurden multiple Identitäten.«
Philip Mansel: *Constantinople. City of the World's Desire 1553–1924*, London 1995

ISTANBUL | KONSTANTINOPEL

Ein Freigeist wie William Penn (1644–1718), aus London stammender Gründer der Quäker-Kolonie von Philadelphia und Pennsylvanias, hatte bereits nach dem osmanischen Vorstoß bis Wien im Jahr 1683 und weiterer Kriege eine *European League or Confederacy* gefordert, in die »the Turks and Muscovites« einzubeziehen seien, denn diese Feindseligkeiten würden alle »Civil Channels of Society« blockieren. Seine frühe Vision eines vereinten Europas war somit sehr umfassend – inklusive Mittelmeerraums und Schwarzen Meers, für ihn damals insgesamt »the Best and wealthyest part of the known World«.[159] Dabei war die frühe Neuzeit zwar »das Goldene Zeitalter des Osmanischen Reichs«, aber ebenso »des Safawidenreichs in Persien, des Mogulreichs in Indien und der Ming- und Qing-Dynastien in China«. Noch 1775 entfielen »80 Prozent der Weltwirtschaft« auf Asien. »Indien und China machten zusammen allein zwei Drittel der weltweiten Produktion aus. Im Vergleich dazu war Europa ein wirtschaftlicher Zwerg.«[160]

Im 19. Jahrhundert hatten sich jedoch »etwa 100.000 Immigranten aus Westeuropa« in Konstantinopel niedergelassen, trotz der offensiveren antitürkischen Propaganda vom ›kranken Mann am Bosporus‹. Erstmals, seit dort Muslime herrschten, ergab das »zwischen 1839 und 1880 wieder eine christliche Mehrheit«, was sich bis zum Ersten Weltkrieg fortsetzte, aber nur schematisch nach Religionszugehörigkeit erfasst wurde. Anziehend wirkten offenbar größere Chancen und Freiheiten als im restriktiveren feudalen Europa und die »moral anarchy of the city«, wie Philip Mansel in *Constantinople. City of the World's Desire 1553–1924* resümiert.[161]

159 William Penn: *An Essay Towards the Present and Future Peace of Europe by the Establishment of an European Dyet, Parliament or Estates* (London 1693), Hildesheim 1983, S. 5, 29, 35

160 Yuval Noah Hariri: *Eine kurze Geschichte der Menschheit*, a. a. O., S. 341

161 Philip Mansel: *Constantinople. City of the World's Desire 1553–1924*, London 1995, S. 283 | Alan Palmer: *Verfall und Untergang des Osmanischen Reiches*, München 1997, S. 176 (›kranker Mann am Bosporus‹ seit 1853)

Um 1900 hatte die Stadt mit Vororten etwa zwei Millionen Einwohner. »Von dieser buntgemischten internationalen Bevölkerung«, so *Meyers Großes Konversationslexikon* von 1905, »sind 43 Prozent Muslime, meist Türken, je 17 Prozent Griechen und Armenier, 5 Prozent Juden und 16 Prozent fremde Untertanen«, darunter viele Griechen mit ihrer Staatsbürgerschaft.[162] Die zahllosen kleineren Zuwanderergruppen wurden nicht ausgewiesen.

Von Europa aus zwei Kontinente verbindend, galt Konstantinopel über Jahrhunderte als ›die Stadt‹ schlechthin, seit sie unter Konstantin dem Großen (ca. 270/288–337) ab dem 11. Mai 330 anstelle Roms, das bald zu einer Kleinstadt absank, zur Metropole des nun christlichen Römischen Reichs ausgebaut wurde. Trotz aller christlichen Friedensbotschaften begannen damit kriegerische »Gott mit uns«-Herrschaftsmodelle. Noch am Koppelschloss der Deutschen Wehrmacht stand diese metaphysische Behauptung. Für das bald nur im Osten fortbestehende Reich blieb nach der griechischen Kolonie Byzántion lange der Name Byzanz geläufig. In slawischen Sprachen hieß sie Carigrad, ›Stadt des Zaren‹, im Türkischen Stambul bzw. Istanbul (von griech. *is tin polin*; in die Stadt), was 1930 zur offiziellen Bezeichnung wurde.[163]

Ihre Offenheit für Fremde hatte sich bestärkt, sobald Osmanen herrschten. Denn viele der ab 1492 – als Amerika entdeckt wurde – aus Spanien vertriebenen 100.000 Juden wurden aufgenommen. Dazu war es »nicht aus Rassenhass« gekommen, so Fernand Braudel, sondern »aus Hass auf die Kultur, aus religiösem Hass«, »um wieder Teil Europas zu sein«, durch »religiöse Einheit« verbunden. Auch Araber und Berber aus Spanien verstreuten sich damals über den Mittelmeerraum. »Wie andere Weltstädte – Amsterdam im 17. Jahrhundert, Wien im 19. Jahrhundert, New York im 20. Jahrhundert – war auch Konstantinopel für Juden ein attraktiver Ort«, so Philip Mansel. Begriffe wie »Pogrom, Ghetto, Inquisition« hatten dort nie reale Bedeutung. »Zur Essenz der Stadt wurden multiple Identitäten.« Als »einzige

162 *Meyers Großes Konversationslexikon*, Leipzig–Wien 1905

163 Dieser Abschnitt basiert auf meinen Texten in *Graue Donau, Schwarzes Meer. Wien, Sulina, Odessa, Jalta, Istanbul,* Wien–New York 2008

multinationale Hauptstadt Europas« war sie um 1690 mit etwa 700.000 Einwohnern »die größte Stadt Europas und des Mittleren Ostens«.[164] Saloniki, seit 1430 osmanisch, wurde zur jüdischen Stadt, Konstantinopel zum Zentrum damaligen Welthandels. Kommerzielles Wissen von Juden brachte Innovationen. Jüdische Ärzte repräsentierten durchwegs den »highest level of Sixteenth-century European medicine«, so Bernard Lewis (1916–2018).[165]

Wie erwähnt, gelangten aus Konstantinopels Basaren die ersten Tulpen, Hyazinthen und der Flieder durch den kaiserliche Botschafter Ogier de Busbecq (1522–1592) über Wien nach Europa. Auch Rosen, Kaffee, Gewürze, erlesene Obstsorten, feine Stoffe, Seide, edle Pferde bereicherten früh die Kultur im Norden. Besonders beeindruckte ihn, dass vor allem »persönliche Verdienste und Tapferkeit« zählten und »selbst Söhne von Schafhirten« höchste Ämter erreichten, was in Europa erst Napoleon ermöglichte. Zahllose Großwesire waren keine Türken. »Selbst die Armen benutzen die öffentlichen Bäder.«[166] Die in Archiven entdeckte Weltkarte von Piri Reis (ca. 1470–1554) im Topkapi Palast Istanbuls basiert auf einer erbeuteten Kolumbus-Karte.

Neuerlich »zur Flüchtlingsstadt« und zum Emigrationsziel wurde Konstantinopel wegen »der Intoleranz, die sich über das Europa der Renaissance verbreitete«. Deshalb waren um 1700 von 28 eingetragenen Chirurgen zwölf Griechen, acht Juden, vier Muslime, zwei Engländer, ein Franzose und ein Armenier. Von den 331 Fleischläden gehörten 215 Muslimen, 70 Christen, 46 Juden. Besucher beeindruckte, dass »eine umsichtige Regierungspolitik und die systematische Versorgung der Armen durch die Moscheen die Stadt zu einer der besternährten Europas machte« und es »nie Hungeraufstände« wie dort gegeben hat. Bezeichnend war, dass »in Konstantinopel die Beziehungen zwischen Christen und Juden deutlich schlechter waren als jene zwischen Christen und Muslimen«. Gerade als Phanarioten (nach dem Stadtteil Phanar/Fener)

164 Fernand Brausel: *Das Mittelmeer,* a.a.O., Band 2, S. 601, 639, 687 | Philip Mansel: *Constantinople,* a.a.O., S. 3, 15, 16, 20, 49, 186 | vgl. Bernard Lewis: *The Multiple Identities of the Middle East*, London 1999

165 Bernard Lewis: *The Muslim Discovery of Europe*, London 2000, S. 229

166 Ogier de Busbecq: *Turkish Letters*, a.a.O., S. xiii, 39, 82

in den Herrschaftsapparat eingebundene Griechen schürten sie oft solche Animositäten, um Vorteile zu erlangen.[167]

Mary Wortley Montagu (1689–1762) lebte als Frau des britischen Botschafters ab 1717 zwei Jahre in der Stadt, für sie »die schönste urbane Anlage der Welt«. In ihren *Turkish Embassy Letters* hielt sie fest, wie sehr sie die babylonische Vielfalt faszinierte. Denn »in Pera [dem Europäerviertel am Goldenen Horn] wird Türkisch, Griechisch, Hebräisch, Armenisch, Arabisch, Persisch, Russisch, Slawonisch, Walachisch, Deutsch, Holländisch, Französisch, Englisch, Italienisch, Ungarisch gesprochen«. Überall traf sie auf »Ansammlungen von Fremden aus allen Ländern der Erde«. Keine einzige Familie könne sich »als ›unvermischt‹ bezeichnen«. »Oft trifft man auf eine Person, deren Vater gebürtiger Grieche ist, die Mutter Italienerin, der Großvater Franzose, die Großmutter Armenierin und die Vorfahren Engländer, Moskowiter, Asiaten etc.« Häufig gab es Kontakte mit Frauen, »die ihre Freiheiten in Anspruch nehmen und sich nicht als Sklavinnen ihrer Religion betrachten«. Der von Montagu mitgebrachte türkische Pockenimpfstoff interessierte in London jedoch niemanden.[168]

Viele Spanier, Italiener, Franzosen, Ungarn hatten sich seit langem »den Osmanen aus freien Stücken angeschlossen«, um Arbeit zu finden oder wegen religiöser Verfolgung. Es kamen calvinistische Ungarn und Serben, »die nach 1683 unter habsburgische Oberhoheit gerieten« und es vorzogen, »unter dem Sultan zu leben, weil dieser nicht versuchte, sie von ihrem orthodoxen Glauben zum Katholizismus zu bekehren«.[169] Das Albanerdorf Arnavutköy oder der Belgrat Ormani, der Belgrader Wald, oberhalb von Büyükdere am Bosporus, erinnern daran. Dieser bezieht sich auf Deportierte aus Belgrad, die unter Suleiman I. (1495–1566) angesiedelt wurden, um das von dort ausgehende grandiose Wasserleitungssystem mit der antiken Cisterna Basilica nahe der Hagia

167 Philip Mansel: *Constantinople*, a. a. O., 119, 122ff.,

168 Lady Mary Wortley Montagu: *The Turkish Embassy Letters (1716–1718)*, London 2006, S. 122, 111, 99, 100 | Patricia Fara: *4000 Jahre Wissenschaft*, Heidelberg 2010, S. 298

169 Suraiya Faroqui: *Kultur und Alltag im Osmanischen Reich. Vom Mittelalter bis zum Anfang des 20. Jahrhunderts*, München 1995, S. 76

Sophia instand zu halten. Der mächtige Großwesir nach dessen Tod, Sokullu Mehmet Pascha (1505–1579), war ein zum Janitscharen gewordener bosnischer Serbe. Der Großadmiral Kilic Ali Pascha (1519–1587), Gegner von Don Juan de Austria (1547–1578) in der Seeschlacht von Lepanto, war ein Italiener aus Kalabrien, dessen Karriere als Sklave und Pirat begann, der Zahlmeister Hasan Ağa ein Venezianer. Der Muslim gewordene Ungar Ibrahim Müteferrika (1674–1745) gründete als Verleger die erste Druckerei der Stadt. Der rumänische Prinz Demetrius Cantemir (1673–1723) verfasste früh eine Geschichte des Osmanischen Reichs, als Vorläufer des Wiener Orientalisten Joseph von Hammer-Purgstall (1774–1856), der dazu zehn Bände herausbrachte. Aufenthalte in Istanbul und Reisen brachten Antoine Galland (1646–1715) dazu, *Tausendundeine Nacht* zu übersetzen. Auch Isaac Rousseau (1672–1747), der Vater von Jean-Jacques Rousseau (1712–1778), war damals als Uhrmacher am Hof des Sultans tätig, wie später der im Musikleben einflussreiche Giuseppe Donizetti (1788–1856), der Bruder des Komponisten. Die legendäre Roxelane (1506–1558) aus der Ukraine oder die französische Adelige Aimée du Buc de Rivery (1776–?) wurden von Sklavinnen zu Sultansfrauen. Die vielen bis ins 19. Jahrhundert über Nordafrika und aus dem Osten in die Stadt gebrachten Sklavinnen und Sklaven gingen nach der Freilassung in der Stadtbevölkerung auf oder konnten, wenn freigekauft, heimkehren.

Der Veteran des Amerikanischen Unabhängigkeitskriegs und der Französischen Revolution, General Jean Aubert du Bayet (1757–1797), bestärkte als Frankreichs Botschafter Militärreformen, was dann 1826 zum Zerschlagen der immer destruktiveren Macht der Janitscharen führte. Wegen billigerer Atlantikpassagen wurde zwar Amerika zur Auswanderungschance schlechthin, aber das leichter erreichbare ›Amerika‹, das Osmanische Reich, war – historisch weitgehend ignoriert – als Fluchtziel und Migrationsrichtung ebenso wichtig, gerade für politisch Verfolgte aus jenem ›Zwischeneuropa‹, das Russland, Preußen und Österreich als latent umstrittene Interessensphäre betrachtete. Wegen deren reaktionärer Heiliger Allianz konnte innerhalb Europas nur nach England, Frankreich, in die Niederlande, die Schweiz oder eben ins

Osmanische Reich ausgewichen werden. Es kamen viele »Flüchtlinge aus Polen und Ungarn, die der Repression in Russland und Ungarn nach der Revolution von 1848 entkommen konnten«. Für Aufständische aus dem dreimal geteilten Polen wurde es zum wichtigen Ziel. Fürst Jerzy Adam Czartoryski (1770–1861) blieb dazu eine Symbolfigur. Denn nach der Erhebung von 1830 zum Tod verurteilt, musste er ins Exil nach Paris, dem Zentrum der Großen Emigration. Auf ihn geht der Name Adampol für das heutige Polonezköy, das Polendorf im asiatischen Hinterland Istanbuls zurück. Bei einem Besuch hatte er dort Land erworben, um geflohenen Polen Lebensmöglichkeiten zu bieten. Nachschub erhielt die Siedlung durch im Krimkrieg gegen Russland kämpfende Polen und nach der erfolglosen Rebellion von 1863. Obwohl die Intention, Legionäre künftiger Aufstände heranzubilden, nach der Unabhängigkeit Polens 1918 obsolet wurde, waren viele geblieben.[170] Verblassende Spuren dieser Gemeindetradition, Polnisch sprechende Einwohner, die Haustypen, die nur noch an speziellen Festtagen benutzte Kirche von 1842, der Friedhof existieren heute noch. Von Istanbul aus über die den Bosporus überspannende Fatih-Sultan-Mehmet-Brücke in einer halben Stunde erreichbar, ist Polonezköy nun ein beliebtes Ausflugsziel in einer Waldgegend mit vielen Restaurants. Als Spezialität wird sonst in der Türkei kaum erhältliches Schweinefleisch angeboten. Zu Polen gibt es weiterhin Kontakte. Der Bürgermeister ist polnischer Herkunft. Nach dem jahrelang im Exil lebenden Dichterfürsten Polens, Adam Mickiewicz (1798–1855), ist eine Straße benannt. Er hatte im Krimkrieg Chancen für Polen gesehen und wollte in Konstantinopel polnische Legionen aufstellen, starb aber bald vermutlich an der Cholera. Stanislaus Chlebowski (1835–1884) wiederum wurde Hofmaler des Sultans. Konstanty Borzęcki (1826–1876), ein weiterer polnischer Revolutionär, konvertierte als Mustafa Celaleddin Pascha zum Islam und wurde ein Wegbereiter des türkischen Nationalismus. Sein Urenkel, der Dichter Nâzım Hikmet (1902–1963), war

170 Philip Mansel: *Constantinople*, a. a. O., S. 283 | Polonezköy: Neal Ascherson: *Schwarzes Meer* (London 1995), Berlin 1996, S. 261ff. | Christian Reder, in: *Graue Donau,* a. a. O., S. 529f.

dann als Kommunist jahrelang inhaftiert. Einer seiner Vorfahren war der Feldmarschall Mehmed Ali Pascha (1827–1878), geboren als Ludwig Detroit in Magdeburg. Borzęckis Schwiegervater war der General Omer Pascha (1806–1871), ein Kroate, der als Michail Latas davor in der habsburgischen Armee diente. Der Pole Alexander Ilinski (1810–1861) kämpfte für die ungarische Revolution und wurde als Iskender Beg osmanischer General. Dafür und für den Pascha-Titel musste nie zum Islam konvertiert werden.

Entgegen der Legenden von ständigen christlich-islamischen ›Türkenkriegen‹ am Balkan war das Osmanische Reich gerade für Flüchtlinge aus Ungarn früh ein Refugium. So war der Anführer des letzten sogenannten Kuruzzenaufstandes gegen Habsburg, Fürst Ferenc II. Rákóczi (1676–1735), nach seiner Niederlage nach Konstantinopel ausgewichen und lebte bis zu seinem Tod in Tekirdağ am Marmarameer. Auch der schwedische König Karl XII. (1682–1718) war nach der Niederlage in der Schlacht bei Poltawa im Jahre 1709, dem Ende der schwedischen Großmachtstellung, an den Bosporus geflohen, wegen seiner undurchsichtigen Absichten aber unter Hausarrest gehalten worden. Der sich unter osmanischem Schutz versammelnden ungarischen Emigration gehörte später auch der Nationalheld Lajos Kossuth (1802–1894) an, der nach dem verlorenen Kampf gegen Habsburg von 1848/49 und der darauffolgenden Repression mit zahllosen Hinrichtungen zuerst nach Konstantinopel entkam, bevor er nach England und dann nach Italien ins Exil ging. Mit ihm und den Resten seiner Armee war auch der in Ungarn hochverehrte polnische General und Internationalist Józef Bem (1795–1850) – vor dessen Denkmal in Budapest sich die Aufstandsbewegung von 1956 formierte – nach Konstantinopel ausgewichen, wo er Muslim wurde und den Namen Amurat Pascha annahm. 1848 maßgeblich an der Wiener Volkserhebung beteiligt, wurde er dann Kossuths Befehlshaber der Revolutionsarmee in Siebenbürgen. 6.000 ungarische und polnische Militärs traten mit ihm in osmanische Dienste und oft auch zum Islam über. Wegen massiver österreichischer und russischer Interventionen wurde er als Armeekommandant nach Aleppo abgeschoben, wo er, noch lokale arabische Angriffe auf Christen niederschlagend, im Dezember 1850 starb.

»Nirgendwo sonst, nicht einmal in London«, wo etwa Karl Marx (1818–1883) und Friedrich Engels (1820–1895) Zuflucht fanden, schreibt Philip Mansel, »sind in der Metropole eines großen Reiches mehr Anführer nationaler Revolten, die schließlich seine Existenz untergraben würden, herangebildet worden« als in Konstantinopel. Denn bis dort Nationalstaaten entstanden, war es informelle Hauptstadt des Balkans und mit 40.000 Bulgaren zeitweilig die größte bulgarische Stadt. Zahllose Kroaten, Serben, Albaner und Montenegriner ließen sich hier nieder. Denn »die Toleranz der Stadt« sei »im Grunde ein Wegschauen« gewesen, so der Varianten von Urbanität nachspürende niederländische Essayist Geert Mak. »Im Umgang mit fremden Welten fehlte ihr jegliche Neugier. Die Osmanen unterhielten keine ständigen Gesandtschaften in ausländischen Hauptstädten, dergleichen fanden sie nur teuer und unpraktisch. Jeder war willkommen, aber der Kontakt mit dem Anderen blieb etwas höchst Einseitiges. Die Hauptstadt der Welt war letztlich nur an sich selbst interessiert« – hat aber nie Fremde ostentativ abgewiesen.[171] Trotz ihrer 1830 erkämpften Unabhängigkeit lebten 200.000 Griechen dort, die Hälfte davon auswärts geboren. Obwohl sich Athen wieder als deren geistiges Zentrum etablierte, galt Konstantinopel weiter als eigentliche, irgendwann zurückzuerobernde Hauptstadt ihres zu erneuernden Byzantinischen Reiches. Von den gut tausend um 1870 eingetragenen Kaufleuten und Bankiers waren nur vierzig Muslime. Das europäische Pera-Viertel wiederum wurde zum »Synonym für Korruption«, so Philip Mansel, weil Privilegien, europäische Pässe und europäische Konsuln speziellen Schutz boten.[172]

Sultan Abdülaziz (1830–1876) hatte sein Reich ausdrücklich »zum Rettungshafen für Muslime – und Nicht-Muslime wie russische Altgläubige, polnische Konföderierte oder Zaporoger Kosaken – erklärt, was erst verständlich macht, in welchem Kontext die Aufnahme der massiven Emigration von am Schwarzen Meer

171 Geert Mak: *Die Brücke von Istanbul. Eine Reise zwischen Orient und Okzident*, München 2007, S. 29

172 Philip Mansel: *Constantinople*, a. a. O., S. 278, 280, 281, 284, 287

lebenden Tataren nach dem Krimkrieg vor sich gegangen ist«.[173] Besonders für Muslime vom Balkan, für Krimtataren und Kaukasusvölker wurde das Osmanische Reich zum Aufnahmeland. Denn das russische Vordringen vertrieb Zehntausende Tataren, Armenier, Tscherkessen, Tschetschenen und andere Ethnien ins Osmanische Reich – wie später in dessen Nachfolgestaaten wegen sowjetischer Repression. Bereits vor dem Ersten Weltkrieg betraf das etwa 1,5 Millionen Muslime vom Balkan und aus Kaukasusländern, was in Europa kaum bekannt ist.[174]

Hans Christian Andersen (1805–1875) besuchte 1842 Konstantinopel, im Jahr darauf kam Franz Grillparzer (1791–1872), 1867 Mark Twain (1835–1910). Der junge Le Corbusier (1887–1965) blieb 1911 einige Wochen, fasziniert von der Architektur und ihren Elementen[175] (▸ ALGIER). Elias Canetti (1905–1994) wiederum blickte von seinem lange osmanischen Geburtsort Russe im heutigen Bulgarien sehnsüchtig nach Norden, denn »wenn jemand die Donau hinauf nach Wien fuhr, sagte man, er fährt nach Europa, Europa begann dort, wo das türkische Reich einmal geendet hatte«.[176] Für Leo Trotzki (1879–1940), als Leo Bronstein in Janowka in der Ukraine geboren, in den »unermesslichen Steppen des Gouvernements Cherson«, wie es in seiner Biografie heißt, und in Odessa – er nannte es »das handeltreibende, vielstämmige, bunte, schreiende Odessa« – zur Schule gegangen, war Istanbul die erste westliche Exilstation nach seiner Entmachtung und Ausweisung (▸ ODESSA). Er blieb von 1929 bis 1933 und verfasste dort Hauptwerke wie *Mein Leben* und *Geschichte der Russischen Revolution*. Auch eine damalige Stellungnahme ist überliefert: »Die österreichische Krise, die Sozialdemokratie und der Kommunismus.« Er lebte mit seinem Sohn und seiner Frau Natalia Sedowa (1882–1962) auf der Insel Prinkipo (Büyükada) im Marmarameer, einem Ferienort

173 Brian Glyn Williams: *The Crimean Tatars. The Diaspora Experience and the Forging of a Nation*, Leiden 2001, S. 129

174 Klaus Kreiser: *Istanbul. Ein historisch-literarischer Stadtführer*, München 2001, S. 35

175 Giuliano Gresleri: *Le Corbusier. Reise nach dem Orient*, Zürich 1991

176 Elias Canetti: *Die gerettete Zunge. Geschichte einer Jugend*, Frankfurt am Main 1994, S. 11

wohlhabender Städter, einst Exil verbannter Prinzen. Im Hochsicherheitsgefängnis der nahen Insel İmralı ist seit 1999 der weiter einflussreiche Kurdenführer Abdullah Öcalan inhaftiert. In seiner Autobiografie resümierte Trotzki lakonisch: »Im Januar 1928 schickte mich die heutige Sowjetregierung in die Verbannung. Ein Jahr verbrachte ich an der Grenze Chinas. Im Februar 1929 wurde ich in die Türkei ausgewiesen und schreibe diese Zeilen in Konstantinopel.« Abschließend forderte er unverdrossen: »Die Gesetzmäßigkeit der Ereignisse erkennen und in dieser Gesetzmäßigkeit seinen Platz finden, ist die erste Pflicht des Revolutionärs. Das ist auch die höchste persönliche Befriedigung, die ein Mensch finden kann, der seine Aufgaben nicht an den Tag bindet.«[177]

Wegen der vor dem Ersten Weltkrieg begonnenen militärischen Kooperation kamen viele deutsche Berater. Die Generäle Colmar von der Goltz (1843–1916) und Otto Liman von Sanders (1855–1929) reformierten die osmanische Armee. Bis Bagdad reichten die damaligen Mitteleuropa-Ideen der Mittelmächte, mit dem Buch *Mitteleuropa* von Friedrich Naumann (1860–1919) als gedanklicher Grundlage.[178] Zwei deutsche Kreuzer übergebend, übernahm Admiral Wilhelm Souchon (1864–1946) den Oberbefehl der osmanischen Flotte. Der Kriegsminister Enver Pascha (1881–1922), später vorerst nach Odessa geflohener, dann in Zentralasien kämpfender Nationalist mit großtürkischen Ambitionen, betrieb den Kriegseintritt des Landes an der Seite Deutschlands und Österreich-Ungarns und gilt als Hauptverantwortlicher für den Armenier-Genozid. Admiral Souchon provozierte eigenmächtig den Kriegseintritt der Osmanen durch die Beschießung von Sewastopol, Novorossijsk, Feodossija und Odessa. »Wegen zwei deutschen Kriegsschiffen und einer Wirtschaftshilfe von zwei Millionen Türkischen Pfund in Gold«, so der ›Kemalist‹ Muammer Kaylan sarkastisch, »sind wir in den Krieg gezogen und haben ein Reich verloren«.[179] Wäre

177 Leo Trotzki: *Mein Leben. Versuch einer Autobiographie*, Frankfurt am Main 1982, S. 10f., 19, 97

178 Friedrich Naumann: *Mitteleuropa*, Berlin 1915

179 Muammer Kaylan: *The Kemalists. Islamic Revival and the Fate of Secular Turkey*, New York 2005, S. 57

das Osmanische Reich neutral geblieben, hätte es nach britischen Vorstellungen »dezentralisiert und weitgehend intakt« durchaus fortbestehen können. Aber die Allianz mit Deutschland, nicht »Geheimdiplomatie«, wie häufig unterstellt, führte – als »wichtigste und folgenreichste Einzelentscheidung in der Geschichte des modernen Mittleren Ostens« – zu seinem Untergang und zur Neuordnung der gesamten Region. Absprachen habe es erst im Krieg gegeben, etwa »Istanbul und den Bosporus Russland zu überlassen«, auch »fast ganz türkisch Armenien«, was durch dessen Revolution hinfällig wurde, oder die Arabisch sprechenden Provinzen abzutrennen und große Teile Anatoliens »zwischen Frankreich und Italien aufzuteilen« mit einer kleinen Türkei als Rest.[180] Deswegen hielt diese sich dann bis kurz vor dessen Ende aus dem Zweiten Weltkrieg heraus. Im Zuge des 1903 begonnenen, oft unterbrochenen Baus der Bagdad-Bahn, die zur schnellsten und wirtschaftlichsten Verbindung Europas Richtung Indien werden sollte, lebten zahllose deutsche Ingenieure und Baufachleute jahrelang im Land. Heinrich August Meißner (1862–1940), der technische, auch für die Hedschas-Bahn nach Damaskus und Medina zuständige Leiter, war im Rang eines Paschas geblieben, lehrte an der Universität Eisenbahnbau und starb 1940 in Istanbul. Durchgehend fertig wurde die Strecke erst Jahrzehnte später. Den Orient-Express aus Paris gab es mit Unterbrechungen von 1873/79 bis 1977.

Die kosmopolitische Tradition der Stadt endete abrupt im Ersten Weltkrieg durch den Ende des 19. Jahrhunderts allseits eskalierenden Nationalismus und Rassismus. Aber gerade »die Zerschlagung des Osmanischen Reiches«, so der Historiker Wolfgang J. Mommsen (1930–2004), »das gegenüber den anderen nichtislamischen Minoritäten […] eigentlich ein relativ tolerantes Regiment geübt hatte, hat Folgen gehabt, die bis heute die Weltpolitik in bedenklicher Weise beeinflussen. Denn zu einer wirklichen politischen Emanzipation der arabischen Welt kam es nicht«, diente doch deren Neuordnung nach 1918 »einseitig den

180 Efraim Karsh, Inari Karsh: *Empires of the Sand,* a. a. O., S. 3, 326

Interessen der westlichen Welt«.[181] Nach 1.600 Jahren als glanzvolle Hauptstadt zweier Imperien wurde auch das nun »arm und provinziell« gewordene Konstantinopel wie die internationalsten Städte Europas »extrem nationalistisch« und »homogenisiert«. Das machte »Wien und St. Petersburg provinziell, Prag fast ganz tschechisch, Triest italienisch, Saloniki griechisch, Izmir wurde niedergebrannt«. Konstantinopel verlor seine 150.000 Griechen und viele der 50.000 dort überlebenden Armenier. Beide Gruppen hatten letztlich »am meisten unter dem Zerfall des osmanischen Reiches zu leiden«. Bis dahin musste keine Großstadt Europas »eine solche Transformation seiner Bevölkerung erfahren«. Die von den Siegermächten forcierte ›ethnische Entflechtung‹ nach dem Ersten Weltkrieg erzwang die ›Repatriierung‹ von 1,2 Millionen Griechen und 0,5 Millionen Türken, die meist für Generationen im ›falschen Land‹ gelebt hatten. Zwischen 1923 und 1960 mussten weitere 1,2 Millionen als Muslime geltende Menschen vom Balkan in die Türkei emigrieren. Aber noch »bis 1914 waren vor russischen Pogromen flüchtende Juden bereitwillig aufgenommen worden«, konstatiert Philip Mansel zur Lage in Konstantinopel.[182] Ein keineswegs konsequent und nur für Europa propagiertes, bis zu annähernd ›ethnischer Reinheit‹ exzessiv auslegbares ›Selbstbestimmungsrecht der Völker‹ sollte landesinterne Konflikte vermeiden. Ohne weitere Gebietsansprüche würden sich Nationalstaaten friedlich verhalten – was sich bekanntlich als eine der drastischsten Fehleinschätzungen des 20. Jahrhunderts herausstellte. Verstanden wurde nicht, dass dem auf »die Einheit aller Gläubigen (*umma*)« ausgerichteten muslimischen Denken die längste Zeit »westliche Vorstellungen von ›Vaterland‹ und ›Nation‹ fremd« blieben, so der Historiker Franco Cardini in *Europa und der Islam. Geschichte eines Missverständnisses*.[183] Bezeichnend war stets, wie sehr beide Religionen ihre Macht auf die Kontrolle von Frauen, von Sexualität und auf den streng kontrollierten Zu-

181 Wolfgang J. Mommsen: *Der Erste Weltkrieg. Anfang vom Ende des bürgerlichen Zeitalters*, Frankfurt am Main 2004, S. 11f.

182 Philip Mansel: *Constantinople*, a. a. O., S. 407, 411, 416, 420, 423, 424, 426

183 Franco Cardini: *Europa und der Islam. Geschichte eines Missverständnisses*, München 2000, S. 273

gang zu einem wunderbaren ewigen Leben im Himmel konzentrierten, wobei die Alternative von Höllenqualen weit drastischer war als die graue Unterwelt der Antike.

Bereits in den Balkankriegen hatte sich auch das Osmanische Reich exzessiv radikalisiert, mit dem Genozid an angeblich mit Russland kollaborierenden Armeniern als absolutem Tiefpunkt. Trotz der vermutlich bis zu 1,5 Millionen Toten ist das in der Türkei immer noch ein politisches Tabu und wird als Teil von Kriegshandlungen hingestellt. Einen Hauptverantwortlichen, den Innenminister Talât Pascha (1874–1921), erschoss der Armenier Soghomon Tehlirian (1897–1960) in Berlin und wurde freigesprochen. Wie sehr alles geplant war, steht inzwischen längst fest. Denn »der offizielle Beschluss zur Deportation« war »eine Kabinettsentscheidung vom 27. Mai 1915«. Auch »der Beschluss zum Völkermord« wurde »in diesen Sitzungen gefällt«.[184]

Um 1920 wurde das drastisch verarmte, für fast fünf Jahre von den Alliierten besetzte Konstantinopel wegen 200.000 vor den Bolschewiken geflohenen russischen Zivilisten und Weißgardisten neuerlich zur Flüchtlingsstadt. Völlig unzureichende Hilfsmaßnahmen der Alliierten führten dazu, dass unzählige »in den Straßen Konstantinopels verhungerten«, so Saskia Sassen. Die internationale Erregung darüber war der *global cities* erforschenden Autorin zufolge »ein erster Schritt auf dem Weg zur Entwicklung eines Flüchtlingsbegriffs, der von der Flucht vor dem Kommunismus geprägt war« – so als ob es sonst kaum ehrbare Fluchtgründe geben konnte.[185] Über Konstantinopel entkommene Künstler wie Iwan Bunin (1870–1953), Serge Poliakoff (1900–1969) oder Vladimir Nabokov (1899–1977) stehen für die Masse anonym Gebliebener. Auf dem Schiff, das General Pjotr Wrangel (1879–1928) aus dem Exil in Konstantinopel für die letzten Kämpfe der Weißgardisten auf die Krim brachte, kam dessen abgelöster Rivale General Anton Denikin (1872–1947) in die Stadt. Wrangel folgte ihm Ende 1920 ins Exil.

184 Taner Akçam: *Armenien und der Völkermord. Die Istanbuler Prozesse und die türkische Nationalbewegung*, Hamburg 2004, S. 59 | Wolfgang Gust (Hg.): *Der Völkermord an den Armeniern 1915/16*, Springe 2005 | *Les Arméniens 1917–1939*, Beirut 2006

185 Saskia Sassen: *Migranten, Siedler, Flüchtlinge*, a. a. O., S. 188

Vor Verfolgung durch die Nationalsozialisten hatten allein etwa 1.000 deutschsprachige Exilanten in der Türkei Zuflucht gefunden, die allerdings offizielle Einladungen brauchten und gegen Kriegsende manchmal interniert wurden.[186] Der exponierte Architekt Bruno Taut (geb. 1880 in Königsberg, gest. 1938 in Istanbul) war in NS-Deutschland nicht mehr erwünscht und konnte in Istanbul die Professur übernehmen, für die der kurz vor der beabsichtigten Emigration verstorbene Hans Poelzig (1869–1936) vorgesehen war (Verwaltungsgebäude I. G. Farben, heute J. W. Goethe Universität Frankfurt am Main). Bruno Taut lieferte Entwürfe für Regierungsgebäude und realisierte einige Bauten, vor allem Schulen und die Literaturfakultät der Universität Ankara. Kurz vor seinem Tod bekam er ehrenvolle Aufträge wie den Katafalk für Kemal Atatürk oder die Festdekoration der Stadt zum 15. Jahrestag der Republik. Daran wirkten auch Wilhelm Schütte (1900–1968) und Margarete Schütte-Lihotzky (1897–2000) mit, denen er nach ihrer Zeit in Frankfurt (»Frankfurter Küche«) und in der Sowjetunion in Istanbul Arbeitsmöglichkeiten verschafft hatte. Trotz Hitler-Stalin-Pakts fuhr Margarete Schütte-Lihotzky Ende 1940 mit Herbert Eichholzer (1903–1943), der als Architekt im Büro von Clemens Holzmeister beschäftigt war, aus politischen Motiven nach Wien, um den gefährdeten KP-Funktionär Erwin Puschmann (1905–1943) zur Emigration zu bewegen und zur »Herstellung der Verbindung mit dem Auslandsapparat«. Von einem Spitzel verraten, wurden Eichholzer und Puschmann hingerichtet. Schütte-Lihotzky kam bis Kriegsende ins Zuchthaus Aichach bei Augsburg. »Kein einziger, mit dem ich im Widerstand gearbeitet habe«, schrieb sie in ihren Erinnerungen, »ist am Leben geblieben«. Vor dem Todesurteil gerettet hatte sie das gefälschte Angebot eines türkischen Regierungsvertrags. Ihr Mann Wilhelm Schütte wirkte weiter am offensiven türkische Schulbauprogramm mit. Eine seiner Devisen: »Der Mensch der Zukunft ist der gebildete Mensch.«[187]

186 Wikipedia: Exil in der Türkei 1933–1945

187 Margarete Schütte-Lihotzky: *Erinnerungen aus dem Widerstand 1938–1945*, Hamburg 1985, S. 47ff., 59, 79, 185 | ÖGFA (Hg.): *Wilhelm Schütte. Architekt, Frankfurt, Moskau, Istanbul, Wien,* Wien 2019, S. 49ff.

Das langjährige, 1927 einsetzende Wirken des österreichischen Architekten Clemens Holzmeister (1886–1983) in der Türkei, der über die Kriegs- und Nachkriegszeit hinweg in Istanbul und dann in Ankara lebte, war angesichts seiner Großaufträge nur bedingt eine erzwungene Emigration, aber ein Beispiel für Exilsituationen und Aufnahmebereitschaft. In Österreich durch das Wiener Krematorium, das Funkhaus, das Salzburger Festspielhaus und viele Kirchen zum dominierenden Architekten des austrofaschistischen Ständestaates geworden, entstanden in Ankara nach seinen Entwürfen große Staatsbauten, Ministerien, der Palast für Kemal Atatürk, das Parlamentsgebäude. Zur Mitarbeit hinzugezogen hatte er aus Österreich Max Fellerer, Fritz Reichl, Ceno Kossak, Stefan Simony, Herbert Eichholzer, Walter Schmutzer, Richard Praun oder Anna-Lülja Praun. Der Bildhauer Anton Hanak oder die Keramikerin Gudrun Baudisch bekamen Aufträge. Sein Mitarbeiter Ernst Egli, später Professor der ETH Zürich, verfasste ein Standardwerk über Mimar Sinan (ca. 1490–1588), den Baumeister osmanischer Glanzzeit, dessen Süleymaniye-Moschee am Goldenen Horn und die Selimiye-Moschee in Edirne exemplarisch sind für seine Hunderten Bauten.[188] Ernst Reuter (1889–1953), während der Blockade Berlins 1948/49 dessen Bürgermeister, war wie andere in russischer Kriegsgefangenschaft Bolschewik geworden, hatte mit Lenin gearbeitet, war Mitbegründer der KPD, wechselte zur SPD und emigrierte 1933 in die Türkei. Dort war er Berater des Wirtschaftsministeriums und Professor für Städtebau. Sein zum Vorstandsvorsitzenden der Daimler-Benz AG aufsteigender Sohn Edzard Reuter wuchs in der Türkei auf. Auch für den Komponisten Paul Hindemith (1895–1963) war sie erste Station seines Exils, bevor er in die USA gelangte. Der Nationalökonom Wilhelm Röpke (1899–1966), liberaler Vordenker der sozialen Marktwirtschaft, ging 1933 zuerst an die Universität Istanbul, wo er *Die Lehre von der Wirtschaft* verfasste, und dann an die Universität Genf. Der Theaterregisseur und Autor George Tabori (1914–2007)

188 Friedrich Kurrent: Clemens Holzmeister der Lehrer: Wechselwirkung Türkei–Österreich, in: Friedrich Kurrent: *Texte zur Architektur*, Salzburg 2006, S. 165ff.

konnte als Auslandskorrespondent in Sofia und Istanbul der Judenverfolgung in Budapest entkommen. Mitarbeiter des britischen Geheimdienstes im Mittleren Osten geworden, verwischte er seine Spuren in Istanbul durch einen vorgetäuschten Selbstmord mit Abschiedsbrief.[189]

Trotz der vielen damals aufgenommenen Emigranten verhielt sich auch die Türkei ab 1941 so abwehrend wie andere neutrale Staaten. Dafür steht die Tragödie der *Struma*, eines kaum manövrierfähigen Schiffs, dem mit fast 800 jüdischen Flüchtlingen aus Rumänien an Bord unter britischem Druck wochenlang das Anlegen verweigert wurde und das Anfang 1942 – in Berlin tagte die Wannseekonferenz zur ›Endlösung‹ – aufs offene Meer geschleppt wurde, wo es vermutlich durch ein sowjetisches U-Boot versenkt wurde, mit David Stoliar (1922–2014) als einzigem Überlebenden. Über die Donau und den Bosporus war etwa 20.000 Juden die Flucht nach Palästina und anderen Destinationen gelungen.

Das verlassene jüdische Viertel am Goldenen Horn ist kaum noch als solches erkennbar.[190] Dabei war die jüdische Loyalität dem Osmanischen Reich gegenüber so weit gegangen, dass viele auch im Ausland dessen schützende Staatsbürgerschaft behielten. Deswegen gab es etwa in Wien den 1938 niedergebrannten Türkischen Tempel in der Zirkusgasse. Heute wird die Zahl jüdischer Bewohner Istanbuls auf 20.000 geschätzt. Etwa 60.000 Armenier leben dort, weil 1915 vor allem aus Dörfern und Provinzstädten deportiert worden war. Nach den Ausschreitungen von 1955 gegen Nicht-Muslime, ausgelöst vom Zypernkonflikt mit Griechenland und dem Gerücht eines Bombenanschlags auf Atatürks Geburtshaus in Saloniki, emigrierten fast alle der 100.000 restlichen Griechen oder wurden, wenn ohne türkische Staatsbürgerschaft, ausgewiesen. Nur einige Tausend sind geblieben; um 1914 zählten sie eine halbe Million. Durch die Landflucht aus Anatolien verschwand Istanbuls multikultureller Charakter. Die Bevölkerung stieg auf 15 oder sogar inoffizielle 18 bis 20 Millionen und über-

189 George Tabori: *Autodafé. Erinnerungen*, Berlin 2007
190 Oksan Svastcs: *Jüdisches Istanbul*, Wien 2010

trifft somit zahlenmäßig jene im Ballungsgebiet von Paris und die türkische Gesamtbevölkerung von 1927 (heute: 80 Millionen). Aber die durchlässigen Mittelmeerbeziehungen Konstantinopels verdeutlichen weiterhin, welche Freiheitsgrade und Schwankungsbreiten an Toleranz dort bereits erreicht gewesen sind.

Für die radikalen, bis heute wirksamen Reformen der Zwischenkriegszeit war Mustafa Kemal (1881–1938) bekanntlich die Schlüsselfigur und bereits legendär durch den 1915/16 schwer erkämpften Sieg von Gallipoli über gelandete Briten, was zu Churchills Rücktritt als Marineminister führte. Wegen enormer Verluste des *Australian and New Zealand Army Corps* hatte das dort vom ANZAC-Day symbolisierte Nationalgefühle bestärkt. Die neue Hauptstadt Ankara stand ab 1923 für eine bewusste Distanz zu Istanbuls mediterranen Traditionen. Obwohl als Sohn eines Holzhändlers aus der multikulturellen Hafenstadt Saloniki stammend, machte er »als aufgeklärter Diktator«, so Muammer Kaylan, aus den gedemütigten Türken Kleinasiens »eine neue Nation«, waren sie doch davor nie das Staatsvolk in westlichem Sinn. Alle sollten Türken werden, auch Kurden, was sich jedoch nicht durchsetzen ließ, mit andauernden Aufständen gegen ihre Diskriminierung. Als weltweit größte Nation ohne eigenen Staat leben sie in der Türkei, im Irak, im Iran und in Syrien, und Hunderttausende längst in Europa. Da bisher Reformen »an Despotismus, Ignoranz und religiöser Intoleranz« gescheitert waren, setzte Kemal auf sechs Prinzipien: »Republikanismus, Säkularismus, Reformismus, Nationalismus und Planwirtschaft«.[191]

Die überaus harten Bestimmungen des Friedensvertrages von Sèvres, vielfach polemisch als Schlusspunkt der ›Türkenkriege‹ angesehen, reduzierten die neue Türkei auf das anatolische Kernland, aufgeteilt in eine internationale, eine britische, französische und italienische Zone der Siegermächte. Das als westlich geltende Griechenland bekam große Gebiete um Smyrna/Izmir und Thrakien zugesprochen und Rückhalt durch die antitürkische britische Politik. Erst der unerwartete Sieg von Mustafa Kemal organisierter Truppen gegen die nach Zentralanatolien vorgedrungene griechi-

191 Muammer Kaylan: *The Kemalists*, a.a.O., S. 63, 64, 66, 67

sche Armee ermöglichte eine Konsolidierung des neuen Staates. Es endete mit schrecklichen Massakern und einer Massenflucht der Griechen. (▸ IZMIR | SMYRNA) Die orientalisch-subversive Melancholie der Rembetiko-Musik war Ausdruck davon und deshalb zeitweise verboten. Aber als einziges Mittelmeerland zwischen Bosporus und Tanger konnte sich die Türkei, obwohl 1918 zu den Besiegten gehörend, kolonialer Unterordnung entziehen. Nur die arabischen Provinzen des Osmanischen Reichs waren den Konfusionen einer Neuordnung ausgeliefert (▸ BEIRUT ▸ TEL AVIV–JAFFA).

Dabei war der sich interessiert gebende oder tatsächlich interessierte europäische ›Orientalismus‹ vom Kolonialismus nicht zu trennen, so der Palästinenser Edward Said (1935–2003). Denn »die Entdeckungen der Europäer hinsichtlich des manifesten und modernen Orients« bekamen erst »eine verstärkte Bedeutung, als die Gebietsaneignungen des Westens im Orient zunahmen«.[192] Von dessen spezifischen kulturellen Besonderheiten könne es kaum eigenständige Vorstellungen geben, so die vorherrschende europäische Imagination dazu. In der Türkei jedenfalls sollte dieser Orient so rasch wie möglich der Vergangenheit angehören. 1924 wurde das Kalifat als oberste religiöse Instanz aufgelöst. Parallel zur gewaltsamen sowjetischen Modernisierung islamisch geprägter Gesellschaften, ihrer Zerschlagung von Feudalstrukturen und dem Anspruch einer Befreiung der Frauen ging Mustafa Kemal, selbst entschieden antikommunistisch, den angefachten Nationalismus nutzend, einschneidende Reformen an, ohne Rücksicht auf Islamtraditionen und die festgefügten Sozialstrukturen der Landbevölkerung. Das wirkte weit nachhaltiger als im Iran, im Afghanistan der 1920er Jahre und später in Algerien, Ägypten, im Irak. Die Türkei blieb das kaum andernorts erreichte Vorbild für ein Erneuern traditioneller Gesellschaften, und zwar, so Muammer Kaylan, ohne »rassistische, faschistische oder kommunistische Ideologien« zu übernehmen.[193]

Denn zügig wurde eine grundlegende Säkularisierung geschaffen, durch Gesetze und staatliche Institutionen, westliche

192 Edward W. Said: *Orientalismus* (1978), Frankfurt am Main 1981, S. 250
193 Muammer Kaylan: *The Kemalists*, a.a.O., S. 67

Schrift und Kleidung oder erlaubten Alkohol. Als 1925 der ›rückständige‹ Fez verboten wurde, so Bruno Kreisky in seinen Erinnerungen, ging der großen Fez-Fabrik im tschechischen Strakonice, wo sein Vater eine leitende Stellung hatte, »ein großer Markt verloren«.[194] Interventionen in das Alltagsleben waren sichtlich wichtiger als ideologische Indoktrinierung, wie in den gleichzeitig in Europa machtvoll werdenden ›säkularen Religionen‹ des italienischen und deutschen Faschismus. Zu ersten freien Parlamentswahlen kam es jedoch erst 1950. Seither wurden Tausende neue Moscheen errichtet. Trotz militanter Rechts-links-Kämpfe und Putsche radikalisierte sich die Lage nie so einseitig wie im Franco-Spanien oder unter dem Militärregime in Griechenland. Der traditionelle Islam blieb jedoch ein Faktor. Für den Orientalisten Bernard Lewis war Mustafa Kemal, als ›Vater der Türken‹ mit dem Beinamen Atatürk geehrt, »the first great secularizing reformer in the Muslim world«. Vor allem dessen Einsatz für die Frauenemanzipation sei zu würdigen, da er es für unsinnig hielt, »if we only modernize half the population«.[195] Gleichzeitig entmischte sich die Bevölkerung Istanbuls, der Levante, Nordafrikas, was schließlich der Konflikt Israels mit der arabischen Welt weiter verstärkte.

Seit 1952 als NATO-Mitglied zur antikommunistischen Bastion aufgebaut, seit 1963 in EU-Warteposition, entfernte erst der diktatorische Kurs von Recep Tayyip Erdoğan das Land wieder von Europa durch Bekämpfen jeglicher Opposition und Pressefreiheit, ständiges Negieren der Menschenrechte, die undurchsichtigen Salafisten- und Außenpolitik, die hochbezahlt-taktierende Aufnahme von 3,5 Millionen Flüchtlingen. Mustafa Kemals zornige Aussagen gegen »the merchants of religion« sind inzwischen kaum noch denkbar, weil eine solche Freigeistigkeit überall religiöse Gefühle verletzen würde. Atatürks in Bernd Rills Rowohlt Monografie zitierte Begründung offensiver Säkularisierung würde dem

194 Bruno Kreisky: *Zwischen den Zeiten. Erinnerungen aus fünf Jahrzehnten*, Berlin 1986, S. 41f.

195 Bernard Lewis: *What went wrong? Western Impact and Middle Eastern Response*, Oxford 2002, S. 72, 107

Nationalhelden derzeit jahrelange Haft und eine *Fatwa* wegen Religionsbeleidigung einbringen: »Seit mehr als 500 Jahren haben die Regeln und Theorien eines alten Araberscheichs und die abstrusen Auslegungen von Generationen von schmutzigen und unwissenden Pfaffen in der Türkei sämtliche Zivil- und Strafgesetze festgelegt. Sie haben die Form der Verfassung, die geringsten Handlungen und Gesten eines Bürgers festgesetzt, seine Nahrung, die Stunden für Wachen und für Schlafen, den Schnitt der Kleider, den Lehrstoff in der Schule, Sitten und Gewohnheiten und selbst die intimsten Gedanken. Der Islam, diese absurde Gotteslehre eines unmoralischen Beduinen, ist ein verwesender Kadaver, der unser Leben vergiftet.« Im Gegensatz zum damaligen Hyper-Nationalismus wollte Atatürk primär »zivilisieren«: »Es gibt verschiedene Länder, aber nur eine Zivilisation. Voraussetzung für den Fortschritt der Nation ist, an dieser einen Zivilisation teilzuhaben.« Er schien überzeugt, dem Lauf der Geschichte zu folgen, denn »seit Jahrhunderten haben die Türken sich ständig in die gleiche Richtung bewegt – wir sind immer von Osten nach Westen gegangen«.[196] Das entspricht der Hegel-Devise: »Die Weltgeschichte geht von Osten nach Westen, denn Europa ist schlechthin das Ende der Weltgeschichte, Asien der Anfang.« Der Islam jedoch – so Hegels krasses Fehlurteil analog zum Wunschdenken Kemal Atatürks hundert Jahre später – sei »schon längst von dem Boden der Weltgeschichte verschwunden und in orientalische Gemächlichkeit und Ruhe zurückgetreten«.[197]

Inzwischen leben in Deutschland über drei Millionen ›Türkeistämmige‹, in Frankreich eine Million, in Österreich, Großbritannien oder den Niederlanden jeweils etwa 400.000.[198] Von den Millionen Emigranten, die die Türkei Richtung Westen verließen oder bereits dort aufwuchsen, konnten sich neben vielen

196 Muammer Kaylan: *The Kemalists*, a. a. O., S. 69 | Jacques Benoist-Méchin: *Moustafa Kémal ou la mort d'un empire*, Paris 1954, S. 352 | Akil Aksan (Hg.): *Mustafa Kemal Atatürk. Aus Reden und Gesprächen*, Heidelberg 1981, S. 30, 31; zit. in: Bernd Rill: *Kemal Atatürk*, Reinbek bei Hamburg 2006, S. 80, 83, 90

197 Georg Friedrich Wilhelm Hegel: *Vorlesungen*, a. a. O., S. 168, 491

198 Wikipedia: Liste türkischer Bevölkerungsanteile nach Staat

Sportlern manche so entfalten wie der deutsche Grün-Politiker Cem Özdemir oder die Rechtsanwältin Seyran Ateş, Initiatorin der liberalen Moschee in Berlin-Moabit. In den USA gelang das früh dem Regisseur Elia Kazan (1909–2003) mit Filmen wie *Jenseits von Eden* mit James Dean oder dem Auswandererdrama *Die Unbezwingbaren* sowie dem ebenso aus Istanbul stammenden Gründer von *Atlantic Records* Ahmet Ertegun (1923–2006), Produzent von John Coltrane, Ray Charles, Aretha Franklin, Mick Jagger. Aus Istanbul in die USA mitgebrachte geheime Legierungen machten die Schlagzeugbecken der *Avedis Zildjian Company* weltberühmt.

Neben dieser Abwanderung und den jüngst wieder im Ausland Asyl Suchenden sei inzwischen »Istanbuls Invasion durch ›Außenseiter‹« signifikant, so die Cultural Studies-Expertin Ayşe Öncü. Denn die Millionen aus Anatolien Zugewanderten verursachen eine »soziale und kulturelle Spaltung des städtischen Lebens«. Riesige Slumgebiete, die nichtplanbare Eigendynamik und sich »völlig gleichgültig gegenüber den symbolischen Hierarchien« zeigende Aufsteigerschichten ergeben eine Modernisierung durch Eindringen einer »schwindelerregenden Fülle globalisierter Bilder, Images, Sounds und Waren in die kulturellen Räume der Stadt«. An der städtischen Peripherie entstehen zwar »neuartige populare ›Kulturen‹«, zugleich verstärke sich aber auch unter Städtern der Islamisierungsprozess. »Dabei spielte«, so der Soziologe Cihan Tuğal, »der weltweite Rückgang der linken Bewegungen und ihre Unterdrückung nach dem Militärputsch [von 1980] ebenso eine Rolle wie die weltweite Tendenz, im Islam eine revolutionäre Ideologie zu sehen«, was auch Moderate beeinflusst. Damit »die Akteure der Globalisierung isoliert und geschützt« leben können, bilde das darauf ausgerichtete Baugeschehen eine »Doppelstruktur«, die ein »völlig sich selbst überlassenes« Istanbul überlagert. Wie anderswo auch, hätte das seit den 1980er und 1990er Jahren, so der Architekt und Stadtforscher Ihsan Bilgin, »mit der Stadt Istanbul und dem Großteil ihrer Bewohner nichts zu tun«.[199]

199 Ayşe Öncü, Cihan Tuğal und Ihsan Bilgin in: Orhan Esen, Stephan Lanz (Hg.): *Self Service City: Istanbul*, Berlin 2005, S. 397ff., 327ff., 93ff.

»Istanbul ist nicht der Ort, an dem der Osten den Westen trifft«, heißt es in der neuen Stadtbiografie der Historikerin Bettany Hughes resümierend, »sondern an dem Ost und West einander vielmehr genau und sehnsuchtsvoll anschauen«, so als ob das subtile Wahrnehmungen ergäbe.[200] Als nun zum Weltflughafen ausgebaute Megacity ist Istanbul ein undurchsichtig funktionierendes, Arm und Reich, Härte und Weichheit polarisierendes Muster künftiger Urbanität – mit historisch komplexen Beziehungen zu fast allen in diesem Band kommentierten Städten.

Von Istanbul stets fasziniert, beeindruckt Madeleine Albright, die aus Prag stammende, der Demokratischen Partei angehörende Außenministerin der USA von 1997 bis 2001, vor allem die so lange durchgehaltene Vielfalt des Omanischen Reichs, das »400 Jahre lang ein Viertel der Welt beherrschte – ein Reich, so groß, dass es nicht nur über die weltweit größte Stadt mit einer jüdischen Bevölkerungsmehrheit, Saloniki, gebot, sondern auch über mehr Christen als jede andere damalige Regierung«. Indem nun aber Erdoğan die »größten historischen Leistungen Atatürks« rückgängig mache, weil er entschieden »eine Aufhebung der Trennung von Staat und Islam« forciert, da nur deren Symbiose »die Quelle türkischer Einheit« sein könne, gefährdet er essentielle bürgerliche Freiheiten und die erkämpften Rechte von Frauen. Als Bürgermeister Istanbuls und dann Staatspräsident konnte er sich zwar auf verdoppelte Durchschnittseinkommen, gebremste Inflation oder die abgeschaffte Todesstrafe berufen, hetzt nun aber ständig provokant »gegen Säkularisten und Liberale«. Vorbereitet habe dieses Klima, dass das Militär mit der zweitstärksten NATO-Armee längst schon »die Linke durch Folter, Morde und die Verhaftung einer halben Million Menschen mundtot« gemacht hat. Die Demonstrationen am Taksim-Platz (wie am Tahrir-Platz in Kairo, in Bagdad) verschaffen nun jedoch dem »Aufflackern des Volkszornes« und dem Eindruck, »dass sich etwas Neues regt«, weltweite Beachtung. Offenbar agieren »die vielen unterschiedlichen Strömungen der Erdoğan-Gegner« wieder gemeinsam:

200 Bettany Hughes: *Istanbul. Die Biographie einer Weltstadt*, Stuttgart 2017, S. 729

»Liberale, Umweltschützer, Feministinnen, säkulare Nationalisten, Akademiker und nach Unabhängigkeit strebende Kurden. Was sich am Taksim-Platz ereignete, hätte den Beginn einer geeinten Oppositionsbewegung gegen die AKP [seine erst 2001 gegründete Partei] darstellen können – wäre dieser Schwung nicht durch ein politisches Erdbeben zunichtegemacht worden«, dem wie bestellt wirkenden neuerlichen Putschversuch von Militärs. Er gab Erdoğan – wie das Attentat auf Atatürk in Izmir 1926 – in vielem freie Hand. Als Reaktion darauf gelten nun alle als Terrorverdächtige, die »angeblich gefährliche Ansichten über Erdoğan und den Staat geäußert hatten«. »Innerhalb weniger Monate wurden mehr als 140.000 Regierungsmitarbeiter entlassen, 16.000 Angehörige des Militärs und der Polizei geschasst, 6.300 Lehrer gefeuert, 2.500 Journalisten eingesperrt, 1.000 Firmen dichtgemacht, 180 Medien verboten, 15 Universitäten geschlossen und 20 Prozent der Richter zum Rücktritt gezwungen.« Sein Weg, »der geradewegs in die Tyrannei führt«, erzeugte »ein tief gespaltenes Land«, so Madeleine Albright in ihrem Buch *Faschismus. Eine Warnung*. Das betreffe genauso Donald Trump, der sich stets »verächtlich über die Institutionen und Prinzipien« äußert, der »Grundlage einer offenen, transparenten Regierung«. Wie andere Autokraten denunziere er Kritiker ständig als »Feinde des amerikanischen Volkes«. Wegen weltweiter Parallelen seien demokratische Kräfte umso mehr gefordert.[201] Istanbuls neuer Bürgermeister Ekrem İmamoğlu könnte eine Wende einleiten, da 2019 auch in Ankara die Opposition siegte.

Inwieweit ein Bewusstsein um eine gemeinsame Geschichte relevant sein kann, bleibt auch am Beispiel Istanbuls fragwürdig, obwohl es am Mittelmeer über Jahrhunderte ein zentraler Ort war. Die Gegenwart könnte erhellen, wie absurd einst bitter Ernstgenommenes rückblickend wirkt, die Feindschaft zwischen katholischer und orthodoxer Kirche, Christen und Muslimen, gegenüber Juden, bis hin zu völlig einseitigen Europa-Orient-Kontroversen.

Von Konstantinopel aus wurde immerhin im Jahr 380 das Christentum Staats- und dann Weltreligion, nach Armeniens

201 Madeleine Albright. *Faschismus. Eine Warnung*, a. a. O., S. 13, 161–179

Deklaration von 314 (und damals auch in Äthiopien), obwohl sich erst verstreute Minderheiten dazu bekannten und alte Kulte wichtig blieben. Gegenüber dem durch die Krönung Karls des Großen (französisch und englisch Charlemagne genannt) im Jahr 800 politisch erstarkenden, auf die Päpste der Provinzstadt Rom konzentrierten Heiligen Römischen Reich blieb Konstantinopel das Zentrum der ›alten‹ griechisch-orthodoxen, eigene Rituale bewahrenden Kirche. Im Westen galt Byzantinisch seither als despotisch, rückständig, undurchsichtig, intrigant (orthodox: von griech. *orthós*, »richtig, geradlinig« und *dóxa*, »Lehre, [Gottes-]Verehrung«, »Rechtgläubigkeit«; katholisch: von griech. *katholikós*, »allumfassend«). Mit der von Kaiser Justinian I. (ca. 482–565) initiierten Hagia Sophia als spirituellem Zentrum des Reiches, deren enorme Kuppel unübertroffen blieb, entstand eines der weltweit eindrucksvollsten Bauwerke. Der Einfluss von Byzanz – noch sichtbar im Felsendom Jerusalems, in der Umayyaden-Moschee in Damaskus, im Markusdom Venedigs, in Ravenna –, das sich als Rechtsnachfolger des Römischen Reichs verstand, reichte lange bis Mitteleuropa. So gilt die Frau von Herzog Heinrich II. Jasomirgott (ca. 1107–1177), Theodora Komnena (ca. 1134–1184), als »erste Großstädterin Wiens«. Denn ihr Ansehen und Vermögen als Nichte des byzantinischen Kaisers ermöglichten es ihr, »eine Kultur von hohem Wert und Zauber« zu schaffen. Auch der orientalisch-byzantinische Doppeladler gelangte so nach Österreich, wo er im 15. Jahrhundert zum Symbol von Reich und Habsburgern wurde. Beziehungen mit Byzanz bestärkten Ehen wie die der Kaisertochter Theodora Angeloi mit Leopold VI. (1176–1230) oder von Eudokia Laskarina mit dem letzten Babenberger-Herzog Friedrich II. (1211–1246). Als Frau von Otto II. wurde die Byzantinerin Theophánu (ca. 955–991) einflussreiche Mitkaiserin des Heiligen Römischen Reiches. Selbst Österreichs Nationalfarben Rot-Weiß-Rot sollen vom blutigen Waffenkleid von Herzog Leopold V. aus der Schlacht von Akkon bei Haifa von 1191 abgeleitet sein.[202]

202 Ralph-Johannes Lilie: *Byzanz. Das zweite Rom*, Berlin 2003, S. 408 | Georg Ostrogorsky: *Geschichte des byzantinischen Staates* (1940), München 1975, S. 321ff. | Alexander Randa: Byzanz und der Donauraum, in: *Der Donau-*

Für ein auf Christliches fixiertes Abendland-Denken bezeichnend ist, dass Konstantinopels Eroberung durch Sultan Memet II. (1432–1481) am 29. Mai 1453 weithin als Urkatastrophe Europas galt, obwohl dadurch Moskau zum Nachfolger von Byzanz und zum ›dritten Rom‹ der Orthodoxie wurde. Seither sollte das tägliche Mittagsläuten die Türkengefahr für Generationen präsent halten. Ein neuer Festungsgürtel verband sich »mit der Idee der Verteidigung Europas«, so kontrovers die Interessen auch waren.[203] Selbst ein Kosmopolit wie Stefan Zweig (1881–1942) beschrieb diese Zäsur in *Sternstunden der Menschheit* als »eine unvergessliche Ekstase des Untergangs«. Denn »die einstige Hauptstadt der Welt«, »das vollendete Sinnbild der Uneinnehmbarkeit« und »die herrlichste Kirche des Abendlandes« ging an Muslime verloren, weil die »höchste Zusammenfassung aller geeinten Kräfte zum Schutz der europäischen Kultur« unterblieb.[204] Dabei war das Byzantinische Reich längst rundum eingeschlossen, seit sich die Osmanen 1354 mit Genuas maritimer Hilfe in Gallipoli am europäischen Ufer festsetzten, Edirne zur neuen Hauptstadt machten und danach den Balkan ihrem schließlich bis an Österreichs Grenzen expandierenden Vasallenreich anschlossen. Trotz heftiger Abwehr war in der Stadt damals vielen der »türkische Turban« lieber »als die lateinische Mönchskappe«, so der Byzantinist Ralph-Johannes Lilie. Denn anders als die »verhassten Lateiner« Europas würden die Osmanen »wenigstens die religiösen Überzeugungen der Unterworfenen unangetastet lassen«.[205] Ansässige Venezianer gehörten zu den Verteidigern, Genueser blieben neutral. Die eingesetzte Riesenkanone hatte ein Spezialist aus Ungarn gebaut.

Konträr zum Verlust Konstantinopels von 1453 gilt die Türkenbelagerung Wiens von 1683 als Abendland-Symbol gelungener Fremdenabwehr mit Gedenkstätte am Leopoldsberg, so als ob

raum. Zeitschrift des Forschungsinstitutes für den Donauraum und Mitteleuropa, Wien 1958, S. 151f. | Peter Diem: *Die Symbole Österreichs*, Wien 1995, S. 83f., 109ff.

203 Franco Cardini: *Europa und der Islam*, a. a. O., S. 13, 171

204 Stefan Zweig: *Sternstunden der Menschheit. Vierzehn historische Miniaturen* (Leipzig 1927), Frankfurt am Main 2007, S. 36ff.

205 Ralph-Johannes Lilie: *Byzanz*, a. a. O., S. 485, 486, 504

Städte wie Budapest oder Belgrad unter osmanischer Oberhoheit entsetzlich gelitten hätten. Dem rettend eingreifenden Johann III. Sobieski (1629–1686), gewählten König Polens und Großfürsten von Litauen, war dafür jedoch keineswegs gedankt worden. Zwar hätte sich die Stadt »nicht mehr länger als fünf Tage halten können«, schrieb er seiner Frau, trotzdem gab es mit dem arroganten, zuvor nach Passau geflohenen österreichischen Kaiser Leopold I. (1640–1705) nur ein kurzes frostiges Treffen. Seinen Soldaten wurden sogar Verpflegung und die Betreuung der Verwundeten verweigert, »als habe man uns nie gekannt«. Selbst »auf die Unsrigen zu schießen« kam vor, als »nie gehörte Undankbarkeit«. Bereits an der früheren Wiener Türkenbelagerung von 1529 hatte das »Drängen des protürkischen ungarischen Adels« seinen Anteil.[206] Die Rückeroberung Budapests durch Habsburgs Truppen führte zu einer Schreckensherrschaft. Dem gilt ebenso kein Gedenken wie den 20.000 Protestanten, die 1631 katholische Truppen in Magdeburg massakrierten. Noch der Wiener Katholikentag 1933 – als in Deutschland Hitler an die Macht gekommen war – feierte den 250. Jahrestag der vor den Toren Wiens gelungenen Rettung des Abendlandes vor morgenländischer Bedrohung. Dabei war das Osmanische Reich im Ersten Weltkrieg Alliierter Deutschlands und Österreich-Ungarns. Im Krimkrieg verteidigten es europäische Mächte gegen Russlands Expansion. 1953, als die Türkei 500 Jahre Eroberung Konstantinopels feierte, blieben der Staatspräsident und der Regierungschef ostentativ fern, »um ihre westlichen Freunde und die Griechen nicht zu kränken«, so Orhan Pamuk, hatten doch auf beiden Seiten Christen und Muslime gekämpft.[207]

Europas Kreuzzüge wirken nach, selbst wenn sie nie bis ins Heilige Land gelangten. Denn zur exzessivsten Plünderung Konstantinopels war es 1204 durch mordende, vergewaltigende, raubende Kreuzfahrer, wegen Erbteilung verarmte Adelige und selbst Kirchenleute gekommen, weil der Papst dort wieder ein Lateini-

206 Joachim Zeller (Hg.): *Jan Sobieski: Briefe an die Königin. Feldzug und Entsatz von Wien 1683* (Warschau 1972), Berlin 1981, S. 38, 49, 46, 50 | Franco Cardini: *Europa und der Islam*, a. a. O., S. 234

207 Orhan Pamuk: *Der Blick aus meinem Fenster*, München 2006, S. 66ff.

sches Reich wollte, was nur kurze Zeit gelang. »Nur noch eine leere Hülle« bleibend, konnte sich die Stadt davon »nie mehr erholen«. Denn »über 850 Jahre lang hatten die Byzantiner Schätze und Reichtümer in ihrer Hauptstadt zusammengetragen«, die »in der gesamten christlichen Welt unvergleichlich« waren. »Den Löwenanteil erhielten die Venezianer« wegen Vorfinanzierung der Flotte, so die antike Quadriga am Markusdom, auf die Napoleon so versessen war, dass sie vorübergehend nach Paris kam. Unmengen von Reliquien und Kostbarkeiten gelangten in Europas Klöster und Kirchen, in den Louvre, in die Wiener Schatzkammer, so die legendäre große Achatschale. Europa gab dieser gigantische Raubzug jedoch »wesentliche Anstöße für die kulturelle Weiterentwicklung«, so Ralph-Johannes Lilie. Bedenkenlos in Kauf genommen wurde, »dass die griechische Kirche fortan der römischen zutiefst misstrauisch gegenüberstand«.[208]

Deren Verhöhnung ging so weit, dass in der Hagia Sophia, einst Symbol christlicher Einheit, »a prostitute was seated in the patriarchal chair«, so der lange dort wohnhafte Historiker Edwin Pears (1835–1919) in *The Fall of Constantinople*, »who danced and sang a ribald song for the amusement of the soldiers«.[209]

208 Ralph-Johannes Lilie: *Byzanz*, a. a. O., S. 452, 464ff. | Wikipedia: Liste von Beutekunst aus der Plünderung Konstantinopels 1204

209 Edwin Pears: *The Fall of Constantinople being the Story of the Fourth Crusade* (London 1885), London 1987, S. 347

Potemkin-Treppe, Odessa
Foto: Christian Reder

Odessa, gegründet 1794: »Eine neue Stadt für Fremde«

ODESSA

Zu dieser 1794 ausdrücklich für Fremde gegründeten Hafenstadt am Schwarzen Meer wäre es ohne Zehntausende sich ansiedelnde Einwanderer und Flüchtlinge nie gekommen. Selbst die ersten drei Statthalter und Gouverneure waren Ausländer. Denn auf General Joseph de Ribas (1749–1800), in der russischen Armee dienender Sohn des spanischen Konsuls im Königreich Neapel, folgte Armand Emmanuel du Plessis, Herzog von Richelieu (1766–1822), ein Verwandter des legendären Kardinals und Gegner Napoleons, der ebenfalls eine Zeit lang russischer Offizier war und später französischer Premierminister wurde. Auch dessen Nachfolger Graf Alexandre Andrault de Langeron (1763–1831) war als Feind der Französischen Revolution in russische Dienste getreten, hatte an der Schlacht von Austerlitz, am Russisch-Türkischen Krieg von 1806 bis 1812 und an der Völkerschlacht von Leipzig teilgenommen, bevor er Gouverneur von Odessa und Neurussland wurde. Erst nach dreißig Jahren übernahm 1823 als erster Russe der liberale, in Venedig und England aufgewachsene Fürst Michail Semjonowitsch Woronzow (1782–1856) dieses Amt und prägte die weitere Stadtentwicklung. Sie ausgestaltend, realisierte dort etwa der aus Sardinien stammende italienisch-schweizerische Architekt Francesco Boffo (1796–1867) über dreißig Gebäude und Paläste sowie die berühmte, dann nach Fürst Grigori Potjomkin (1739–1791) benannte Treppe am Hafen.[210]

Das in der Französischen Revolution kulminierende Aufklärungsjahrhundert hatte in Russland mit der Gründung von St. Petersburg im Jahr 1703 begonnen, als autoritärer, zahllose Opfer fordernder Schritt zur Westorientierung. Nach Angliederung weiter Teile der Ukraine – die als erster ostslawischer Staat der stark von sich ansiedelnden Wikingern geprägten ›Kiewer Rus‹ in Russ-

210 Dieser Abschnitt basiert auf meinen nun überarbeiteten Texten aus *Graue Donau, Schwarzes Meer*, Wien–New York 2008, wo sich Weiteres zu diesen Sachverhalten findet.

land als dessen historische Keimzelle gilt – folgten Eroberungen im Süden, was die osmanischen Gebiete am Schwarzen Meer zu ›Neurussland‹ machte, mit Cherson (1778), Sewastopol (1783) und Odessa (1794) als neue, geplant ausgebaute Hafenstädte. Die 1783 annektierte Halbinsel Krim wurde im 19. Jahrhundert als Russische Riviera zum Treffpunkt von Adel, Intelligenzija und Künstlern. Im Zug dieser Expansion hatten vom Stadtgründer Joseph de Ribas befehligte russische Truppen 1789 die ebenfalls im Tatarenland liegende, schon mehrfach umkämpfte osmanische Festung Yeni Dünya (Jeni-Dunia; Neue Welt) erobert, als Ergebnis eines weiteren ›Türkenkrieges‹.[211] Weil als Hafenanlage günstig, entstand dort Odessa, dessen Name die aus Deutschland stammende Zarin Katharina die Große (1729–1796) ehrt, da er sich in weiblicher Form von der griechischen Kolonie Odessus der Antike herleitet (heute Warna).

Dazu war es gekommen, als in Paris die *Erklärung der Menschen- und Bürgerrechte* beschlossen wurde, das Weiße Haus in Washington D. C. und San Franciscos erste Siedlungen entstanden. Die Zarin selbst kam nie bis Odessa. Legendär blieb ihre Reise von 1787 in die neuen Südprovinzen – Anlass der Legende von den Potemkin'schen Dörfern –, an der selbst Österreichs Reformregent Joseph II. (1741–1790) teilnahm. Der damit verbundene Rufschädigungen und Intrigen durchstehende Günstling der Kaiserin, Fürst Grigori Potjomkin, damals Oberbefehlshaber der Armee, tatkräftiger Reformer und Namensgeber der Hafentreppe in Odessa, starb noch vor ihr und ist in Cherson am Schwarzen Meer begraben.

Vor der Revolution nach Russland geflohene französische Adelige spielten eine wichtige Rolle für die neue Stadt – eine Utopie, an der sie mitwirken konnten, obwohl sie Republikanern und Demokraten als Reaktionäre galten. Auch sprachunkundige Fremde können im Namen der heutigen Deribasowskaja-Straße jenen des spanischen Stadtgründers de Ribas entdecken. Die ersten Jahrzehnte waren jedenfalls ein exponiert multinationales,

211 Wikipedia: Türkenkriege, Liste von 27 Kriegen zwischen 1423 und 1878 | Russisch-Türkische Kriege

autoritär-reformerisches Projekt. Der sorgsam renovierte kompakte Kern der eindrucksvollen Stadtanlage mit seinen Alleen, Boulevards, Plätzen, Parks, Innenhöfen, Passagen wirkt immer noch wie ein Modell selbstbewusster, vitaler, unaufdringlicher Urbanität, wie ein zeitloses Vorbild für Versuche, Klassizismus- und Biedermeier-Idyllen zu rekonstruieren. An Warschau oder St. Petersburg erinnernde Straßenzüge halten präsent, wie einheitlich europäisch sich damals gerade im Osten expandierende, bereits dezidiert bürgerliche Städte entwickelt haben. Kaum ein Palast wollte sich zu sehr abheben. Dass der Blick von der grandiosen Potemkin-Treppe aufs Meer heute von einem wie ein Mafia-Treffpunkt wirkenden, düster verspiegelten Hotelturm verstellt wird, könnte aus einer platten Romantik- und Gegenromantik-Inszenierung stammen.

Nach den Sozialismus-Jahren derzeit in einer Arm und Reich krass polarisierenden Transformationsphase, war Odessa von Anfang an wegen vergleichsweise liberaler Obrigkeit, zehnjähriger Befreiung von Steuern und Wehrdienst, lange konfliktfreien Nebeneinanders von Zugewanderten und als Freihafen ein Anziehungspunkt und in exemplarischer Weise polyethnisch – als eine neue Stadt für Fremde. Sich zügig entwickelnd und als Zentrum russischer Getreideexporte florierend, hatte sie von weither Kaufleute, Händler und Handwerker oder geflohene, dort nicht weiter verfolgte Leibeigene integriert. Schon 1808 gab es Konsulate von Frankreich, Österreich, Spanien und dem Königreich Neapel. Um in Odessa und Neurussland – als Alternative zu Amerika – neu anzufangen, kamen Tausende zur Sicherung der russischen Herrschaft von einladender Propaganda und Privilegien angelockte Deutsche ans Schwarze Meer und bis an die Wolga. Griechen und Armenier waren seit jeher präsent. Am Dnjepr gab es Agrarkolonien von Serben und Bulgaren. Selbst Gruppen von Schweizern, Schweden, Korsen und Italienern waren in dieses Hoffnungsgebiet gezogen. Russen und Ukrainer waren ebenso Zuwanderer und blieben in der Stadt anfangs eine Minderheit.

Wegen der Aufteilung Polens, ihres nur im westrussischen ›Ansiedlungsrayon‹ zulässigen Aufenthalts und zeitweiligen Verbots, in Kiew zu leben, zogen viele Juden ins freiere Odessa. Niemand kam auf die Idee, sie in Ghettos abzusondern oder ihre Zahl zu begrenzen. In der jüdischen Folklore wurde »wie Gott in Odessa leben« (»lebn vi Got in Odes«) zum geflügelten Wort, so Steven J. Zipperstein in *The Jews of Odessa.* Weil »eine extreme Orthodoxie völlig an den Rand gedrängt wurde«, blieben Juden dort eher »gleichgültig der Religion gegenüber«. »Glamouröse Frauen«, Sängerinnen und viele Gaststätten belebten die Hafenstadt-Szenerie, wie es weiter nördlich kaum denkbar war. Statt Kaftans dominierte westliche Kleidung. Bald galt Odessa als progressivste jüdische Stadt. »Die täglichen Wechselkurse wurden auf Griechisch präsentiert, ›die Gesellschaft‹ sprach französisch, Straßenbezeichnungen waren auf Italienisch und Russisch verfasst«. Zehntausende muslimische Tataren waren aus der Region in osmanische Gebiete abgewandert. Nur 1.500 gab es noch in der Stadt, als Rest der ihrerseits einst eingewanderten Urbevölkerung, die kaum noch beachtet wurde, analog zur radikalen Verdrängung von indigenen ›First Nations‹ wie den Indianern. Als Odessa um 1900 bereits 400.000 Einwohner hatte, sind, auf die Muttersprache bezogen, nur knapp die Hälfte Russen gewesen (nach damaliger Definition), ein Drittel waren Juden, neun Prozent Ukrainer, vier Prozent Polen, drei Prozent Deutsche, vier Prozent anderer Herkunft, vor allem Griechen, Tataren, Armenier, Franzosen, Weißrussen. Für größere Sprachgruppen gab es eigene Schulen, seit 1865 eine Universität.[212] Ab 1866 war Odessa an das Eisenbahnnetz angeschlossen, ab 1887 mit dem Opernhaus der österreichischen Architekten Fellner & Helmer, deren Theaterbauten Wien (Volkstheater), Bratislava, Szeged, Zagreb oder Sofia geprägt haben, auch an den westlichen Kulturbetrieb.

Befreiend wirkte alles schon deshalb, weil es im Landesinneren immer wieder zu heftigen antijüdischen Pogromen kam, oft von Kosaken als treibende Kräfte, so schon im Zuge ihres Aufstandes gegen Polen unter dem Ataman (polnisch: Hetman, vom turko-tatarischen Otaman) Bogdan Chmelnitzki (1595–1657). Die vielfach fortbestehende jüdische Loyalität zum toleranten Osma-

212 Steven J. Zipperstein: *The Jews of Odessa. A Cultural History, 1794–1881*, Stanford 1986, S. 1, 12, 15, 24, 25, 30, 32, 151

nischen Reich hatte oppositionellen Griechen Anlass geboten, sich 1821 zu Beginn des griechischen Unabhängigkeitskampfes durch Überfälle auf Juden abzureagieren. Aber erst in den offensiven regionalen Pogromen von 1871 und 1881, denen von 1903 und 1905 in Kischinjow (Chișinău) und jenen danach ließen staatliche Instanzen immer mehr Übergriffe zu. Dadurch hat sich das russische Wort *Pogrom* (eigentlich Verwüstung, Unwetter) weithin verbreitet. Erzwungenermaßen setzten dadurch die großen Auswanderungswellen nach Zentraleuropa und Nordamerika ein, teils auch schon nach Palästina. »Die Massenemigration von 2,5 der um 1870 insgesamt 5,6 Millionen zählenden Juden aus Osteuropa und Russland zwischen 1880 und dem Ersten Weltkrieg bildet«, so Saskia Sassen, »in mancher Hinsicht den Beginn der modernen großen Flüchtlingsströme«.[213] Dieser Exodus nach Jahrhunderten durchgehaltenen Zusammenlebens macht evident, wie aussichtslos schließlich die Lage in diesen Gebieten bis zur Ostsee empfunden wurde, wie präsent Bedrohungen gewesen sind und wie sehr Schilderungen eines friedlich multikulturellen Zusammenlebens dazu tendieren können, nie eingelösten idealisierten Wunschvorstellungen Ausdruck zu verleihen.

Das vor dem Nazi-Terror so vielfältige Hinterland Odessas hat etwa der polnische Essayist Jerzy Stempowsky (1893–1969) beschrieben. Seinem sarkastischen Blick zufolge unterschied sich dieses Osteuropa schon deshalb stark vom Westen, weil dort konträr zu jenem nie auf Dauer durchsetzbar war, »Grenzen mehr oder weniger zu sichern, die Fremden zu vertreiben, den Ausländern die Einreisegenehmigungen zu verweigern und eine Illusion der inneren Einheit zu schaffen«. Die Bevölkerung entzog sich eben störrisch jedweder Angleichung. Denn »der riesige Teil Europas zwischen der Ostsee, dem Schwarzen Meer und der Adria war ein großes Schachbrett der Völker, voller Inseln, Enklaven und seltsamster Kombinationen gemischter Bevölkerungen. Vielerorts hatte jedes Dorf, jede gesellschaftliche Gruppe, beinahe jede Zunft eine eigene Sprache. In meiner Heimat, im Tal des mittleren Dnjestr«, schrieb er, Ruiniertes in Erinnerung rufend, »sprachen die Land-

213 Saskia Sassen: *Migranten, Siedler, Flüchtlinge*, a. a. O., S. 95

adeligen polnisch, die Bauern ukrainisch, die Beamten russisch mit Odessa-Akzent, die Kaufleute jiddisch, die Zimmerleute und Tischler, als Philipponen [nach dem russischen Mönch Philipp benannte priesterlose russische Sekte] und Altgläubige [Dissidenten der russisch-orthodoxen Kirche] russisch mit Novgoroder Akzent, und auch die Schweinehändler hatten ihre eigene Mundart. Außerdem gab es in der Umgebung noch Dörfer mit Bauern aus verarmtem Landadel, die polnisch sprachen, andere, ebenfalls aus dem Landadel stammend, sprachen ukrainisch, und es gab moldauische Dörfer, die rumänisch sprachen; die Zigeuner hatten ihre Zigeunersprache. Türken gab es dort zwar keine mehr, aber in Chocim [der alten osmanischen Festung] auf der anderen Seite des Dnjestr [der bei Odessa ins Meer mündet] und in Kamenez [heute Weißrussland] standen immer noch ihre Minarette.« Es gab Orte, »wo alle Juden türkische Staatsangehörige waren«. »Jede Bevölkerungsgruppe besaß ihre eigene Architektur« und jede Sprache brachte »eine andere historische, religiöse und gesellschaftliche Tradition mit sich«. Orientierung lieferte in den Westgebieten Wien, vor allem aber Kiew, Krakau, St. Petersburg, später auch Palästina. Für Gebildete war Paris das geistige Zentrum; erst nach 1918 verschwand das Französische als deren *Lingua franca*. In den kleinen Orten jedoch schienen die Menschen, obwohl viele Ghettobewohner »Verwandte in New York und Buenos Aires besaßen«, außer »den Zahlungsterminen der Schuldscheine« keine größeren Sorgen zu haben. »Ihr Geschichtsbewusstsein, wie die Deutschen es nennen, befand sich im Schlafzustand. Sie lebten in Abgeschiedenheit, weit entfernt vom Hauptstrom der Ereignisse …«[214]

Deswegen lag für viele schon Odessa als Tor zur Welt sehr fern. Dort hatten nach Jahren des Booms Wirtschaftskrisen den früheren Optimismus massiv gedämpft. Die anfangs offensiven staatlichen Investitionen waren drastisch reduziert worden, der Krimkrieg von 1853 bis 1856 hatte den Handel für Jahre blockiert. Getreide aus Übersee wurde zur harten Konkurrenz, weil das russische Monopol, Großbritannien zu versorgen, auf die USA

214 Jerzy Stempowsky: *Von Land zu Land. Essays eines Kosmopolen*, Hg.: Basil Kerski, Berlin 2006, S. 3ff.

überging. »400 der 2.000 Gaststätten der Stadt, viele davon mit jüdischen Besitzern, mussten mangels Nachfrage schließen«, so Zipperstein zu diesem Niedergang. Ihm zufolge hatte Odessa bis dahin gerade für die Lage der Juden Modellcharakter, denn »sich bietende ökonomische Möglichkeiten, die Perspektiven sozialer Mobilität, ein lebendiges, westlich orientiertes Kulturleben, eine während langer Phasen relativ tolerante politische Atmosphäre und das Fehlen der spezifischen, in vielem restriktiven jüdischen Kommunalstrukturen hatten die Juden Odessas für ein Mitgehen mit sich differenzierenden europäischen Entwicklungen empfänglich gemacht«. Daher erlangte es im anlaufenden Zionismus »nie den Status einer ›Mutterstadt‹ für Israel«, was auch auf »ihre Defizite an kommunaler Solidarität, ihre Indifferenz jeder Spiritualität gegenüber und ihren ausgeprägten Materialismus« zurückzuführen war.[215] Das unterschied Odessa markant von der intellektuellen Kultur in Wilna, dem ›Jerusalem des Nordens‹ als Zentrum der aufklärerischen *Haskala*-Bewegung, dem ›jüdischen Oxford‹ Lublin oder vom traditionsbewussten Brody, das zeitweise 90 Prozent jüdische Bevölkerung hatte.

In *The Greeks of Odessa* von John Athanasios Mazis gelten solche multikulturellen Konstellationen jedoch als irrelevant, obwohl er in den USA Europäische Geschichte lehrt. Andere ideelle Ansprüche drastisch relativierend, heißt es bei ihm hyper-nationalistisch: »Seit tausenden Jahren lebten am Schwarzen Meer Griechen und zwar lange bevor Slawen (die frühen Rus) Gebiete des späteren russischen Reiches besiedelten.« Mit der »Handels-Diaspora« ihrer Kolonien seien sie Ureinwohner im Barbarenland gewesen. Das dann von Kiew angenommene orthodoxe Christentum habe »griechische Kultur« weithin verbreitet, Russland geistig an das griechische Byzanz bindend. Dieser Einfluss wirke auch nach dem Fall Konstantinopels 1453 fort, als »the Turks, who were considered non-Christian barbarians«, so die noch 2004 propagierte Typisierung, für Jahrhunderte die dominierende Macht am Schwarzen Meer blieben.[216]

215 Steven J. Zipperstein: *The Jews of Odessa*, a. a. O., S. 139, 151, 153f.

216 John Athanasios Mazis: *The Greeks of Odessa. Diaspora Leadership in Late Imperial Russia*, New York 2004, S. 1, 3, 4, 38

Unbeirrbar beruft man sich weiter auf die türken- und islamfeindliche *Megali Idea* des 19. Jahrhunderts, die Fiktion eines seit der Antike alle Griechen umfassenden Hellenismus, mit Konstantinopel und Athen als Zentren. Dieser sollte im griechischen Unabhängigkeitskrieg wiederhergestellt werden, mit dem Kampf gegen die wegen korrupter Provinz-Paschas durchaus bisweilen reale ›Despotie der Türken‹ als Vorwand. Im Europa kolonialer weißer Vorherrschaft begeisterte diese anfangs von dessen Monarchien keineswegs geteilte Mutter-Griechenland-Romantik als Gegenpol zur Brutalität der Französischen Revolution. Hunderte freiwillige ›Philhellenen‹ wollten dafür ihr Leben einsetzen, so Lord George Gordon Byron (1788–1824), der aber unvermutet am Golf von Patras starb.

Einer der Freiheitshelden wurde der ebenso junge, ehemalige russische Offizier Alexander Ypsilantis (geb. 1792 in Konstantinopel, gest. 1828 in Wien), der als Anführer des 1814 in Odessa gegründeten *Philiki-Eteria*-Geheimbundes den Aufstand in die Walachei tragen wollte, noch bevor dieser vom Peloponnes aus offensiver wurde. Deshalb zog er über Kischinjow im heutigen Moldawien, wo er den verbannten Puschkin traf, mit einer bunten Truppe Richtung Bukarest, ein 1821 in einem militärischen Fiasko endendes Wahnsinnsunternehmen bei dem seine 500 Mann fast alle umkamen. Ypsilantis floh auf österreichisches Gebiet und blieb jahrelang als Staatsgefangener inhaftiert. Erst nach der die Unabhängigkeit Griechenlands begründenden Seeschlacht von Navarino beim Peloponnes im Herbst 1827, bei der ein englisch-französisch-russischer Verband die osmanisch-ägyptische Flotte besiegte, wurde er unter der Bedingung entlassen, sich in Verona aufzuhalten, starb aber unterwegs dorthin, 35-jährig, krank und desillusioniert im Wiener Gasthof »Zur goldenen Birne«, Landstraßer Hauptstraße 31 (Gedenktafel). So bizarr wie sein rebellischer Alleingang war, dass das anfangs nur südliche Gebiete umfassende neue Griechenland mit König Otto (1815–1867) einen Regenten aus Bayern bekam, um zu den Dynastien Europas zu passen.[217] (▸ SALONIKI ▸ IZMIR | SMYRNA)

217 David Brewer: *Greece, the hidden Centuries. Turkish Rule from the Fall of Constantinople to Greek Independence*, London 2012, S. 238ff.

Weil dieses Geschehen Odessa kaum tangierte, waren um 1850 »sieben der zehn reichsten Kaufleute Odessas Griechen«. Zum »Ende dieser Ära« kam es erst durch die Russische Revolution, denn obwohl »eine Anzahl russischer Griechen mit den Kommunisten sympathisierte«, ergab sich der Eindruck »einer Feindseligkeit gegen das neue Regime«, noch dazu, wo »von den Griechen Odessas enthusiastisch begrüßte« griechische Truppen an der alliierten Intervention gegen »die Roten« teilgenommen hatten. So wie diese dürften auch landende französische Einheiten erstaunt gewesen sein, gleich oberhalb der Potemkin-Treppe das Denkmal Armand de Richelieus als eines in eine Toga gekleideten Griechen vorzufinden. Die Wohlhabenden verließen das Land, aber »eine große Zahl russisch sprechender Griechen blieb, weil sie nicht fortwollten oder nicht mehr fortkonnten«.[218]

Wie Konstantinopel, das ständig »Anführer nationaler Revolten heranbildete, die schließlich seine Existenz untergraben würden«,[219] war auch Odessa für revolutionäre Kreise attraktiv, ob Griechen, Russen, Bulgaren, Polen oder ukrainische Nationalisten. Für illegale Schriften der russischen Emigration war es der wichtigste Importhafen. Die in St. Petersburg durch ein Massaker an Demonstranten ausgelöste Revolution von 1905 hatte zwar erweiterte bürgerliche Freiheiten und die Einrichtung der Duma als Volksvertretung gebracht, was aber jederzeit autokratisch widerrufbar blieb. In Odessa kulminierte sie im Aufstand der Besatzung des Kriegsschiffes *Fürst Potemkin von Taurien.*

Um daran breitenwirksam zu erinnern, hatte Sergei Eisenstein (1898–1948) den Auftrag für seinen bahnbrechenden Stummfilm *Panzerkreuzer Potemkin* von 1925 erhalten, aber dafür nur drei Monate Zeit. Trotz aller ›mathematischen‹ Planung sei das zentrale, von Kosaken angerichtete Blutbad auf der Hafentreppe »in keiner Szenenvariante und keiner Montageliste vorgesehen« gewesen, heißt es dazu. Das wurde spontan entschieden. Mit Laienschauspielern, harten Schnitten und dem Wechsel von der Totale zur Nahaufnahme sollte erreicht werden, dass »im Bewusstsein

218 John Athanasios Mazis: *The Greeks of Odessa*, a. a. O., S. 43, 123, 124
219 Philip Mansel: *Constantinople*, a. a. O., S. 283

und in den Gefühlen des Zuschauers die Vorstellung vom Ganzen« erzeugt wird. Die Handlung entspricht weitgehend den historischen Ereignissen, vom Erschießen des wegen ungenießbaren Fleischs protestierenden Matrosensprechers Wakulentschuk, der davon ausgelösten Meuterei, der Ermordung von sieben Offizieren, bis zur Aufbahrung des toten Matrosen am Fuß der Treppe unter großer Anteilnahme der Bevölkerung und seit Wochen streikender Arbeiter. Das gnadenlos die Treppe hinabstürmende Militär hatte – so der Historiker Orlando Figes – 2.000 Zivilisten getötet und 3.000 verwundet. Propagandistisch übertrieben war nur die am Ende angedeutete Unterstützung der Flotte, zu der es nicht gekommen war, unbekümmert dargestellt mit Filmsequenzen der US-Marine. Der weltweite Erfolg überstrahlte den eigentlichen Schauplatz. Denn »der letzte Ort auf der Welt, wo der *Potjomkin* gezeigt wurde, war Odessa«, weil der Vertrieb chaotisch war.[220] 1930 »zur allgemeinen Überraschung« nach Hollywood gelockt, wurde Eisenstein sofort »Opfer einer gnadenlosen antisemitischen und antikommunistischen Kampagne«. In *An American Tragedy* nach Theodore Dreisers Roman Regie zu führen scheiterte. Er musste »tief enttäuscht wieder abreisen«.[221] Realisiert wurde der Film dann von Josef von Sternberg.

Zur Oktoberrevolution von 1917 heißt es in der Odessa-Studie von Tanja Penter: »Die Bolschewiki hatten in Odessa bis zum Oktober kaum eine Bedeutung.« Es war erst »der Putschversuch von General Kornilow [1870–1918], der Ende August in ganz Russland einen unerwarteten Ruck nach links auslöste und die Provisorische Regierung [von Alexander Kerenski (1881–1978)] bei den Massen in Ungnade fallen ließ«. Gerade in der allseits bedrängten Ukraine hatte in dieser Phase keine der Kräfte die Macht, stabi-

220 Ausführlicher: Christian Reder in *Graue Donau, Schwarzes Meer*, a. a. O., S. 496ff. | Sergej M. Eisenstein: *YO. Ich selbst. Memoiren.* Hg.: Naum Klejman, Walentina Korschunowa, 2 Bände, Wien 1984, Band 1, S. 181–222 | Sergej M. Eisenstein: *Über mich und meine Filme*, Hg.: Lilli Kaufmann, Berlin 1975 | Orlando Figes: *Die Tragödie eines Volkes. Die Epoche der Russischen Revolution 1891–1924*, Berlin 1998, S. 199f.

221 Neal Gabler: *Ein eigenes Reich. Wie jüdische Emigranten Hollywood erfanden* (New York 1988), Berlin 2004, S. 283, 445

lisierend zu wirken. Denn Anfang 1918, als der nun das kriegsmüde Russland vertretenden Sowjetregierung in Brest-Litowsk die Friedensbedingungen diktiert wurden, hatten deutsch-österreichische Truppen in einer Großoffensive in wenigen Wochen die Ukraine besetzt. Die bisherigen Gegner wurden gespalten, da »der ukrainischen Zentralrada [dem Zentralrat] im Rahmen eines Separatfriedens militärische Unterstützung gegen die Bolschewiki im Austausch gegen Lebensmittellieferungen« zugesichert worden war. Kurzfristig entstand der Eindruck, Deutschland und Österreich-Ungarn hätten im Osten den Krieg gewonnen.[222] Erst das Scheitern der »Alles-oder-nichts-Offensive« im Westen »ruinierte die deutsche Armee«, so der Historiker David Stevenson, »und machte einen alliierten Sieg möglich, der sich ansonsten um mindestens ein Jahr verzögert hätte und möglicherweise überhaupt nicht hätte errungen werden können«.

Für einige Monate waren in Odessa, auf der Krim, in Taganrog, im vorübergehend unabhängigen Georgien eine halbe Million Mann deutscher und österreichisch-ungarischer Besatzungstruppen stationiert, eine für die Bevölkerung im Vergleich zu 1941 durchaus zivilisierte Erfahrung mit westlichen Mächten. Sogar Petrograd war bedroht. General Erich Ludendorff (1865–1937), nach dem Krieg Exponent der antirepublikanischen Rechten, Aktivist des Kapp-Putsches 1920 und des Hitler-Putsches 1923, hatte sogar schon die Krim, wie Stevenson hervorhebt, »(im Vorgriff auf Hitler) als deutsches Siedlungsgebiet ausersehen«.[223] Russland verlor mit der Ukraine vorerst ein Viertel seiner Bevölkerung, fast ein Drittel der Agrarflächen und die wichtigsten Industrieregionen. Auf die Februarrevolution reagierend, hatten sich Finnland, Estland, Litauen, die Ukraine, Bessarabien, kurz auch Weißrussland für unabhängig erklärt. Wegen konfuser Machtkonstellationen blieb ein eigener Staat Ukraine unrealisierbar, war doch die historische Einheit mit Kiew für Russland unabdingbar. Im mörderischen Bürgerkrieg bis 1920

222 Tanja Penter: *Odessa 1917. Revolution an der Peripherie*, Wien 2000, S. 79, 80, 96

223 David Stevenson: *1914–1918. Der Erste Weltkrieg*, Düsseldorf 2006, S. 470, 471, 513

wurde Odessa zur notleidenden anarchischen Flüchtlingsstadt. Wer vom Süden aus weg wollte, musste es von dort oder von der Krim über das Meer nach Konstantinopel versuchen.

Das schaffte von Odessa aus auch Iwan Bunin (1870–1953), was er in seinen Erinnerungen *Verfluchte Tage* beschrieb. Als erster Russe hatte er 1933 den Literaturnobelpreis erhalten. Zutiefst angewidert hatten ihn die »schwarzen Fahnen an den Wänden, darauf weiße Schädel mit der Aufschrift: ›Tod, Tod den Bourgeois!‹«. Das ganze Land wurde zur »Orgie des Todes. Und das alles im Namen der ›lichten Zukunft‹«. Dabei herrschte gerade »dem Volk gegenüber eine furchtbare Gleichgültigkeit«. Ihm war dieses Volk unkenntlich geworden, verwandelt in eine plündernde »viehische Menge«. »Sobald eine Stadt ›rot‹ wird«, dessen war er sich sicher, »ändert sich die Menge auf den Straßen jäh«, überall »grausamer Judenhass«. Doch sogar in Odessa wurden »die Bolschewiki sehnsüchtig erwartet«, auf stabilere Zustände, stabilere Preise hoffend. »Über Jahrhunderte hinweg gewachsenes Leben« war jedoch abrupt abgebrochen, nur weil in einer unruhigen Zeit »eine Art Weltbüro zur Gestaltung des menschlichen Glücks« zur Diktatur werden konnte. Dabei waren die Bolschewiki selbst überrascht, »dass es ihnen gelungen sei, die Macht zu ergreifen und sie bis heute zu behalten«.[224] Auch die von den USA ausgewiesene, aus Litauen stammende pazifistische Anarchistin Emma Goldman (1869–1940) erlebte in Odessa, wie krass der junge Komiteevorsitzende »seinen Hass auf die Intelligenzija« zeigte, »einen erbitterten Groll gegen alle gebildeten Menschen«. Tscheka-Banden zogen plündernd umher, erpressten für Geiseln Lösegeld. Bis in höchste Sowjetkreise herrschte offene Korruption.[225]

Vladimir Nabokov (1899–1977), der über die Krim entkommen war, sah manches gelassener (▸ SEWASTOPOL). Denn »meine alte (von 1917 her datierende) Fehde mit der sowjetischen Diktatur«, betonte er in *Erinnerung, sprich*, »hat nicht das mindeste mit Be-

224 Iwan Bunin: *Verfluchte Tage. Ein Revolutionstagebuch* (Berlin 1935), Zürich 2005, S. 51, 60, 63, 71, 81, 91, 97, 108, 129, 170

225 Emma Goldman: *Gelebtes Leben* (1931), 3 Bände, Berlin 1978–1980, S. 963, 966

sitzfragen zu tun. Für einen Emigranten, der ›die Roten hasst‹, weil sie ihm Geld und Land ›gestohlen‹ haben, empfinde ich nichts als Verachtung. Die Sehnsucht, die ich all diese Jahre lang gehegt habe [im Exil in England, in Berlin, in Frankreich, in den USA, in der Schweiz], ist das hypertrophische Bewusstsein einer verlorenen Kindheit, nicht der Schmerz um verlorene Banknoten.« Familiär davon geprägt, »der großen klassenlosen Intelligenzija Russlands anzugehören«, basierte für ihn »die Sympathie, welche liberal gesonnene Engländer und Amerikaner in den zwanziger Jahren dem Leninismus entgegenbrachten«, schlicht auf Unwissen und Fehlinformationen. Denn in solchen Kreisen blieb es weithin üblich, den gleich zu Beginn einsetzenden »bestialischen Terror« stereotyp durch die »alliierte Blockade«, durch den Kampf gegen reaktionäre, völlig undifferenziert gesehene »zaristische Elemente« zu relativieren. Eine derartige, auf der »Sehnsucht nach einem Glaubenssystem« basierende Parteinahme habe für Jahrzehnte völlig verdrängt, dass solche »ausländische Idealisten als Russen in Russland ebenso selbstverständlich ausgelöscht worden wären wie Kaninchen von Frettchen und Farmern«. Völlig negiert wurden die ausbaufähige liberale Tradition und »die Entwicklung einer bewunderungswürdigen Kultur«, denn seit den Reformen der 1860er Jahre sei das Land »im Besitz einer Gesetzgebung gewesen (auch wenn es sich nicht immer daran hielt), auf die jede westliche Demokratie hätte stolz sein können, einer kräftigen öffentlichen Meinung, welche Despoten in Schach hielt, weitverbreitete Zeitschriften in allen Spielarten des Liberalismus und, besonders auffallend, im Besitz furchtloser und unabhängiger Richter […]. Wurde ein Revolutionär ertappt, so war die Verbannung nach Tomsk oder Omsk ein erholsamer Urlaub im Vergleich zu den von Lenin eingeführten Konzentrationslagern.«[226]

Isaak Babel (1894–1940), fünf Jahre älter als Nabokov, ist bezüglich Literatur ein markantes Beispiel für andere Wege als die Emigration. In Odessa als Sohn eines jüdischen Händlers geboren und aufgewachsen, hatte er raschen, auch internationalen Erfolg.

226 Vladimir Nabokov: *Erinnerung, sprich*, Reinbek bei Hamburg 1991, S. 92, 250, 355, 356, 357f., 387

Es kam zu Reisen nach Frankreich, nach Italien, zur Förderung durch Maxim Gorki (1868–1936), zu frühen Übersetzungen, einer gut angelaufenen Einbettung in den Kulturbetrieb vom Journalismus über das Theater bis zum Film, zur Zusammenarbeit mit Sergei Eisenstein, zur Bekanntschaft mit André Malraux (1901–1976). Im Deutschland von 1933 wurden seine Bücher verbrannt. Dennoch ist er schließlich in die Gulag-Maschinerie geraten und am 27. Jänner 1940 in der Lubjanka in Moskau erschossen worden. Das private kleine Jüdische Museum in Odessa verwahrt das einzige erhaltene Relikt aus seiner Wohnung, einen verglasten Bücherschrank. Am sowjetisch-polnischen Krieg von 1920, der die Revolution nach Westen tragen sollte, hatte Isaak Babel als Korrespondent und Divisionsschreiber der Reiterarmee des späteren Marschalls der Sowjetunion Semjon Budjonny (1883–1973) teilgenommen. Sie drängte polnische Einheiten in die Defensive, belagerte Lviv/Lemberg, musste sich jedoch zurückziehen, ohne am verlorenen Kampf um Warschau teilzunehmen. In sein Tagebuch notierte er einmal, »Wir sind die Avantgarde, aber wovon?«, und mit Blick nach Westen: »Wie ich den Duft Europas einsauge, der von dort kommt.« Schließlich resümierte er: »Krieg ist, obwohl tatsächlich manchmal schön, in jedem Fall schädlich. Ich habe hier zwei Wochen völliger Verzweiflung hinter mir, das kam von der rasenden Grausamkeit, die hier nicht eine Minute verhält, und davon, dass ich deutlich begriffen habe, wie ungeeignet ich für das Werk der Zerstörung bin, wie schwer es mir wird, mich vom alten zu lösen, […] von dem, was vielleicht schlecht ist, für mich aber nach Poesie duftet, wie der Bienenstock nach Honig; jetzt komme ich wieder zu mir, was soll da weiter sein – die einen werden die Revolution machen, und ich werde das singen, was sich abseits findet, was tiefer liegt, ich habe das Gefühl, dass ich das kann und dass dafür Platz und Zeit sein wird …« »Es gibt Menschen, die dem Tod geweiht sind. Und es gibt Menschen, die noch nicht begonnen haben zu leben«, heißt es einmal in seinen *Geschichten aus Odessa*.[227]

227 Isaak Babel: *Tagebuch 1920*, Hg.: Peter Urban, Berlin 1990, S. 55; *Die Reiterarmee* (Moskau 1926), Darmstadt 1980, S. 159, 171f. | Isaak Babel: *Geschichten aus Odessa und autobiographische Erzählungen*, München 1972, S. 18

Leo Trotzki wiederum berichtet von seiner Jugend, damals noch zwischen Mathematik »und der Revolution« schwankend, wie er seine Existenz immer wieder infrage stellte: »Ich lebte in Odessa und suchte. Was? In erster Linie – mich selbst.« Sein Pseudonym Trotzki übernahm er in Sibirien vom Namen eines Gefängniswärters. Mehrmals inhaftiert, war er schließlich ins Ausland entkommen und zur Revolution selbst – nach Jahren in Wien – aus New York angereist.[228] Bevor ihn ein Stalin-Agent aus Barcelona in Mexiko ermordete, lebte er länger in Istanbul (▸ ISTANBUL | KONSTANTINOPEL ▸ BARCELONA)

Die Dichterin Anna Achmatowa (1889–1966) hatte den Ort ihrer Geburt, Bolschoi Fontan bei Odessa, bereits als Säugling verlassen als ihre Familie nach St. Petersburg zog. Nach großen Anfangserfolgen jahrzehntelang missachtet und drangsaliert, lebte sie dort fast durchwegs im berühmten Haus an der Fontanka. Modigliani hatte sie 1911 in Paris gezeichnet. Der aus Riga stammende, längt im Westen lebende Philosoph Isaiah Berlin (1909–1997) war mit ihr noch in den Jahren vor ihrem Tod in engem Kontakt. Mit ihrem Pseudonym Achmatowa bezog sie sich in bildhafter Weise »auf den letzten Tataren-Khan«, hatte sie doch wie so viele Russen tatarisch-turksprachige Vorfahren, so Orlando Figes. Wassily Kandinsky (1866–1944) wiederum war als Kind aus Moskau nach Odessa gekommen und in der Stadt aufgewachsen. Ein frühes naturalistisches Bild von ihm in der Tretjakow-Galerie in Moskau zeigt den dunstigen Hafen mit einem Segelschiff. Anfangs wollte er Anthropologe werden und hat 1889 in der Komi-Region am Ural eingehend die Rituale, Ornamente, Zeichen und Zauberformeln dortiger Schamanen studiert. Das »sollte seine abstrakte Kunst später maßgeblich inspirieren«, so Orlando Figes in seiner akribischen Kulturgeschichte Russlands, denn »der Kreis und der Strich, die Kandinskys abstrakte Bilder dominieren, waren Symbole für den Stock und die Trommel des Schamanen«, für Sonne und Mond. Hakenförmige Bogen und Striche stehen für das Pferd und sind »Symbol für das asiatische Erbe«, für »die asiatische Steppe«.[229]

228 Leo Trotzki: *Mein Leben*, a. a. O., S. 104f.
229 Orlando Figes: *Nataschas Tanz. Eine Kulturgeschichte Russlands*, Berlin 2003, S. 380–385, 413, 448

Das *Musej Literaturij* von Odessa im ehemaligen Gagarin-Palast zählt sicher zu den schönsten der Welt. Die für die Neuaufstellung zuständige Direktorin Anna Misjuk nennt es auch Museum der »ermordeten Stadt«. »Vermutlich gab es in jedem ordentlichen Haus in Odessa«, so ihr Rückblick, »Zeitungen aus London, Paris oder Zürich. Man konnte hier praktisch jedes im Zarenreich verbotene Buch kaufen – der Käufer betrat das Geschäft, legte schweigend eine halbe Silbermünze auf den Tisch und bekam die Zeitschrift *Kolokol* (*Die Glocke*). Wir fanden im Stadtarchiv eine Menge verbotener Bücher aus dem Privatbesitz des Gouverneurs, die er offenbar auch gelesen hatte.« Es war eben »eine Stadt für Menschen, die ihr Leben selbst in die Hand nehmen wollten und das Geld liebten« und damit auch etwas taten, »wenn man ihnen die nötige Freiheit gab«. Das belebte die Kultur, denn »wir wissen insgesamt von ungefähr fünfhundert Schriftstellern, die sich zu unterschiedlichen Zeiten in Odessa aufhielten«. »Dass größere Freiheit herrschte als im übrigen Russland, gefiel den einen – andere hassten die Stadt, weil hier ein Händler neben einem Aristokraten sitzen und im Leben der Stadt möglicherweise größeren Einfluss als dieser haben konnte.« Gerade das schätzte der zeitweise nach Odessa verbannte Puschkin (1799–1837), der von einem Sklaven aus dem heutigen Eritrea abstammte, als »die Offenheit der Stadt zu den Weltmeeren«, denn »der Wind kam für ihn aus Europa«. Da er am griechischen Freiheitskampf teilnehmen wollte, galt er als »neuer Byron«. Das schaffte er nicht, weil er jung in einem ihm aufgezwungenen Duell starb. Sonderbarerweise »glich Odessa in Sowjetzeiten fast einer Geschichte der Sozialdemokratie«, so Anna Misjuk. Denn »die Deribassowskja hieß Lassalle-Straße, die Gretscheskaja nach Karl Liebknecht, die nächste Parallelstraße war die Polizejskaja; die Ewrejskaja wurde zur August-Bebel-Straße. An beiden Seiten wurden diese Straßen von der Marx- und von der Engels-Straße begrenzt, mitten durch verlief die Lenin-Straße.«[230]

Dass aus Odessa weltberühmte Geiger wie David Oistrach

230 Anna Misjuk im Gespräch mit Erich Klein, in: *Graue Donau, Schwarzes Meer*, a. a. O., S. 340ff.

(1908–1974), dessen Sohn Igor Oistrach (geb. 1931) oder der legendäre Bach-Interpret Nathan Milstein (1903–1992) stammen, demonstriert, wie außergewöhnlich gut das Musikleben entwickelt war. Der von Wien aus agierende Künstler und Medientheoretiker Peter Weibel, selbst in den Wirren von 1944 in Odessa geboren, hält gerade wenig bekannte, aus der Stadt stammende Wissenschaftler für höchst relevant: die herausragenden Mathematiker und Physiker George Gamow (1904–1968), Mitbegründer der Theorie des Urknalls und der Expansion des Weltalls, Sergei N. Bernstein (1880–1968), Henry Primakoff (1914–1983) und Wladimir I. Arnold (1937–2010). Ilja I. Metschnikow (1845–1916) bekam für seine Arbeiten zur Immunität 1908 den Nobelpreis für Physiologie und Medizin.[231] Auch der die Bauten des Stalinismus prägende Architekt Boris Jofan (1891–1976) kam aus Odessa. Sein Sowjetpavillon auf der Pariser Weltfachausstellung 1937 mit der 25 Meter hohen Edelstahlplastik »Arbeiter und Kolchosbäuerin« von Wera Muchna (1899–1953), die seither in Moskau steht, bildete auf der Achse zum Eiffelturm das Gegenstück zu jenem Hitler-Deutschlands von Albert Speer. (▸ BARCELONA)

Das nach Bruch des Hitler-Stalin-Pakts einsetzende Grauen des deutschen Vernichtungskriegs kulminierte in drastischer Weise bereits in Kiew, das die Wehrmacht kurz vor Odessa am 19. September 1941 eroberte. Mit ihrer bereitwilligen, wie auch sonst lange zu Lasten der SS geleugneten Beteiligung kam es dort bereits nach zehn Tagen, am 29. und 30. September, zum entsetzlichen Massaker von Babyn Jar, einer felsigen Bodensenke unweit des Zentrums, wo 35.000 an Sammelstellen beorderte Jüdinnen und Juden erschossen wurden, die bloß mit Deportation gerechnet hatten. Nur der SS-Führer Paul Blobel (1894–1951), von Beruf Architekt, und einige Haupttäter wurden im Nürnberger Einsatzgruppenprozess zum Tod verurteilt. In den »Bloodlands« des Ostens (Timothy Snyder) hatten das alles auch die meisten wehrpflichtigen Soldaten und Offiziere von Anfang an mitbekommen.[232]

231 Peter Weibel in: *Graue Donau, Schwarzes Meer*, a. a. O., S. 321ff.
232 Timothy Snyder: *Bloodlands. Europa zwischen Hitler und Stalin*, München 2014

Am 16. Oktober 1941 war Odessa eingenommen worden. »Einen Tag später, am 17. Oktober, wurden 3.000 bis 4.000 jüdische Männer erschossen. Am 22. Oktober 1941 wurden bei einem Anschlag die rumänische Stadtkommandantur zerstört und 66 deutsche und rumänische Soldaten getötet. Zur Vergeltung haben im Laufe der folgenden drei Tage rumänische Militäreinheiten etwa 35.000 Odessaer Juden erschossen«.[233] Transnistrien, das von mitkämpfenden rumänischen Kontingenten verwaltete Gebiet zwischen Dnjestr und Bug im Umland Odessas, wurde zur Todeszone unorganisierten Terrors. Zehntausende sind in den winterlichen Einöden zu Arbeitseinsätzen umhergetrieben worden, wurden wahllos erschossen, in Scheunen verbrannt oder in »aus verfallenen Hütten, Schuppen und Schweineställen eiligst errichtete Konzentrationslager gepfercht«, wo die meisten unter entsetzlichen Umständen umkamen, auch die aus Czernowitz deportierten Eltern des Dichters Paul Celan (1920–1970).[234]

Hitler hatte bereits in *Mein Kampf* in aller Deutlichkeit angekündigt, so die Ausführungen im Nürnberger Prozess zum Angriffskrieg, dass der für »das tägliche Brot« der Deutschen angeblich absolut notwendige drastisch zu vergrößernde Lebensraum »nur auf Kosten Russlands« zu gewinnen sei. Die endgültigen Pläne sahen dann »die Zerstörung und Aufteilung der Sowjetunion als unabhängiger Staat, sowie die Gründung sogenannter Reichskommissariate und die Umwandlung Estlands, Lettlands, Weißrusslands und anderer Gebiete in deutsche Kolonien vor«. Festgelegt war, dass es »westlich des Ural« nie wieder eine eigenständige militärische Macht geben dürfe, dass »das gesamte Baltenland« Reichsgebiet werde, ebenso »die Krim mit einem erheblichen Hinterland«, ferner »die Wolga-Kolonie« und »das Gebiet um Baku«. Selbst die Halbinsel Kola im hohen Norden sollte wegen ihrer Nickelvorkommen unmittelbar zu Deutschland kommen. Das weit nach Osten ausgedehnte ›Zwischeneuropa‹ hätte zu einem,

233 Wassili Grossman, Ilja Ehrenburg (Hg.): *Das Schwarzbuch. Der Genozid an den sowjetischen Juden.* Hg. der deutschen Ausgabe: Arno Lustiger, Reinbek bei Hamburg 1994, S. 138

234 Raul Hilberg: *Die Vernichtung der europäischen Juden*, 3 Bände (engl. 1961, deutsche Erstausgabe Berlin 1982), Frankfurt am Main 1999, Band 2, S. 391ff.

jeden Gulag-Terror krass extrapolierenden, peripheren Sklavenstaat werden sollen mit Millionen hinter den Ural Vertriebenen.[235]

Überlegungen dazu reichten weit zurück, denn schon früh sei klar gewesen, rekapituliert der Historiker Mark Mazower in *Der dunkle Kontinent,* »wo das künftige Großdeutsche Reich liegen sollte, nämlich im Osten, und in etwa jenes Territorium umfassen würde, das Deutschland 1918 nach dem Vertrag von Brest-Litowsk für kurze Zeit kontrolliert hatte«. Obwohl es kaum ein Interesse für die in Aussicht gestellten »Rittergüter« für Verdienstvolle gab, war der Besitz des zuvor verwüsteten und entvölkerten Landes als Glück verheißendes Kriegsziel hingestellt worden, denn »die Ukraine sollte durch deutsche Besiedlung in einen der schönsten Gärten der Welt verwandelt werden; wie es in einer SS-Broschüre hieß, ›ein fruchtbarer, aber schlecht genutzter Boden, der ein Paradies sein könnte, ein Kalifornien Europas‹«.[236]

Seine Kriegserfahrungen von Stalingrad über Berditschew, wo seine Mutter mit allen Juden umgebracht worden war, bis zur Entdeckung der Reste von Treblinka hat Wassili Grossman (1905–1964) im in den Westen geschmuggelten Epos *Leben und Schicksal* verarbeitet. Darin heißt es etwa: »Der Antisemitismus ist nie das Ziel, er ist stets nur das Mittel, das Maß unlösbarer Widersprüche. Der Antisemitismus ist ein Spiegel der Unzulänglichkeit einzelner Menschen, gesellschaftlicher Strukturen und staatlicher Systeme. Sag mir, was du dem Juden vorwirfst, und ich sag dir, was du dir selbst vorzuwerfen hast.« Kaum ein anderes Buch aus Russland hat den Untertanengeist, die Ängste, die strikten Kontrollen, aber auch ein allmähliches Erwachen von Kritik und die häufig erlebbare menschliche Güte so präzis beschrieben. Auch das von ihm und Ilja Ehrenburg (1891–1967) herausgegebene Dokumentarwerk *Das Schwarzbuch. Der Genozid an den sowjetischen Juden,* initiiert von Albert Einstein (1879–1955) gemeinsam mit dem *Amerikanischen Komitee jüdischer Schriftsteller und Künst-*

235 Internationaler Militärgerichtshof Nürnberg (Hg.): *Der Nürnberger Prozess gegen die Hauptkriegsverbrecher vom 14. November 1945–1. Oktober 1946,* 23 Bände, Nürnberg 1947, Reprint 2001, Band 22, S. 376, 517f.

236 Mark Mazower: *Der dunkle Kontinent. Europa im 20. Jahrhundert,* Berlin 2000, S. 215

ler durfte in der Sowjetunion nie erscheinen, weil das Leiden der Gesamtbevölkerung im Vordergrund zu stehen hatte.[237]

Die ritualisiert auf den Großen Vaterländischen Krieg ausgerichtete Erinnerungskultur Odessas transformiert sich seit der Unabhängigkeit der Ukraine. Neue Gedenkstätten – für den Holocaust, für Tschernobyl-Opfer, den Afghanistankrieg, für Europa (als surreales Mädchen auf einem Stier über Trümmern griechischer Säulen) – erweitern die Bezüge. Ältere Monumente scheinen auf mehr Akzeptanz zu stoßen. Zahllose Gedenktafeln markieren prominente Wohnstätten: Puschkin, Gogol, Babel, Kandinsky, David Oistrach, Swjatoslav Richter, Anna Achmatowa. Die Zahl der Emigranten ist uferlos, auch Bob Dylans Eltern kamen 1905 aus Odessa in die USA, Leonard Bernsteins Vater aus dem nördlicheren Riwne.[238]

Der Führer durch das Labyrinth der Partisanen-Katakomben im Vorort Nerubajsk erzählt lakonisch, dass derzeit pro Jahr so viele Besucher kommen wie einst pro Tag. Dabei hat keine Stadt der Welt einen so weitläufigen *underground* wie Odessa. Denn wegen des Muschelkalks als greifbarstes Baumaterial sind unterhalb der entstehenden Stadt Stollen gegraben worden, um behauene Steine zu gewinnen. Auch in Paris und anderen Städten gibt es deshalb weitläufige Bergwerksgänge. Holz hätte von weither transportiert werden müssen. So entstanden offenbar über 2.000 Kilometer verzweigte Stollen, die bis in 60, 70 Meter Tiefe reichen – eine unterirdische, erst in Ansätzen kartografierte Welt. Wegen der vielen Gänge und des weichen Steins waren vorerst nur Häuser mit ein, zwei Stockwerken gebaut worden. Partisanen konnten sich während des gesamten Zweiten Weltkrieges dort halten. Trotz der seit den Erfolgen gegen Napoleon präsenten Kleinkriegstradition hatte man vor dem deutschen Angriff »kaum für eine Guerilla geplant, aber Moskau erkannte bald das in Partisanenverbänden steckende Potenzial«. Wegen der vielen freiwilligen oder erzwungenen

237 Wassili Grossman: *Leben und Schicksal*, Roman (Lausanne 1980, Moskau 2005), Berlin 2007, S. 589 | Wassili Grossman, Ilja Ehrenburg (Hg.): *Das Schwarzbuch,* a. a. O., S. 1064

238 Ausführlicher zur Emigration: Christian Reder in *Graue Donau, Schwarzes Meer*, a. a. O., S. 260ff.

Kollaborateure sollten sie mit Einzelaktionen »als Statthalter der Sowjetmacht« dienen. Insgesamt waren etwa 100.000 Partisanen im Einsatz.[239] Der »Bandenkrieg«, so die deutsche Terminologie, wurde ein wichtiger Kriegsfaktor. In der offiziellen *Geschichte des Großen Vaterländischen Krieges* heißt es dazu, viele dieser Aktionen würdigend: »In der Stadt und ihrer Umgebung war der Partisanenkampf niemals verstummt. Die Partisanen verhinderten Anfang 1944 die Sprengung der Katakomben, die zum Untergang mehrerer Stadtviertel hätte führen können. Sie töteten die faschistischen Wachen an den Zugängen der Katakomben und entminten die Eingänge.«[240]

Am 10. April 1944 befreite die Rote Armee das von deutschen und rumänischen Truppen besetzte Odessa. Schon zu Kriegsbeginn für die Stadt zuständig, war der dort geborene spätere Marschall der Sowjetunion, Rodion Malinowski (1898–1967), neuerlich Kommandeur. Seine Armee rückte dann mit jener von Marschall Fjodor Tolbuchin (1884–1949) auf Budapest und Wien vor. Malinowski hatte am Ersten Weltkrieg, am Russischen und Spanischen Bürgerkrieg, an der Schlacht um Stalingrad teilgenommen und dann die Wehrmacht von Süden her zurückgedrängt (▸ BARCELONA). In Odessa erinnert ein Denkmal an ihn. Nach den in Russland und der Ukraine weiter gefeierten Befreiern Wiens hieß die Floridsdorfer Brücke bis 1956 Malinowski-Brücke, die Laxenburger Straße nach Tolbuchin, dem auch in Budapest eine Zeit lang der Kleine Ring vor der Markthalle gewidmet war. In Odessa ist ein Platz nach ihm benannt. Die Wiener Reichsbrücke wurde zur Brücke der Roten Armee. Tolbuchin war schon im Bürgerkrieg hoher Offizier, im Zweiten Weltkrieg dann im Raum Odessa, auf der Krim und in Stalingrad eingesetzt.

Makaber ist, dass die *Organisation der ehemaligen SS-Angehörigen (ODESSA)* mit der geschändeten Stadt in Verbindung gebracht wird. Durch diverse Netzwerke half sie Gesuchten. Al-

239 Catherine Merridale: *Iwans Krieg. Die Rote Armee 1939–1945,* Frankfurt am Main 2006, S. 164f.

240 Institut für Marxismus-Leninismus beim Zentralkomitee der Kommunistischen Partei der Sowjetunion (Hg.): *Geschichte des Großen Vaterländischen Krieges der Sowjetunion in 6 Bänden*, Berlin 1962/1968, Band 4, S. 101

lein konnten Adolf Eichmann, Josef Mengele, Klaus Barbie, Ante Pavelić nicht nach Südamerika entkommen. Frederick Forsyth hat diese Fluchthilfe im verfilmten Roman *The Odessa File* (*Die Akte Odessa*) popularisiert, Uki Goñi in *The Real Odessa* (*Odessa: Die wahre Geschichte*) mit Recherchen zur Aufnahmebereitschaft Argentiniens belegt. Diese ›Rattenlinien‹ und ›Klosterlinien‹ führten vor allem nach Spanien, Argentinien, Bolivien, Ägypten, Syrien. Für Uki Goñi war der österreichische Bischof im Vatikan Alois Hudal (1885–1963) »the greatest and best friend« sich zuerst nach Italien durchschlagender als Antikommunist zu schützender ›sogenannter‹ Kriegsverbrecher, wie es in diesen Kreisen hieß. Der kroatische Pater Krunoslav Draganović (1903–1983) lenkte primär das Entkommen von Ustascha-Leuten: »There is no doubt that the Franciscans ran the escape line.«[241]

Odessa-Reminiszenzen können inzwischen anderswo unbelasteter ausgelebt werden, gibt es doch in New York das ›Little Odessa‹-Viertel. Auch die US-Bundesstaaten New York, Delaware, Texas, Missouri, Minnesota, Washington und das kanadische Saskatchewan haben Städte dieses Namens. In Paris gibt es die zentrale Rue d'Odessa. Vom westlichen Europa aus blieb die Stadt jedoch seit Jahrzehnten eine sehr ferne Destination. In der Ukraine herrscht nun im Osten ein ›inoffizieller‹ Krieg mit Russland. Eine EU-Mitgliedschaft bleibt bisher ein vager Traum von westlich Orientierten. Ein ideell gemeintes Europa ›bis zum Ural‹ ist auch in Russland nur noch unter Oppositionellen ein Thema.

»Europa kann auch wieder zerfallen. Es wäre nicht das erste Mal«, konstatierte der Osteuropa-Experte Karl Schlögel schon vor Jahren, da grassierende Feindbilder erreichte Zivilisationsstandards und den Zusammenhalt von Gesellschaften wieder drastisch gefährden. Selbst die Geschichte von Europas Ostregionen »ist noch lange nicht erzählt«, betont er latent, obwohl es längst möglich sein müsste, »europäische Erscheinungen als europäische zu behandeln und nicht beschränkt auf den nationalen oder

241 Uki Goñi: *The Real Odessa*, London 2002, S. 213, 230 | Frederick Forsyth: *Die Akte Odessa*, Roman, München 2013 | Christopher Simpson: *Der amerikanische Bumerang. NS-Kriegsverbrecher im Sold der USA*, Wien 1988

sonst einen Gruppenrahmen«. Zuletzt beschrieb er *Das sowjetische Jahrhundert* essayistisch als *Archäologie einer untergegangenen Welt*. Bezüge zu Europäischem ergeben sich seit den griechischen Kolonien am Schwarzen Meer. Wie ambivalent vieles weiterwirkte, zeigt sich an dortigen Mythen oder am Werk von Ovid (ca. 43 v. u. Z. – 17 n. u. Z.), der nach Tomis, dem heutigen Constanta, verbannt war und auch dort gestorben sein dürfte. Neben dem Entsetzlichen gemeinsamer Geschichte gehe es vor allem um das Beachten noch so verborgener kultureller Vielfalt, so Karl Schlögel, denn »wie kann man vom Reichtum Europas sprechen, ohne an Odessa zu denken?«[242]

242 Karl Schlögel: *Im Raume lesen wir die Zeit. Über Zivilisationsgeschichte und Geopolitik*, München 2003, S. 463, 473, 474, 475 | *Das sowjetische Jahrhundert. Archäologie einer untergegangenen Welt, München 2018*

Sewastopol
Foto: Christian Reder

Das Schwarze Meer:
»The Birthplace of Civilisation and Barbarism«
Neal Ascherson: *Schwarzes Meer*, Berlin 1996

SEWASTOPOL

Noch für die Aufklärungs-*Encyclopédie* hatte Europa nur bis zum die Krim querenden 34. Längengrad Ost gereicht, was Moskau Asien zuordnete und Sewastopol (33° 31' O) gerade noch einschloss, als ab 1783 zum Kriegshafen der Schwarzmeerflotte ausgebauter Zugang Russlands zum Bosporus und zum Mittelmeer.[243] Möglich geworden durch die Eroberung der Krim, war zehn Jahre vor der Gründung Odessas damit begonnen worden. Die später für Russland ideologisch wichtige Uralgrenze sollte Sibirien »zum kolonialen Ergänzungsraum eines ›europäischen‹ Russland« stilisieren, so der Historiker Jürgen Osterhammel, obwohl auch Asien »ein europäischer Begriffsentwurf« war und sich davor niemand als Asiate gefühlt hatte.[244] Im Krimkrieg 1853–56 und im Zweiten Weltkrieg während monatelanger Kämpfe total zerstört, was Sewastopol zur russischen ›Heldenstadt‹ machte, war sie in der UdSSR nur mit Sondergenehmigung betretbar, mit dem NATO-Land Türkei als Gegenüber. Ursprünglich das Land muslimischer Krimtataren, von denen viele vertrieben wurden, gehörte die Krim später zur nun unabhängigen Ukraine und wurde bekanntlich nach einer gesteuerten Volksabstimmung von Putins Russland 2014 annektiert, was eine ratlose Internationale Gemeinschaft als völkerrechtswidrig nicht anerkennt. Inzwischen gibt es durch eine fast 20 Kilometer lange Brücke im äußersten Osten wieder eine Verbindung mit dem russischen Festland.

An nationalistischer Bestärkung solcher Absichten hat es nie gefehlt. So hielt Alexander Solschenizyn (1918–2008), einst Autor der radikalen Stalinismus-Abrechnung *Der Archipel Gulag* (1973), selbst die Abtrennung der Ukraine und Weißrusslands für reversibel, als von USA und NATO provoziert, und Russlands damaligen Verlust der Krim für ein unerträgliches Verdrängen vom

243 Anette Selg, Rainer Wieland (Hg.): *Die Welt der Encyclopédie*, a. a. O., S. 97
244 Jürgen Osterhammel: *Die Entzauberung Asiens. Europa und die asiatischen Reiche im 18. Jahrhundert*, München 1998, S. 42, 45

Schwarzen Meer. »Russland wird nie einen Weg gehen können, der mit dem Westen identisch ist«, postulierte er deutlich. Unabhängig gewordene frühere Sowjetrepubliken würden das russische Volk zwar vor »dessen Ertrinken in der anschwellenden asiatischen Welt« schützen, die angelaufene »friedliche Invasion« aus China bedrohe aber weiterhin das russische Sibirien.[245] Symbolischerweise war auch das Ende der Sowjetunion von der Krim ausgegangen. Denn die Putschisten des August 1991 hatten Michail Gorbatschow dort im Regierungsdomizil Foros festgesetzt, worauf er als letzter KPdSU-Generalsekretär und Staatspräsident bald jede Machtbasis verlor, da der konträr zu ihm mit den Gegendemonstranten agierende Boris Jelzin (1931–2007) als Präsident der russischen Teilrepublik 1991 das Verbot der Kommunistischen Partei und die Auflösung der UdSSR durchsetzte. Beim Zusammentreffen Gorbatschows mit Helmut Kohl (1930–2017) und Hans-Dietrich Genscher (1927–2016) im Kaukasus war noch die deutsche Wiedervereinigung eingeleitet worden.

Die erstmals in einem Kriegsgebiet stattfindende Alliierten-Konferenz von Jalta im Februar 1945 nahe dem völlig zerstörten Sewastopol wurde zum welthistorischen Ereignis für die Nachkriegsordnung. Das am 27. Jänner 1945 von der Roten Armee befreite Auschwitz – der Nullpunkt jeglichen Vertrauens in den zivilisatorischen Fortschritt – war kein besonders akutes Thema, wie auch davor nicht die Bombardierung der Gaskammern und der Bahnstrecken dorthin. Damals gingen auch die Kämpfe um das eingeschlossene Budapest zu Ende. Selbst für das nach Westen verschobene Polen, unmittelbarer Anlass des Krieges, ergab sich keine befriedigende Perspektive. Statt multi-ethnischer Lösungen ging es wieder um enorme Bevölkerungstranfers als Strategie angeblich nachhaltiger Konfliktvermeidung, nicht nur wegen Millionen vertriebener Deutscher. Winston Churchill (1874–1965) etwa, der sich durchaus für autoritär-nationalistische Regime begeistern konnte, hielt die »Entwirrung von Griechen und Türken« trotz Hunderttausender Toter immer noch für ein erfolgreiches Beispiel nationalstaatlicher Entmischung, da beide Länder »seit-

245 Alexander Solschenizyn: *Russland im Absturz*, Wien 1999, S. 84, 41, 45, 52, 91ff.

her die besten Beziehungen unterhalten«.[246] (▸ IZMIR | SMYRNA). Die Teilung Indiens führte aber bald neuerlich zu einer Million Toten und zwanzig Millionen Vertriebenen.

Speziell Präsident Franklin D. Roosevelt (1882–1945) forcierte die Gründung der Vereinten Nationen in Nachfolge des gescheiterten Völkerbundes (als Wechsel vom Volk zur Nation), mit langwierigen Debatten zum Sicherheitsrat, ständigen und wechselnden Mitgliedern, Vetorecht, Internationalem Gerichtshof. Frankreich wurde gegen russischen Widerstand in den Kreis der Sieger aufgenommen, um eine westliche Balance in Europa zu stärken. Im Gegenzug bekamen die Ukraine und Weißrussland in der UNO Stimmrecht. Das noch nicht kommunistische China hatten die USA als ständiges Sicherheitsratsmitglied vorgeschlagen.[247] Josef Stalin (1878–1953) setzte das Vetorecht durch und wollte die aufwendig organisierte Konferenz – mit fast 700 westlichen Delegationsmitgliedern – noch um einige Tage verlängern. Roosevelt und Churchill hatten jedoch andere Pläne und reisten nach Kairo, um mit drei Königen, Ibn Saud, Faruq und Haile Selassie ihre Zusammenarbeit, vor allem aber die Ölversorgung aus Saudi-Arabien, zu regeln. Roosevelt starb zwei Monate danach – am 12. April 1945, als die Kämpfe um Wien zu Ende gingen und der Stephansdom in Flammen stand. An den bald einsetzenden Kalten Krieg erinnert der nun aufgelassene Atom-U-Boot-Bunker in der Felsbucht von Balaklawa bei Sewastopol, wo im Krimkrieg die britische Flotte geankert hatte.

Wie sich Zeiten und Interessen ändern, ist im Liwadija-Palast in Jalta zu beobachten. Die Besucher streben vorbei an den museal erhaltenen Konferenzräumen, wo es um die Neuordnung der Welt ging – mit den berühmten Gruppenfotos mit Churchill, Stalin und Roosevelt –, direkt in die obere Etage mit der Gedächtnisausstellung für die Zarenfamilie. Raum-Zeit-Vorstellungen verschieben sich offenbar ständig, »relativ zur Globalität der empirisch

246 Winston S. Churchill: *Der Zweite Weltkrieg, Memoiren*, 6 Bände, Bern 1953, Band 6/2, S. 39

247 Jost Dülffer: *Jalta, 4. Februar 1945. Der Zweite Weltkrieg und die Entstehung der bipolaren Welt*, München 1999

vermittelten Menschheit«, so der Historiker Reinhart Koselleck (1923–2006). Deshalb seien Räume für jedwede Orientierung wichtig, »Räume, die sich der Mensch selbst schafft oder die er zu schaffen genötigt wird, um leben zu können«.[248] Beengte Horizonte kontra entgrenzte Perspektiven.

Die Wehrmacht hatte Sewastopol erst einnehmen können nach massivstem Artillerie- und Bombeneinsatz und mörderischen Kämpfen vom 30. Oktober bis 4. Juli 1942. Dieser unerwartet erbitterte Widerstand irritierte bis in höchste Kreise als Anzeichen von künftig Möglichem. Noch im Glauben an einen baldigen Sieg hätte die Krim dann ethnisch »vollständig gesäubert« und nach Hitlers Willen als »Taurien« oder »Gotenland« unmittelbares Reichsgebiet werden sollen, zu einem »großen deutschen Kurort«, durch eine Autobahn mit Berlin verbunden. Aus der Provinzhauptstadt Simferopol wäre Gotenburg, aus Sewastopol Theoderichhafen geworden. Als Siedler waren außerhalb der Reichsgrenzen lebende Volksdeutsche, vor allem aber Südtiroler vorgesehen; »sie brauchten ja nur einen deutschen Strom, die Donau, hinunterzufahren«, so Hitlers Vorgabe.[249] Wie auch sonst allerorts kam es sofort zu Judenmassakern. Der Wiener Alfred Frauenfeld (1898–1977) demonstrierte jedoch als Generalkommissar der Krim ethnologische Interessen und setzte sich für die ›arischen‹ Krimtataren ein, was diesen wiederum den Vorwurf der Kollaboration einbrachte. Waren zu Kriegsbeginn 400.000 Wolgadeutsche und fast alle 335.000 Schwarzmeergriechen nach Zentralasien oder Sibirien deportiert worden, mussten ihnen gleich nach Befreiung der Krim im Mai 1944 200.000 Krimtataren unter grausamsten Umständen per Bahn nachfolgen. Erst nach Jahrzehnten konnten manche zurückkehren. Fast nur die eindrucksvolle Palastanlage von Bachtschisaraj hält präsent, was sich von ihrer Kultur erhalten konnte. Drangsaliert werden sie weiterhin. Ihr gewählter, für seine gewaltfreie Rückkehr-Strategie mit der UNHCR-Nansen-Medaille

248 Reinhart Koselleck: *Zeitschichten. Studien zur Historik*, Frankfurt am Main 2000, S. 83, 85

249 Joachim C. Fest: *Hitler. Band 2: Der Führer.* Frankfurt am Main 1976, S. 937f.

ausgezeichneter Repräsentant Mustafa Djamiljow darf nicht mehr aus der Ukraine einreisen.[250]

Auch die Rückeroberung Sewastopols am 12. Mai 1944 hatte über einen Monat gedauert. Ein seiner Befreiung gewidmetes Ölbild im Marinemuseum der Stadt zeigt eine Gruppe durchaus sympathisch wirkender deutscher Soldaten, die erschöpft auf ihre Gefangennahme warten. Selbst der Offizier in ihrer Mitte wirkt melancholisch. Ohne aggressive Verzerrung deutet sich die Möglichkeit eines friedlichen Neuanfangs an. Die Mauern der alten griechischen Kolonie Cherson nahe Sewastopol im Hintergrund lassen die Szenerie als elementare Tragödie erscheinen. Es gab nur 21.000 überlebende Deutsche. Stundenlang vom Ufer wegschwimmend, bis ihn ein Schnellboot aufnahm, entkam der Marinefunker Siegfried Unseld (1924–2002), später langjähriger Leiter des Suhrkamp Verlages. Einen Flugzeugabsturz auf der Krim hatte Joseph Beuys (1921–1986) überlebt, sich künstlerisch immer wieder auf die angebliche Rettung durch Tataren berufend. Auch Heinrich Böll (1917–1985) war Soldat auf der Krim.

Dass knapp hundert Jahre davor im Krimkrieg europäische Koalitionstruppen die Osmanen gegen Russlands Expansion verteidigten, hatte selbst Karl Marx verwundert.[251] Fast 300.000 Soldaten starben, ein Drittel davon Franzosen. Durch Technisierung, Stellungskrieg, Schützengräben, Telegrafen, Fotografie und Medienpräsenz gilt er als erster moderner Krieg. Vor allem das letztlich Konstantinopel bedrohende Sewastopol sollte erobert werden. Es endete in einem Kompromissfrieden. Russland verlor vorübergehend nur das Recht zu einem Flottenstützpunkt dort. Vor allem in Paris ist der Krimkrieg im Stadtbild durch den Boulevard de Sébastopol sehr präsent, der von der Seine zum Gare de l'Est und Gare du Nord verläuft, von wo die Züge

250 Mustafa Djamiljow: *A History of the Crimean Tatar National Liberation Movement: A Sociopolitical Perspective* (Tatarisch, Russisch, Englisch), Simferopol 2005 | Klaus J. Bade u. a. (Hg.): *Enzyklopädie Migration in Europa*, München 2007, S. 514ff., 612ff.

251 Karl Marx, Friedrich Engels: *Russlands Drang nach Westen. Der Krimkrieg und die europäische Geheimdiplomatie im 19. Jahrhundert* (London 1897), Zürich 1991, S. 451ff.

nach Konstantinopel und Moskau abgingen. Als einer der Eingriffe von Georges-Eugène Haussmann (1809–1891) war das im Sinn von Napoleon III. (1808–1873), um Paris zur modernen imperialen Metropole zu machen, militärisch besserer kontrollierbar und wegen der Cholera hygienischer. Auf die mörderischen Kämpfe um das Fort auf dem Malakoffhügel bezieht sich die Avenue de Malakoff im noblen 16. Arrondissement. Von Truppen des dabei umgekommenen Admirals Wladimir Kornilow verteidigt, hatten es schließlich französische Einheiten erstürmt. An den Krieg insgesamt, an Opfer und Überlebende, an Siege, Niederlagen, Pattsituationen, erinnert nur die periphere, sich durch das Immigrantenviertel Belleville windende Rue de Crimée. Die von ihr abzweigende, nach dem damals getöteten General Jean Brunet (1803–1855) benannte Straße führt zum Place Rhin et Danube mit der Métrostation Danube, was den Donauraum ins Straßenbild integriert. Der französische Anfangserfolg in der Schlacht an der Alma im Norden Sewastopols erhielt prominente Bezugspunkte im Zentrum: Place de l'Alma und Pont de l'Alma. Absurd widersprüchlich wurden diese Nachbarschaften durch die zur Weltausstellung von 1900 eröffnete pompöse Goldskulpturen-Brücke für Zar Alexander III. (1845–1894), den autokratischen Vater des letzten, ebenso uneinsichtigen Zaren. Er starb in seinem Schloss Liwadija auf der Krim, wo 1945 die Jalta-Konferenz stattfand. Im Vergleich zur Zaren-Brücke wirkt die bescheidene Avenue Franco-Russe hinter dem *Musée du quai Branly* für außereuropäische Kulturen wie ein vergessenes Relikt früherer Freundschaftsbezeugungen. Im Pariser Pantheon wird sogar an Attila, den Erzfeind aus dem Osten, erinnert, den die Heilige Geneviève, die Stadtpatronin von Paris, von der Zerstörung der Stadt abgebracht haben soll.

Auch im Vereinigten Königreich gibt es das zentrale Crimean War Memorial in London, Crimea Roads, Sebastopol Streets und Russia Lanes. Nach dem finalen Sieg über Napoleon ist die Waterloo Station mit der Bahnverbindung zum Kontinent benannt. Den Mythos der Leichten Brigade, die in einem sinnlosen Kavallerieangriff auf der Krim exorbitante Verluste hatte, feierte im Herbst 2004 eine Schlachtinszenierung zum 150. Jahrestag mit

Honoratioren wie Englands Prinz Philip.[252] Konträr dazu wurde die sich in den elenden Lazaretten Konstantinopels und Balaklavas für Verwundete und Kranke aufopfernde Reformerin Florence Nightingale (1820–1910) Inbegriff des guten Engels. Mary Seacole (1805–1881) reiste dazu sogar aus Jamaika an.

Einer der Verteidiger, Leo Tolstoi (1828–1910), ist dann als Kriegsgegner wie als Schriftsteller durch seine *Sewastopoler Erzählungen* bekannt geworden. Bis zum Ersten Weltkrieg wurde die Krim dann zur Russischen Riviera ausgebaut. Neben der sich ansiedelnden Aristokratie stellvertretend für viele Künstler zu nennen ist Anton Tschechow (1860–1904), der sich gelegentlich als Ukrainer bezeichnete und zuletzt meist in Jalta lebte. Sein Garten dort war ihm – so wie es auch Claude Monet (1840–1926) für den seinen in Giverny empfand – ein lebensbegleitender ›utopischer Ort‹, ein eigenes seiner Werke. Beide Tschechow-Häuser sind heute Museen. In der Erzählung *Die Steppe* (1888) heißt es zur Weite der Landschaft, sie wirke »wie der Anblick eines vernachlässigten tatarischen Friedhofs«, »sie lächelte und funkelte im morgendlichen Tau«. »Die unermessliche Tiefe und Grenzenlosigkeit des Himmels kann man nur auf dem Meer und in der Steppe beurteilen, wenn nachts der Mond scheint.«[253]

Vladimir Nabokov hatte wie Zehntausende von Sewastopol aus – dem letzten Stützpunkt der Weißgardisten – 1919 emigrieren können, als er neunzehn Jahre alt war (▸ ODESSA). Denn seiner gesamten Familie war es noch gelungen, im Erste-Klasse-Schlafwagen von St. Petersburg auf die Krim zu entkommen, mit versteckten Edelsteinen als letzter Reserve. Für ihn war es eine Ankunft im Orient. Alles »nahm sich völlig fremdartig aus; die Gerüche waren nicht russisch, die Leute waren es nicht, und der Esel, der jeden Abend schrie, wenn gerade der Muezzin vom Dorfminarett herab zu rufen begann (einem schmalen blauen Turm, dessen Silhouette sich von einem pfirsichfarbenen Himmel abhob), erinnerte ent-

252 Tony Richardson: *Der Angriff der leichten Brigade*, Spielfilm, mit Vanessa Redgrave, David Hemmings, Trevor Howard, GB 1968

253 Anton Tschechow: *Die Steppe. Erzählungen 1887–1888*, Zürich 1976, S. 7, 295, 328

schieden an Bagdad«. Die statt der lokalen Tatarenregierung eingesetzte Sowjetverwaltung war verschwunden, als im Frühjahr 1918 »eine ungemein stille Armee von Deutschen« erschien. Diese sei reserviert, letztlich aber als beruhigende Macht zur Kenntnis genommen worden. Nabokovs Vater, Mitglied des ersten Russischen Parlaments und der von den Bolschewiken gestürzten Regierung Kerenskis, wurde kurz Justizminister in der Regionalregierung der Krim, solange noch die Weiße Armee unter General Anton Denikin (1872–1947) die Oberhoheit hatte. Die Familie übersiedelte auf das Areal des Liwadija-Palastes in Jalta. Schließlich blieb nur noch der Weg in die Emigration, zuerst nach Griechenland, dann nach London. Denn die Lage war höchst gefährlich geworden. Täglich wurden auf der Mole von Jalta »harmlose Leute« mit an die Füße gebundenen Gewichten »von eigens zu diesem Zweck aus Sewastopol herangeholten bolschewistischen Matrosen erschossen«. »Mit ganz wenigen Ausnahmen«, so Nabokov, »hatten alle liberal gesinnten schöpferischen Kräfte – Lyriker, Romanciers, Kritiker, Historiker, Philosophen und so weiter – Lenins und Stalins Russland verlassen«. »Das abstoßende, wutverzerrte Gesicht der Anarchie« erleichterte dem Vater und ihm den Abschied von Russland. Verbittert waren sie über »die Leichtigkeit, mit der es Lenin und Trotzki gelang, die letzte Koalitionsregierung Kerenskis zu stürzen«.[254]

Nach der grausamen Bolschewiken-Herrschaft unter dem über Österreich aus Ungarn entkommenen Tscheka-Chef Bela Kun (1886–1938), der deswegen sogar abgelöst und dann selbst dem Terror zum Opfer fiel, sollte die Krimküste zur proletarischen Riviera werden. Aus Palästen wurden Erholungsheime bestimmter Berufsgruppen und Betriebe. Im 1925 gegründeten *Allunions-Pionierlager Artek* verbrachten bis zu 30.000 Kinder ihre durchorganisierten Sommerferien. Sewastopol wurde neuerlich zur Festung ausgebaut. Teile von Eisensteins *Potemkin*-Film sind in dessen Hafen gedreht worden, Totalansichten in einer Moskauer Badeanstalt mit einem Schiffsmodell.

254 Vladimir Nabokov: *Erinnerung, sprich*, Reinbek bei Hamburg 1991, S. 329f., 332, 340, 381 | Wladimir Nabokow: *Petrograd 1917. Der kurze Sommer der Revolution* (Berlin 1922), Berlin 1992, S. 15, 17, 200

So entlegen Krim und Schwarzes Meer auch erscheinen, für Denkwelten ergeben sich von dort aus endlose Bezugsfelder. Denn mit Prometheus, Pandora, Goldenem Vlies, den Argonauten, Herakles, Theseus, Jason, Medea, Orpheus und Eurydike, zahllosen eingreifenden Göttern und Göttinnen, blieben die Krim und der Kaukasus in für Europa essenzielle griechische Mythen einbezogen, parallel zu mediterranen Legenden um Troja, Mykene, Ariadne, Ödipus, Achill oder Odysseus. So galt die Taurien genannte Krim als jener schaurige Ort, an dem alle Fremden der dortigen Gottheit geopfert werden, mit der Flucht von Iphigenie und ihrem Bruder Orestes als bewegendem Moment. Ihr Vater Agamemnon war genauso verstrickt wie Artemis, die Göttin der Jagd, des Waldes, des Mondes und Hüterin der Frauen und Kinder. Euripides (480/85–406 v. u. Z.), Zeitgenosse Herodots, hatte das literarisch verarbeitet. Aufgegriffen wurden diese Stoffe oft, ob von Racine, Goethe, Fassbinder oder Michael Cacoyannis (Film *Iphigenie*, 1977). *Ulysses* wurde für Joyce ein zentrales Thema, für Camus *Der Mythos von Sisyphos*. Auch von Zeus, Venus, Aphrodite oder Hermes dürften immer noch – bis hin zur Apollo-Mondlandung – viele Menschen wissen, obwohl das Christentum deren religiöse Verehrung komplett verdrängt hatte.

Wo der Don im Norden der Krim ins Asowsche Meer mündet, ist in der Antike – so eine Version – der Eingang zur Unterwelt vermutet worden, als Übergang ins Unbekannte am Ende der Welt. Die Schlangeninsel vor dem Donaudelta, griechisch *Leuke*, ›die Weiße‹, genannt, hatte den Ruf einer ›Insel der Seligen‹ als Alternative zum Hades, weil auf ihr »eine Art der Unsterblichkeit, wenn auch nicht die der Götter«, möglich war, so der Mythenforschers Karl Kerényi (1897–1973). Günstlinge der Götter wie Achill sollen nach ihrem Tod dorthin gelangt sein, der in sehr moderner Weise, niemandem sonst verpflichtet, keinem Vaterland und keiner Idee, nur »seinem eigenen Ideal der heldenhaften Vollendung folgte«, so der bulgarisch-französische Autor Tzvetan Todorov (1939–2017).[255] Aus Kleinasien in den Norden der Krim gelangte Amazonen, die

255 Karl Kerényi: *Die Mythologie der Griechen*, 2 Bände, München 1994, Band 2, S. 275 | Tzvetan Todorov: *Angesichts des Äußersten*, München 1993, S. 35f., 53

Männer bloß zur Fortpflanzung duldeten, wurden Inbegriff einer Bedrohung von Maskulinem, als Überzeichnung eines sich da und dort haltenden Matriarchats. Waffen als Grabbeigaben belegen zwar kämpfende Frauen, nicht aber exklusive Frauengesellschaften. Männerphantasien haben sie auf Vasenbildern und Reliefs angeregt. In *A History of Women in the West* heißt es dazu, diese würden keineswegs Erlebtes zeigen, sondern »the ultimate paradox« patriarchalischer Kriegergesellschaften, denen Sexualität als eine auf Gewalt und Antagonismen beruhende Form des Kampfes galt, mit Bildern davon »for the pleasure of the male viewer«.[256]

Von den frühen Steppenvölkern nördlich des Schwarzen Meeres wird etwa die feinsinnige Kultur der Skythen erst seit überraschenden archäologischen Funden gebührend beachtet, obwohl in ihrer Region die über Sprachen rekonstruierbare »indoeuropäische Urheimat« lag.[257] Den seit jeher über Hunnen, Mongolen und andere Reitervölker kursierenden Schreckensbildern wären deren legendäre Kulturleistungen bis nach China und Indien sowie der großräumige ›Mongolische Friede‹ (*Pax Mongolica*) entgegenzuhalten.[258] Dass auf der Krim gebliebene Goten der Völkerwanderung »ihre Sprache und ihre Religion bis ins 16. Jahrhundert bewahren« konnten, so der Historiker Hans Wilhelm Haussig (1916–1994), erhellt, wie vermischt die Bevölkerung stets geblieben ist.[259] Auch der Repräsentant der Krimtataren Mustafa Djamiljow ist als Muslim durchaus stolz darauf, »ungefähr in siebenter Generation ein Abkömmling der Genueser« zu sein, »jener Italiener, die auf der Krim Handelskolonien errichtet hatten«.[260]

256 Georges Duby, Michelle Perrot (Hg.): *A History of Women in the West*, Cambridge/Mass. 1994, 5 Bände, Band I, S. 226ff.

257 Harald Haarmann: *Die Indoeuropäer*, a. a. O., S, 21 (Landkarte), 92ff.

258 Christopher I. Beckwith: *Empires of the Silk Road. A History of Central Eurasia from the Bronze Age to the Present*, Woodstock/GB 2009 | René Grousset: *Die Steppenvölker, Attila–Dschingis Khan–Tamerlan,* München 1970 | Otto J. Maenchen-Helfen: *Die Welt der Hunnen. Eine Analyse ihrer historischen Dimension*, Wien 1978

259 Hans Wilhelm Haussig: *Die Geschichte Zentralasiens und der Seidenstraße in vorislamischer Zeit*, Darmstadt 1992, S. 156

260 Mustafa Djamiljow im Gespräch mit Christian Reder und Erich Klein, in: *Graue Donau, Schwarzes Meer*, a. a. O., S. 415ff.

Zur europäischen Tragödie von enormem Ausmaß wurde die 1347 über die nördliche Seidenstraße nach Kaffa (Feodossija) auf die Krim eingeschleppte Pest. Von diesem damals von der Goldenen Horde belagerten Stützpunkt Genuas und wichtigen Sklavenmarkt aus verbreitete sie sich in kurzer Zeit über Konstantinopel, Messina, Ragusa/Dubrovnik, Venedig, Genua und Marseille auf dem gesamten Kontinent. Weltweit gab es zwar auch davor und danach immer wieder drastische Pestepidemien, diesmal jedoch starb in Europa über ein Drittel – oft auch die Hälfte – der Bevölkerung. Schätzungen sprechen von 25 Millionen Toten. Das erzwang vielerorts einen Neuanfang mit krassem Arbeitskräftemangel und neu verteilten Vermögen. Weil Schuldige gesucht wurden, kam es wie schon während der Kreuzzüge zu schweren Judenpogromen. Die Anarchie und der Autoritätsverlust weltlicher und kirchlicher Macht begünstigten aber auch freieres Denken. Für Barbara Tuchman (1912–1989) sind manche Zusammenhänge offenkundig, denn »der Schwarze Tod erzeugte eine ähnliche existenzielle Hoffnungslosigkeit wie der Erste Weltkrieg«. Vorüber war »die mittelalterliche Blüte des europäischen Judentums«, »das soziale Verhalten wurde rücksichtsloser und gefühlloser«. Die abrupte Konfrontation mit der Gleichheit aller Menschen im Tod könnte als Schritt »zum individuellen Bewusstsein«, sogar »der unerkannte Geburtshelfer des modernen Menschen gewesen sein«. Auch der Wiener Essayist Egon Friedell (1878–1938), der sich, von den Nazis bedroht, umgebracht hat, begann seine *Kulturgeschichte der Neuzeit* mit der Pest.[261]

Weniger geläufig ist, wie sehr in Europa vom Sklavenhandel über das Schwarze Meer profitiert wurde und die Pest die Nachfrage drastisch steigerte, lange bevor dafür die Atlantikrouten aus Afrika über Nantes und Liverpool wichtiger wurden. In Arnold Toynbees *Der Gang der Weltgeschichte* heißt es zur Kontinuität römisch-mediterraner und islamischer Sklavenhaltergesellschaften lapidar: »Die Franken belieferten den Sklavenmarkt von Cordoba,

261 Barbara Tuchman: *Der ferne Spiegel. Das dramatische 14. Jahrhundert* (New York 1978), München 1985, S. 118, 119, 124 | Egon Friedell: *Kulturgeschichte der Neuzeit. Die Krise der europäischen Seele von der Schwarzen Pest bis zum Ersten Weltkrieg*, München 1927–1931

indem sie an der entgegengesetzten Grenze der fränkischen Herrschaftsbereiche auf Sklavenfang gingen. Die so gefangenen Barbaren waren zufällig Slawen; und dies ist der Ursprung des deutschen Wortes ›Sklave‹« – auch im Englischen heißt es *slave* und *slav*, im Französischen *l'esclave* und *slave*.[262] Offensiv im 12. Jahrhundert in Europas Osten begonnen, verbreiteten sich Sklavenhandel und Sklaverei »dann nach Westen«.[263] Raub- und Kriegszüge der Zulieferer machten die Krim zur wichtigen Drehscheibe, mit Sklaven, Pelzen, Kaviar und Gewürzen als profitabelster Ware. Venezianer übernahmen, so Neal Aschersons Recherchen, »russische, tscherkessische und tatarische Sklaven, die entweder in Konstantinopel an örtliche oder levantinische Interessenten verkauft oder in Venedig selbst versteigert wurden. Venezianische Sklavenhändler reisten von Tana [Asow am Don] bis nach Astrachan am Kaspischen Meer oder nach Taschkent in Mittelasien, um das Angebot zu inspizieren.« Von Kaffa (Feodossija) aus exportierten die konkurrierenden Genueser »im vierzehnten Jahrhundert im Durchschnitt 1.500 Sklaven pro Jahr, fast allesamt Männer und fast alle für die mamlukischen Sultane Ägyptens bestimmt«. Aus den stattlichen Profiten »wurde am Rialto ein Palast nach dem anderen hochgezogen«.[264] Trotz späterer Verbote florierte der Sklavenhandel weiter. So erfuhr Mark Twain 1867 in Konstantinopel genaue Preise von Tscherkessinnen, Georgierinnen, Walachinnen, Nubierinnen, Eunuchen. Noch »vor zwei oder drei Jahren«, schrieb er, »brachten hungernde Eltern ihre jungen Töchter hierher und verkauften sie selbst für zwanzig oder dreißig Dollar, wenn sie nicht mehr dafür bekamen, einfach, um sich und die Mädchen vor dem Hungertod zu bewahren.«[265]

Zu Krieg und Sklaverei eskalierende Wir-und-Sie-Feindschaften belegen ägyptische Reliefs schon vor 5.000 Jahren.[266] In

262 Arnold J. Toynbee: *Der Gang der Weltgeschichte*, a. a. O., Band 1, S. 245

263 Immanuel Wallerstein: *Das moderne Weltsystem. Die Anfänge kapitalistischer Landwirtschaft und die europäische Weltökonomie im 16. Jahrhundert* (New York 1974), Frankfurt am Main 1986, S. 51

264 Neal Ascherson: *Schwarzes Meer*, a. a. O., S. 151, 153

265 Mark Twain: *Reisen ums Mittelmeer*, Frankfurt am Main 1996, S. 133f.

266 Cyprian Broodbank: *Die Geburt der mediterranen Welt*, a. a. O., S. 343

Assyrien wurden eigene Grausamkeiten stolz abgebildet, um Furcht zu verbreiten. Aber vor allem griechische Vorstellungen von Barbaren haben einen solchen Hochmut nachhaltig ideologisiert, denn gerade Aristoteles (384–322 v. u. Z.) verortete »seine Landsleute zwischen Europa und Asien, sprach ihnen die besten Züge beider Welten zu – und hatte zugleich an allen anderen Völkern etwas auszusetzen«. Dabei war auch aus »der athenischen Demokratie« bald eine »Ansammlung von Leuten unterschiedlicher Herkunft geworden«.[267] »Die Westeuropäer übernahmen nicht nur Aristoteles' Philosophie, sondern auch seine egozentrische Überheblichkeit«, so Patricia Fara in *4000 Jahre Wissenschaft* resümierend.[268] Galten ursprünglich nur nicht oder nicht gut genug Griechisch Könnende als Barbaren (von *bárbaros*, Stammler), waren nun minderwertige Kulturlose gemeint, um trotz aller Kooperationen den Zusammenhalt durch Feindbilder zu stärken. Wegen solch weithin nachwirkender Abstufungen sei das Schwarze Meer »The Birthplace of Civilisation and Barbarism«, so Neil Ascherson dezidiert. Denn dort »begann die Idee von ›Europa‹ mit all ihrer Arroganz, all ihren Implikationen von Überlegenheit, all ihren Annahmen über Priorität und edlere Herkunft, all ihren Ambitionen auf ein natürliches Recht der Vorherrschaft«.[269] Auch nach der Nationalismus-Theorie Ernest Gellners (1925–1995) waren »sich die alten Griechen, von einem gewissen Chauvinismus geprägt, ihrer kulturellen Einzigartigkeit und Überlegenheit in höchstem Maße bewusst«. Ihre kurze politische Einheit hatten jedoch »erst die mit den Griechen nur weitläufig verwandten Makedonier« letztlich »unter Zwang« durchgesetzt.[270]

Zur Geschichte von Status- und Machtansprüchen gehört ebenso, dass sich in Europa noch vor einem expliziten Rassismus der Hochmut eines fiktiven Nordwestens auswirkte, als Überlegenheitsgefühl gegenüber Slawen des Ostens und keineswegs ebenbürtigen Völkern des Südens, abgesehen von Römern und

267 Pierre Rosanvallon: *Die Gesellschaft der Gleichen*, Hamburg 2013, S. 333
268 Patricia Fara: *4000 Jahre Wissenschaft*, a. a. O., S. 49
269 Neal Ascherson: *Schwarzes Meer*, Berlin 1996, S. 83, 151ff., 429 | ergänzend dazu: Charles King: *The Black Sea. A History*, Oxford 2004
270 Ernest Gellner: *Nationalismus. Kultur und Macht*, Berlin 1999, S. 47

früh idealisierten Griechen, deren Plastik und Baukunst das Ideal klassischer Schönheit repräsentiere. Für Gebäude und Figuren stets ein strahlendes Weiß unterstellend, ging diese Bewunderung jedoch von verfälschten Bildern aus, weil es wie bei den Relikten Ägyptens nicht das Verschwinden ursprünglicher Farbigkeit einbezog. Stillschweigend präsenter als andere Ideologien blieb die Männerherrschaft von White-Anglo-Saxon-Protestants, den WASPs, vor allem von Nordamerika bis Australien, was mit dem früheren Hochmut der Kolonialmacht England gegenüber den katholischen Konkurrenten Spanien und Frankreich zu tun hat.

Als seit Carl von Linné (1707–1778) die Systematisierung der Natur Vorrang bekam, geriet der in Europa noch kaum bekannte Kaukasus in den Blick. Denn der die Folgen seiner Hierarchisierung der Menschheit noch nicht absehende Mitbegründer der Rassenkunde, der Göttinger Anthropologe Johann Friedrich Blumenbach (1752–1840), hielt, obwohl selbst von der Gleichheit der Menschen überzeugt, nach »europäischen Begriffen von Schönheit«, was ihm immerhin bewusst war, in seiner Schädelsammlung jenen aus dem Kaukasus »für den ›perfektesten‹«. Deshalb galten ihm »die Georgier für die schönsten Menschen überhaupt und die ganze Region für das ›Vaterland‹ der Menschheit«. »Kaukasisch« wurde zum Begriff.[271] *The Rise and Fall of the Caucasian Race* wurde jedoch erst jüngst zum Thema, da sogar »die amerikanische Einwanderungsbehörde bis weit ins 20. Jahrhundert« damit operierte, in variierender Auslegung hellhäutige Völker Europas, Westasiens, Teilen Indiens und Nordafrikas meinend, was zeitweilig zu ›Ariern‹ überhöht wurde, so Christian Delacampagne (1949–2007) in *Die Geschichte des Rassismus*.[272] Aber immer noch werden Formulare verwendet, »in denen es fünf Kästchen zum

271 Harald Haarmann: *Die Indoeuropäer*, a. a. O., S. 21 | Johann Friedrich Blumenbach: *Handbuch der Naturgeschichte* (Wien 1832), Nabu Press 2010, S. 40 | Werner Petermann: *Die Geschichte der Ethnologie*, Wuppertal 2004, S. 327ff., 329, 401

272 Richard Dawkins: *Geschichten vom Ursprung des Lebens. Eine Zeitreise auf Darwins Spuren*, Berlin 2008, S. 562f. | Bruce Baum: *The Rise and Fall of the Caucasian Race*, New York 2008 | Christian Delacampagne: *Die Geschichte des Rassismus*, Düsseldorf 2005, S. 137

Ankreuzen gibt: kaukasisch (was immer das auch bedeuten mag – es heißt sicher nicht, dass sie aus dem Kaukasus stammen), afroamerikanisch, hispanisch (auch das bedeutet nicht, wie das Wort nahezulegen scheint, spanisch), amerikanischer Ureinwohner oder ›andere‹«. Daher empfiehlt der Evolutionsbiologe Richard Dawkins, »provokativ überhaupt kein Kästchen anzukreuzen oder ein eigenes Kästchen mit der Beschriftung ›Mensch‹ hinzuzufügen«.

Dennoch von gemeinsamer regionale Herkunft ausgehend, plädiert der britische Historiker Ian Morris nun dafür, unter ›Westen‹ »alle Gesellschaften« zu verstehen, »deren Abstammung auf diese westlichsten (und frühesten) eurasischen Kerngebiete zurückzuführen ist«, dehnte doch »der Westen seine Grenzen vom ursprünglichen Zentrum in Vorderasien [...] über den Mittelmeerraum und Europa, in den letzten Jahrhunderten sogar bis hin zum amerikanischen Doppelkontinent und nach Australasien aus«. Demnach müssten die meisten Flüchtlinge im Mittelmeerraum als zugehörig gelten. Denn für ein »Verständnis der Welt« hält Ian Morris ähnliche Lebensweisen für relevant, ohne »auf der Basis angeblich einzigartiger ›westlicher‹ Werte wie Freiheit, Vernunft und Toleranz sowie der Diskussionen darum, woher diese eigentlich stammen und in welchen Teilen der Erde sie vorhanden sind«, argumentieren zu müssen. Das negiert jedoch Arm-Reich-Relationen, weshalb Pierre Rosanvallon von durch Einkommen, Konsum und Kaufkraft ähnlich gewordenen Lebensweisen spricht, was überall zwar hinreichend etablierte »Quasi-Nationen« erzeuge – aber als Gegenwelt davon ausgeschlossener Massen.[273]

Signifikant ist, dass der Kaukasus einerseits als Herkunftsort der »schönsten Menschen« galt und »Kaukasier« als Rassenbezeichnung verwendet wurde, am Schwarzen Meer aber auch die Vorstellung vom minderwertigen Barbaren entstanden war – mit dem Ende der bewohnten Welt im Norden der Krim als Eingang in die Unterwelt ...

273 Ian Morris: *Wer regiert die Welt? Warum Zivilisationen herrschen oder beherrscht werden*, Frankfurt am Main 2011, S. 39f. | Pierre Rosanvallon: *Die Gesellschaft der Gleichen*, a. a. O., S. 354

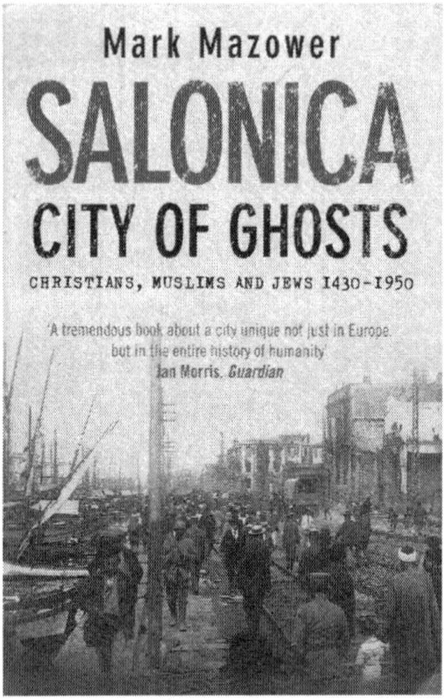

Saloniki: »a different Greece, less in thrall to an ancient past,
more intimately linked to neighbouring peoples,
languages and cultures«
Mark Mazower: *Salonica. City of Ghosts.*
Christians, Muslims and Jews 1430–1950, London 2005

SALONIKI

Ihrer Bevölkerung nach ist Saloniki keineswegs eine griechische Stadt gewesen, als es 1912 im Krieg gegen das Osmanische Reich von Griechenland annektiert wurde. Denn um 1900 waren von den etwa eine Million Einwohnern der Region die meisten Slawen (550.000), dann Türken (330.000), an dritter Stelle Griechen (170.000), in weiterer Folge Juden (56.000), Walachen (27.000) und muslimische »Zigeuner« (22.000), so *Meyers Großes Konversationslexikon* von 1902, ferner Albaner, Bulgaren, Serben und Armenier. Die Hälfte der über 100.000 Einwohner der Stadt selbst waren Juden, sowohl Sephardim von der Iberischen Halbinsel wie Aschkenasim aus dem Osten. Als deren seit Jahrhunderten größte jüdische Stadt am Mittelmeer war sie »Zentrum ihres kulturellen und intellektuellen Lebens«, bis Israel und Frankreich zum neuen Refugium im Mittelmeerraum wurden. (▸ TEL AVIV–JAFFA ▸ MARSEILLE)

Durchaus üblich war es, »sechs oder sieben Sprachen« zu sprechen. Diese »multi-konfessionelle, außerordentlich polyglotte osmanische Welt« transformierte sich durch Ankommende und Wegziehende fortwährend. Der nationalistische Druck dieser Zeit machte aber Städte und Staaten rundum zunehmend zu »ethnisch und sprachlich homogenisierten Bastionen«, wie der britische Historiker Mark Mazower resümiert. »Muslims turned into Turks, Christians into Greeks.« Weil im 20. Jahrhundert kaum eine andere Großstadt so krasse Katastrophen und Transformationen durchmachen musste, was Bevölkerungsstruktur und Lebensweisen ständig veränderte, nennt er seine Stadtgeschichte *City of Ghosts. Christians, Muslims and Jews 1430–1950.* Um 1950 auf die heutige Zahl von 300.000 Bewohnern angewachsen, lebten dann dort zu 95 Prozent Griechen, »by any definition«.[274]

274 *Meyers Großes Konversationslexikon*, Leipzig–Wien 1902 | Mark Mazower: *Salonica. City of Ghosts. Christians, Muslims and Jews 1430–1950*, London 2005, S. 11, 456

Durch den allseits hyper-nationalistischen Balkankrieg von 1912 war Saloniki Teil eines neuen Griechenlands geworden, mit dem Anspruch, das als griechisch geltende Byzantinische Reich wiederzubeleben. Dafür gab es schließlich internationalen Rückhalt, weil ein kolonialistisches Europa wieder griechische Kulturleistungen integrieren konnte, als Abspaltung von Osmanisch-Türkischem und trotz häufiger Bündnisverträge. Deshalb wurden »die Türken« nun als »asiatic and essentially nomadic« diffamiert, wie Mark Mazower in Erinnerung ruft, und galten als »the antithesis of European civilization and by implication, merely a transient present on European soil«, die nicht auf den Kontinent passten. Auf die nationalistische Welle einer systematischen Hellenisierung der Stadt folgte die für Griechen zum Trauma gewordene ›Kleinasiatische Katastrophe‹ von 1922 mit Zehntausenden Toten und großflächigem ›Austausch‹ der als griechisch oder türkisch geltenden Bevölkerung (▸ IZMIR | SMYRNA). Das steigerte sich ins davor Unvorstellbare, nachdem die deutsche Wehrmacht in ihrem letzten ›Blitzkrieg‹ die Stadt im April 1941 besetzt hatte, kurz vor dem Überfall auf die Sowjetunion. Denn ab März 1943 sind 45.000 Jüdinnen und Juden Salonikis in grauenvollen Zugtransporten in das KZ Auschwitz-Birkenau deportiert und fast alle sofort ermordet worden. Nur etwa tausend haben überlebt – als entsetzliches Ende legendärer Urbanität, die so lange diesen »Ort eines friedlichen Völkermosaiks« (Jürgen Osterhammel) geprägt hatte.[275]

Entstanden war die Stadt im globalen Kontext des Alexanderreiches etwa ein Jahrzehnt nach der Gründung Alexandrias in Ägypten. Ihr griechischer Name Thessaloniki bezieht sich auf das damals von Mazedoniern eroberte Thessalien (*Thessalonikē*, Sieg in Thessalien) und auf Thessalonike, eine Halbschwester Alexanders des Großen, die die Erbfolgekonflikte nach dessen Tod nicht überlebte. In der Kurzform »Saloniki« blieb der Name geläufiger (vom osmanischen *Selânik* und dem jüdisch-spanischen *Salonika*, *Selani*). In fruchtbarer Gegend mit Blick auf den Olymp gelegen, profi-

275 Mark Mazower: *Salonica*, a. a. O, S. 221, 421–443, 451 | Jürgen Osterhammel: Die Verwandlung der Welt …, a. a. O., S. 218

tierte die Stadt stets von der günstigen Verkehrslage als südlicher Handelshafen des Balkans, den auch die Via Egnatia mit Rom, Byzanz und Kleinasien verband. Über Jahrhunderte byzantinisch, gehörte sie nach wechselnden Herrschaftsverhältnissen von 1430 bis 1912 zum Osmanischen Reich, bis sie dem neuen Griechenland deutliche Gewinne an städtischem Leben brachte.

Der propagierten nationalen Euphorie wegen hatte Osmanisch-Türkisches jedoch möglichst rasch zu verschwinden. Bis auf ein historisches Relikt wurden alle 26 Minarette und ›unpassende‹ historische Gebäude zerstört, um die Stadt und ihre Silhouette von dieser Vergangenheit zu befreien. 1917 fielen einem tagelangen Feuer noch weitere Teile der historischen Altstadt zum Opfer. Allmählich wieder aufgebaut, war sie kaum wiederzuerkennen. Ab 1915 musste in allen Schulen Griechisch unterrichtet werden, wurde doch in der Stadt, vor allem aber in ihrer Umgebung, »überwiegend Walachisch, Albanisch oder ein slawischer Dialekt gesprochen«. Überdies war Saloniki damals mit Flüchtlingen überfüllt, durch »russische Juden, Tataren, Tscherkessen und Muslime aus den verlorenen osmanischen Provinzen Thessalien, Bosnien und Kreta«. Als nach dem Weltkrieg der jenen von Sèvres revidierende Vertrag von Lausanne einen großflächigen Bevölkerungsaustausch verlangte, wurden 1923/24 alle Muslime zum Verlassen der Stadt gezwungen, »ob sie es wollten oder nicht«. Im Gegenzug aus Kleinasien vertriebene Griechen »konnten meist Türkisch fließender als Griechisch« und verstanden sich »eher als ›Anatolische Christen‹ oder ›Christen aus dem Osten‹ denn als ›Griechen‹«. War im vielsprachigen Osmanischen Reich nur nach Konfessionen unterschieden worden, änderte sich das in dessen früheren Provinzen am Balkan drastisch, weil die neuen Nationalstaaten bis heute ›ethnische Geschlossenheit‹ zum Programm machten, mit völlig neue Fragen von Zugehörigkeit und Prioritäten. Bestärkt von der 1830 erkämpften Unabhängigkeit, war Griechenland mit seinen Gebietsansprüchen bis nach Kleinasien früh die expansivste der neuen Nationen. Vor allem hinreichend gebildete Anhänger von Premierminister Eleftherios Venizelos (1864–1936) propagierten den »Mythos eines ewigen Hellenismus« als *Megali Idea* eines alle alten Siedlungsgebiete von Griechen bis zum

Schwarzen Meer vereinenden Imperiums mit Konstantinopel als traditioneller Hauptstadt. Nur Süditaliens einstiges *Magna Graecia*, stets im Schatten Athens, und fernere, vormals griechische Hafenstädte schienen außer Reichweite.[276]

Zwar hat es eine territoriale staatliche Einheit aller Griechen nie gegeben, aber ein Bezugspunkt blieb, dass »die ältesten Staatswesen auf europäischem Boden« im zweiten Jahrtausend v. u. Z. »die mykenischen Stadtstaaten« waren und das Griechische »die älteste indoeuropäische Schriftsprache überhaupt« ist.[277] Zwar gelten wegen der sprachlich-kulturellen Hegemonie des Hellenismus rund ums Mittelmeer »Thales, Pythagoras, Demokrit, Platon, Aristoteles, Archimedes und Ptolemäus« als Begründer jeglicher Wissenschaft, sie haben aber in einem Zeitraum von 700 Jahren an verschiedenen Orten gelebt und zahllose »Beobachtungen von anderen Völkern« übernommen, wie Patrricia Fara in *4000 Jahre Wissenschaft* kritisch konstatiert. Vieles blieb nur über arabische Übersetzungen erhalten. Auch Demokrit – »in Wirklichkeit gib es nur Atome und leeren Raum« – blieb ein isolierter Solitär.[278] Aber spätestens seit der Renaissance faszinierten diese Repräsentanten hellenischer Geisteshaltungen wieder, bis hin zu Solon, Perikles und Theaterstücken von Aischylos, Sophokles, Euripides. Denn ihnen ging es um gründliches Denken, genaue Naturbetrachtung, anzustrebende Lebensweisen, Theorien zum idealen Staat, zum Ausgleich zwischen den Wenigen und Vielen, um Tyrannei, Demokratie, um Geometrie, den Kult um Helden, Sieger, Opfer, Ehre und Zorn oder die Geringschätzung von Barbaren.

Einen auch für Germanen populär werdenden Kontinuitätsanspruch zu widerlegen, versuchte etwa der aus Südtirol stammende Einzelgänger Jakob Philipp Fallmerayer (1790–1861). Denn um 1840 konnte er unter Orts- und Landschaftsnamen rund um Athen kaum griechische auffinden. Wegen dieser unerwünschten Sprachforschung dürfe er sich dort »ohne Gefahr, gesteinigt zu werden«, nicht mehr sehen lassen, so sein Kommentar. Dabei waren von

276 Mark Mazower: *Salonica*, a. a. O., S. 351, 354, 356, 360, 402, 403, 469f.
277 Harald Haarmann: *Die Indoeuropäer*, a. a. O., S. 49, 62
278 Patricia Fara: *4000 Jahre Wissenschaft*, a. a. O., S. 19, 22, 40, 87

Athens damals Albanisch sprechenden 6.000 Bewohnern »2.000 reine Albaner, beiläufig ebenso viele Türken und der Rest byzantinische Griechen«, von denen keiner einen Stammbaum hatte, älter als »die Periode der türkischen Eroberung«.[279]

Als Athen 1834 zur Hauptstadt des unabhängigen Griechenlands wurde, hatte es nur 4.000 Einwohner, war es doch wie sein Hafen Piräus längst zur provinziellen Siedlung abgesunken, obwohl es »im 16. Jahrhundert zeitweise zur drittgrößten Stadt des türkischen Balkans« aufgestiegen war, wo auch das 1462 von Osmanen gegründete, stets multikulturelle Sarajevo florierte.[280] Den zum Demokratiesymbol der Moderne gewordenen Parthenontempel der Pallas Athene auf der Akropolis hatte 1687 ein durch venezianischen Beschuss explodiertes Pulverdepot schwer beschädigt. Dessen wertvollste Statuen ließ der britische Botschafter in Konstantinopel um 1800 völlig bedenkenlos herauslösen und nach England schaffen, die als nach ihm benannte ›Elgin Marbles‹ zu Prunkstücken des *British Museum* wurden. Von Griechenland bisher vergeblich zurückgefordert, sind aber im 2009 eröffneten *Akropolismuseum* zentrale Plätze dafür reserviert.

1837, als Athen rund um den Syntagma-Platz Gestalt annahm, war der junge dänische Architekt Theophil Hansen (1813–1891) aus Interesse an antiker Klassik dorthin gezogen und bekam rasch wichtige Bauaufträge (eine Kathedrale, die Sternwarte, die Universität, die Akademie), bevor er in Wien zum renommierten Ringstraßenarchitekten wurde (Musikverein, Akademie der Bildenden Künste, Börse, Reichsratsgebäude/heutiges Parlament). Dort förderte er früh den Pionier modernen Bauens Otto Wagner (1841–1918), seinerseits vom Griechen Georg Simon von Sina (1783–1856) protegiert, einem der reichsten Bankiers und Investoren Wiens, der Griechenland auch den Staatsschatz stiftete. In dessen Schloss Rappoltenkirchen/NÖ erhielt der, wie schon kommentiert, von Odessa aus rebellierende, in Wien verstorbene griechische

279 Jakob Philipp Fallmerayer: *Fragmente aus dem Orient* (1845), München 1963, S. 21ff., 330ff.

280 Michael W. Weithmann: *Balkan Chronik. 2000 Jahre zwischen Orient und Okzident*, Regensburg 2000, S. 156

Freiheitsheld Alexander Ypsilantis (1792–1828) ein Mausoleum, ist aber nun in Saloniki begraben (▸ ODESSA). Das Schloss bekam dessen Familie. Das Wiener Palais Sina am Hohen Markt wurde im Zweiten Weltkrieg zerstört. Griechenlands Identifikation mit der Antike sollte 1896 die erste Olympiade der Neuzeit in Athen bestärken, das bis dahin wie Saloniki auf 100.000 Einwohner angewachsen war (Ballungsraum Athen: heute 3,7 Millionen).

Eine osmanische Schreckensherrschaft, wie latent unterstellt, hatte es in Saloniki nur in kurzen Phasen gegeben, etwa als die Stadt 1430 eingenommen wurde, weil dessen Erzbischof eine Übergabe an Muslime verweigerte, was nach damaliger Auffassung Plünderung und Versklavung provozierte. Aber unter dem siegreichen Sultan Murad II. (1404–1451), dessen Sohn Mehmed II. (1432–1481) dann Konstantinopel eroberte, konsolidierte sich die Lage bald. Er ließ Saloniki zum »europäischen Haupthafen« und »economic powerhouse« des Reiches ausbauen. Zur Frau hatte er eine christliche serbische Fürstentochter. Trotz seiner Balkanfeldzüge und des Sieges von Warna über die letzten Kreuzfahrer, ging es nie um ein Verdrängen oder Konvertieren von Christen. Der Anteil in Saloniki angesiedelter Muslime sank sogar wieder »von knapp der Hälfte auf ein Viertel«. Die Einwohnerzahl stieg rasch auf 30.000. Provinzgouverneure wurden über Jahre hinweg angewiesen »to welcome the newcomers«.[281]

Für die Industrialisierung voraussetzende Nationalismus-Theorie des Anthropologen, Soziologen und Philosophen Ernest Gellner war der in Europa weithin bewunderte Griechische Freiheitskampf ein Sonderfall, denn er »fand in einer Gegend statt, die niemals griechischer Boden war, weder im Altertum noch später. Heute gehört sie zu Rumänien«. Denn bei Drăgășani in der Walachei war im März 1821 die bunte Aufständischen-Truppe des in Odessa gegründeten Geheimbundes *Philiki Eteria* (Freundschaftsbund) unter Alexander Ypsilantis vernichtend besiegt worden, auch weil sie nie die erwartete Unterstützung der Bevölkerung erhielt (▸ ODESSA). Die parallel dazu am Peloponnes begonnenen Aufstände waren ursprünglich ein traditioneller Bandenkrieg gegen »die

281 Mark Mazower: *Salonica. City of Ghosts*, a. a. O., S. 29, 31, 32, 35, 45, 49

Hierarchie im damaligen Osmanischen Reich«, der wie auch sonst am Balkan solche Rebellen allmählich zu Nationalisten werden ließ. Gestrebt wurde jedoch nie »nach einem homogenen Nationalstaat im modernen Sinn«, so Ernest Gellner. Denn wiederkehren sollten die herrlichen alten Zeiten, um »das Osmanische Reich durch ein neues Byzantinisches Reich zu ersetzen«.[282] Als eine Reaktion darauf hatte selbst das von den Unruheherden weit entfernte Saloniki Tausende Opfer zu beklagen, als die Stadt im Mai 1821 »in ein Schlachthaus« verwandelt wurde, weil Christen wahllos massakriert oder als Sklaven verkauft wurden. Dass sich erstmals ein eigener christlicher Staat vom Osmanischen Reich löste, sollte unter Sultan Mahmud II. (1785–1839) keineswegs geduldet werden. Wie 1818 der unerwünschte puristische Wahhabiten-Imam Abdallah I. Ibn Saud war auch der griechische Patriarch Gregor V. (ca. 1745–1821) als Unterstützer des griechischen Aufstandes in Konstantinopel öffentlich gehängt worden. Auch die vor Smyrna liegende Insel Chios wollten Aufständische unverzüglich griechisch machen. Einst von Venedig und bis 1566 von Genua beherrscht, war sie unter loser osmanischer Oberhoheit durch weitverzweigte Handelskontakte und die sonst noch unübliche Plantagenwirtschaft wohlhabend geworden. Auf die von dort ansässigen Griechen keineswegs begrüßte Landung einiger Tausend euphorischer nationalistischer Befreier reagierten osmanische Truppen 1822 mit dem weithin Entsetzen erregenden ›Massaker von Chios‹, das ein Inbegriff türkischer Grausamkeit wurde. Das Bild dazu von Eugène Delacroix hängt heute im Louvre. Schätzungen gehen von etwa 25.000 oft grausam Umgekommenen aus. 45.000 Griechen und Griechinnen wurden in die Sklaverei verkauft. Nur wenigen gelang die Flucht (▸ MARSEILLE). Demonstriert wurde, dass auf jeden Separatismus mit ostentativer Brutalität reagiert werde. Zu Exzessen kam es auf beiden Seiten. So hatte im Oktober 1821 eine griechische Soldateska unter Theodoros Kolokotonis (1770–1843) die lange belagerte Festung der osmanischen Peloponnes-Hauptstadt Tripoli eingenommen, in der bereits Tausende türkische Familien an Hunger und Krankheiten gestorben waren. Entgegen

282 Ernest Gellner: *Nationalismus*, a. a. O., S. 74f.

aller Zusagen über freien Abzug wurden etwa 10.000 Männer, Frauen und Kinder umgebracht. Von den sich über Jahre hinziehenden Gewaltexzessen hatten in Europa jedoch vor allem »jene von Osmanen Beachtung gefunden«, weil der griechische Aufstand gegen eine als asiatisch geltende Macht weithin bewundert wurde. »Everything Greek – history, art, and literature – was the word of the day.« Im Osmanischen Reich fehlte jedes Verständnis für diese Abspaltungsversuche, noch dazu, weil gerade dessen »kosmopolitische und polyglotte Gemeinde der Griechen« die »am meisten privilegierte und prosperierende« gewesen ist.[283]

Zur ersten Hauptstadt Griechenlands wurde Ägina auf der gleichnamigen Insel und dann Nafplio/Nauplia am Peloponnes. Weil es so kurz nach dem Europa durch die christlichen Ancien Régimes neuordnenden Wiener Kongress von 1815 gegen Muslime ging, begünstigte das sichtlich einen wachsenden Zusammenhalt, »der die Balkanvölker mehr oder weniger mit Westeuropa verband«, so Ernest Gellner. Das fungierte »als eine Art Brücke«, da »sowohl die Aufklärung als auch die ihr folgende Epoche der Romantik innerhalb der Christenheit sozusagen als Irrlehren galten«. Muslime wurden wieder offensiver als »Menschen mit einem anderen Glauben und damit auch einer anderen Kultur« betrachtet, exemplarisch dafür, dass der »Nationalismus untrüglich auf dem Vormarsch« war.[284] Der entlegenen Schauplätze wegen mussten sich imperiale europäische Mächte noch nicht gefährdet fühlen. Vorerst ging es vor allem um Gebiete und Bandenkriege gegen lokale osmanische Machthaber. Bezeichnend bleibt, dass vor allem der aus Smyrna stammende Gelehrte Adamantios Korais (1748–1833) von Paris aus versucht hatte, den Griechen die Aufklärung, Unabhängigkeit und »einen modernen Nationalismus« nahezubringen, und er das Neugriechische kodifizierte.[285]

In Saloniki hatte sich die Lage vorerst dennoch wieder normalisiert, denn es bestand »keinerlei Interesse, die Griechen zu verlieren oder in die Armut zu treiben«, eben weil sie im Wirtschaftsleben viel

283 Efraim Karsh, Inari Karsh: *Empires of the Sand*, a. a. O., S. 18, 21
284 Ernest Gellner: *Nationalismus*, a. a. O., S. 75f.
285 Philip Mansel: *Levant*, a. a. O., S. 44f.

zu wichtig waren. Als dann das osmanische Bosnien-Herzegowina sozusagen als Kompensation für in Italien verlorene Gebiete 1878 unter habsburgische Verwaltung kam, brachte das Österreich-Ungarn einen deutlichen Zuwachs an slawischer, orthodoxer und muslimischer Bevölkerung, was auch die Interessenslagen verschob. Mit der international anerkannten Unabhängigkeit von Rumänien, Serbien, Montenegro und Bulgarien eskalierte rundum der Nationalismus zum Kampf um ›völkische‹ Grenzen unter Vertreibung von Fremden. Zehntausende Tote wurden in Kauf genommen. Denn im ersten Balkankrieg von 1912 konnten Griechenland, Bulgarien, Montenegro und Serbien die osmanischen Truppen an mehreren Fronten zurückdrängen. Auch Albanien wurde als unabhängiger Staat bestätigt. In Europa blieb nur ein Rest Thrakiens mit der alten Stadt Edirne osmanisch, der weiterhin zur Türkei gehört. Libyen fiel durch einen grausamen Krieg an Italien (▸ TRIPOLIS). Hatte sich Griechenland schon davor um die Ionischen Inseln, Thessalien und das südliche Mazedonien erweitert, wurde nun auch Saloniki eingenommen. Dabei waren griechische Truppen »kaum weniger gewalttätig gegen muslimische Zivilisten als ihre serbischen oder bulgarischen Alliierten«. Oft genug brachten diese sich gegenseitig um. Überall eskalierten »religiöse und wirtschaftliche Ressentiments«. »Muslimische Landbesitzer wurden getötet«, weil es auch »ein Krieg von Armen gegen Reiche« gewesen ist.[286] Als im zweiten Balkankrieg im Jahr darauf Bulgarien gegen alle Nachbarn vorging und auch Rumänien eingriff, musste es unter internationalem Druck frühere Eroberungen abgeben. Mazedonien wurde zwischen Griechenland und Serbien geteilt. Etwa 400.000 Soldaten kamen um. Das national aufgeheizte Wüten der Soldateska gegen Zivilisten und Gebietsansprüche belastet die Beziehungen von Griechen und Bulgaren als schwelende Mazedonienfrage bis heute. Im eben eroberten Saloniki fiel der griechische König Georg I. (1845–1913) einem Anarchisten-Attentat zum Opfer, so die damals übliche Bezeichnung solcher Anschläge. Im trotz allen Mangels an Kontinuität zum ›Mutterland der Demokratie‹ stilisierten Griechenland ging es noch für Jahrzehnte nie um Demokratie, sondern um Gebiets-

286 Mark Mazower: *Salonica. City of Ghosts*, a. a. O., S. 136, 137, 334f.

gewinne und um ausgrenzenden Nationalismus, als frühes Beispiel dafür, wie destruktiv sich das in ethnisch völlig gemischten Gesellschaften auswirkte.

Für die abgeschieden lebende analphabetische, um ihre Existenz ringende Landbevölkerung änderte die Unabhängigkeit wenig. Gruppenkonflikte hatten sich bis dahin in Saloniki in Grenzen gehalten, wie Gerichtsakten belegen, erst zuletzt eskalierten sie oft aus nichtigem Anlass. Im Umland herrschten Banden, die von Geiselnahmen und Lösegeld lebten. Seit 1888 gab es eine Bahnverbindung nach Paris und Konstantinopel, bald auch eine Pferde-Straßenbahn und ein Wasserleitungsnetz belgischer Investoren. Zehntausend Zuwanderer aus Europa lebten in der prosperierenden Stadt mit dem »größten Rotlicht-Bezirk Osteuropas«. In der Oberschicht von Frankreich kulturell geprägt, dominierte Österreich-Ungarn mit den höchsten Import-Export-Anteilen kommerziell. Bereits Napoleon hatte erwogen, Saloniki zu Österreichs Südhafen eines neuen Europas zu machen. Von Griechenland wurde in der Stadt wenig erhofft, aber »nur Juden unterstützten britische und österreichische Vorschläge, es zur autonomen Stadt oder Provinz zu machen, nach dem Modell von Tanger oder Mount Lebanon, abgesichert mit internationalen Garantien«.[287]

Wegen der Landflucht wuchsen zwar wie überall die Städte rasant, zwischen 1850 und 1940 verlor jedoch auch Griechenland über eine halbe Million Auswanderer vor allem an die USA und Australien, was sich nach 1945 fortsetzte. Noch mehr zogen aus osmanischen Gebieten und vom Schwarzen Meer nach Übersee. In den USA sind heute zwei Millionen Einwohner griechischer Herkunft, in Australien 700.000, in Kanada 350.000, in Deutschland 300.000, in Großbritannien 200.000, in Südamerika 50.000.[288] Eine wie im Italien dieser Zeit drastische Emigration betraf alle Mittelmeerländer, ob Spanien, Jugoslawien, Syrien, Libanon, Nordafrika oder die Türkei. (▸ BEIRUT ▸ ALGIER)

287 Mark Mazower: *Salonica*, a. a. O., S. 299, 390 | Philip Mansel: *Levant*, a. a. O., S. 46, 177, 188 | Andre Kahlmeyer: *Die Internationalisierung der Stadt Saloniki im Jahre 1912/13 im Lichte des Zerfallsprozess des Osmanischen Reichs*, München 2004

288 Wikipedia: Griechen

Als der Spanier Agusti Calvet Pascual (1887–1964, Pseudonym ›Gaziel‹) im Herbst 1915 nach Saloniki kam, war das turbulente Straßenbild bereits vom Krieg geprägt, weil die Alliierten, aufgefordert von Premierminister Venizelos, aber gegen den Willen von König Konstantin I. (1868–1923) dort gelandet waren, um Serbien an der Saloniki-Front zu unterstützen. Er traf auf »englische und französische Offiziere, griechische Soldaten, albanische Händler, Bulgaren, Türken, Juden, dazu eine ungewöhnliche Fülle eleganter, europäisch gekleideter Frauen mit geschminkten Gesichtern und zweifelhaftem Äußerem, die über alle Maßen nett sind und Französisch mit Marseiller Einschlag oder Italienisch von Capri oder Sorrent sprechen. Insgesamt wirkt die Menschenmenge wie der Chor aus einer bunten Theaterrevue: Turbane, Militäruniformen in allen Farben, türkische Feze, jüdische Talare, Pariser Röcke, Pelze, Regencapes, maurische Umhänge und die pittoresken Kleider der Inselgriechen.«[289]

Bis zur drastischen Hellenisierung hatten fast alle Sprachgruppen eigene Schulen und Zeitungen. Für Mädchen gab es die *International English School.* Eine typische Klasse des *Petit Lycée Français* hatte drei französische, vier jüdische und je einen griechischen, serbischen, armenischen, türkischen und montenegrinischen Schüler, sowie einen *Dönme.* – *Dönme* oder in der Selbstbezeichnung *Ma'min* waren nur pro forma Muslime gewordene, assimilierte, für westliche Ideen aufgeschlossene und lange weithin einflussreiche Juden, Anhänger des aus Smyrna stammenden, selbsternannten Messias Schabbtai Zvi (1626–1676).[290] Sie hatten wesentlich dazu beigetragen, dass Saloniki eine der liberalsten und progressivsten Städte des Osmanischen Reiches geworden war. Als Türken geltend, mussten auch sie schließlich gehen. Durch Reformdekrete hatten solchen Gruppen mehr Selbstverwaltung und das Recht auf Grunderwerb erhalten, was nun gleichberechtigte orthodoxe Christen und Juden stärkte, während Muslime an Einfluss verloren, aber für öffentliche An-

289 Gaziel: *Nach Saloniki und Serbien. Eine Reise in den Ersten Weltkrieg*, Berlin 2016, S. 149 | Mark Mazower: *Salonica*, a. a. O., S. 5

290 Mark Mazower: *Salonica*, a. a. O., S. 231, 236

gelegenheiten zuständig blieben. Nachbarschaften veränderten sich durch häufige Brände, Erneuerung der Innenstadt und neue Villenviertel am Stadtrand. Auch die Masse der Juden war abgesehen von einigen Import-Export-Unternehmern und Bankiers überaus arm. Wegen immer krasseren Abstands von Arm und Reich fanden aus Russland bestärkte sozialistische Ideen zunehmend Anhänger.

War Saloniki über Jahrhunderte ein exemplarischer Ort durchgehaltener Vielfalt, so gingen von ihm nun ebenso exemplarische, nationalistische Spaltungen aus. Denn welthistorisch paradox ist, dass Mustafa Kemal (1881–1938), Griechenlands Hauptgegner in dessen ›Kleinasiatischer Katastrophe‹ von 1922, im noch osmanischen Saloniki geboren wurde und in dessen explizit multikultureller Atmosphäre aufgewachsen war. Auch die Revolution der Reformen durchsetzenden ›Jungtürken‹ von 1908 begann in Saloniki, wo dann der abgesetzte Sultan seine ersten Exiljahre verbrachte. Beide Staaten konsolidierten sich erst nach ihren von grauenhaften Massakern begleiteten nationalen Kämpfen in Anatolien (▸ IZMIR | SMYRNA). Wie bereits kommentiert, nutzte Mustafa Kemal Atatürk als ›Vater der modernen Türkei‹ die Umbruchsphase nach dem Ersten Weltkrieg autoritär, um die neue Türkei entschieden an Europa zu orientieren und sie vom rückständigen ›Orient‹ abzugrenzen. Er forcierte die strikte Trennung von Staat und Religion, europäische Rechtssysteme, wichtige Schritte zur Frauenemanzipation, europäische Kleidung, christliche Zeitrechnung, lateinisches Alphabet, nicht aber den Schutz von Minderheiten, tatsächliche Religions- und Meinungsfreiheit und freie Wahlen, obwohl es seit 1934 ein Frauenwahlrecht gab, in Griechenland erst 1952. Denn sonst »hätten ihm Hitler und Mussolini nicht so viel Bewunderung gezollt«, wie Madeleine Albright dazu lakonisch konstatiert.[291] Atatürk gelang es, sich von beiden fernzuhalten und blieb verglichen mit Griechenlands Ioannis Metaxas (1871–1941), Rumäniens Ion Antonescu (1882–1946) oder Spaniens Francisco Franco (1892–1975) eine moderate Variante damaliger Diktatoren, gelang doch weitgehend

291 Madeleine Albright: *Faschismus. Eine Warnung*, a. a. O., S. 167

friedlich tatsächlich eine anhaltende gesellschaftliche Erneuerung. (▸ ISTANBUL | KONSTANTINOPEL)

Hatte der markant von Saloniki ausgehende türkische und griechische Nationalismus eine ideologisch und religiös verbrämte Ost-West-Trennung bestärkt, war tausend Jahre davor eine solche Abgrenzung viel großflächiger erfolgreich. Die Griechen Salonikis blieben zwar stolz darauf, dass Aristoteles (384–322 v. u. Z.) in der Nähe geboren wurde und der Apostel Paulus (ca. 10–60 v. u. Z.) dort wirkte. Kulturell höchst einflussreich waren jedoch vor allem die aus Saloniki stammenden Mönche Kyrill (ca. 826–869) und Method (ca. 815–885) gewesen. Hatten seit dem sechsten Jahrhundert keltische Mönche aus Irland die römische Christianisierung West- und Mitteleuropas intensiviert, war die Orthodoxie von diesen Slawenaposteln am Balkan und in der Folge in Kiew und damit in Russland etabliert worden. Denn sie verbreiteten die altkirchenslawische Sprache, Liturgie und Schriftkultur mit ihrem aus dem griechischen entwickelten kyrillischen Alphabet und der ins Slawische übersetzten Bibel. Diese Abgrenzung zwischen ›lateinischem‹ und kyrillisch ›byzantinischem‹ Europa spielt in mehr oder minder verdeckter Form immer wieder eine Rolle. Ungarn und Kroatien blieben tendenziell katholisch, Serbien, Montenegro, Rumänien, Bulgarien, Nord-Mazedonien, Griechenland, die Ukraine und das sich häufig als Schutzmacht der Ostchristen positionierende Russland orthodox.[292]

Wie wichtig das wieder genommen wird, zeigte sich nach der weltpolitischen Wende von 1989/91. Bald darauf wurde im griechischen Ruinenfeld von Chersones bei Sewastopol eine Wladimir-Kathedrale errichtet, da sich dort Kiews Großfürst Wladimir I. (ca. 960–1015) zur Orthodoxie bekannt haben soll. Das anerkennend, wurde ihm eine byzantinischer Ehefrau zugestanden. Auch an das Missionieren von Kyrill und Method auf der Krim soll die Kathedrale erinnern. Mit dem neuen Status der orthodoxen Kirche setzte sich ihr hypernationales Einvernehmen mit staatlichen Mächten fort, meist deutlicher als das der katholischen und protestantischen Kirche in Kriegszeiten. Denn sie galt als die

292 Wikipedia: Kyrillisches Alphabet | Griechisches Alphabet

Kontinuität von Kultur und Sprache sichernde Institution – weit mehr als die lateinische Kirche im Westen. Gerade am Balkan blieb die russische Protektion für den Panslawismus und die Orthodoxie ein wichtiger Faktor. Nur die gleichzeitige Expansion des Islam hatte in kurzer Zeit ähnlich ausgreifende kulturelle Wirkungen im gesamten Mittelmeerraum, wie Mark Mazower bewusst macht. Denn die sich als ursprüngliches, wahres Christentum verstehende Orthodoxie sowie noch deutlicher die kyrillische Schrift prägen bis heute den Alltag »von der Adria bis Sibirien«.[293]

Als strenge Form ›idealen Lebens‹ gedanklich einflussreich wurden auch die seit Kyrill und Method unweit Salonikis entstandenen Mönchsrepubliken auf dem Berg Athos, in ihrer radikalen Weltabgeschiedenheit angeregt von den frühen Eremiten Ägyptens und den Säulenheiligen Syriens (▸ ALEXANDRIA). Für den solche Formen von *Weltfremdheit* analysierenden Philosophen Peter Sloterdijk blieben diese Einsiedler als »die ersten Ausbrecher aus dem antiken Sozialkosmos« in vieler Hinsicht beispielgebend. Den frühen, bewusst weltfremden »Klosterkommunismus« hält er für »eine der mächtigsten Ideen gesellschaftlichen Zusammenhalts im westlichen Kulturkreis«. Es sei somit »kein Wunder, dass in den revolutionären Umstrukturierungen des 19. und 20. Jahrhunderts – jener Zeit ohne soziale Synthese – die klosterkommunistischen Modelle, anarchistisch, proletkultisch und rätekommunistisch travestiert, wieder aktiv wurden«.[294]

Weitere religiöse Bezüge ergeben sich, weil Juden aus Spanien hier willkommener waren als anderswo. Dadurch »hatte sich der Hafen von Saloniki zu einer nahezu jüdischen Stadt entwickelt. Selbst nach der Vereinnahmung durch den griechischen Staat im Jahr 1912 blieb Saloniki eines der führenden Zentren des europäischen Judentums.«[295] Nur Bagdad war mit 80.000 Juden noch eine Zeit lang ebenso jüdisch geprägt, waren doch Mesopotamien und Ägypten deren älteste Diaspora-Stützpunkte. Bald »hoch-

293 Mark Mazower: *Salonica. City of Ghosts*, a. a. O., S. 23
294 Peter Sloterdijk: *Weltfremdheit*, Frankfurt am Main 1993, S. 96, 104
295 Mark Mazower: *Griechenland unter Hitler. Das Leben während der deutschen Besatzung 1941–1944*, Frankfurt am Main 2016, S. 281f.

gradig assimilierte«, Juden-Griechisch, also Romaniotisch, sprechende Gemeinden gab es früh auf Ionischen Inseln, in Athen, in Zentralgriechenland, in Saloniki. Seit Juden England 1290 verlassen mussten, dann Spanien, Portugal, schließlich auch »Sizilien und Sardinien, Navarra, die Provence und Neapel«, bis Mitte des 16. Jahrhunderts auch fast ganz Westeuropa, waren für sie praktisch nur noch Polen und das Osmanische Reich »sichere Häfen«.[296]

War bereits der ausgrenzende Nationalismus Griechenlands und seiner Nachbarn zu mörderischen Kämpfen eskaliert, steigerte sich das exzessiv durch die nationalsozialistische Programmatik, als das Land von April 1941 bis September 1944 von deutschen Truppen besetzt war. Selbst Heinrich Himmler (1900–1945) besuchte gleich im Mai 1941 die Akropolis, wofür ihn Hitler in einem Brief beneidet hat und »deutsche Offiziere bewunderten die griechische Antike ebenso rückhaltlos wie Archäologen, Architekten und andere Berufsgruppen im Dritten Reich« bis hin zu kulturbeflissenen »Kriegstouristen«. Den »Philhellenismus der NS-Ideologie« überlagerte aber bald der letztlich viel wichtiger genommene Rassismus als europaweiter ›Krieg gegen die Juden‹. Jeder Widerstand der Bevölkerung wurde massiv bekämpft. In sogenannten Vergeltungsaktionen sind »mehr als 1.000 Dörfer« zerstört worden, »mehr als 20.000 Zivilisten wurden von Wehrmachtssoldaten getötet oder verwundet, erschossen, erhängt oder zusammengeschlagen«, so Mark Mazower in *Griechenland unter Hitler*. Besonders gewütet wurde in Dörfern wie Distomo (218 Tote) oder Klissoura (270 Tote), auf Kreta, der Adriainsel Kephalonia (Erschießung 5.000 kapitulierender Italiener). Wie bürokratisch angepasst Österreichs fragwürdiger UNO-Generalsekretär und Bundespräsident Kurt Waldheim (1918–2007) seine hochrangige Stabsarbeit in Saloniki erledigte, angeblich ohne je von den dortigen Judendeportationen gewusst zu haben, konnte Mark Mazower rekonstruieren. So veränderte sich etwa die häufige Meldung »10 Zivilisten erschossen« auf dem Dienstweg bereits zu »10 verdächtige Zivilisten erschossen«. Waldheim selbst formulierte dann

296 Nathan Weinstock: *Der zerrissene Faden*, a. a. O., S. 205, 274 | Mark Mazower: *Salonica. City of Ghosts*, a. a. O., S. 47

jedoch »10 Bandenverdächtige erschossen«, um geflissentlich den erwünschten Schein zu wahren, denn gelegentlich wurden krasse Übergriffe durchaus untersucht.[297]

Wegen dem bevorstehenden Angriff auf die Sowjetunion im Juni 1941 hatte Hitler kurzfristig handeln müssen, um Mussolinis *Mare-nostrum*-Großmachtstreben zu unterstützen. Denn dessen im Oktober 1940 von Albanien aus in Griechenland einfallende Truppen scheiterten am heftigen Widerstand. Athen, Mazedonien mit Saloniki, einige Inseln und ein Teil Kretas wurden zur deutschen, Ost-Thrakien zur bulgarischen, der größere Teil des Landes zur italienischen Besatzungszone, bis Italien im September 1943 nach Landung der Alliierten in Sizilien und Mussolinis Absetzung kapitulierte. 48.000 Flüchtlinge entkamen aus der bulgarischen Zone nach Saloniki. Bereits die katastrophale Hungersnot von 1941/42 dürfte in Griechenland Hunderttausende Opfer gefordert haben. In Saloniki verhungerten 5.000 Menschen, wegen minimalen Nachschubs, »weit weniger als in Athen oder auf den Inseln«.[298] Unzählige Geschwächte starben an der Malaria.

Eine wichtige Funktion hatte Hermann Neubacher (1893–1960), 1938 bis 1940 erster NS-Bürgermeister Wiens, der dann als Hitlers »Sonderbeauftragter Südost« die rasende Inflation durch Staatsanleihen stabilisieren und die Versorgungslage etwas verbessern konnte. Denn das Erpressen exorbitanter Besatzungskosten hatte eine völlig chaotische Lage geschaffen. Mazower hält ihm neben eloquentem Auftreten zugute, dass einiges durchaus gelang, er gegen Massaker wie in Klissoura und willkürliche Razzien scharf protestierte und viele Wehrmachtsentscheidungen bekämpfte, die dem Aufbau einer von ihm angestrebten »antikommunistischen Front« zuwiderliefen.[299] Nach kurzer Haft in Jugoslawien kam er

297 Mark Mazower: *Griechenland unter Hitler*, a. a. O., S. 199, 203, 224, 233, 264 | Wikipedia: Verbrechen von Wehrmacht und SS in Griechenland, Deportation und Ermordung der griechischen Juden durch das NS-Regime

298 Mark Mazower: *Salonica*, a. a. O., S. 233, 421, 422

299 Mark Mazower: *Griechenland unter Hitler*, a. a. O., S. 151, 223, 224, 279, 280 | Zu Hermann Neubacher: Christian Reder: *Deformierte Bürgerlichkeit*, Wien 2016, S. 112ff. | Hermann Neubacher: *Sonderauftrag Süd-Ost 1940–1945. Bericht eines fliegenden Diplomaten*, Göttingen 1956

frei, wurde Berater der Stadtverwaltung von Addis Abeba und dann Direktor der Wienerberger Ziegelwerke. Der im Wehrmachtshauptquartier in Saloniki stationierte Oberbefehlshaber Südost Alexander Löhr (1885–1947), dem Kurt Waldheim unterstellt und der als österreichischer Offizier zur Wehrmacht gekommen war, wurde mit anderen hochrangigen Beteiligten wegen der ohne Kriegserklärung erfolgten Bombardierung Belgrads dort hingerichtet. Von den Organisatoren der Judendeportationen aus Saloniki wurde der dann noch in Budapest zuständige Dieter Wisliceny (1911–1948) in Bratislava hingerichtet; der Burgenländer Alois Brunner (1912–2009/10?) konnte nach Damaskus entkommen, wo er als Judenfeind politisch willkommen war und trotz Briefbomben bis zu seinem Tod unbehelligt lebte. Der als Verwaltungsfachmann der Wehrmacht in Saloniki stationierte Max Merten (1911–1971), zuständig für die beschlagnahmten Vermögenswerte der Deportierten und deren Verteilung, war 1957 während einer Griechenlandreise festgenommen worden. Nach massivem politischem Druck wurde er trotz Verurteilung nach Deutschland abgeschoben, das überdies bis heute griechische Reparationsforderungen als völlig unzulässig abweist.

Die Deportation von 45.000 Jüdinnen und Juden Salonikis zwischen März und August 1943 hat eine der wenigen Überlebenden beschrieben, Erika Myriam Amariglio (1926–2010), die als Siebzehnjährige mit ihrer gesamten Familie abtransportiert worden war. Wegen der Wiener Mutter konnten sie gut Deutsch, was ein Orientieren erleichterte. »Die Waggons waren in einer ziegelroten Farbe gestrichen, hatten überhaupt keine Fenster, außer einem Oberlicht ganz oben rechts und links, abgedichtet mit einem Stacheldrahtgeflecht«, heißt es in ihrem Bericht. »Beim Schließen der Türen sah man nichts mehr, hörte fast nichts mehr, nur irgendeine Hand, die sich am Oberlicht bewegte.«[300] Es dauerte stets mindestens eine Woche, bis über Belgrad, Graz und Wien Auschwitz-Birkenau erreicht wurde. Der Ingenieur Jacques Stroumsa (1913–2010), der als Einziger seiner Familie überlebte,

300 Erika Myriam Amariglio: *Damit es die ganze Welt erfährt. Von Saloniki nach Auschwitz und zurück 1926–1996*, Konstanz 2003, S. 57, 150

auch seine schwangere Frau wurde sofort getötet, konnte sich als technischer Zeichner durchbringen, weil er als Erster Geiger im Lagerorchester Vergünstigungen bekam. Zuletzt war er noch nach Mauthausen-Gusen überstellt worden.[301] Deportiert wurden auch Tausende jüdische Menschen aus anderen Regionen und von den Inseln. Von dort entkamen nur etwa 1.500 in die Türkei. Das intensivierte sich nach Italiens Kapitulation, denn »die Italiener lehnten die deutsche Judenpolitik vollkommen ab« und boykottierten sie sehr oft, wie Mark Mazower konstatiert.[302]

Auf den gegen Kriegsende offensiveren Partisanenkampf wurde mit zahllosen Vergeltungsmassakern reagiert. Er eskalierte zum bis 1949 dauernden Bürgerkrieg, der als verdeckt unterstützte Ost-West-Auseinandersetzung den Beginn des Kalten Krieges markierte. Denn für die Nachkriegszeit sollte für Griechenland unbedingt »90 Prozent westlicher Einfluss« gelten, so die berühmte Notiz von Winston Churchill auf der Konferenz von Jalta, während sonst am Balkan 10 Prozent (Rumänien), 25 Prozent (Bulgarien, Ungarn) und 50 Prozent (Jugoslawien) ausreichten.[303] Griechenlands Widerstandsgruppen hatten viel Rückhalt in der Bevölkerung, weil das Hoffnungen auf eine sozialere Politik bestärkte und die »Abneigung der Kleinbauern gegen den griechischen Staat und die politische Klasse in Athen« verbindend wirkte. Ziel sei aber nie gewesen, wie schließlich unterstellt, »nach dem Krieg eine Einparteienherrschaft zu ermöglichen«, so Mark Mazower. Churchill blieb aber überzeugt, das Land durch militärische Hilfe »vor der bolschewistischen Diktatur« bewahrt zu haben. Dem Schriftsteller Patrick Leigh Fermor (1915–2011) war es als Geheimdienstmann sogar gelungen, mit lokalen Kräften den deutschen Befehlshaber auf Kreta, Heinrich Kreipe, nach Kairo zu entführen.[304] Als die Volksbefreiungsarmee ELAS in Saloniki einmarschierte, sang sie: »Wir sind die Burschen aus den Bergen und wir haben vor nichts

301 Jacques Stroumsa: *Geiger in Auschwitz. Ein jüdisches Überlebensschicksal aus Saloniki 1941–1967*, Konstanz 1993, S. 43

302 Mark Mazower: *Griechenland unter Hitler*, a. a. O., S. 295, 296

303 Jost Dülffer: *Jalta, 4. Februar 1945. Der Zweite Weltkrieg und die Entstehung der bipolaren Welt*, München 1999, S. 9

304 Patrick Leigh Fermor: *Die Entführung des Generals*, Zürich 2015

Angst.«[305] Grausamkeiten hatte auch sie verübt. Bald gegen die von Briten und den USA gestützten Regierungstruppen chancenlos, flohen viele Regimegegner in sich nun sozialistisch nennende Länder, über 10.000 in die UdSSR, über 1.000 in die DDR. Wenn überhaupt, kehrten sie meist jahrelang nicht zurück.

Tony Judt (1948–2010) resümiert dazu in *Geschichte Europas von 1945 bis zur Gegenwart*: »In Griechenland, wo ein Großteil der Elite von Verwaltung und Wirtschaft mit den Besatzern zusammengearbeitet hatte, richteten sich die Säuberungen der Nahkriegszeit aber nicht gegen Rechte, sondern gegen Linke – ein aufschlussreicher Einzelfall.« Denn Englands Politik baute darauf, »dass nur die entschlossene Errichtung einer konservativen Regierung für Stabilität in diesem kleinen, aber strategisch wichtigen Land sorgen könne. In einem Land, in dem die revolutionäre Linke sich anschickte, die Macht zu ergreifen, würde jedes Vorgehen gegen Geschäftsleute oder Politiker, die mit den Italienern oder Deutschen kooperiert hatten, schwerwiegende Konsequenzen haben.« Daher wurde nur »gegen die Linke reichlich Gebrauch von der Todesstrafe gemacht. Da in Athen nicht konsequent unterschieden wurde zwischen den linken Partisanen, die gegen Hitler gekämpft hatten, und den kommunistischen Guerillas, die die Nachkriegsregierung stürzen wollten (oft genug waren es dieselben Leute), wurden eher Widerstandskämpfer als Kollaborateure vor Gericht gestellt und verurteilt – und auf Jahrzehnte vom öffentlichen Leben ausgeschlossen.«[306] Das Entstehen einer aktiven Zivilgesellschaft wurde dadurch, wie in so vielen vom Krieg auch mental devastierten Ländern, enorm verzögert.

Weil der laut Truman-Doktrin nötige Kampf gegen die kommunistische Bedrohung Großbritannien zunehmend überforderte und Griechenland seit 1952 NATO-Mitglied war, »wurde Athen zum weltweit größten Stützpunkt des US-Nachrichtendienstes«, wie es zur Geschichte der CIA heißt. Als neben dem NATO-Partner Türkei wichtigste Bastion am Mittelmeer gegen den Warschauer

305 Mark Mazower: *Griechenland unter Hitler*, a. a. O., S. 364, 376, 418, 420, 428

306 Tony Judt: *Geschichte Europas von 1945 bis zur Gegenwart*, Frankfurt am Main 2009, S. 67f.

Pakt flossen »Millionen Dollar nach Griechenland – begleitet von Kriegsschiffen, Soldaten, Feuerwaffen, Munition, Napalm und Spionen«.[307] Einbezogen war etwa der Top-Agent Gust Avrakotos (1938–2005) als Verbindungsmann zur Generalität, dann zur putschenden Junta und schließlich zuständig für »die Bewaffnung zehntausender fanatischer muslimischer Fundamentalisten« in Afghanistan. Als griechischen US-Bürger »habe ihn nichts so sehr befriedigt wie das Töten von Kommunisten«. Über Jahre hinweg wurde mit einem »all-out war in Europe« gerechnet, überschätzte doch die CIA systematisch die Militärmacht der UdSSR bis zu deren unerwarteter Implosion, zum Vorteil und Nutzen der Militärs und der Waffenindustrie.[308]

Die konfuse Restauration dieser Jahre führte zur Militärdiktatur von 1967 bis 1974, mit militanter Unterdrückung, grausamen Straflagern und zahllosen Opfern. Die militant angestrebte Vereinigung mit Zypern wirkt bis heute nach, als Teilung der Insel und Dauerkonflikt mit dem NATO-Partner Türkei. Mikis Theodorakis und Melina Mercouri (1920–1994) wurden weltweit wahrgenommene Stimmen der Opposition. Zur Entdeckung des Landes als noch kaum erschlossener archaischer Freiraum hatte die Griechenlandbegeisterung von Henry Miller (1891–1980) maßgeblich beigetragen, ebenso der Film *Alexis Sorbas* von Michael Cacoyannis (1922–2011) mit Anthony Quinn nach dem Roman von Nikos Kazantzakis (1883–1957).[309] Seit 1981 in der Europäischen Union, wurde Griechenlands Schuldenkrise bekanntlich zum problematischen Testfall finanztechnischer, dem Bankensystem nützender Sanierung, mit drastischen Auswirkungen auf den Lebensstandard. Reiche Steuerflüchtlinge wie die Clans von Aristoteles Onassis (1906–1975) oder Stavros Niarchos (1909–1996)

307 Tim Weiner: *CIA. Die ganze Geschichte*, Frankfurt am Main 2008, S. 51

308 George Crile: *My Enemy's Enemy. The Story of the largest covert Operation in History: The Arming of the Muhahideen by the CIA*, London 2003, S. 51, 154, 157, 245, 297, 423

309 Henry Miller: *Der Koloss von Maroussi*, Reinbek bei Hamburg 1960 | Nikos Kazantzakis: *Alexis Sorbas*, Roman, Reinbek bei Hamburg 1955 | Michael Cacoyannis: *Alexis Sorbas*, Spielfilm, mit Anthony Quinn, Irene Papas, GB/USA/GR 1964

blieben nicht nur wegen ihrer Sozialstiftungen ein Tabu – auch Griechenlands enorme, für Europas Waffenindustrie erfreuliche Militärausgaben. Im Süden ist bislang nur Portugal ein markantes EU-Erfolgsmodell, noch dazu ohne mit Fremdenfeindlichkeit reüssierenden Parteien.

Gleich nach Öffnung des Eisernen Vorhangs hatten in Saloniki an die 100.000 Ausländer Arbeit gesucht. Inzwischen sind auch »junge russische Computer-Genies, Mediziner aus Ghana, albanische Steinmetze, Kindermädchen aus der Ukraine und Wanderhändler aus China im urbanen Kreislauf Salonikis aufgegangen« und können meist sehr rasch Griechisch. Durch diese Zuwanderung, sich ansiedelnde Urlauber und Massentourismus erübrigte sich im ganzen Land die *Megali Idea* ethnisch-kultureller Hegemonie. Bezeichnend bleibt ein verbreiteter Antisemitismus. Bisher erfasste Fremde kamen aus Albanien (438.036), Bulgarien (35.104), Georgien (22.875), Rumänien (21.994), USA (18.140), Russland (17.535), Zypern (17.426), Ukraine (13.616), Großbritannien (13.196), Polen (12.831), Deutschland (11.806), Pakistan (11.130), China (10.000).[310]

Dass verzweifelte Flüchtlinge nun gerade in der ›Wiege der Demokratie‹ unter erbärmlichen Umständen endlos lang auf ein höchst unsicheres Asyl warten müssen, demonstriert drastisch, wie es in der Europäischen Union um Solidarität und Menschenrechte bestellt ist.

310 Mark Mazower: *Salonica. City of Ghosts*, a. a. O., S. 11, 12, 470 | Wikipedia: Griechenland (Volkszählung 2001)

Smyrna | Izmir, September 1922

»Die meisten Menschen waren mit Schiffen der privaten Helfer entkommen.«
Philip Mansel: *Levant. Splendour and Catastrophe on the Mediterranean*, London 2011

IZMIR | SMYRNA

In seiner kosmopolitischen Blütezeit um 1900 hatte das zum türkischen Izmir werdende Smyrna, wegen seiner Liberalität, damals wie Beirut ein ›Paris der Levante‹ genannt, etwa 275.000 Einwohner. 135.000 waren Griechen, 75.000 Muslime, 35.000 Juden, 10.000 Armenier, 6.500 Italiener, 2.500 Franzosen, 2.200 Österreicher, 1.500 Engländer (meist Malteser), 210 Deutsche und andere Nationalitäten. Wie Saloniki geprägt vom turbulenten Hafengeschehen, hatte es eine vielsprachige Presse, griechische, französische, armenische, englische und deutsche Schulen, das *American International College*, die *English Girls School*, sowie 42 Moscheen, 22 griechische, katholische, protestantische und armenische Kirchen und 5 Synagogen. Tägliche Dampfschiffverbindungen verbanden es mit den wichtigen Mittelmeerhäfen.[311] Wegen christlicher Mehrheit galt es strengen Muslimen als ›Stadt der Ungläubigen‹. Im Geschäftsleben dominierten seit Generationen ansässige, zu ›Levantinern‹ gewordene Europäer, vor allem Griechen, Engländer, Franzosen, Italiener, Armenier und Juden. Aus Italien waren primär Arbeitskräfte gekommen. Konflikte hielten sich in Grenzen. Erst im exzessiven Nationalismus nach dem Ersten Weltkrieg ging die bis dahin gewohnte Toleranz unter. Denn die katastrophale Niederlage nach Anatolien vordringender griechischer Truppen machte die Stadt zum türkischen Izmir mit inzwischen vier Millionen Einwohnern. Ihr Niederbrennen war jedoch auch »Rache der Armen an den Reichen und des Hinterlandes gegen den Hafen«. Aber »die modernste Stadt des Landes zu zerstören«, so Philip Mansel, war für die Türkei völlig kontraproduktiv, lag sie doch jahrelang in Ruinen ohne Perspektiven für die Bevölkerung.[312] Ihrer exemplarisch multikulturellen Geschichte wegen nennt der britische Autor Giles Milton sein detailreiches, auch auf Griechisch und Türkisch erschienenes Smyrna-Buch,

311 *Meyers Großes Konversationslexikon*, Leipzig–Wien 1909
312 Phlip Mansel: *Levant*, a. a. O., S. 226, 228

Paradise Lost. Denn *The Destruction of Islam's City of Tolerance* wurde dort in exzessiv irrationaler, unversöhnlicher Weise deutlich – wie auch die Außenpolitikdesaster europäischer Mächte.[313]

Von den 1860er Jahren bis 1914 sei Smyrna »one of the more enlightened cities on earth« gewesen, wie Milton resümiert, und in keiner anderen Stadt hätten sich »Ost und West so spektakulär vermischt«. Wegen des nach selbstverwalteten Religionsgruppen unterscheidenden osmanischen *Millet*-Systems wurden solche Grenzen zwar beachtet, aber ohne anderswo auftretender Bigotterie. Fünf, sechs Sprachen zu sprechen war durchaus verbreitet. Wie sich absondernde Türken lebten Zugewanderte meist in eigenen Stadtvierteln. Es gab »Schweizer Hoteliers, deutsche Kaufleute, österreichische Schneider, englische Mühlenbesitzer, niederländische Feigenexporteure, italienische Makler, ungarische Verwalter, armenische Agenten und griechische Bankiers«. Griechen besaßen die beiden großen Warenhäuser und das Monopol für getrocknete Feigen, Trauben und Marillen. Als wichtige Arbeitgeber waren die europäischen Unternehmer in der Bevölkerung durchaus akzeptiert. Türken gelangten aber kaum in höhere Positionen, die meisten lebten von Handwerk, Kleinhandel oder traditionellem Kunsthandwerk. Sie dominierten jedoch »die Politik der Stadt« und deren Verwaltung. Gouverneur war stets ein Türke. Klima und Architektur erinnerten an die Côte d'Azur.[314]

Viele der Europäer waren als Abenteurer nach Smyrna gekommen, wo es manchen gelang, weitverzweigte, politisch einflussreiche Business-Dynastien aufzubauen. Sie kontrollierten bald Smyrnas Schifffahrtsgesellschaften, die Versicherungen, Bergbauunternehmen, Banken, die großen Export-Import-Unternehmen. Die bis 1968 existierende Oriental Carpet Manufacturing Company mit bis zu 150.000 Beschäftigten hatte eine Gruppe britischer Kaufleute gegründet. Abgesehen von Geiselnahmen mit hohen Lösegeldforderungen durch anatolische Banden hatten sie wenig zu befürchten. Eines der Handelsimperien ging auf Jean Baptiste

313 Giles Milton: *Paradise Lost. Smyrna 1922: The Destruction of Islam's City of Tolerance*, London 2009, S. 6, 14

314 Giles Milton: *Paradise Lost*, a. a. O., S. 5, 8, 9, 16, 47

Giraud (1742–1811) zurück, was sein einflussreicher Schwiegervater, Venedigs Konsul Lucas Cortazzi erleichtert hat. Von der Französischen Revolution entsetzt, wurde er Österreicher. Der Leiter der Osmanli Bank, James La Fontaine (1760–1826), kam von der 1592–1825 bestehenden britischen Levant Company mit Sitz in Aleppo, die »Gewinne bis zu 300 Prozent« erzielte, der unmittelbaren Vorläuferin der East India Company. Denn England hatte vom Mittelmeer aus früh »die Grundsteine für seine Vorherrschaft gelegt«, so Fernand Braudel. Der Schotte John Paterson entdeckte das erste Chrom der Türkei und etablierte ein florierendes Bergbauunternehmen. Charlton Whittall (1791–1867) baute den größten Handelskonzern Anatoliens auf. Seine Tochter Magdalen Whittall war stolz darauf, »von einem Piratenprinz abzustammen«. Als sie 1912 starb, zeichnete sich »das Ende einer Ära« ab, die längst nicht mehr von den steifen Umgangsformen und strengen Hierarchien Europas geprägt war. Konflikte gab es wegen des »griechischen Antisemitismus«, verstärkt durch die »generell pro-türkische Loyalität« von Juden. Mit dem die Stadt modernisierenden, Gin trinkenden Gouverneur Rahmi Bey (1873–1947), den sein Aufwachsen in Saloniki geprägt hatte, bestand durchwegs ein herzliches Verhältnis. Bis zu seiner Ablöse 1918 versucht er, »die Interessen aller in der Stadt vertretenen Nationalitäten« zu wahren, auch wenn sie im Krieg zu »enemy subjects« wurden. Denn manchen drohte die Internierung, obwohl sich Levantiner lange für »untouchable« hielten, woher sie auch kamen.[315]

Wenn Giles Milton Smyrna ein »verlorenes Paradies« nennt, negiert er damit die schwierige Lage der meisten Menschen und die Klassenkonflikte, weil das sichtlich mit Blick auf die Katastrophe von 1922 gemeint ist. Paradiesisch war einst sicher, dass die Oberschicht der Stadt, entspannter als im konventionellen Fin-de-Siècle-Europa, ein wohlhabendes Leisure-Class-Leben fuhren konnte, wie publizierte Erinnerungen belegen. Denn die patriar-

315 Izmir Dergisi: The Levantines of Izmir, Izmir Magazine, Nr. 45/2018, S. 56ff. | http://www.levantineheritage.com/pdf/The-Early-Whittalls-G.W.Whittall.pdf | Giles Milton: *Paradise Lost,* a. a. O., S. 14, 19, 39, 40, 98, 118 | Phlip Mansel: *Levant,* a. a. O., S. 172 | Frenand Braudel: *Das Mittlelmeer,* a. a. O., Band 2, S. 399, 401, 411

chalisch geführten Unternehmen ermöglichten den Familien ein sorgloses Dasein mit zahlreicher Dienerschaft in den noblen Villen oberhalb der Stadt, mit Jachten und Landhäusern auf nahen Inseln. Ausländische Gäste mit gewissem Status wurden neugierig empfangen, den Häusern und Gärten viel Aufmerksamkeit gewidmet. Geheiratet wurde in aller Regel standesbewusst, was weitläufige Clan-Verwandtschaften ergab. Dem Osmanischen Reich loyal, verstanden sich die Unternehmerfamilien Smyrnas trotz ihrer Privilegien als integrierte Einwanderer, nicht als Kolonialisten, die Einheimische unbekümmert ausbeuten konnten. Selbst Bürgern wie Marx und Engels schwebten solche aristokratischen Lebensweisen anfangs für jeden Menschen vor, sollte es doch letztlich allen möglich sein, nicht täglich »das tun zu müssen, was einem widerstrebt«, sondern »heute dies, morgen jenes zu tun, morgens zu jagen, nachmittags zu fischen, abends Viehzucht zu treiben, nach dem Essen zu kritisieren, wie ich gerade Lust habe; ohne je Jäger, Fischer, Hirt oder Kritiker zu werden«.[316] Um Kapitalismus und Klassengesellschaften zu überwinden – mit neuerlich brisant zunehmenden Arm-Reich-Unterschieden –, sollte in der »ersten säkularen Staatsreligion der Welt« dann jedoch »die Arbeit selbst die Erlösung des Menschen« bringen, weil sie »in selbstbestimmter und gemeinschaftlicher« Weise ermöglicht werde (Ernest Gellner).[317]

Im eskalierenden nationalistischen Furor ging es jedoch weder um Gesellschaftsutopien noch um Demokratie, da es vorerst genügen müsse, als Volk Herr im eigenen Haus zu sein, in dem es für Minoritäten letztlich keinen Platz mehr gebe. Wie bereits kommentiert, war Griechenland dafür seit den 1820 Jahren seines Unabhängigkeitskampfes ein weithin akklamierter Vorreiter (▸ ODESSA ▸ SALONIKI). Denn gerade Europas Südosten mit den Vielvölkerstaaten Österreich-Ungarn und Osmanisches Reich wurde zum umkämpften Schauplatz territorial nie plausibel abgrenzbarer Nationenbildung, mit ›den Türken‹ als heute noch bis in

316 Karl Marx, Friedrich Engels: *Die Deutsche Ideologie*, MEW Band 3, Berlin 1990, S. 33

317 Ernest Gellner: *Bedingungen der Freiheit. Die Zivilgesellschaft und ihre Rivalen*, Stuttgart 2001, S. 48, 58, 65, 160

die Schulbücher identitätsstiftendem gemeinsamen Feind. Bereits die grausamen Balkankriege dieser jungen Nationalstaaten hatten zu bedenkenloser Vertreibung nun im falschen Land Lebender geführt, vor allem auch Zehntausender Muslime. Das eskalierte im Ersten Weltkrieg mit dem Völkermord an den Armeniern als erstem Fanal völkischen Denkens, der in Massakern der 1890er Jahre Vorläufer hatte. Henry Morgenthau (1891–1967), damals US-Botschafter in Konstantinopel, der dann als Finanzminister vorschlug, Deutschland wegen der NS-Verbrechen zur industrielosen Agrarzone zu verwandeln, hatte darüber berichtet (»I shall do nothing for the Armenians«, says the German Ambassador).[318]

Gerade nach der Zäsur von 1918, die weithin Neuanfänge ermöglichen sollte, dominierten nationale Vorstellungen als selbst in Europa nur sehr selektiv umgesetztes Selbstbestimmungsrecht der Völker. Auch aus den restlichen Provinzen des Osmanischen Reichs sollten vorerst völlig fiktive Nationalstaaten werden. Als Kriegsverlierer war Konstantinopel fast fünf Jahre von den Alliierten besetzt, Kleinasien in eine internationale, eine britische, eine griechische, eine italienische und eine französische Zone, aufgeteilt. Für armenische und kurdische Gebiete sollten noch Lösungen gefunden werden. Christen hätten vor allem in der griechisch werdenden Region um Smyrna oder in Konstantinopel Schutz finden können. In der ›Rest-Türkei‹ herrschte ratloses Entsetzen, war sie doch weit härter bestraft worden als die anderen Kriegsverlierer. Deshalb organisierte Mustafa Kemal Pascha gegen den Willen seiner Regierung in Konstantinopel ab Mai 1919 von Ankara aus, das dann neue Hauptstadt wurde, den nationalen Widerstand, indem er in mehreren Kongressen anfangs völlig zersplitterte Kräfte vereinte. Erst nach deren Sieg über Griechenlands Truppen bekam dann die Türkei im Vertrag von Lausanne 1923 die heutigen Grenzen zugestanden, mit Ost-Thrakien, Smyrna und ursprünglich Armenien zugesagten Teilen Ostanatoliens.

Vor allem der dann sogar von Hitler beeindruckte britische Premier David Lloyd George (1863–1945) hatte von früh an

318 Henry Morgenthau: *Ambassador Morgenthau's Story*, New York 1919, http://www.gutenberg.org/files/55343/55343-h/55343-h.htm

den dominierenden griechischen Politiker Eleftherios Venizelos (1864–1936) in seiner offensiv antitürkischen *Megali-Idea*-Politik einer überlegenen griechischen Zivilisation unterstützt. Sich auf 3.000 Jahre Hellenismus am Mittelmeer berufend, wurde eine griechische Hegemonie beansprucht, die Antike und Byzanz als kulturelle Vorfahren betrachtend. Auch der als Korrespondent des *Manchester Guardian* aus der Region berichtende Historiker Arnold J. Toynbee (1889–1975) hielt das anfangs für plausibel, bis er wegen beidseitiger Exzesse davon abrückte. Denn »die Türken sind nun genauso gründlich von der westlichen Idee politischer Nationalität infiziert wie die Griechen«, schrieb er dazu resümierend. Gerade »diese Idee aber ist eine destruktive Kraft, vor allem wenn sie in eine Situation wie im Nahen und Mittleren Osten transplantiert wird«. Die bittere Konsequenz der konfusen internationalen Politik und des griechischen Eroberungsversuchs in Anatolien war für ihn schließlich »die Ausrottung von Minoritäten auf beiden Seiten, selbst von lokalen Mehrheiten«, gab es doch »keine annähernd homogene griechische Bevölkerung unter türkischer Herrschaft, die hätte befreit werden können«.[319]

Bereits wegen der Balkankriege in die Region Smyrna entkommene Muslime hatten sichtbar gemacht, welche Eskalation sich anbahnen könnte. Griechen und nun als Feinde geltende Ausländer wiederum suchten zu Beginn des Weltkriegs in Griechenland Schutz, um der Internierung zu entgehen. Von den verbliebenen wehrpflichtigen 110.000 Griechen mit türkischer Staatsbürgerschaft kamen die meisten in grausame Arbeitsbataillone.[320]

Griechenland war im Ersten Weltkrieg zunächst neutral geblieben. Erst 1917 schloss es sich nach Abdankung des pro-deutschen, populären Königs Konstantin I. (1868–1923), des Schwagers des deutschen Kaisers, auf Betreiben von Premier Venizelos den Alliierten an. Aber bereits 1915 wurde diesen die Eröffnung der Saloniki-Front zur Unterstützung Serbiens gestattet. Nach Sa-

319 Arnold J. Toynbee: *The Western Question in Greece and Turkey. A Study in the Contact of Civilisations*, London 1922, http://louisville.edu/a-s/history/turks/WesternQuestion.pdf

320 Giles Milton: *Paradise Lost*, a. a. O., S. 48, 71, 73

loniki waren schon Überlebende des die türkische Kampfkraft enorm unterschätzenden Alliierten-Desasters von 1915 gebracht worden, als ihnen in Gallipoli trotz massivsten Einsatzes keine Landung gelang, ausgerechnet an jener Küste, die seit 1353 als erster Osmanen-Stützpunkt in Europa historisch relevant blieb.

Ursprünglich sollte nach dem Vertrag von Sèvres Griechenland ganz Thrakien bis zum Bosporus und große Gebiete um Smyrna erhalten, über deren endgültigen Status eine Volksabstimmung entscheiden sollte, weil dort die Gebiete von Muslimen und Christen kaum zu trennen waren. Bizarr an den internationalen Politikkonfusionen war auch, dass Italien, dem in einem Geheimvertrag Smyrna versprochen worden war, weil es sich stets auf römische Besitzungen der Antike berief, Mustafa Kemal mit Waffenlieferungen unterstützte, um solche Interessen zu wahren, woran auch Frankreich mitwirkte, als stille antibritische Allianz. Die Aussicht auf eine griechische Region Smyrna befeuerte umgehend den ohnedies latent geschürten Nationalismus von Griechen wie auch einen landesweiten Widerstand dagegen. Selbst in Konstantinopel hingen nun provokant »riesige Porträts von Venizelos von den Kirchen«. Auch in Smyrna machte sich das als Spaltung bemerkbar, obwohl im Krieg dort »mindestens 2/3 die Alliierten unterstützt oder mit ihnen sympathisiert hatten«, selbst der osmanische Gouverneur, war doch das Bündnis mit Deutschland und Österreich-Ungarn der Alleingang einiger Akteure gewesen. Auch Mustafa Kemal war überzeugt, dass sie im Krieg schlicht »die falsche Seite« gewählt hätten.[321] Umso unverständlicher erschien die drastische Bestrafungspolitik der Alliierten.

Als griechische Truppen dann am 15. Mai 1919 zur Übernahme der zuerkannten Region in Smyrna gelandet sind, war dies dezidiert von den Alliierten politisch unterstützt worden. Dabei hatten von den damals 155.000 Einwohnern 110.000 die türkische und 45.000 die griechische Staatbürgerschaft. Ohne einzugreifen, überwachte eine Armada britischer, französischer, italienischer und US- Kriegsschiffe dieses Manöver, um türkische Gegenaktionen zu unterbinden, obwohl allseits bezweifelt wurde, dass Griechenland

321 Giles Milton: *Paradise Lost*, a. a. O., S. 65, 120, 122, 129

fähig sei, »den Frieden zu erhalten«. Gerade Smyrnas Bevölkerung wurde »zum Opfer einer rücksichtslosen Außenpolitik«, »die in aussichtsloser und katastrophaler Weise völlig falsch verlaufen ist«, so Giles Milton.[322] Bereits am Hafen kam es zu nationalistischen Provokationen. Denn die griechischen Truppen wurden von Erzbischof Chrysostomos Kalafatis (1867–1922) theatralisch inmitten »einer jubelnden Menge« enthusiastisch tanzender Landsleute als Befreier empfangen. In Erinnerung daran ist er dann im Chaos der totalen Niederlage genau dort von einem wütenden türkischen Mob auf grausamste Weise gequält und umgebracht worden. Umgehend kam es zur »Plünderung des türkischen Viertels«, siegestrunken wurden wahllos Türken attackiert. 200 bis 400 von ihnen kamen in den ersten Tumulten um, unter Griechen gab es 100 Tote. Der angeblich zivilisierenden »griechischen Sache« hatten bereits die Stunden der Machtübernahme »irreparablen Schaden« zugefügt und den Widerstand in ganz Anatolien eskalieren lassen. Auch etwa 250.000 früher geflohene Griechen strebten wieder in die Region Smyrna zurück.[323] Der nun eingesetzte griechische Gouverneur Aristidis Stergiadis (1861–1949) hatte dieses Chaos zu organisieren. Gerade er wollte den internationalen Charakter der Stadt durchaus wahren, indem er etwa im Gebäude der osmanischen *Schule für Einheit und Fortschritt* die dann nicht mehr realisierte Universität Smyrna initiierte, an der Türkisch, Arabisch, Farsi, Hebräisch, Griechisch und Armenisch gelehrt werden sollte. Um Korrektheit bemüht und Verbrechen gerichtlich verfolgend, emigrierte er schließlich nach Nizza. Den beliebten osmanischen Gouverneur Rahmi Bey hatten die Briten wie viele andere osmanische Politiker in Malta interniert. Als Gegner Mustafa Kemals geltend, musste er für Jahre ins Pariser Exil, kehrte aber 1933 zurück, ohne wieder politisch tätig zu werden.

Mustafa Kemal hatte nun entgegen der abwartenden Politik der Regierung des Ende 1922 des Landes verwiesenen letzten Sultans ein konkretes Kriegsziel, die Rückeroberung Smyrnas. Als dies nach zweieinhalb Jahren gelungen war, traf er dort auf die

322 Giles Milton: *Paradise Lost*, a. a. O., S. 5, 6, 31, 73, 134, 137, 162
323 Giles Milton: *Paradise Lost*, a. a. O., S. 140f., 144, 147ff., 166, 269

entschieden emanzipierte Latife Uşşaki (1899–1975), die für zwei Jahre seine Frau wurde und ihn auch weiter stark prägte. Schon davor propagandistisch unterstützt von der prominenten Schriftstellerin und Feministin Halide Edib (1884–1964), war es ihm bald gelungen, sogar irreguläre Truppen wie jene des tscherkessischen Bandenführers Çerkes Ethem (1886–1948) an sich zu binden. Als Venizelos im Herbst 1920 völlig überraschend abgewählt wurde und König Konstantin I. zurückkehrte, war das ein deutlicher Rückschlag für Lloyd George und die »Loyalität der Alliierten zu Griechenland«, wie Winston Churchill konstatierte. Um Banden zu bekämpfen und die beanspruchte Region zu befrieden und zu zivilisieren, wie es hieß, waren griechische Truppen immer weiter ins unwegsame Anatolien vorgedrungen. Gekämpft wurde vielfach »mit Messern und Bajonetten«. Griechen »schlachteten in den Dörfern jeden ab, den sie finden konnten«, um »die muslimische Bevölkerung auszulöschen«. Im Zuge dessen wurden auch »12.000 Griechen massakriert«. Nach monatelangen heftigen Kämpfen endete die dann sogar vom König persönlich geleitete Offensive vorerst mit der Eroberung wichtiger Höhen »als spektakuläre[m] Triumph«, obwohl es »längst keine rationalen Ziele mehr gab«, wie Arnold Toynbee konstatierte. Im anbrechenden Winter 1921 mussten die Bergstellungen aufgegeben und am Fluss Sakarya Verteidigungslinien bezogen werden, etwa siebzig Kilometer vor Ankara. Wegen langer und umkämpfter Nachschublinien mangelte es bald an allem, an Munition, Benzin, Nahrung. Tausende starben an Erschöpfung und Krankheiten.[324]

Im Sommer 1922 führte die massive türkische Gegenoffensive dann zur totalen Niederlage der griechischen Truppen, die in panischer Flucht nach Smyrna zurückstrebten, wo sie am 9. September 1922 mit Zehntausenden Zivilisten am Hafen eingekesselt wurden. Dort warteten zwar eine Zeit lang 21 Kriegsschiffe der Alliierten, aber nur griechische Schiffe evakuierten Reste der eigenen Armee, andere nahmen erst zögernd vor allem eigene Staatsbürger auf. So war es etwa dem – später zum schwerreichen Reeder werdenden – 18-jähri-

324 Giles Milton: *Paradise Lost*, a. a. O., S. 166f., 177, 186, 193, 198ff., 209f., 383 | Phlip Manel: *Levant*, a. a. O., S. 224f., 229ff.

gen Aristoteles Onassis gelungen, auf ein US-Schiff zu entkommen, aber einige Verwandte kamen um. »Die Disziplin war komplett zusammengebrochen« trotz anfangs geordneten Einmarsches. In diesem Chaos wurde zuerst das Armenierviertel beraubt und verwüstet, überall wurde vergewaltigt und gemordet. Die Zahl am Hafenkai eingeschlossener Verzweifelter war auf 150.000 angewachsen, ohne dass es noch Boote gab oder Rettungsschiffe kamen. Alle fürchteten, ins Landesinnere deportiert zu werden. Das Entsetzen steigerte sich, als die Hafenviertel an vielen Stellen zu brennen begannen, was rasch zu einem Feuersturm wurde. Da das türkische Viertel ausgespart blieb, wird seither eine organisierte Brandstiftung der siegestrunkenen türkischen Truppen angenommen.[325]

Zum Retter von etwa 60.000 hilflos ausharrenden Flüchtlingen wurde der Methodistenpastor Asa Jennings (1877–1933), der als YMCA-Vertreter, der *Young Men's Christian Association*, mit Mustafa Kemal verhandelte und spontan ein *American Relief Committee* gründete, unterstützt von der Ärztin und Feminismus-Pionierin Esther Pohl Lovejoy (1869–1967). Dadurch gelang es ihm mit fieberhafter Diplomatie, in umliegenden Häfen Frachter und Fischerboote zu akquirieren, die unter seinem Kommando noch retten konnten, was zu retten war. »Die meisten Menschen waren mit Schiffen der privaten Helfer entkommen«, obwohl das später diverse Marineeinheiten für sich beanspruchten. Der das Geschehen von See aus beobachtende US-Diplomat George Horton (1859–1942) schrieb angesichts des miterlebten Grauens, er schäme sich »der menschlichen Rasse anzugehören«. »Spätere Untersuchungen gehen von 100.000 Toten in Smyrna und 160.000 unter türkischer Bewachung Deportierten aus«, von denen kaum jemand überlebte. Dann »wurden alle in der Türkei verbliebenen 1,2 Millionen orthodoxe Christen aus ihren angestammten Wohngebieten nach Griechenland transferiert und 400.000 Muslime aus Griechenland in die Türkei – ein *ethnic cleansing* ohne jede Parallele«, so Milton. Nur Konstantinopel war davon ausgenommen.[326]

325 Giles Milton: *Paradise Lost*, a.a.O., S. 233, 261, 281, 291, 295, 323, 343

326 Giles Milton: *Paradise Lost*, a.a.O., S. 326, 352ff., 372, 382 | Philip Mansel: *Levant*, a.a.O., S. 219f. | Wikipedia: Asa Jennings | YMCA: Young Men's Christian Association

Das gehört zur Geschichte Europas wie auch sonst so vieles in dieser Region. Denn Izmir/Smyrna gilt als möglicher Geburtsort Homers. Thales und Anaximander stammten aus Milet südlich von Izmir. Als Kleinasien zum Perserreich gehörte, lebten dort Pythagoras, der von der Insel Samos, Heraklit, der aus Ephesos stammte, oder Herodot, der ›Vater der Geschichtsschreibung‹, geboren im heute türkischen Bodrum an der ägäischen Küste. Hippokrates stammte von der Insel Kos, Diogenes aus Sinope am Schwarzen Meer. Troja liegt an den Dardanellen. Der das Christentum für Nichtjuden und Schutzsuchende öffnende Apostel Paulus kam aus Tarsus. Die Offenbarung des Johannes wandte sich primär an Christen Kleinasiens im Hinterland von Ephesus. Neu war der von Juden übernommene Glaube an einen Gott als Negation römischer Kaiserverehrung und der damaligen Götterwelt – und die Gleichheit aller Menschen. In ständiger Erwartung des Weltendes wurde das Jenseits wichtiger als irdisches Leben. Daher galt selbst ein Martyrium als erstrebenswert. Aber keinem der ökumenischen Konzile in der heutigen Türkei nach jenem von Nicäa 325 gelang es, kirchliche Richtungsstreite zu beenden. Auch viele weiter zur Namensgebung herangezogene christliche Heilige lebten in der heutigen Türkei: Barbara, Christa, Claudia, Dorothea, Helena, Margareta, Georg, Gregor, Christophorus, Nikolaus, Maximilian, Theodor oder Viktor.[327] Wie das Christentum hatte auch die *Umma*, als Gemeinschaft der Muslime, von früh an einen allen Menschen Heil versprechenden Alleinvertretungsanspruch.

Aber sogar »of its rich Greek past« wisse Izmirs Bevölkerung heute »almost nothing«, heißt es lakonisch im *Insight Guide Turkey*.[328] Am dortigen Atatürk-Denkmal steht auf Türkisch dessen klarer Befehl: »Armeen, euer erstes Ziel ist das Mittelmeer.«

327 Vera Schauber, Hans Michael Schindler (Hg.): *Bildlexikon der Heiligen, Seligen und Namenspatrone*, München 1999

328 *Insight Guide Turkey*, London o. J., S. 186

Dubrovnik | Ragusa

1808: »Ende eines langen Zeitalters der Stadtstaaten«
Jürgen Osterhammel: *Die Verwandlung der Welt. Eine Geschichte des 19. Jahrhunderts*, München 2009

DUBROVNIK | RAGUSA

Die großartige Stadtanlage von Dubrovnik, lange auch Ragusa genannt, hatte Jahrhunderte unbeschadet überstanden, wäre dann aber im ultra-nationalistischen Jugoslawienkrieg fast zerstört worden, wie Izmir/Smyrna wegen der griechisch-türkischen Kämpfe zwei Generationen davor. Denn ab Oktober 1991 war die Stadt monatelang von der serbisch-montenegrinisch dominierten Jugoslawischen Volksarmee eingeschlossen. In mehreren konzentrierten Angriffen richtete Granatenbeschuss große Schäden an. Auch das Umland dieser lange weitgehend unabhängigen Stadtrepublik wurde verwüstet, obwohl es nirgends militärische Anlagen gab. Von den Verteidigern kamen 200 Soldaten und über 100 Zivilisten ums Leben. 82,4 Prozent der Bewohner waren zu dieser Zeit Kroaten, 6,8 Prozent Serben, 4 Prozent Bosniaken sowie Angehörige zwanzig weiterer ethnischer Gruppen.[329] Vom Geheimtipp zum Touristenmagnet im äußersten Süden Kroatiens geworden, sind inzwischen vor allem die kaum noch zu bewältigenden Besuchermassen und Kreuzfahrtschiffe Dubrovniks Hauptproblem.

Die mit Essays und Romanen markant Stellung nehmende Schriftstellerin Slavenka Drakulić aus Rijeka kommentierte den *Internationalen Strafgerichtshof für das ehemalige Jugoslawien* in Den Haag, wo Österreichs spätere Justizministerin der Grünen Alma Zadić praktizierte, in einem subtil analysierenden Hintergrundbericht. »Wie Jugoslawien am Nationalismus kaputtging«, werde verdrängt, heißt es darin, denn alles begann »zuerst in Slowenien, dann in Kroatien«. Wegen deren massiv von Österreich und Deutschland unterstützter Abspaltung kam es zum Krieg, »was auch ›ethnische Säuberungen‹ einschloss«. So wurden »200.000 Serben gezwungen«, unter Lebensgefahr »die Krajina zu verlassen« und Kroaten verübten »Massenmorde an Serben«. Marodierende serbische Einheiten der Republik Srpska haben dann bekanntlich im Juli 1995 in der UN-Schutzzone Srebrenica »mehr als sieben-

329 Wikipedia: Belagerung von Dubrovnik

tausend Muslime ermordet und 30.000 Menschen gewaltsam vertrieben« – der krasseste politische Massenmord in Europa seit dem Zweiten Weltkrieg. Saudi-arabischer Moscheen-Finanzierung gelang es daraufhin, den Islam am Balkan anfangs rigide zu arabisieren. Dessen ungeachtet hieß es weithin, »endlich haben wir Rache an den Türken genommen«, denn »die Muslime in Bosnien wurden verächtlich Türken genannt«. Der Schwenk vom Kommunismus zum Nationalismus ergab sich fast über Nacht, so Slavenka Drakulić, denn »die Mehrheit der Bevölkerung in Kroatien, Serbien und Bosnien passte sich bald der Mixtur aus Staatspropaganda, Opportunismus, Angst und Gleichgültigkeit an, welche die Verhaltensnormen bestimmten. Nur sehr wenige Menschen waren imstande, sich der allgemeinen Atmosphäre des Hasses zu widersetzen.«[330] Nun aber fördern dort vor allem in Ungarn verfemte George-Soros-Stiftungen NGOs, die »eine Ausbildung zu gewaltfreiem Widerstand« anbieten.[331]

Für den Architekten, Urbanisten, Bildhauer und Schriftsteller Bogdan Bogdanović (1922–2010), der in einer Hoffnungsphase sogar kurz Belgrads Bürgermeister war, dann aber von der nationalistischen Aggression unter Slobodan Milošević (1941–2006) ins Exil nach Wien vertrieben wurde, erfolgte der Angriff auf Dubrovnik »in voller Absicht gegen das Beispiel einer außerordentlichen, fast symbolischen Schönheit«. Wieder einmal habe der »Kampf zwischen Stadtliebe und Stadthass« ein Objekt gefunden. Denn den »Verteidigern serbischer Dörfer« mit ihrer angeblichen Volksverbundenheit fehlte jedes Verständnis für ein urbanes Milieu. Es galt weithin als Feindbild wie im Afghanistan der Taliban und im Islamischen Staat. »Soziale Dekadenz« und eine »Kosmopolitenbagage« waren zu bestrafen, durchaus wie in der »Legende von Sodom und Gomorrha« und stets im Namen »fester Überzeugungen«. So wurden »neben Vukovar auch Mostar und Sarajevo zerstört, wunderbare Städte«, die Bogdanović als seine »Parallelheimaten« angesehen hat. Von einem »keltischen,

330 Slavenka Drakulić: *Keiner war dabei. Kriegsverbrechen auf dem Balkan vor Gericht*, Wien 2004, S. 15, 80, 87, 94, 98, 160, 184

331 Gilles Kepel: *Chaos*, a. a. O., S. 246

römischen, ungarischen, türkischen Belgrad« würden zwar noch minimale Erinnerungen nachwirken, nur werde Essenzielles negiert. Denn »ethnisch reine Kulturen gibt es nicht. Dieser Irrtum ist besonders fatal auf dem Balkan, wo der Reichtum des Modells ja gerade in einem tausendjährigen gegenseitigen Durchdringen besteht«. Aber auch »der sogenannte Kommunismus liebte es«, bevor er sich »zum Nationalismus wandelte«, »zu verdecken, zu verheimlichen, Erinnerungen zu unterdrücken«. Ein überall städtische Milieus gefährdender Zustrom nichturbaner Bevölkerung – global sind es zig Millionen – verlange eben viele Initiativen, um diese lebendig zu halten.[332] Etymologie helfe, jegliche Bedeutung als Vielfalt zu begreifen. So gebe es für das vermutlich etruskische Wort *urbs* für Stadt im Indoeuropäischen »nur eines für ›Befestigung‹«. *Mundus* für Welt wiederum, entspricht »fast vollständig dem griechischen *kosmos«,* bedeutet aber »auch weiblicher Schmuck, ›Vorrichtung‹, ›Werkzeug‹, sogar ›Weltall‹, ›Erdkreis‹«. *Urbs* verschwand zwar aus romanischen Sprachen, wurde aber zur komplexen Bedeutungsfamilie: »urban, suburban, interurban, Urbanität, Urbanismus, Urbanist«.[333]

Bogdan Bogdanović hatte sich stets »übernationalen, multiethnischen und transreligiösen« Vorstellungen verpflichtet gefühlt, was er in achtzehn in allen Nachfolgestaaten Jugoslawiens verstreuten, »in die Landschaft eingeschriebenen künstlerischen Orten des Gedenkens« zu Tragödien des Zweiten Weltkriegs umsetzen konnte, so der Wiener Dichter und Architekturkritiker Friedrich Achleitner (1930–2019), einer seiner Weggefährten. Bogdanovićs jeweils neu durchdachte, meist mit lokalen Handwerkern errichtete Anlagen wurden bewusst »aus der Zeit hinausweisende Orte«, die konträr zur überall geläufigen Erinnerungskultur entschieden dem Leben und Weiterleben gewidmet sind. Dabei hatte er selbst den Krieg als Partisan mitgemacht, aber durchsetzen können, dass es nicht um Heldenverehrung gehen müsse. Daher sei es kein Zufall, »dass viele dieser Orte von jungen Menschen

332 Bogdan Bogdanović: *Die Stadt und der Tod*, Klagenfurt 1993, S. 8, 14, 22, 33, 34, 35, 37, 43f.

333 Bogdan Bogdanović: *Die Stadt und die Zukunft*, Klagenfurt 1997, S. 107f.

oder Familien mit spielenden Kindern bevölkert werden«. Während Gedenkstätten tendenziell sogar ein Denken über die jüngere Geschichte »behindern oder gar verbieten«, fordern die von ihm konzipierten »geradezu das Denken heraus«. »Sie kennen kein Verkündigungspathos, vermitteln keine Gewissheiten, sind schon gar nicht belehrend, zählen weder auf noch nach, rechnen nicht ab, geben aber dem Inhalt ihr volles Gewicht, gönnen den zu gedenkenden Ereignissen allen nur denkbaren Raum, schenken ihnen Aufmerksamkeit, am liebsten mit den dauerhaftesten Materialien und [dem] höchsten künstlerischen und handwerklichen Aufwand.« Damit sind sie »unverwechselbare Unikate in der gesamten Geschichte der europäischen Kultur des Gedenkens im zwanzigsten Jahrhundert«. Indem sie nicht Verbrechen von Tätern ausstellen, verhelfen sie diesen nicht »zu einer, wenn auch negativen, Aufmerksamkeit«, sondern geben »Opfern einen Ort der Erinnerung«.[334] Das von der kroatischen Ustascha exzessiv grausam geführte KZ Jasenovac am Zusammenfluss von Una und Save war das bei Weitem größte am Balkan, wird jedoch kaum in europäisches Gedenken einbezogen. Als Anlage längst verschwunden, markiert nur die riesige »Steinerne Blume« von Bogdanović diesen Schreckensort im Zentrum des früheren Jugoslawiens an der kroatisch-serbischen Grenze.[335]

Von Dubrovnik aus war parallel zu solcher gestalterischen Freigeistigkeit noch versucht worden, über das sozialistisch-transnationale Modell Jugoslawien hinaus ideologische Perspektiven zu entwickeln, was spätere gedankliche Verzweigungen und Kurswechsel nachvollziehbar macht. Denn die dort von Aktivisten aus Zagreb und Belgrad 1963 gegründete Sommerschule der Praxis-Gruppe diskutierte mit internationaler Beteiligung Wege zu einem humanistischen, undogmatischen Marxismus im Kontext antikolonialer Auseinandersetzungen. Bis zu ihrem Verbot 1975 tagte sie dann auf der nahen Insel Korčula. Nur ihre Zeitschrift

334 Friedrich Achleitner: *Den Toten eine Blume. Die Denkmäler des Bogdan Bogdanović*, Wien 2013, S. 6

335 Vladimir Dedijer: *Jasenovac, das jugoslawische Auschwitz und der Vatikan*, Freiburg im Breisgau 1987

Praxis existierte noch bis 1994. Zum Redaktionsrat gehörten etwa Norman Birnbaum, Ernst Bloch, Erich Fromm, Jürgen Habermas, Leszek Kołakowski, Henri Lefebvre, Georg Lukács oder Herbert Marcuse. »Die Ideen der Praxis-Gruppe waren nicht eigentlich falsch«, so ein rückblickender Kommentar, »aber wahrscheinlich ist es mit Theorien wie mit Lebensaltern: sie haben ihre Phase, dann kommt etwas Neues«. Schließlich »glänzte jedoch aus dem Spektrum des Humanistischen Marxismus hervorkommend, schon bald ein neuer Name, nämlich derjenige von Ágnes Heller« (1929–2019).[336] Als Mitarbeiterin von Georg Lukács (1885–1971) gehörte sie zu den Kreisen dieser Reformer, emigrierte 1977 von Budapest nach Melbourne, bevor sie 1986 als Nachfolgerin von Hannah Arendt (1906–1975) deren Lehrstuhl für Philosophie an der *New School für Social Research* in New York übernahm. Wieder von Budapest aus tätig, repräsentierte sie das neuerlich drastisch unter politischem Druck stehende freigeistige Ungarn.

Eher Abgeschiedenheit suchend, hatte sich ein Einzelgänger wie Thomas Bernhard (1931–1989) gern im Hotel Argentina in Dubrovnik aufgehalten, mit Blick auf die Altstadt, um sich »über die ›volksdemokratischen‹ Einrichtungen zu ärgern und damit die Folie für seine Arbeiten zu haben«, wie der Briefwechsel mit seinem Verleger im Herbst 1982 belegt.[337]

Solche Vorgänge der letzten Jahrzehnte lassen sich mit Dubrovniks Frühgeschichte verbinden, denn es entstand als Zufluchtsort an die Küste strebender Slawen und Bewohner der zerstörten griechisch-römischen Siedlung Epidauros (heute Cavtat) und war im sechsten Jahrhundert zum byzantinischen Küstenkastell ausgebaut worden. Die längste Zeit blieb der romanische Name Ragusa so gebräuchlich wie das ab 1921 offizielle slawische Dubrovnik. *Meyers Großes Konversationslexikon* von 1907 begründete die durchgehaltene Selbstandigkeit »als Freistaat mit aristokratischer Regierungsform« mit dem »einträglichen See-

336 Wikipedia: Praxis-Gruppe | Reiner Ruffing: *Ágnes Heller. Pluralität und Moral*, Opladen 1992 | Ágnes Heller: *Der Affe auf dem Fahrrad: Eine Lebensgeschichte*, Berlin–Wien 1999

337 Thomas Bernhard/Siegfried Unseld: *Briefwechsel*, Frankfurt am Main 2010

handel« und einer »klugen Schaukelpolitik«.[338] Als frühes Modell für »oft durch kleine Oligarchien von Kaufleuten, Bankiers und Reedern« beherrschte Hafenstädte, konnte sich Ragusas Adelsrepublik bis 1808 behaupten. Das »Ende eines langen Zeitalters der Stadtstaaten« erzwang erst die von Napoleons Kriegen provozierte Neuordnung Europas, der »in seinem Willen zur kulturellen Vereinheitlichung« weit »über die anderen Reiche« hinausging.[339] Napoleon (1769–1821), zum Entsetzen von Republikanern 1799 bereits Alleinherrscher und dann Kaiser geworden, löste nach Venedig bei einer Militärintervention in Dalmatien gegen Russland und Montenegro auch diesen Stadtstaat auf. Herzog von Ragusa wurde sein General Auguste de Marmont (1774–1825). Nach dem Wiener Kongress kam Dubrovnik zu Österreichs Kronland Dalmatien mit italienischer Amtssprache. Ab 1918 gehörte die Küstenregion südlich von Istrien bis Albanien zum Königreich Jugoslawien, nun teilen sie sich Slowenien, Kroatien und Montenegro.

Für Paul Valéry (1871–1945) hatte gerade Napoleon trotz aller *Grande-Nation*-Fixierung gespürt, »dass Europa etwas Besonderes darstellte«. Da England »ewig in Gegenstellung zu Europa verharren würde«, war er »auf Zerstörung der englischen Vormacht aus, sodann auf die weitere Öffnung einer Welt, die einmal die gegenwärtige sein würde, durch Vereinigung von ganz Westeuropa unter einer einzigen Verwaltung, unter tätiger Mitwirkung sämtlicher fähigen und gescheiten Leute – wobei die Grenzen dieses gewaltigen Raumes (…) durch Vermischung der Rassen innerhalb und außerhalb der Armee die fortwährend aufgesogenen und allmählich organisatorisch durchdrungenen Gebiete in ein sanftes Gefälle verwandeln sollte, bis hin nach Paris«.[340]

Davor war es der stets von den stärkeren Mächten rundum abhängenden Seefahrer-Enklave Dubrovnik latent gelungen, durch maßvolle Tributzahlungen Schutz zu erhalten und die sonst häufigen regionalen Kriege zu vermeiden. Früh nach Konstantino-

338 *Meyers Großes Konversationslexikon*, Leipzig–Wien 1907

339 Jürgen Osterhammel: *Die Verwandlung der Welt*, a. a. O., S. 410, 412, 565, 628

340 Paul Valéry: *Cahiers/Hefte* (Paris 1973/1974), Frankfurt am Main 1992, Band 5, S. 471

pel orientiert, hatte es von 800 bis 1205 Abkommen mit Byzanz. Wegen dessen Schwächung durch die Verwüstungen der Kreuzfahrer von 1204 wurde Venedig offensiver, das von 1205 bis 1358 eine rigidere Oberhoheit ausübte. Danach schützten es ungarisch-kroatische Könige (ca. 1358–1433), woran sich auch die Osmanen beteiligten (ca. 1396–1526), als sie am Balkan expandierten. Nach der Schlacht von Mohacs von 1526 war Ungarns Erbfolge auf Habsburg übergegangen, als Basis der künftigen Donaumonarchie. Schutzkoalitionen wechselten zwischen Habsburg, Venedig und den Osmanen (1526–1667), auch noch nach dem katastrophalen Erdbeben von 1667 mit 5.000 Opfern.[341]

Der Einfluss Venedigs wirkte sich innenpolitisch durch ähnliche Leitungsorgane und Organisationsformen aus, die dynastische Erbfolgen und Tyrannei verhindern sollten. Das Dubrovnik-Statut von 1272 legte in acht Büchern die Regierungsprinzipien als Präzisierung älteren Gewohnheitsrechts fest, bis hin zu angemessenem Brautgeld. Wie Venedigs Dogen hatte auch Dubrovniks monatlich wechselnder Rektor primär repräsentative Funktionen. Im 14./15. Jahrhundert beherrschten es »sieben große noble Familien«. Einfache Bürger konnten gewisse Funktionen übernehmen, nicht aber Handwerker und Arbeiter, die kein Stimmrecht hatten. Der Große Rat der Patrizier wählte jährlich den Senat als politisch einflussreichstes Organ, dieser den Kleinen Rat mit exekutiven Aufgaben. Bereits 18-Jährige konnten Ämter übernehmen, in bewusstem Gegensatz zu Venedig, dessen Dogen bei ihrer Wahl fast durchwegs über 70 Jahre alt waren. Bestellte der die Außenpolitik regelnde Senat einen Außenminister, dann stets sein jüngstes Mitglied. Der Große Rat tagte in der Regel jährlich etwa »80 mal, der Senat 160 mal und der Kleine Rat über 200 mal«. Zwischendurch gab es zwar Phasen mit autokratischen venezianischen Grafen, dominierend blieb aber der Senat, dessen Mitglieder zwei Jahre lang nicht wiedergewählt werden durften. Er legte Steuern, Abgaben, Handelsvorschriften fest und beaufsichtigte die Sicherheitsorgane oder die lebenswichtige Wasserversorgung. Sekretäre und Lehrer waren in der Regel Italiener. Bei

341 Robin Harris: *Dubrovnik. A History*, London 2006, S. 33–122

Kandidaten wurde bald Lesen und Schreiben vorausgesetzt. Insgesamt bestanden Regierung, Sekretäre und Stadtverwaltung aus etwa 160 Personen, denen seit 1442 der in venezianischer Gotik erbaute Rektorenpalast zur Verfügung stand. Betraf im Senat eine Angelegenheit jemanden persönlich oder seine Familie, musste ihn das älteste Ratsmitglied vertreten. Gewöhnliche Bürgerliche zu heiraten war Patriziern nicht gestattet, sonst verloren sie den Status. Ihre stets christlichen Frauen waren »im 16. Jahrhundert noch verschleiert und eingesperrt«. Die vielen unehelichen Kinder anzuerkennen und in der eigenen Familie aufwachsen zu lassen war üblich. Unsicherheiten ergaben sich latent, wenn »Spione und militärische Abenteurer« Regierungswechsel provozieren sollten, Intrigen konkurrierender Familien im Spiel waren. Verbannung war ein probates Mittel dagegen. In der früh römisch-katholisch gewordenen, als fromm geltenden Stadt hatte der Bischof eine wichtige Funktion. Verehrt wird der Stadtheilige St. Blasius, ein Märtyrer aus Kleinasien, dessen Schädelknochen seit 972 verwahrt werden. Bedenkenlos hieß es, »Glück hänge vom Wohlstand ab« und Reichtum komme von Verdiensten. Der regierungstreu »die Idee von Einheit und Ordnung« bestärkende Dichter Ivan Gundulić (1589–1638) blieb hochrenommiert. Trotz Patriarchats und männlicher Dominanz gab es weithin anerkannte emanzipierte Frauen wie die mit dem Florentiner Konsul verheiratete Dichterin Cvijeta Zuzorić (Flora Zuzzeri, 1552–1648).[342]

Mit ihren legendären Seefahrern, Händlern und Schiffbauern konkurrierte die Stadt mit Venedig, Genua, Pisa oder Amalfi und war oft mit dem gegenüberliegenden Ancona verbündet. Der Seehandel von Byzanz und später der Osmanen mit Europa war auf diese Händler angewiesen. Dubrovnik profitierte aber auch von den Landrouten nach Konstantinopel und Zulieferungen aus dem Hinterland. Von dort bezog die Stadt Silber und Gold aus den Minen in Serbien (Novo Brdo) und Bosnien (Srebrenica), Steinsalz aus Ungarn und der Walachei, Bienenwachs, Tierhäute, Wolle für

342 Robin Harris: *Dubrovnik*, a. a. O., S. 40, 123, 133, 134, 135, 138, 139, 140, 149, 185, 187, 189, 205, 206, 207, 213, 237, 267 | Fernand Braudel: Das Mittelmeer, a. a. O, Band 2, S. 578

Stoffe. Auch Meersalz, Kupfer, Eisen, Blei und Quecksilber waren wichtige Exportgüter. Handelswaren aus Italien transportierten oft Schiffe aus Ragusa. Getreidelieferungen waren wichtig, weil die Ausfuhr wegen lokaler Versorgungsmängel oft limitiert wurde. Sklavinnen aus Bosnien waren begehrt, es sind »aber auch griechische, tatarische und sogar afrikanische Sklaven in der Stadt anzutreffen« gewesen oder »albanische Armutsflüchtlinge«, die sich als Sklaven anboten. Geliefert wurden sie primär nach Italien, nach Marseille und Mallorca. Katalanische und sizilianische Piraten wiederum kamen zur Sklavenjagd bis in die Adria. Christen zu versklaven war immer wieder vergeblich untersagt worden. Dubrovnik gehörte aber zu humanistischen Vorreitern, indem es 1416 die Sklaverei abschaffte und Sklavenhandel verbot. Die Verlagerung vieler Hauptrouten in den Atlantik führte zur Kooperation mit Spanien und stärkerer Orientierung nach Westen, unter Verzicht auf den Levante-Handel. Damit konnte es seine Position im Wesentlichen bis zum Ende seiner Republik und dem Wechsel von Segel- zu Dampfschiffen halten. In wichtigen Zielhäfen gab es eigene Niederlassungen. So gehörten Ende des 16. Jahrhunderts zwei Händler aus Ragusa zu »den reichsten Kaufleuten Londons«. Die erste bekannte Beschreibung doppelter Buchführung stammt von Benedetto Cotrugli aus Ragusa (Benedikt Kotruljević, 1414–1469), der sein vierbändiges Handbuch *Della Mercatura et del Mercante perfetto* in Neapel verfasste. Ragusas Ausstrahlung belegt auch der Mathematiker, Physiker, Astronom, Bautechniker und Lyriker Rugjer Josip Bošković (1711–1787), der etwa in Paris mit Benjamin Franklin (1706–1790), Mitautor der Unabhängigkeitserklärung der Vereinigten Staaten, über die davor undenkbaren demokratischen Freiheiten in Nordamerika diskutierte.[343] Auch der serbische Elektro-Pionier der Moderne, Nikola Tesla (1856–1943), stammte als Sohn eines serbisch-orthodoxen Priesters aus einem kroatischen Dorf nahe der Küste.

Überliefert ist, dass in Ragusa viele Menschen »90 oder sogar 100 Jahre alt« wurden. Stets gab es genaue Hygienevorschriften,

343 Robin Harris: *Dubrovnik*, a. a. O., S. 153, 155, 157, 158, 161, 198, 365, 372 | Michael W. Weithmann: *Balkan Chronik*, a. a. O., S. 109

seit 1280 vom Staat bezahlte Ärzte, meist Juden, Spanier, Griechen, Deutsche, Franzosen, aber oft bereits Slawen. Auch für Apotheken und Straßenreinigung sorgte die Regierung. Seit 1432 gab es ein Waisenhaus, »eines der ersten in Europa«, seit 1540 ein öffentliches Krankenhaus. Wie in Venedig gab es früh eine Quarantänestation wegen der vom Schwarzen Meer her drohenden Pest, an der ein Drittel der Bevölkerung gestorben war. Insgesamt fielen jedoch stets zwei Drittel der Männer und fast drei Viertel der Frauen der Malaria zum Opfer, damals vage Fieber genannt.[344]

Spätestens seit dem 14. Jahrhundert lebten Juden als Geldverleiher, Ärzte oder Händler von Salz und Korallen in Ragusa, besser behandelt »als meistens sonst in Europa«, so Robin Harris in seiner Geschichte der Stadt. Die 1492 aus Spanien und 1498 aus Portugal vertriebenen 100.000 Juden und Marranen (formal zu Christen gewordene Juden) hatten oft Schiffe aus Ragusa benutzt. Aber auch dort kam es zu Pogromstimmungen mit Hinrichtungen am Scheiterhaufen. Juden mussten eine Zeit lang im 1546 eingerichteten Ghetto leben, wo sie im Jahrhundert davor die zweitälteste erhaltene sephardische Synagoge der Welt erbaut hatten.[345] Wegen damaliger Flüchtlingsabwehr kamen sie oft so weit nach Osten, denn »viele konnten keinen Hafen finden, der sie anlegen ließ.« Wurden sie nicht schon an Bord ausgeraubt, ermordet oder an Piraten verkauft, strandeten viele in den jüdische Niederlassungen Nordafrikas oder wurden dort »ausgeplündert und in die Wüste getrieben«. Erst nachdem der berüchtigte Borgia-Papst Alexander VI. (1431–1503) »den Juden die Häfen des Kirchenstaates« öffnete und ihnen sogar in Rom Asyl gewährte, folgten Neapel und Venedig diesem Beispiel. Ihre Diaspora weitete sich aus bis »nach Frankreich, nach Bayonne, Bordeaux und Nantes, was ihnen bisher streng verschlossen war«, wie auch nach »England, Holland, Belgien, Dänemark und Schweden«. Nur »die Türken« nahmen »fünfzigtausend spanische Juden« auf, »geben ihnen Pässe und erlauben ihnen, statt des roten muslimischen Fez einen weißen zu tragen«. Konstantinopels Großrabbiner kaufte

344 Robin Harris: *Dubrovnik*, a. a. O., S. 208, 209, 211, 212, 213, 214
345 Robin Harris: *Dubrovnik*, a. a. O., S. 198–201

»hunderte von Piraten los«, so Valeriu Marcu (1899–1942) in *Die Vertreibung der Juden aus Spanien.*[346] Um ihre Herkunft präsent zu halten, bewahrten sephardische Juden über Generationen ihre Hausschlüssel aus Spanien und Portugal. 1969 zählte die Jüdische Gemeinde Dubrovnik noch einunddreißig Mitglieder.[347]

Als Teil Österreich-Ungarns geriet die Stadt ins Abseits, denn Triest wurde als Handelshafen, Pula/Pola als Marinestützpunkt und Rijeka/Fiume als Haupthafen Ungarns ausgebaut. Den einsetzenden Adria-Tourismus aktivierte der Industrielle Paul Kupelwieser (1843–1919) durch den Ausbau der Insel Brioni vor Istrien zum noblen Feriendomizil, die dann Titos Sommerresidenz wurde. In Dubrovnk entspricht dem die orientalische Villa Šeherezada des estnisch-jüdischen Großinvestors Wilhelm Zimdin (1880–1951), dem als ›Retter des Semmering‹ einst auch das Hotel Panhans gehörte. In Kalifornien hinterließ er die Direct Relief International Stiftung für Notfall- und Flüchtlingshilfe.

Bevor die Stadt in die Desaster des 20. Jahrhunderts hineingezogen wurde, den Ersten Weltkrieg, den Ustascha Staat, die italienische Zone in Dalmatien, die NS-Besetzung, den Partisanenkrieg, den Zerfall Jugoslawiens, wurde im von Kronprinz Rudolf (1858–1889) initiierten Prachtwerk über die Monarchie prophezeit: Es werde einmal »Gepflogenheit des wohlhabenden Mittelstandes« werden, sich an Ragusas Küste der »Farbenwelt des Morgenlandes« und »der Wohltaten zu erfreuen, welche südliche Sonne und Luft an den heimischen Meeresküsten spenden«.[348]

346 Valeriu Marcu: *Die Vertreibung der Juden aus Spanien* (1934), München 1991, S. 192–194

347 Wikipedia: Jüdische Gemeinde Dubrovnik

348 *Die österreichisch-ungarische Monarchie in Wort und Bild*, Wien 1892, Band 24 *Dalmatien*, S. 24, 26

Triest mit Schloss Miramare, erbaut 1856–1870

»In Trieste more than anywhere the idea of nationality seems alien.«
Jan Morris: *Trieste and the Meaning of Nowhere*, Boston 2002

TRIEST

Als politisch-administrative Flucht einer ganzen Stadt in einen größeren Staatsverband hatte am 30. September 1382 Leopold III. (1351–1386), Herzog von Österreich, Steiermark, Kärnten und Krain, in der Burg von Graz »die freiwillige Unterwerfung« von Triest angenommen.[349] Ständig von Venedig bedrängt, erwartete sich die Stadt dadurch mehr Sicherheiten und Perspektiven, so wie davor auch Freiburg im Breisgau durch die Habsburger. Zum prosperierenden Haupthafen Österreichs in Richtung der Levante und des Schwarzen Meers wurde Triest jedoch erst, seit es 1719 wie Fiume/Rijeka zum Freihafen unter Maria Theresia ausgebaut und 1850 zur reichsunmittelbaren Stadt wurde, es solide Fernstraßen gab und ab 1857 die Südbahnverbindung über den Semmering, die Carl von Ghega (1802–1860) konzipiert hatte, ein Venezianer albanischer Herkunft. Damit für Zuwanderer immer attraktiver, lebten dort im 19. Jahrhundert auch viele »armenische, griechische, jüdische und serbische ›Nationen‹ nebeneinander«, so der Historiker Jürgen Osterhammel, der auch betont, dass das Habsburgerreich damals »seine optimale Ausdehnung erreicht« habe. Denn »die Lombardei und Venetien« hätte es sich vor Italiens Vereinigung »aufdrängen« lassen und die ungeplante, dann so problematische Erweiterung um Bosnien-Herzegowina sei wegen antiserbischer und antirussischer Motive »einer verantwortungslosen Kriegspartei am Wiener Hof« zustande gekommen.[350]

Selbst Familienmitglieder Napoleons und spanische Adelige samt Anhang bevorzugten Triest als Exil. Dessen ersten Raddampfer betrieben ein Brite und ein US-Amerikaner. Auch der keine Partner findende Schiffsschraubenerfinder Joseph Ressel (1793–1857) machte dort seine Versuche. Aus dem Umland hinzugewandert waren Slowenen, Italiener, Ladiner, Friauler, Kroaten. Aus Deutschland und der Schweiz kamen Protestanten, Kaufleute und Handwerker. »Die

349 Wikipedia: Triest
350 Jürgengen Osterhammel: *Die Verwandlung der Welt*, a. a. O., S. 410, 624

besten Folgen für den Orienthandel« sind von Griechen und Levantinern erwartet worden. »Zwischen 1863 und 1902 existierten 560 Zeitungen und Zeitschriften« in Triest, überwiegend italienische, aber auch slawische, deutsche, griechische, französische und selbst lateinische, spanische, albanische, sowie zwei- oder mehrsprachige, die in den vielen Kaffeehäusern ein breites Publikum erreichten. Bis zur Jahrhundertmitte »herrschte ein ausgesprochener Kosmopolitismus, geprägt von einem aufgeklärten, übernationalen Dialog«. Bald galt Triest vielen »als jüdische Stadt«, denn kaum sonst wo in dieser Region »waren Juden so prominent« vertreten, vor allem, weil sie das Bank- und Versicherungswesen dominierten. Ihre Diaspora war dort so prägend wie in den Hafenstädten »Livorno, London, Hamburg, Amsterdam, Bordeaux«. Da »die Mehrzahl seiner jüdischen Bewohner in das italienische Gefüge der Stadt« integriert war, vermittelte ihnen das »ein Gefühl der Eingebundenheit, das sie vorher nie besessen haben«. Erst durch den »Ausbruch der eigentlichen nationalen Zwistigkeiten« nach 1848 verstärkte sich die »Entwicklung paralleler Kulturen« der Italiener, Slowenen, Deutschen, Griechen, Serben und Juden, die sich schließlich in eigenen Stadtvierteln mit eigenen Gotteshäusern immer deutlicher gegenseitig ignorierten, so Claudio Magris und Angelo Ara in ihrem Triest-Buch *Eine literarische Hauptstadt in Mitteleuropa*. Daher müsste »die Verschmelzung der verschiedenartigen Bevölkerungselemente energisch befördert« werden, heißt es zur Staatsräson in *Die österreichisch-ungarische Monarchie in Wort und Bild* für deren so wichtigen Hafen, bevor er 1918 seine Sonderstellung verlor.[351] Um 1900 hatte das Gebiet von Triest dann 180.000 Einwohner: Italiener (65 %), Slowenen (14 %), Deutsche (5 %), Juden (3 %), andere (13 %). Heute sind es etwa 200.000.[352]

Im beginnenden 20. Jahrhundert zeigte sich immer deutlicher, wie sehr Italiener die zunächst durchwegs als Arbeitskräfte

351 *Die österreichisch-ungarische Monarchie in Wort und Bild*, Wien 1891, Band 23, *Küstenland*, S. 58, 62, 65, 66, 152 | Jan Morris: *Trieste and the Meaning of Nowhere*, Boston 2002, S. 105, 106, 169 | Claudio Magris, Angelo Ara: *Triest. Eine literarische Hauptstadt in Mitteleuropa* (1982), München 2014, S. 15, 17, 37, 47

352 Wikipedia: Reichsunmittelbare Stadt Triest und ihr Gebiet | Triest

gekommenen Slowenen ignorierten, galten sie doch als geschichtslose Nation einer bäuerlichen Welt. Auch die deutschen Österreicher bildeten zunehmend »eine feste und geschlossene kulturelle Gesellschaft« und blieben als Beamte und Angestellte oft nur eine begrenzte Dienstzeit. Serben lebten ebenso »ziemlich geschlossen und isoliert«. Vor allem Griechen waren »mit ihren vielfältigen Aktivitäten voll in das städtische Gefüge integriert«, aber genauso bedacht, »ihr kulturelles und religiöses Erbe« zu bewahren. Dennoch hatten »die Dynamik der Neuankömmlinge« und der ständige Zustrom von Fremden aus der Stadt »ein Modell der Heterogenität und Widersprüchlichkeit der ganzen modernen Zivilisation« geschaffen, weit weniger katholisch geprägt als andere Städte in Europas Süden. Im Zuge des Untergangs »der alten Adelswelt« zur »bürgerlichen Stadt par excellence« mit relativ kultivierter Bourgeoisie geworden, war »deren Geschichte wesentlich die des bürgerlichen Aufstiegs und Niedergangs«. Die durch Streiks bestärkte Sozialistische Partei hatte zwar 1907 einen deutlichen Wahlerfolg, gerade weil sie als einzige »internationalistisch in ihrer Ideologie« und tatsächlich »binational in ihrer Zusammensetzung« gewesen ist. Als aber nach den mörderischen Kämpfen an der nahen Isonzo-Front Triest und Istrien 1918 an Italien angeschlossen wurden, provozierte der gerade im italienisch-slawisch-deutschen Sprachgrenzbereich offensive Italianità-Nationalismus der Faschisten ab 1922 dezidiert das »Ende des toleranten triestinischen Kosmopolitismus«.[353]

Gabriele D'Annunzio (1863–1938) hatte schon die Eroberung von Tripolis bejubelt, 1918 über Wien Italianità-Flugblätter abgeworfen und mit Freischärlern sogar eine Zeit lang Fiume/Rijeka besetzt. Bald galt die Stadt auch als Außenposten einer Expansion nach Dalmatien. 1939 wurde Albanien annektiert, 1940 Griechenland angegriffen. Die erst 1948 griechisch werdenden Inseln des Dodekanes wurden Italien bereits 1923 zugesprochen. Das ihm als Kriegsgewinn zugefallene Südtirol und die Region Triest wurden offensiv italianisiert. »Slowenische Schulen und Zeitungen wurden verboten, selbst Slowenisch zu sprechen.« »Gewalttaten gegen

353 Claudio Magris, Angelo Ara: *Triest*, a.a.O., S. 9, 23, 24, 29, 31, 37, 75, 176

Slawen sind toleriert worden«, ein nationalistischer Mob brannte das Balkan Hotel nieder, das Zentrum slowenischen Kulturlebens. Viele deutschsprachige Österreicher waren 1918 weggezogen. Kroaten und Slowenen sahen eher im Königreich Jugoslawien eine Zukunft. Slawen fanden sich nun definitiv »als zweitklassige Bürger behandelt«, dabei lebten in Triest 1910 mehr Slowenen als in ihrer späteren Hauptstadt Ljubljana/Laibach. Viel deutlicher noch als anderswo musste in Triest »die Idee des Nationalismus fremd erscheinen«, war die Stadt doch mit ihren vielen Nationalitäten seit jeher »a city of the world«, wie Jan Morris insistierend in Erinnerung ruft.[354] Aber Mussolinis Triest-Besuch im September 1938 – bei dem er Italiens antijüdische Rassegesetze verkündete – erfolgte analog zur Stimmung im Dritten Reich bereits in einer »Atmosphäre des Deliriums, der Ovation«. Rassische Überlegenheit und nationales Heldentum wurden massiv propagiert, etwa der wegen des 1882 in Triest gescheiterten Attentats auf Kaiser Franz Joseph hingerichtete ›Märtyrer‹ Guglielmo Oberdan.[355] Auch den in Trient wegen vermeintlichen Hochverrats an Österreich gehängten pazifistischen Sozialisten und Reichsratsabgeordneten Cesare Battisti (1875–1916) in solche Propaganda einzubeziehen, verhinderte dessen Witwe. Die berüchtigte Postkarte seiner grausamen Hinrichtung mit posierendem Henker und Neugierigen hatte nicht nur Karl Kraus (1874–1936) als exemplarisches Beispiel chauvenistischer Hysterien entsetzt.

Ende der 1930er Jahre lebten 5.000 bis 6.000 Juden in der Stadt, aber kaum einer dachte an Flucht, wie sie viele Angereiste gerade von Triest aus noch schafften. Zu ihnen gehörten etwa Sándor Wolf (1871–1946) aus Eisenstadt, einer der großen Weinhändler der Monarchie und Initiator des Burgenländischen Landesmuseums oder der spätere Magnum-Fotograf Erich Lessing (1923–2018), die beide nach Palästina entkamen. Die Bevölkerung sei durchaus hilfreich gewesen, wie Jan Morris betont, der erstmals als britischer Besatzungssoldat in die Stadt gekommen war. Trotz Italiens

354 Jan Morris: *Trieste*, a. a. O., S. 115, 129, 132f.

355 Rolf Wörsdörfer: *Krisenherd Adria 1915–1955. Konstruktion und Artikulation des Nationalen im italienisch-jugoslawischen Grenzraum*, Paderborn 2004, S. 150

Rassegesetzen setzten erst nach dessen Waffenstillstand mit den Alliierten vom September 1943 systematische Deportationen in Konzentrationslager ein. Denn wenigstens der ›Krieg gegen die Juden‹ sollte noch unter allen Umständen gewonnen werden. Daher wurde Triests alte Reismühle *Risiera di San Sabba* zum einzigen deutschen KZ in Italien, wo Tausende jüdische Häftlinge, Partisanen und Antifaschisten ums Leben kamen.[356]

Zur ›Operationszone Adriatisches Küstenland‹ unter Kärntens Gauleiter Friedrich Rainer und zum Bandenkampfgebiet erklärt, sind dort die Rückzugsgefechte der Deutschen von Geiselmorden und Exzessen geprägt gewesen, waren doch auch berüchtigte KZ-Mörder eingesetzt und für die letzten Judendeportationen zuständig. Die Leiter des Vernichtungslagers Belzec, Christian Wirth und Gottfried Schwarz, und jener von Sobibor, Franz Reichleitner, kamen dort bei Partisanenüberfällen um. Ihr aus Triest stammender Chef Odilo Globocnik beging nach der Verhaftung Selbstmord, Friedrich Rainer wurde in Ljubljana hingerichtet, Globocniks Adjutant Ernst Lerch trotz Verfahrens nie verurteilt. Nur Franz Stangl, der Kommandant von Sobibor und Treblinka, starb schließlich in Haft. Fünf der Genannten waren Österreicher. Gerade in diesen Grenzzonen eskalierte ein »Klima der Vergeltung und Abrechnung« allseits zu Massakern. Hunderte als Gegner Jugoslawiens oder Mussolini-Anhänger betrachtete Opfer, »Männer und Frauen, oft aneinandergefesselt«, wurden in Karsthöhlen hinabgestürzt und sind längst noch nicht alle exhumiert, woran die Gedenkstätte *La Foiba di Basovizza* erinnert. Auch der Partisanenführer und spätere jugoslawische Dissident Milovan Djilas (1911–1995) war sich rückblickend sicher, viele »wären damals zu weit gegangen«. Denn ab dem 2. Mai 1945 ist Triest als »alptraumhaftes Intermezzo einer Okkupation« für vierzig Tage von jugoslawischen Partisanen beherrscht gewesen, bis die Alliierten sie vertrieben. Selbst Stalin war dafür, »dass die UdSSR nach einem so furchtbaren Krieg nicht in einen neuen Krieg eintreten könne«, was letztlich eine »Teilung der Welt« ergab, bestärkt vom nur anfangs von Jugoslawien unterstützten

356 Jan Morris: *Trieste*, a. a. O., S. 105–109 | Wikipedia: KZ Risiera di San Sabba

Bürgerkrieg in Griechenland.[357] Da der UNO-Plan eines autonomen Territoriums Triest – wie Tanger, Danzig oder als Plan für Saloniki – an ständigen Kontroversen scheiterte, wurde 1954 die Zone A mit der Stadt Triest an Italien und die südliche Zone B an Jugoslawien übergeben, dessen Bruch mit Moskau 1948 dem gebürtigen Kroaten Josip Broz Tito (1892–1980) eine führende Rolle in der Bewegung blockfreier Staaten ermöglichte. Landesintern wurde Italiens Faschismus rasch zu Vergangenem erklärt.

In seiner Prosperitätsphase bis zum Ersten Weltkrieg war Triest zum fünftgrößtem Hafen Europas nach Hamburg, Rotterdam, Marseille und Genua aufgestiegen. Heute ist der slowenische Hafen Koper Hauptkonkurrent. Schlüsselfiguren dafür sind frühe Zuwanderer gewesen, so der aus dem Rheinland stammende Kaufmann Karl Ludwig von Bruck (1798–1860), der aus Venedig gekommene Bankier Pasquale Revoltella (1795–1869) oder der jüdische Unternehmer Joseph Lazarus Morpurgo (1759–1835), dessen Vater in Görtz/Gorizia eine Seidenspinnerei betrieb. Karl Ludwig von Bruck vertrat Triest 1848 in der Frankfurter Nationalversammlung, wurde Österreichs Handels- und dann auch Finanzminister. Nach seiner Entlassung durch den Kaiser wegen haltloser Korruptionsvorwürfe beging er Selbstmord. Revoltella war durch Getreide-, Holz- und Fleischgroßhandel reich geworden, wirkte maßgeblich an der Suezkanalfinanzierung mit und hinterließ der Stadt Stiftungen und das *Museum Revoltella* für moderne Kunst. Morpurgo, ein Pionier des Versicherungswesens, widmete sich auch der hebräischen Poesie, übersetzte englische Essays und setzte sich für die jüdische Gemeinde und die städtische Armenanstalt ein. Im Zusammenwirken dieser Investoren und ihrer Verflechtungen entstanden oft Weltkonzerne wie der *Lloyd Triestino*, bald die größte Schifffahrtsgesellschaft des Mittelmeers, oder der Versicherungskonzern *Assicurazioni Generali*. Der *Lloyd Triestino* ging aus dem nach dem Vorbild des Londoner Lloyd gegründeten Österreichischen Lloyd hervor. Parallel dazu wurde

357 Milovan Djilas: *Der Krieg der Partisanen. Memoiren 1941–1945*, Wien 1978, S. 564, 573, 574 | Claudio Magris, Angelo Ara: *Triest*, a. a. O., S. 196, 211 | Jan Morris: *Trieste*, a. a. O., S. 151 | Wikipedia: Foibe Massaker

die 1829 gegründete, anfangs auch Hochseelinien betreibende *Erste Donau-Dampfschifffahrtsgesellschaft* zur größten Binnenreederei der Welt. Bereits ab 1837 gab es regelmäßige Routen zwischen Triest und Konstantinopel. Saloniki wurde zu Österreich-Ungarns Import-Export-Zentrum. In Odessa dominierten früh Schiffe aus Österreich. Bald erreichten Passagiere, Fracht- und Postlieferungen in drei, vier Tagen alle wichtigen Destinationen am Mittelmeer. Auch der *Österreichische Lloyd* beteiligte sich an der Suezkanal-Gesellschaft. Nach der Eröffnung des Suezkanals 1869 war das Liniennetz nach Ägypten, Indien und Ostasien auch für per Bahn nach Triest kommende britische Passagiere attraktiv. Zur *Italia Marittima-Gesellschaft* geworden, gehört sie seit 1998 zur *Evergreen Marine Corp.,* Taiwan. Die *Assicurazioni Generali* ist bis heute eine der größten Versicherungsgesellschaften der Welt. Die kommerziellen Erfolge Triests führte Karl Marx auf eine »bunte Truppe von Spekulanten« zurück, die sich wie in den Vereinigten Staaten von jeder verpflichtenden Tradition zu lösen wussten. Dazu gehörten auch der Ägypter Antonio Cassis Faraone, der Grieche Demetrio Carciotti, dessen Palazzo weiterhin die Innenstadt prägt, der Engländer George Hepburn oder die armenische Giustinette-Familie.[358]

Konträr zum wirtschaftlichen Niedergang Triests repräsentieren nun die Brüder Riccardo und Andrea Illy mit der höchst erfolgreichen Weltmarke *Illy-Kaffee* zur Espressoherstellung ein neuerlich kosmopolitisches Triest. Mit dem Kaffeehandel hatte ihr aus Ungarn stammender Großvater begonnen, dessen Frau irische und österreichische Vorfahren hatte. Stets Mitte-links-Positionen vertretend, wurde Riccardo Illy zweimal Bürgermeister und war auch Präsident von Julisch Venetien. Wie eingangs betont, ist am orientalischen Kaffee und Tee historisch relevant, dass diese Getränke »die Alltagsgewohnheiten, die Etikette und die zwischenmenschlichen Beziehungen von Grund auf« änderten und dadurch »Europa im 17. und 18. Jahrhundert vor dem Alkoholismus gerettet wurde«, so der Historiker Franco Cardini.[359]

358 Jan Morris: *Trieste*, a. a. O., S. 43, 46f.
359 Franco Cardini: *Europa und der Islam*, a. a. O., S. 251

Zum unfreiwilligen Exil war Triest für den exaltierten Orientalisten, Ethnologen und Übersetzer Richard Francis Burton (1821–1890) geworden, weil dieser von 1871 bis zu seinem Tod dort als britischer Konsul durchhalten musste. Viele orientalische Sprachen beherrschend, hinterließ er über zwanzig Forschungsberichte über damals kaum bekannte Kulturen im Mittleren Osten, in Indien, Afrika und Südamerika. Auch seine ihn als Reiseschriftstellerin oft begleitende Frau Isabel Burton (1831–1896) beklagte diese Versetzung aus Damaskus als »the loss of wild Oriental diplomatic life«. Beide fühlten sich in Europa viel zu eingeengt und hielten »the position of a consul carrying with it an unfortunate aura of trade« für unwürdig. In *The Inner Life of Syria, Palestine and the Holy Land* (1875) oder *Arabia, Egypt, India* (1879) hatte Isabel Burton ihre Erfahrungen dokumentiert. Seine Übersetzungen des *Kama Sutra* (»a wife must derive equal satisfaction with her husband from the act of sex«) oder von *Tausendundeine Nacht* trugen zu einem differenzierteren Orientbild bei und waren im Viktorianischen England Provokationen, wie auch seine dezidiert agnostische Einstellung zu Religion.[360] Ilija Trojanow ist dem in zwei Büchern neuerlich nachgegangen.[361]

Die kosmopolitische Atmosphäre Triests haben auch Gottfried von Banfield (1890–1986) und seine Familie geprägt, der als »Adler von Triest« und Kommandant von dessen Seeflugstation Österreich-Ungarns erfolgreichster Marineflieger im Ersten Weltkrieg war. Zum entschiedenen Kriegsgegner geworden und nach zwei knapp überlebten Abstürzen saß er nach 1918 »kein einziges Mal mehr am Steuer eines Flugzeugs«. Selbst der unerbittliche Karl Kraus war anerkennend auf ihn eingegangen, weil er öffentlich gegen den damaligen Endzeit-Patriotismus polemisierte: »Was jetzt geschieht, ist nur reine Vernichtung, nur mehr ein Morden, kein Krieg mehr.« In der Reederei seines Schwiegervaters Diodato Tripcovich baute er dann die weltweit führende Gesellschaft für

360 Mary S. Lovell: *A Rage to Live. A biography of Richard and Isabel Burton*, London 1999, S. 590, 598, 677, 735

361 Ilija Trojanow: *Der Weltensammler*, München 2006 und *Nomade auf vier Kontinenten. Auf den Spuren von Sir Richard Francis Burton*, Frankfurt am Main 2007

Schiffsbergungen auf, mit der Hebung den Suezkanal blockierender Wracks 1956 als besonderem Höhepunkt. Nach der britischen Staatsbürgerschaft seiner Kindheit und der österreichischen seiner Jugend war er Italiener geworden. Sein Sohn Raffaello de Banfield (1922–2008) wurde anerkannter Komponist, Freund vieler Künstler in aller Welt, Direktor des *Teatro Giuseppe Verdi* in Triest und des *Festival dei due mondi* in Spoleto. Den zum Inbegriff des Inflationsspekulanten und Haifisch-Kapitalisten werdenden Camillo Castiglioni (1879–1957) hatte Banfield als Luftfahrt- und Automobilpionier schätzen gelernt, als jener ihm ein Jagd-Flugboot bauen ließ. Er sah ihn nicht so negativ, denn »der Sohn des Oberrabbiners von Triest hatte mit sehr viel Unternehmungsgeist die Möglichkeiten des technischen Fortschritts erkannt und genützt«. Noch lange nach seiner abrupt endenden Erfolgsphase als spekulierender Großinvestor (Banken, Flugzeugwerke, BMW, Puch-Werke, Austro-Daimler, Österreichische Alpine Montan) und Finanzier von Österreichs Kulturleben (Filme, Max Reinhardt, Theater in der Josefstadt, Salzburger Festspiele) gelang es ihm, »der Volksrepublik Jugoslawien die ersten Auslandskredite zu verschaffen«.[362]

Gottfried Banfields Vorfahren waren Protestanten normannischer Herkunft, die als britische Offiziere aus Irland nach Wien und schließlich als österreichische Marineoffiziere nach Montenegro gelangten; er selbst kam dann nach Triest. Für James Joyce (1882–1941) hatte sich ein solcher Weg durch die Arbeitssuche als Englischlehrer an der Berlitz-School ergeben. Von 1904 bis 1915 lebte er zuerst in Pola und dann in Triest wo er *A Portrait of the Artist as a Young Man*, fast alle Teile der *Dubliners* und viele Entwürfe für *Ulysses* verfasst hat. Der in Triest ansässige griechische Unternehmer Ambrogio Ralli war einer der Ersten, die *Ulysses* kauften.[363] Seine Kinder mit Nora Barnacle (1884–1951) kamen in Triest

362 Gottfried von Banfield: *Der Adler von Triest. Der letzte Maria-Theresien-Ritter erzählt sein Leben*, Graz 1984, S. 87f., 97f., 123 | Karl Kraus: *Die Fackel* Nr. 462–471, Oktober 1917 | Christian Reder: *Deformierte Bürgerlichkeit*, Wien 2016, S. 156ff. | Dieter Stiefel: *Camillo Castiglioni oder die Metaphysik der Haifische*, Wien 2012

363 Jan Morris: *Trieste*, a. a. O., S. 64, 99

zur Welt: Giorgio Joyce (1905–1976) und Lucia Joyce (1907–1982). *Ulysses* spielt bekanntlich am Tag ihres Kennenlernens in Dublin, dem 10. Juni 1904, dem Bloomsday, an dem weiterhin weltweit an den Autor erinnert wird. Vieles vom intensiv erlebten Alltag und Nachtleben Triests in seine literarischen Überlegungen aufnehmend, war das auch durch seine Freundschaft mit dem jüdischen Freidenker Ettore Schmitz bestärkt worden, dem wiederum er viele Kontakte vermittelte. Anfangs kaum beachtet, wurde er unter dem Namen Italo Svevo (1861–1928) dann doch mit *Una Vita (1892)*, *Senilità* (1898) oder *La coscienza di Zeno* (1923) zum vielleicht größten, jedenfalls aber »desillusioniertesten Dichter des bürgerlichen Lebens« Italiens, so Claudio Magris. Im Krieg in die Schweiz ausgewiesen, blieb Joyce danach nur noch kurz in Triest, sichtlich irritiert vom um sich greifenden ostentativen Italianità-Kult. Aber »ein Verbleiben in Irland« wäre stets »mit Verwesen« gleichzusetzen gewesen, erklärte er einmal, und *Ulysses* sei »im Grund ein humorvolles Werk«, in dem er sich bemüht habe, »das Leben klar, und als Ganzes, zu sehen«. Denn »etwas wirklich Geistvolles ist nämlich das Gegenteil von prägnant und klar«. Die beginnende »Emanzipation der Frau« hielt er für »die größte Revolution unserer Zeit in der wichtigsten zwischenmenschlichen Beziehung, die es überhaupt gibt«.[364]

Von Egon Schiele (1890–1918) gibt es Bilder aus Triest. Auch Sigmund Freud (1856–1939) besuchte die Stadt. Seine *Traumdeutung* übersetzte Italo Svevo ins Italienische. Zum Pionier einer ambulanten Behandlung psychisch Kranker in Freiheit statt in geschlossenen Anstalten wurde der von Triest aus wirkende Psychiater Franco Basaglia (1924–1980). Der dort geborene und in Wien mehrsprachig aufgewachsene Leo Castelli (1907–1999) machte nach einer Zeit in Paris seine Kunstgalerie in New York zu einer weltweit führenden Drehscheibe aktueller Kunst.

Zeitgeschichte und dynastische Verstrickungen der Habsburger hält das exponiert am Golf von Triest liegende Schloss

364 Arthur Power: *Gespräche mit James Joyce*, Frankfurt am Main 1996, S. 43, 45, 59, 112 | Claudio Magris. Angelo Ara: *Triest*, a. a. O., S. 103 | Franz Karl Stanzel: *James Joyce in Kakanien (1904–1915)*, Würzburg 2019

Miramare in kompakter Weise präsent. Denn erbauen ließ es sich bekanntlich Kaiser Franz Josephs jüngerer Bruder Maximilian (1832–1867) als Oberbefehlshaber der Kriegsmarine. Zum Kaiser von Mexiko geworden und bald darauf unter Präsident Benito Juárez hingerichtet, erlebte er die Fertigstellung nicht. Um sich in der Fremde heimischer zu fühlen, hatte er noch »tausend Nachtigallen aus Miramare bestellt«.[365] Seine dann als wahnsinnig geltende Frau Charlotte von Belgien (1840–1927) war die einzige Tochter von Leopold I., dem ersten König des seit 1830 unabhängigen Landes. Ihr diesem nachfolgender Bruder Leopold II. (1835–1909) wurde wegen der Millionen Toten, Versklavten und Verstümmelten in dessen ›privatem‹ Kongo-Freistaat einer der infernalischsten Massenmörder der Geschichte – und zum monströsen Schwiegervater von Österreichs mit Mord und Selbstmord endendem Kronprinzen Rudolf (1858–1889).[366] Auch dessen in Genf ermordete Mutter Elisabeth von Österreich-Ungarn (1837–1998) war gern in Miramare. Rudolfs einzige Tochter wurde als »rote Erzherzogin«, später Elisabeth Petznek (1883–1963) heißend, zur mit ihrer Umgebung brechenden Sozialistin.

An der Taufe des nach Franz Josephs Wahlspruch benannten Schlachtschiffs *SMS Viribus Unitis* hatte der dann mit seiner Frau in Sarajevo ermordete Thronanwärter Franz Ferdinand (1863–1914) teilgenommen, das letztlich beide Leichname nach Triest zur Bahn nach Wien brachte. Ohne dass das Schiff je zu offensiverem Einsatz gekommen war, wurde es am 1. November 1918 vom Torpedo italienischer Kampfschwimmer im Hafen von Pola mit 400 Mann Besatzung versenkt, damit es nicht wie geplant an Jugoslawien fiele.

Mittlerweile erschließt sich Chinas kommunistisch-neoliberaler Kapitalismus durch Häfen wie Triest, Genua, Neapel, Palermo oder Piräus (dem größten Mittelmeer-Passagierhafen) über Seidenstraße und Breitspurbahnen offensive Zugänge nach Europa …

365 Jan Morris: *Trieste*, a. a. O., S. 79
366 Adam Hochschild: *Schatten über dem Kongo. Die Geschichte eines der großen, fast vergessenen Menschheitsverbrechen*, Stuttgart 2000

Giorgione: *Die drei Philosophen*, Venedig 1508/09
Kunsthistorisches Museum Wien
Dominierende Interpretation:
die Renaissance (der junge Mann), Arabien (der Mann mit Turban),
Mittelalter (der bärtige Alte) als die drei Stadien
des menschlichen Geisteslebens

Venedig: »Europas erste tatsächliche Kolonialmacht«
Roger Crowley: *City of Fortune.*
How Venice Won and Lost a Naval Empire, London 2011

VENEDIG

Als nie in Kriegen zerstörtes Städtebau-Juwel versucht Venedig mit seinen 50.000 Altstadtbewohnern nun jedes Jahr 30 Millionen Touristen zu ertragen und seine gefährdete Bausubstanz durch riesige Fluttore zu schützen.[367] Latent diskutiert wird, deren Zustrom und Kreuzfahrtschiffe zu limitieren und ein Verdrängen Einheimischer durch Immobilienkäufer zu begrenzen. Diese plausible Abwehrhaltung erinnert an seine Gründungsgeschichte, war die Stadt doch in Völkerwanderungszeiten aus Furcht vor Übergriffen vom Festland als Fluchtort auf Inseln der unzugänglichen Lagune entstanden. Als erste Republik nach der Antike – und einzige Stadt Italiens, die zur Römerzeit noch nicht existierte – behauptete sie sich fast tausend Jahre lang mit singulärer Stabilität als wichtige Mittelmeermacht, die ohne Tyrannen und Erbfolgedynastien für hinreichenden Volkswohlstand sorgen konnte.

Im 19. Jahrhundert bekam die häufig als melancholisch beschriebene Stadt mit der Friedhofsinsel San Michele einen weiteren höchst elegischen Ort, wo etwa Igor Strawinsky, Luigi Nono, Ezra Pound, Joseph Brodsky oder Sergei Diaghilew begraben sind. Von William Turner (1775–1851) gibt es wunderbare Venedig-Bilder. Im Palazzo Vendramin am Canale Grande ist Richard Wagner (1813–1883) gestorben. Friedrich Nietzsche (1844–1900) kam häufig hierher. *Der Tod in Venedig* wurde durch Thomas Mann (1875–1955) und den Film von Luchino Visconti (1906–1976) ein sprechender Begriff. Benjamin Britten (1913–1976) komponierte eine gleichnamige Oper. Der Film *Wenn die Gondeln Trauer tragen* basiert auf einer Erzählung von Daphne du Maurier (1907–1989). Die verbotene Liebe von Tolstois *Anna Karenina* (1877/78) fand nur dort ein kurzes Glück. Zu die Moderne prägenden Persönlichkeiten aus Venedig zählen vor allem der Architekt Carlo Scarpa (1906–1978), der Komponist Luigi Nono (1924–1990), der Maler Emilio Vedova (1919–2006) oder der in Triest wirkende Psychia-

367 Wikipedia: Venedig | MO. S. E.-Projekt

ter Franco Basaglia (1924–1988). Mit Massimo Cacciari leistete sich Venedig rund um 2000 für mehrere Jahre einen Philosophen als Bürgermeister. Um nicht bloß Museum seiner selbst zu bleiben, positioniert es sich bekanntlich als überbordende Kunstmetropole, von der ab 1893 einflussreichen *Biennale die Venezia*, der *Internationalen Architektur-Biennale*, den 1932 gegründeten *Internationalen Filmfestspielen* bis zur *Peggy Guggenheim Collection* als Vorläuferin weiterer Museen und Ausstellungspalazzos. Zur Globalisierungstendenz gehört die Legende vom Barkeeper Giuseppe Cipriani (1900–1980), dem sein Gast Harry Pickering die berühmte, zum Gastronomieimperium expandierende Harry's Bar ermöglichte. Von der mysteriösen Urbanität Venedigs lebt auch die TV-Serie nach eher banalen Büchern der US-amerikanischen Autorin Donna Leon mit Commissario Guido Brunetti. Auf Italienisch erscheinen sie nicht, um ihr Recherche-Freiräume zu lassen. Aber selbst der legendäre *Fondaco dei Tedeschi* bei der Rialto-Brücke wurde ein vergeblich bekämpftes Einkaufszentrum des Luxuskonzerns von Bernard Arnault (Tiffany, Moët & Chandon, Hennessy, Louis Vuitton, Christian Dior etc.).

Zurückgehend auf das 13. Jahrhundert war dieses stattliche Gebäude dezidiert für ›Tedeschi‹ gedacht, zu denen Kaufleute aus deutschen, österreichischen, böhmischen und ungarischen Landen sowie Flamen und anfangs auch deutsche Juden zählten. Alle waren »ähnlichen Beschränkungen unterworfen wie die Juden«, denn zwischen dem Erklingen der Marangona, der großen Glocke im Markusturm, am Ende und Beginn eines Arbeitstages, mussten dessen Gittertüren geschlossen bleiben. »Ausländer einzusperren war nicht nur bei den Venezianern üblich: In Alexandria war es beispielsweise den Venezianern verboten, während der muslimischen Gebetsstunden oder am Freitag aus dem Haus zu gehen.« Das erleichterte ein Überwachen der Geschäfte und das Einheben von Abgaben und Zöllen. Mailänder, Toskaner, Apulier hatten eigene Nachbarschaften so wie Griechen, Slawen oder Franzosen. Durch Zuwanderung aus Italien, Dalmatien und Handwerker aus dem Norden verdreifachte sich im Mittelalter die Stadtbevölkerung auf über 200.000. Nur im 17. Jahrhundert, als akzeptiert wurde, »dass die Osmanen an die Stelle des alten Byzantinischen Reichs getreten waren«, bekamen diese den *Fontego dei Turchi* am Canale Grande im ältesten erhaltenen Stadtpalast, als Reaktion darauf, dass sie trotz aller Verträge oft Feinde, stets aber »in ihrem eigenen Land zuvorkommende Gastgeber der Venezianer waren«. Auch dort wurden »die Tore nachts zugesperrt und von Soldaten bewacht. Den Türken wurde es niemals gestattet, sich allzu sehr auszubreiten, weil sie sich im Kriegsfall als gefährliches Trojanisches Pferd hätten erweisen können; tatsächlich erweckten sie weitaus größeres Misstrauen als die Juden.«[368]

Für die sonst so weltoffene Inselrepublik waren solche Abgrenzungen und ihr früher, strikt auf Abstammung fixierter ›Nationalismus‹ signifikant, ähnlich dem Japans. »The Republic was obsessed with the racial purity of its citizens«, so der britische Autor Roger Crowley in *City of Fortune*. Herkunft und sozialer Status blieben enorm wichtig, denn nur von Venezianern konnte ein »unbeirrbarer Patriotismus« erwartet werden. Alle Ämter und Außenposten seines *Stato da Mar* haben Venezianer geleitet. Zumindest die Kapitäne waren Venezianer. Oft traten sie in osmanische Dienste, umgekehrt war das undenkbar. Selbst Ehen mit orthodoxen Christen wurden missbilligt und zeitweise verboten, auch unter Griechen übliche Bärte. Das penible byzantinische Verwaltungssystem mit in zahllosen Schriftstücken kursierenden Bestimmungen war ein ständiger Kampf gegen »Korruption, Vetternwirtschaft, Bestechlichkeit und Verrat«. Ohne Ansehen der Person wurde alles misstrauisch überwacht. Jeder musste mit Untersuchungen rechnen.[369] Dogen hatten schon früh bloß repräsentative Funktionen. Gewählt wurden sie auf Lebenszeit in einem komplizierten Verfahren vom Großen Rat, dessen Mitglieder erstmals im Goldenem Buch von 1297 aufgelistet sind. Somit regierten die vornehmsten Adelsfamilien (von insgesamt etwa hundert) als »eine weitgehend geschlossene Gruppe« durch diverse Gremien

368 Riccardo Calimani: *Die Kaufleute von Venedig. Die Geschichte der Juden in der Löwenrepublik*, Düsseldorf 1988, S. 76 | Franco Cardini: *Europa und der Islam*, a. a. O., S. 247

369 Roger Crowley: *City of Fortune. How Venice Won and Lost a Naval Empire*, London 2011, S. 242, 243 | Wikipedia: Republik Venedig

in wechselnder Besetzung. Es gab den Rat der Vierzig, den Rat der Zehn als Staatsschutz und Polizeibehörde, sowie diverse Beratungs-und Verwaltungseinrichtungen. Die eigentliche Regierung war der Senat. ›Normale‹ Bürger hatten nichts zu reden. Diffus blieb, wie manche in diese Kreise aufsteigen und ob Fremde bisweilen doch Stadtbürger werden konnten.[370]

Fernand Braudel fasst prägnant zusammen, wie damals das Mittelmeer, einst »Mittelpunkt der Welt«, diese Funktion verlor, was auch einen nie verkrafteten drastischen Machtverlust der islamischen Welt bedeutete, so Abdelwhab Meddeb: »Im Falle Europas und den Zonen, die es sich einverleibt hat, kam es in den 80er Jahren des 14. Jahrhunderts zu einer Zentrierung zugunsten von Venedig. Gegen 1500 gab es plötzlich einen riesigen Sprung von Venedig nach Antwerpen, danach – zwischen 1550 und 1560 – eine Rückkehr zum Mittelmeer, diesmal jedoch zugunsten von Genua; schließlich verlagerte sich das ökonomische Zentrum zwischen 1590 und 1610 nach Amsterdam, wo es sich fast zwei Jahrhunderte lang halten konnte. Zwischen 1780 und 1815 verschob es sich dann nach London und 1929 schließlich auf die andere Seite des Atlantiks, nach New York.«[371]

Aus heutiger Sicht hält Roger Crowley in seiner Stadtgeschichte das kommerzielle System Venedigs für »shockingly modern«, war es doch »an empire of cash« mit dem Dukaten »als dem Dollar dieser Tage«. Venedig sei sogar »the first virtual city« gewesen, ein »off-shore«-Warenhaus inmitten unsichtbarer Netzwerke. Stets war Seehandel wichtiger als sein *Terra ferma* genannter Landbesitz, obwohl er phasenweise weite Gebiete Oberitaliens umfasste. Sein hochorganisiertes Finanz-, Kredit- und Bankwesen wies Jahrhunderte voraus. Als eine »von und für Unternehmer« existierende Republik gab es im Gegensatz zu den Feudalstaaten ringsum keine »Kluft zwischen der politischen und der kommerziellen Klasse«. Kirchliche Würdenträger durften keine anderen Ämter

370 Roger Crowley: *City of Fortune*, a. a. O., S. 21 | Robin Harris: *Dubrovnik*, a. a. O., S. 128

371 Fernand Braudel: *Das Mittelmeer*, a. a. O., Band 1, S. 17 | Abdelwahab Meddeb: *Die Krankleit des Islam*, a. a. O., S 18 | Fernand Braudel: *Die Dynamik des Kapitalismus*, Stuttgart 1986, S. 78

ausüben. Weit strikter als anderswo sei stets »nach dem Prinzip von Angebot und Nachfrage« gehandelt worden. Absoluten Vorrang hatten »der Bedarf von Konsumenten, eine stabile Währung, prompte Lieferungen, rationale Gesetze und Abgaben, verlässlich abgestimmte Verfahrenswesen und eine disziplinierte langfristige Politik«. »The man of business« galt als Held, längst nicht mehr der Ritter oder ein Fürst. Durch die Dominanz des Berechenbaren war es früh »der einzige Staat der Welt, dessen Regierungspolitik ausschließlich ökonomische Interessen verfolgte«.[372]

Für ganz Italien galt, dass sich »im Gegensatz zu den nordalpinen Ländern die lokale Aristokratie häufig in den Kommunen« niederließ. »Viele Adelige wurden Kaufleute, was in den deutschen Ländern undenkbar gewesen wäre.«[373] Überschaubare Gruppen kontrollierten in Venedig alle drei Machtzentren, den Dogenpalast mit der Regierung, den Rialto als Handelszentrum, das Arsenal als fast konkurrenzlose Schiffswerft und Waffenfabrik. Seit Anfang des 12. Jahrhunderts immer weiter ausgebaut, konnten dort Schiffe, deren Ausrüstung und Waffen schließlich von über 10.000 Beschäftigten wie am Fließband hergestellt werden. Oft wurde ein Schiff pro Tag ausgeliefert. Die Levante wurde »mit Samt aus Genua, Goldbrokat aus Mailand, hochwertigen Wollstoffen aus Florenz« beliefert. Neben Massenware wie Getreide, Salz, Baumwolle ging es primär um den Import von Zucker, Pfeffer, Zimt, Muskat, Ingwer, Rhabarber, was die Essgewohnheiten revolutionierte, sowie um Luxuswaren wie Parfum, Farbpigmente, Edelsteine, Seide, seltene Metalle, Edelhölzer. Produktionsweisen aus der Levante wurden übernommen, für Seife, Seide, Papier, Rohrzucker, für Wasserbau und Spinnereien. Neue Zutaten machten die Stadt zum Glasspezialisten.

Als »Vermittler und Übersetzer zwischen den Welten« war Venedig trotz aller Konflikte die erste europäische Macht, »die seriös und kontinuierlich mit islamischen Ländern zusammengearbeitet hat«. »Venice changed the world« durch nüchtern kalkulierende Initiativen und weil es zu »Europas erster tatsächlicher Kolonial-

372 Roger Crowley: *City of Fortune*, a. a. O., S. 373f.
373 Manfred Pittioni: *Genua – die versteckte Weltmacht*, Wien 2011, S. 25

macht« wurde, so Roger Crowley, woran venezianische Inschriften und Wappen erinnern.[374] Früh kontrollierte es Dalmatiens Küste. Durch die Flottenfinanzierung dominierte es das kurzlebige Lateinische Kaiserreich nach der Eroberung Konstantinopels durch die Kreuzfahrer 1204. Sein Kolonialbesitz umfasste schließlich den Peloponnes (Morea, ca. 1206–1500, 1686–1718), das für Saloniki eingetauschte Kreta (ca. 1207–1669) als einziges, aber von Aufständen belastetes, Ansiedlungsprojekt, Euböa (ca. 1209–1430), das Herzogtum Naxos (1207–1566) und das Genua abgenommene Zypern (1489–1573).[375] Zyperns Zuckerrohr brachte einer Familie enormen Reichtum. Als es osmanisch wurde, änderte das nichts am Lebensstandard, so Fernand Braudel.[376] Von Shakespeares mediterranen Themen handelt *Othello, der Mohr von Venedig* (eigentlich ein edler Maure, 1603/04) auf Zypern.

Venedigs lange Präsenz im Mittelmeer hat in den Hintergrund gerückt, wie wichtig das Schwarze Meer für seine enormen Profite gewesen ist. Denn von seinem östlichsten Stützpunkt Tana (Asow) an der Mündung des Don, dem Zugang zur nördlichen Seidenstraße, bezog es Güter aus dem Fernen Osten. Besonders lukrativ war jedoch der Sklavenhandel (▸ SEWASTOPOL). Vor allem nachdem die Pest von 1347/48 auch »die halbe Einwohnerschaft von Venedig« getötet hatte, »stieg der Preis für ausländische Sklaven steil an«, weil überall Arbeitskräfte fehlten. »Die meisten der venezianischen Sklavenhändler in Tana waren 1348 unter furchtbaren Umständen gestorben, aber die Überlebenden wurden mit einem Nachfrage- und Preisboom belohnt, der ein halbes Jahrhundert anhielt. Um 1408 stammten nicht weniger als 78 Prozent von Tanas Einkünften aus Sklavenexporten.« Waren russische, tscherkessische und tatarische Sklaven und Sklavinnen lange von der Goldenen Horde und deren Nachfolgern bezogen worden, reisten venezianische Händler nun »von Tana aus bis nach Astrachen am Kaspischen Meer oder nach Taschkent in Mittelasien,

374 Roger Crowley: *City of Fortune*, a. a. O., S. 373f. | Fernand Braudel: *Das Mittelmeer*, a. a. O., Band 2, S. 63

375 Wikipedia: Venezianische Kolonien

376 Fernand Braudel: *Das Mittelmeer*, a. a. O., Band 1, S. 225

um das Angebot zu inspizieren«, während »in Venedig die *Signoria* (der regierende Senat) den Handel beaufsichtigte und die maximalen Kosten festlegte, die für Transport und Verpflegung der Sklaven auf der dreimonatigen Seereise zwischen dem Asowschen Meer und der Adria aufgewendet werden durften«. Im 14./15. Jahrhundert blieb das oft umkämpfte und zeitweise aufgegebene Tana wichtiger Außenposten Venedigs, stets in Konkurrenz mit dem auf der Krim aktiven Genua, dessen Stützpunkt Kaffa es plünderte. Genua wiederum eroberte Venedigs Festung Sudak/Soldaia, von wo aus Wilhelm von Rubruk 1253/54 Karakorum erreichte und vermutlich auch Marco Polo (ca. 1254–1324) aufgebrochen war. Versklavung blieb das primäre Geschäftsmodell: »Aus ihrem Elend und aus den Profiten, die sich dem Schwarzen Tod verdankten, wurde am Rialto ein Palast nach dem anderen hochgezogen« – wie Neal Ascherson konstatiert.[377]

Auch der frühe Reichtum im British Empire stammte bekanntlich aus der Sklavenarbeit auf westindischen Zucker-, Kaffee-, Tabak- und Baumwollplantagen. Der 50-jährige Kampf dagegen setzte um 1787 durch Pioniere »der modernen Zivilgesellschaft« ein.[378] Venedig war davon nicht mehr betroffen. Zwar hatte die Heilige Liga mit einer venezianischen Flotte unter Don Juan de Austria (1547–1578), einem illegitimen Sohn Karls V., in der Seeschlacht von Lepanto beim Peloponnes 1571 die Osmanen besiegt, dennoch geriet Venedig zunehmend in die Defensive. 1573 musste auf Zypern verzichtet werden. Nach dem Verlust des Schwarzen Meeres an die Osmanen hatte es sich auf die Levante und Ägypten konzentriert, obwohl Geschäfte mit Muslimen immer wieder als unchristlich galten. Als Portugal und Spanien im Atlantik aktiv wurden und der Genueser Christoph Kolumbus (ca. 1451–1506), mitfinanziert von seinem Landsmann Francisco Pinelo, die Neue Welt entdeckte, verschoben sich die kommerziellen Aktivitäten nach Westen.[379] Mit dem »Ende der Stadt« wurde bereits seit Ent-

377 Neal Ascherson: *Schwarzes Meer*, a. a. O., S. 151, 153
378 Adam Hochschild: *Sprengt die Ketten. Der entscheidende Kampf um die Abschaffung der Sklaverei*, Stuttgart 2007, S. 131
379 Manfred Pittioni: *Genua*, a. a. O., S. 144

deckung der Indienroute gerechnet.[380] Venedig expandierte trotz seiner Stützpunkte in Barcelona, Southampton, London oder Brügge nicht mehr offensiv. 1669 wurden Kreta und 1718 der Peloponnes aufgegeben. Von Napoleon 1797 besetzt, verlor es die Selbständigkeit, kam zu Österreich, 1805 zu Napoleons Königreich Italien, dann wieder zu Österreich, bis es 1866 Teil des vereinten Königreichs Italien wurde.

Der Soziologe Richard Sennett, aus Chicago stammender Sohn russischer Einwanderer, kommentiert in seinem Buch *Die offene Stadt* zwar etwa Venedigs wunderbaren Palladio-Blick auf die Kirche San Giorgio Maggiore, vor allem aber das Ghetto als signifikanten Ort der Ausschließung. Denn da Juden »für die Stadt unverzichtbar waren, kam es zum Bau des Ghettos in seiner klassischen Gestalt«. Kleine jüdische Diaspora-Gemeinden hatte es seit den frühesten Vertreibungen nach Babylon und Ägypten im gesamten Römischen Reich gegeben, mit einem frühen Ghetto in Alexandria. Jüdische Kaufleute »sprachen Arabisch, Persisch, Griechisch, Latein, Fränkisch, Andalusisch und Slawisch«, ihre Handelsnetzwerke reichten bald bis Indien und Ostasien.[381] Die Probleme eskalierten erst nach dem Laterankonzil von 1179, das dezidiert verhindern sollte, »dass die Juden inmitten der Christen lebten«, obwohl sie ohnedies meist in kleinen Zellen »möglichst unsichtbar und anonym blieben, um sich vor Verfolgung zu schützen«. Zwar wehrte sich auch Venedig anfangs gegen die Aufnahme aus Spanien Entkommener, »aber die Juden übernahmen als Ärzte, Krämer und Geldverleiher Aufgaben, die Christen nicht selbst übernehmen konnten oder durften. Dank ihres Zugangs zu der von den Muslimen nach Spanien gebrachten fortschrittlichen arabischen Medizin waren die dort lebenden sephardischen Juden außerdem weitaus besser als einheimische christliche Ärzte, die sich auf Zaubersprüche und Gebete verließen. Auch beim Handel mit dem Osten (der sich damals entlang der Seidenstraße bis

380 Peter Frankopan: *Licht ais em Osten. Eine neue Geschichte der Welt*, Berlin 2016, S. 326

381 Johannes Preiser-Kapeller: *Jenseits von Rom und Karl dem Großen. Aspekte der globalen Verflechtung in der langen Spätantike, 300–800 n. Chr.*, Wien 2018, S. 171

nach China erstreckte) bedienten die Venezianer sich jüdischer Netzwerke. Die meisten Juden jedoch waren sehr arm und ungebildet.« Da im dicht bevölkerten Venedig die Kanonengießereien ins Arsenal verlegt wurden und seine Kanäle Mauern erübrigten, entstand in diesem entlegenen Stadtteil das Neue Ghetto (1516), das Alte Ghetto (1541) und eine Generation später ein weiteres. »Ghetto« von italienisch *gettare* für »gießen« wurde bald allgemein gebräuchlich. Zugbrücken und Fensterläden mussten abends geschlossen sein. Auch die wegen des Lichts und der Gottesnähe meist in Dachgeschossen eingerichteten Synagogen diverser Richtungen fielen im Stadtbild kaum auf: die *Scola Grande Tedesca* 1528/29, die *Scola Canton* der Aschkenasen, die *Scola Italiana*, die *Scola Levantina*, die *Scola Spagnola*. In Shakespeares *Der Kaufmann von Venedig* (1596) ist Shylock letztlich bereit zu konvertieren, obwohl es in Venedig nie um Bekehrung ging. Im 16. Jahrhundert lebten sogar »neunzehn chinesische Juden« in Venedig. Aber »die Einschließung der jüdischen Gemeinde markiert den unheilbaren Unterschied ihres Jüdisch-Seins«, wie Sennett feststellt. In den engen Wohnverhältnissen musste gelernt werden »miteinander umzugehen«; »Unterdrückung führt aber nicht zu Integration«. Trotz aller Abweichungen des Rituals entstand »eine gemeinsame räumliche Identität, auch wenn die Religion die Juden weiterhin spaltete«. Vorgeschützt wurden stets Sicherheitserwägungen, galten Juden doch »als körperlich wie moralisch unrein«. Überaus deutlich wurde: »Wer ausschließen will, der schließe ein.«[382]

Den Buchdruck rasch kultivierend, wurde Venedig im 16. Jahrhundert zur »Stadt der Bücher«. Wegen jüdischer Initiativen erschienen viele hebräische Publikationen, selbst der erste gedruckte Koran. »Vorsichtige Schätzungen sprechen von fünfzehntausend Titeln mit einer durchschnittlichen Auflage von mindestens eintausend Exemplaren.« Wegen seines »raffinierten geistigen Klimas« galt Venedig »als Zentrum der weiblichen und männlichen Eleganz«, aber auch seine »raffinierte Halbwelt« faszinierte. Das

382 Richard Sennett: *Die offene Stadt. Eine Ethik des Bauens und Bewohnens*, München 2018, S. 36, 161ff.

zog Freigeister von weither an.[383] Albrecht Dürer (1471–1528) war bereits 1495 und 1505 gekommen. Aber wegen der »verheerenden und katastrophalen Folgen der Gegenreformation im Süden« verließen viele Bedrohte die Stadt.[384] Noch 1755 kam Giacomo Casanova (1725–1798) »als Feind der Republik«, Freimaurer und »Störer der öffentlichen Ordnung« in die Bleikammern der Staatsinquisition, weil er »Kinder auf den Weg des Atheismus« gebracht und verbotene Bücher besessen habe.[385] Die Ambivalenz zwischen Gegenaufklärung, legendärer Repräsentations- und Festkultur und künstlerischen Spitzenleistungen prägte die Phasen weiteren Machtverlustes. Signifikant dafür: die Architektur Andrea Palladios (1508–1580), die Maler Giorgione (1478–1519), Tizian (1488/90–1576), Tiepolo (1696–1770), die Musik von Monteverdi (1567–1643) und Vivaldi (1678–1741), die Theaterstücke Goldonis (1707–1793). Mit dem Ende von Venedigs Adelsrepublik 1798 endete auch Casanovas Leben im einsamen böhmischen Schloss Dux/Duchcov als Bibliothekar des Grafen Joseph Karl von Waldstein – was Fellinis *Casanova* filmisch aufgegriffen hat.

Die jüdische Gemeinde Venedigs umfasste zu Beginn des 20. Jahrhunderts »ungefähr 3.000 Personen«. »Es existierte keine gezwungenermaßen geschlossene Gruppe mehr. Vielmehr gab es einzelne venezianisch-jüdische Bürger, die voll in das Leben der Stadt integriert waren.« So wurde der aus einer Fabrikantenfamilie Venedigs stammende Luigi Luzzatti (1841–1927) »als erster Jude italienischer Regierungschef«. »Auf der Ebene des Bürgertums« wurde kaum noch zwischen Christen und Juden unterschieden. Vor allem »die unteren Schichten« hätten sich jedoch »gegenüber der antisemitischen Propaganda« dann »als weniger widerstandsfähig erwiesen«, wie Riccardo Calimani zur Geschichte der Juden Venedigs resümiert. »Mit dem Einzug der deutschen Truppen in Italien am 8. September 1943 verschlimmerte sich

383 Riccardo Calimani: *Die Kaufleute von Venedig*, a. a. O., S. 123f. | Hans Belting: *Florenz und Bagdad. Eine westöstliche Geschichte des Blicks*, München 2008, S. 51 | Fernand Braudel: *Das Mittelmeer*, a. a. O., Band 1, S. 318 | Philip Blom: *Eine italienische Reise*, München, 2018, S. 192

384 Ernest Gellner: *Pflug, Schwert und Buch*, a. a. O., S. 196

385 Giacomo Casanova: *Mein Leben*, Berlin 1998, S. 167f.

die Lage schlagartig.« Tage darauf nahm sich der Vorsitzende der jüdischen Gemeinde Venedigs Giuseppe Jona (1866–1943) das Leben. Faschistische Dekrete erklärten Juden zur Feindnation. Alle verloren ihre italienische Staatsangehörigkeit. Vom Sammellager Fossoli bei Modena aus erfolgten die Transporte in KZs. »Aus Treblinka zurückgekommene SS-Leute unter dem Befehl von Franz Stangl« erwiesen sich »bei der Suche und Deportation von Juden als besonders emsig«. Dieser Österreicher war nach seiner Flucht nach Syrien und weiter nach Brasilien erst 1970 in Deutschland zu lebenslanger Haft verurteilt worden, weil Simon Wiesenthal ihn aufgespürt hatte. Bereits »im Zuge einer ersten Razzia verschleppte die SS ungefähr neunzig Personen aus Venedig, darunter auch zweiundzwanzig Bewohner des Altersheims, neunundzwanzig bettlägerige Patienten aus den Krankenhäusern und den Oberrabbiner der Gemeinde, Adolfo Ottolenghi [1885–1944], einen greisen, fast blinden Mann«. Insgesamt sind »ungefähr zweihundert venezianische Juden ermordet worden – ganze Familien wurden so ausgelöscht«.[386]

Im Nazi-Deutschland undenkbar war, dass die aus angesehener jüdischer Familie Venedigs stammende Margherita Sarfatti (1880–1961) als Geliebte Mussolinis ihn jahrelang künstlerisch beriet. In ihrem Salon verkehrten Schriftsteller wie André Gide, Luigi Pirandello, Curzio Malaparte oder Alberto Moravia. Alma Mahler-Werfel (1879–1964) zufolge war sie über Jahre »die ungekrönte Königin Italiens«, die daran festhielt, dass Mussolini nie beabsichtigt hätte, »den Hitler-Antisemitismus in Italien einzuführen«. Erst zuletzt fand sie ihn »verabscheuungswürdig«.[387]

386 Riccardo Calimani: *Die Kaufleute von Venedig*, a. a. O., S. 410, 433, 436

387 Karin Wieland: *Die Geliebte des Duce. Das Leben der Margherita Sarfatti und die Erfindung des Faschismus*, München 2004, S. 300ff. | Alma Mahler-Werfel: *Mein Leben*, Frankfurt am Main 1960, S. 191

Die »Andrea Doria« in Genua vor ihrer letzten Fahrt im Juli 1956
Im Vordergrund der Autor mit seinen jüngeren Geschwistern
Foto: Archiv Christian Reder

Genua, aus europäischer Sicht: »Im 16. Jahrhundert die reichste Stadt der Welt«
Manfred Pittioni: *Genua – die versteckte Weltmacht*, Wien 2011

GENUA

»Mit Napoleons Auslöschung der Unabhängigkeit Venedigs 1797 und von Genua und Ragusa 1803/08 verschwand der Stadtstaat« trotz dessen geschichtlicher Realität seit der Antike, weil eine Neuordnung Europas strikter auf Imperien ausgerichtet wurde, mit zunehmend stärker propagiertem Nationalgefühl als Integrations- oder eben Destruktionspotential.[388] Bislang weitgehend autonome Städte, die nicht nur in Italien und am Mittelmeer so dynamisierend gewirkt hatten, verloren ihre Selbständigkeit.

Dabei war gerade Venedig trotz häufig akut werdender Feindseligkeiten die erste europäische Macht, »die seriös und kontinuierlich mit islamischen Ländern zusammengearbeitet hat«.[389] Das galt ebenso für Genua, das mit seinen 70.000 Einwohnern im 16. Jahrhundert für Europa »die reichste Stadt der Welt« geworden war und »als Vorbild oder Vorläufer für die moderne Idee des freien Kapitalismus und der Marktwirtschaft« anzusehen ist. Erstmals seit dem Römischen Reich war es dadurch »zur Schaffung einer Weltwirtschaft« gekommen. Wirtschaftliche Argumente hatten stets Vorrang, wodurch eine zentrale Bedeutung »für die internationale Geldwirtschaft des 16. Jahrhunderts« erlangt wurde. Genua gehörte auch zu den Pionieren der Seeversicherung und doppelter Buchführung. Als »kommerziell aktivste Metropole der Vormoderne« und weit »moderner als Venedig« wurde Genua zu dessen Antithese. Denn der »Individualismus seiner Entscheidungsträger und ihre vielfältigen Interessenslagen« konterkarierten Venedigs zentralistische staatlich-byzantinische Tradition. Trotz ständiger interner Kontroversen ging es um den Schutz der Kommune, ohne individuelle Freiheiten einzuschränken. Auf Lebenszeit gewählte Dogen hatten nur Repräsentationsfunktionen. Politische Denkmuster wie »mehr oder weniger Staat, mehr oder weniger privat« zeichneten sich bereits ab, anders als in Venedig, das rigide Kon-

388 Philip Manse: *Levant*, a. a. O., S. 188

389 Roger Crowley: *City of Fortune*, a. a. O., S. 374

trollen ideologisierte, wie Manfred Pittioni in *Genua – die versteckte Weltmacht* konstatiert.[390]

Als sich durch die rivalisierenden Republiken Venedig, Genua und anderen Stadtstaaten eine mediterrane Weltwirtschaft anbahnte, waren Andalusien bereits seit 750 und Sizilien seit 250 Jahren prosperierende muslimische Reiche. Im 16./17. Jahrhundert beherrschte dann das Osmanische Imperium die mediterranen Küsten von Dalmatien bis in den Maghreb, unmittelbar oder durch Schutz- und Vasallenverträge. Am Balkan blieb es 500 Jahre präsent. Geschäfte wurden häufig über Glaubensgrenzen hinweg gemacht. Auch die Kreuzzüge seien »nicht als Religionskriege« zu deuten, so Franco Cardini, ging es doch nie um Bekehrung, sondern um Gebiete und Einfluss. Bedenkenlos wurden »sarazenische Söldner« eingesetzt. Dass »die ersten Muslime Großteils christliche Konvertiten« gewesen sind, war durchaus bewusst.[391]

Möglicher Handelsvorteile wegen ist sogar die als islamisch geltende Expansion im Osten Europas bereits in frühen Phasen unterstützt worden. Ausgegangen war sie von Gallipoli, seit 1354 der erste Stützpunkt der Osmanen in Europa – und der eigentliche Beginn der ›Türkenkriege‹, wo dann 1915/16 ein Angriff der Alliierten mit katastrophalen Verlusten scheiterte. Genuas Kapitäne hatten damals keinerlei Skrupel, »im November 1354 die osmanische Armee über die Dardanellen nach Europa zu bringen«, mit »einem Dukaten pro Kopf« als Gebühr. Von dort aus gelang ein rasches Vordringen am Balkan und letztlich die Einschließung und Eroberung Konstantinopels 1453. Auch dafür hatten wieder »Genueser Kaufleute osmanische Truppen über den Bosporus transportiert«, woran sich ebenso venezianische Kapitäne »privat beteiligt haben sollen«. Während der Belagerung hatten innerhalb der Mauern ansässige Venezianer – schon im 12. Jahrhundert waren es etwa 12.000 – jedoch »Byzanz bis zum bitteren Ende unterstützt«. Obwohl auch Katalanen und Genueser mitkämpften, demonstrierte deren Kolonie im der Stadt gegenüberliegenden Galata jedoch eine vage Neutralität, »verstohlen beiden Seiten helfend, was

390 Manfred Pittioni: *Genua*, a. a. O., S. 165, 166, 167, 173

391 Franco Cardini: *Europa und der Islam*, a. a. O., S. 96, 107, 128

jede dann für schändlich gehalten hat«. Gleich nach der Niederlage der Verteidiger »sandten die Kaufleute der Stadt, pragmatisch wie immer, Gesandte zu Sultan Mehmed II., um ihm zum Sieg zu gratulieren, womit sie die Verlängerung ihrer Handelsprivilegien zu günstigen Bedingungen erreichten«.[392] Die Venezianer brachten Gentile Bellini, um »seinen Palast zu dekorieren« und den Sultan zu porträtieren (heute: *National Gallery*, London). Er selbst sah sich nun »als Erbe des Römischen Reiches und als den einzigen wahren Herrscher in Europa«. Seinem Nachfolger bot Leonardo da Vinci (1452–1519) brieflich an, eine Brücke über das Goldene Horn zu konstruieren, die zur größten der Welt geworden wäre. Auch Sultan Suleiman I. (1494/96–1566) malte ein Tizian-Schüler (heute: *Schloss Ambras*, Tirol). Trotz aller Kooperation mit Muslimen waren auch Armeen und Pilger aus Europa wichtige Kunden der Seerepubliken, denn »genuesische Schiffe transportierten ebenso wie die Pisaner und Venezianer Kreuzzugsteilnehmer ins Heilige Land«.[393] Ohne deren Stützpunkte und Mitwirken hätte es die Kreuzzüge nicht geben können.

Für Genua waren neben der Niederlassung Pera in Konstantinopel die für längere Phasen gehaltenen Kolonien und Häfen im Mittelmeer wichtig, vor allem Korsika, die Balearen, Nordsardinien, Ost-Zypern und die Inseln Lesbos, Chios, Samos und Thasos sowie am Schwarzen Meer primär jene auf der Krim. Früh hatte es Kontore in der Levante gegeben, in Smyrna, Antiochia, Tripoli, Beirut, Jaffa, Alexandria, in Tunis, in Algier und sogar in Salé und Safi an Nordafrikas Atlantikküste.[394] Von den Seerepubliken war Amalfi für hundert Jahre ein Konkurrent, bis es 1073 an die Normannen fiel. Bei Meloria vor Livorno war Pisa 1284 in der größten Seeschlacht des Mittelalters von Genua entscheidend besiegt worden. Ancona hatte im 13./14. Jahrhundert seine Blütezeit, mit Konsulaten in Konstantinopel, Alexandria und auf einzelnen Inseln, bis es im Kirchenstaat aufging. Immer wieder

392 Roger Crowley: *City of Fortune*, a. a. O., S. 23, 181, 309, 313, 314

393 Roger Crowley: *City of Fortune*, a. a. O., S. 344 | Manfred Pittoni: *Genua – die versteckte Weltmacht 1000–1700*, Wien 2011, S. 33 | Abdelwahab Meddeb: *Die Krankheit des Islam*, a. a. O., S. 114

394 Wikipedia: Genueser Kolonien

kam es zu Kämpfen gegen sarazenische Piraten aus Nordafrika, um Handelsrouten und Küstenorte zu schützen. Handelsverträge mit Byzanz hatte Venedig seit 1169, wie kurz darauf auch Genua und Pisa. Den Kreuzfahrern »leisteten Genuesen entscheidende Hilfe« bei der Eroberung von Antiochia und dann von Jerusalem 1099. Schon Niccolò Machiavelli (1469–1527) war klar: »Die Kreuzzüge brachten besonders den Republiken Zuwachs an Reichtum, Gebiet und Kenntnis; ihre Lage setzte sie in den Stand, sowohl von der Barbarei des Westens wie von der Zivilisation des Ostens Nutzen zu ziehen. Ihre Schiffe bedeckten jedes Meer, ihre Handelsniederlassungen erhoben sich auf jeder Küste, die Fabrikation glühte, Banken wurden errichtet.« Luxusgüter, edle Textilien, Papier statt Pergament sowie leichte, gut waschbare Baumwollstoffe Ägyptens veränderten Europa bis hin zur Unterwäsche.[395] Nach ständigen Konflikten suchte Genua gegen Venedig eine Entscheidung im Chioggia-Krieg. Von dessen Truppen rundum eingeschlossen, konnte die Stadt aber nach monatelangen schweren Kämpfen 1380 vom davor in Ungnade gefallenen venezianischen Admiral Vettor Pisani (1324–1380) befreit werden.

Um ihre zu Festungen ausgebauten Stützpunkte am Schwarzen Meer gab es zwischen Genua und Venedig ständig weitere Konflikte, um Tana (Asow) an der Don-Mündung, um Kaffa (Feodossija) oder Soldaja (Sudak) auf der Krim, beide durch Sklavenlieferungen sehr profitabel (▸ SEWASTOPOL ▸ VENEDIG). Etwa zwei Millionen Sklaven dürften zwischen 650 und 1500 von dort in die Levante und nach Alexandria gebracht worden sein sowie etwa vier Millionen auf den Sahararouten. In Genua machten sie damals vier bis fünf Prozent der Bevölkerung aus. Ab 1597 gab es »eine eigene Behörde für den Loskauf von [christlichen] Sklaven«.[396]

Genua selbst war als idealer, von Bergen umgebener Naturhafen kaum auf sein Hinterland orientiert. Wegen der Tiefe des Ligurischen Meeres ergab die Oberflächenfischerei nur geringe Er-

395 Manfred Pittoni: *Genua*, a. a. O., S. 33f., 35, 60 | Niccolò Machiavelli: *Erörterungen über die erste Dekade des Titus Livius*, Berlin 1981, S. 8

396 Manfred Pittoni: *Genua*, a. a. O., S. 71, 72, 116

träge. Noch den damaligen Holzreichtum nutzend, waren Schiffbau und Seehandel zur Domäne geworden, mit ständig verbesserten Galeeren, deren ein- bis zweihundert Ruderer auch als Soldaten einsetzbar waren. Ihr Unterhalt kostete im Jahr so viel wie der Bau. Große, aber schwerfällige Transportschiffe wurden eine Spezialität Genuas, Vorläufer im Atlantik eingesetzter Karavellen. Es wurden fixe Routen befahren, mit Portolan-Seekarten als Hilfsmitteln. Spezielle Kampfschiffe hatte lange Zeit nur Venedig. Wegen rivalisierender Adelsfamilien und häufiger innenpolitischer Rebellionen war Genua weit instabiler als Venedig. Es wurde immer wieder erobert und blieb von Schutzabkommen mit ausländischen Mächten abhängig. Involviert war es ständig in die Politik Frankreichs und dessen Kontroversen in Oberitalien, in die Konflikte zwischen kaisertreuen Ghibellinen und die Päpste unterstützenden Guelfen, in jene von Feudalstaaten und Städten, in denen sich die Renaissance als machtvolle Erneuerung herausbildete. Mit der 1407 als Zentralbank zur Schuldenverwaltung gegründeten *Banca di San Giorgio* entstand 300 Jahre vor der *Bank of England* eine für die Zeit einmalige Finanzinstitution. Deshalb sei Genua der »Geburtsort des modernen Finanzkapitalismus«, während in Florenz »die moderne Hochfinanz« entstand.[397]

Das am 25. Juli 1956 nach einer Kollision mit der *Stockholm* auf dem Weg nach New York gesunkene Flaggschiff Italiens war nach Andrea Doria (1466–1560) benannt, einer Schlüsselfigur in Genuas Geschichte und einem Zeitgenossen von Sultan Süleyman I. (1494/95–1566), der 1529 vergeblich Wien belagert, aber das Osmanische Reich maximal vergrößert hatte. Aus altem Adel stammend, wurde Doria vom Condottiere zum Admiral von Genuas die Osmanen und nordafrikanische Piraten bekämpfenden Flotte. Durch eine reformierte Verfassung konsolidierte er die inneren Spannungen der aristokratisch regierten Republik Genua, damals nominell dem spanischen Habsburger Karl V. angegliedert, für den er Militäraktionen bis nach Tunis durchführte, wo Tausende christliche Sklaven befreit wurden. Die gescheiterte Rebellion

397 Manfred Pittoni: *Genua*, a. a. O., S. 84, 91 | Fernand Braudel: *Das Mittelmeer*, a. a. O., Band 2, S. 659

gegen ihn hat Friedrich Schiller (1759–1805) in *Die Verschwörung des Fiesco zu Genua* verarbeitet. Verdi bezog sich in einer Oper auf den Korsaren und Dogen Genuas *Simon Boccanegra.*

Die Adeligen und Kaufleute Genuas sind durchwegs frühe »Kosmopoliten« gewesen, »für die der jeweilige Standpunkt ihrer Aktivitäten oft zweitrangig war«. Wo auch immer sie waren, ging es ihnen um lukrativen Handel, was für Adelige Europas undenkbar war. Um neue Geschäftsverbindungen aufzufinden, wurden sie »wahrhaft Weltreisende, welche für die damalige Zeit gewaltige Entfernungen überwanden« bis zu den Mongolenchanen und ins Innere Afrikas. Es lebten »mehr Genuesen außerhalb der Grenzen der Republik«, allein in Kastilien etwa 10.000. Auch in Antwerpen, Neapel und Mailand waren sie in größerer Zahl vertreten.[398] War Marco Polo (1254–1324) ein Venezianer, so stammten Christoph Kolumbus (1451–1506) und John Cabot (Giovanni Caboto, ca. 1450–ca. 1500), der bis Nordamerika kam, aus Genua. Weil es um strikte Geheimhaltung ging, blieb vieles der frühen Expeditionen von Genuesern im Dunkeln, ob jene Luca Tarigos ans Kaspische Meer, Antonio Malfantes in die Sahara, Antoniotto Usodimares und Antonio de Nolis nach Westafrika. Nur ist ein solcher Blickwinkel eurozentrisch, da dort lebende Menschen ihre Gebiete selbstverständlich kannten.

Seit dem frühen 13. Jahrhundert hatte Genua ein Handelsabkommen mit dem Emir von Sevilla, mit der Erlaubnis, dort »ein eigenes Stadtviertel sowie ein Fondaco und Bäder zu besitzen, eine eigene Kirche zu unterhalten und das Recht, Konsuln aus den eigenen Reihen« zu bestellen. »Genuesen durften frei einreisen und zahlten nur 5 % Steuern auf alle eingeführten, sowie 2,5 % auf exportierte Waren.« Zur Zeit seiner Etablierung in Andalusien hatte Genua in Byzanz sogar ein Monopol für das Schwarze Meer durchsetzen können, da eine Zeit lang »außer den Genuesen und Pisanern« keine anderen »Lateiner« einfahren durften. Dadurch war in Genua bereits 1257 die erste chinesische Seide auf den Markt gelangt. Die Intensität der Kontakte mit der Levante wird an den 900 Schiffen deutlich, die um das Jahr 1400 den Beiruter Hafen

398 Manfred Pittoni: *Genua*, a. a. O., S. 168, 172

anliefen. Von ihnen waren »278 venezianischer, 62 genuesischer und 224 katalanischer Herkunft. Der Rest stammte aus anderen Teilen Italiens und aus Südfrankreich«. Vieles entwickelte sich arbeitsteilig. Denn »während die Venezianer ihre Kontrolle über das deutsche Silber und asiatische Gewürze verschärften, wurde es für Genua von grundlegender strategischer Wichtigkeit, sich des afrikanischen Goldes zu bemächtigen, das in den Häfen des Maghreb aus der Sahara einlangte«. So zum Finanzier der spanischen Krone geworden, litt Genua dann drastisch unter deren Machtverlust. »1797 kam es in den Wirren der französischen Revolution zum Ende der Adelsherrschaft der Republik. Genua wurde zu einer demokratischen Republik und 1803 in einer politischen Union mit Frankreich vereinigt«, bis es schließlich zum Königreich Italien kam.[399]

Zu Fremden bestanden in Genua ambivalente Beziehungen. Wie anderswo auch gab es spezielle Steuern, »die alle in der Stadt lebenden Fremden bezahlen mussten«. Obwohl zumindest seit dem sechsten Jahrhundert eine jüdische Gemeinde und eine Synagoge existierten, waren aus Spanien vertriebenen Juden einmal nur drei Tage Rast gestattet worden, »aber nicht, die Stadt zu betreten«.[400] Diese Abwehr lockerte sich jedoch wieder. Vor allem Livorno wurde durch seine Toleranzedikte und garantierte Glaubensfreiheiten zum Anziehungspunkt verfolgter Gruppen, speziell auch für Juden, die dort nie in Ghettos gezwungen wurden.

Auch in Genua mussten sich im November 1943 die etwa fünfzig Gemeindemitglieder in der 1935 eröffneten neuen Synagoge versammeln, von wo sie nach Auschwitz deportiert wurden, so wie 286 verbliebene Juden aus Venedig.[401] Dass »85 Prozent der italienischen Juden den Holocaust überlebten«, war möglich geworden, weil Abtransporte sabotiert und jüdische Familien versteckt wurden oder falsche Papiere bekamen. »Damals lebten noch etwa 43.000 Juden in Italien, davon 8.000 Ausländer oder italienische

399 Manfred Pittoni: *Genua*, a. a. O., S. 43, 46, 69, 78f., 87, 141, 163, 164

400 Manfred Pittoni: *Genua*, a. a. O., S. 20, 28 | Valeriu Marcu: *Die Vertreibung der Juden aus Spanien*, a. a. O., 192

401 Wikipedia: Synagoge (Genua) | Ghetto (Venedig)

Juden, denen die Staatsbürgerschaft entzogen wurde. 6.765 Juden wurden mit Unterstützung der italienischen Armee deportiert, von denen 5.939 in deutschen Konzentrationslagern starben.« Der das überlebende Schriftsteller Primo Levi (1919–1987) war überzeugt, »dass die italienischen Juden ohne Auschwitz ihr Judentum niemals bemerkt hätten«. Charakteristisch für ihre Haltung war, »auf eine bestimmte Weise bürgerlich zu sein«. Mussolinis Staatsapparat und seine Anhänger blieben nach 1945 weitgehend unangetastet, »selbst hochrangige Vertreter des alten Regimes konnten auf ihre Posten zurückkehren«.[402] Wegen vieler Amnestien wurden Kriegsverbrechen von Italienern kaum verfolgt.

Aus Genua stammende Persönlichkeiten ergeben auch neben Christoph Kolumbus und John Cabot (Giovanni Caboto) ein Netz weit ausgreifender Bezüge. So gehören auch die auf Gianluca Pallavicini (1697–1773) zurückgehende österreichisch-ungarische Adelsfamilie oder Österreichs Barockbaumeister Johann Lucas von Hildebrandt (1668–1745) dazu, Sohn eines kaiserlichen Offiziers, der in Wien das Untere und das Obere Belvedere, die Peterskirche, die Piaristenkirche und viele Palais entworfen hat. Der zu seiner Zeit führende Geigenvirtuose Niccolò Paganini (1782–1840) kam aus Genua. Auch Giuseppe Mazzini (1805–1872) stammte aus der Stadt, ein Demokrat und Freimaurer, der durch Mobilisierung von Kleinbürgern und Arbeitern viel zur Bildung der italienischen Nation beigetragen und früh ein Europa der Völker propagiert hatte. Einer genuesischen Auswandererfamilie entstammend, war Amadeo Pietro Giannini (1870–1949) von San Francisco aus zum Pionier von Filialbanken für den Mittelstand geworden, indem er seine *Bank of Italy* zur *Bank of America* machte, die auch Filme von *United Artists*, die Golden Gate Bridge oder den Aufstieg des Fiat-Konzerns finanzierte. Der vielseitige Filmschauspieler Vittorio Gassmann (1922–2000) kam aus Genua wie auch Palmiro Togliatti (1893–1964), der die politischen Kontroversen der Nachkriegsjahre prägte als langjähriger Generalsekretär der *Partito Comunista Italiano*, der mitglieder- und wählerstärksten KP Westeuropas nach

402 Maike Albath: *Der Geist von Turin. Pavese, Ginzburg, Einaudi und die Wiedergeburt Italiens nach 1945*, Berlin 2010, S. 78, 131, 168

1945. Sogar die Stadt Stawropol an der Wolga wurde nach ihm benannt, obwohl er bereits einen »italienischen Weg zum Sozialismus« anstrebte. Durch Nachwirkungen einflussreich wurde der unter Mussolini jahrelang inhaftierte, aus Sardinien stammende Kommunist Antonio Gramsci (1891–1937) mit seinem Hegemonie-Konzept als Kampf »für eine neue Kultur«.[403] In den Worten des von Faschisten ermordeten Sozialisten Giacomo Matteotti (1885–1924) sei Italien nämlich zwar an sich tendenziell sozialistisch gewesen, »aber der Sozialismus wusste nicht, was er mit dem Land anfangen sollte«. Dabei bekam »die ›Volksfront‹ aus Sozialisten und Kommunisten« seit den Wahlen von 1948 lange über 30 Prozent der Stimmen. Um dem auf allen Ebenen entgegenzutreten, kam es zu ständigen Wahlbeeinflussungen, zur *Democrazia-Christiana*-Unterstützung der USA und zu rechtsextremen Geheimorganisationen wie der *Propaganda Due*. Später entstanden im »spektakulär vulgären TV-Italien Berlusconis« Muster für eine bis in die USA erfolgreiche Fake-News-Politik. Bis vor kurzem hatte auch der aus Genua stammende Kabarettist Beppe Grillo mit der bizarren *Fünf-Sterne-Bewegung* Erfolge.[404] (▸ PALERMO)

Erfreulichere weltweite Zeichen setzte der Architekt Renzo Piano von seiner Geburtsstadt Genua aus: Centre Pompidou in Paris, Fondation Beyeler in Basel, Times Tower in New York, Shard Tower in London, Biosphäre-Kugel in Genuas von ihm revitalisierten altem Hafen, Tjibaou Kulturzentrum in der Südsee, Academy Museum of Motion Pictures in Los Angeles. Auch die 2018 eingestürzte Autobahnbrücke der Stadt entsteht nach seinem Entwurf bis 2020 neu.

403 Antonio Gramsci: *Literatur und Kultur*, Hamburg 2012. S. 17; *Gefängnishefte* in 10 Bänden, Hamburg 2003

404 Maike Albath: *Der Geist von Turin*, a. a. O., S. 23, 165, 182

Neapel: im 17. Jahrhundert die größte Stadt Europas

… aber an der Peripherie Roms beginnt Afroasien und umfasst »Süditalien, einen Teil Spaniens, Griechenland, die Mittelmeerstaaten und den Mittleren Osten«
Pier Paolo Pasolini: *Afrika, letzte Hoffnung*, Hamburg 2011

NEAPEL

Mit ihren Forschungen zu »Mediterranean Crossroads« und »Repräsentation von Italiens Süden in globaler Perspektive« ergründet die Soziologin Patricia La Trechhia, wie sich vom Auswanderungshafen Neapel aus eine vielfältige Kultur fast weltweit verbreitete, die ihrerseits stets Einflüsse von Zuwanderern aufgenommen hatte. Denn die Stadt war lange von spanisch-französischen Dynastien und deren Anhang beherrscht. Dazu gehörte, wie erwähnt, etwa Joseph de Ribas (1749–1800) als aus Neapel gekommener Gründungsgouverneur von Odessa. Der letzte König beider Sizilien, mit Neapel und Palermo als Hauptstädten, war mit einer Schwester von Österreichs Kaiserin Elisabeth verheiratet und ein früherer mit einer Tochter Maria Theresias.

Da jedoch der antiquiert-feudale Süden von der Einheit Italiens kaum profitiert hatte, versetzte das die Stadt in eine jahrzehntelange Abstiegsspirale. Deshalb waren von 1876 bis 1915 vor allem von Neapel aus 7,6 Millionen Auswanderer nach Süd- und Nordamerika gezogen. Nach dem Zweiten Weltkrieg strebten neuerlich »über fünf Millionen Arbeiter aus Süditalien in die Fabriken von Turin oder Mailand oder jene in Belgien, Holland, Deutschland oder Frankreich«.[405] Beispielhaft für diese Migrationsschicksale steht Lucchino Viscontis Film *Rocco und seine Brüder* von 1960. Neu nach dieser generationenlangen Auswanderung ist nun seit gut zwanzig Jahren, dass die Stadt von einer Migration aus südlichen Ländern durchmischt wird, einer signifikanten »South-South-Migration«. Um ein zum Angstthema gewordenes massenhaftes Drängen nach Norden geht es somit nur mehr bedingt. Neapel wurde dadurch zu einer »kosmopolitischen Metropole des Südens, mit schnellem Bevölkerungswachstum, steigender Arbeitslosigkeit und zurückgehenden Einkommen«. Im Sinn Pier Paolo Pasolinis, der solche Turbulenzen als vitale Bereicherung wie

405 René del Fabrio: Italienische industrielle Arbeitskräfte in West- und Mitteleuropa … a. a. O., S. 689

auch als kapitalistische Deklassierung gesehen hat, hieß es längst, »unterhalb Roms endet Italien und Afrika beginnt«, mit Neapel als Symbol »für Süditalien und ›das andere Europa‹«. Geprägt »von Armut wie von ethnischer und rassischer Diskriminierung«, kommen in den Armutsschichten aufgehende Immigranten nun »aus Nordafrika (Marokko, Algerien, Tunesien, Libyen, Ägypten), aus Sub-Sahara Afrika (Äthiopien, Somalia, Nigeria, Senegal, Kapverden), aus Osteuropa (Polen, Ukraine), vom Balkan (Kroatien, Serbien, Albanien, Montenegro), aus Lateinamerika (Brasilien, Argentinien, Venezuela, Ekuador, Peru, Kolumbien, Kuba, Dominikanische Republik) und aus Asien (Sri Lanka, China, Philippinen)«.[406] Deshalb sei auch Palermo, wie dessen Bürgermeister Leoluca Orlando konstatiert, »keine europäische Stadt. Es ist eine nahöstliche Stadt mitten in Europa. Palermo ist Beirut, Istanbul, Tripoli.« (▸ PALERMO)

Bereits im Altertum lebten Kaufleute aus dem gesamten Mittelmeerraum, oft aus Alexandria zugewandert, im von Griechen gegründeten Neapel (Neapolis, neue Stadt). Viele ansässige Juden »wurden schließlich zu frühen Christen«.[407] Dort war aber auch das Römische Reich zu Ende gegangen, als Verbannungsort des letzten Kaisers Romulus Augustulus (ca. 460–476). Seine ausstrahlende Urbanität erreichte im 17. Jahrhundert ihren Höhepunkt, als Neapel mit 400.000 Einwohnern eine Zeit lang Europas größte Stadt gewesen ist, wenn Konstantinopel nicht mitzählt. Erst danach wuchsen London und Paris schneller. Es hatte die meisten Ärzte pro Einwohner und die geringste Kindersterblichkeit Italiens. Seine Handelsflotte wurde zur drittgrößten der Welt. Das erste Dampfschiff des Mittelmeers kam aus Neapel. Ab 1820 gab es eine Rothschildbank. Gioachino Rossini (1792–1868) war einige Jahre Direktor der berühmten Oper, des *San Carlo Theaters*, und nahm viel Neapolitanisches in seine Kompositio-

406 Pellegrino D'Acierno, Stanislao G. Pugliese (Hg.): *Delirious Naples. A Cultural City of the Sun*, New York 2019, darin: Patricia La Trechhia: Mediterranean Crossroads: Napels as a Model of Southcentric Cosmopolitanism, S. 174, 180, 183, 390 | Terence Ward: Caravaggio's Mercy in Naples, S. 227

407 Jordan Lancaster: *In the Shadow of Vesuvius, A Cultural History of Naples*, London 2009, S. 28

nen auf. Gaetano Donizetti (1797–1848) komponierte sechzehn Opern für das Haus, darunter *Lucia di Lammermoor*. Auch für den aus Catania stammenden Vincenzo Bellini (1801–1835) war Neapel Ausgangspunkt seiner internationalen Erfolge (*Norma*, 1831). William Turner (1775–1851) blieb 1819 für einen Monat, in dem viele Zeichnungen und Ölbilder entstanden. Susan Sontag (1933–2004) beschrieb das freigeistige Leben der Lady Hamilton (1765–1815) in Neapel und deren ungewöhnliche Beziehung mit Englands Seehelden Lord Nelson (1758–1805).[408] Zur markantesten liberalen Aufklärungsstimme Italiens wurde Benedetto Croce (1866–1952), der als Philosoph, Humanist und Historiker zwar kurz politische Ämter übernahm, aber primär als Privatgelehrter mit riesiger Bibliothek von seinem Palazzo in Neapel aus gegen Mussolinis Faschismus auftrat, wegen seiner Reputation aber unbehelligt blieb.

Mit einer halben Million Einwohner war Neapel bei Italiens Vereinigung noch »die viertgrößte Stadt Europas nach London, Paris und Wien«. Nach Jahrhunderten als Metropole des Königreichs Neapel beziehungsweise beider Sizilien sank es dann zur entlegenen, dicht bevölkerten Provinzstadt ab. Denn unter rigider Steuerherrschaft waren im feudale Süden Italiens nie Stadtkulturen entstanden, die wie im Norden lange von ihrer Autonomie und breiteren Mittelschicht profitieren konnten. Mit dem Hofstaat der Bourbonen verschwanden deren Kaufkraft und zahllose Beschäftigungsmöglichkeiten. Die Textilindustrie und viele Handwerksbetriebe kollabierten. Zwanzig Jahre nach Italiens Einheit war das einst strahlende Neapel von »Arbeitslosigkeit, Verbrechen und Überbevölkerung« geprägt, mit mehr als doppelt so vielen Analphabeten wie in Turin oder Mailand. Etwa ein Viertel der Bevölkerung lebte in bitterster Armut. Schließlich mussten die meisten Menschen »von Obst, Gemüse, Schnecken und Zwiebeln leben«.[409] Das entsprach dem Anteil »der Elenden« am Mittelmeer

408 Susan Sontag: *The Volcano Lover*, New York 1992; *Der Liebhaber des Vulkans*, Roman, Frankfurt am Main 1996

409 Jordan Lancaster: *In the Shadow of the Vesuvius*, a. a. O., S. 28, 186, 199, 200, 201

im 16. Jahrhundert, so Fernand Braudel, die sich als Vagabunden, Taglöhner oder Banditen durchschlugen.[410] Nach der verheerenden Choleraepidemie von 1884 sollte eine Stadterneuerung den Niedergang aufhalten, mit der Galleria Umberto I., neuen Boulevards und Sanierung der Hafenfront, was jedoch viele historische Viertel zerstörte, ohne neue Wohnquartiere zu schaffen. Da sich die übliche Unterstützung des Adels für die Armenfürsorge der Klöster deutlich reduzierte, kam es zur drastischen Zunahme organisierter Kriminalität.

Obwohl die vom Klima gemilderte Armut unübersehbar blieb, galt Neapel immer wieder als schönste Stadt Europas, was offenbar auf Miguel de Cervantes (ca. 1547–1616) zurückgeht. Für Caravaggio (1571–1610) wurde es eine wichtige Station. Auf der seit dem 17. Jahrhundert zuerst unter Englands Adeligen üblichen Grand Tour zu den Sehenswürdigkeiten der als Grundlage jeglicher Zivilisation bewunderten Antike galt die Strecke über Rom hinaus noch lange als gefährlich. Goethe ließ sich davon nicht abhalten. Von Neapel beeindruckt widmete er auch dem Vesuv extra »eilige Anmerkungen«.[411] Dass die rauchenden Phlegräischen Felder mit ihren Grotten zu den weltweit gefährlichsten Supervulkanen gehören, mit dem Vesuv durch eine gemeinsame Magmakammer verbunden, haben erst neuere Messungen bestätigt. Folgen von deren Ausbruch bleiben unvorstellbar. Für Vergil (70–19 v. u. Z.), der eine Zeit lang in Neapel lebte und auch dort begraben sein soll, war diese geheimnisvolle Gegend der Zugang zur Unterwelt wie zu den elysischen Feldern. Als Variante dazu galt das Mündungsgebiet des Don am Asowschen Meer (▸ SEWASTOPOL). Ausführlich in der *Aeneis* beschrieben, leiteten »hundert geräumige Gäng' und Mündungen« über »die *Felder des Grams*« immer tiefer ins Innere. Auch für Dante Alighieri (1265–1321) ist Vergil in *Die göttliche Komödie* dessen Führer in die Unterwelt, wo er auf die Helden der Antike, auf Kleopatra, auf »Päpste, deren Habsucht gar so außer Maße geriet«, oder auf Mohammed trifft: »Schau, welche

410 Fernand Braudel: *Das Mittelmeer*, a. a. O., Band 2, S. 75, 85, 157f.

411 *Goethe. Tagebuch der Italienischen Reise 1786*, Hg.: Christoph Michel, Frankfurt am Main 1976, S. 181f.

Wunden Mahomet muss leiden.« Die feingliedrigen Reflexionen von Hermann Broch (1886–1951) in *Der Tod des Vergil* enden mit »unerfaßlich unaussprechbar« werdenden Vorstellungen, »denn es war jenseits der Sprache«.[412] Trotz oder wegen drohender Vulkanausbrüche, die im Jahr 79 Pompei und Herkulaneum zerstörten, wurde Neapel ein Zentrum der Zufalls-Philosophie von Epikur (351–271 v. u. Z.). Überzeugt davon, dass mit dem Tod alles zu Ende sei, folgte ihm seine Anhängerschaft darin, ein fröhliches, glückliches Leben anzustreben, möglichst »ohne physische oder moralische Schmerzen«. Jeder Mensch solle sich auf inneren Frieden hin orientieren, ohne »de[n] Stress von Alltag und Politik« und »irrationale Ängste vor Naturerscheinungen wie Vulkanen und Erdbeben«, da alles auf die Bewegung von Atomen zurückzuführen sei, wie es Lukrez (99/94–55/53 v. u. Z.) in *Über die Natur der Dinge* bekräftigte.[413]

Zum bisher letzten Vesuvausbruch war es im März 1944 gekommen, nachdem Neapel im Oktober 1943 von den Alliierten eingenommen worden war. »Keine andere Stadt Italiens hatte so stark unter Kriegszerstörungen zu leiden«, da es beide Gegner bombardierten und es zuletzt zu tagelangen Straßenkämpfen mit 2.000 Resistenza-Leuten kam.[414] Hinterlassene Minen, Zeitzünderbomben und völlig zerstörte Hafenanlagen behinderten noch lange jeden Neuanfang. Neapel war »die erste große Stadt, mit etwa einer dreiviertel Million Einwohner, die wir am Kontinent den Händen der Deutschen entrissen«, konstatierte der weiter über Rom bis Triest vorrückende US-General Mark W. Clark (1896–1984) – dann erster US-Hochkommissar für Österreich. Für ihn war es »daher von größter Wichtigkeit, dass die Besetzung der Stadt durch alliierte Truppen einen günstigen Eindruck bei der Zivilbevölkerung hervorrief«. Daher habe die eingesetzte Militär-

412 Vergil: *Aeneis*, übersetzt von Johann Heinrich Voß, Köln 2017, S. 117, 128 | Dante: *Die göttliche Komödie*, Frankfurt am Main 1974, S. 32, 39, 125 | Hermann Broch: *Der Tod des Vergil*, Zürich 1958, S. 533

413 Jordan Lancaster: *In the Shadow of the Vesuvius*, a. a. O., S. 16f. | Epikur: *Wege zum Glück*, Hg. Rainer Nickel, Düsseldorf 2005 | Lukrez: *De rerum natura* (*Über die Natur der Dinge*), München 2017

414 Jordan Lancaster: *In the Shadow of the Vesuvius*, a. a. O., S. 225, 226

regierung versucht, einen rudimentären Gesundheitsdienst, die Brandbekämpfung und eine erste Lebensmittelverteilung aufzubauen.[415] Entscheidender wurde, dass vermutlich »die Hälfte der enormen amerikanischen Armeebestände an Zigaretten, Decken, Uniformen und Nahrungsmitteln den Schwarzmarkt belebten«. Sofort kam es »zu einem dramatischen Anstieg der Prostitution und einer Neubelebung der Camorra«.[416] Sogar der Mafiaboss Lucky Luciano (1897–1962) war 1946 vorzeitig aus der Haft in den USA nach Neapel entlassen worden und mischte gleich wieder mit. Auch in der Folge benutzten US-Instanzen diese Strukturen, um ein ziviles Leben in Gang zu bringen und antikommunistische Kräfte zu bestärken. Im Bourbonenschloss Caserta bei Neapel war die von Hitler strikt untersagte Teilkapitulation der Wehrmacht in Italien unterzeichnet worden. Als Willkommensmahl bekam US-General Mark W. Clark im Oktober 1943 eine junge Seekuh serviert, das seltenste und wertvollste noch im berühmten Aquarium vorhandene Tier. Gegründet hatte es der deutsche Zoologe Anton Dohrn (1840–1909) als weltweit erstes Institut für ozeanografische und zoologische Forschung. Charles Darwin, Johannes Brahms, Sigmund Freud oder Friedrich Alfred Krupp zählten zu den frühen Besuchern.

Zur literarischen Nachkriegsstimme Neapels wurde Curzio Malaparte (Kurt Erich Suckert, 1898–1957) mit seinen provokanten Romanen *Kaputt* (1944), *Die Haut* (1948) und bizarren Positionierungen. Als Faschist Teilnehmer am Marsch auf Rom, *La Stampa*-Chefredakteur, 1929 in Moskau, aus der Partei ausgeschlossen, nach Lipari verbannt, Kriegskorrespondent in Abessinien und Russland, tendierte er nach dem Krieg zum Kommunismus. Seine mit Adalberto Libada 1942 entworfene Villa auf Capri, für manche »das schönste Haus der Welt«, Schauplatz des Godard-Films *Die Verachtung* (1963), vermachte er der Volksrepublik China. Nach langem Rechtsstreit ist sie wieder in Privatbesitz. Sein Künstlername verdrehte Reminiszenzen an Bonaparte ins Spekulativ-Ne-

415 General Mark W. Clark: *Mein Weg von Algier nach Wien*, Velden–Wien 1954, S. 256

416 Jordan Lancaster: *In the Shadow of the Vesuvius*, a. a. O., S. 228f.

gative. Anna Maria Ortese (1914–1998), inzwischen hochgeschätzt, hatte wegen ihres angefeindeten Buchs *Neapel liegt nicht am Meer* von 1953 die Stadt verlassen.

Bis 1913 lebte Maxim Gorki (1868–1936) einige Jahre auf Capri. Der russisch-tatarische Tänzer Rudolf Nurejew (1938–1993) zog sich zuletzt oft in sein Anwesen auf der Insel Galli lungo vor Amalfi zurück. Den eine Zeit lang in Neapel lebenden Komponisten Hans Werner Henze (1926–2012) beeindruckte das Stimmengewirr der Straßen, »immer mit der Tendenz, in Gesang zu münden«, aber auch »als der dunkle wehmütige Ton des Morgenlandes«. Denn »korrupte Höfe haben, mit beispielloser Dekadenz und Grausamkeit, tausend und mehr Jahre lang auf dieses Volk losgeschlagen. Seine Geschichte ist gekennzeichnet durch Elend und Hunger. In den Charakter des Neapolitaners hat sich das ganze Schicksal seiner Vorfahren eingekerbt. Misstrauen, Neugier, Empfindlichkeit, Leidensfähigkeit, Bedürfnislosigkeit, Gutmütigkeit.«[417] *O sole mio*, das der Neapolitaner Enrico Caruso (1873–1921) durch frühe Schallplatten zum Welt-Hit machte, wurde 1960 als *It's Now or Never* neuerlich die bestverkaufte Single von Elvis Presley (1935–1977). Komponiert hatte es Eduardo de Capua auf einer Russland-Tournee in Odessa.[418]

Nach den innovativen Neorealismo-Filmen zu damaliger Armut hat »the Italian and Mediterranean female beauty« Sophia Loren, die dort aufgewachsen ist, das lebensfrohe Neapel vertreten. Auch Marcello Mastroianni (1924–1996) und Vittorio De Sica (1901–1974) wurden oft zu Neapolitanern, den täglichen Überlebenskampf als *Dolce-far-niente*-Figuren ironisierend. Wie korrupt es nach dem Krieg weiterging, hat Francesco Rosi (1922–2015), selbst Neapolitaner, in seinem Film *Hände über der Stadt* (1963) augenscheinlich gemacht. Er handelt von berüchtigten Politikern wie Achille Lauro (1897–1982), früher Faschist, dann Monarchistenführer und für Jahre Neapels Bürgermeister, der sich ständig Stimmen kaufte und die Stadt »Camorra-unterstützten Developern«

417 Hans Werner Henze: Die Kanzonen von Neapel (1958), in: Dieter Richter (Hg.): *Neapel. Eine literarische Einladung*, Berlin 2008, S. 49f.

418 Jordan Lancaster: *In the Shadow of the Vesuvius*, a. a. O., S. 209, 219, 227

auslieferte. Rücksichtslos wurde Grünland zerstört und die ärmere Bevölkerung an den Stadtrand vertrieben. Das nach ihm benannte Kreuzfahrtschiff kaperten 1985 palästinensische Terroristen vor Ägypten, um Gefangene freizupressen. Nach zähen Verhandlungen zwischen Italien, den USA und der Palästinenserführung wurden die Entführer in Italien zu Haftstrafen verurteilt. Die *Achille Lauro* sank 1994 nach einem Brand im Indischen Ozean. Da war die kommunale Macht längst auf die *Democrazia Cristiana* mit Antonio Gava (1930–2008) und seinem Familienclan übergegangen, der sich auf den Banken- und Bausektor konzentrierte, was schließlich zur Verurteilung wegen Mafiaverbindungen führte. Ständig flossen öffentliche Mittel »in die Taschen von Politikern«, was kaum geordnete Entwicklungen zuließ. Von 1951 bis 2004 war Neapel Hauptquartier der *Alliierten Streitkräfte Südeuropa* (*AFSOUTH*) mit etwa 18.000 dort stationierten Militärs. Weiterhin sind US-Amerikaner »die größte und einflussreichste Ausländergruppe in der Stadt« und viele ließen sich im Süden des Landes nieder. 1980 starben bei einem massiven Erdbeben über 3.000 Menschen und 400.000 verloren ihre Wohnstätten. Der Wiederaufbau wurde neuerlich »einer der drastischsten Betrugsfälle in Europa«. In der internationalen Berichterstattung ergab sich immer deutlicher das Negativbild: »Neapel ist eine Dritte-Welt-Stadt mit einer Dritte-Welt-Politik.«[419]

Ein Stolz auf die Stadt entstand wieder als der *SSC Napoli* mit Diego Maradona zur Spitzenmannschaft des italienischen Fußballs aufstieg. Als im Zuge der weltpolitischen Wende von 1989/91 das Parteiensystem Italiens erodierte, wurde der linke Reformer Antonio Bassolino Bürgermeister, der 1997 sogar mit 75 Prozent gewann. Uferzonen und Altstadt wurden saniert, Fußgängerzonen eingerichtet, die neuralgische Abfallentsorgung neu geordnet. »Die prominentesten Camorra-Chefs kamen ins Gefängnis«, weil Giuseppe Di Maria (1936–2018) deren Verfolgung massiv intensivierte. 2011 wurde der als Korruptionsermittler profilierte Staatsanwalt Luigi de Magistris Bürgermeister. Durch renovierte und neue Museen, eines extra für den wegen seiner wilden archaisch-religiösen

419 Jordan Lancaster: *In the Shadow of the Vesuvius*, a. a. O., S. 230ff.

Bezüge dort sehr verehrten Hermann Nitsch, wurde Neapel »one oft the world's art capitals«.[420] Das 1831 in Pompeij entdeckte Mosaik mit dem kämpfenden Alexander dem Großen ist im Archäologischen Nationalmuseum das Prunkstück.

Das Sozialgefüge der ärmsten Schichten Neapels erforschte der Anthropologe Thomas Belmonte (1946–1995) in *The Broken Fountain*, was sich auf einen devastierten Brunnen, die *Fontana del Re*, bezieht. Mit monatelang gesammelten Biografien, Beobachtungen und Aussagen konnte er einer »Kultur der Armut« Konturen verleihen, von der »dominierenden Rolle der Mütter und fehlender Disziplinierung durch Väter« bis zur Lage der Jugendlichen, die auf Diebsstahl, Drogenhandel, Prostitution, organisierte Kriminalität und strikten Gegenwartsbezug angewiesen blieben, »was die Armut fortwährend prolongiert«. Bezeichnend sei, wie »privat und selbstbezogen in der Welt der Armen« gelebt werde, mit ständig laufendem Fernseher. Nicht einmal mehr zur »industriellen Reservearmee« gehörend, fühlten sich alle sowohl »von der traditionellen wie von der modernen Welt ausgeschlossen«. Waren Proletarier noch integriert, seien die neuen Armen es keineswegs. Ihr Kern blieben weiterhin die durchwegs »impulsiv, großzügig und gastfreundlichen« Familien. Deren Vertreibung nach dem Erdbeben aus Altstadt und spanischem Viertel an die Peripherie zerstörte für immer »eine jahrhundertelang gelebte Kultur«, die ein Überleben unter äußerst prekären Bedingungen ermöglichen sollte. Der grassierende politische Zynismus ergebe sich »aus der Gewöhnung an das Parasitentum und die Korruption der etablierten Bürokratie«. Niemand traue noch Reform- und Wohlstandsversprechen »der mächtigeren Klassen, ob liberale Bourgeoisie oder proletarisch«. Durchwegs gelten eigene Regeln, was sich in vielen Lebensläufen von Taschendieben, Drogendealern und Prostituierten bestätige. Nur unmittelbar Nützliches ist wichtig. Inzwischen sind auch »Klans der Kinder« längst dabei, mit eigenen Bandenstrukturen Erfolg zu haben.[421]

420 Jordan Lancaster: *In the Shadow of the Vesuvius*, a.a.O., S. 242ff.

421 Thomas Belmonte: *The Broken Fountain*, New York 2005, S. xxxi, xxxviii, xli, 9, 139, 140, 143, 157 | Claudio Giovannesi: *Paranza – Der Klan der Kinder*, Spielfilm, I 2019

Beirut
Ruine des Dome-City-Center Kino »The Egg«
als Bürgerkriegsdenkmal im Stadtzentrum

»Identität als Summe seiner verschiedenen Zugehörigkeiten begreifen«
Amin Maalouf: *Mörderische Identitäten*, Frankfurt am Main 2000

BEIRUT

»Smyrna war durch Regierungen und Armeen zerstört, Alexandria durch Suez-Krise und Sozialismus geschwächt worden. Beirut jedoch, der letzte große Hafen der Levante, wurde zum Opfer der eigenen Bewohner«, konstatiert Philip Mansel zu solchen Parallelen. Dort zeigte sich drakonisch, »wie schnell sich eine Stadt auflösen konnte«.[422] Salonikis legendäre Urbanität wiederum hatte nach strikter Hellenisierung die Ausrottung seiner Juden durch Nazi-Deutschland auf radikalste Weise transformiert. Odessa und Sewastopol waren bereits ab 1920 für Jahrzehnte von einem Eisernen Vorhang abgeschottet. Das über Jahrhunderte kosmopolitische Istanbul machte die massive Landflucht schließlich zur türkischen Megacity mit völlig veränderter Bevölkerung. Die mentalen Distanzen am Mittelmeer vergrößerten sich mit dem Mittleren Osten als zentralem Konfliktherd, für den sich weiterhin kaum friedliche Perspektiven abzeichnen.

Im von Volker Schlöndorff verfilmten Roman *Die Fälschung* von Nicolas Born (1937–1979) wird der von 1975 bis 1990 andauernde, in höchst undurchsichtiger Weise radikalisierte Bürgerkriegsterror in Beirut aus Sicht eines deutschen Journalisten beschrieben. »Die Banden wüssten nicht«, heißt es dort, »wohin mit den Gefangenen, die einfach in den Straßen aufgegriffene, zusammengetriebene und abtransportierte Passanten seien. Also würden sie, wenn sie im Moment als austauschbare Geiseln nicht zu gebrauchen seien, erschossen und verbrannt. Viele Leichen würden auch einfach ins Meer geworfen.« So verschwanden täglich Dutzende Menschen, weil sie gerade am falschen Ort waren. »Ein Menschenleben sei nur noch etwas wert als Tauschobjekt, und es sei auch etwas wert als Mordopfer der Revanche für andere Mordopfer. Kein Zweifel, dass die Tiger-Miliz von Chamoun, die Falange und die ›Wächter der Zeder‹ diese Methoden am perfektesten ausübten. Geschulte Mordbrenner.« Gemeint

422 Philip Mansel: *Levant*, a. a. O., S. 325

sind politisch militant rechtsstehende Kampfgruppen, jene von Camille Chamoun (1900–1987), früher Libanons Präsident und ein christlich genannter Führer im Bürgerkrieg, die faschistische, ebenso als christlich geltende Bewegung *Falange*, gegründet von Pierre Gemayel (1905–1984) und die dezidiert rechtsextreme christlich-maronitische Miliz *Wächter der Zeder*. »Dagegen nehmen sich die Gegenaktionen der Muslime wie verzweifelte, kurzatmige und desorganisierte Rachezüge aus. Anders die Palästinenser, deren Lager, jedenfalls die im östlichen Beirut, umzingelt sind und allnächtlich beschossen und bombardiert werden. Sie gehen gegen ihren Feind kaum weniger gnadenlos vor als die Christen, um so gnadenloser, je auswegloser ihre Lage wird, und ihre Lage wird zusehends aussichtsloser.« Die häufigen Massaker an Muslimen würden vermummte Leute erledigen. Vor allem »die Palästinenser hätten keine Chance, sie würden aufgerieben«. Subventioniert werde der Krieg »von allen Seiten, von Israel, den USA, der Bundesrepublik, den meisten arabischen Ländern«. Syrien helfe »einmal der PLO, dann wieder den Falangisten, es geht kreuz und quer«.[423] Beteiligt hatten sich, so Volker Perthes in *Das Ende des Nahen Ostens, wie wir ihn kennen*, »vor allem Syrien und Israel, die PLO und Iran, aber auch Saudi-Arabien, Libyen, der Irak, die kurdische PKK und einige andere« – »meist durch die Unterstützung oder den Aufbau bestimmter Bürgerkriegsparteien, am Ende dann, unter saudischer Führung, mit dem recht erfolgreichen Versuch, ein politisches Gleichgewicht herzustellen, das zwar nicht alle Konflikte, aber den Krieg beendete«.[424]

Die Republik Libanon (offiziell: Libanesische Republik) war für fünfzehn Jahre zum grauenhaften Schauplatz explodierender Feindseligkeiten geworden. Es war eine inferiore Zuspitzung späterer Kriege im Irak, in Syrien, des ›Islamischen Staates‹ eines, so Volker Perthes, »wildgewordenen Wahhabismus« aus Saudi-Arabien (in anderen Ländern Salafismus genannt), und dann in Libyen. Seit 1943 von Frankreichs Mandatsherrschaft unabhängig,

423 Nicolas Born: *Die Fälschung*, Roman, Reinbek bei Hamburg 1984, S. 45, 51, 138f., 225, 286f. | Volker Schlöndorff: *Die Fälschung*, Spielfilm, D 1981

424 Volker Perthes: *Das Ende des Nahen Ostens, wie wir ihn kennen*, Berlin 2015, S. 50, 83 | Gilles Kepel: *Chaos*, a. a. O., S. 36ff., 62ff.

galt der Libanon als Schweiz des Mittleren Ostens, mit dem Finanzzentrum Beirut als lebenslustigem ›Paris der Levante‹, noblen Hotels, dem *Casino du Liban*, legendären Nachtclubs, gerade auch für die Reichen Saudi-Arabiens und der Golfstaaten, wovon auch ärmere Schichten profieren sollten. Primär wurden aber enorme Vermögen akkumuliert. Mit 10.000 Quadratkilometer etwa so groß wie Kärnten lebt die Hälfte der derzeit wieder sechs Millionen Einwohner im Großraum Beirut, also wie in früheren Zeiten praktisch in einem Stadtstaat mit Landbesitz. Um die Interessen beteiligter Gruppen zu berücksichtigen, wird im politischen System so strikt wie kaum sonst wo nach Konfessionen unterschieden und das als Herrschaftsmittel benutzt. Denn diese sind, wie nun auch im Irak, über politische Parteien nach einem Proporzsystem an Staatsämtern und Behörden zu beteiligen, damit keine allein herrsche. Gerade dagegen wird jedoch nun in diesen Ländern ständig offensiv protestiert, weil das auf verfilzte Weise Korruption, Vetternwirtschaft und Machenschaften eskalieren ließ. Denn im Parlament steht nach einer Korrektur Christen und Muslimen jeweils die Hälfte der Sitze zu. Der Präsident muss maronitischer Christ sein, der Premierminister sunnitischer, der Parlamentssprecher schiitischer Muslim. Sunniten und Schiiten bilden gemeinsam mit jeweils etwa 25 bis 30 Prozent die Mehrheit, agieren jedoch meist als Gegner und fühlten sich stets von gutorganisierten christlichen Parteien dominiert. 5 Prozent sind Drusen, eine Abspaltung der ismailitischen Schia, 2 Prozent schiitische Alawiten wie die syrische Herrscherfamilie Assad. 21 Prozent sind mit Rom unierte christliche Maroniten der Ostkirche, 20 Prozent griechisch-orthodox, griechisch-katholisch oder Angehörige anderen christlicher Richtungen. Gesprochen wird libanesisches Arabisch.

Wegen der seit dem 19. Jahrhundert andauernden Emigration ist Libanons Diaspora deutlich größer als die Zahl im Land Verbliebener. Etwa 8 Millionen davon leben in Südamerika, meist in Brasilien, je 0,5 Millionen in Europa und den USA.[425] In der muslimisch orientierten Welt ist der Libanon die größte nominell

425 Wikipedia: Libanon | Lebanese diaspora

christliche Enklave, weshalb vor allem katholische Kreise Frankreichs seit langem Schutzfunktionen beanspruchten.

Libanons demokratiepolitisches Dilemma sind die mächtigen, oft genug feindselig konkurrierenden, bisweilen wieder verbündeten Clans schwerreicher Oligarchen. Rückhalt liefern von ihnen Abhängige, was die als Ersatz für Sozialversicherung und Altersvorsorge dienenden Familienbande politisch nutzbar macht. Nach dem Bürgerkrieg wurden vor allem in den weiter sehr verehrten liberalen, mehrmaligen sunnitischen Ministerpräsidenten Rafiq al-Hariri (1944–2005) berechtigte Hoffnungen gesetzt. Sich früh für Friedensinitiativen einsetzend, war er strikt gegen einen weiteren Einfluss von Syriens Regime und fiel deswegen 2005 in Beirut einem Bombenanschlag mit enormer Sprengkraft zum Opfer. Über eine Million protestierender Libanesen forderten deshalb den Abzug der syrischen Armee, wozu es nach dreißig Jahren militärischer Präsenz im Land tatsächlich kam. Verurteilt wurde nie jemand, obwohl ein UN-Sondertribunal die Beteiligung hochrangiger syrischer Politiker und schiitischer Hisbollah-Mitglieder feststellte. Hariris Familie, auch wegen ihrer Freigebigkeit anerkannt, sorgte mit ihrem in Saudi-Arabien gegründeten Bau- und Immobilienkonzern für den Wiederaufbau Beiruts zur eleganten Mittelmeer-Metropole, was sichtlich wichtiger schien als Sozialer Wohnbau oder konsequente Abfallentsorgung. Schon der mit seiner einflussreichen Familie die Drusen vertretende mehrmalige Minister Kamal Dschumblat (1917–1977) war durch ein Attentat umgekommen. Als Anführer der Libanesischen Nationalbewegung repräsentierte er die anfangs gemeinsam mit der PLO von Jassir Arafat (1929–2004) mit Kommunisten und arabischen Nationalisten agierende linke Opposition. Dessen Sohn Walid Dschumblat, ein enger Freund Rafiq al-Hariris, leitet gegenwärtig die Sozialistische Fortschrittspartei des Libanon. Auch Dany Chamoun (1934–1990), Sohn des maronitischen Staatspräsidenten Camille Chamoun und Gründer der berüchtigten Tiger-Milizen, starb mit seiner Frau und zwei Kindern bei einem Attentat, wie bereits Bachir Gemayel (1947–1982), Sohn des *Falange*-Gründers Pierre Gemayel. Dass es der Tendenz nach ursprünglich um Kämpfe zwischen prowestlichen Christen und arabischen Nationalisten ging, weil die Parteien keinerlei Konsens mehr erreichten, war schließlich kaum noch erkennbar. Die von al-Hariris Sohn Saad al-Hariri geführte sunnitische Zukunftsbewegung wurde zur dominierenden Gruppierung eines von Saudi-Arabien mitfinanzierten antisyrischen Bündnisses, das den 2011 einsetzenden Widerstand gegen Baschar al-Assad unterstützte. Auf dessen Seite wiederum agierten die im Land lange marginalisierten Schiiten, denen die mit dem Iran verbündete *Hisbollah* (»Partei Gottes«) militante Macht verlieh, seit Irans Einfluss im Irak, in Syrien und im Libanon stark zunahm. Denn Irans schiitische *al-Quds*-Brigaden (Jerusalem: arab. *al-Quds*) kämpften im Irak, gegen die Aufständischen in Syrien und den sunnitischen ›Islamischen Staat‹. Gesteuert wurden sie von General Qasem Soleimani, den im Jänner 2020 bei Bagdad eine US-Drohne tötete, was ihn weithin zur Galionsfigur antiamerikanischen Widerstands macht, mit neuerlich unabsehbaren Folgen.

Solche Konfusionen demonstrieren, dass ein zuerst von Nassers Ägypten vehement propagierter arabischer Nationalismus in der gesamten Region »kaum noch eine Rolle« spielt, so Volker Perthes. »Zu sehr haben die Regime, die sich als arabisch-national definierten, versagt.« Aber »liberale, säkulare, sozialistische Strömungen sind in den meisten arabischen Staaten nie mehrheitsfähig geworden«. Daraus resultiere weithin ein krasser »Mangel an Inklusion«. Muslimische und nicht-muslimische Minoritäten werden als Fremdkörper betrachtet, negiert oder bekämpft, weil feste Identitäten das primäre Zuordnungsmerkmal bleiben. Denn je mehr im Hier und Jetzt »Ordnung, soziale, wirtschaftliche und politische Stabilität und Gewissheit fehlen, je weniger das Zusammenleben verschiedener Bevölkerungsgruppen im Rahmen verlässlicher Staatlichkeit abgesichert wird, desto wichtiger werden konfessionelle, ethnische und tribale Bindungen und Identitäten, die sich entlang der Zeitlinie, der soziokulturellen *longue durée* entwickelt haben«. Die feindselige Geisteswelt rechtsradikaler Identitärer Europas und der USA ist eine Parallele dazu. Für das reale Geschehen sei es deshalb »ziemlich irrelevant, ob oder zu welchem Grad es sich dabei um ›erfundene‹ Gemeinschaften und entsprechend erfundene Identitäten handelt – so lange jedenfalls, wie diese Identitäten wirken, politisch nutzbar gemacht werden können und dabei helfen, passende Elemente der Geschichte im richtigen Moment in die kollektive Erinnerung zu rufen«, vielfach als unversöhnliche, lange kaum eine militante Rolle spielende Spaltungen.[426] Eklatante Klassenunterschiede sind längst nicht so wichtig wie Konfessionen, die leichter erkennbar sind als die politische Orientierung zwischen extrem rechts und extrem links, autoritär und demokratisch, pro- und antiwestlich, pro-arabisch oder multikulturell-libanesisch, weil das wechselnde interne Koalitionen immer wieder egalisierten. Kaum ein anderes kleines Land ist solchen divergierenden politischen Einflussgrößen ausgeliefert, ob von den USA und Russland, von Syrien, Saudi-Arabien, dem Iran, Jordanien oder Israel, mit dem es von Beginn an im Kriegszustand ist. Hinzu kommen 500.000 palästinensische und nun 1,5 Millionen syrische Flüchtlinge, überwiegend Sunniten, was Schiiten befürchten lässt, es würde ihre Position schwächen, obwohl sie zur größten Gruppe anwuchsen.

Das stets labile, schematisch-konfessionelle Machtgleichgewicht hatte im Libanon bereits 1958 zu einem kurzen Bürgerkrieg geführt, weshalb der christliche Präsident Camille Chamoun (1900–1987) US-Marines als Ordnungsmacht zu Hilfe rief. Eine weitere Zäsur war die militärische Vertreibung der PLO aus dem westlich orientierten Jordanien (»Schwarzer September« 1970/71), die dort mit syrischer Unterstützung die Macht ergreifen wollte, dann aber ihre Stützpunkte in den Süd-Libanon verlegte, von wo sie die israelische Armee 1982 wegen massiver PLO-Anschläge zum Abzug zwang. Vorübergehend wich sie nach Tunis aus. Schließlich verlor die ursprünglich säkular-revolutionäre, oft von Abspaltungen gezeichnete PLO den Alleinvertretungsanspruch der Palästinenser. Denn nach den Wahlen 2006/07 musste sie im Gazastreifen die Machtübernahme der weit radikaleren *Hamas* (»Begeisterung«, »Kampfgeist«) akzeptieren. Als militante Gründung der Muslimbruderschaft fordert diese einen islamischen Staat anstelle Israels, während die PLO unter Mahmud Abbas, dem Präsidenten der Palästinensischen Autonomiebehörde, die

426 Volker Perthes: *Das Ende des Nahen Ostens*, a. a. O., S. 19, 42, 122

oft unterbrochenen, weiter perspektivlosen Verhandlungen mit Israel überlassen bleiben.

Wie mörderisch die Auseinandersetzungen geführt werden, zeigte sich besonders exzessiv in Beiruts Palästinenserlagern von Sabra und Schatila. Im September 1982 verübten dort als christlich geltende Falange-Milizen ein Massaker an Tausenden Zivilisten und ganzen Familien, obwohl die Lager von der israelischen Armee überwacht wurden. Selbst Haupttäter wurden trotz diverser Untersuchungen nie belangt. Das war dem Massenmord an bosnischen Muslimen in Srebrenica von 1995 vergleichbar, dem schwersten Kriegsverbrechen in Europa nach dem Zweiten Weltkrieg. Auswirkungen hatte es bis zu den damals anlaufenden Kämpfen in Afghanistan. Denn dem einflussreichen demokratischen Kongressabgeordneten Charlie Wilson (1933–2010) aus Texas waren auf einer Erkundungsreise in Beirut unmittelbare Berichte davon offenbar so nahegegangen, dass er zum Hauptaktivisten für die mit Saudi-Arabien koordinierte Finanzierung der die Sowjetarmee bekämpfenden Mudschahedin wurde. Das begünstigte letztlich die radikalen Taliban im bis heute andauernden Krieg – als weiterer Hinweis auf ausufernde, verworrene Zusammenhänge.[427] In Beirut gingen die Kämpfe jahrelang weiter. So hatte im April 1983 der Bombenanschlag eines proiranischen Selbstmordattentäters auf die US-Botschaft wieder über 60 Menschen getötet und ständig gab es weitere Attentate.

Für Beirut selbst war in Europa wieder ein Interesse entstanden, als die Armee von Muhammad Ali Pascha von Ägypten nach Syrien und bis Anatolien vorgedrungen war, um sich als eigenes Imperium vom Osmanischen Reich zu lösen. Nicht an dessen Schwächung interessiert, zwangen ihn von europäischen Mächten unterstützte osmanische Truppen zum Rückzug (▸ ALEXANDRIA). Dabei war es 1840 sogar zum tagelangen Beschuss Beiruts »durch britische und österreichische Kriegsschiffe« gekommen. Diese Intervention begünstigte den neuerlichen Aufstieg der Stadt zum »Tor der Levante«, in der damals »9.000 Christen, 9.000 Muslime,

427 Christian Reder: *Afghanistan, fragmentarisch*, Wien–New York 2003, S. 161ff. | George Crile: *Der Krieg des Charlie Wilson*, Wolfenbüttel, 2008

850 Drusen und 250 Juden« lebten; um 1900 waren es 100.000. Erste Zeichen dafür waren die »Eröffnung eines modernen Lazaretts und einer Quarantänestation« und des ersten Hotels mit internationalem Standard. Trotz der Lage an der Peripherie des Osmanischen Reichs wurde Beirut zum »transmaritimen bürgerlichen Spiegelbild des bewunderten Marseille«. Seit 1866 gab es die protestantische Amerikanische Universität Beirut, seit 1875 die Université Saint-Joseph französischer Jesuiten. Wie Smyrna und Alexandria repräsentierte auch Beirut einen »freedom from nation state«, weil diese wichtigen Häfen durch ihre Wirtschaftskraft quasi Stadtstaaten wurden.[428] 1860 kam es jedoch im Libanon zu einer blutigen Revolte christlicher Maroniten gegen landbesitzende Drusen und Sunniten mit Zehntausenden Toten und zu einem Vergeltungsmassaker an Christen in Damaskus. Deshalb erreichte Frankreich, dass der Libanon organisatorisch von Syrien getrennt und direkt dem Sultan in Konstantinopel unterstellt wurde, als autonome Provinz mit zunehmend französisch geprägter Orientierung und Kultur.

Als sich der Erste Weltkrieg auf den Mittleren Osten ausdehnte, wurde mit einer rigiden osmanischen Militärverwaltung reagiert, an deren viele Todesurteile gegen Rebellierende der *Place des Martyrs* in Beiruts Stadtzentrum erinnert. Als Folge der alliierten Seeblockade und der Requirierung von Lebensmitteln durch türkische und deutsche Heeresverbände entstanden große Hungersnöte und Epidemien. Ihnen fielen etwa 100.000 der damals 450.000 Einwohner des Libanon zum Opfer. Deshalb konnte für Zehntausende armenische Flüchtlinge kaum etwas getan werden. Das jahrelange grauenhafte Elend den Deportationen in die syrische Wüste entkommener »verstümmelter und verhungerter Flüchtlingskinder« im nur hundert Kilometer von Beirut entfernten Damaskus hatte noch 1929 Franz Werfel (1890–1945) zum Roman *Die vierzig Tage des Musa Dagh* motiviert, in dem die Passivität christlicher Nationen angesichts der primär als Christenverfolgung

428 Philip Mansel: *Levant*, a. a. O., S. 96f., 159 | Jürgen Osterhammel: *Die Verwandlung der Welt*, a. a. O., S. 289, 382, 426, 456, 1137

gesehenen Massaker von 1915 an der armenischen Bevölkerung den erzählerischen Hauptstrang bildet.[429]

Als Kriegsverlierer hörte das Osmanische Reich zu bestehen auf, weil es als »wichtigste und folgenreichste Einzelentscheidung in der Geschichte des modernen Mittleren Ostens« in krasser Fehleinschätzung seiner Perspektiven mit Deutschland und Österreich-Ungarn am Weltkrieg teilnahm, obwohl deren Politik zum Verlust seiner Balkangebiete geführt hatte.[430] Dass dann gegen alle Versprechungen England und Frankreich im vorerst geheimen Sykes-Picot-Abkommen von 1916 – ausgehandelt von den Diplomaten Mark Sykes (1879–1919) und François Georges-Picot (1870–1951) – durch Linienziehung ihre Interessenssphären im Mittleren Osten abgrenzten, gilt in der arabischen Welt weiter als Paradebeispiel rücksichtsloser europäischer Perfidie. Nach diversen Verhandlungen ergab sich daraus das Völkerbundmandat Frankreichs für Syrien und den Libanon und das Großbritanniens für Palästina, das dann geteilte Transjordanien und für Mesopotamien. Dabei war dem letzten Scherifen von Mekka, dem Haschemiten Hussein ibn Ali (1853/56–1931), wegen der Beteiligung am Kampf gegen die Osmanen ein arabischer Staat in Aussicht gestellt worden, was durch Aktivierung von Wüstenkriegern vom legendären Lawrence von Arabien (T.E. Lawrence, 1888–1935) mit viel Bargeld organisiert wurde (meist weithin akzeptierten Maria-Theresien-Talern). Als dessen ebenso gut vernetzte Gegenspieler hätten die erfahrenen Orientalisten Alois Musil (1868–1944) – Cousin des Schriftstellers Robert Musil (1880–1942) – und Max von Oppenheim (1860–1946) für österreichische und deutsche Nachkriegsinteressen Vorbereitungen treffen sollen.[431] Die aufständischen

429 Franz Werfel: *Die vierzig Tage des Musa Dagh*, Roman, Berlin 1978, Band II, S. 151, 451

430 Efraim Karsh, Inari Karsh: *Empires of the Sand*, a.a.O., S. 3

431 T.E. Lawrence: *Die sieben Säulen der Weisheit*, Berlin 2018 | Karl Johannes Bauer: *Alois Musil. Wahrheitssucher in der Wüste*, Wien 1989 | Gabriele Teichmann, Gisela Völger (Hg.): *Faszination Orient. Max von Oppenheim, Forscher–Sammler–Diplomat*, Köln 2001 | David Lean: *Lawrence von Arabien*, Spielfilm, GB 1962, mit Peter O'Toole, Alec Guiness, Anthony Quinn, Omar Sharif

Araber kämpften unter Faisal I. (1853–1933), einem Sohn des Scherifen, den aber Abd al-Aziz ibn Saud (ca. 1875–1953) aus Mekka vertrieb. Dieser wurde 1932 erster König Saudi-Arabiens, das seit den Ölfunden von 1938 zur von der radikal-puristischen Islamversion des Muhammad ibn ʿAbd al-Wahhāb (1702/03–1792) geprägten Energiegroßmacht aufstieg. Stets ging es um Gebiete und interne Rivalität, nie um nationale Zusammengehörigkeit in einem bis zum Mittelmeer vereinten Arabien. Faisal I. konnte zwar bei der Pariser Friedenskonferenz anwesend sein, das propagierte Selbstbestimmungsrecht war aber bestenfalls für Europa gedacht. Anderswo müsse sich die Fähigkeit zur Selbständigkeit erst unter kolonialer Aufsicht herausbilden, so die dominierende Auffassung, was schließlich zu bedenkenlosem Rückhalt für diverse Tyrannen führte. Darauf reagierend, ließ Faisal I. sich 1920 in Damaskus vom Syrischen Nationalkongress zum König Syriens ausrufen, wurde aber nach Frankreichs Mandatsübernahme von dort vertrieben. Als Kompensation machten ihn die Briten in Bagdad zum König des neugeschaffenen Irak. Sein Bruder Abdallah ibn Husain I. (1882–1951) wurde Emir und dann König von (Trans-) Jordanien. Frankreichs Militär blieb weiter offensiv und zerstörte 1925 in der Altstadt von Damaskus planmäßig Häuser oppositioneller Würdenträger. Seine Vichy-Truppen bekämpften in der Region 1941 sogar die Alliierten und Freien Franzosen und versuchten noch im Mai 1945 in Damaskus eine Militärpräsenz zu halten.[432]

Als Kernzone arabischer Einheit kursierten immer wieder Vorstellungen von einem Großsyrien, den als *Bilad asch-Scham* einst von Damaskus aus verwalteten Provinzen mit den Küstengebieten vom Sinai bis zum Euphrat und eventuell auch dem Irak. Dieses Ziel verfolgten eine Zeit lang die syrischen und irakischen *Baath*-Parteien (»Wiedergeburt«, »Auferstehung«). Ansätze dazu versuchte Nassers kurzlebige Vereinigung von Ägypten und Syrien. Divergierende Interessen machten es völlig unrealistisch, mit Saudi-Arabien als reichem Kontrahenten.

432 Kawakibi, Nazih: Zur Stadtentwicklung von Damaskus, in: Christian Reder, Simonetta Ferfoglia (Hg.): *Transferprojekt Damaskus, deutsch/arabisch*, Wien–New York 2003, S. 233ff.

War schließlich mit der Implosion der Sowjetunion ein sozialistisch orientierter Halt verlorengegangen, blieb »nach dem Niedergang des Panarabismus«, so Bernard Lewis, »der islamistische Fundamentalismus als attraktivste Alternative für all diejenigen übrig, die sich nach etwas sehnten, das besser, wahrer und erfolgversprechender war als die Diktaturen ihrer unfähigen Herrscher und bankrotten Ideologien, die von außen importiert waren«.[433] Ein ›Islamischer Staat‹ sollte alle Muslime vereinen, um dann alle aufgezwungenen Trennungen zu überwinden, zuerst unter Arabern, dann zumindest unter allen Rechtgläubigen, ohne noch Nationalitäten wichtig zu nehmen. Als Einheit war diese Region jedoch nie organisiert.

Im Römischen Reich gab es die Provinzen Syria, Judea und Arabia, mit über Palmyra und Petra laufenden Handelsbeziehungen in den Süden. Die osmanische Provinz Syrien war in Verwaltungsbezirke gegliedert. Die Neuordnung nach dem Ersten Weltkrieg setzte auf kontrollierbare Kleinteiligkeit. Bereits die Balfour-Deklaration des britischen Premiers Arthur James Balfour (1848–1930) von 1917 hatte eine nationale Heimstätte des jüdischen Volkes vorgesehen. Auch das Faisal-Weizmann-Abkommen von 1919, dessen Partner Chaim Waizmann (1874–1952) Israels erster Staatspräsident wurde, akzeptierte noch ein selbständiges Palästina, sofern es einen arabischen Staat geben würde. Die ethnische Vielfalt des Libanon sollte jedenfalls erhalten bleiben. Denn gerade Beirut blieb »eine triumphale Ausnahme« von zunehmend verbreiteter Fremdenabwehr, so Philip Mansel, als in »den Hochzeiten des Nationalismus die Griechen aus Istanbul vertrieben wurden, Alexandria seine Minoritäten verlor und Israels Premierminister David Ben-Gurion verkündete: ›Es ist unsere Pflicht, den Geist der Levante zu bekämpfen, der Individuen und Gesellschaften ruiniert.‹«[434] Aber gerade deswegen wurde Beirut zu einer prosperierenden Insel legendärer Weltoffenheit. Signifikant für seine Liberalität und Anziehungskraft blieb, dass der Libanon »das *einzige* Land der arabischen Welt« war, das trotz des Kriegszustands

433 Bernard Lewis: *Die Wut der arabischen Welt*, a. a. O., S. 145
434 Philip Mansel: *Levant*, a. a. O., S. 316

mit Israel »im Lauf der Nachkriegsjahre einen Anstieg seiner jüdischen Bevölkerung zu verzeichnen hatte (5.200 im Jahr 1948, fast 9.000 im Jahr 1952)«, davon viele Flüchtlinge aus Syrien und dem Irak. Erst im Bürgerkrieg verließen fast alle von ihnen das Land.[435]

Für den Mittleren Osten besteht weitgehend Konsens, dass der 1953 von CIA und britischem Geheimdienst organisierte Sturz von Irans gewähltem Premierminister Mohammad Mossadegh (1880/82–1967) wegen seiner Verstaatlichung der Ölindustrie und der grassierenden antisozialistischen Paranoia eine auch auf dessen Nachbarn ausstrahlende demokratische Entwicklung blockiert hatte. Dafür konnten vermutlich auch oppositionelle Kräfte in der Armee aktiviert werden. Dennoch kam es dann zur Vertreibung des USA-gestützten Schahs Mohammad Reza Pahlavi (1919–1980) und zur Machtübernahme Ruhollah Chomeinis (1902–1989), was anfangs auch im Westen rasch illusorische Demokratisierungshoffnungen aufkommen ließ. Für Libanons Bürgerkrieg war noch kein Ende abzusehen. Der mörderische Irak-Iran-Krieg, der Afghanistan-Krieg, die beiden Golfkriege mit der sozialen und materiellen Devastierung des Irak mündeten dann in den Aufstieg des ›Islamischen Staates‹ und ab 2011 in Syriens Bürgerkrieg.

Die stereotype Rechtfertigung von US-Interventionen als Kreuzzüge erinnert daran, dass »der Bruch zwischen den beiden Welten« immer noch »von den Kreuzzügen« herrühre, die von Arabern oft »heute noch wie eine Schändung, eine Schmach empfunden werden«, was die Kolonialpolitik nach 1918 bestärkte, wie Amin Maalouf, der 1976 mit seiner schwangeren Frau aus Beirut entkommen war, über *Die Kreuzzüge aus der Sicht der Araber* resümiert. Bewusst blieb weiterhin, dass die Europäer beim Erobern der heiligen Stätten wie gnadenlose Barbaren gewütet hatten. 1099 richteten sie bei der Einnahme Jerusalems »eine Woche lang ein Blutbad unter den Muslimen« an. »In der al-Aqsa-Moschee töteten sie über siebzigtausend Menschen.« In Tripoli im Libanon, »Stadt der Bibliotheken und der Goldschmiedekunst«, wurden deren »hunderttausend Bände verbrannt, damit die ›gottlosen‹ Bücher vernichtet werden«. Auch im sich verzweifelt wehrenden Beirut

435 Nathan Weinstock: *Der zerrissene Faden*, a. a. O., S. 267, 268

fand nach dessen Einnahme »ein blindwütiges Gemetzel statt«. In ihrer größten Ausdehnung reichten die Kreuzfahrerstaaten von Antiochia (dem heute türkischen Antakya) entlang der Küste bis nach Gaza, mit Dutzenden Kreuzfahrerburgen wie dem erhaltenen, zuletzt im Krieg beschädigten Krak des Chevaliers. Zwar waren die Franken genannten Europäer »als Barbaren erlebt und besiegt« worden, »aber sie beherrschen heute die Welt«, und »die Araber bringen es nicht fertig«, so Amin Maalouf, »die Kreuzzüge einfach als ein längst abgeschlossenes Kapitel der Geschichte zu betrachten«. Auch Israel »wird einem neuen Kreuzfahrerstaat gleichgestellt«. »Zu seinen Ruhmeszeiten wurde Präsident Nasser regelmäßig mit Saladin [1137/38–1193] verglichen, der wie er Syrien und Ägypten vereint hatte«. Allerdings hatte dieser, selbst kurdischer Herkunft, mit König Richard Löwenherz (1157–1199) und Friedrich I. Barbarossa (ca. 1122–1190) höchst respektvolle Beziehungen unterhalten, eine Wertschätzung, die sich später von Palermo aus unter Friedrich II. fortsetzte (▸ PALERMO).[436] Die Intensität weiterer Kontakte war jedoch für Europa kommerziell unverzichtbar und zeigte sich an den 900 meist venezianischen, genuesischen und katalanischen Schiffen, die »zwischen 1394 und 1409 den Beiruter Hafen anliefen«.[437]

Bezeichnend blieb, wie sehr sich gerade im Mittleren Osten über Jahrhunderte eine religiöse Vielfalt weit konfliktfreier halten konnte als im so lange religiöse Minoritäten unduldsam verfolgenden Europa. Verstreut lebende christliche Gruppen, Juden und muslimische Abspaltungen wurden bis in jüngste Zeit genauso toleriert wie sich strikt separierende Jesiden. Selbst die Anlage der frühchristlichen Säulenheiligen bei Aleppo ist als imposantes Ruinengelände erhalten. Erst Islamisten sprengten 2015 Teile Palmyras.[438] Überall finden sich Kirchen, Klöster, Gedenkstätten diverser Konfessionen. Allein sechs christliche agieren in der Grabeskirche. Vieles wird gemeinsam gewürdigt, etwa das Grab der Patriarchen und ihrer Frauen in Hebron oder der Schrein von Johannes dem Täufer in der Umayyaden-Moschee in Damaskus. Eine kleine

436 Amin Maalouf: *Der Heilige Krieg der Barbaren*, a. a. O., S. 67, 96f., 283, 284 | Francerso Gabrieli (Hg.): *Die Kreuzzüge aus arabischer Sicht*, München 1976

437 Manfred Pittoni: *Genua*, a. a. O., S. 78f.

438 Horst Bredekamp: *Das Beispiel Palmyra*, Köln 2016

Moschee hoch über Damaskus gilt dem Ort, wo Kain seinen Bruder Abel erschlagen haben soll (arab. *Kabil* und *Habil*, hebr. *Kajin* und *Hewel*). Dort wird auch *Al-Khidr* verehrt, der geheimnisvolle Beschützer der Wanderer, Reisenden, Verlorenen und Bedürftigen. In der gesamten Region überlagern sich viele solche Bedeutungen, auf die ursprüngliche Nähe der Konfessionen verweisend.[439] »Christentum und Islam sind zwei religiös geprägte Zivilisationen«, so Bernard Lewis lakonisch, »die nicht wegen ihrer Unterschiede, sondern wegen ihrer Gemeinsamkeiten in Konflikt miteinander gerieten.«[440] »Grundfalsch« wäre jedoch die bisweilen angekündigte »Bevorzugung christlicher Flüchtlinge«, so Volker Perthes, denn das demonstriere, »dass der Westen selbst eine konfessionelle Agenda hat« und helfe mit, »den religiösen Pluralismus in diesen Ländern« endgültig zu zerstören.[441]

Obwohl verdrängt blieb, wie prägend die Phönizier des Libanon für die Mittelmeerkultur und das frühe Europa gewesen sind, wird dort – ob gläubig oder ironisch – gelegentlich durchaus betont, von ihnen abzustammen. Nur Griechen als idealisierte Schöpfer der durch Römer weiterentwickelten Zivilisation zu sehen, sei in dieser Eindimensionalität jedenfalls eindeutig »wissenschaftlich überholt«, so der Historiker Michael Sommer. Denn »noch vor den Griechen« hatten seefahrende Phönizier ab Beginn der Eisenzeit nach den Zerstörungen durch über das Meer gekommene ›Seevölker‹, das Mittelmeer zur handeltreibenden Einheit gemacht. In ihren Hafenstädten, so der Mutterstadt Tyros, in Byblos oder in Sidon, kam es früh zu »einer hochentwickelten urbanen Kultur« mit »bürgerschaftlicher Identität«, kollektiven

439 Thomas Schmidinger: *»Die Welt hat uns vergessen«. Der Genozid des ›Islamischen Staates‹ an den JesidInnen und die Folgen*, Wien 2019 | Abdallah Hadjar, Paul J. Amash: *The Church of St. Simeon the Stylite and other Archaeological Site in the Mountains of Simeon and Halaqa*, Aleppo o. J. | Gebhard Fartacek: *Pilgerstätten in der syrischen Peripherie*, Wien 2003 | Sebastian P. Brock, Susan Ashbrook Harvey: *Holy Women of the Syrian Orient*, University of California Press 1987

440 Bernard Lewis: *Die Wut der arabischen Welt. Warum der jahrhundertelange Konflikt zwischen dem Islam und dem Westen weiter eskaliert*, Frankfurt–New York 2004, S. 64

441 Volker Perthes: *Das Ende des Nahen Ostens*, a. a. O., S. 139

Organen, Volksversammlungen, einer Stadtgottheit, bald überflüssigen Stadtkönigen mit bloß sakralen Funktionen und langen Phasen ohne übergeordnete Herrschaft. Das erinnert »frappierend an die *Polis*, das griechische Modell der Stadt als Gemeinschaft der Freien und Gleichen«, das dann Alexander der Große als Vorposten griechischer Kultur weithin verbreitete. Diese »prinzipielle Vergleichbarkeit mit den eigenen Institutionen« war Griechen durchaus bewusst. Nach Südmesopotamien und Ägypten war auch Phönizien »ein Land der Städte« geworden, mit »lokaler Autonomie als Stadtstaaten« oder mit »Tributpflicht gegenüber einem der Territorialstaaten«, zuerst den Assyrern, dann den Persern.

Ihr maritimes Fernhandelsnetz wurde »der erste Weltmarkt«. Ägäis und Levante verbanden ab 1000 v. u. Z. Seeverbindungen, lange bevor dort im 8. oder 7. Jahrhundert Homers *Ilias* in schriftlicher Form entstand. War Kreta bereits von Frühmenschen besiedelt, ist die »Präsenz von Phöniziern auf der Erzinsel Zypern« spätestens seit dem 11. Jahrhundert v. u. Z. belegt. Im 9. Jahrhundert wendeten sie unter ständigem Druck von Nachbarn ihre Interessen nach Westen und gründeten Karthago beim heutigen Tunis als zentralen, das Mittelmeer dominierenden Hafen. Spätestens im 8. Jahrhundert kamen sie zur Iberischen Halbinsel und deren Silber-und Kupferminen, mit Cadiz und Essaouira (Mogador) am Atlantik als Außenposten und keltischen Iberern als wichtigen Partnern. Erschlossen wurde »vor allem Sardinien, die Westhälfte Siziliens, Malta und die Küsten Tunesiens, während Griechen ihre Pflanzstädte besonders auf dem italischen Festland und im Osten Siziliens errichteten«.[442]

Griechen nannten die Bewohner der urbanisierten Küste im biblischen Kanaan (westliches Syrien und Palästina) Phönizier, was sich auf die Karthager übertrug, die für Römer jedoch Punier hießen. Die Kriege zwischen ihnen spalteten das Mittelmeer erstmals »in zwei feindliche Lager«, und nach Karthagos Niederlage

442 Michael Sommer: *Die Phönizier. Geschichte und Kultur*, München 2008, S. 7, 8, 11, 15, 19, 32, 58, 65, 100 | Marlies Heinz: *Altsyrien und Libanon. Geschichte, Wirtschaft und Kultur vom Neolithikum bis Nebukadnezar*, Darmstadt 2002, S. 71, 76, 101ff., 135f., 142f., 165ff., 227ff.

sorgten die Römer für »die gründliche Tilgung einer ganzen Tradition«, obwohl Phönizier »den wohl entscheidenden Impuls zur Einheit« des Mittelmeerraums gegeben hatten. Durch »den fast vollständigen Verlust phönizisch-punischer Literatur« ist über sie vieles nur lückenhaft bekannt, gerade auch zum »Wir-Bewusstsein«. Aber Tyros wird im *Alten Testament* oft »als Sinnbild märchenhaften Reichtums und Stätte von Versuchung und Verführung« erwähnt, »als Gegenteil des rückständigen, agrarischen Israel: wohlhabend, urban und weltgewandt«. Denn gehandelt wurde mit Dingen, »die wertvoll, prestigeträchtig und exotisch« und »nur aus der Ferne zu beschaffen waren«. Als weithin gefragtes lokales Produkt berühmt wurde das Drüsensekret von Murex-Muscheln als »Rohstoff für die Purpurfarbe« (griech. *phoinix*, purpurrot). Lager davon haben Archäologen etwa in Beirut aufgefunden. Für eine Toga aus doppeltgefärbter Purpurseide hätte ein römischer Legionär »rund 100 Jahre lang« ansparen müssen. Mit ihren Verbindungen zu wichtigen Lagerstätten von Blei, Zinn, Silber und Gold, dem Handel mit Kunsthandwerk, Luxusgütern, Edelhölzern, Elfenbein und Sklaven und dem Export weithin gesuchter Zedernstämme erschlossen die Phönizier Routen im gesamten Mittelmeer und speziell zwischen Ägypten und Mesopotamien, auf denen bereits weitgehende Rechtssicherheit herrschte. Diese »Fernhändler operierten völlig autonom«, auch das ein Novum. Phönizier waren »in vielen Bereichen Lehrmeister der Griechen« und vermittelten weithin stetig erweiterte technische Kenntnisse zu »Metallurgie, Schiffbau und Navigation«. Nach Phöniziens Königstochter Europa ist bekanntlich der Kontinent benannt. Ihr Bruder Kadmos soll Theben gegründet und den Hellenen die Alphabetschrift gebracht haben, die sie »nicht gekannt hatten«, so Herodot. Denn im Hafen Ugarit wurde um 1300 v. u. Z. »dazu übergegangen, die auf Silben basierende mesopotamische Keilschrift mit ihren ca. 600 Zeichen zugunsten einer Konsonantenschrift mit nur mehr 30 Zeichen aufzugeben«, von der sich von Byblos aus dann Varianten mit 22 Buchstaben verbreitet haben, als Grundlage griechischer Literatur.[443]

443 Michael Sommer: *Die Phönizier*, a. a. O., S. 14f., 24, 41, 44f., 48, 51, 59, 90, 98, 107f. | Herodot: *Historien*, a. a. O., S. 351 | Fernand Braudel, Georges Duby, Maurice Aymard: *Die Welt des Mittelmeeres*, a. a. O., S. 77

Bis heute geläufige Vorurteile gegen Levantiner sind wegen ihrem »Krämergeist« uralt. »Schon Homer sah in den Phöniziern ausgemachte Halunken, die allein auf ihren Vorteil bedacht waren, und bei den Römern stand die *fides Punica*, die ›punische Treue‹, sprichwörtlich für Vertragsbrüchigkeit und dubiose Geschäftspraktiken«. Erst im British Empire, das »kommerzielles Abenteurertum durchaus zu schätzen wusste«, interessierte das ausgeprägte *Homo-oeconomicus*-Dasein der Phönizier wieder, von dem sich vieles in »unserer Gegenwart spiegelt«, so Michael Sommer. Deswegen sollten sie »zusammen mit den Griechen zu unseren geistigen Stammvätern« zählen.[444] (▸ TUNIS)

Dass solche historischen Zusammenhänge kaum noch geläufig sind, hat auch viel mit weiterhin geringen Kontakten zu tun, wurden doch kritische arabische Stimmen wie der im Berliner Exil verstorbene syrische Philosoph Sadiq al-Azm (1934–2016) in Ost und West bloß peripher wahrgenommen. Nur eines seiner Hauptwerke gibt es auf Deutsch: *Unbehagen in der Moderne. Aufklärung im Islam*, 1993. Wegen der uralten Verbindungen hielt er in unseren Gesprächen die Bezeichnung Mittlerer Osten für zutreffender als das eurozentrische Naher Osten. Denn vom Kontakt mit Indien bis zur »Vermittlung des Wissens der Antike an die europäische Renaissance« habe Europa nach dunklen Zeiten sehr profitiert. Wie die Phönizier waren Araber dabei stets nicht bloß Agenten, sondern »auch Subjekte in diesen kulturellen Prozessen«. Wegen der Ursprungsregion »jüdisch-christlicher Tradition« sollte es »nicht auf völliges Unverständnis stoßen«, »den Islam als deren Erweiterung zu sehen, so wie es Muslime tun«, ist doch Mohammed für sie ein Prophet wie Jesus und Allah der arabische Name des einen Gottes. Die arabische Welt wiederum bezog aus Europa »die Aufklärung und all die wichtigen Aspekte an Modernität«, durch westliche Wissenschaft auch essenzielle Erkenntnisse über sich selbst. Es habe also »das dialektische Zusammenwirken zwischen beiden Seiten des Mittelmeeres« nicht nur Differenzen, »sondern auch unübersehbare Ähnlichkeiten produziert. Abraham, Platon, Aristoteles, Jesus sind sozusagen gemeinsame Ahnen. Wie sehr sich

444 Michael Sommer: *Die Phönizier*, a. a. O., S. 13, 108, 110

die Menschen an sich ähnlich sind, braucht wohl nicht extra betont zu werden.« Oft in Damaskus, Princeton oder Harvard lehrend, verglich Sadiq al-Azm den »lateinischen Charakter von Lateinamerika, das in sich ebenfalls sehr heterogen ist«, mit der Vielfalt der arabischen Welt. Verbindend wirken »kulturelle Zusammenhänge, Gefühlsebenen, Sehnsüchte, Alltägliches«, keineswegs nur die Religion. Wichtig dafür ist »in erster Linie das Gebiet«, die Stadt, und »der Islam ist eine wirklich funktionierende Religion mit großer Bedeutung für das Leben der Menschen, für ihr Verhalten, ihre Wertvorstellungen«. Bis jetzt sei er jedenfalls »noch nicht in Folklore verwandelt worden. Auch die Lebenswelt von Christen, von Juden, von völlig säkularen Menschen« ist eingebunden. In Syrien und im Libanon fänden sich vermutlich »mehr römische Reste als selbst in Italien«.[445] Auch destruktive Eskalationen seien ein Ausdruck überfälliger Klärungsversuche. In Syrien gebe es keinen Bürgerkrieg gegeneinander, wie oft behauptet, sondern einen – allerdings rasch internationalisierten – Kampf gegen das korrupte Regime, dem das Volk stets völlig egal war. Mit moderaten Reaktionen und Reformzusagen nach den ersten Protesten in Dar'ā wäre es nicht dazu gekommen. Dann musste auch die Opposition kämpfen, denn »mit Sicherheit ist das intellektuelle und kulturelle Leben in der muslimischen Welt keineswegs so konformistisch islamisch, so bedingungslos religiös und geistig so stagnierend, wie einem die zahllosen Darstellungen, Interpretationen und Erklärungen glauben machen wollen«. »Hinter Differenz zeigen sich überall Ähnlichkeiten.« Bereits Mohammeds Ehefrau Chadīdscha war explizit selbständig. Frauen mit Kopftuch heißen in Syrien wegen »lange üblicher christlicher Bekleidungssitten« ironisch »Nonnen«.[446] Ein Problem ist das schon lange nicht. Der Kaftan entspricht der römischen Toga. Vereinbarte Kinderehen gab es in Europas Aristokratie seit jeher – und überall Religionskriege, Diktaturen, Terroristen. Protestanten der USA galten als

445 Sadiq al-Azm im Gespräch mit Christian Reder, a. a. O., S. 23ff. | Sadik J. al-Azm: *Unbehagen in der Moderne. Aufklärung im Islam*, Frankfurt am Main 1993

446 Sadiq al-Azm im Gespräch mit Christian Reder, a. a. O., S. 23ff. und spätere Gespräche mit ihm und seiner Witwe Nano Azm (Eiman Chaker)

erste Fundamentalisten. Männerdominanz und das Primat erstgeborener Söhne hält sich weiterhin allerorts. Selbst in Kabul gab es Emanzipationswellen mit freierer Berufstätigkeit von Frauen, tolerierten Miniröcken und Hippiekolonien. Beidseitige Zwangsvorstellungen zeigen sich schon im Begriff Dschihad, wenn er nur als Kriegsaufruf gegen Ungläubige interpretiert wird. Dabei meint dessen kontemplative Grundbedeutung Anstrengung und persönliches Streben. Islam wiederum bedeutet Unterwerfung, aber auch Friede und Einssein mit Gott. Wie alle Heiligen Schriften lässt sich auch der Koran sehr gegensätzlich interpretieren.

Während sich im einst freigeistigen Libanon wieder vieles an arabischen Turbulenzen und tödlichem Hass auf angeblich Nicht-Zugehörige konzentriert, ist daran zu erinnern, dass aus antibritischen und antijüdischen Stimmungen unter Arabern eine Begeisterung für Hitler-Deutschland entstanden ist. Wie erwähnt, gab es selbst während der Schlacht von El-Alamein in Kairo »Vorwärts, Rommel!«-Demonstrationen. Bis heute sind die erfundenen, ursprünglich von Russland aus verbreiteten *Protokolle der Weisen von Zion* und dann Hitlers *Mein Kampf* in arabischen Ländern, in der Türkei und anderswo Bestseller.[447] In faschistischen Denkwelten und Grausamkeiten eines Islamischen Staates konkretisiert sich wieder manches davon. Umso mehr bleibt ein Bewusstsein dafür essenziell, dass es von Mitteleuropa aus zum davor unvorstellbaren welthistorischen Tiefpunkt angeblicher Zivilisiertheit gekommen war – was jegliches Denken über den Menschen in der Moderne Mögliches weiter beschäftigen müsste. Waren doch als bisher exzessivste Form von Rassismus und Imperialismus Juden und politisch Unzuverlässige in Massen vertrieben und die Verbliebenen industriell ermordet worden, um ein ethnisch, sprachlich und gesinnungsmäßig homogenes Deutsches Reich zu schaffen, durchaus analog zum radikalen Einheitsanspruch eines Islamischen Staates, ohne jedwede Zivilgesellschaft. Wie aus Europa übernommene Nationalismus-, Sozialismus- oder Kommunismus-Konzepte wirkt manches davon weiter, wie der in London lehrende Historiker David Motadel in *Die Islamische*

447 Nathan Weinstock: *Der zerrissene Faden*, a. a. O., S. 50, 225

Welt und das Dritte Reich aufzeigt. Mental Verwandtes zeigte sich etwa in Hitlers Begeisterung für die puritanisch-todesmutige Einsatzbereitschaft islamischer Kämpfer, deren antisowjetische, antijüdische und antibritische Ressentiments er nutzen wollte. Sogar »die Einheit Europas« hätte der kraftvolle Islam bewahren können, schwadronierte der Führer bisweilen. Daher zeichnete die NS-Propaganda stets »ein positives Bild des Islam«, auch von am Balkan rekrutierten muslimischen Wehrmachts- und SS-Einheiten. Deren Radikalität war für Tausende sichtlich so anziehend wie heute der ›Islamische Staat‹. Das Hollywood-Epos *Bengali* über die Kämpfe von ihm bewunderter Paschtunen Afghanistans gegen die Briten war einer von Hitlers Lieblingsfilme, den er sich öfter vorführen ließ.[448] Völlig konträr zur Idealisierung muslimischer Kampfbereitschaft war es jedoch in den Konzentrationslagern weithin üblich, in ihrer ausgezehrten Erschöpfung nicht mehr ansprechbare Häftlinge als ›Muselmanen‹ zu bezeichnen.

Am Einsatz radikaler Muslime hatte auch die Politik der USA früh ein Interesse, ohne diesen als Gefahr für eigene Intentionen zu sehen. Einflussreich war der bereits öfter erwähnte britisch-amerikanische Orientalist Bernard Lewis (1916–2018). Schon 1953 hatte er im Essay »Communism and Islam« eine Grundlinie des Kalten Krieges untermauert, nach der von einem aktivierbaren »islamischen Widerstand gegen kommunistische Ideen« auszugehen sei, denn »die große Masse der Gläubigen« würde »nicht lange atheistische Überzeugungen tolerieren«. Als »Verfechter einer aggressiven Instrumentalisierung des Islam« empfing daher auch US-Präsident Dwight D. Eisenhower (1890–1969) gleich zu Beginn seiner Amtszeit hochrangige Muslimbrüder im Weißen Haus, darunter Said Ramadan (1926–1995), als Schwiegersohn des ermordeten Gründers Hasan al-Bannā (1906–1949) ein führender Aktivist. Entgegen der offiziellen Position, nach der die USA »weltweit eine säkulare Politik und Modernisierung fördern«, sollte stets »auch die Idee des Dschihad gegen die Sowjetunion« eine Rolle spielen. Gerade das reiche, aber selbst weder Liberalität, Frauenrechte noch Religions-

448 David Motadel: *Für Prophet und Führer. Die Islamische Welt und das Dritte Reich*, Stuttgart 2017, S. 38, 83, 85

freiheit duldende Saudi-Arabien, mit dem König »als Oberhaupt der puritanischen Wahhabiten-Bewegung«, könnte als Gegengewicht zu Sozialismustendenzen, »zum Sowjet-Einfluss als auch zu dem blockfreien, säkularen, pan-arabischen Regime in Nassers Ägypten« genutzt werden. Dass dann Präsident Ronald Reagan (1911–2004) seit Sommer 1979 die Kämpfer in Afghanistan unterstützte, bevor noch Sowjettruppen im Land standen, und er 1983 radikal-muslimische Mudschahedin-Führer empfing, hat eben eine lange Vorgeschichte.[449] Deren von den USA, Saudi-Arabien und Pakistan massiv geförderte Gotteskrieger konnten sich nach dem stolz beanspruchten Sieg über die Sowjetunion gegen den Westen richten. Da im Mittleren Osten die oberen 10 Prozent der Bevölkerung 61 Prozent des Gesamteinkommens erzielen (in Europa 37 Prozent), sind für weltweite Infiltrierungen und Wahhabiten-Propaganda abseits der offiziellen Politik uferlose Mittel verfügbar.[450]

Als bizarre West-Ost-Kooperationen führte das dazu, dass Afghanistan unter CIA-Koordination »zum Versammlungsplatz militanter Muslime aus aller Welt« wurde, die als »freedom fighters« galten, »fighting and dying for America«, und »*al-Qaida* wie auch der ›Islamische Staat‹« beide »das Label ›Made in USA‹« verdienen. Denn sie rekrutierten sich aus den mit Saudi-Arabiens Finanzen »wahhabitischen Geist« verbreitenden Zellen in diversen Ländern und den Koranschulen Pakistans, wie die Dschihad-Warlords über Jahre massiv »mitfinanziert von der CIA«. Dabei gebe es weltanschaulich »kaum einen Unterschied zwischen dem Wahhabismus, Osama bin Laden oder dem ›Islamischen Staat‹«.[451] Behaupten konnten sich der zeitweilig zehn Millionen Menschen kontrollierende Islamische Staat (kurz: *Daesh*) bekanntlich, bis im Oktober 2017 – als besondere Schmach – von der Kurdin Rojda Felat kommandierte Milizen die letzte Kalifat-Hauptstadt Rakka in der syrischen Wüste einnahmen. Von verbliebenen Enklaven aus bleibt er aber präsent. Dass Präsident Trump den diesmal siegreichen

449 David Motadel: *Für Prophet und Führer*, a. a. O., S. 382ff.
450 Bericht zur weltweiten Ungleichheit 2018, https://wir2018.wid.world
451 Michael Lüders: *Wer den Wind sät*, a. a. O., S. 28, 35, 170 | George Crile: *My Enemy's Enemy*, a. a. O., S. 220, 335, 391, 509, 521

Kurden-Milizen und ihren Frauen-Bataillonen die Unterstützung entzog, Irans General Qasem Soleimani von einer Drohne töten ließ und die Zerstörung iranischer Kulturstätten androhte, erinnert daran, dass schon Fidel Castro und al-Gaddafi gezielt getötet werden sollten, nicht aber Saddam Hussein, weil ein Krieg plausibler schien. Das lässt an die harsche Kritik von Noam Chomsky denken, der die USA schon lange zu den »Schurkenstaaten« zählte, »da sie sich selbst an internationale Regeln und Abmachungen nicht gebunden fühlen«.[452] Trumps absurd-einseitige Zweistaaten-Lösung von 2020 unter Anerkennung Israels wilder Siedlungen wird kaum befriedend wirken. Auch sich auf einen politisierten Islam berufende Wahnideen, die durch das Internet keine Zentralen mehr brauchen, verschärfen die Situation. Weil deren zahllose als Muslime geltende Opfer als anonymes Kriegsgeschehen verstanden werden, gelingt es meist längst in Europa lebenden Attentätern weit mehr, mediale Aufmerksamkeit zu provozieren – was aber nicht den Blick auf die Masse der Friedfertigen verstellen dürfe. Nachhaltig könne nur »eine gründliche Kulturrevolution« die Dschihad-Exzesse überwinden, so der französische Sozialwissenschaftler Gilles Kepel, wegen seiner Aufklärungsschriften selbst mit einer *Fatwa* belegt. Für »die Auferstehung der Levante« als Nachbar Europas bräuchte es – derzeit allerdings völlig illusorisch erscheinende – international koordinierte Programme, damit sich ohne zwanghafte »wörtliche Auslegung der Heiligen Schriften« endlich eine »zivile Gesellschaft organisiert«, mit gleichen Rechten für Frauen und stabileren demokratischen Strukturen, um den Mittelmeerraum wieder enger zusammenzuführen.[453]

Geprägt von Erinnerungen an Beirut, führt auch Amin Maalouf viele Konflikte auf eindimensionale Fixierungen zurück, was so weit gehen kann, im Namen einer »religiös, ethnisch, national oder anderweitig bestimmten Identität Verbrechen zu begehen«. Deshalb brauche es die Ermutigung jedes einzelnen Menschen,

452 Noam Chomsky: *War Against People. Menschenrechte und Schurkenstaaten*, Hamburg 2002, S. 7

453 Gilles Kepel: *Chaos. Die Krisen in Nordafrika und im Nahen Osten verstehen*, a. a. O., S. 68, 441, 442

konstatiert er in *Mörderische Identitäten*, »sich in seiner ganzen Vielfalt anzunehmen, seine Identität als Summe seiner verschiedenen Zugehörigkeiten zu begreifen, anstatt sie mit einer einzelnen zu verwechseln, die er zu seiner alleinigen Zugehörigkeit, zu seinem Mittel der Ausgrenzung, manchmal auch der kriegerischen Auseinandersetzung erhebt«.[454] Längst selbstverständlich müsste deshalb sein, dass es »ein zentrales Kriterium« ist, »was Frauen tun können, was Frauen sein dürfen«. Denn sie weiter zu beschränken, führe »zu einer Infantilisierung der Gesellschaft«. Trotz aller Unterschiede in einzelnen muslimisch orientierten Ländern sei völlig klar, »dass in diesem Teil der Welt die den Frauen zugewiesene Rolle völlig unakzeptabel ist. Das ist ein essenzieller Teil des Problems, eine Hauptursache der Rückständigkeit, eine zentrale Frage von Freiheit und Demokratie. Es ist einfach undenkbar, Frauen weiterhin zu separieren. Und es bedeutet auch, dass es aus solchen Richtungen keine Konzepte geben kann, die anderswo übernommen oder adaptiert werden könnten.« Dabei ist »von islamischen Gesellschaften zu sprechen«, so Amin Maalouf in unseren Gesprächen, »auf die gleiche Weise falsch wie der Begriff christliche Gesellschaft, selbst wenn damit nur die traditionelle kulturelle Orientierung gemeint ist.« Gerade seine Erfahrungen in Beiruts infernalischem Bürgerkrieg hätten sein insistierendes Reflektieren über zivilisatorische Voraussetzungen bestärkt. Denn »Beispiele für Qualitäten sollten uns immer zum Nachdenken bringen«. »Es genügt nicht, andere Zivilisationen in die Betrachtungen einzubeziehen wie abgesonderte Einheiten. Wir sollten vielmehr dazu fähig sein, die Geschichten zu erzählen, wie es so vielen Menschen gelungen ist, mit unterschiedlichstem kulturellem Hintergrund, verschiedenen Sprachen, abweichenden Verhaltensweisen all die existierenden Sphären der Produktion mitzuprägen. Und das würde bedeuten: der Welt zuhören.«[455]

454 Amin Maalouf: *Mörderische Identitäten*, a. a. O., S. 13, 139

455 Amin Maalouf im Gespräch mit Christian Reder, in: Christian Reder, Simonetta Ferfoglia (Hg.): *Transferprojekt Damaskus*, Wien–New 2003, S. 356, 357, 365

Ruinen von Jaffa im Süden Tel Avivs
nach dem Bürgerkrieg 1948 und weiterer Zerstörung
Foto: Rudi Weissenstein, The Photohouse, Tel Aviv

»Israel ist eines der radikalsten Modernitätslaboratorien der Welt,
wo mit den explosivsten Wirkstoffen unserer Zeit in ihrer pursten Form,
eben modernen Utopien und uraltem Glauben,
ohne die geringsten Vorsichtsmaßnahmen experimentiert wird.«
Sharon Rotbard: *White City. Black City.*
Architecture and War in Tel Aviv and Jaffa, London 2015

TEL AVIV–JAFFA

»Im deutschsprachigen Diskurs«, heißt es im fundierten Ausstellungskatalog *All about Tel Aviv–Jaffa. Die Erfindung einer Stadt* (*Jüdisches Museum Hohenems* 2019) resümierend, »ist Israel vor allem der Ort, an dem europäische Jüdinnen und Juden aus Europa Zuflucht gefunden« und das Land aufgebaut haben. »Europäische Eliten prägten das Land und sind noch heute in allen wichtigen Machtzentren überrepräsentiert. Doch seit vielen Jahrzehnten stammt die Mehrheit der israelischen Bevölkerung nicht mehr aus Europa.« Dennoch wird Israel, das im Europarat nur Beobachterstatus hat, als einzige Demokratie in der Region allseits als europäischer Außenposten gesehen. Aber »neben der palästinensischen Minderheit im Land, 20 Prozent aller israelischen Staatsbürgerinnen und Staatsbürger, die schon vor der Staatsgründung hier lebten, wanderten Hunderttausende Jüdinnen und Juden aus Asien und Afrika, *Mizrachim* genannt, ins Land ein und machen heute etwa die Hälfte der jüdischen Bevölkerung aus. Ihre Benachteiligung durch die europäisch geprägte Arbeiterpartei, die die israelische Politik in den ersten 30 Jahren nachhaltig beherrschte, wirkt bis heute fort.« Dabei hatten nach der Phase als deklariert sozialistischer, von der Kibbuz-Ideologie geprägter Staat bis etwa 1967 dann gerade die *Mizrachim* »dem rechtsgerichteten Likud« 1977 an die Macht verholfen, der seither die Politik dominiert.

Von den derzeit 9 Millionen Einwohnern sind 6,7 Millionen Juden. 600.000 von ihnen leben nun in besetzten Gebieten. 700.000 waren nach 1945 aus arabischen Ländern zugewandert, aus dem Jemen (und Äthiopien) sogar mit eigenen Luftbrücken. 1,3 Millionen sind »arabische Israelis« (Palästinenser). Es gibt über 300.000 Angehörige nicht-jüdischer Minoritäten, Alawiten, Ahmadi (indische Muslime), Samaritaner, Tscherkessen und Gruppen von Christen, meist aus Russland, der Ukraine und Polen. Dazu kommen derzeit etwa 350.000 nicht-jüdische Migranten und Flüchtlinge. Im Zuge der fünf jüdischen, *Alija* genannten, Einwanderungswellen waren bis zum Zweiten Weltkrieg etwa

300.000 bedrohte Jüdinnen und Juden vor allem aus Deutschland und Österreich gekommen, »Jeckes« genannt, die »deutsche Kultur in den Orient« trugen, deren Sprache wegen der damit verbundenen Nazi-Programmatik jedoch lange verpönt blieb. Im Krieg sind noch 20.000 Flüchtlinge auf gefährlichen Routen ins Land geschmuggelt worden, 40.000 kamen legal. Das behinderte die britische Mandatsmacht, Quoten einzuhalten, was selbst noch Zehntausende KZ-Überlebende betraf. Aufgegriffene kamen oft in Lager auf Zypern oder Mauritius. Nach der im Schwarzen Meer versenkten *Struma* wurde das Flüchtlingsschiff *Exodus* der *Hagana* zum Symbol. Denn die 5.000 von Marseille nach Haifa gebrachten Holocaustopfer wurden in Hamburger Lager zurückgewiesen. Erst nach heftigen Protesten gelangten viele doch noch an ihr Ziel.[456]

Weil es ein so großes Gebiet betraf und in der arabischen Welt ein jahrhundertelanges Zusammenleben mit als jüdisch deklarierten Menschen beendete, wurde der relativ friedliche Exodus von dort dennoch zum krassesten »ethnic cleansing« weltweit. Die Konstellationen dafür unterschieden sich deutlich von jenen, die in Europa zu Vertreibung und Vernichtung kulminiert waren. So verbreiteten sich vor allem durch den Kriegszustand mit Israel antijüdische Feindbilder bis in entlegene Gegenden. Lebte in der arabischen Welt 1945 noch »eine jüdische Minderheit von fast 900.000 Personen«, ist davon »heute höchstens ein Rest von 4.500 übriggeblieben«, heißt es resümierend in Nathan Weinstocks detailreicher Untersuchung *Der Zerrissene Faden. Wie die arabische Welt ihre Juden verlor 1947–1967*. Marokko verließen 265.000, den Irak 150.000, Algerien 140.000, Tunesien 105.000, Ägypten 75.000, Jemen 63.000, Libyen 38.000, Syrien 30.000, den Libanon 20.000. Die meisten siedelten sich in Israel an, weniger aus zionistischer Überzeugung, so Weinstocks lakonische Einschätzung, son-

456 Tsafrir Cohen und Einat Podjani, in: Hannes Sulzenbacher, Hanno Loewy (Hg.): *All about Tel Aviv–Jaffa. Die Erfindung einer Stadt*, Ausstellungskatalog Jüdisches Museum Hohenems, 2019, S. 240ff. | Katalog S. 94, 95, 96, 100f. | Tom Segev: *Es war einmal ein Palästina. Juden und Araber vor der Staatsgründung Israels*, München 2005, S. 500 | Otto Preminger: *Exodus*, Spielfilm USA 1960, mit Paul Newman, Eva Maria Saint

dern »als ein von den Zionisten und den arabischen Regierungen vorgenommener Bevölkerungsaustausch«. Die Zahl aus Palästina vertriebener Araber deckte sich in etwa mit jener der Neuankommenden. Auslösend sei vor allem gewesen, dass sich Juden überall »zu emanzipieren begannen und so das gesellschaftliche Gefüge, in dem noch der ärmste Muslim auf einen Juden hinabschauen konnte, ins Wanken geriet«. Denn im Gegensatz zu den Phasen toleranten Gleichmuts des Osmanischen Reichs gegenüber Minderheiten sei in den ihm nachfolgenden neuen Nationalstaaten deutlich spürbar gewesen, wie sehr vor allem Juden, als *Dhimmis*, als Schutzbefohlene, im Zustand »struktureller Inferiorität« gehalten worden waren, mit ständiger Diskriminierung, die rasch in Feindseligkeiten gegen Unislamisches übergehen konnte. Ihre frühere Lage dort sei rückblickend allzu oft idealisiert worden. Andererseits ist vielfach belegt, dass zahllose Juden im Ausland ihre osmanische Staatsbürgerschaft behielten, aus Loyalität und weil sie sich damit besser geschützt fühlten. »Das Drama der palästinensischen Flüchtlinge« wiederum führt Weinstock, der, ursprünglich Rechtsanwalt in Belgien, nun in Nizza lebt, vor allem auf die ständige Forderung zurück, »jegliche jüdische Präsenz auf palästinensischem Boden zu eliminieren«. Mitzudenken seien die beidseitigen Verluste durch den Exodus jüdischen Lebens. Nur ließ sich etwa »die Lage der irakischen Juden, die stolz auf ihre Arabität und ihre Nationalität waren, nicht vergleichen mit jenen Juden des rückständigen Jemen, die einem demütigenden Status unterworfen gewesen waren, der auf die Ursprünge des Islam selbst datierte. Und ebenso wenig ist die Situation der französischen Juden Algeriens vergleichbar mit jenen ihrer Religionsgenossen in Marokko, die zutiefst ihrer eigenen Kultur verbunden waren.« Wie zahllose Erinnerungsorte belegen etwa die großen verlassenen jüdischen Friedhöfe, so in Essaouira (Mogador) oder Taroudant in Marokko, wie selbstverständlich ein Zusammenleben über Generationen gewesen war. Gerade in Ägypten, Syrien und im Irak fand jedoch auch »eine methodische und organisierte Enteignung« statt, mit ständigen Demütigungen und Schikanen (▸ ALEXANDRIA). In Marokko und Tunesien war es ein Ziel, die jüdische Mittelklasse »durch die aufstrebende muslimische Generation zu ersetzen«.

Lokale Pogrome und Attentate sollten deutlich machen, »dass es keinerlei Zukunftsperspektive mehr geben könne in Ländern, die derartige Ausbrüche des Hasses tolerierten«. Bezeichnend für das geschaffene Klima war, wie »die Welle der Sympathie für die Sache der palästinensischen Araber rasch in antisemitische Agitation ausgeartet« ist, »die sich gegen die örtliche jüdische Minderheit richtete«, mit bis in Schulbücher verbreiteten »Vorstellungen von einer jüdischen Weltverschwörung«, wie einst die Nazipropaganda. Selbst die Hoffnung der vielen jüdischen Kommunisten »auf universelle Befreiung wurde aber nicht durch die Gründung des Staates Israel dementiert, sondern dadurch, dass seine Gründung notwendig wurde«, so Nathan Weinstock. Palästinenser müssten endlich die »Koexistenz mit den Israelis« anerkennen.[457] Das setzt allerdings ein Abgehen von jeglicher Apartheid-Politik voraus. Nun prägen aus arabischen Ländern Vertriebene das Land ebenso wie aus Europa Gekommene, so die eine Million jüdischer Einwanderer aus der Sowjetunion und ihren Nachfolgestaaten, mit vielen nichtjüdischen Familienangehörigen und meist säkularen Einstellungen.

Gesellschaftlich relevant ist zweifellos, dass sich bis zu zwei Drittel der Juden Israels als nicht-religiös erklären. Nur 15 Prozent sind orthodox und 7 Prozent, etwa eine Million, dezidiert ultra-orthodox. Die Identität von Menschen auf ihre Religion zu fixieren, bleibt somit gerade in Israel höchst problematisch. Die etwa 350.000 nicht-jüdischen Migranten und Flüchtlinge der letzten Jahre wurden anfangs akzeptiert, um die Abhängigkeit von palästinensischen Arbeitskräften zu vermindern. Von den Philippinen kamen Haushaltshilfen und Pflegerinnen, »in der Landwirtschaft arbeiten vor allem Thailänder, im Baugewerbe Ukrainer und Rumänen«. Bis zur 2013 errichteten 245 Kilometer langen Mauer an der israelisch-ägyptischen Grenze waren dort etwa 65.000 Geflüchtete ins Land gelangt, vor allem aus Eritrea und dem Sudan. US-Präsident Trump dient sie als Vorbild für die Mexiko-Mauer, mit Parallelen in den hochtechnisierten Grenzanlagen von Spaniens nordafrikanischen Enklaven Ceuta und Melilla und jenen zur Ab-

457 Nathan Weinstock: *Der zerrissene Faden. Wie die arabische Welt ihre Juden verlor*, Wien 2019, S. 13, 381, 383, 384, 385, 432, 445, 447, 449

grenzung von Palästinensergebieten. Es entstanden Communitys von Latinos, aus Russland, der Ukraine, den Philippinen, aus Afrika, oft als South-South-Migration wie in Neapel oder Saloniki. Wenn jedoch Palästinenser »nach ihrer Flucht oder Vertreibung in die Nachbarländer während des Krieges von 1948 und der Gründung Israels« versuchen, »wieder ins Land zu gelangen, um sich ihr dort zurückgelassenes Eigentum wieder anzueignen oder um in ihre verlassenen Häuser zurückzukehren«, gelten sie nach den Gesetzen »zur Verhinderung der Infiltration aus den 1950er Jahren« tendenziell »als gewalttätig und gefährlich«, die deshalb »nicht mehr als Menschen wahrgenommen werden, die Hilfe und Schutz benötigen«. Mit dem »Gesetz zum Besitz Abwesender« wurden »arabische Vorbesitzer de facto enteignet«. Entschädigungen könnten erst im Rahmen eines Friedensvertrages vereinbart werden. Nur in Jordanien konnten Palästinenser und ihre Familien Staatsbürger werden, in anderen arabischen Ländern blieben sie meist Staatenlose. Nicht-jüdische Migranten leben in Israel wegen des Abschiebungsverbots der *Genfer Flüchtlingskonvention* in Kriegsgebiete oder Gefahrenzonen im »Status einer Duldung«. Sie »verfügen über keine Arbeitserlaubnis«. Nur linke NGOs kümmern sich um sie. Trotz heftiger Proteste wurden 2002/04 vor allem aus Jaffa »über 115.000 ausländische Arbeitskräfte deportiert«. Dafür gab es sogar das Internierungslager Cholot in der Wüste. Wegen »alltäglichem Rassismus« verließen etwa 20.000 freiwillig das Land, gab es doch sogar Attacken auf afrikanische Kindergärten. Über 200.000 Israelis wanderten in den letzten Jahren wieder aus, auch solche, die kurzzeitig Frankreich verlassen hatten. Inwieweit sich diese Vielfalt besser integrieren ließe, werde, so Tsafrir Cohen, als nun in Berlin lebender Israeli und Einat Podjani aus Jaffa in ihrem hier einbezogenen Kommentar, davon abhängen, »ob und wie Israel die jüdische Identität der Bevölkerungsmehrheit mit einem modernen Staatsbürgerschaftsverständnis austariert«. Denn »Israel wurde als jüdischer Staat gegründet« – mit zwei Kategorien: »Juden und Israelis« sowie geduldeten »Gastarbeitern und Gastarbeiterinnen«. Zugewanderten »Nicht-Juden die Staatsbürgerschaft zu erteilen« ist nicht vorgesehen, denn nur »Juden in aller Welt steht Israel offen« als Zuflucht mit garantierter jüdischer

Mehrheit. »Nicht-jüdische Einwanderung ist damit so gut wie ausgeschlossen, mit der Ausnahme von einigen wenigen Gruppen wie Kindern von jüdischen Vätern (im Judentum gilt die matrilineare Abstammung) oder Ehepartnern von Juden.« Zivile Eheschließungen und gemischte Heiraten sind »nach jüdischem Gesetz nicht erlaubt«.[458] Dafür wird oft nach Zypern ausgewichen.

Die sich daraus ergebenden, seit hundert Jahren immer noch unlösbar erscheinenden politischen Konflikte um Souveränität, Gebietsansprüche, Zugehörigkeit, Grenzen, Mitbestimmung, Rückkehrrechte in einem Land so groß wie Belgien (mit den besetzten Gebieten rund 30.000 Quadratkilometer), das seinerseits vom Flamen-Wallonen-Separatismus und der EU-Hauptstadt geprägt ist, kann die Geschichte von Jaffa und Tel Aviv kompakt verdeutlichen. Jaffa (arab. *Yafa*) war der über 4.000 Jahre alte Haupthafen Palästinas, bereits Lieferant der Zedern für Salomons Tempel und dann für Jahrhunderte der Pilgerzugang nach Jerusalem, mit dem es seit 1892 eine Eisenbahnlinie verband. Araber nannten es »Braut Palästinas« (*Urus Falastin*), »Braut des Meeres« (*Urus al-Baher*), »Mutter der Fremden« (*Um al-Gharib*). Erst im 20. Jahrhundert war auch Haifa zum leistungsfähigen Hafen ausgebaut und damit zum Zielort vieler jüdischer Flüchtlinge und Einwanderer und zur drittgrößten Stadt des Landes geworden. Wegen der Kämpfe und Vertreibungen von 1948 waren dort nur etwa 15.000 der ursprünglich über 60.000 arabischen Bewohner geblieben, in Jaffa von 70.000 arabischen Muslimen und Christen nur etwa 4.000. Tel Aviv selbst war ab 1909 als allmählich wachsende moderne Gartenvorstadt Jaffas entstanden und 1934 zur selbständigen Stadt erklärt worden und bekam einen eigenen Hafen. Der bedeutende schottische Stadtplaner Patrick Geddes (1854–1932) lieferte unter britischem Mandat Planungsgrundlagen dafür. Ankommenden musste klar sein, dass die propagierte Vision des Zionismus, praktisch menschenleere Gebiete als jüdische

458 Tsafrir Cohen und Einat Podjani in: Hannes Sulzenbacher, Hanno Loewy (Hg.): *All about Tel Aviv–Jaffa. Die Erfindung einer Stadt*, Ausstellungskatalog Jüdisches Museum Hohenems, 2019, S. 240ff., Katalog S. 96, 129, 134 | Sharon Rotbard: *White City. Black City. Architecture and War in Tel Aviv and Jaffa*, London 2015, S. 158 | Wikipedia: Israel

Urheimat neu zu besiedeln, eher einer kolonisierenden Ideologie als der Rücksichtnahme auf dort Lebende entsprach. Aufziehende Kontroversen schienen jedoch eine Zeit lang durchaus beherrschbar.

Denn selbst der 1906 aus dem heutigen Polen nach Jaffa gekommen Staatsgründer David Ben-Gurion (1866–1973) propagierte anfangs, und keineswegs als einzige Stimme, dass »die arabischen Fellachen jüdischen Ursprungs« seien und als arabisierte Semiten eben Muslime wurden. An diese ursprüngliche Offenheit Palästinensern gegenüber erinnert der die Lage höchst kritisch sehende israelische Architekt und Publizist Sharon Rotbard in seinem Buch *White City. Black City. Architecture and War in Tel Aviv and Jaffa*. Denn eine größere Bekanntheit sollte erfahren, wie David Ben-Gurion noch in seinem Buch *We and our Neighbours* argumentierte, in dem er »die arabische Bevölkerung Palästinas in drei Gruppen eingeteilt« hatte und durchaus als integrierbar betrachtete. Ihm zufolge umfasste sie »›Araber‹, die er als von der arabischen Halbinsel oder Syrien gekommene Beduinen bezeichnete, leicht erkennbar an ihrem groben Gewand und sonnengebräunter Erscheinung; dann ›Stadtbewohner‹, eine buntscheckige Bevölkerung als lärmende Menge [*rabble*] von Rassen, Nationen und Sprachen, wie sie sich kaum in den größten Städten der Welt finde, mit Leuten aus Ägypten, Algerien, Tunesien, Marokko, Sansibar und Madagaskar, unter ihnen eine große Zahl ›arabisierter Neger‹, und schließlich die ›Fellachen‹, in deren Adern zweifellos viel jüdisches Blut fließt – denn sie seien jene ignoranten jüdischen Bauern, die sich in harten Zeiten von ihrer Religion entfremdet hatten, aus dem einzigen Grund, in ihrem Land nicht entwurzelt zu werden.« Gerade diese Konstellation, so Ben-Gurion in seinen Ansprachen, müsse anspornen, »dass wir eine vorbildliche Nation werden«, eine neue Gesellschaft, »die auf Freiheit, Gleichheit und Toleranz aufbaut, auf gegenseitiger Hilfe und Menschlichkeit, eine Gesellschaft ohne Ausbeutung, Diskriminierung, Sklaverei oder Tyrannei« – in diesem Land, wo »für Juden immer genug Platz« sei.[459]

459 Sharon Rotbard: *White City. Black City*, a. a. O., S. 84f. | Yarif Mozer: *Ben-Gurion – Israels Übervater*, TV-Film. ORF II, 29. 1. 2020

Entgegen »der Geschichte des Siegers« werde jedoch gerade im so lange palästinensischen Jaffa inzwischen überdeutlich, so Sharon Rotbard, wie sehr dessen herkunftsmäßig gemischte Nachbarschaften bereits auf Zukünftiges ohne stereotype Trennungen verweisen. Denn in dieser »Black City« – als Negativbild zur »White City« Tel Aviv – leben derzeit 15.000 muslimische und christliche Araber und die dort etwa im Lewinsky Park spielenden Kinder seien längst »eine eklektische Mischung säkularer Juden, religiöser Juden, von Palästinensern, Russen, Äthiopiern, Chinesen, Eritreern, Darfur-Flüchtlingen und Philippinos. Alle sprechen sie das im Kindergarten und der Grundschule gelernte Hebräisch.« Aber diese »Exilanten in Jaffa sind die Armen von Tel Aviv«, die wie ein Viertel der Bevölkerung unter der Armutsgrenze leben, was offenkundig mache, dass gerade »das Jaffa-Tel-Aviv-Problem« als friedliches Zusammenleben verschiedenster Gruppen »eine Kernfrage der Konflikte im Mittleren Osten ist«, da dort im 20. Jahrhundert mit der Abgrenzung von Juden und Palästinensern begonnen worden war. Denn Israel »is one of the most radical laboratories of modernity on earth, where the most explosive ingredients of our time, modern utopias and ancient beliefs, are boiling together with no precautions«.[460]

Als historische Grundlage für die einigende Vorstellung vom auserwählten, früh strikt monotheistisch gewordenen Volk gilt die Tora, nach der alle Juden von den Erzvätern Abraham, Isaak und Jakob abstammen, als Essenz der »Saga von Israel, wie sie sich zur Zeit Josias [auch Joschija, König von Juda, ca. 647–608 v. u. Z.] zum ersten Mal herausbildete«, als »der erste, vollständig ausformulierte Nations- und Gesellschaftsvertrag der Welt, der die Männer, Frauen und Kinder, die Reichen und die Armen einer ganzen Gemeinschaft einbezieht«, nie aber Fremde mit anderer Religion, so Israel Finkelstein und Neil A. Silberman zur archäologisch überprüfbaren Wahrheit der Bibel.[461] Dazu hat der kurz

460 Sharon Rotbard: *White City. Black City*, a.a.O., S. 179, 181, 188 | Sharon Rotbard in: Hannes Sulzenbacher, Hanno Loewy (Hg.): *All about Tel Aviv–Jaffa*, a.a.O., S. 209ff.

461 Israel Finkelstein, Neil A. Silberman: *Keine Posaunen vor Jericho. Die archäologische Wahrheit über die Bibel*, München 2006, S. 337

nach dem Krieg als Flüchtlingskind in Linz geborene israelische Historiker Shlomo Sand unter Bezug auf Benedict Andersons *Die Erfindung der Nation* mit seiner Studie *Die Erfindung des jüdischen Volkes* detailreich aufgearbeitet, wie fragwürdig Israels auf gemeinsamer Abstammung beruhender Gründungsmythos sei. Denn die zahlenmäßig »gewaltige Präsenz von Anhängern des Judentums in der antiken Welt« habe sich, wie noch Jahrhunderte danach, durch Übertritte ergeben, sonst wäre es bei einer überschaubaren Sekte geblieben. Obwohl heute ein ihm plausibler bi-nationaler Staat »zwischen Mittelmeer und Jordan« utopisch erscheint, gehe es weiter zentral darum, inwieweit die jüdisch-israelische Gesellschaft bereit ist, »sich von der alten Vorstellung zu verabschieden, die sie zum ›auserwählten Volk‹ macht, und aufzuhören, sich selbst abzugrenzen und andere aus ihrer Mitte auszustoßen, gleichgültig ob das aus fragwürdigen historischen Gründen oder mittels einer dubiosen Biologie geschieht«.[462]

Sich einer solchen Pragmatik total verschließend, streben jedoch die Radikalen der alle Begrenzungen sabotierenden Siedlerbewegung, viele aus den USA zugewandert bzw. unterstützt, gegen jede historische Evidenz letztlich ein religiös gerechtfertigtes, jüdisch beherrschtes »Großisrael vom Nil bis zum Euphrat« an, wie häufig betont wird. Ein Palästinenserstaat soll unter allen Umständen verhindert werden, auch ein Friedensvertrag unter Rückgabe besetzter Gebiete, wie es immer wieder geplant war. Denn es gehe um »die Erlösung von Eretz Israel«, um »das Land, das uns bestimmt ist«, um »hier die ganze Welt zur Vollendung zu bringen – zum Weltfrieden«. Wer von der lokalen Bevölkerung friedlich daran teilhaben wolle, sei durchaus willkommen, aber »als Gast ohne politische Rechte«. Deshalb wird konstatiert, Demokratie sei bloß »eine Herrschaftsform für die heutige Zeit« und »alles Nichtreligiöse ist nicht legitim«, was durchaus Gewalt rechtfertige und zu einer strikten Apartheid-Theokratie führen würde. Sogar vom »Neid auf die Dschihadisten« und deren Überzeugungserfolge ist die Rede, als bisweilen eingestandene Geistesverwandtschaft mit

462 Shlomo Sand: *Die Erfindung des jüdischen Volkes. Israels Gründungsmythos auf dem Prüfstand*, Berlin 2010, S. 228, 456

muslimischen Gotteskriegern. Denn beide Seiten vertreten essentialistische, unveränderbare Vorstellungen der eigenen Kultur und der Rolle von Frauen, abgesehen von notwendigen Waffen und minimaler Technik alles Moderne ablehnend. Ihre Hauptgegner: »die Linken« und alle Uneinsichtigen.[463]

Auch Ministerpräsident Jitzchak Rabin (1922–1995) war wegen seiner Friedensbemühungen von einem jüdischen Rechtsextremen ermordet worden. Den Friedensnobelpreis bekam er wie Schimon Peres (1923–2016), Ägyptens Präsident Anwar as-Sadat (1918–1981) und frühere Terroristen wie Menachem Begin (1913–1992) und Jassir Arafat (1929–2004). Denn deren Verhandlungen, die zum Camp-David-Abkommen und zum Oslo-Friedensprozess der 1990er Jahre führten, schienen Lösungen greifbar zu machen. Alles Scheitern seither hängt wiederum mit den Destruktionspotentialen ursprünglich aus Europa importierter Nationalismen und Rassismen zusammen, wie es am Schwarzen Meer in Odesssa und auf der Krim so drakonisch spürbar wurde (▸ ODESSA ▸ SEWASTOPOL) und am Mittelmeer mit der Flucht vor der Nazi-Herrschaft (▸ MARSEILLE), der Vernichtung der Juden Salonikis, der Zerstörung von Smyrna und Beirut, im Algerienkrieg oder im Zypern-Konflikt (▸ SALONIKI ▸ IZMIR | SMYRNA ▸ BEIRUT ▸ ALGIER). Wie die Vetrtreibung so vieler Palästinenser war auch das anti-jüdische ›ethnic cleansing‹ arabischer Länder eine Parallelerscheinung solch ideologischer Manipulationen. Gerade im Mittelmeerraum hat das drastische Verluste über Jahrhunderte gewohnter Vielfalt provoziert – als Verengung des Sozialen und von Horizonten, was selbst die Internetnutzung bisher bestenfalls punktuell wieder erweitern konnte.

In Israel selbst ist die Lage überdies militärisch völlig asymmetrisch von Attentaten und von innenpolitischen Strategiewechseln dominiert, mit der 1964 gegründeten *Palestine Liberation Organization (PLO)* unter Jassir Arafat als Gegenüber und der *Fatah* des aus Jaffa stammenden Abu Ijad (Salah Khalaf, 1933–1991) als

463 Shimon Dotan: *Die Siedler der Westbank*, TV-Film, Kanada 2016, arte, BR Fernsehen 5. Juni 2019

militanter, anfangs säkularer Fraktion.[464] Ebenso beteiligt sind die Palästinensische Autonomiebehörde unter Mahmud Abbas, selbst der *Fatah* entstammend, die radikal islamistische *Hamas*, seit 2007 im Gazastreifen die bestimmende Macht, und die schiitische *Hisbollah* im Libanon als weiterer militanter Akteur. Für die Palästinenser halten sich weithin Sympathien, obwohl (und weil) auf ihre trostlose Lage Flugzeugentführungen und Geiselnahmen wie bei den Olympischen Spielen in München aufmerksam machten. Die PLO-Abspaltung von Abu Nidal (1937–2002) verübte Anschläge auf Flughäfen, die Synagogen von Paris und Wien und tötete den Wiener Stadtrat Heinz Nittel. Die Flugzeugentführung nach Mogadischu sollte 1977 deutsche RAF-Terroristen freipressen, mit denen es enge Kontakte über Ost-Berlin und Beirut in jordanischen Ausbildungslagern, dann auch im Jemen gab, mit dem Fanal des Stammheim-Prozesses. Somit war Europa ständig involviert, auch als Adressat für den Wechsel von linksextremen zu islamistischen Attentaten.

Einen politischen Einfluss der Europäischen Union auf den israelisch-palästinensischen Konflikt hat es jedoch trotz aller verkündeten Nachbarschaftspolitik »nie wirklich gegeben«, so der seit Bruno Kreiskys Initiativen in internationalen Funktionen außenpolitisch aktive Experte Wolfgang Petritsch. Die Politik beschränkte sich »*grosso modo* auf den Zahlmeister für die palästinensischen Siedlungsgebiete im Westjordanland [Judäa und Samaria] und im Gazastreifen«, auch wenn Israel dort immer wieder geförderte Infrastrukturen zerstörte, trotz der katastrophalen Lage für 1,8 Millionen Einwohner. Wegen dem im *UN-Arab Human Development Report* längst konstatierten »eklatanten wirtschaftlichen Verfall der Region« blieb auch der Arabische Frühling »bloß ein Strohfeuer enthusiastischer Erwartungen«, so Petritsch, ohne dass sich Hoffnungen auf »eine neue nahöstliche Ordnung – demokratisch, sozial und gerecht« erfüllen konnten.[465]

464 Abu Ijad: *Heimat oder Tod. Der Freiheitskampf der Palästinenser*, Düsseldorf 1979

465 Wolfgang Petritsch: *Epochenwechsel. Unser digital-autoritäres Jahrhundert*, Wien 2018, S. 162

Auf urbaner Ebene demonstriert die Polarität zwischen dem religiösen Zentrum Jerusalem, von wo aus die Minorität streng Orthodoxer ihren Einfluss ständig ausweiten will, und dem zur attraktiven, weltoffenen, coolen, nie schlafenden »fun city«, zur »gay city«, zur kreativen »start-up city« gewordenen multikulturell-säkularen Tel Aviv-Jaffa, wie komplex die Situation längst geworden ist. Ein Drittel der Bevölkerung lebt in dieser Metropolenregion, allerdings zu Mieten wie in New York. Ihr Bürgermeister, der Sozialdemokrat und frühere Kampfpilot Ron Huldai, ist seit zwanzig Jahren im Amt und mehrfach wiedergewählt worden. Bürgermeister Jerusalems war jahrelang Teddy Kollek (1911–2007), der wie Ari Rath (1925–2017), Chefredakteur und Herausgeber der *Jerusalem Post*, in Wien aufgewachsen war. Beide hatten wieder enge Kontakte zum Herkunftsland. Zum sich konträr zur sonstigen Militanz ausprägenden toleranten Klima bemerkt etwa die in Israel aufgewachsene, zu Identitäten und alternativer Kartografie forschende Kunsthistorikerin Irit Rogoff, dass sich gerade an der Küste »die ursprüngliche Fantasie des ›Europäisch-Seins‹ oder ›Westlich-Seins‹ in eine andere Fantasie verwandelt: nämlich die des ›Mittelmeer-Seins‹«. Denn die »seltsamen kulinarischen Verquickungen« ihrer Kindheit, »deren Speisekarten Hummus, gefolgt von Wiener Schnitzel, Naher Osten, gefolgt von Mitteleuropa, enthielten, wurden in außerordentliche aus griechischen/spanischen/portugiesischen/nordafrikanischen Fusionen bestehenden Festessen an fantastischen postmodernen Strandlagen, begleitet von Fado, Bouzouki und algerischen Gesängen verwandelt«. Das wirke auf Mentalitäten zurück, denn »Israels Fantasie des Mittelmeers bzw. des Nahen Ostens, die sich auf der Ebene der Populärkultur so deutlich artikuliert – genährt von Speisen, Musik, Strandkultur und leichtem Hedonismus –, bot einen einfachen Ausweg zur Lösung seiner größten Probleme: die Spannung zwischen arabischen und europäischen Juden innerhalb Israels sowie den Konflikt mit den arabischen Staaten und dem palästinensischen Nationalismus – also dem sogenannten ›Nahostkonflikt‹, an dem so viele Kräfte von außerhalb mitwirken. Rechnen wir uns dem Mittelmeer zu, befreit das zumindest tendenziell von allen düsteren Geschichten des

Nationalismus, von Konflikten um besetzte Gebiete. Für einen Moment wenigstens lässt sich an die Illusion eines reichhaltigen Erbes und eines sorgenfreien Lebensstils glauben.«[466] Auch für die Schriftstellerin Lizzie Doron »ist Tel Aviv ein Kampf für Demokratie und säkulares Leben, um einzutreten für Gleichheit, für Flüchtlinge. Es ist wie eine Insel die gegen Jerusalem kämpft, das einen völlig anderen Traum von Israel symbolisiert, von einem Land von jüdischem Schutz für Juden.« Denn »hier wird man als Nicht-Jude, als Gastarbeiter, als Flüchtling akzeptiert.«[467]

Trotz *Iron-Dome-Defence-Systems* wegen der ständigen Gefährdung durch Raketen, der Selbstmordattentate und Anschläge sowie der überall verfügbaren Schutzräume und dreijährigen Militärdiensts (von dem Orthodoxe befreit sind) basiert ein solcher Optimismus sichtlich auf einem Durchhaltewillen im einzigen demokratischen Land der Region mit Rechtssicherheit, Meinungsfreiheit und Protestmöglichkeiten, obwohl sich seit den Kriegen von 1948, 1956, 1967 und 1973 und den Intifada-Aufständen 1987 und 2000 weiterhin keine friedlichen Perspektiven abzeichnen.

Nach sporadischer Zuwanderung früherer Zeiten waren ab 1882 wegen des in Europa offensiveren Antisemitismus vermehrt jüdische Siedler ins dünn besiedelte osmanische Palästina gekommen, anfangs »meist mittellose Idealisten, soziale Anarchisten, Narodniks [sozialrevolutionäre Volkstümler], die sich einer verqueren ›Religion der harten Arbeit‹ verschrieben hatten. 90 Prozent der Einwanderer, die zwischen 1904 und 1914 in Palästina eintrafen, kehrten nach Europa zurück oder gingen in die USA.« Damals einsetzende Kibbuz-Gründungen – genossenschaftliche Agrar-Stützpunkte ohne Privateigentum – sollten das Land erschließen, kultivieren und Areale verteidigen. Trotz relativ geringer Beteiligung wurde das zum ideologischen Programm einer für Israel idealen sozialistisch-kommunistischen Lebensweise, was wegen Verblassens linker Programmatik und zunehmender

466 Irit Rogoff: Not There Of. Alternative Kartographien der Ambivalenz, in: Christian Reder (Hg.): *Kartographisches Denken*, Wien–New York 2012, S. 28, 29

467 Lizzie Doron in: Hannes Sulzenbacher, Hanno Loewy (Hg.): *All about Tel Aviv–Jaffa*, a. a. O., S. 125

Kommerzialisierung inzwischen kaum noch reale Bedeutung hat. Für seit damals artikulierte Gebietsansprüche ist relevant, dass selbst der aus Budapest stammende, lange in Wien tätige Zionismus-Begründer Theodor Herzl (1860–1904), dessen Romantitel *Altneuland* zum hebräischen Stadtnamen Tel Aviv wurde (wörtlich: Hügel des Frühlings), »nicht an irgendwelche ›historischen Rechte‹« zur Neuansiedlung glaubte. Als »fast unheimliche Vorahnung« war er aber überzeugt, »dass mächtige Triebkräfte am Werk waren, die der zionistischen Sache eine historische Rechtfertigung liefern würden«, so der aus Wien stammende, für einen Palästinenserstaat und die Übergabe besetzter Gebiete eintretende israelische Autor Amos Elon (1926–2009) dezidiert.[468] Es gehe um Gebiete und Freiheiten, ohne dass Religion allzu trennend wäre, selbst im aufgeteilten Jerusalem.

Mit der Balfour-Deklaration von 1917 hatte sich Großbritannien bereit erklärt, »die Errichtung einer nationalen Heimstätte für das jüdische Volk in Palästina« zu unterstützen, das nach Auflösung des Osmanischen Reichs zum britischen Mandatsgebiet wurde, allerdings unter Wahrung der »bürgerlichen und religiösen Rechte der bestehenden nicht-jüdischen Gemeinschaften«. Erste Kontroversen eskalierten, als wegen ständiger Pogrome in Russland radikalere Immigranten »mit einer zionistisch-sozialistischen Ideologie« ankamen und sich zuerst in Jaffa und Umgebung Reibungen »mit der lokalen arabischen Bevölkerung« ergaben. Bereits 1920 führten Angriffe von Arabern zu mehreren toten und Hunderten verletzten Juden in Jerusalem. Im Mai 1921 steigerten sich in Haifa Demonstrationen gegnerischer jüdischer Kommunisten und Sozialisten zu Krawallen und Pogromen mit etwa 50 arabischen und 50 jüdischen Toten, darunter der Schriftsteller Josef Chaim Brenner (1881–1921) als prominentestes Opfer. Nach dem Massaker von Hebron durch Araber und weiteren Anschlägen beider Seiten wurde Jaffa zur Hochburg des arabischen Aufstandes von 1936 bis 1939, mit dem Großmufti von Jerusalem Mohammed

468 Amos Elon: Was ist falsch gelaufen? Kurze Geschichte des Staates Israel, in: *Israel und Palästina. Umkämpft, besetzt, verklärt*, Edition *Le monde diplomatique*, Berlin Nr. 21, 2017

Amin al-Husseini (1893–1974) als Führungsfigur, was das Klima weiter vergiftete. Denn er kooperierte offen mit Nazi-Deutschland, das wegen dessen Juden- und Britenfeindlichkeit »rund 60 Prozent der Araber des Landes« unterstützten. Jüdische Untergrundorganisationen kämpften ihrerseits gegen Araber und Briten. Die *Hagana*, eine Art Volksmiliz der Arbeiterbewegung und ihre Elitetruppe *Palmach* (die sich als Stalin bewundernde Rote Armee verstand), wurde jedoch von den Briten unterstützt. Aber die sich von ihr abspaltende, vom späteren Ministerpräsident Menachem Begin geführte zionistische Terrororganisation *Irgun*, auch *Etzel* genannt, sprengte 1946 den Südflügel des King-David-Hotels in Jerusalem, wo ein Teil der Mandatsregierung untergebracht war, was hundert Tote forderte. *Irgun* und *Lechi* (die Stern-Bande), wo der spätere Ministerpräsident Jitzchak Schamir (1915–2012) eine Führungsrolle hatte, verübten 1948 auch das Massaker an den Palästinensern von Deir Yassin, bei dem »Hunderte von Männern, Frauen und Kindern getötet« wurden; »ein schwarzer Fleck auf der Ehre der jüdischen Nation«.[469] *Lechi*-Mitglieder erschossen in Kairo Walter Guiness, Baron Moyne (1880–1944) und in Jerusalem den verdienstvollen ersten UNO-Vermittler Folke Bernadotte (1895–1948), der mit dem *Schwedischen Roten Kreuz* noch Tausende KZ-Häftlinge aus Deutschland rettete und das *Hilfswerk der Vereinten Nationen für Palästina-Flüchtlinge* (*UNRWA*) initiierte. Wegen Generalamnestien wurde dafür nie jemand verurteilt. Armee und Geheimdienst integrierten die Kämpfer. Dabei war weithin bewusst: »Keiner von uns hat sich im Krieg so verhalten, wie wir es eigentlich vom jüdischen Volk erwartet hätten, und zwar sowohl in Bezug auf Eigentum als auch in Bezug auf menschliches Leben. Wir sollten uns alle schämen«, so der israelische Historiker Tom Segev.[470]

Als am 30. November 1947 der UNO-Teilungsplan verkündet wurde, befand sich das Land bereits mitten im Bürgerkrieg, da die

469 Tom Segev: *Es war einmal ein Palästina*, a. a. O., S. 420, 492, 498, 505 | Tom Segev: *Die ersten Israelis. Die Anfänge des jüdischen Staates*, München 2008, S. 127

470 Tom Segev: *Die ersten Israelis*, a. a. O., S. 111

arabische Seite eine Aufteilung kategorisch ablehnte. Die Flucht und offensive Vertreibung von 750.000 Palästinensern – von ihnen *Nakba*, die Katastrophe, genannt – in die Nachbarstaaten setzten ein. Das »mag zwar vielen Arabern das Leben gerettet haben«, so Tom Segev, »aber sie zerstörte nachhaltig das nationale Gefüge«.[471] Besonders zu leiden hatte das dadurch weitgehend entvölkerte Jaffa, das nach dem Teilungsplan zur Palästinenser-Enklave inmitten jüdischen Gebiets geworden wäre. Hatte es dort wegen der Aufstände schon 1936 Evakuierungen und Demolierungen durch die Briten gegeben, war dessen Altstadt in den Kämpfen von 1947/48 weiter systematisch zerstört worden, vor allem das Manschieh-Viertel, bis dahin »das einzige ethnisch gemischte Wohngebiet Jaffas«.[472] Nur einige Tausend Bewohner blieben in der Stadt, zwei Drittel Muslime, ein Drittel Christen. Dass das am 14. Mai 1948 gegründete Israel den sofortigen Angriff von Truppen aller umliegenden Staaten sowie von Saudi-Arabien und dem Irak abwehren konnte, brachte ihm gegenüber dem Teilungsplan sogar Gebietsgewinne, führte aber für Jahrzehnte zu unduldsam verhärteten Fronten.

Der mithilfe Simon Wiesenthals (1908–2005) durch dessen Entführung aus Argentinien ermöglichte Prozess gegen den Organisator der Judentransporte Adolf Eichmann (1908–1962) in Jerusalem wirkte durch die vielen Zeugenaussagen selbst in Israel als essenzielle Bewusstseinsbildung. Die ab 1963 von Generalstaatsanwalt Fritz Bauer (1903–1968) in Frankfurt durchgesetzten Auschwitz-Prozesse galten noch weitgehend als unerwünscht. Die Studentenproteste in Deutschland, ausgelöst von Demonstrationen gegen Persiens Schah in Berlin, hatten primär Che Guevara, Mao Tse-tung und die Weltrevolution im Blick. Erst verzögert entstand ein offensiveres Aufklärungsinteresse zur Nazizeit, was Ausstellungen von Hannes Heer über die Verbrechen der Wehrmacht des von Jan Philipp Reemtsma gegründeten *Hamburger Instituts für Sozialforschung* bestärkten.[473] Nach Jahren des Schweigens wurde

471 Tom Segev: *Es war einmal ein Palästina*, a. a. O., S. 558, 559

472 Or Aleksandrowicz, in: Hannes Sulzenbacher, Hanno Loewy (Hg.): *All about Tel Aviv–Jaffa*, a. a. O., S. 326

473 Hannah Arendt: *Eichmann in Jerusalem. Ein Bericht von der Banalität des Bösen*, München 1964 | Hamburger Institut für Sozialforschung (Hg.): *Ver-*

die breite Beteiligung an den Judenmorden endlich ein Thema, bis hin zum dokumentarischen Monumentalwerk *Shoah* von Claude Lanzmann (1985) und massenwirksamen Fernsehfilmen.

Aber »die häufige Behauptung«, so Tom Segev, »die Staatsgründung sei eine Folge des Holocaust gewesen«, entbehre »jeder Grundlage«. Pläne dazu sind viel älter, obwohl die meisten Juden stets auf eine Emanzipation ohne eigenen Nationalstaat hofften. Erstmals wurden jüdische Gebietsansprüche artikuliert, als nach der von Ägypten aus erfolgten Einnahme Jaffas 1799 eine Deklaration Napoleons Palästina als »rechtmäßiges Erbe« der Juden und ihre »politische Existenz als eine Nation« bestätigte. Das sollte ein positives Signal für die »Emanzipation der Juden in Frankreich« sein. Aber als eines vieler gebrochener Versprechen dachte er nicht daran, die Stadt bereits »den Juden zu übergeben«. Nach Plünderungen und Vergewaltigungen wurde sie weitgehend zerstört. Am Strand Jaffas ließ er sogar 4.000 osmanische Gefangene hinrichten (wie Richard Löwenherz 1191 beim Massaker von Akkon 2.700 muslimische Geiseln).[474] Selbst von Ende des 19. Jahrhunderts zuerst in Russland aggressiver verfolgten Juden wollten noch wenige nach Palästina. Auch heute lebt weit mehr als die Hälfte aller Juden in anderen Ländern. Ein frühes, aber auf Dauer wenig anziehendes Ansiedlungsprojekt war die 1915 gegründete, dann unter Stalin forcierte autonome jüdische Region Birobidschan im entlegenen Fernen Osten Russlands.[475]

Als sich nach dem Krieg Israel als Staat etablierte, ergab sich sogar eine »tiefe Spaltung zwischen den Juden in Palästina und Holocaust-Überlebenden«, wie Tom Segev festhält. Denn spürbar blieb »eine Verachtung für die Diaspora«. Ihr wurde oft leichtfertig unterstellt, rechtzeitig geflohen zu sein oder sich wie Opferlämmer dem Schicksal gefügt zu haben, trotz Warschauer Ghetto-Aufstands und jüdischer Partisanen. Denn längst neigten im Land Geborene

brechen der Wehrmacht. Dimensionen des Vernichtungskriegs 1941–1944, Ausstellungskatalog, Hamburg 2002

474 Tom Segev: *Es war einmal ein Palästina*, a. a. O., S. 539 | Sharon Rotbard: *White City. Black City*, a. a. O., S. 66ff.

475 Robert Weinberg: *Birobidshan. Stalins vergessenes Zion*, Frankfurt am Main 2003

dazu, *Sabres* oder *Tzabarim* genannt, »sich in erster Linie als Israelis und erst in zweiter Linie als Juden zu sehen«. Offenbar verblasst inzwischen sogar das einst so elementare Holocaust-Gedenken als Grundlage internationaler Beziehungen, was nun etwa die Kumpanei Ministerpräsident Benjamin Netanjahus mit dem weiterhin offen antisemitischen Ungarn Viktor Orbáns demonstriert, wo 1944 mithilfe bereitwilliger lokaler Behörden »mehr Juden pro Tag ›eliminiert‹« worden waren, »als in jeder anderen Nation Europas, Deutschland nicht ausgenommen«.[476] Ein gemeinsamer Staat war bereits seit dem arabischen Aufstand der 1930er Jahre fast allen als »Kompromiss zwischen Arabern und Juden unmöglich« erschienen. Hass und Rache dominierten, als Bürgerkrieg von Irregulären, weil Juden mit professionellen Guerillataktiken kämpften und »die Araber im Krieg von 1948 eine von regionalen, sozialen und wirtschaftlichen Gegensätzen zerrissene Gesellschaft« ohne kämpferisch einsetzbare Strukturen waren, »in der zudem ein enormes Stadt-Land-Gefälle bestand«.[477]

Für die Palästinenser von Jaffa bedeutete es, so Sharon Rotbard, dass sie »in derselben Weise ins Exil getrieben wurden, wie es jüdischen Gemeinden so oft in der Geschichte widerfahren war, wenn sie ihre Häuser und Dörfer verlassen mussten«. Das Foto von Rudi Weissenstein (1910–1992) zu Beginn dieses Abschnitts dokumentiert, wie radikal große Teile der Altstadt gesprengt wurden. Denn das zielte ausdrücklich darauf ab, »Jaffa von seiner Bevölkerung zu entleeren«. In der gesamten Region Tel Aviv betraf das 100.000 bis 140.000 Menschen, ging es doch um »die Annexion von Jaffa durch Tel Aviv«, das zu Israels »erster hebräisierter Stadt« werden sollte und es auch wurde. Zuwanderer aus Europa lernten kaum Arabisch. Aufgrund der Ähnlichkeit mit dem Hebräischen (etwa *salām* – *schalom*), vielen Arabisch sprechenden Juden und dem levantinischen Sprachgemisch gab es Verständigungsmöglichkeiten – aus arabischer Sicht dominierte fortan aber die Sprache der Besatzer.

476 Cecil D. Eby: *Hungary at War. Civilians and Soldiers in World War II*, Pennsylvania State University 1998, S. 119

477 Tom Segev: *Es war einmal ein Palästina*, a. a. O., S. 538, 540, 566 | Tom Segev: *Die ersten Israelis*, a. a. O., S. 155

Die 1950 vereinigte Doppelstadt sollte zuerst Jaffa–Tel Aviv heißen, als Vorrang für Jaffas 4.000-jährige Geschichte, dann setzte sich die umgekehrte Reihenfolge durch. Bis heute steht Jaffa allerdings »unter militärischer Verwaltung«. Ausgerechnet über einem der wenigen verbliebenen Altbauten wurde 1983 das *Etzel*-Museum für jene Terrorgruppen eingerichtet, die sich »auf die Befreiung von Jaffa 1947–1948« berufen. Auch Straßennamen erinnern an die Kampfzeit. Aus dem ärmlicheren Süden Tel Avivs wurde rasch die »Black City«, »a real rough-and tumble port city brimming with bruising sailors, sexist slurs, debauched promiscuity, wild drinking, Levantine hedonism and Mediterranean lifestyles« – als krasser Gegensatz zu Israels Kultur eines »provinziellen Puritanismus«. Immer mehr zum vernachlässigten »hothouse for crime, prostitution, and drugs« geworden, sollte diese Gegend dann ab den 1960er Jahren verwandelt werden – »into a centre for tourism, leisure and art«. Während Tel Aviv sich selbst zum »European medieval crusader outpost« ausbaute, so Sharon Rotbard sarkastisch, »wurde aus Jaffa alles andere als eine arabische Stadt«, nämlich schlicht »Old Jaffa, Ancient Jaffa, Antique Jaffa«, wo sich in renovierten Ruinen der Palästinenserhäuser israelische Bohemiens ansiedelten. Denn »die Verfilzung von Politik und Kapital« strebe aus kommerziellen Gründen längst danach, auch »die schwarze Stadt zur weißen Stadt« zu machen. Als die umliegenden Stadtviertel ruinierende Beton-Gigantomanie stellte sich »die größte zentrale Busstation der Welt« mit ihrem Hochstraßengewirr heraus, »eines der am meisten gehassten Bauwerke Israels«. Das Hebräische Herzlia-Gymnasium mit seiner maurischen Architektur, einst ein erstes Wahrzeichen Tel Avivs, wurde 1962 zugunsten des Schalom-Meir-Turms abgerissen. Sogar die Hasan-Bek-Moschee sollte ein profanes Einkaufszentrum werden, wozu es nach heftigen Protesten nicht kam. Der alte osmanische Bahnhof wurde zur Shoppingmall. Selbst das weltberühmte israelische Markenprodukt Jaffa-Orangen wird kaum noch mit den weithin zu Bauland gewordenen Plantagen der Palästinenser verbunden und blieb ein Symbol ihrer Katstrophe. In Jaffa wachsen sie nicht mehr. Jedenfalls, so Sharon Rotbard in seinem Plädoyer: »We need to stop occupying Jaffa« – »and stop being occupiers«, weil es endlich primär um soziale, nicht um nationalistische Fragen gehen müsse.[478]

Tel Aviv hatte sich anfangs »mit dem Rücken zum Meer« entwickelt, gab es doch lange »nicht das geringste Interesse«, bisweilen »im Meer zu baden«. Mit dem Casino von 1922, der Strandpromenade und den etwa vierzig Hotels war die Küste dann doch zur »einzigen jüdischen Riviera« geworden. Heute »gibt es Strände für Religiöse (an denen die Badezeiten nach Geschlechtern getrennt sind), Strände für Homosexuelle oder Strände für Hundebesitzer«, als eine »bislang unbekannte maritim-urbane Kultur«.[479]

»Weiße Stadt« wird Tel Aviv nun wegen der lange vernachlässigten und oft umgebauten 4.000 Gebäude genannt, die als Klassische Moderne oder inspiriert vom Bauhaus und dessen sozialistischer Tendenz gelten, was zum Status als UNESCO-Weltkulturerbe führte. Mit dem Wiederentdecken solcher Zusammenhänge schien es sich zu beweisen, dass eine von den Nationalsozialisten vertriebene kosmopolitische Modernität gerade in Israel zur Blüte gebracht worden war. Denn in Deutschland war das Bauhaus als »jüdisch-bolschewistisch« und die Stuttgarter Weißenhof-Siedlung wegen undeutscher Flachdächer als »Araberdorf« verhöhnt worden. Die »White City« jedoch nun als idealisierte Bauhaus-Stadt zu feiern, sei bloßes Marketing, so Sharon Rotbard, denn von den »vier israelischen Bauhaus-Graduierten« habe Shlomo Bernstein nur zwei Semester dort studiert und dann in der kommunalen Ingenieurabteilung gearbeitet. Munio Weinraub-Gitai (1909–1970) verfolgte zwar solche Ideen, was aber kaum sichtbar wurde. Shmuel Mestechkin hinterließ bloß einige Apartmentgebäude. Nur Aryeh Sharon (1900–1984), aus dem damals österreichischen Galizien stammend, war intensiv vom Bauhaus in Dessau, von Walter Gropius und Hannes Meyer geprägt, und hat mit zahllosen Gebäuden im Internationalen Stil (so genannt seit der *Museum-of-Modern-Art*-Ausstellung in New York 1932) »deutliche Spuren in Tel Aviv

478 Sharon Rotbard: *White City. Black City*, a. a. O., S. 108–112, 118, 121, 122, 123, 130, 135, 138, 151, 180 | Hannes Sulzenbacher, Hanno Loewy (Hg.): *All about Tel Aviv–Jaffa*, a. a. O., S. 138, 404

479 Elissa Rosenberg: Tel Aviv: Eine Stadt am Meer, in: Hannes Sulzenbacher, Hanno Loewy (Hg.): *All about Tel Aviv–Jaffa*, a. a. O., S. 160ff.

und ganz Israel hinterlassen« bis hin zu Kibbuz-Siedlungsformen.[480] Viele erhaltene Gebäude vermitteln durchaus qualitätsvolle koloniale Modernitäts- und Bauhaus-Eindrücke, auch in Jerusalem, selbst wenn von der »The White City«-Ausstellung in Tel Aviv von 1984 oder der *New York Times* (»das größte Bauhaus-Freilichtmuseum«) künstlich ein lange unerkanntes Image konstruiert wurde und ohne jede Evidenz sogar behauptet wird: »Jeder zweite Architekt, der bis zur Staatsgründung 1948 in Israel baute, stammte aus Deutschland oder hat bei großen Bauhaus-Architekten wie Martin Gropius studiert« (der jedoch von 1824 bis 1880 lebte und der Großonkel von Walter Gropius war).[481] Einige wegweisende Bauten hinterließ Erich Mendelsohn (1887–1953), dann in England und den USA lebend. Auch der in Jerusalem den *Schrein des Buches* als sein Hauptwerk errichtende, aus dem damals österreichischen Czernowitz stammende Architekt Friedrich Kiesler (1890–1965) war nicht in Israel verankert, sondern verbrachte seine prägenden Jahre in New York. Wieder von Wien aus tätig wurden unter anderem der den Krieg in Palästina überlebende *Magnum*-Fotograf Erich Lessing (1923–2018), der Schriftsteller Doron Rabinovici (geb. in Tel Aviv) oder der *trend-*, *profil-* und *Standard*-Gründer und Künstler Oscar Bronner (geb. in Haifa), dessen Vater, der Kabarettist und Komponist Gerhard Bronner (1922–2007), sowie der Unternehmer Ariel Muzikant (geb. 1952 in Haifa), später Präsident der Israelitischen Kultusgemeinde Wien und Vizepräsident des Jüdischen Weltkongresses.

Relationen der vom andauernden Konflikt Betroffenen und ihrer Diaspora verdeutlichen folgende Zahlen: Von 14,4 Millionen erfassten Jüdinnen und Juden in aller Welt leben 6,3 Millionen in Israel und den besetzten Gebieten, 6 Millionen in den USA und Kanada, 1,6 Millionen in Europa und 0,5 Millionen auf anderen Kontinenten. Die 9,3 Millionen Palästinenserinnen und Palästinenser verteilen sich auf Israel (1,2 Millionen), das besetzte West-

480 Sharon Rotbard: *White City. Black City*, a. a. O., S. 19, 20

481 Stefan Boness: *Tel Aviv. The White City*, Fotoband, Text Carsten Hueck, Berlin 2014, S. 11, 13 | Thomas Sparr: *Grunewald im Orient. Das deutsch-jüdische Jerusalem*, Berlin 2018

jordanland und den Gazastreifen (ca. 3,7 Millionen), Jordanien (2,6 Millionen), Libanon und Syrien (je 0,4 Millionen), Saudi-Arabien und Golfstaaten (0,4 Millionen), Ägypten (0,06 Millionen), USA (0,2 Millionen), andere Staaten (0,4 Millionen).[482]

Als Voraussetzung jeder Normalisierung gilt auch aus arabischer Sicht seit langem die Schaffung eines Palästinenserstaates. Über einen »Fahrplan« dahin ist seit Jahren die Rede, etwa auch in der Friedensinitiative der Arabischen Liga von 2002, allerdings »mit den Grenzen der Waffenstillstandslinie von 1949«, wie die Islamwissenschaftlerin des *Standard* Gudrun Harrer konstatiert, »die die Grüne Linie bis zum Sechs-Tages-Krieg von 1967 war, in dem Israel den Gazastreifen und das Westjordanland eroberte (sowie den Sinai und den Golan)«. Denn durch Krieg gewonnene Territorien zu inkludieren sei absolut »unannehmbar«, was wiederum in Israel angesichts der vielen jüdischen Siedlungen dort kaum durchsetzbar sei.[483] Zu beachten sei jedoch, so Volker Perthes, dass sich die Zeiten propagandistisch nutzbarer Polarisierung geändert haben und auch in der arabischen Welt »die palästinensische Sache nicht mehr die primäre Causa bildet, mit der sich Menschen quer durch die Region mobilisieren lassen. Die Bürger der einzelnen Staaten gehen eher aus Protest gegen die eigenen Regierungen auf die Straße; autoritären Regierungen gelingt es nicht mehr, innere Konflikte zu externalisieren, indem man nahezu alle politischen und wirtschaftlichen Übel mit dem ›Widerstand‹ gegen Israel rechtfertigt.« Andererseits könne Israels militärische Stärke »eine trügerische Form der Selbstsicherheit fördern«, die Chancen auf eine solide Zweistaatenlösung fortwährend verpassen lässt. Denn es wird weiterhin »gelegentliche Angriffe aus dem Gazastreifen abwehren und jüdische Siedlungen sowie die entsprechende Infrastruktur in der Westbank und in Jerusalem ausbauen und damit die Palästinensergebiete weiter zersiedeln: Realität schaffen also, die einer Zweistaatenlösung – im Wortsinn – den Boden entziehen würden. Irgendwann«, so diese Annahme, »wird die Mehr-

482 Wikipedia: Juden | Palästinenser

483 Gudrun Harrer: *Nahöstlicher Irrgarten. Analysen abseits des Mainstreams*, Wien 2015, S. 156f.

heit der Palästinenser sich wahrscheinlich damit abfinden, dass Israel im Kampf um Territorien und Souveränität gesiegt hat und sich innerhalb Israels oder einer israelisch kontrollierten Herrschaftszone einrichten, dort aber gleichzeitig – so wie die heutige arabisch-palästinensische Minderheit innerhalb der international anerkannten Grenzen Israels – um Gleichberechtigung und Bürgerrechte kämpfen. Anstelle einer Zweistaatenlösung würde eine Einstaatenrealität entstehen, in der zwei Völker, die genau das nicht wollen, nicht neben-, sondern miteinander leben müssen.«[484]

Denn innenpolitisch gehe es weiterhin nicht um Gleichberechtigung der arabischen Bevölkerung oder gar um den Rückzug aus den besetzten Gebieten und eine Zweistaatenlösung, so der israelische Soziologe Natan Sznaider. »Das sind keine Themen mehr im Wahlkampf: 80 Prozent bis 90 Prozent der jüdischen Bevölkerung sind sich in diesem Punkt einig.« Auch Grundsätze liberaler Demokratie habe Ministerpräsident Benjamin Netanjahu »seit langem über den Haufen geworfen«. »Es gibt keine Leitkultur. Was die Menschen zusammenhält, ist die gegenseitige Abneigung, ein ständiger Konkurrenzkampf, die wahre Definition des Israeli-Seins. Wenn man Modernität definiert als die verschiedensten Beschreibungen derselben Wirklichkeit, die ausgehalten werden müsse, dann ist Israel eine der modernsten Gesellschaften.« Dabei sei das eigene ›Wir‹ regelmäßig zu überdenken. Gemeinsamkeiten bleiben jedoch sehr brüchig, denn »die eigentliche Spaltung herrscht zwischen der jüdischen und nichtjüdischen Bevölkerung. Die Frage der Staatsbürgerschaft, der politischen Ungleichheit, das ist das Einzige, was die Bevölkerung wirklich spaltet. Die arabische Bevölkerung hat zwar politische Rechte. Allerdings definiert sich der Staat als jüdisch. Dadurch werden automatisch diejenigen, die keine Juden sind, vom Ideal des Staates ausgeschlossen. Da liegt die große Spaltung.«[485]

In Familien und Schulen der arabischen Welt ist zwar die offizielle Israelfeindlichkeit weiter sehr präsent, nur geht es bei den

484 Volker Perthes: *Das Ende des Nahen Ostens*, a. a. O., S. 76ff.

485 Natan Sznaider im Gespräch mit Lissy Kaufmann, *Der Standard*, Wien, 16. September 2019

Protesten nicht mehr um die »Verdammungen von Kolonialismus und Imperialismus, den üblichen Ausflüchten der Machtelite«, sondern gegen eigene Regierungen.[486] Das wurde in Syrien eklatant spürbar, so der syrische Philosoph Sadiq al-Azm. Dort lehne, so seine Überzeugung, seit Jahren nur noch »eine Minorität« Israels Existenz ab. Arte das zu Antisemitismus aus, sollte bewusst sein, dass »das Wort dafür aus Europa« kam und rasch auf andere Gruppen übergreifen könne. Arabische Länder hatten keine Tradition »politischer Parteien mit rassistischen Programmen«. Terrorismus als Produkt anderer Kulturen zu sehen sei Unsinn. »Als Waffe der Schwachen, als Bereitschaft, für eine Sache zu sterben, habe er eine viel weitere Dimension und Geschichte, als es die aktuelle Projektion auf Fremde widerspiegle.«[487]

Wie sich territorial gebundene Nationalismen verändern, transformiert sich auch ein Leben in der Diaspora. Ursprünglich als jüdisches Schicksal jahrhundertelang aufgezwungener Zerstreuung geltend, wurde das millionenfach zum Normalfall, allerdings mit medialen Echtzeit-Verbindungen, die es »so vor 10, 15 Jahren noch nicht gab«, was Auseinandersetzungen globalisiert, intensiviert und individualisiert. Das sei in Analysen globaler Veränderungen unbedingt einzubeziehen, so der britisch-amerikanische Historiker Tony Judt, selbst zeitweilig in Israel lebend. Wenn die jüdische Diaspora im frühen Stammland Israel enden soll, brauche es »viel historische Fantasie«, um das anzuerkennen, stellte er lakonisch fest, denn in Wahrheit kam sie »aus Russland, Rumänien, Polen, Österreich, Mähren, der Ukraine usw.«, stark von »Integration und Assimilation« geprägt, ohne jede »Erinnerung an das Heimatland« der alten Zeit. Im Gegensatz zur dargestellten Auffassung von Tom Segev war er überzeugt: »Ohne den Holocaust hätte es den Staat Israel ziemlich sicher nicht gegeben«. Auch die Solidarität der Diaspora sei darauf fokussiert, an »Auschwitz zu erinnern und

486 Gilles Kepel: *Der Prophet und der Pharao. Das Beispiel Ägypten: Die Entwicklung des muslimischen Extremismus*, München 1995, S. 9

487 Sadiq al-Azm im Gespräch mit Christian Reder, in: Christian Reder, Simonetta Ferfoglia (Hg.): *Transfer Projekt Damaskus. Urban orient-ation*, Wien–New York 2003, S. 23ff. | Sadik J. Al-Azm: The View from Damascus, *The New York Review of Books*, 15. Juni 2000

Israel zu verteidigen«. Von dieser traditionell jüdischen Diaspora sei aber längst eine israelische Diaspora zu unterscheiden. Denn etwa die 350.000 in New York City lebenden Israelis betrachten sich »keineswegs als Teil der jüdischen Gemeinde«. »Sie haben Israel verlassen, weil sie nicht Militärdienst im Westjordanland leisten wollen, sie sind Verweigerer oder sie sind weggegangen, weil sie in Amerika bessere Jobs finden.« Bezeichnenderweise sind sie in der Regel »liberaler als Israel«, während »die meisten Diasporas reaktionärer« seien »als das zugehörige Land«, da sie über die Vorgänge dort bestenfalls grob informiert sind und Früherem nachhängen. Die jüdische Diaspora sei eben »nicht einzigartig«, denn sie »erinnert sehr an die ukrainische oder die kroatische Diaspora, die Franjo Tudjman während der Balkankriege finanzierte, oder an die extremen Mitglieder der griechischen Diaspora, die Ultranationalismus und Fremdenfeindlichkeit in der griechischen Politik aktiv befördern«. »Die gewaltbereiten palästinensischen Extremisten leben nicht in Gaza, auch nicht im Westjordanland. Sie leben in der palästinensischen Diaspora, im nahen Damaskus und im fernen Chicago. Die Palästinenser dort treten viel eher für extreme Reaktionen gegenüber Israel ein als die Palästinenser, die vor Ort mit der realen Situation leben müssen.« Auch »der Großteil des Geldes, mit dem die extremistischen Siedlungen im Westjordanland unterstützt werden, stammt von einer relativ kleinen Zahl von Juden an der Ostküste der USA«. Problematisch sei daher, wenn »Israel behauptet, im Namen aller Juden zu handeln« und sie in dessen Handlungen eingebunden sind, so als ob »sich israelische Politiker und Antisemiten« in diesem Punkt einig wären. In Kritikern Israels reflexartig Antisemiten zu sehen, führe nicht weiter. In Richtung »normaler Staat« könne es nur gehen, so Tony Judt, wenn es gelingt, »den Konflikt zwischen Israelis und Palästinensern und den innerisraelischen Konflikt zwischen Befürwortern und Gegnern einer Zweistaatenlösung« abzutrennen »von der Identität der Juden und der Geschichte des Antisemitismus in der westlichen Welt«.[488] Denn »ein Zionist«, so auch Eric J.

488 Tony Judt: Ist Israel (noch) gut für die Juden?, in: Charim, Isolde, Gertraud Auer Borea (Hg.): *Lebensmodell Diaspora*, a. a. O., S. 207ff.

Hobsbawm, könne »nicht ohne weiteres eine wirklich ernsthafte Geschichte der Juden schreiben«. Dazu bräuchte es Reflexionen über »Nationalhass (die Kehrseite eines Nationalbewusstsein, das sich im Wesentlichen durch den Ausschluss anderer definiert)«.[489]

Zentrale Fragen müssten sich einkreisen lassen, so auch Hanno Loewy vom Jüdischen Museum Hohenems: »Was würde geschehen, wenn Israel das Vertreibungsunrecht von 1948 anerkennen würde? Und wenn auch die arabischen Staaten das Unrecht ihres Überfalls auf Israel 1948 anerkennen würden? Was wäre, wenn die Israelis den Anspruch darauf aufgeben würden, Teile der 1967 besetzten Territorien gegen den Willen ihrer Nachbarn auf kaltem Weg zu annektieren, und wenn die Palästinenser ihren Anspruch auf Rückkehr auf israelisches Territorium aufgeben würden, freilich gegen finanzielle Kompensation? Wenn Israel beispielsweise sein exklusiv jüdisches Rückkehrgesetz zeitlich limitieren würde, weil es auf Dauer einem säkularen Einwanderungsgesetz im Weg steht, und wenn beide Seiten ihren Anspruch auf ganz Jerusalem definitiv aufgeben würden? Wenn Israel und Palästina bereit wären, sich jeweils eine säkulare, die Menschenrechte aller Staatsbürger gleich welcher Religion oder ethnischer Zugehörigkeit in den Mittelpunkt stellende Verfassung zu geben, und in beiden Fällen darauf verzichten würden, Staatsbürgerschaft explizit ethnisch oder religiös festzuschreiben?«[490]

Zu solchen internen und externen Endlos-Dilemmas machte der Dokumentarfilm *Zensierte Stimmen* fünfzig Jahre nach dem Sechstagekrieg von 1967 authentische Tonbandaufnahmen öffentlich, die Israels bedeutender Schriftsteller Amos Oz (1939–2018), damals als Panzersoldat beteiligt, und sein Freund Abraham Shapira mit Kriegsteilnehmern aufgenommen hatten, deren Aussagen kaum bekanntes Filmmaterial Präsenz verleiht. Zur triumphalen Eroberung Jerusalems fragt sich Amos Oz gleich zu Beginn: »Wer hat hier was befreit?« Bewusst war vielen damals schon: »Solange wir ein anderes Volk beherrschen, sind wir kein freies Volk.«

489 Eric J. Hobsbawm: *Nationen und Nationalismus*, a. a. O., S. 9, 24
490 Hanno Loewy: Warum Israel die Diaspora nie begründet, in: Isolde Charim, Gertraud Auer Borea (Hg.): *Lebensmodell Diaspora*, a. a. O. S. 203

»Offenbar sind wir dazu verurteilt, immer zwischen zwei Kriegen zu leben«, weil unsere Existenz »allein von unserer militärischen Stärke« abhängt. Ein anderer war überzeugt: »Die nächste Runde wird noch grausamer, denn wir sind eine Besatzungsarmee geworden.« Bedenkenloses Töten von Gefangenen wurde akzeptiert, wenn auch oft mit Abscheu. Bewusst war vielen: »Die Araber erleben im Grunde dasselbe wie wir im Zweiten Weltkrieg.« Ihre Vertreibung auf Militärlastwagen oder in ärmlichen Karawanen Verzweifelter, nur das Nötigste mitschleppend, wurde von kaum jemandem gutgeheißen, obwohl die Meinung vorherrschte, Arabern sei nicht zu trauen. »Hätten sie uns besiegt«, so eine Aussage, »dann hätten sie uns nicht auswandern lassen«. Da es jedoch um Israels Existenz ging, sei »der Krieg gerecht«. Aber wegen der Evakuierungen so vieler arabischer Familien wären sie nicht in den Krieg gezogen. Auch kategorische Zweifel gab es längst: »Wenn du niemand verdrängen willst, musst du in der Diaspora bleiben« – »Die Juden waren doch überall und das Land hat uns doch längst nicht mehr gehört.«[491]

Amos Oz, der für Jahre in einem Kibbuz lebte, betonte oft, er könne nur gespalten auf die Situation reagieren. Überzeugt war er schließlich von einer höchst unsicheren Zukunft: »Wir wissen nur, was war, nicht, was uns da vorne erwartet« – und er »habe Angst. Vor allem vor dem Erstarken des Fanatismus aller Art.«[492]

491 Mor Loushy: *Zensierte Stimmen*, mit Amos Oz, Abraham Shapira, Dokumentarfilm, 2015, 3sat, 1. Juli 2019 | Ari Folman: *Waltz with Bashir*, dokumentarischer Trickfilm, Israel, F/D 2008

492 Amos Oz, Shira Hadad: *Was ist ein Apfel? Sechs Gespräche über Schreiben und Liebe, Schuldgefühle und andere Genüsse*, Berlin 2019, S. 166, 167

Libysche Wüste
Foto: Elfie Semotan
Christian Reder, Elfie Semotan (Hg.):
Sahara. Text- und Bildessays, Wien–New York 2004

Libyen: »Italien war das erste faschistische Regime, das ganze Volksgruppen deportierte und in Todeslagern zugrunde gehen ließ.«
Aram Mattioli

TRIPOLIS

Dass nun die grausamsten Flüchtlingslager am Mittelmeer in einem *failed state* wie Libyen entstanden – mit von Europa aus sogar offiziell unterstützter Abwehr von Fluchtversuchen über das Meer –, hat zentral damit zu tun, wie sehr wiederum die Befriedungsabsicht einer Militärintervention ohne tiefgreifende weitere Maßnahmen fehlgeschlagen ist und ein mörderisches Chaos hinterließ. Zu einer UNO-Resolution zugunsten der Aufständischen, um »alle notwendigen Maßnahmen zum Schutze der Bevölkerung« zu ergreifen, war es gekommen, weil Muammar al-Gaddafi (1942–2011) durch radikale Vernichtungsdrohungen gegen die Anfang 2011 eskalierende Rebellion im Land international plötzlich als eminente Gefahr galt, obwohl er trotz seiner sprunghaft-undurchsichtigen Politik und Terrorunterstützung zwischenzeitlich weithin akzeptiert worden war. Gehandelt wurde schnell. Da kein Land zum Einsatz von Bodentruppen bereit war, sollte ein Waffenembargo Nachschub und eine Flugverbotszone Bomben auf Zivilisten verhindern. Trotz einiger Friedensversuche und vieler Gegenstimmen wegen des UNO-Versagens beim Schutz bedrohter Zivilisten, ob beim Völkermord in Ruanda, in Srebrenica oder in Sudans Krisenregion Darfour, zerstörten dann von der NATO koordinierte Flugeinsätze maßgebliche Teile der militärischen Infrastruktur. Auch al-Gaddafis Konvoi war auf der Flucht aus seiner Heimatstadt Sirte aus der Luft beschossen worden. In einer Betonröhre Deckung suchend, wurde er misshandelt und kam dort zu Tode, offenbar weil Geheimdienste seine Route aufgespürt hatten. Signifikant bleibt, dass es – wie auch Amnesty-Vertreter im Land selbst bestätigten – nicht einmal in Ansätzen zum unterstellten Völkermord oder zu Massenvergewaltigungen durch afrikanische Söldner gekommen war, was als Kampagne weltweit verbreitet wurde, analog zu den angeblichen Massenvernichtungswaffen im Irak.[493]

493 Jacques Carmelot: *Killing Gaddafi. Jagd auf den Diktator*, Dokumentarfilm, ZDFinfo, F 2017

Gründe für Interventionen gab es ständig, hatten doch schon 1986 die USA wegen des Anschlags auf eine Berliner Soldaten-Diskothek al-Gaddafis Stützpunkt bombardiert, um ihn auszuschalten. Wegen der Organisation des Lockerbie-Anschlags von 1988 auf eine PanAm-Maschine mit 270 Toten zahlte Libyen schließlich Entschädigungen. Die Wheelus Air Base bei Tripolis, zuletzt wichtig für Israels Nachschub im Sechstagekrieg von 1967, hatten die USA bereits 1970 unter dem Druck der Revolutionsregierung aufgeben müssen. Dass auch innere Unruhen jederzeit eskalieren konnten, war seit den Protesten von Hinterbliebenen absehbar, nachdem im berüchtigten Abu Salim-Gefängnis bei Tripolis »am 29. Juni 1996 1.200 des Dschihadismus Verdächtigte hingerichtet worden waren«.[494]

Auf den wie in Libyen im März 2011 einsetzenden Aufstand im Syrien von Baschar al-Assad war trotz aller kolportierten Folterlager und Massenmorde viel verhaltener reagiert worden, obwohl er mithilfe Russlands und des Irans an der Macht blieb, was den Mittleren Osten noch weiter von Europa entfernte. Nach Aufgabe des Atomprogramms und der Terrorunterstützung war al-Gaddafi noch 2009 von seinem Freund Silvio Berlusconi glanzvoll in Rom empfangen worden. Frankreichs Nicolas Sarkozy geriet sogar in Verdacht, von ihm enorme Wahlkampfspenden erhalten zu haben. Auch Großbritanniens Tony Blair unterhielt enge Kontakte.[495] Saif al-Gaddafi, einer der Söhne, und nun nach jahrelanger Haft amnestiert, hatte seit dem Studium in Wien enge Kontakte mit der damaligen FPÖ-Spitze. Kaum thematisiert wurde, über welch enormes Vermögen ein Offizier wie al-Gaddafi und sein Clan nach seinem Militärputsch von 1969 gegen König Idris (1890–1983) verfügte, dessen Großvater den von Libyen aus einflussreichen Senussi-Orden gegründet hatte.

Mit knapp sieben Millionen Einwohnern und 500.000 Fachleuten und Hilfsarbeitern aus dem Ausland war Libyen »bis 1980

494 Gille Kepel: *Chaos*, a. a. O., S. 215

495 Michael Wiegel: Nahm Sarkozy Millionen von Gaddafi?, *Frankfurter Allgemeine Zeitung*, 20. März 2018 | Kim Sengupta: Tony Blair and Colonel Gaddafi: The questions the former Prime Minister faces over his ties with Libya, *The Independent*, London, 9. Dezember 2015

zum reichsten, sich sozialistisch nennenden Land der Welt« und zu einem der »egalitärsten Staaten« geworden. Dass endlich »eine echte Revolution« stattgefunden hatte, wurde von vielen Linken mit Interesse verfolgt, denn bei al-Gaddafi fänden endlich wieder »unterdrückte Gruppen und Völker eine Artikulierung ihrer Anliegen«, weil er Wege zwischen Kommunismus und Kapitalismus propagierte. Mit Fremden ist das Regime jedoch oft rigoros umgegangen. Aber bereits davor waren um 1950 über 30.000 libysche Juden wegen des feindseligeren Klimas vor allem nach Israel und Italien ausgewandert, obwohl es neben der Majorität von Arabern und Berbern seit der Antike in Tripolis und auf der Insel Djerba jüdische Gemeinden gegeben hatte, die damit komplett verschwanden.[496] Verbliebene Italiener waren 1970 ausgewiesen worden, 1985 mussten Zehntausende Arbeitskräfte aus Ägypten, Tunesien, Syrien und einigen Oststaaten das Land verlassen. Wegen angeblicher HIV-Infizierung von Patienten zum Tod verurteiltes Krankenhauspersonal aus Bulgarien kam erst nach internationalen Protesten frei. Dabei waren Arbeitskräfte im Sinn von Klassenlosigkeit generell zu »Partnern« erklärt worden. Wie Algier war Tripolis zeitweise ein Treffpunkt revolutionäre Hoffnungen repräsentierender Kreise. Fidel Castro (1926/27–2016) kam 1981 nach Tripolis (▸ ALGIER). In der arabischen Welt anfangs weithin akklamiert, trat al-Gaddafi mit seiner »unerschrockenen und unabweichlichen Palästinenserpolitik« »die Nachfolge Nassers an«. Seine panarabische Außenpolitik führte zu kurzlebigen Bündnissen mit Ägypten, dem Sudan, mit Syrien, Tunesien, dem Tschad, die allerdings oft in Feindschaft übergingen. An keinerlei Ausgleich interessiert, wurde die Ermordung von Ägyptens Präsident Anwar as-Sadat (1918–1981) »von Tripolis begrüßt«. Irgendwo aktive Attentäter sind durchwegs als Helden von Freiheitsbewegungen gefeiert worden, während das inzwischen oft der ›Islamische Staat‹ reklamiert, dem Terror als Ziel genügt. Insgesamt sollen »mehrere hundert Terroristen – auch Ausländer – jährlich in libyschen Trainingscamps für taktisch-operative Aufgaben geschult« worden sein. Zwar hielt al-Gaddafi Distanz zu islamischen Fundamenta-

496 Nathan Weinstock: *Der zerrissene Faden*, a. a. O., S. 94

listen und Mullahs, andererseits wurde der »Kulturimperialismus« bekämpft, Alkohol strikt verboten, auch die »Heirat nichtarabischer Ausländerinnen«. 1985 forderte eine Kampagne sogar die »Zerstörung westlicher Musikinstrumente«. Seine »grüne Revolution« sollte im Koran Gefordertes zur alltäglichen Selbstverständlichkeit machen, aber als »eine säkulare Religion«, ohne Einfluss von Richtern und Schriftgelehrten. Radikale Muslime kamen laufend in Haft. Die »Säuberung von allen ›politisch Kranken‹ des Landes« wurde zum Programm, die Universitäten rigid kontrolliert, die Gesellschaft militarisiert. »Libyen hat zwar traditionelle Elitenstrukturen erfolgreich zerschlagen können, die notwendige aktive Mobilisierung der Bevölkerung im politischen als auch wirtschaftlichen Bereich aber leider nicht erreicht«, so ein zeitgenössisches Urteil. Al-Gaddafi leistete sich langwierige Grenzkriege mit dem Tschad, einen kurzen selbst mit Ägypten und unterstützte die mörderische Diktatur Idi Amins in Uganda. Um im Mittleren Osten zu vermitteln, hatte Bruno Kreisky den PLO-Chef Jassir Arafat bereits seit 1974 öfter getroffen, 1986 dann al-Gaddafi in Libyen und beide später in Wien. Selbst die »Grün- und Alternativbewegungen«, so die damalige Einschätzung der engagierten Politologin Charlotte Teuber (1923–1998), erfuhren »durch das libysche Experiment eine neue Konkretisierung ihrer Anliegen«, ebenso »wie Erneuerungsbewegungen innerhalb des jungen Flügels der Sozialdemokratie«.[497] Trotz aller Erfahrungen mit angeblichen Revolutionen konnten solche Versuche noch begeistern, Hoffnungen und Energien bündeln, solange deren grausame, diktatorische Seiten verborgen blieben oder verdrängt wurden.

Wegen der Terrorunterstützung über Jahre als »Schurkenstaat« geltend, hatte Libyen 1970 noch zu den sechs führenden Erdölproduzenten der Welt gezählt. Aber die Fördermenge sank auf die Hälfte und schließlich auf 15 Prozent, weil sich das Wirtschaftsembargo drastisch auswirkte. Inflation und Arbeitslosigkeit stiegen trotz Ausweisung Zehntausender ausländischer Arbeitskräfte drastisch. Parallel zur internationalen Ächtung stieß al-Gad-

497 Christian Operschall, Charlotte Teuber (Hg.): *Libyen. Die verkannte Revolution?*, Wien 1987, S. 52, 74, 78, 91, 100, 132, 140, 153, 171, 175, 177, 181, 188ff.

dafis *Das grüne Buch* eine Zeit lang durchaus auf Interesse, für das in Tripolis das *Weltzentrum zum Studium des Grünen Buches* eingerichtet wurde. Offensiv antiimperialistisch und mit arabisch-beduinischem Hintergrund, versuchte es, Sozialismus und Basisdemokratie zum Programm zu erklären.[498] Als Regierungsform blieb das völlig paradox, vom Geheimdienst überwacht und manipulierbar. Denn al-Gaddafi verweigerte für sich schließlich jedes offizielle Amt und überließ alles »Volkskongressen«, in denen »nicht abgestimmt, sondern so lange diskutiert« wurde, »bis im traditionellen islamisch-arabischen Sinn ein Konsens hergestellt« war, sobald Gegenstimmen verstummten.[499]

War Libyen bis zum drastischen damaligen Klimawandel eine Kornkammer und wichtiger Olivenöllieferant des Römischen Reichs gewesen, sollte das nun ein gigantisches Wasserbauvorhaben wiederbeleben. Dafür wurde das ökologisch höchst problematische *Great-Man-Made-River-Projekt* gestartet, das die riesigen fossilen Wasserreserven unter der zentralen Sahara mit enormen Rohrleitungen in die Küstenregionen leitet.[500] Solche sozialistische Kühnheit beeindruckte. Auch seine in engem Kontakt mit ihm stehende Biografin Mirella Bianco beschrieb al-Gaddafis Vorstellungen noch 1973 höchst optimistisch, mit einem resümierenden Statement von ihm endend: »›In zehn Jahren‹, sagte er, ›werde ich alle Probleme der Unterdrückung bei mir gelöst haben. Nun, wir werden sehen …‹ Bei seinen dreiunddreißig Jahren arbeitet die Zeit für ihn. Besser könnte man es nicht sagen.«[501]

Nachwirkende exzessive Gewalterfahrungen haben das Land im gesamten 20. Jahrhundert geprägt, wie vor allem der Schweizer Historiker Aram Mattioli zur italienischen Kolonialpolitik bis hin zum Abessinienkrieg von 1935/36 aufgearbeitet hat, auf dessen Recherchen hier zurückgegriffen wird.[502] Für Italien war die 1896

498 Muammar al-Gaddafi: *Das Grüne Buch*, Koblenz 1990
499 Christian Operschall, Charlotte Teuber (Hg.): *Libyen*, a. a. O., S. 54
500 Wikipedia: Erdöl/Tabellen und Grafiken | Great Man-Made River Project
501 Mirella Bianco: *Kadhafi. Der Sohn der Wüste und seine Botschaft*, Hamburg 1975, S. 231
502 Aram Mattioli: Terra promessa: Italien und Libyen 1911–1943, in: Christian Reder, Elfie Semotan (Hg.): *Sahara*, a. a. O., S. 192ff., das auch mein

gegen die Truppen Abessiniens verlorene Schlacht von Adua zum Inbegriff nationaler Schande geworden, als der erste antikoloniale Sieg in Afrika nach dem Mahdi-Aufstand im Sudan von 1881 bis 1899. Danach sollte vorerst an Nordafrikas Küste expandiert werden, als Vorstufe zum späteren Kolonialreich Italienisch-Ostafrika. Im von Ultimaten begleiteten Krieg Italiens gegen das Osmanische Reich besetzte es 1911 dessen Provinzen Tripolitanien und Cyrenaika, das heutige Libyen, sowie Rhodos und die Inseln des Dodekanes, die erst 1948 an Griechenland abgetreten wurden. Zur Ablenkung von ständigen internen Problemen nach 50 Jahren noch keineswegs konsolidierter staatlicher Einheit Italiens sollte ein naheliegendes Auswanderungsgebiet erobert werden, um patriotische Begeisterung anzufachen. Denn von 1876 bis 1915 waren, wie bereits angemerkt, aus Italien insgesamt 7,6 Millionen Menschen aus purer Not nach Übersee emigriert und 6,1 Millionen in nähere Länder. Erwartet wurde, dass die italienischen Truppen als Befreier vom osmanischen Joch empfangen werden, sie trafen jedoch wie ehemals Kreuzritter sofort auf Widerstand. Auf verzweifelte Guerillataktiken reagierte General Carlo Caneva (1845–1922) äußerst brutal. Nach schweren Bombardements der Küstenstädte kam es umgehend zu Strafaktionen mit Tausenden getöteten Zivilisten, Gewaltexzessen, Hunderten Todesurteilen, den ersten Bombenabwürfen der Geschichte auf Zivilisten, entvölkerten Dörfern und massenhaften Deportationen. In der unvorbereiteten, defensiven osmanischen Armee kämpfte auch der spätere türkische Volksheld Mustafa Kemal, der sich als Verteidiger Tobruks auszeichnete, bevor er im Balkankrieg von 1911/12 gegen Bulgarien an der Rückeroberung Edirnes beteiligt war und 1915 maßgeblich am Abwehrkampf in Gallipoli. Weil es um die weitere Schwächung des Osmanischen Reichs ging, handelte Italien sozusagen in europäischem Sinn. Denn Österreich-Ungarn hatte Bosnien-Herzegowina annektiert, Frankreich Tunesien und Marokko zum Protektorat gemacht, Spanien dessen Norden. Vorerst blieben nur Libyens Küstenstädte besetzt, weil die Truppen im Ersten Weltkrieg anderswo gebraucht wurden.

Sahara-Lexikon mit hier einbezogenen Texten zu Nordafrika enthält | *Die Zeit*, Hamburg, Nr. 21/2003

Mit Benito Mussolinis *Mare-nostrum*-Imperialismus intensivierte sich die militärische Präsenz erneut, unter Berufung auf die einst glanzvollen, heute noch imposanten römischen Ruinenstädte Leptis Magna (Geburtsort von Kaiser Septimius Severus) und Sabratha als historische Rechtfertigung einer ›römischen‹ Expansion. Der dann auch für den ebenso exzessiven Abessinienkrieg zuständige Marschall Pietro Badoglio (1871–1956) wurde Gouverneur Libyens, verstärkt durch General Rodolfo Graziani (1882–1955), der sogar noch Verteidigungsminister in Mussolinis faschistischer Republik von Salò wurde, schließlich aber nur einige Monate Haft verbüßte. Inzwischen war Scheich Omar al-Mukthar (Umar al-Muchtar, 1862–1931) zur bis heute verehrten Führungsfigur des Widerstandes geworden. Erst als 70-Jähriger konnte er gefangen werden, als sein Pferd im Gefecht stürzte. In schweren Eisenketten nach Bengasi gebracht, ist er im Konzentrationslager Soluq öffentlich gehängt worden.[503]

Zur militärischen Strategie war schließlich geworden, »die ›Rebellen‹ ganz von ihrem Umfeld abzuschneiden. Nur durch die Deportation der gesamten Zivilbevölkerung könnten die Wüstenkrieger besiegt werden«, so Aram Mattiolis Erhebungen. »›Ich bin mir der Tragweite und Schwere dieser Maßnahme bewusst, die zum Ruin der unterworfenen Stämme führen muss‹, schrieb Badoglio im Juni 1930 an General Graziani. ›Aber nunmehr ist uns der Weg aufgezeigt, und wir müssen ihn bis zu Ende gehen, auch wenn dabei die ganze Bevölkerung der Cyrenaika zugrunde gehen sollte.‹« Graziani ließ daher »als Erstes die Halbnomaden entwaffnen und all jene von ihnen hinrichten, die im bloßen Verdacht standen, mit den Aufständischen kollaboriert zu haben«. »Der Zwangsexodus aus der Cyrenaika begann im Sommer 1930. Bewacht von Askaris [kolonialen Hilfstruppen], wurden 100.000 Halbnomaden zusammen mit ihrem Vieh auf wochenlange Märsche gezwungen. Ihre Ländereien übereignete die Kolonialmacht italienischen Bauern. Unter der sengenden afrikanischen Sonne

503 Moustapha Akkad: *Omar Mukhtar – Löwe der Wüste*, Spielfilm USA/Libyen 1980, mit Anthony Quinn, Oliver Reed, Irene Papas, Rod Steiger, Raf Vallone | Enzo Santarelli, Giorgio Rochat, Romain Rainero, Luigi Goglia: *Omar Al-Mukhtar. The Italian Reconquest of Libya*, London 1986

überlebte ein Zehntel der Deportierten die Strapazen der Märsche nicht. Nach Hunderten von Kilometern wurden die Überlebenden in 15 Konzentrationslagern interniert, die bewusst in Wüstengebieten angelegt worden waren. Im extremen Klima starben Tausende von Insassen an Hunger, Krankheiten und Erschöpfung. Fluchtversuche bestraften die Wachleute mit summarischen Exekutionen, denen stets alle Internierten beiwohnen mussten. Im September 1933, als die Wüstenlager aufgehoben wurden, lebte nur noch etwa die Hälfte der Deportierten. Unbemerkt von der Weltöffentlichkeit, trugen sich im Inferno der libyschen Lager Massenverbrechen von genozidalen Dimensionen zu.« Wie in Spaniens Protektorat Marokko und dann in Abessinien war 1928 auch Giftgas eingesetzt worden. »Die Deportation der Menschen aus der Cyrenaika schwächte die Widerstandsbewegung, weil sie ihr die soziale Basis entzog. Nicht genug damit, ließ Graziani entlang der Grenze zu Ägypten 1931 einen dreihundert Kilometer langen und vier Meter breiten Stacheldrahtzaun mit befestigten Kontrollposten errichten, um die Aufständischen vom Nachschub mit Waffen und Munition abzuschneiden. Dieser faschistische Limes, den motorisierte Patrouillen täglich überwachten, zog sich von der Küste bis in die Libysche Wüste. Er unterband den grenzüberschreitenden Handel und traf die in der Cyrenaika übrig gebliebenen Menschen an ihrem Lebensnerv. Dem gleichen Ziel diente die gezielte Abschlachtung von Schafen, Kamelen, Pferden und Eseln. Vieh war der einzige Reichtum der hier lebenden Stämme.« 1932 meldete Gouverneur Badoglio »nicht ohne Stolz nach Rom, dass die Kolonie nach über zwanzig Jahren endlich befriedet sei. Italiens nordafrikanischer Besitzung waren noch zehn Jahre beschieden.«

»Nach der Kapitulation des deutsch-italienischen Afrikakorps unter Generaloberst Jürgen von Arnim – Generalfeldmarschall Rommel war schon im März nach Europa zurückgekehrt – wurde Libyen im Mai 1943 unter britische und französische Militärverwaltung gestellt, bevor es 1951 als erster saharischer Staat unabhängig wurde.« In diesem weithin vergessenen Völkermord kamen nach Schätzung des Turiner Historikers Angelo Del Boca in Libyen »rund 100.000 Wüstenkrieger und Zivilisten gewaltsam ums Leben – etwa ein Achtel der Gesamtbevölkerung. Italien war das erste faschistische Regime«, so Aram Mattioli, »das ganze Volksgruppen deportierte und in Todeslagern zugrunde gehen ließ«. Denn es ging keineswegs bloß um die Vernichtung von bewaffneten Kämpfern, sondern um »die Dezimierung der zivilen Bevölkerung«, was dann die Bombenkriege, vor allem aber das Regime der Nationalsozialisten radikal perfektionierten.

In den Jahrhunderten vor diesen Erfahrungen mit einer europäischen Macht war Nordafrikas Mittelmeerküste eine höchstens lose ans Osmanische Reich gebundene Kette von Barbaresken-staaten (Barbaren/Berber), die das seit jeher übliche Kapern von Schiffen, Geiselnahmen und Lösegelder zum Geschäftsmodell gemacht hatten. Durch ab 1492 aus Spanien vertriebene Araber und Berber hatte sich dieses intensiviert, ist aber allseits als normales Geschäft betrieben worden. Auch muslimische Gefangene gehörten dazu. Durch Konversion waren beidseitig Erleichterungen zu erreichen, die jedoch wieder zurückgenommen werden konnte. Malteserritter beteiligten sich und sogar von weither kommende Holländer, die »als die grausamsten unter den Piraten galten«. Berühmte wie Francis Drake (ca. 1540–1596), der maßgeblich mithalf, die spanische Armada abzuwehren, waren zwar oft Teil anerkannter Kriegsführung, solche aus Algier, Tunis oder Tripolis wurden jedoch zunehmend als nicht zugehörig kriminalisiert, was trotz temporärer Bündnisse und beidseitig meist eingehaltener Bräuche zu Strafaktionen führte.[504] Deswegen eroberte 1535 Andrea Doria, Genuas berühmter Admiral, im Auftrag von Kaiser Karl V. für kurze Zeit das osmanisch gewordene Tunis, befreite Tausende christliche Sklaven und Geiseln, bedrohte dann vergeblich Algier und ging bis ins hohe Alter gegen nordafrikanische Piraten vor. Sein dominierender Gegner war der osmanische Admiral Khair ad-Din Barbarossa (ca. 1478–1546), der dann seinerseits Algier und Tunis einnahm. Auf dessen Grabstein in Istanbul steht: »Es starb der Herr des Meeres.« Von der Maghreb-Küste aus kam es weiter zu Kaperungen und oft jahrelanger Gefangenschaft. Spätere Angriffe von Flotten aus Dänemark, aus Spanien, Großbritannien, den Niederlanden scheiterten stets darin, diese Piraterie definitiv zu beenden.

504 Fernand Braudel: *Das Mittelmeer*, a.a.O., Band 2, S. 407, 695, 711

Weil schließlich auch Handelsschiffe der jungen Vereinigten Staaten bedroht waren, da sie nicht mehr mit dem Schutz der britischen Marine rechnen konnten, kam es im heutigen Libyen zur allerersten Militärintervention der USA. Denn die Schutz- und Lösegelder an damalige Warlords waren astronomisch geworden, was nicht mehr hingenommen werden sollte, wurden doch nun auch US-Bürger zu versklavten Geiseln. Von »frei und gleich Geborenen«, so hieß es, »sollten durchaus Millionen für die Verteidigung, aber kein Cent für Tributzahlungen ausgegeben werden«, denn das provoziere bloß weitere Angriffe. Deshalb griffen 1803 von Gibraltar aus die Kriegsschiffe *Philadelphia*, *Intrepid*, *Enterprise* und *Siren* Tripolis an, dessen Pascha den USA nach deren Zahlungsverweigerung arrogant den Krieg erklärt hatte. Es sollte ein Exempel werden, um Kaperungen zu beenden, was seither als »Birth of the US Navy« gilt. Die *Philadelphia* unter Kapitän William Bainbridge (1774–1833) lief jedoch vor Tripolis auf ein Riff. Die Besatzung wurde gefangen. Die *Intrepid* mit Kapitän Stephen Decatur jr. (1779–1820) konnte sie jedoch in Brand setzen, damit sie nicht an den Feind falle. Diese Scharmützel endeten in Derna bei Tobruk, wohin sich die US-Offiziere William Eaton (1764–1811) und Presley O'Bannon (1776–1858) mit einer bunten Söldnertruppe von Alexandria aus durch die Wüste geschlagen hatten, um diese Intervention zu unterstützen. Verhandlungen erreichten einiges, bekräftigt durch 1815 vor Algier eintreffende US-Schiffe.[505] Chancenlos wurde die Piraterie erst durch Frankreichs Militärpräsenz in Algerien ab 1830.

Das im 19. Jahrhundert zur Hymne des *United States Marine Corps* gewordene Kampflied dieser Elitetruppe verweist auf dessen Kämpfe in Mexiko von 1846/48 und in Libyen (1801/05), dem ersten Auslandseinsatz der US-Marine als Ordnungsmacht: *From the Halls of Montezuma | To the Shores of Tripoli, | We fight our country's battles | In the air, on land, and sea.* Bereits explizit nationalistisch war das 1841 entstandene Deutschlandlied: *Von der Maas* [Fluss in Frankreich/Belgien/Niederlanden] *bis an die Memel* [Fluss bei Königsberg/Kaliningrad] | *Von der Etsch* [Ve-

505 Stanley Lane–Poole: *The Barbary Corsairs* (1890), London 1984, S. 274ff.

netien] *bis an den Belt* [Meerenge um Dänemark] – *Deutschland, Deutschland über alles, Über alles in der Welt!*

Weil Libyen für das kolonialistische Italien als Auswanderungsregion dienen sollte, wie Algerien und Tunesien für Frankreich, blieb die Sahara vor den ersten Ölfunden ein wertloses, kaum beherrschbares Niemandsland. Tripolis selbst hatte über Jahrhunderte als wichtiger Endpunkt des Karawanen- und Sklavenhandels durch die Sahara profitiert – mit grausamen Parallelen zu heute.[506] In deren Weiten nach Süden vorzudringen blieb wegen Überfällen, schwieriger Orientierung und Versorgung extrem gefährlich. Zu den frühen Extremreisenden aus Europa gehörte Alexandrine Tinne (1835–1869), die als reiche Erbin aus den Niederlanden schon länger im Orient lebte. Über Tripolis, den Ausgangspunkt ihrer Expedition, schrieb sie: »Das Volk scheint glücklich und gesund, und man sieht hier nicht die furchtbaren Schreckensbilder, die einen in Algerien schockieren. Eine große Herzlichkeit scheint zwischen den Einheimischen und den Europäern zu bestehen«, die ihr allerdings durchwegs »ordinär und hässlich« vorkamen. Zu den Tuareg heißt es: »Anders als die Araber sind sie voller Lebensmut, hegen Interesse an allem, was sie sehen, führen ein sehr hartes Leben und haben nichts von jener orientalischen, verweichlichten Sanftmut.« Weit im Süden angelangt, arteten im August 1869 Streitereien in einen Überfall aus, weil in mitgeführten Kisten Wertvolles vermutet wurde. Der enttäuschende Inhalt steigerte Aggressionen. Alexandrine Tinne und ihre zwei Helfer wurden mit Schwerthieben getötet. Vor ihr hatten nur wenige Europäer diese Gegend bei Ghat am Ostrand des Tassili-Gebirges erreicht: 1822 Hugh Clapperton, Walter Oudney und Dixon Denham, die westlichen Entdecker des Tschadsees, 1850 dann Heinrich Barth, James Richardson und Adolf Overweg sowie 1860 Henri Duveyrier.[507]

506 Tidiane N'Diaye: *Der verschleierte Völkermord. Die Geschichte des muslimischen Sklavenhandels in Afrika*, Reinbek bei Hamburg 2010

507 Wilfried Westphal: *Tochter des Satans. Die Reisen der Alexandrine Tinne*, Stuttgart 2002, S. 198, 228, 260, 262ff. Ausführlicher in: Christian Reder, Elfie Semotan (Hg.): *Sahara*, a. a. O., S. 339ff.

Heinrich Barth (1821–1865) war als Erster von den uralten Felszeichnungen in Libyens Wüste beeindruckt, bevor Henri Lhote (1903–1991) Jahrzehnte später die fulminanten Felsbilder im Tassili-Gebirge Algeriens genauer dokumentierte und 1957 in einer großen Ausstellung in Paris bekannt machte. Wie die in Europa entdeckten Höhlenmalereien von Altamira (1879), Niaux (1906), Lascaux (1940), Rouffignac (1956) oder der Henri-Cosquer-Höhle (1985) veränderte das den Blick auf die Kulturgeschichte (▸ MARSEILLE). Verblüfft hatte Heinrich Barth, dass »ein Barbar, welcher nie Gegenstände der Kunst gesehen, noch seine Hand darin versucht hatte, mit solcher Festigkeit die Linien eingraben und allen Figuren jene leichte und natürliche Gestaltung geben« konnte, »welche sie bei aller ihrer Wunderlichkeit zeigten«. Aber bereits Herodot beeindruckten die »vierspännigen Rennwagen« der Garamanten Libyens und dass »die Libyer die gesündesten Menschen« seien, »von denen wir wissen«.[508] Bisher hat der Archäologe Emmanuel Anati 45 Millionen dieser frühen Felsbilder erfasst: Afrika (16 Millionen), Ozeanien (12 Millionen), Nord- und Südamerika (7 Millionen), Asien (6 Millionen), Europa (4 Millionen).[509]

Im Arabischen heißt die nordafrikanische Wüste *sahrâ'*, der Plural *sahârâ* betont ihre Vielfalt. Andere Wüsten werden *shaul* oder *khala* genannt. Unzählige zusätzliche Namen liefern lokal genau differenzierende Unterscheidungen, bestehen doch neunzig Prozent der arabischen Welt von Marokko bis an Persiens Grenzen aus Wüsten und Steppen. Für Annäherungen an etwas zu Bezeichnendes gilt es – so Navid Kermani – als hohe Kunst, etwa »alle fünfhundert Bezeichnungen des Löwen, jede mit einer etwas anderen Bedeutung, zu kennen, die mehr als vierhundert verschiedenen Begriffe für das ›Unglück‹, alle zweihundert Wörter für den ›Bart‹, die siebzig Namen des Steins«. Eine extreme, »absolute« Wüste wird *qafr* genannt, für »die begehbare, aber lebensfeindliche Wüste« gibt es die Ausdrücke *mafâza*, *falât*, oder

508 Herodot: *Historien*, a. a. O., S. 319, 321

509 Heinrich Barth: *Die große Reise. Forschungen und Abenteuer in Nord- und Zentralafrika 1849–1855*, Tübingen 1977, S. 99ff. | Emmanuel Anati: *Aux origines de l'art*, Paris 2003, S. 26 | Emmanuel Anati: *World Rock Art. The Primordial Language*, Oxford 2010

barrîya, eine wüstenähnliche Steppe heißt *bâdiya*. Im Fall der Sahara wurde das arabische Wort aus dem Tamascheq der Tuareg übernommen, das mit *sahar* Sandwüsten ohne Steine, Felsen, Wasser und feststehende Wege bezeichnet, also Landschaften mit einem »weichen Horizont«, wie das bereits die drei Dünen der Hieroglyphe für Wüste darstellen, was aber nur auf fünfzehn Prozent der Sahara zutrifft. Dünengebiete werden *ghrud* genannt, Schotterwüsten *serir*, wegen Felsblöcken schwer passierbares Gelände *warr*, wenigstens karges Futter bietende Plätze *hatiä*, neu von Sand bedeckte Flächen *wishek*, isolierte Dattelhaine *ghraba*, Salzebenen *subkhar*, nur nach Regenfällen Wasser führende Flusstäler *wadi*, Berge und Bergketten *jebel*.[510]

Unter Tuareg (Einzahl: Targi) mit ihrer Sprache Tamascheq in der libyschen Oasenstadt Ghadames aufgewachsen, wurde Ibrahim al-Koni zum anerkanntesten Schriftsteller des Landes. Die eindrucksvolle Altstadt von Ghadames ist längst museal konserviert, weil die Einwohner in moderne Wohnblocks umgesiedelt wurden, um Clanstrukturen zu untergraben. Nach Literaturstudien in Moskau arbeitete er als Journalist, im diplomatischen Dienst und blieb schließlich in der Schweiz. Ihn 2003 wegen eines Gesprächs für das Buch *Sahara, Text- und Bildessays* kontaktierend, lehnte er strikt ab, über anderes als Literatur zu sprechen, weshalb es nicht zustande kam. Das deutet an, wie sehr er sich damals kontrolliert fühlen und mit dem Regime arrangieren musste. Geehrt wurde er damals ausgerechnet mit dem *Internationalen Gaddafi-Preis für Menschenrechte*, den nach Nelson Mandela auch Menschenrechte ignorierende Akteure wie Nicaraguas Präsident Daniel Ortega und Recep Tayyip Erdoğan erhielten – als Ausdruck absurder Würdigungsverfahren. Ibrahim al-Konis über zehn bisher auf Deutsch erschienene Bücher haben durchwegs die Sahara und das Leben der Tuareg, früh nach Süden gewanderte Berber,

510 Navid Kermani: *Gott ist schön. Das ästhetische Erleben des Koran*, München 1999, S. 164 | Marco Schöller: Wüstensöhne wider Willen, in: Uwe Lindemann, Monika Schmitz-Emans (Hg.): *Was ist eine Wüste? Interdisziplinäre Annäherung an einen interkulturellen Topos*, Würzburg 2000, S. 72 | Marq de Villiers, Sheila Hirtle: *Sahara. The Life of the Great Desert*, London 2003, S. 62f.

zum Thema. Nach einer Version kam die Tuareg-Urmutter Lemuta aus dem Raum Ghadames im heutigen Libyen, während deren Schwester zur Vorfahrin der Berber Marokkos wurde. Geläufiger sind Überlieferungen von der Ankunft der noblen Berberin Tin Hinane (Ti-n-Hinan, »Sie von den Zelten«) und ihrer Schwester oder Dienerin Takama im damals menschenleeren Hoggar-Gebirge in der Zentralsahara. Diese beiden Frauen hätten von ihnen hergeleitete matrilineare Traditionen begründet, also an Mütter gebundene Verwandtschaften, die von Schwestern abstammen, mit Nachfolgeregelungen, die Söhne von Schwestern bevorzugen. Direkt auf Tin Hinane berufen sich überlegen fühlende Stämme, andere stammten angeblich von deren jüngerem Bruder ab. Zwei Töchter von Takama seien die Vorfahren der Tassili-Stämme, einer davon mehr, der andere etwas weniger angesehen. Für Wertschätzung gäbe es demnach familiär eindeutig vorgezeichnete Gründe. Die Leibeigenen blieben jedoch überzeugt, ihre Urmutter Takama sei die Schwester, nicht Dienerin Tin Hinanes gewesen.[511] Am offensivsten agierten Tuareg um 1900 im Kampf gegen Frankreichs Armee (▸ ALGIER).

In seinem *Epos der Tuareg* hebt Ibrahim al-Koni die praktische Seite in der Wüste auffindbarer Tifinâgh-Texte in Tamascheq hervor. »Die Symbole zu lesen ist das älteste, den Bewohnern der Wüste vorbehaltene Privileg«, heißt es bei ihm, »und wenn die Weisen der Stämme nachlässig sind und diese Sitte aufgeben, überrascht es nicht, dass man ganze Lager unter den Sanddünen findet«, untergegangen in einem Sturm. Solche Inschriften meinen als Hinweise auf Brunnen, Rettungswege, vergrabene Schätze oft das Gegenteil. Denn »Nichteingeweihten den Zugang zum Verständnis und zur Interpretation zu verbauen« sei essenziell für solche Verfahren. Die Hirten seien von jeher überzeugt, »allem, was die Ahnen hinterlassen hätten, liege eine Absicht zugrunde. Sie hätten nichts auf den Fels geschrieben, das nicht eine Weis-

511 Johannes Nicolaisen, Ida Nicolaisen: *The Pastoral Tuareg. Ecology, Culture, and Society*, 2 Bände, New York–London 1997, Band 2, S. 528ff.

sagung enthalte.«[512] Berberzeichen stehen inzwischen auch für den Widerstand gegen eine neuerlich vom Norden aus intensivierte Arabisierung.

1,5 bis 3 Millionen Tuareg soll es geben, die überwiegend nomadisierend in fünf Ländern im Großraum Sahara leben, ohne je ihr bisweilen verfolgtes Ziel eines eigenen Staates zu erreichen. Viele dürften sich auch als Söldner, Schmuggler, Touristenführer und durch teuer bezahlte Flüchtlingstransporte durchschlagen. Ein strikter Islam war nie Teil ihrer Traditionen. Der längst bis in die Sahel-Zone vorgedrungene Islamisten-Terror kam aus dem Norden. Als solche Salafisten 2003 in Algerien über dreißig Touristen monatelang als Geiseln gefangen hielten, wirkten schließlich Tuaregstämme in Mali entscheidend an ihrer Freilassung mit.

512 Ibrahim al-Koni: *Die Magier. Epos der Tuareg* (*al-magûs*, 1990/91), Basel 2001, S. 374, 665

Die Tunisreise 1914, Paul Klee, August Macke, Louis Moilliet, Berlin 2014

Michel Foucault: 1966–1968 Philosophieprofessor in Tunis

TUNIS

Die öffentliche Selbstverbrennung des verzweifelten Gemüsehändlers Mohamed Bouazizi (1984–2011) wegen ständiger Polizeischikanen wirkte von Tunesien aus weithin als Startsignal für die Proteste des Arabischen Frühlings. Im Land selbst, seit 1881 ein Protektorat Frankreichs und 1956 unabhängig geworden, bewirkte diese kollektive Auflehnung den Sturz des diktatorischen Präsidenten Zine el-Abidine Ben Ali (1936–2019) und seines korrupten Clans. Bezeichnenderweise erhielt er in Saudi-Arabien Asyl, wie früher Ugandas Idi Amin (1928–2003). Nach Neuwahlen und mit einer neuen Verfassung schien sich die Lage deutlicher zu bessern als in anderen arabischen Ländern, bleibt aber höchst unübersichtlich, was Tausende zur Flucht über das Meer bewogen hat. Einigen Forderungen wurde gefolgt. Tunesien ist jetzt immerhin »das einzige arabische Land, wo nunmehr eine muslimische Frau einen nichtmuslimischen Mann heiraten darf«. Das Erbrecht soll sich schrittweise ändern, denn »in allen arabischen Ländern erbt die Frau nur die Hälfte von dem, was der Mann erbt«, und überall gelte noch »Glaubensabfall ist Gesetzesbruch«, so der algerische Autor Kamel Daoud. Aber »Gewissensfreiheit« werde nun garantiert. Wie der propagierte Anti-Judaismus jedoch müsse endlich auch der »Rassismus in der arabischen Welt« als Problem wahrgenommen werden, vor allem »gegenüber den Schwarzen aus dem südlicheren Afrika«, was sich in Libyen besonders krass zeige.[513] Dass es seit Jahren einen radikalisierten Untergrund gab, haben Attentate mehrfach demonstriert, was für den Tourismus starke Einbußen brachte. Auch Afghanistans Widerstandsheld Ahmad Schah Massoud (1953–2001) war im Auftrag von Osama bin Laden (1957/58–2011) Selbstmordattentätern aus Tunesien zum Opfer gefallen – zwei Tage vor den Flugzeuganschlägen vom 11. September 2001 in den USA, die zur von ihm gewollten Zäsur inter-

513 Kamel Daoud im Gespräch mit Anne-Catherine Simon, *Die Presse*, Wien, 24. Oktober 2017 | Gilles Kepel: *Chaos*, a. a. O., S. 180

nationaler Politik wurden. Dass die Partei des zurückgekehrten Rached al-Ghannouchi eine deutliche Islamisierung forciert und zur zweitstärksten Kraft nach der säkularen Sammlungsbewegung *Nidaa Tounes* (»Ruf Tunesiens«) wurde, macht einen Konsens in wichtigen Fragen ungewiss, obwohl diese auch den Präsidenten Beji Caid Essebsi (1926–2019) stellte, dem der mit der Richterin Ichraf Chebil verheiratete Verfassungsjurist Kaïs Saïed nachfolgte. Aber Souad Abderrahim wurde immerhin als erste Frau Bürgermeisterin von Tunis.

Wie weltoffen und befruchtend eine Zeit lang das Klima gewesen ist, bestätigt sich etwa durch Michel Foucault (1926–1984), der von 1966 bis 1968, trotz und auch wegen der noch lange spürbaren kolonialistischen Grundsituation, ihn persönlich prägende Jahre, als Philosophieprofessor in Tunis verbrachte. Außer von Algerien aus wirkungsvoll werdenden Persönlichkeiten wie Albert Camus (1913–1980) und Jacques Derrida (1930–2004) hatte auch Jean-François Lyotard (1924–1998) dort wichtige Erfahrungen machen können (▸ ALGIER). Von Michel Foucault war nach seiner Dissertation über *Die Geschichte des Wahns im Zeitalter der Vernunft* bereits *Die Ordnung der Dinge* (eigentlich »Die Wörter und die Dinge«, *Les mots et les choses*) erschienen, zu Vorstellungen vom Wissen über den Menschen und der Machtbezogenheit solcher Vorgänge. Gerade rechtzeitig zur Studentenrevolte wieder in Paris, machte er, einschließlich konkreter Interventionen, Gefangene und deren Lebensbedingungen zu seinem speziellen Thema, als einem der Felder, auf denen Gesellschaften demonstrieren, wie sehr sie ihr Funktionieren an das Ausschließen von diesen und jenen binden. In seinem Buch *Archäologie des Wissens*, das er als neue Theorie der Macht, wonach sich diese ohne zentrale Orte über Netze ausbreite, in Tunis begonnen hatte, plädiert er entschieden für transdisziplinäre Verknüpfungen, um »den Diskurs in seinen vielgestaltigen Unebenheiten zu erhalten«, als »Raum mannigfaltiger Entzweiungen«, als »eine Menge verschiedener Gegensätze, deren Ebenen und Rollen zu beschreiben sind«. Angesichts offensiver werdender Homogenisierung, selbst von Meinungen, klingt das rückblickend wie eine vergebliche Beschwörung. In der Akzeptanz eines Stimmengewirrs scheint sich Respekt vor orientalischen Traditionen auszudrücken. Er betonte auch mehrfach, dass dem Islam als Religion, als Lebensweise, als Zugehörigkeit zu einer Geschichte und Kultur eine stärker werdende Bedeutung zukommen werde, einschließlich explosiver Komponenten. Geschätzt hatte er das gegenüber der französischen Provinz seiner Herkunft liberale Klima in Tunis, eine Zeit lang wichtiger Stützpunkt für das algerische Exil und Dritte-Welt-Aktivisten.[514] Von zeitgenössischen Autoren aus Tunesien leben viele längst in Paris, so Albert Memmi oder Abdelwahab Meddeb. Die Menschenrechts- und Internetaktivistin Lina Ben Mhenni (1983–2020) blieb, starb aber in jungen Jahren. Der Freund Rainer Werner Fassbinders und sein Hauptdarsteller als arabischer Immigrant im Film *Angst essen Seele auf*, der Tunesier El Hedi ben Salem (1935–1977), schaffte keine ›Integration‹ und beging in einem französischen Gefängnis Selbstmord.

Von den Juden Tunesiens war die Präsenz Frankreichs ab 1881 nach ihrer diffusen Situation unter osmanischer Oberhoheit als Chance auf tatsächliche Emanzipation freudig begrüßt worden. Sogar die französische Staatsbürgerschaft wurde für sie greifbarer. Das bestärkte jedoch spätere Kollaborationsverdächtigungen. Unter dem Vichy-Regime verschlechtere sich ihre Lage wieder. Nach dem Krieg sind dann bis auf einige Tausend die 70.000 Juden Tunesiens vor allem nach Israel und Frankreich ausgewandert, weil sie in ihrer beruflichen Tätigkeit zunehmend »von Muslimen ersetzt« werden sollten.[515]

Hatten bereits mit den ›Türkenkriegen‹ Wellen einer Orient-Faszination eingesetzt (Mozart, Goethe, Teppiche, Mode, Einrichtungen, Arabesken, maurische Architektur), kam es jedoch erst um 1900 in Paris und 1910 in München zu ersten, durch Abstraktionen sehr anregenden Ausstellungen islamischer Kunst. Henri Matisse (1869–1954) und Wassily Kandinsky (1866–1944) haben sie besucht und kommentiert. Was Matisse, der 1906 erstmals

514 Michel Foucault: *Archäologie des Wissens* (Paris 1969), Frankfurt am Main 1973, S. 222f. | Michel Foucault: *Die Ordnung der Dinge* (Paris 1966), Frankfurt am Main 1974

515 Nathan Weinstock: *Der zerrissene Faden*, a. a. O., S. 125

nach Algerien kam und 1912/13 lange in Tanger gearbeitet hat, fasziniert vom Licht, den leuchtenden Farben, den Ornamenten und Abstraktionen, damals formulierte, könnte von einem Sufi stammen: »Ich träume von einer Kunst des Gleichgewichts, der Reinheit, der Ruhe.« Wegen der »abstrakten Spiritualität« dieser »bilderlosen Kultur« faszinierte »die vollständige Ablösung von allen mediterranen Traditionen«, denn die »Unsichtbarkeit Gottes« verlange »mentale Bilder«, nicht verfälschende Darstellungen der Welt, eine Denkweise von großem Einfluss auf die sich damals formierende Moderne in Paris.[516] Zwar war Ägypten längst ein beliebtes Reiseziel, aber ästhetischen Interessen folgend, reisten Kandinsky und seine Freundin Gabriele Münter (1877–1962) 1905 offenbar lieber nach Tunis, das noch abseits solcher Touristenströme lag. In Skizzenbüchern »hielten sie landschaftliche Situationen, orientalische Figuren und Straßenszenen fest«. 1914 kamen Paul Klee (1879–1940), Louis Moilliet (1880–1962) und August Macke (1887–1914), der bald im Weltkrieg umkam. Paul Klee zu seiner Ankunft: »Nachmittags erscheint die afrikanische Küste. Später deutlich erkennbar die erste arabische Stadt, Sidi Bou Saïd, ein Bergrücken, worauf streng rhythmisch weiße Hausformen wachsen.« Vor dem Hafen von Tunis »am Ufer ganz nah die ersten Araber. Die Sonne von einer finsteren Kraft. Die farbige Klarheit am Lande verheißungsvoll.«[517]

Über Jahrhunderte als bloßes Piratenrevier diskriminiert, war in Europa lange kaum bekannt, wie weltoffen der Maghreb – die Territorien von Libyen bis Marokko und zur Westsahara – die längste Zeit gewesen ist. So blieb etwa Ibn Khaldūn (Chaldūn, 1332–1406), der aus Tunis stammte und in Fes, Granada und Kairo politische Ämter und Beraterfunktionen ausübte, als Pionier soziologischer Denkweisen einflussreich. In seinen Reflexionen über *Die Zivilgesellschaft und ihre Rivalen*, für das ihm das

516 Abdelkader Benali: *Henri Matisse in Tanger*, Bern–Wien 2019, S. 54 | Henri Matisse: *Über Kunst*, Zürich 1982, S. 93 | Hans Belting: *Florenz und Bagdad*, a. a. O., S. 40, 58, 69, 70, 72

517 Christoph Otterbeck: *Europa verlassen. Künstlerreisen am Beginn des 20. Jahrhunderts*, Köln 2007, S. 103 | Paul Klee, in: August Macke: *Die Tunisreise. Aquarelle und Zeichnungen*, Köln 1988, S. 85, Berlin 2014

im Exil in Neuseeland entstandene Werk *Die offene Gesellschaft und ihre Feinde* von Karl Popper (1902–1994) eine Grundlage war, geht Ernest Gellner (1925–1995) höchst respektvoll auf ihn ein, weil dessen »brillante Definition des Staates als der Institution, die jene Ungerechtigkeiten verhindert, die sie nicht selbst begeht« von zeitloser Prägnanz ist. Jedwede Zivilgesellschaft, »die den Staat zur Rechenschaft ziehen könnte«, erübrige sich damit, weil das gegenüber jedem Sultan »frevelhaft, zumindest aber unrealistisch« sei, eine heute noch häufige Position. Wie als Ableitung davon konstatierte dann Montesquieu (1689–1755), Republiken beruhten »auf den Tugenden der Menschen und tyrannische Regime auf ihren Lastern«. Eben deswegen habe die Zivilgesellschaft in erster Linie staatliche »Tyrannei zu verhindern«, so Ernest Gellner. Ihre nicht-staatlichen Institutionen und Zusammenschlüsse müssten stark genug sein, »um ein Gegengewicht zum Staat zu bilden, doch ohne ihn daran zu hindern, seine Rolle als Friedenshüter und Vermittlungsinstanz für die wichtigen Interessensgruppen zu spielen«, gleichwohl fähig, »ihn daran zu hindern, die übrige Gesellschaft zu beherrschen und zu atomisieren«. Dass Ibn Khaldūn den Zuzug in Städte begrüßte, als verständlicher »Wunsch nach einem Lebensstandard über dem Existenzminimum«, war ein für damalige Zeiten ungewöhnlich deutliches Plädoyer für Freizügigkeit.[518]

Den »weltstädtischen Charakter« von Tunis hatte auch der Weltreisende und Geograf Leo Africanus (eigentlich Al-Hassan Ibn Muhammad al-Wazzān; geb. 1492 in Granada, gest. 1550 in Tunis) ausdrücklich betont, wegen seiner »Mischung aus Muslimen, Juden und christlichen Sklaven und ihren Vierteln für italienische und spanische Händler«. »Es gab berühmte Richter und Gelehrte« und »die Weber waren bekannt für ihr Können«. Seinen lateinischen Namen bekam er wegen der Beschreibung Afrikas, die er im Auftrag von Papst Leo X. verfasste. Im Zuge ausgedehnter Reisen in der arabischen Welt war er bis in Tatarengebiete gekommen und weit in die Sahara vorgedrungen. Von Piraten gefangen, hatte es ihn nach Rom verschlagen. Seine Berichte (*Descrittone dell' Africa*, neun Bände, 1526, auszugsweise gedruckt

518 Ernest Gellner: *Bedingungen der Freiheit*, a. a. O., S. 37, 80, 113, 140

1550) blieben in zahlreichen Übersetzungen bis ins 19. Jahrhundert eine Hauptquelle vor allem zu Nordafrika.[519] Von dessen Küsten kam auch Abu Abdallah Muhammad al-Idrisi (auch Edrisi; geb. 1100 in Ceuta, gest. 1166 in Sizilien), der, wie erwähnt, in Palermo die erste große Erdkarte nach Ptolemäus für den normannischen König Rogers II. hergestellt hatte: das *Rogerbuch* (*Charta Rogeriana*). Nach ausgedehnten Reisen bis nach Ostafrika, zu den Mongolen an der Wolga, nach Afghanistan, Indien, China hatte auch der Rechtsgelehrte Ibn Battūta (geb. 1304 in Tanger, gest. 1368/77 in Marokko) viel über davor Unbekanntes berichten können. In Tunis hatte er geheiratet, sich aber wegen einer weiteren Ehe gleich wieder getrennt. Mit der vom christlichen Herrscher Konstantinopels verliehenen fürstlichen Robe ausgezeichnet, war er überall als dessen Gast erkennbar. Zuletzt durchquerte er noch in zwei Monaten die Sahara bis Timbuktu, eine Tuareg-Gründung (*Tin' Buktu* – »Ort der alten Frau«), und damals längst eine Universitätsstadt mit großen Bibliotheken. »Alle verschiedenen Menschen Afrikas scheinen sich hier zu treffen«, notierte er über sie. Niemand stoße sich daran, dass die Frauen halbnackt oder sogar völlig nackt herumliefen; sie »sind schön und genießen hohes Ansehen«. Er folgte der Route über die alten Salzminen von Taghaza nach Oualata, die auch Kankan Mansa Musa I. benutzte, der legendäre König von Mali, der 1324/25 auf seiner Pilgerreise nach Mekka als reichster Mann seiner Zeit in Kairo so viel Gold ausgegeben hatte, dass der Kurs drastisch sank. Christliche Kaufleute waren, bevor sie ab 1450 zuerst von Portugal aus mit päpstlicher Erlaubnis den Seehandel mit afrikanischen Sklaven dominierten, nur in den Küstenstädten beteiligt, aber von den lukrativen Landrouten durch das fein gesponnene Netz muslimischer Händlerclans ferngehalten worden. Der Reichtum des fernen Südens blieb für sie vorerst unzugänglich, obwohl vom 8. Jahrhundert bis ins Spätmittelalter zwei Drittel allen gehandelten Goldes aus Afrika, aus alluvialen Ablagerungen im Gebiet von Niger, Senegal und Volta stammten. Woher es kam, wurde erst viel später herausgefunden.

519 Natalie Zemon Davis: *Leo Africanus. Ein Reisender zwischen Orient und Okzident*, Berlin 2008, S. 252f.

Nur der Senegal ist als »Fluss des Goldes« vage bekannt gewesen.[520] Als Handelshafen war Tunis früh für Europäer wichtig, hatten sich doch im 16. Jahrhundert bereits 4.000 venezianische Familien überall »in der Levante, in Damaskus, Aleppo, Alexandria, Kairo oder gar in Bagdad niedergelassen«, so Fernand Braudel.[521]

Die Irrfahrten des Odysseus sind offenbar Ausdruck dafür, dass Griechen erstmals in den ihnen noch unbekannten Westen vordrangen. Denn mit dem erwähnten »Land der Lotosesser« dürfte die Insel Djerba an Tunesiens Küste gemeint gewesen sein, wo »die Honigsüße der Lotosfrüchte« bewirken konnte, die Heimat zu vergessen, von der sonst ständig die Rede war.[522] In der frühen Antike einflussreichste Stadt des Maghreb, war das phönizisch-punische Karthago, das neue Tyros, die Mutterstadt der Phönizier im Libanon (▸ BEIRUT). Im Großraum des heutigen Tunis gelegen, wurde es mit seinem prachtvollen, teils kreisrund umbauten Hafen Anziehungspunkt für Zuwanderer aus der Levante und Ausgangsort für Siedlungen in Sardinien, Sizilien, Malta und entlang der Küste bis hin nach Westafrika. Das ergab früh ein »multikulturelles Fluidum der Stadt, das offensichtlich bereits antike Zeitgenossen beeindruckte«. »Phönizische, einheimische und griechische Elemente« verbanden sich allmählich »in einem Prozess der Hybridisierung zur unverwechselbaren ›punischen‹ Kultur«, »ohne dass die enge Verbindung zur Levante dadurch abbrach«. In Karthago hergestellte Galeeren und Hochseeschiffe blieben lange unübertroffen. Von dort aus wurden die Phönizier wichtige Städtegründer, auf die Cadiz, Algier, Tanger, Tarifa, Málaga, Sorrent oder Palermo zurückgehen. Bereits beim griechischen Sieg gegen die Perser in der Seeschlacht von Salamis 480 v. u. Z. »dürften hauptsächlich phönizische Seeleute unter den Opfern gewesen sein«. Aber erst »mit der Zuspitzung des Konflikts zwi-

520 Ibn Battuta: *Reisen ans Ende der Welt. 1325–1353*, Hg.: Hans D. Leicht, Tübingen–Basel 1975, S. 296ff. | H. A. R. Gibb (Hg.): The Travels of Ibn Battuta, 3 Bände, New Delhi 1993, I/17, II/506ff.

521 Fernand Braudel: *Das Mittelmeer*, a. a. O., Band 2, S. 307

522 Ernle Bradford: *Reisen mit Odysseus*, Frankfurt am Main 1999, S. 60ff. | Homer: *Ilias. Odyssee*, übersetzt von Johann Heinrich Voß, München, 1979, S. 553

schen Rom und Karthago« wurde das Mittelmeer erstmals »in zwei feindliche Lager gespalten«, als Rom auch als Seemacht offensiv expandierte.[523] Im dritten der Punischen Kriege wurde dann Karthago 146 v. u. Z. von römischen Truppen systematisch zerstört und jede Erinnerung an dessen Kultur kategorisch unterbunden. Dennoch erholte sich die Stadt wieder. Für ostgermanische Vandalen und ursprünglich iranische Alanen waren diese fernen Küsten so anziehend, dass sie im heutigen Tunesien ein kurzlebiges Reich errichteten, bis das Oströmische Reich wieder offensiver wurde. Vom Weströmischen Reich war es durch die gedachte Mittellinie von Karthago nach Norden abgegrenzt worden, die auch künftig immer wieder in West und Ost trennte. Durch die islamische Expansion bis nach Spanien im 7./8. Jahrhundert entstanden arabische-berberische Reiche, mit dem um 670 gegründeten Kairouan unweit von Tunis/Karthago als geistigem Zentrum. Obwohl die Siegergeschichte alle Erinnerungen daran tilgen sollte, blieben Hannibal (ca. 247–183 v. u. Z.) mit seinen Elefanten wie auch Jugurtha (ca. 160–104 v. u. Z.) – »der erste Lumumba Afrikas«, so Assia Djebar – wegen ihres Widerstands gegen die Römer frühe Identifikationsfiguren für Berber. Im Widerstand gegen vordringende Araber wiederum war die Berberkönigin Kāhina legendär geworden, die ursprünglich Dihya hieß (»schöne Gazelle«) und offenbar 701 im Kampf umkam.

Als sich der Zweite Weltkrieg auf Tunesien und Libyen ausgeweitet hat, schienen Ägypten und der Suezkanal durch deutsch-italienische Vorstöße gefährdet. Den Wendepunkt brachte kurz vor dem Nildelta die Schlacht von El-Alamein im Herbst 1942 (▸ ALEXANDRIA). Die nach Herkunft bunt gemischte 8. Britische Armee unter General Bernard Montgomery (1887–1976) – darunter Inder, Malaien, Gurkhas, Maoris, Somalis, Senegalesen, Griechen und ›freie‹ Franzosen – zwang die Angreifer zum Rückzug. Unterstützt wurde das von britischen Kommandounternehmen aus der Sahara und Verbänden des Freien Frankreichs unter General Jacques-Philippe Leclerc (1902–1947), die vom Tschadsee zu den Briten stießen. In Marokko und Algerien ge-

523 Michael Sommer: *Die Phönizier*, a. a. O., S. 70, 71, 91, 107

landete Alliierte wurden anfangs noch von Vichy-Truppen unter General François Darlan (1881–1942) bekämpft, was zu konfusen Verhandlungen führte (▸ ALGIER). Die Reste des deutsch-italienischen Afrikakorps, 275.000 Mann, gerieten im Mai 1943 im Raum Tunis in Gefangenschaft. Da Winston Churchill (»never surrender«) durchgesetzt hatte, in einem ersten Schritt »Europa über Sizilien und Italien« einzunehmen, weil er wie bei der drastisch gescheiterten Gallipoli-Landung von 1915 damit auch britische Mittelmeerinteressen verfolgte, kam es unter General Dwight D. Eisenhower (1890–1969) zu letzten Kämpfen bei Tunis, dann Ausgangspunkt der Landungen in Sizilien, bei Anzio und Salerno (▸ PALERMO). Viele Araber erwarteten gerade von den USA Hilfe, »um die Franzosen loszuwerden«, so der US-General Mark W. Clark, später US-Hochkommissar für Österreich. Aber alles konzentrierte sich auf die Kämpfe in Italien und deren Nachschub. Am 6. Juni 1944, zwei Tage vor der Invasion in der Normandie, wurde Rom eingenommen.[524]

Als Erster Generalstabsoffizier der die Armee von Erwin Rommel (1891–1944) unterstützenden 10. Panzerdivision war der spätere Hitler-Attentäter Claus Schenk Graf von Stauffenberg (1905–1944) am 7. April 1943 bei einem britischen Tieffliegerangriff in Tunesien so schwer verletzt worden, dass er ein Auge, die rechte Hand und zwei Finger der linken Hand verlor. Wäre er dabei umgekommen, bliebe offen, ob bzw. wie das gescheiterte Hitlerattentat am 20. Juli 1944 stattgefunden hätte.

Exemplarisch für Neues wurde etwa das legendäre Jazz-Stück *A Night in Tunisia* (Dizzy Gillespie, Charlie Parker, Miles Davis).

524 General Mark W. Clark: *Mein Weg von Algier nach Wien*, a. a. O., 187, 201

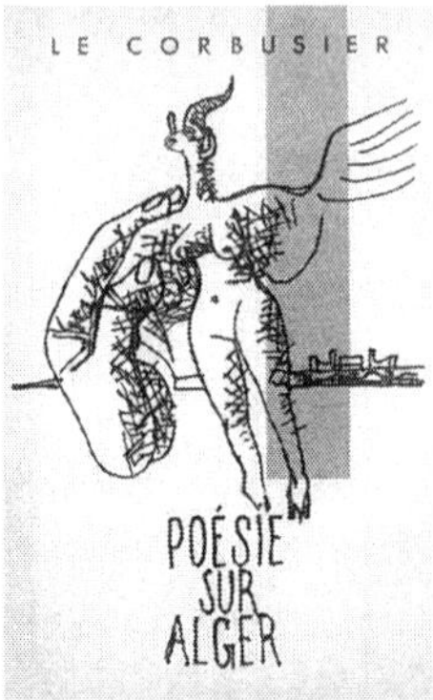

Le Corbusier: Modell des »Plan Obus A«, Algier 1932
Le Corbusier: *Poésie sur Alger*, Originaleinband, Paris 1950

Bild aus: Thomas Schwarzenbacher: *Le Corbusier.*
Von der »arabischen Lektion« zur »Lektion des Mzab«
Dissertation, Universität für angewandte Kunst Wien

ALGIER

Ab 1830 sollte Algerien Frankreichs Kolonisierungs- und Auswanderungsland werden, das seinem ›Tor zum Orient‹ Marseille gegenüberliegt. Die Landverbindung durch die Sahara ermöglichte schließlich ein zusammenhängendes Französisch-Westafrika. Das war unter dem Vorwand eingeleitet worden, Zahlungsstreitereien, das weitergehende Piratenunwesen und als Sklaverei betrachtete lukrative Geiselnahmen zu beenden. Bald als eigene Provinz zum integrierten Teil Frankreichs geworden, mussten dann im Zuge der 1962 erreichten Unabhängigkeit etwa eine Million dort längst heimische, seit Jahrzehnten aus Frankreich, Spanien, Italien oder Malta Zugewanderte in einer Massenflucht das Land verlassen. Auch 140.000 Juden wanderten damals unter nationalistischem Druck aus Algerien in andere Länder aus. »Heute leben in Frankreich rund 17 Millionen Menschen, die direkt vom Erlebnis des Krieges betroffen waren.«[525] Aber erst 1999 hatte sich Frankreichs Nationalversammlung durchgerungen, den Begriff »Algerienkrieg« offiziell zuzulassen, vorher sollte nur von »Ereignissen« (»événements«) gesprochen werden.

Durch lange Verhandlungen zur Beendigung der Kämpfe und die Entkolonialisierungspolitik von Charles de Gaulle (1890–1970) ermöglicht, hätten das zuletzt noch ein Militärputsch der rassistischen OAS (*Organisation de l'armée secrète*) und französischer Einheiten verhindern sollen. Algerienfranzosen wurden *Colons* oder *Pieds noir* (Schwarzfüße) genannt, weil sie mit schwarzen Schuhen und nicht wie Algerier barfuß gingen. Wegen der vielen Stämme in diesem riesigen Gebiet mit Arabern, Berbern, berberischen Tuareg und in osmanischer Zeit Zugewanderten mit türkischen, kurdischen, armenischen Wurzeln und vielen selbst in fernen Oasen lebenden Juden wurde latent bezweifelt, dass daraus je eine algerische Nation werden könnte. Inzwischen leben weit mehr als zwei Millionen Algerier und ihre Nachkommen

525 Wikipedia: Algerienkrieg

im Ausland, die meisten in Frankreich, trotz beidseitiger Kriegserfahrungen.

Erst mit der gegen moderne Waffen katastrophalen Niederlage chancenloser Tuareg im Jahr 1902 bei Tit, einem hoch aufragenden Felsen in der Nähe von Tamanrasset im tiefen Süden, war die Eroberung der Sahara im Wesentlichen abgeschlossen und es kam zu den bis heute gültigen Landesgrenzen. Die Wüste blieb militärisch verwaltet. Nur sehr vereinzelt hatten sich bis dahin Europäer wie der Afrikaforscher Heinrich Barth dorthin vorgewagt (▸ TRIPOLIS). Als Fremde früh durchquert hatten die algerische Sahara – meist in geheimer, nur mündlich berichteter Mission – der französische Arzt Ansel d'Ysalguier (ca. 1380–1420), Antonio Malfante (um 1450), Benedetto Dei (1418–1492), Paul Imbert (ca. 1585–1640) oder Alexander Gordon Laing (1793–1826). Letztere hatten das, durchwegs als Spione verdächtigt, nicht überlebt. Erst René Caillé (1799–1838), getarnt als muslimischer Ägypter, brachte die ersten verlässlichen Nachrichten von Timbuktu nach Europa. Noch die hundert Mann der französischen Sahara-Expedition von Colonel Paul Flatters (1839–1881) in den Süden Algeriens zur Erkundung einer Bahntrasse waren, von Tuareg-Kriegern hinhaltend bekämpft, alle umgekommen.

Zur exzentrischen Pionierin in Algerien wurde Isabelle Eberhardt (1877–1904), die für Jahre als Beduine verkleidet durch die nördlichen Wüsten zog, Muslima und Mitglied einer Sufi-Bruderschaft wurde, den Algerier Slimène Ehnni heiratete, aber schließlich in einer Sturzflut bei Aïn Sefra umkam, wo sie auch begraben ist. Sie stammte aus russisch-deutsch-jüdischem Exilmilieu in Genf, mit einem anarchistischen Ex-Priester aus Armenien als Ziehvater, und konnte Russisch, Französisch, Deutsch, Italienisch und Arabisch.[526] Der sich 1911 in seiner Klause am Assekrem-Plateau (»Das Ende der Welt«) im Hoggar-Gebirge ansiedelnde Eremit Charles de Foucauld (1895–1916) wurde durch diese Einsamkeitssuche legendär, auch weil er dort trotz friedlicher Ausstrahlung und bester Kontakte zum nomadischen Umfeld im Zuge einer unglücklichen

526 Isabelle Eberhardt: *Sandmeere 1 und 2*, Hg.: Christian Bouqueret, 2 Bände, Reinbek bei Hamburg 1983

Konstellation ermordet wurde. Auch der Schriftsteller André Gide (1869–1951) hielt sich über Jahre immer wieder in der Region auf, so wie Henri Lhote (1903–1991), der Erforscher der Sahara-Felsbilder und ein Mitbegründer des *Musée de l'Homme* in Paris.

Algier selbst, aus einer phönizischen Siedlung entstanden, hatte dann zur römischen Provinz Mauretanien, zum Reich der Vandalen, zu Byzanz gehört. Nach kurzer Besetzung durch Spanien wurde es von Khair ad-Din Barbarossa und dessen Bruder 1518 zum Haupthafen eines eigenständigen osmanischen Emirats ausgebaut. Als rasch wachsende Immigrantenstadt nahm es »die Entwicklung amerikanischer Großstädte« vorweg, so Fernand Braudel, wurde »eine »Stadt des Luxus und der Kunst« und bald »eine der reichsten Städte des Mittelmeeres«, in der aus Korsika oder Marseille Gekommene, »Berber und Andalusier, zum Islam konvertierte Griechen und Türken bunt durcheinander zusammenlebten«.[527] Damals entstand die heutige Altstadt, die Kasbah, mit dem steilen Gassengewirr, nach innen gerichteten, gekalkten Kubus-Häusern und abgeschirmten Dachterrassen der Frauen – nun als *Alger-la-Blanche* UNESCO-Welterbe. Prominenteste Geisel dieser Zeit war Miguel de Cervantes (ca. 1547–1616), der fünf Jahre in Algier ausharren musste, teils als Sklave, teils als hohe Profite bringender Gast, nachdem er in der Seeschlacht von Lepanto den linken Arm verlor und an der Eroberung von Tunis teilnahm. *Don Quijote* schrieb er erst gegen Ende seines Lebens. Ab 1710 praktisch vom Osmanischen Reich unabhängig, war 1830 Algiers letzter Herrscher Hussein Dey (ca. 1773–1838) von Frankreich ins Exil gezwungen worden. Zum auf die Hauptstadt konzentrierten Regieren hatte er so wenig Personal gebraucht, dass es mit einigen Schiffen »nach Istanbul geschickt werden« konnte, während Frankreich schließlich 400.000 Soldaten zur Machtausübung benötigte.[528] Zu deren Unterstützung war 1831 die von französischen Offizieren kommandierte Fremdenlegion gegründet worden, die dort von der für sie im Süden Orans errichteten Stadt Sidi bel Abbès aus operierte. Ihr internationalisiertes Söldner-Motto lautete: *Legio Patria Nostra* – Die Legion ist unser Vaterland.

527 Fernand Braudel: *Das Mittelmeer*, a. a. O., Band 1, S. 80, Band 2, S. 102, 702
528 Ernest Gellner: *Bedingungen der Freiheit*, a. a. O., S. 91

Assia Djebar (1936–2015), die zur bedeutendsten Autorin des Maghreb wurde, hatte während des Algerienkriegs in Marokko und Tunesien als Journalistin für die Zeitung des algerischen Widerstands *El-Moujahid* (arabische Bezeichnung für Widerstandskämpfer) gearbeitet, was erst durch die Mudschaheddin Afghanistans global geläufig wurde, nun jedoch islamistisch fokussiert. Neben ihrer literarischen Arbeit drehte sie Filme und unterrichtete an der Universität Algier Film, Theater und Geschichte. Ihre Bücher schrieb sie auf Französisch; Arabisch hatte sie, da in der Schule nicht erlaubt, erst später genauer studiert. Als kritische Stimme im Land keineswegs erwünscht, lebte sie dann überwiegend in Paris und den USA. Vor allem »die offizielle Politik der Arabisierung« Algeriens verabscheute sie als das »linguistische Äquivalent von Krieg« und als Verlust von vielem. Die Berbersprachen des Hinterlandes blieben ihre ursprüngliche Welt. Assia Djebar ist ein Pseudonym, um sich vom etablierten Familienzusammenhang abzusetzen, denn eigentlich hieß sie Fatima-Zohra Imalayène. Imalayène, der Name des Vaters, eines Grundschullehrers, der ihr Gymnasium und Studium ermöglichte, war für sie »herrlich berberisch«, Sarahoui, den Namen der Mutter, hätte sie beanspruchen können, wäre damit aber als Clanmitglied kenntlich geblieben. Immer wieder ergründete sie, inwieweit sie Berberin oder Araberin sei, mit ihrem Französisch aber in der Regel ein algerisches Publikum »leider nicht erreichte«. Denn »der Abgrund zwischen den beiden Sprachen« war das Prägende, »der den gähnenden Abgrund zwischen zwei Gesellschaften widerspiegelt, die immer noch Seite an Seite leben, einander aber beharrlich den Rücken zuwenden«, gerade in der Emigration. Den damaligen Begriff »Revolution« für »den algerischen Krieg«, so ihr Terminus, benutzte sie nie. »Materiell lebten die Bauern besser, als sie es unter den Kolonisatoren je getan hatten«, sagte sie zu den neuen Freiheiten, »aber ihr besseres Los ging einher mit einer allgemeinen rigorosen Rückkehr zur Praxis, die Frauen einzusperren«. In ihr ständig präsent: »der Wunsch fortzugehen«.[529]

529 Assia Djebar: *Durst*, Zürich 2001, S. 141ff. (Interview mit Clarisse Zimra) | Assia Djebar: *Oran – Algerische Nacht*, Zürich 2001, S. 42

Wie andere Autoren, etwa Kateb Yacine (1929–1989), wollte sie Algeriens Geschichte präsent halten, damit die Aufständischen im eigenen Land, wie auch sonst allerorts, nicht weiter als Gegner angeblich friedensstiftender Interventionen galten. Zum frühen Volkshelden war Abd el-Kader (1808–1883) geworden, dem im Zuge heftiger Kämpfe die Einigung der Stämme des Westens gelang, weshalb ihn Frankreich dann sogar als Emir von Algier anerkannte. Wegen weiterer Unruhen kam er jedoch 1848 mit seiner Familie in eine später undenkbare respektvolle Haft im ›Mutterland‹, konnte publizistisch tätig sein, sich für die Aufklärung interessieren und Freimaurer werden. Nach vier Jahren nach Damaskus verbannt, gelang ihm dort 1860 Tausende Christen vor einem Massaker durch Drusen zu retten, weil er »die Gleichheit der Religionen« vertrat, wofür er das Großkreuz der Ehrenlegion bekam (▸ BEIRUT). Nachdem die Küstengebiete halbwegs kontrollierbar wurden, folgten jedoch in den Bergen grauenhafte Massaker an der Zivilbevölkerung, um jedem weiteren Widerstand die Basis zu entziehen, woran Assia Djebar in ihren Büchern insistierend erinnert. So kam es zur tödlichen »Ausräucherung« von 1.500 Männern, Frauen und Kindern vom Stamm der Ouled Riah, die sich 1845 mit ihrem Vieh in den Höhlen des Djebel Nacmaria versteckt hatten, oder von mindestens 800 Menschen vom Stamm der Sbéah, denen unweit davon Gleiches angetan wurde.[530]

Auf seine Militärmacht setzend, war Frankreich, stets in Konkurrenz zu England, von früh an auf großräumigen Einfluss aus. Nach Napoleons Ägypten-Vorstoß und der Einnahme Algeriens rückten seine Truppen 1844 erstmals »in das Sultanat Marokko ein und griffen auch zur See an. Tanger und Mogador wurden bombardiert.« In der Schlacht von Isly gegen 12.000 marokkanische Reiter, die fast alle umkamen, verloren »die Franzosen 250 Mann«, der Beginn »grenzenlosen Hasses«, so Jörg-Dieter Brandes in seiner *Geschichte der Berber*. Ab 1920 hatte dann der Aufstand der Rifkabylen in der Tradition Abd el-Kaders nun unter Abd al-Karim (1882–1963) oft Erfolge gegen spanische Truppen,

530 Abdelwahab Meddeb: *Die Krankheit des Islam*, a. a. O., S. 20 | Assia Djebar: *Fantasia*, Zürich 1990, S. 108ff., 114

etwa in der Schlacht von Annual. Französische Einheiten unter Marschall Pétain kamen zu Hilfe. Es kam zu Giftgaseinsätzen, systematischer Landverwüstung und beidseitig zu »bestialischen Grausamkeiten«. Nach fünf Jahren seiner Rif-Republik 1926 in Gefangenschaft geraten, kam Abd al-Karim erst nach zwanzig Jahren Verbannung auf der Insel Réunion frei und starb im Exil in Kairo. Berberstämme gegeneinander ausspielend, kam es zu wechselnden Koalitionen, zum Söldnereinsatz gegen die Bevölkerung. Als »unterworfen« galt das Atlasgebirge erst um 1930.[531]

Bevor solche Kämpfe neuerlich mit exzessiver Grausamkeit eskalierten, war von Nordafrika aus die Befreiung Europas von Hitler-Deutschland in Gang gekommen. Nach der Landung alliierter Truppen in Marokko und Algerien Ende 1942 sind dafür in Algier erste konkrete Schritte geplant worden, die dann 1943 von Tunis aus erfolgten (▸ TUNIS ▸ PALERMO). Als Angriff von Süden blieb das für den Kriegsverlauf ähnlich relevant wie der D-Day in der Normandie im Jahr darauf. Bereits 1940 war es zum Flottendesaster von Mers-el-Kébir an Algeriens Küste bei Oran gekommen, als Frankreichs Vichy-Regierung, nun Partner Deutschlands, die Übergabe dort ankernder französischer Flotteneinheiten an England verweigerte. Im Bombardement britischer Kriegsschiffen starben fast 1.300 französische Seeleute, zwei Schiffe wurden versenkt, die anderen entkamen nach Toulon. Dort wiederum kam es 1942 zur Selbstversenkung der Flotte, damit sie nach der als Reaktion auf die Landung der Alliierten in Nordafrika erfolgten Besetzung ganz Frankreichs nicht an Deutschland falle. (▸ MARSEILLE)

Gerade in Algier und durch die Alliierten-Konferenz von Casablanca im Jänner 1943, von der die bedingungslose Kapitulation der Kriegsgegner zum Kriegsziel erklärt worden ist, wurde besonders offensichtlich, wie feindselig sich das mit Deutschland kooperierende Vichy-Frankreich unter Marschall Philippe Pétain (1856–1951) und das von General Charles de Gaulle (1890–1970) vertretene oppositionelle Freie Frankreich gegenüberstanden. Pé-

531 Jörg-Dieter Brandes: *Geschichte der Berber*, Gernsbach 2004, S. 192f., 197, 200

tain-treue Truppen hatten anfangs sogar die in Casablanca, Oran und Algier gelandeten Alliierten bekämpft und blieben dann abwartend. Mit Duldung der an einer momentanen Balance interessierten Alliierten erklärte sich Admiral François Darlan (1881–1942), als zeitweiliger Premierminister und Stellvertreter Pétains eine Schlüsselfigur der NS-Kollaboration, noch zum Hochkommissar Frankreichs in Afrika, um das Vichy-Regime präsent zu halten. Als ihn ein patriotischer Attentäter in Algier ermordete, gab es kaum Einwände gegen dessen rasche Hinrichtung; geehrt wurde dieser erst nach dem Krieg. Nur Teile der französischen Truppen schlossen sich den Freien Franzosen an. Vichy-Gesetze blieben in Kraft, politische Häftlinge in Lagern. Der angereiste General de Gaulle stieß auf frostige Ablehnung, auch bei Präsident Franklin D. Roosevelt (1882–1945). Jean Monnet (1888–1979), dann wie Robert Schuman (1886–1963) einer der Gründerväter der Europäischen Gemeinschaft, konnte als Vermittler manches erreichen. Erst zögernd waren die Generäle Alphonse Juin (1888–1967) und Henri Giraud (1878–1949) kooperativer. Nur General Jacques-Philippe Leclerc (1902–1947) hatte sich in Afrika früh dem Freien Frankreich angeschlossen. Die Kollaborationssituation dort wird vom legendären Film *Casablanca* in Erinnerung gehalten.[532]

Auch das Kriegsende selbst brachte für die Mehrheit der Bevölkerung Algeriens keineswegs die erhoffte positive Zäsur. Schon mit der Gründung der Arabischen Liga in Alexandria 1944 sollte Transnationales eine Plattform bekommen (▸ ALEXANDRIA). Die anfangs kooperationsbereite Gruppierung um Ferhat Abbas (1899–1985), der dann die algerische Exilregierung in Tunis leitete und Präsident der Nationalversammlung wurde, brachte das »Manifest des algerischen Volkes« heraus, das Reformen und ein autonomes, nicht aber völlig unabhängiges Algerien forderte, mit absoluter Gleichberechtigung und durchaus möglicher Assimilation. Eine während des Krieges in Aussicht gestellte tatsächliche Unabhängigkeit war wieder unrealistisch geworden. Solche Forderungen hatte bereits die 1926 von algerischen Arbeitsmigranten in

532 Michael Curtiz: *Casablanca*, Spielfilm USA 1942, mit Humphrey Bogart, Ingrid Bergman

Frankreich gegründete erste politische Partei Algeriens verbreitet, die *ENA* (*Étoile Nord-Africaine*), die einen kommunistischen Antiimperialismus mit Aspekten eines islamischen Staates vertrat. Mehrmals verboten, wurde unter ihrem Anführer Messali Hadj (1898–1974) die *Algerischen Volkspartei* (*PPA*) daraus, als dieser nach seiner Verbannung nach Brazzaville im Kongo freigekommen war.

Bei den Feiern zum Kriegsende am 8. Mai 1945 und zur bevorstehenden Heimkehr der algerischen Truppen tauchten dann überall verbotene grün-weiße Flaggen Algeriens mit Halbmond und Stern auf, deren Symbolik auf Abd el-Kader zurückgeht. Die Aufmärsche eskalierten zuerst im Bergland um Constantine, mit Brennpunkten in den Städten Guelma, Sétif und Kherrata, wo Unabhängigkeitsparolen als staatsfeindliche Akte ausgelegt wurden. Ein deswegen in Rage geratener Polizeiinspektor soll dort die ersten Todesschüsse abgegeben haben. Die Angegriffenen zogen daraufhin marodierend durch die Straßen. Allein in Sétif sollen zwanzig bis dreißig Europäer getötet und fünfzig verwundet worden sein, so ein Kommuniqué zur Rechtfertigung nun folgender Menschenjagden. Polizei, Militär, Kolonialeinheiten aus dem Senegal, Siedlermilizen, selbst eilig bewaffnete italienische Kriegsgefangene machten Jagd auf Menschen, die sie für potenzielle Unabhängigkeitsaktivisten hielten. 45.000 Tote soll es nach algerischen Angaben während der nächsten Wochen gegeben haben, oft unter grausamsten Umständen hingeschlachtet, in Steinbrüchen massenhaft erschossen, in Kalköfen verbrannt. »Nie zuvor«, berichtete der Schweizer Journalist Charles-Henri Favord, »ist in einem Kolonialstaat mit solcher Härte zurückgeschlagen worden«. Von französischer Seite wurden bloß 1.500 Tote bestätigt; die eingesetzte Untersuchungskommission kam zu keinen klärenden Ergebnissen. Französische, spanische und italienische Siedler, lokale Instanzen und Teile der Armeeführung waren strikt an unnachgiebigem Vorgehen interessiert und von ihrem Sieg überzeugt, selbst bei weitgehender Unterstützung der algerischen Opposition durch die Bevölkerung. Die für weitere zehn Jahre gewonnene Frist wurde in keiner Weise genutzt. Es blieb beim Nebeneinander zweier getrennter Gesellschaften, die sich noch stärker voneinander zurückzogen. Selbst nach Generationen konnten sich höchstens zwanzig Prozent der

Europäer halbwegs auf Arabisch verständigen, wenn sie es beruflich brauchten.[533] Ohne deren Individualität anzuerkennen, wurden die meisten Hausmädchen Fatima genannt.

Die angesichts dortiger Probleme in Europa kaum beachteten Massaker von Guelma und Sétif wurden in Algerien zu drastischen Symbolen. Da in Frankreich von allen Parteien gebilligt, einschließlich der an der Regierung beteiligten Kommunisten, war aus der Aufbruchsstimmung ein tiefgreifender Bruch geworden. In Algerien traditionell einflussreiche mystische Bruderschaften boten Halt. Im Dilemma von Widerstand, Durchkommen und Kollaboration, permanenten Wahlfälschungen, propagiertem Wahlboykott und internen Kontroversen rückten Perspektiven in weite Ferne. Die 45.000 Toten von Guelma und Sétif wurden zur festen Größe. Dass spätere Untersuchungen etwa 100 umgebrachte Europäer und 6.000 bis 8.000 oder sogar 15.000 getötete Algerier, darunter viele Frauen und Kinder, als Opferzahlen nennen, verändert Dimensionen, nicht aber die Tatbestände. Mit 4.000 Verhaftungen und fast 100 Todesurteilen wurde bewiesen, wie einseitig weiter operiert wurde. »Die Erinnerungen aller Führer der algerischen Revolution zeigen«, heißt es von kompetenter Seite dazu, »dass Sétif für sie ein Schlüsselerlebnis darstellte, in dem sie den Entschluss zum bewaffneten Kampf fassten.« Der Algerienkrieg von 1954 bis 1962, mit über einer Million umgekommenen Algeriern, seinen Massakern, Folterungen, Lagern, Zwangsumsiedlungen von über zwei Millionen Menschen und der Verfolgung kollaborierender Harkis hatte somit bereits am 8. Mai 1945 begonnen.

Aber früh ausbrechende interne Kontroversen paralysieren die algerische Gesellschaft bis heute. Frankreichs allmähliche Entkolonialisierung hatte erst die Kapitulation von Diên Biên Puh in Indochina im Mai 1954 eingeleitet, sein verlorener Vietnamkrieg gegen General Võ Nguyên Giáp (1911–2013) und Premierminister Ho Chi Minh (1890–1969), der ihn prägende Jahre in Frankreich verbracht hatte. Dem algerischen Widerstand gab das

533 Hartmut Elsenhans: *Frankreichs Algerienkrieg 1954–1962. Entkolonialisierungsversuch einer kapitalistischen Metropole. Zum Zusammenbruch der Kolonialreiche*, München 1974, S. 124

entscheidenden Rückhalt (▸ MARSEILLE). Gleich im Juli dieses Jahres koordinierten wichtige Untergrundführer wie Ahmed Ben Bella (1918–2012) und Krim Belkassem (1922–1970) die weitere Strategie bei einem Treffen in der Schweiz. Am 1. November 1954 begann die Offensive. Was 1945 nicht möglich war, ist schließlich 1962 um einen enormen Preis erreicht worden. Anstatt »ein politisch labiles, von unberechenbaren Siedlern beherrschtes Algerien« weiter mit Waffengewalt aufrechtzuerhalten, sollte »ein unabhängiges, aber für französische Investitionen offenes« Land entstehen, heißt es rückblickend dazu. Assia Djebar war sich sicher, dass es »wie im heutigen Südafrika« durchaus andere Lösungen hätte geben können.[534] Die im Krieg sozial zertrümmerte algerische Gesellschaft charakterisierte Bourdieu durch die »Sprache der Verweigerung«, da sie sich, »mehr oder minder bewusst, für Stagnation und den Rückzug auf sich selbst entschieden hatte«, gab es doch in jeder Familie Tote, Gefolterte, Verschwundene, Vertriebene, ins Exil Gegangene, aus ihren Traditionen Gefallene. Das mündete schließlich in den Bürgerkrieg von 1988 bis etwa 2000 mit zweihunderttausend Toten.[535] Auf die 1989 gegründete *Islamische Heilsfront FIS* reagierend, transformierte er sich laufend bis hin zu rein kriminellen Bandenkämpfen. Als weltweites Islamisierungssignal hatte damals auch Chomeini seine *Fatwa*-Todesdrohung gegen Salman Rushdie und *Die satanischen Verse* erlassen.

Aus Martinique nach Algerien gekommen war Frantz Fanon (1925–1961), weil er nach dem Studium in Paris 1953 Chefarzt der psychiatrischen Klinik von Blida südlich von Algier geworden war. »Der Kolonialherr macht die Geschichte und weiß, dass er

534 Boucif Mekhaled: *Chroniques d'un massacre. 8 mai 1945, Sétif, Guelma, Kherrata*, Paris 1995, S. 132 | Charles-Henri Favrod: Über ein halbes Jahrhundert Algerien, in: Michael von Graffenried, Sid Ahmed Hammouche (Hg.): *Im Herzen Algeriens*, Ausstellungskatalog Museum für Gestaltung Zürich, Bern 2002, S. 17ff. | Reinhard Schulze: *Geschichte der islamischen Welt im 20. Jahrhundert*, München 1994, S. 156ff. | Hartmut Elsenhans: *Frankreichs Algerienkrieg 1954–1962*, a. a. O., 142f. | Ulrich Haarmann: *Geschichte der arabischen Welt*, München 2001, S. 575 | Assia Djebar: *Weißes Algerien*, Zürich 2000, S. 109

535 *Pierre Bourdieu in Algerien. Zeugnisse einer Entwurzelung*, Hg.: Franz Schultheis, Christine Frisinghelli, Graz 2003, S. 55f.

sie macht«, heißt es in seinem Buch *Die Verdammten dieser Erde*, dessen Titel der Internationale entnommen ist und das ihn zur wichtigen Stimme damaliger Befreiungsbewegungen machte. Mit diesem gebe es keinerlei Verständigungsmöglichkeiten mehr, denn »der Kolonisierte hat die Kultur der Unterdrücker angenommen und sich auf sie eingelassen; er hat dafür zahlen müssen. Unter anderem damit, dass er sich die Denkformen der kolonialen Bourgeoisie zu eigen machte«, was ihn gleichsam paralysieren musste. Auf Initiative von Giovanni Pirelli kam es rasch auf Italienisch heraus und wurde zügig in viele Sprachen übersetzt. Als Mitglied der 1954 in Kairo von Ahmed Ben Bella gegründete *Nationalen Befreiungsfront FLN* und Botschafter der provisorischen Regierung versuchte Fanon, den Widerstand auf Afrika auszuweiten, über eine Transsahara-Front mit Mali für den Waffennachschub, was aber trotz Mitwirkung von Abdelaziz Bouteflika scheiterte. Dieser wurde später Chef des Generalstabs, Außenminister und bis 2019 zum zuletzt immer offensiver bekämpften langjährigen Staatspräsidenten. Frantz Fanon starb im Dezember 1961 in den USA an Leukämie, betreut von Freunden des kämpfenden Algerien aus der Demokratischen Partei. Im Jänner dieses Jahres war Patrice Lumumba, Symbolfigur afrikanischer Befreiung, getötet worden. Der im Zuge der Blockfreien-Bewegung entstandene Begriff »Dritte Welt« (*Tiers-Monde*, geprägt von den französischen Ethnologen Albert Sauvy und Georges Balandier), wurde bis zur Wende von 1990, als die Zweite Welt als ideologische Gegenkraft verschwand, zur Formel der Nord-Süd-Problematik, bisweilen auch als abwertende Metapher für postkoloniale Hoffnungslosigkeit. Um fremdenfeindlichen Nationalismus ging es anfangs eher verdeckt, hatte doch die FLN eine Zeit lang propagiert: »Wer in Algerien wohnt, ist ein Algerier«. Dominierende wurden jedoch die undurchsichtigen Oligarchien alter Kader und eine offensive Arabisierung, mit Konflikten zwischen Berbern und Arabern als zusätzlicher Dimension. Dabei hatte Frantz Fanon zur weltweiten Gewalt gegen den weißen Kolonialismus aufgerufen, um revolutionär endlich den »neuen Menschen« zu ermöglichen, der es schaffen würde, »die Probleme zu lösen, die dieses Europa nicht hat lösen können«. Das aufputschende Vorwort von Jean-Paul Sartre

(1905–1980) wirkt heute wie ein gnadenloses Programm für Gehirnwäsche, denn dort heißt es, »durch eine blutige Revolution wird der Kolonialherr ausgerottet, der in jedem von uns steckt«. Für seine algerisch-jüdische Biografin Alice Cherki »war Frantz Fanon in seinen Vorstößen gegen den Rassismus, den Kolonialismus und das Verhältnis zwischen Unterdrücker und Unterdrücktem dennoch ein Wegbereiter«. Den »neuen Herren« des entstehenden nationalistischen Polizei- und Militärstaates hätte er jedoch, so Assia Djebar, »den Rücken zugekehrt«.[536]

Auch ein so wirkungsvoll werdender Denker wie Jacques Derrida wurde in Algerien geboren, 1930, in El-Biar in der Nähe Algiers. Zum Stichwort »Spuren« findet sich bei ihm Essenzielles, auch wenn es nicht um ein Orientieren in Wüsten geht: »Wenn die Spur – Urphänomen des ›Gedächtnisses‹, welches vor dem Gegensatz zwischen Natur und Kultur, Animalität und Humanität usw. gedacht werden muss – zur Bewegung der Bedeutung selbst gehört, so ist sie *a priori* eine geschriebene Spur, gleichgültig ob sie in der einen oder anderen Form in ein ›sinnliches‹ und ›räumliches‹, ›äußerlich‹ genanntes Element eingeschrieben wird.«[537] Wegen jüdischer Herkunft im Pétain-orientierten Klima ihn zeitlebens prägenden Repressionen ausgesetzt, deswegen sogar der Schule verwiesen, blieb er doch bis zu seinen Studien in Paris und Harvard im Land, absolvierte dann 1957/59 seinen Militärdienst im Algerienkrieg und gab Sprachunterricht. Auch der sechs Jahre ältere Jean-François Lyotard (1924–1998) war Anfang der 1950er Jahre Philosophielehrer in Algerien. Da die »großen Erzählungen« über Aufklärung und Emanzipation an ihr Ende gelangt seien, propagierte er den Begriff »Postmoderne«, was – so heutige Debatten dazu – jedoch dringend neue Erzählungen verlange, als Emotionen ansprechender Rahmen für in größere Zusammenhänge eingebettete Handlungsmuster, die politische Absichten

536 Alice Cherki: *Frantz Fanon. Ein Porträt*, Hamburg 2001, S. 14, 19, 190, 213 | Frantz Fanon: *Die Verdammten dieser Erde*. Vorwort Jean-Paul Sartre, Reinbek bei Hamburg 1969, S. 20, 38, 39, 241, 242 | Assia Djebar: *Weißes Algerien*, Zürich 2000, S. 106 | Nationale Befreiungsfront (Hg.): *Algeriens Charta '76*, Frankfurt am Main 1979

537 Jacques Derrida: *Grammatologie* (Paris 1967), Frankfurt am Main 1996, S. 123f.

und deren Umsetzung verständlicher machen. In Algerien traf Derrida oft mit dem gleichaltrigen Pierre Bourdieu (1930–2002) zusammen, der 1955/58 dort Soldat und dann noch zwei Jahre in Algier Lehrer war wie Foucault in Tunis. Kolonialerfahrungen und Kolonialkriege blieben somit in Frankreich biografisch so präsent wie in keinem anderen europäischen Land. Bourdieus erst nach seinem Tod veröffentlichte Fotos aus dieser Zeit sind lange zurückgehaltene Dokumente von Versuchen, eine bloß teilnehmende Beobachtung durch »teilnehmende Objektivierung« zu ersetzen. Konzentriert auf Algeriens Norden, ging es ihm um Sichtweisen auf Alltagssituationen, die wortlos Momente harter Lebensbedingungen festhalten, ohne Trostlosigkeit zu übersteigern – als Erfassung von Daten. Nur entsteht inmitten des kalten Blicks von Chronisten, Reportern und Ästheten, inmitten romantischer Verfärbungen, der Fixierung auf Pittoreskes und auf Folklore bei ihm eine verhaltene, unmerkliche Wärme, die nichts zur Schau stellt, sondern die Fotos als Sequenzen von Abläufen begreifbar macht. Dass die Algerienerfahrung für Bourdieu und seine sozialen Theorien – bis zu *Das Elend der Welt. Zeugnisse und Diagnosen alltäglichen Leidens an der Gesellschaft* (1997) – nachhaltige Wirkung hatte, ist von ihm mehrfach bestätigt worden. Sie habe ihm ermöglicht, sich selbst zu akzeptieren, obwohl er »die biografische Illusion«, also ständige Bezüge zu einem Lebensweg, »dessen einziger Zusammenhang in der Verbindung zu einem ›Subjekt‹ besteht«, als absurd abqualifizierte. »Fotografieren«, sagte er in einem Gespräch dazu, »war im Grunde eine Art und Weise zu versuchen, den Schock einer niederschmetternden Realität zu bewältigen«. Die »Ökonomie des Elends« habe ihn in dieser Phase besonders interessiert und »dass die Fotografie die einzige Praxis mit künstlerischer Dimension ist, die für alle zugänglich ist, und zugleich auch das einzige kulturelle Gut, das allgemein konsumiert wird«. »Die Suche wird zum Beruf«, so beschrieb Bourdieu die grundlegende Existenzweise aus traditionellen Arbeitsbezügen Herausgerissener. Auf sich selbst bezogen hielt er früh fest: »In einem um seine Unabhängigkeit kämpfenden Algerien an einer wissenschaftlichen Analyse der algerischen Gesellschaft zu arbeiten bedeutet zugleich den Versuch, die Grundlagen wie die Ziele dieses Kampfes zu verstehen und verständlich zu machen.« Als Richtungsangabe schwebte ihm schließlich eine »Ökonomie des Glücks« vor, »die in der Lage ist, allen symbolischen und materiellen Gewinnen und Kosten, die aus menschlichem Verhalten und insbesondere aus Aktivität und Inaktivität entstehen, Rechnung zu tragen«.[538]

Auch Albert Camus hatte stets versucht, jedes Schema-Denken zu vermeiden, um in Konflikten möglichst alle Seiten im Blick zu haben. Nationalistische Revolutionen sah er höchst skeptisch. In der Weltliteratur hat er gerade Widersprüchliches und Unlösbares der Situation Algeriens in vielschichtiger Weise verankert. Zu Beginn von *Die Pest* heißt es: »Auf den ersten Blick ist Oran nämlich eine ganz gewöhnliche Stadt, nichts mehr und nichts weniger als eine französische Präfektur an der algerischen Küste.« Geboren wurde er im algerischen Dorf Mondovi (heute Drean) bei Bône (heute Annaba) in der Region Constantine, die für ihre römischen Stadtanlagen berühmt, aber auch wegen der Massaker von Guelma und Sétif 1945 berüchtigt ist. Im Land seiner Jugend blieb er bis 1940, als er wegen der Reportagen in der neuen Zeitung *Alger Républicain* über die elende Behandlung der lokalen Bevölkerung von den Behörden aus Algier verwiesen wurde. Da das einem Berufsverbot gleichkam, fuhr er mit dem noch unfertigen Manuskript von *Der Fremde* im Gepäck nach Paris, wenige Wochen bevor dort deutsche Truppen einmarschierten, musste deswegen aber vorerst neuerlich nach Algerien, diesmal nach Oran. »Alle haben Verrat begangen; die zum Widerstand aufforderten und die vom Frieden reden«, hatte er zu Kriegsbeginn in sein Tagebuch notiert, »das sind sie, ebenso fügsam wie die anderen, aber schuldiger. Und nie hat der Einzelne der Lügenmaschinerie verlassener gegenübergestanden. Aber noch kann er verachten und durch seine Verachtung kämpfen.« Denn »Leben heißt nachprüfen«. Zur Stadt, die zum neuen Lebensmittelpunkt werden sollte, sagt

538 Pierre Bourdieu: *Praktische Vernunft. Zur Theorie des Handelns*, Frankfurt am Main 1998, S. 82 | *Pierre Bourdieu in Algerien*, a.a.O., S. 37, 41ff., 176, 219 | Pierre Bourdieu: *Gegenfeuer. Wortmeldungen im Dienste des Widerstands gegen die neoliberale Invasion*, Konstanz 1998, S. 71

er einmal knapp: »Was an Paris begeisternd ist: die fürchterliche Einsamkeit. Als Heilmittel gegen das Leben in der Gesellschaft: die Großstadt. Sie ist für alle Zukunft die einzige benutzbare Wüste.« Auch in Assia Djebar tauchten solche Bilder auf: Wir sind »an zwei Städte gefesselt«, an »Algier und Paris«, aber »Paris war eine Wüste«. Zur Situation in Algerien bemerkte Camus illusionslos: »Wer etwas lernen, sich erziehen, sich bessern will, ist hier verloren. Dies Land gibt keine Lehren. Es verspricht nichts und hält auch nicht mit Hoffnungen hin. Es begnügt sich zu geben und zwar im Überfluss.« »Seltsames Land, das dem Menschen, den es ernährt, beides zugleich gibt: Glanz und Elend!« Am Mittelmeer beschäftigte ihn, dass es für ihn zwei Welten trenne, »die eine, wo auf abgemessenen Flächen Erinnerungen und Namen konserviert werden, die andere, wo der Sandwind die Spuren der Menschen auf weiten Flächen auslöscht«. Bezeichnend sei überdies, dass »die Beleidigung der Mutter und der Toten an den Mittelmeerküsten von jeher die schlimmste war«.[539]

Amin Maalouf, selbst aus dem vom Bürgerkrieg devastierten Beirut entkommen und französisch schreibend, hat sich in Gesprächen zur Situation in Nordafrika ausdrücklich auf ihn berufen: »Die Statements von Camus sind damals als sehr provokant empfunden worden; er wurde nicht verstanden und viele Leute verstehen ihn in diesem Punkt bis heute nicht. Er hat Gerechtigkeit für die Algerier gefordert, gegen die von Frankreich ausgeübte Gewalt. Zugleich hat er eingestanden, dass er an seine Mutter denke, die als Französin in Algerien lebte. Mit diesem Gang ins Persönliche hat er eine tiefe Wahrheit berührt. Wie soll ich mich entscheiden? Muss ich mich entscheiden? Indem er solche Gefühle und Unschärfen offen angesprochen hat, ist Individuelles in Widerspruch zu generalisierenden Konzepten von Gerechtigkeit geraten. Wenn wir auf das Geschehen in Algerien schauen, hat er sehr profund argumentiert. Der Glaube daran war falsch,

539 Albert Camus: *Die Pest* (Paris 1947), Hamburg 1961, S. 5 | *Tagebücher 1935–1951*, Reinbek bei Hamburg 1997, S. 132, 161, 406 | *Hochzeit des Lichts. Impressionen am Rande der Wüste*, Zürich 1968, S. 32 | *Der erste Mensch*, Reinbek bei Hamburg 1997, S. 132, 168 | Assia Djebar: *Weit ist mein Gefängnis*, Zürich 1997, S. 120, 124

die Dinge gemeinsam mit engstirnigen Nationalisten ändern zu können, ohne sich um das Leid von Millionen zu kümmern. Nur weil damit dem angeblichen Gang der Geschichte gedient werde«. Auch in Europa war das aus Mitgefühl für Unterdrückte und revolutionärer Euphorie von vielen vehement vertreten worden, ohne halbwegs realistischem Blick auf die Bedingungen demokratischer Staatenbildung. Gerade die fragende Zwischenposition des Algerienfranzosen Camus war Maalouf stets wertvoll, gegen die Rechten mit ihrer schematischen, meist offen rassistischen Parteinahme für die Kolonisten und gegen die Linken rund um Sartre mit ihren schematisch-revolutionären Vorstellungen, die nur einen ausgrenzenden Nationalismus angefacht hätten. »An Camus' Anspruch«, so Amin Maalouf, »hat vor allem eines, das alle Konflikte betrifft, meine volle Sympathie: Es gibt immer viele Positionen, um die Realität zu betrachten. Unsere Pflicht als Beobachter, als Zeitgenossen ist es, nicht zu simplifizieren, nichts zu sehr zu stilisieren. Dinge nicht klar sehen zu wollen, hat seinen Preis, ob in Bezug auf Rassismus, Nationalismus oder Revolutionen.«[540]

Der damals noch oft beschworene Karl Marx (1818–1883) wiederum, privat – heute unzulässig – ›Mohr‹ genannt, war kurz nach dem Tod seiner Frau 1882, in seinem letzten Lebensjahr für zwei Monate zur Kur in Algier, um seine Bronchialerkrankung zu lindern. Erstmals außerhalb Europas, hatte er von der angeblichen Befriedung des Landes sicher einiges mitbekommen, reiste aber nach Monte Carlo weiter, sichtlich interessiert an der grassierenden Roulette-Manie, was ihn zu Überlegungen über »imaginiertes Kapital« anregte und zum Begriff »Kasino-Kapitalismus«.[541] Friedrich Engels (1820–1895) wiederum war noch 1848 überzeugt: »Die Eroberung von Algerien ist ein bedeutendes, glückliches Ereignis für den Fortschritt der Zivilisation«. Denn »geschichtslose Völker« interessierten auch ihn kaum, bis er ab 1860 »in einer völligen Kehrtwendung« wegen der »barbarischen« Kriegsführung Frankreichs den antikolonialen Widerstand der »›Araber- und

540 Amin Maalouf im Gespräch mit Christian Reder, in: Christian Reder, Simonetta Ferfoglia (Hg.): *Transferprojekt Damaskus*, Wien–New 2003, S. 361

541 Alexander Kluy: *Jüdisches Marseille und die Provence*, Wien 2013, S. 151

Kabylenstämme‹ in Algerien« gepriesen hat, ohne eine Arbeiterklasse vorauszusetzen.[542]

Waren seit damals jahrzehntelang die Utopien völlig neuer Gesellschaften realisierbar erschienen, ist auch an die technische Machbarkeit gigantischer Vorhaben geglaubt worden. Dafür war das Atlantropa-Projekt des deutschen Ingenieur-Architekten Herman Sörgel (1885–1952) exemplarisch, der seit den 1920er Jahren durch Staudämme bei Gibraltar und im Marmarameer Europa und Afrika durch ein weitgehend trockengelegtes Mittelmeer zu einem Kontinent vereinen wollte. Das würde enorme Agrarflächen, Elektrizitätswerke und Fernstraßen ermöglichen.[543] Von Frankreichs Atomtestgeländen in der Sahara angeregt, gab es in den 1950er Jahren sogar Pläne zu deren Fruchtbarmachung durch Bewässerungskanäle mit einem riesigen See, was durch den Einsatz fünfzig kleiner Atombomben – so die Recherchen von Fergus Fleming zur Geschichte der Sahara – für machbar gehalten worden war.[544]

Größenordnungen waren auch für den die Moderne markant prägenden Schweizer Le Corbusier (1887–1965) kein Problem, der sich als technikbegeisterter Maler, Schriftsteller, Bildhauer und Architekt gesehen und bewusst jede akademische Ausbildung verweigert hatte. In Algier schien sich ihm die Möglichkeit für ein gigantisches städtebauliches Experiment zu bieten, weshalb er für die Stadt ohne offiziellen Auftrag von 1932 bis 1942 sechs Varianten seines »Plan Obus« (bewusst »Granatenplan« genannt) entwickelte – deren erste zu Beginn dieses Abschnitts abgebildet ist –, konterkariert durch die seine Denkweisen skizzierende feinsinnige Schrift *Poésie sur Alger* von 1950. Den Kolonialismus als Zivilisierungsphase akzeptierend, verfolgte er dieses Projekt mit Konventionen radikal brechender Kühnheit, obwohl es von Anfang an kaum Realisierungschancen gab. Ein Alleingang war es

542 Tristram Hunt: *Friedrich Engels. Der Mann, der den Marxismus erfand*, Berlin 2017, S. 300, 302, 366

543 Alexander Gall: *Das Atlantropa-Projekt. Die Geschichte einer gescheiterten Vision. Herman Sörgel und die Absenkung des Mittelmeers*, Frankfurt am Main 1998

544 Fergus Fleming: *The Sword and the Cross*, London 2003, S. 309

nicht, denn zum Bürgermeister, zu an seiner Arbeit Interessierten, zu Gewerkschaften gab es laufend Kontakte. Mit dieser städtebaulichen, in ihrem Machtbezug totalitären Intervention sollte Algier »zum Kopf des Afrikanischen Kontinents« werden, im Mittelmeerraum gleichrangig »neben Paris, Barcelona und Rom«. Mediterran war das durch kubische Häuser und die ihm sehr wichtige weiße Farbe. Fußgänger und Autoverkehr würde eine über die Dächer geführte Autobahn trennen. Großzügige Achsen und Wohnblocks ließen Raum für weitere Entwicklungen. Die enge historische Kasbah könnte – wie so viele Altstädte seither – zu »arts and crafts centers« werden, weil es für deren Bewohner moderne Wohnungen gäbe. Durch seinen »Leitplan für Algier und seine Umgebung« wäre die Stadt zur Orientierung bietenden »erweiterten Landschaft« geworden.[545]

Bereits als Student war Le Corbusier, früh hingezogen zum Mittelmeer, über Wien die Donau hinab nach Konstantinopel gereist und hatte dort wochenlang architektonische Lösungen studiert.[546] Seit damals beschäftigten ihn das Zusammenspiel von »Wand und Öffnung«, Außentreppen, Einbaumöbel, »die Zaubereien der Geometrie«, »die Bedeutung der Silhouette im islamischen Städtebau«, »die enorme Wirkung der Moscheen auf ihn«, »die großen leeren Räume« und die »Tradition der abstrakten Kunst«. Die Denkweise von Adolf Loos (1870–1933) hatte ihn früh beeindruckt, der ebenfalls öfter nach Algerien reiste, einmal sogar um geeigneten Marmor für sein revolutionäres Haus am Michaelerplatz in Wien von 1910 zu finden. Das noch lange als unpassend verfemte ›orientalische‹ Flachdach sei in Europa jedoch durch die Entwicklung von Holzzement als Dichtungsmasse möglich geworden, mediterrane Vorbilder habe es dazu nicht gebraucht, so Adolf Loos.[547] Um solche Bauweisen zu studieren, unternahm Le Corbusier, dem Loos stets skeptisch gegenüberstand, in Algerien sogar drei Sahara-Reisen über 600 Kilometer in die völlig

545 Thomas Schwarzenbacher: *Le Corbusier. Von der »arabischen Lektion« zur »Lektion des Mzab«*, Dissertation, Universität für angewandte Kunst Wien (Betreuer: Ch. Reder), Wien 2017, S. 23, 93ff., 226

546 Giuliano Gresleri: *Le Corbusier. Reise nach dem Orient*, Zürich 1991

547 Thomas Schwarzenbacher: *Le Corbusier*, a.a.O., S. 41, 44, 60, 72, 93, 101

isoliert in der Wüste liegenden fünf dichtbebauten benachbarten M'zab-Städte mit dem Hauptort Ghardaia, einmal davon im Flugzeug. Diese bestehen fast unverändert seit dem 11. Jahrhundert als Rückzugsgebiet strenggläubiger, Mozabiten genannter Berber, die Muslimen als Abtrünnige gelten. »Die arabische Architektur«, schrieb er über solche Erfahrungen beeindruckt, »erteilt uns eine wertvolle Lehre. Sie erschließt sich im Gehen, durch die Füße. Gehend, in der Bewegung, sieht man, wie die Ordnungen der Architektur sich entfalten.«[548] Nach einer damals aktuellen französischen Tradition, die den Orient »mit der gesamten Welt der Antike« gleichsetzte, faszinierten ihn im M'zab vor allem die in Handarbeit entstehenden und ständig gepflegten Lehmbauten, sein Thema »Rationalität–Irrationalität« und ritualisierte Lebensweisen als exemplarische »Rückkehr zur Einfachheit«.[549] Etwas davon direkt in seine Architektur zu transferieren, hat ihn sichtlich nicht interessiert, obwohl ihm Kritiker uneingestandene Übernahmen vorwarfen. Oft aber sprach er von der, ihn stets zu neuen Überlegungen anspornenden, »arabischen Lektion«.

Auch in Algerien zeichnend und malend unterwegs, bisweilen begleitet vom Malerfreund Fernand Léger (1881–1955) und Henri Matisse (1869–1954) wegen dessen Orientbegeisterung bewundernd, regten Le Corbusier gerade verschleierte Frauen zu Skizzen und Bildern an, selbst Postkarten dienten ihm als Vorlage. Eugène Delacroix (1798–1863), der, früh nach Algier gekommen, eine Orient-Romantik populär machte, hatte mit seinem nach Skizzen in einem Harem entstandenen Bild *Frauen von Algier in ihrem Gemach* von 1834 wegen dessen überraschender Farbigkeit Begeisterung ausgelöst, besonders unter Malern wie Paul Cézanne (1839–1906) oder Auguste Renoir (1841–1919), der es für »le plus beau tableau du monde« hielt und 1870 selbst die *Frau aus Algier* malte. Delacroix hatten seine *Algerischen Frauen* nicht losgelassen; nach der ersten Fassung (heute im Louvre) arbeitete er zwei Jahre an einer zweiten Version (heute im Museum in Montpellier). Zum Erforschen von Sinnlichkeit passte, dass 1841 aus Algerien Ha-

548 Le Corbusier: Œuvre complète, Band 2 von 1929–34, Basel 1995, S. 24
549 Thomas Schwarzenbacher: *Le Corbusier*, a. a. O., S. 77, 220, 225, 227

schisch nach Paris gelangt war und rasch zur Modedroge wurde. 1954, zu Beginn des Algerienkriegs, reagierte Picasso mit mehreren Variationen zu den *Frauen in Algier*, die sich teilweise als martialische »Feuerträgerinnen« des Widerstands interpretieren lassen. In Assia Djebars Buch *Die Frauen von Algier*, ursprünglich als Film geplant, in Algerien nie erschienen, bekamen solch wirkungsvolle Figuren endlich sich mit ihrer Lage auseinandersetzende Stimmen, gut 150 Jahre nachdem deren Exotik in Paris beeindruckte. Delacroix' Bild selbst war ihr trotz der orientalisierenden Romantik ein »Leuchtfeuer in kolonialer Finsternis«, denn »plötzlich thront das weibliche Algerien vor den Blicken aller, im Herzen der Dunkelheit und ganz reglos im irisierenden Licht, und wird für die folgenden Generationen wieder von der Bildfläche verschwinden.« Auch für Matisse und Renoir waren Marokko- und Algerienreisen wichtige künstlerische Erfahrungen.[550] Jean Dubuffet (1901–1985) regte dann die Wüste zu Experimenten mit aufgeklebtem Sand, Kies, steinigem Material an. Die Orientalismus-Bilder des 19. Jahrhunderts waren sichtlich stets auch eine Kompensation in Europa latent unterdrückter, nur bei Machthabern und im Geheimen tolerierter sexueller Freizügigkeit, wie sie angeblich in der islamischen Welt viel üblicher war. Sich von solchen schematischen Fixierungen völlig lösend, hatte dann der aus Oran stammende, sich schließlich oft nach Marrakesch zurückziehende Modeschöpfer Yves Saint Laurent (1936–2008), bezogen auf Kleidung, Wünsche, Körperlichkeit, Momente, Materialien, einen weit über kaufkräftige Oberschichten hinauswirkenden Einfluss auf das Selbstbewusstsein von Frauen ausüben können.

Im Jahrhundert davor, als auf Europas Gründerzeithäusern halbnackte Karyathiden und unbekleidete Frauenstatuen in Mode waren, schien das eine leichtlebige Antike wiederzubeleben, bestärkt durch griechisch wirkende Parlamentsgebäude. Dabei prägten die Gesellschaft, keineswegs nur die viktorianische Englands,

550 Institut du Monde Arabe (Hg.): *De Delacroix à Renoir. L'Algérie des peintres*, Ausstellungskatalog, Paris 2003 | Mary Anne Stevens (Hg.): *The Orientalists: Delacroix to Matisse. European Painters in North Africa and the Near East.* Royal Academy of Arts, London 1984 | Lynne Thornton: *Les Orientalistes. Peintres voyageurs*, Paris 1993

offiziell weiter ostentativ auf die Vorherrschaft von Männern bezogene, sexual- und frauenfeindliche kirchliche Auffassungen, was sich bis in den Maghreb zurückverfolgen lässt. Denn höchst einflussreich dafür war Augustinus von Hippo (354–430) mit *Vom Gottesstaat* und anderen Schriften geblieben, nach heutigen Kriterien ein Algerier, geboren in Tagaste in Numidien (heute Souq Ahras), der in Karthago und dann in Rom und Mailand studierte. Als langjähriger Bischof von Hippo Regius (heute Annaba/Algerien) gehört er mit Hieronymus (347–420), Ambrosius von Mailand (339–397) und Papst Gregor I. (590–604) zu den vier bedeutenden lateinischen Kirchenlehrern der Spätantike. Um frühere Auslegungskontroversen für Jahrhunderte in Bahnen zu lenken, entstand ein Komplex von Regeln, die vielfach auf seine kategorischen Stellungnahmen zurückgehen. Sie konzentrierten sich auf Erbsünde, Fegefeuer und ewige Höllenqualen, auf Unreinheit und Laster, auf Jungfräulichkeit, auf das Lustobjekt Frau und deren Unterordnung. Onanie wird verdammt, Sexualität nur zu lustloser Zeugung toleriert. Zum Ideal werden totale Askese und fortwährende Geständnisse. Dass sich manches davon im extremen Puritanismus heutiger Salafisten spiegelt, vor allem Frauenfeindlichkeit und Todessehnsucht angeblicher Märtyrer, konterkariert lange übliche Unterstellungen sexueller Freizügigkeit unter Muslimen, von denen Radikale nun einer westlichen Lebensweise unerträgliche Unmoral, Ausschweifungen und Laster vorwerfen.[551]

Dabei hatten angeblich von Mohammed zugelassene Freiheiten, mit vier erlaubten Ehefrauen, zahllosen Frauen in den Harems, einfachen Scheidungen, problemlosen Ehen auf Zeit, im Jenseits wartenden Jungfrauen, stets westliche Männerfantasien beflügelt und den Neid genährt. Zu solchen traditionsreichen Überzeichnungen findet sich etwa bei Leopold Weiss alias Muhammad Asad (1900–1992) Klärendes. Als eigensinniger Konvertit aus einer jüdischen Familie im damals österreichischen Lemberg war er während einer Afghanistan-Reise Muslim geworden, »ohne es selber zu wissen«. Dann wurde er es auch formell, »weil das seiner

551 Franco Cardini: *Europa und der Islam*, a. a. O., S. 111

Sehnsucht nach einer »Gemeinschaft in einem tieferen Sinne als sie die Zufallsgruppierungen von Volk oder Rasse mit sich bringen können« am besten entsprach. Überzeugt war er schließlich, »die Araber, und nicht die Juden, sind die Träger des biblischen Erbes«, Juden hingegen würden »den Rest der Menschheit« vernachlässigen. Als Freund und Berater des Königs und anerkannter Islamgelehrter lebte er mit seiner arabischen Frau Munira jahrelang in Saudi-Arabien (*Der Weg nach Mekka*, 1954). Wegen seiner Freundschaft mit dem Dichter Muhammad Iqbal (1877–1938) und dem Staatsgründer Muhammad Ali Jinnah (1876–1948) war er dann maßgeblich in das Entstehen Pakistans einbezogen, bevor er sich von der Politik enttäuscht nach Tanger und weiter nach Südspanien zurückzog, jahrelang an seiner ›liberalen‹ Koran-Übersetzung arbeitend. Christliches blieb ihm fremd, vor allem wegen der routinierten Rituale, der Erbsünde als lebenslanger Schuld, der lustfeindlichen Distanz zu »den Fragen des körperlichen Lebens«, wie er ausdrücklich betont, während dem Islam nach »der Mensch von Natur aus rein und gut ist« und nur verantwortlich dafür, »was er selbst tut und erstrebt«.[552]

Der exponierten Feministin Alice Schwarzer wiederum war es durch in Paris begonnene Freundschaften möglich, in *Meine algerische Familie* nuancierte Einblicke in den heutigen Alltag zu beschreiben. Gerade im einst revolutionären Algier sei unübersehbar, heißt es darin, »dass die Emanzipation der Frauen auch eine Klassenfrage ist. Je ärmer die Viertel, umso mehr Kopftücher: je privilegierter, umso weniger«. Aber neuerlich hätten Frauen »lebenslang einen Vormund«. »Eines der letzten Symbole des Widerstandes gegen die religiösen Fanatiker ist heute der Alkohol«, bekam sie von der Freundin Djamila zu hören. Bikinis seien undenkbar, auch im Badeanzug träfen Frauen ständig »dunkle Blicke«. Nur im Schutz der Familie und frühmorgens, »wenn niemand am Strand ist«, könnten Frauen noch unbehelligt ins Meer. Für deren Schwester Zohra ist klar: »Vom Islamismus

552 Muhammad Asad: *Der Weg nach Mekka* (1954), Düsseldorf 2009, S. 67, 119, 164f., 184, 349 | *Die Botschaft des Koran. Übersetzung und Kommentar*, Düsseldorf 2009

profitieren nur die Männer.« Weil es die Religion angeblich so bestimmt, »dürfen nur Männer Andersgläubige heiraten«. Die soziale Kontrolle funktioniere bis in fast durchwegs Männern vorbehaltene Cafés. »Man darf sich nicht öffentlich küssen. Frauen dürfen nicht öffentlich rauchen und Männer nicht vor ihren Vätern.« Zu dieser früher undenkbaren religiösen Beengtheit kam es, obwohl es in den 1990er Jahren im Bürgerkrieg »über 200.000 Tote durch Täter mit islamistischem Hintergrund« gab, zuletzt durch das Chaos nutzende kriminelle Jugendbanden. Erste Aufstände ab 1980 »gegen die Zwangsarabisierung in den Schulen« waren erfolglos geblieben. Nun aber, so Hocine, eine weitere Schwester, sei trotz aller aus Ägypten importierter Muslimbrüder sicher: »Wenigstens die Islamisten haben keine Chance mehr in Algerien.« Eine algerische Identität allerdings, »die gibt es nicht«. Aber »dass die Algerienfranzosen und die Juden unser Land verlassen haben, hat uns ärmer gemacht« – was für lange ansässige Ausländer von der Türkei bis Ägypten und dem Maghreb konstatiert wurde.[553] (▸ ALEXANDRIA ▸ IZMIR | SMYRNA)

Zum offensiven Beitrag von Frauen erinnert Alice Schwarzer an die betagte Zohra Drif Bitat, deren Bombe im Café Milkbar in Algier 1956 drei junge Frauen tötete und viele Menschen verletzte. Nach Jahren in Haft schließlich von Charles de Gaulle begnadigt, heiratete sie den FLN-Politiker und späteren Ministerpräsidenten Rabah Bitat (1925–2000) und wurde als Juristin Parlamentsabgeordnete. Das dann auch von ihm verabschiedete islamisch orientierte, Frauen extrem benachteiligende Familienrecht kritisierte sie öffentlich scharf. Waren Frauen als Kämpferinnen oft genug sehr exponiert, sollten sie sich danach selbst in Algerien wieder strikt unterordnen. Dabei hatten sie gerade zu Beginn der Schlacht um Algier 1956/57 maßgeblich mitgeholfen, ein monströses Verbrechen zu verhindern, worüber Zohra Drif Bitat in ihren Erinnerungen berichtet. Denn an Frankreichs Nationalfeiertag, dem 14. Juli 1956, hatten zur Geheimorganisation OAS werdende rechtsextreme Militärs vor, aus Tankwagen »das Benzin die Gassen der Kasbah

553 Alice Schwarzer: *Meine algerische Familie*, Köln 2018, S. 37, 45, 66, 72, 73, 104, 129, 168, 171, 175, 181 | Gilles Kepel: *Chaos*, a. a. O., S. 78ff.

runterlaufen zu lassen und anzuzünden«. Aus dem engen Viertel hätte kaum jemand entkommen können. Rechtzeitig entdeckt, stellten sich die Menschen »zu Hunderten den Tankern entgegen, ›mit bloßem Oberkörper‹, und verhinderten so das Massaker«. Solche Erlebnisse machen auch im Rückblick evident: »Auf so viel Gewalt konnten wir nur mit Gewalt antworten.« Die Relationen des Krieges seien eindeutig. Bei bis zu 1,5 Millionen toten Algeriern gab es »nach französischen Angaben 26.700 tote Franzosen, davon 200 Zivile. Und er hatte ein traumatisiertes, ungebildetes Volk zurückgelassen. 1962 waren 85 Prozent der Algerier und Algerierinnen Analphabeten.«[554]

Inzwischen unvorstellbar, aber in Erinnerungen noch präsent, wie auch Alice Schwarzer rekapituliert, war Algeriens Rolle nach der Unabhängigkeit als »das Mekka der Revolutionäre«. Denn damals gewährte es für »Freiheitsbewegungen aus aller Welt nicht nur Kost und Logis, sondern auch diplomatische Unterstützung und militärische Ausbildung«. Nasser wurde als Prophet arabischer Einheit bejubelt. Libyens al-Gaddafi erstrebte dies für Nordafrika, bevor er am ganzen Kontinent eine Führungsrolle beanspruchte. Auf Kuba wurde Algeriens Ahmed Ben Bella (1918–2012) »wie ein Superstar empfangen«, der mit der Einheitspartei FLN als erster Ministerpräsident einen revolutionären »islamkompatiblen Sozialismus« forcierte. Von Houari Boumedienne (1927–1978) in einem Militärputsch gestürzt, blieb er jahrelang inhaftiert. Auch das marokkanische Rabat war damals »ein Treffpunkt für jede Befreiungsbewegung auf dem Kontinent«, so Nelson Mandela (1918–2013). Im »Hauptquartier der algerischen Revolutionsarmee« in Oujda an Algeriens Grenze, hatte er an militärischen Übungen teilgenommen, Zusagen zur Waffenfinanzierung, Ausbildung und den Rat erhalten, dass es nicht um einen mit Guerillataktik kaum erzielbaren militärischen Sieg ging, sondern um die aktivierbare »öffentliche Meinung«, also um »die politische Seite des Krieges«.

554 Alice Schwarzer: *Meine algerische Familie*, a. a. O., S. 20, 119 | Gillo Pontecorvo: Schlacht um Algier, Spielfilm Italien/Algerien 1966 (in Frankreich und England bis 1971 verboten) | Fritz Keller: *Ein Leben am Rande der Wahrscheinlichkeit. Si Mustapha alias Winfried Müller: Vom Wehrmachtsdeserteur zum Helden des algerischen Befreiungskampfes*, Wien 2017

Später hatte der gegen die Apartheid kämpfende *African National Congress* (ANC) auch ein Büro in Algier. Selbst Che Guevara (1928–1967) hielt sich monatelang dort auf und wollte im Kongo vergeblich eine revolutionäre Bewegung in Gang setzen. Amílcar Cabral (1924–1973), der im Kampf für die Unabhängigkeit von Guinea-Bissau ermordete Freund von Olof Palme und François Mitterand, wurde unterstützt und erklärte dazu: »Muslime pilgern nach Mekka, die Christen in den Vatikan und die Freiheitskämpfer nach Algier.« Eldridge Cleaver (1935–1998), Mitgründer der *Black Panther Party* in den USA, war eine Zeit lang nach Algier ausgewichen. Auch sein früher Mitkämpfer Stokely Carmichael (1941–1998), Autor des einflussreichen Buches *Black Power*, zog über Algier mit der Südafrikanerin Miriam Makeba (1932–2008) ins Exil nach Guinea. Für zehn Jahre wurde sie seine Frau und deswegen trotz ihres Ruhms als Sängerin in den USA total boykottiert, weshalb sie die algerische Staatsbürgerschaft annahm. Höhepunkt dieser Kontakte war 1969 das erste *Pan-Afrikanische Festival* in Algier, auf dem vehement die Entkolonisierung ganz Afrikas gefordert wurde, mit Miriam Makeba als dominierender Stimme. Erst 1990 konnte sie nach Südafrika zurückkehren, als Nelson Mandela endlich freigekommen war.[555]

Wie offiziell oder unterschwellig einflussreich eine als weitere Revolution verstandene Islamisierung bleiben würde, ist damals offenbar weder exponierten Kämpfern für ein unabhängiges Algerien, Unterstützern wie Frantz Fanon und Jean-Paul Sartre oder freigeistigen Aktivistinnen wie Assia Djebar vorstellbar gewesen.

555 Alice Schwarzer: *Meine algerische Familie*, a. a. O., S. 20, 21, 22 | Nelson Mandela: *Der lange Weg zur Freiheit*, Frankfurt am Main 1997, S. 400ff. | Ben Salama: *Algier – Mekka der Revolutionäre (1962–1974)*, Dokumentarfilm, arte, Frankreich 2014 | William Klein: *The Pan-African Festival of Algiers*, Dokumentarfilm 1969, mit Nina Simone, Archie Shepp, Miriam Makeba

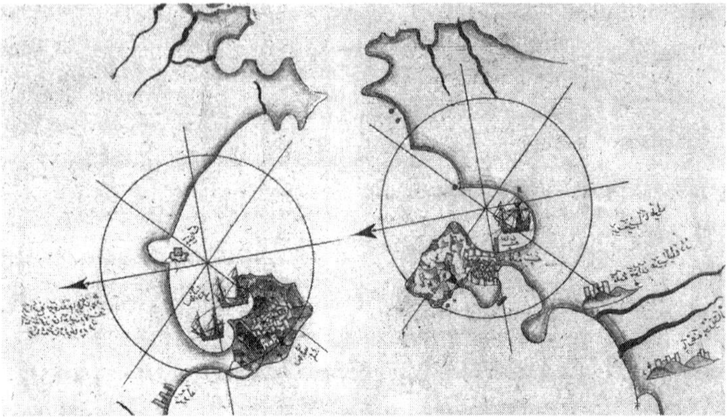

Tanger und Gibraltar
Segelhandbuch des Piri Reis, 1521
Piri Reis: *Kitab–I Bahrye* (Segelhandbuch), Ankara 2002
Natalie Zemon Davis: *Leo Africanus. Ein Reisender zwischen Orient und Okzident*, Berlin 2008

Tanger: »Wow! This is great.« »You were in another world.«
Keith Richards: *Life*, with James Fox, London 2010

TANGER

Die das Mittelmeer dem Sonnuntergang zu begrenzende Meeresenge, in der Antike zu Säulen des Herakles am Ende der Welt und durch den das Himmelsgewölbe stützenden Atlas dramatisiert, schließt es so deutlich ab wie der Bosporus. Beidseitig einströmendes Wasser gleicht die starke Verdunstung aus. Gibraltars Name kommt aus dem Arabischen (*Djebel Tāriq*, Berg des Tarik), weil der Berber Tāriq Ibn Ziyād (ca. 670–720) als Gouverneur Tangers 711 das Vordringen von Muslimen auf die von Westgoten beherrschte Iberische Halbinsel eingeleitet hatte. Abgesichert wurde das von Mūsā Ibn Nusair (640–715), dem arabischen Eroberer des Maghreb (arab. *Ifrīqiya*), an den der gegenüberliegende Djebel Musa, der Mosesberg, an Afrikas Nordwestspitze erinnert. Erst in der Schlacht von Tours und Poitiers 732 konnte die Expansion der Muslime ins Reich der Franken gestoppt werden, was seither wie die gescheiterte Türkenbelagerung Wiens von 1683 bisweilen zur Rettung Europas vor einer – nie realen – Islamisierung überzeichnet wird.

Tanger geht auf einen der Handelsstützpunkte der Phönizier zurück, kam dann erst zum Römischen, später zum Byzantinischen Reich und wurde 702 von Arabern erobert. Nach deren Vertreibung kurzzeitig portugiesisch, spanisch und britisch, gehörte es ab 1684 zum Sultanat Marokko, dessen Alawiden-Dynastie bis heute die Könige stellt. Aus Tanger kam etwa der frühe Weltreisende Ibn Battūta (1304–1368/77), aus dem benachbarten Ceuta der dann in Palermo tätige Kartograf al-Idrisi (ca. 1100–1166). (▸ TUNIS) Die nebenstehende Ansicht der Straße von Gibraltar stammt aus dem *Segelhandbuch* des osmanischen Admirals Piri Reis (ca. 1470–1554), der bereits über eine erbeutete Kolumbus-Weltkarte verfügte. In ihrer feingliedrigen zeichnerischen Präzision regt sie Fantasien darüber an, wie sehr gerade Hafenstädte Ideen von Freiheit und Fortkommen repräsentierten. Dabei waren sie genauso Ausgangsort für Zwänge, wenn unter elenden Bedingungen auf Schiffen gearbeitet werden mußte, ob auf Galeeren, Walfängern oder in einer strikt militärisch organisierten Marine. Die Hafenanlagen selbst demonstrieren jedoch weiterhin, wie sehr Städte davon geprägt sind, was die Atmosphäre von Grenzenlosigkeit, von Ankunft und Abfahrt begreifbar macht, ein durchgehendes Thema in diesem Band. Vieles davon verändert sich drastisch, seit Frachter von Containerriesen und Passagierschiffe von Flugreisen und schwimmenden Kreuzfahrthotels abgelöst wurden. Nur regionale Fähren bieten noch unmittelbare Seefahrterlebnisse. Bereits weitgehend normiert und digitalisiert erfolgen 98 Prozent des interkontinentalen und 62 Prozent des innereuropäischen Warenverkehrs per Schiff. Marokko reagierte darauf offensiv mit dem Containerhafen Tanger-Med, dem größten Tiefwasserhafen Afrikas, mit Kais für 750.000 Kreuzfahrtpassagiere und 3.000 Plätzen im Jachthafen. Frachtschiffe und Verladearbeit brauchen kaum noch Personal. Matrosen kommen durchwegs aus Billiglohnländern, oft von den Philippinen. Aufenthalte müssen kurz sein, ohne Hafenspelunken und Seemannsgeschichten. Die Kaufleute sitzen ganz woanders. Geschmuggelt wird weiter vieles per Schiff. Ohne maritime Überwachung sind umweltschädliche Abgase und Ölverschmutzung kaum zu kontrollieren.

Trotz seiner geografisch exponierten, aber peripheren Lage lassen sich von Tanger aus in einem überschaubaren Planquadrat markante historische Ereignisse lokalisierten. So fanden sich in Gibraltar Relikte der letzten Neandertaler, in Marokko die bislang ältesten des *Homo sapiens*. Von Palos de la Frontera an Andalusiens Atlantikküste war Christoph Kolumbus 1492 nach Amerika aufgebrochen, Ferdinand Magellan 1519 zur ersten Weltumsegelung von der Gudalquivir-Mündung. Im Mai 1588 segelte die von Philipp II. zum Sturz der protestantischen Ketzerin Elisabeth I. entsandte spanische Armada von Lissabon aus ihrem dramatischen Untergang vor Englands Küsten entgegen, was Spaniens Niedergang einleitete. In der Schlacht von Trafalgar bei Cádiz wiederum gelang Admiral Horatio Nelson 1805 ein vernichtender Sieg über Frankreich und Spanien, als Beginn weltumfassender britischer Seeherrschaft. Théodore Géricaults Bild *Das Floß der Medusa* hält in Erinnerung, wie sich 1816 nach einem Schiffbruch vor Westafrikas Küste zwar Offiziere und Passagiere in Boote retteten, aber von den 150 auf einem Floß zurückgelassenen Seeleuten trotz verzweifelten Kannibalismus kaum jemand überlebte. Im Exil auf Madeira starb Österreichs letzter Kaiser Karl I. (1887–1922).

Zur Sicherung der Indienroute war Gibraltar bereits seit 1704 als britisches Überseegebict strategisch wichtig. Von Spanien stets vergeblich zurückgefordert, bleibt es eine merkwürdige Enklave, nun sogar außerhalb der EU, auch weil dessen Einwohner unbedingt britisch bleiben wollen. Postkoloniale Parallelen sind im Mittelmeer die britischen Militärbasen Akrotiri und Dekelia auf Zypern oder Spaniens nordafrikanische Enklaven Ceuta und Melilla. Von Spanisch-Marokko war Spaniens Bürgerkrieg ausgegangen, durch den Staatsstreich von Militärs im Juli 1936. Auch die mit brutalem Vorgehen erreichte militärische Karriere von Francisco Franco (1892–1975) hatte dort begonnen (▸ BARCELONA). Der Präsident der polnischen Exilregierung Władysław Sikorski (1881–1943), deren Piloten wie Tschechen und freie Franzosen 1941 maßgeblich am Sieg in der Luftschlacht um England beteiligt waren, kam im Juli 1943 bei einem mysteriös bleibenden Flugzeugunglück nach einer Zwischenlandung in Gibraltar um. Mit der Ankunft alliierter Truppen in Marokko und Algerien war im November 1942 die Befreiung Europas von Tunis aus eingeleitet worden. (▸ TUNIS)

Trotz längst durch Verträge und Konzessionen durchgesetzter halbkolonialer Zustände war es 1904/06 zur ersten sogenannten Marokkokrise gekommen. Denn Deutschland forderte beim Besuch von Kaiser Wilhelm II. (1859–1941) in Tanger ostentativ eine Mitsprache bei künftigen kolonialen Abmachungen. Letztlich wurden aber Frankreichs Ansprüche auf Marokko und jene Spaniens auf dessen Norden akzeptiert. Bis hin zur Kriegsgefahr führte die zweite Marokkokrise, auch ›Panthersprung nach Agadir‹ genannt, weil das deutsche Kanonenboot *Panther* und weitere Kriegsschiffe durch ihre Präsenz dort die französisch-britische Allianz provozierten, was dann zu Zugeständnissen in Afrika führte. Als Konsequenz dieser Konfusionen und Abmachungen damaliger Großmächte gehörten die Küstengebiete um Tanger von 1912 bis 1956 zum Protektorat Spanisch-Marokko, der gesamte Süden des Landes zu Französisch-Marokko. Tanger selbst sollte keiner Macht allein unterstehen. Ab 1892 als neutrale, entmilitarisierte Zone international verwaltet, von 1926 bis 1956 als *Internationale Zone von Tanger*, kam es dann zum unabhängig gewordenen Marokko.

Trotz aller Diplomatie wurde latent Widerstand geleistet. Bereits 1859/60 hatte Spanien in blutigen Kämpfen von Ceuta und Melilla aus, seit dem 15. Jahrhundert spanischer Besitz, Tétouan besetzt und zur Residenzstadt erklärt. Es folgten die ebenso blutigen Rifkriege von 1893, 1909 und dann 1921–1926 gegen die Berberstämme unter Abd al-Karim (1882–1963), der für fünf Jahre eine weithin als antikoloniales Modell gesehene Rif-Republik durchsetzte. Gegen die Senfgas einsetzende spanisch-französische 250.000-Mann-Armee unter Marschall Philippe Pétain (1856–1951), dem ›Helden von Verdun‹ – dann Präsident der mit Deutschland kollaborierenden Vichy-Regierung – hatte diese erkämpfte Verselbständigung damals keine Chance. Im Algerienkrieg ab 1954 konnten die Widerstandskräfte auch von Basen in Marokko aus operieren. (▸ ALGIER)

Wegen der eindrucksvollen Städte und Landschaften und der bis heute gewährleisteten Sicherheitslage wurde Marokko nach dem Zweiten Weltkrieg zum besonders attraktiven Reiseland. Elias Canetti (1905–1994) besuchte es 1954, seine einzige Reiseerfahrung außerhalb Europas: *Die Stimmen von Marrakesch. Aufzeichnungen nach einer Reise*. Tanger bekam rasch den Ruf als Ort, wo Freiheiten auslebbar waren wie kaum anderswo, ob es sexuelle Vielfalt, Drogen oder Alkohol betraf. Zu frühen Propagandisten wurden der US-Autor Paul Bowles (1910–1999), der ab 1947 in Tanger lebte, und seine Gefährtin Jane Bowles (1917–1973). Auch William S. Burroughs (1914–1997) und Jack Kerouac (1922–1969) gehörten zeitweise dazu, wie Tennessee Williams (1911–1983) oder Truman Capote (1924–1984). Zur Ankunft der Rolling Stones in Tanger heißt es bei Keith Richards begeistert: »Wow! This is great.« »You were in another world.« »We were already heavy-duty smokers. One could say we were going round as hash inspectors.«[556] Auch die Beatles, Jimi Hendrix, Allen Ginsberg, Jean Genet, Gore Vidal, Susan Sontag, Sean Connery, John Malkovich, Juan Goytisolo,

556 Keith Richards: *Life*, with James Fox, London 2010, S. 217

Elisabeth Taylor, Roland Barthes, Bernard-Henri Lévy oder Malcolm Forbes gelten als Liebhaber von Tanger als Ausgangspunkt in den Süden. Der Attac-Mitgründer Ignacio Ramonet ist dort aufgewachsen. Wenigstens unterschwellig bewusst blieb vermutlich, dass eben nur Europäer und Amerikaner es sich leisten können, problemlos Grenzen zu überschreiten, ob nationale, soziale oder moralische.

Winston Churchill lebte nach seiner Abwahl trotz aller Verdienste im Krieg zugunsten der einen Neubeginn propagierenden Labour-Party unter Clement Attlee (1883–1967) ab Dezember 1947 für einige luxuriöse Wochen im Hotel La Mamounia in Marrakesch, als Gast seiner Verleger von *Time-Life International* und *New York Times*, die über enorme Spesenrechnungen zunehmend entsetzt waren. Seiner Frau schrieb er, dass ihm das Malen immer besser gelinge. Die Marokkaner seien erfreut, erstmals wählen zu dürfen, verstünden aber, »that the military government is supreme«. Aber gut ging es ihm nicht: »I continue to be depressed about the future.«[557]

Den von Touristen weitgehend unbemerkten tristen Alltag hat etwa der anfangs von Paul Bowles geförderte Marokkaner Mohamed Choukri (1935–2003) in seiner Autobiografie *Das nackte Brot* lakonisch kommentiert: »Wir wohnen in einem einzigen Raum. Manchmal schlafe ich mitten im Gerümpel. Mein Vater ist eine Bestie. Kein Mucks, kein Wort ohne seine Ermächtigung, als würde er über alle Dinge bestimmen und nicht Gott, wie ich es die Leute sagen hörte.«[558] Offiziell wenig Beachtung fand, wie repressiv das jahrzehntelange Regime von Hassan II. (1929–1999) gewesen ist, einem der reichsten Männer der Welt. Geprägt von Attentaten, Folter und zahllosen politischen Gefangenen, hieß es im Geheimgefängnis Tazmamart im Hohen Atlas sehr oft: »Sechzehn Jahre im Dunkeln« und »ohne ein einziges Mal den Fuß aus den Zellenverliesen hinauszusetzen«. Algeriens Ahmed Ben Bella war 1956 sogar in einem marokkanischen Flugzeug von Frank-

557 Mary Soames (Hg.): *Speaking for Themselves. The Personal Letters of Winston and Clementine Churchill*, London 1999, S. 545

558 Mohamed Choukri: *Das nackte Brot*, Nördlingen 1986, S. 8

reichs Geheimdienst festgenommen und dann bis 1962 in Frankreich inhaftiert worden. Mit Marokko kooperierend, war dieser auch an der Entführung von Mehdi Ben Barka (1920–1965) vor der Brasserie Lipp in Paris 1965 beteiligt, der Symbolfigur marokkanischer Unabhängigkeit. Vom später wegen eines missglückten Putsches selbst ermordeten marokkanischen Innenminister General Mohammed Oufkir (1920–1972) soll er persönlich zu Tode gefoltert worden sein.[559]

Davon wurde einiges durchaus bekannt, was viele rebellische Kräfte allmählich anderswo als in der Linken Halt suchen ließ. Denn gerade »in Tunesien oder Marokko sind zahlreiche junge islamische Prediger«, betont der französische Sozialwissenschaftler Gilles Kepel bereits seit den 1990er Jahren, »ehemalige marxistisch-leninistische Studenten, die ihr Studium in Frankreich absolviert haben«. Begriffe wie Integration und Fundamentalismus als unzutreffende westliche Kategorien ablehnend, ortet er die Initialzündung der neuen Radikalisierung im Bruch der 1970er Jahre, als den »jungen alphabetisierten Massen aus den Elendsvierteln« zunehmend klar wurde, dass es für sie nur zwei Alternativen gab: »Arbeitslosigkeit oder Auswanderung«. Das sollte als Zuspitzung auch für Europa aktuell werden. Es wirken aber zusätzliche Faktoren aggressivitätssteigernd, vor allem das Ausschließen von Frauen und Defizite bei jugendlicher Identitätssuche, Bildung und den Lebenschancen. Wie in anderen arabischen Ländern wurde »nun Rechenschaft für die zwei oder drei Jahrzehnte staatlicher Planung seit der Unabhängigkeit« gefordert, heißt es bei Gilles Kepel, »ohne sich länger von den immer wiederkehrenden Verdammungen von Kolonialismus und Imperialismus, den üblichen Ausflüchten der Machtelite, beeindrucken zu lassen.« Der erneuten »Verflechtung des Religiösen mit dem Utopischen« in islamistischen Bewegungen mit bloßer Ideologiekritik zu begegnen, genüge keineswegs. »Denn die religiöse Artikulierung eines gesellschaftlichen Phänomens ist nicht seine Verschleierung, sondern seine Enthüllung«.[560] Be-

559 Gilles Perrault: *Unser Freund der König von Marokko. Abgründe einer modernen Despotie*, Leipzig 1993, S. 107ff., 310f.

560 Gilles Kepel: *Der Prophet und der Pharao*, a.a.O., S. 9, 242, 244, 251

zeichnend bleibt, dass die Täter der Madrider Zuganschläge von 2004 mit fast 200 Toten überwiegend Marokkaner gewesen sind.

Der Ethnologe Dieter Haller hat in seiner Studie *Tanger. Der Hafen, die Geister, die Lust* detailreich erhoben, dass viele der *Tanjawi* genannten Bewohner noch von den freigeistigen Phasen ihrer Stadt geprägt sind und sich »weitgehend als kosmopolitisch, modern und als Vertreter der *culture intermédiate* [eines Dazwischen] verstehen«. Für sie war Tanger stets eine »internationale Stadt«. Irritiert hätten eher »die Fremden aus dem Süden«. Denn damals prägten »Muslime und Juden, Gibraltarianer und Spanier, Franzosen und Briten, Sindhis und Deutsche« das Stadtleben und etablierten Tanger als Finanzzentrum. Aber die Nationalisierungswelle seit 1956 hatte viele vertrieben, die jüdische Gemeinde löste sich auf. Unter König Mohammed VI. wird nun der lange vernachlässigte Norden durch Investitionsprogramme aufgewertet, für Stadterneuerung, den Container-, Passagier- und Jachthafen, den neuen Flughafen, Autofabriken von Renault und Nissan, ein *Palais des Arts et des Cultures* und einem von korrupter Patronage gesteuerten Immobilienboom. Der spanische Modegigant Zara produziert vieles in Marokko. Golfstaaten investieren. Aber der Einfluss der relativ moderaten islamistischen *Partei für Gerechtigkeit und Entwicklung* nahm deutlich zu. Im Zuge einer »Welle der Prüderie« werden etwa am Frauenstrand Badende »von vermummten Männern« attackiert. Homosexualität ist nun strafbar, öffentliches Küssen verboten. Transvestiten werden aggressiv bedroht. Der christliche Friedhof wurde geschändet. Psychisch entlastend wirke vielfach, dass es »in Marokko mehr Magie« als anderswo gebe. Auch das einst exemplarisch mediterrane, kosmopolitische Tanger wird zunehmend islamischer, obwohl es einst »die europäischste Stadt Afrikas« und durch seine Liberalität »über lange Zeit moderner war als der Großteil Europas«.[561]

561 Dieter Haller: *Tanger. Der Hafen, die Geister, die Lust*, Bielefeld 2016, S. 25, 35, 54, 55, 67, 79, 159, 178, 292, 293, 315, 321 | Abdelkader Benali: *Henri Matisse in Tanger*, Bern–Wien 2019

Deutscher Weltausstellungspavillon in Barcelona, 1929
Ludwig Mies van der Rohe (1886–1969)

»Für linke Intellektuelle wurde Spanien sofort zum zentralen Punkt
ihres Lebens, ihrer Arbeit, ihrer künstlerischen Intentionen.«
Hugh Thomas: *The Spanish Civil War*, London 1968

BARCELONA

Ausgerechnet 1929, dem Jahr der Weltwirtschaftskrise, sollte der von Ludwig Mies van der Rohe (1886–1969) entworfene deutsche Pavillon auf der Weltausstellung in Barcelona die gerade noch drei Jahre bestehende Weimarer Republik als besonders innovativ und weltoffen präsentieren, mit dem dafür entworfenen Barcelona-Sessel als markantem, kontinuierlich produzierten Erinnerungsobjekt. Zeitgleich entstand in Brünn/Brno dessen ebenfalls zum Markstein der Moderne gewordene Villa Tugendhat. Er wurde noch Direktor des von Nationalsozialisten als undeutsch, zu sozialistisch und kosmopolitisch bekämpften Bauhauses in Dessau und dann in Berlin, zog aber nach diversen Anpassungsversuchen 1938 endgültig nach Chicago, von wo aus er mit seiner Denkweise zuerst in den USA sehr einflussreich wurde.

Die nachfolgende Pariser Weltausstellung von 1937 dominierten auf der Achse zum Eiffelturm hin bereits die monumentalen, einander gegenüberliegenden Pavillons des Deutschen Reichs (Architekt Albert Speer) und der Sowjetunion (Architekt Boris Iofan) mit seiner programmatischen Riesenskulptur »Arbeiter und Kolchosbäuerin« von Vera Muchina. (▸ ODESSA) Als subversiv-radikaler Kontrast dazu wurden im Pavillon der bedrängten, nur noch ein Jahr durchhaltenden Spanischen Republik Picassos für diesen Anlass entstandenes *Guernica*-Bild zur Auslöschung dieser baskischen Stadt durch deutsche Bomben gezeigt, Joan Mirós *Katalanischer Bauer in der Revolte* oder Alexander Calders schwebendes Objekt *Mercury Fountain*. Wie die bedeutenden Maler Joan Miró (1893–1983) und Antoni Tàpies (1923–2012) oder der Bildhauer Julio González (1876–1942) stammte auch dessen Architekt Josep Lluís Sert (1902–1983) aus dem zum exponierten republikanischen Stützpunkt gewordenen Barcelona. Von der Harvard University aus und als langjähriger CIAM-Präsident (*Congrès internationaux d'architecture moderne*) setzte dieser schließlich wichtige Initiativen, etwa den ersten Studiengang für »Urban Design«, und realisierte wegweisende Bauten, oft in enger Kooperation mit

Künstlerfreunden. Ihn würdigend, wurde sein damaliger Ausstellungspavillon in Barcelona rekonstruiert, hatte er doch schon dessen Masterplan zur Stadtentwicklung von 1933/35 entwickelt.

Generell solche freigeistigen Potenziale einzubeziehen, war im Spanien von 1929 noch undenkbar, denn Promotor der Weltausstellung war der in Absprache mit dem König diktatorisch herrschende Miguel Primo de Rivera (1870–1930). Dessen Sohn und Tochter gründeten 1933, als Hitler an die Macht kam, die faschistische *Falange Española*. Rivera selbst war maßgeblich für die spanische Kolonialpolitik und den Giftgaseinsatz gegen die Rifkabylen Marokkos verantwortlich. Indem auch der deutsche Barcelona-Pavillon am ursprünglichen Ort rekonstruiert wurde, kann dessen transparente Selbstverständlichkeit demonstrieren, welche Modernevorstellungen damals schon hätten realisiert werden können, gerade angesichts der vielen – allerdings höchst kontroversen und tendenziell oft totalitären – Perspektiven für eine bessere Welt. Deren plausibelste Varianten sind jedoch rundum mit aller Gewalt ruiniert worden.

Denn im Juli 1936 – ein Jahr nachdem Italiens Truppen, neuerlich unter Giftgaseinsatz, in Abessinien eingefallen waren – hatte der sofort internationalisierte Spanische Bürgerkrieg begonnen. Der von Spanisch-Marokko ausgehenden Revolte führender Militärs gegen die gewählte sozialistisch-kommunistisch-liberale Volksfrontregierung ermöglichten deutsche und italienische Transportflugzeuge, ihre kriegserprobten, mit afrikanischen Söldnern aufgefüllten Kolonialtruppen nach Spanien zu bringen, wo sie zu den effektivsten und gefürchtetsten Gegnern der Republikaner wurden.[562] (▸ TANGER) Denn die der Republik loyale spanische Marine verweigerte diese Transporte. Auch beträchtliche Teile der Armee standen weiter zu ihr. Von den putschenden Generälen, die rasch ein Drittel des Landes beherrschen konnten, setzte sich im dadurch politisch radikal gespaltenen Land bald Francisco Franco durch als zentrale und ostentativ katholische Figur, mit so-

562 Hugh Thomas: *The Spanish Civil War*, London 1968, S. 765 | Hans-Christian Kirsch (Hg.): *Der Spanische Bürgerkrieg in Augenzeugenberichten*, München 1971 | Pierre Vilar: *Der Spanische Bürgerkrieg*, Berlin 2005

fort beginnendem Terror gegen vermutliche Anhänger der Volksfront. Wie Tausende wahllos Ergriffene wurde etwa der Dichter Federico García Lorca (1898–1936) schon in den ersten Wochen ermordet, ein enger Freund von Salvador Dalí (1904–1989), der wegen der Kämpfe nach Italien und in die USA geflohen war. Bei einem ständig beschossenen Todesmarsch kamen im Februar 1937 zahllose aus Málaga Flüchtende ums Leben. Am längsten gelang es den urbanen Industriezentren Madrid, Barcelona und Valencia, sich gegen massiver werdende Angriffe zu behaupten. Wie Hitler wollte Franco ursprünglich Maler werden »oder ein Architekt – oder vielleicht doch Offizier«.[563]

Angesichts so vieler autoritärer Regime und Diktaturen habe dann im Zweiten Weltkrieg, so der in Wien und Berlin aufgewachsene Historiker Eric Hobsbawm (1917–2012), »nur die temporäre und bizarre Allianz von liberalem Kapitalismus und Kommunismus« die Demokratie gerettet, als »Selbstverteidigung gegen den faschistischen Herausforderer«. Andernfalls »bestünde die Welt (außerhalb der USA) heute wahrscheinlich eher aus einer Reihe von autoritären und faschistischen Varianten als aus einem Ensemble unterschiedlicher liberaler, parlamentarischer Demokratien«.[564] Denn bestimmend waren konträre Kräfte mit dem Sowjetkommunismus als plakativem Hauptfeind: Mussolini 1922, Piłsudski in Polen 1926, Alexander I. in Jugoslawien 1929, Miklós Horthy/Gyula Gömbös in Ungarn 1932, Hitler in Deutschland 1933, Salazar in Portugal 1933, Dollfuß in Österreich 1934, Metaxas in Griechenland 1936, Franco in Spanien 1938, Pétain in Frankreich 1940, Antonescu in Rumänien 1940.

Der Kampf dagegen begann in Spanien mit Barcelona als ideologischem Brennpunkt. Aufgrund des abrupt einsetzenden Bürgerkriegs musste dort die *Olympiada Popular*, ein Gegenprojekt zu den Olympischen Spielen in Berlin, nach der Eröffnungsfeier abgebrochen werden. Mindestens 200 Athleten, vor allem aus Deutschland und Italien, schlossen sich spontan republikanischen

563 Rudolf Timmermans: *General Franco*, Olten 1938, S. 20

564 Eric Hobsbawm: *Das Zeitalter der Extreme. Weltgeschichte des 20. Jahrhunderts*, München 2003, S. 22

Milizen an. Weithin war bewusst, dass es trotz aller früh erkennbaren internen Kontroversen um eine weltpolitische Richtungsentscheidung ging. Deswegen bildeten etwa 40.000 anreisende Freiwillige aus 53 Nationen, darunter viele politisch Verfolgte, die *Internationalen Brigaden* als neuartige, politisch motivierte Fremdenlegion, um die Volksarmee der Republik und die ebenso mit Ausländern verstärkten Parteimilizen zu unterstützen. 10.000 kamen aus Frankreich, »von denen 3.000 getötet wurden, aus Deutschland und Österreich 5.000, von denen 2.000 umkamen«. Aus Italien beteiligten sich 3.350 kampfbereite Antifaschisten, aus den USA 2.800, aus England 2.000, aus Jugoslawien und der Tschechoslowakei jeweils 1.500, aus Ungarn, Kanada und Skandinaviern jeweils etwa 1.000 sowie Hunderte Schweizer, viele Einzelgänger und 3.000 als Juden geltende Kombattanten verschiedener Nationalität. Aus der Sowjetunion wurden offiziell 557 präzise aufgeschlüsselte Beteiligte entsandt, anderen Quellen zufolge waren es fast doppelt so viele. Von ihr soll die Republik über Frankreich oder per Schiff etwa 200 Flugzeuge, 400 Panzer, 200 Kanonen, über 3.000 MGs und Tausende Tonnen Munition, weiteres Material und Unmengen von Treibstoff erhalten haben. Einige Millionen Dollar kamen von der Regierung Mexikos und von privaten Spendern aus vielen Ländern, vor allem aus England, Frankreich und den USA, obwohl gerade diese Demokratien sich offiziell strikt neutral verhielten, als bewusst defensive Nichteinmischungspolitik. Wegen des Embargos für Kriegsmaterial, das Gruppen bis hin zu Albert Einstein bekämpften, lief auf beiden Seiten vieles verdeckt ab.[565]

In der *Geschichte des Großen Vaterländischen Krieges der Sowjetunion* werden die Kämpfe als solidarische Abwehr faschistischer Aggression dargestellt, ohne interne Konflikte auch nur anzudeuten. Zur Abschiedsparade der unter kommunistischen Einfluss geratenen Internationalen Brigaden am 28. Oktober 1938 in Barcelona heißt es trotz der Niederlage lakonisch, sie wurde »zu einer machtvollen Demonstration der internationalen Solidarität der Werktätigen, der Liebe und der Dankbarkeit des spani-

565 Hugh Thomas: *The Spanish Civil War*, a.a.O., S. 796f.

schen Volkes an seine Freunde«, »die ihm in schwerer Stunde zu Hilfe gekommen waren. Die Truppen der Interventen verließen dagegen Spanien nicht, sie erhielten sogar Verstärkung.«[566] Denn von Anfang an kämpften neben der deutschen Legion Condor mit zahllosen Piloten und Tausenden Mann Bodenpersonal sowie deutschen Panzereinheiten zur Ausbildung auch 50.000 Italiener für Franco, ergänzt um massive Materiallieferungen, die jene für die Republik weit überstiegen. Zum Ausdruck der lavierenden Neutralitätspolitik Frankreichs wurde etwa, dass trotz der Volksfrontregierung unter Léon Blum (1872–1950) Marschall Pétain deren Botschafter bei seinem Militärfreund Franco aus gemeinsamer Zeit in Marokko wurde.[567] Heimkehrende Spanienkämpfer wiederum verschwanden vielfach in deutschen KZs oder im sowjetischen GULAG, als finaler Beleg dafür, wie feindselig mit ihnen schließlich umgegangen wurde. Österreich hatte im Verhältnis zu seiner Bevölkerungszahl »das größte Kontingent an Freiwilligen im Spanischen Bürgerkrieg gestellt, und es sind mehr Schutzbündler in Spanien gefallen als im Februar 1934 in Österreich«. Dann aber folgte der Großteil der Internierten »der Weisung der KP und ließ sich von den Franzosen in Eisenbahnzüge verfrachten, die sie direkt nach Dachau brachten«, darunter der Österreicher Hermann Langbein (1912–1995), später ein Mitbegründer des *Internationalen Auschwitz-Komitees*.[568]

Josef Stalin (1878–1954) war trotz aller Propaganda stets darauf aus, »sich alle Wege offen zu halten«, intern disziplinierend zu wirken und den Partner, durchaus analog zu Hitler, zwar »vor einer Niederlage zu bewahren, aber ohne dessen Sieg sicherzustellen«. Konsequenzen eines republikanischen Sieges fürchtend, sorgte er zuletzt sogar »für eine definitive Niederlage«. Beiden wäre ein bereits damals ausgelöster Weltkrieg zu früh gekommen, der jedoch wegen der militärischen Kräfteverhältnisse »für die west-

566 Institut für Marxismus-Leninismus beim ZK der Kommunistischen Partei der Sowjetunion (Hg.): *Geschichte des Großen Vaterländischen Krieges der Sowjetunion*, Berlin 1962, Band 1, S. 136

567 Hugh Thomas: *The Spanish Civil War*, a. a. O., S. 756

568 Karl R. Stadler: *Opfer verlorener Zeiten. Die Geschichte der Schutzbund-Emigration 1934*, Wien 1974, S. 261ff., 272

lichen Demokratien günstiger gewesen« wäre, so Hugh Thomas (1931–2017) in *The Spanish Civil War*. »Insgesamt forderte der Krieg etwa 500.000 Todesopfer«, 300.000 starben im Kampf, »etwa 100.000 durch Morde und Massenexekutionen« auf beiden Seiten, 100.000 »durch Krankheiten und Unterernährung«.[569] Durch »erhöhte Sterblichkeit« und Geburtenmangel überstieg »das Bevölkerungsdefizit« sicher die Zahl von einer Million.[570]

Für viele auf ihre Weise weiterhin Engagierte wurde Spanien ein wichtiger Lebensabschnitt. Moskau hatte etwa Ilja Ehrenburg (1891–1967) als *Iswestija*-Korrespondent entsandt oder den späteren Marschall Rodion Malinovsky (1898–1967) als führenden Militärberater, 1945 einer der Befreier Wiens. Wie der Kommunisten aus Frankreich anwerbende, äußerst brutal gegen Abweichler vorgehende Politkommissar André Marty (1886–1956) wurde auch Ernö Gerö (1898–1980) als Trotzkisten verfolgender »Schlächter von Barcelona« berüchtigt. Als einer der Stalinisten Ungarns wurde er dessen letzter Ministerpräsident vor dem Aufstand von 1956. Auch der davor als Verräter gefolterte und hingerichtete László Rajk (1909–1949) war Kommandant in Spanien. Palmiro Togliatti (1893–1964) und Luigi Longo (1900–1980), dann langjährige KPI-Chefs, sowie Pietro Nenni (1891–1980), später Generalsekretär der Sozialistischen Partei Italiens, hatten hohe Funktionen. Der künftige Dissident Milovan Djilas (1911–1995) organisierte Freiwillige aus Jugoslawien. Österreichs Schutzbundführer Julius Deutsch (1884–1968) hatte als General der Küstenverteidigung und Ausbildner einen Posten fern der Front. Der damals mit Wien eng verbundene Dichter und Autor Stephen Spender (1909–1995) berichtete für den *Daily Worker*, Antoine de Saint-Exupéry (1900–1944) für *Paris-Soir*. W. H. Auden (1907–1973), der dann seine letzten Jahre in Österreich verbrachte, reagierte mit dem Gedichtband *Spain 1937*. André Malraux (1901–1976) setzte seine Beziehungen für den Aufbau der Flugzeugstaffel *España* ein. Der chilenische Dichter Pablo Neruda (1904–1973), davor Konsul in Madrid, organisierte von Paris aus dort einen Schrift-

569 Hugh Thomas: *The Spanish Civil War*, a. a. O., S. 336, 758, 764, 767, 769
570 Pierre Vilar: *Der Spanische Bürgerkrieg*, Berlin 2005, S. 123ff.

stellerkongress, »um die Haltung von Intellektuellen zum Krieg zu diskutieren«. Denn »für linke Intellektuelle«, so Hugh Thomas, »wurde Spanien sofort zum zentralen Punkt ihres Lebens, ihrer Arbeit, ihrer künstlerischen Intentionen«.[571]

George Orwell (1903–1950) nahm von Barcelona aus mit schlecht ausgerüsteten Truppen an vielen Kämpfen teil, verlor wegen einer schweren Halsverwundung monatelang seine Stimme und war in den Wirren der blutigen Fraktionskämpfe in Barcelona durchgehend in Lebensgefahr, bis er mit seiner Frau Eileen nach Frankreich entkam. Sein Buch *Hommage to Catalonia* wurde zur Abrechnung mit dem stalinistischen Terror gegen seine *Arbeiterpartei der marxistischen Einheit POUM*. Erst kurz vor seinem Tod erschien das zur Totalitätsmetapher werdende *Nineteen Eighty-Four* (*1984*). John Dos Passos (1896–1970) gelangte nach Monaten in der Sowjetunion in Spanien zu einer entschieden sozialismuskritischeren Position. Auch die Abrechnung von Arthur Koestler (1905–1983) mit der in Spanien und durch die Moskauer Schauprozesse bewusster gewordenen Sowjetdiktatur fiel äußerst deutlich aus: *Ein spanisches Testament* und *Sonnenfinsternis*. Nur durch einen Gefangenenaustausch war er der Hinrichtung als Spion durch Francos Truppen entgangen. Als romantisches Epos besonders erfolgreich wurde *Wem die Stunde schlägt* von Ernest Hemingway (1899–1961), das der Regisseur Sam Wood mit Gary Cooper und Ingrid Bergman verfilmte. Das im September 1936 entstandene Foto von einem im Vorstürmen getroffenen, nach hinten stürzenden republikanischen Kämpfer wurde zum markantesten Einzelbild des Bürgerkriegs (owohl es vermutlich inszeniert war). Aufgenommen hatte es der aus Budapest stammende Kriegsfotograf Robert Capa (1913–1954), den dann in Indochina eine Mine getötet hat. Seine Freundin, die Fotografin Gerda Taro (1910–1937), überrollte ein Panzer. Die durch den DDR-Sänger Ernst Busch (1900–1980) populär bleibenden Bürgerkriegslieder hielten damalige Stimmungen präsent: »Halt stand, rotes Madrid« oder das »Solidaritätslied« und das »Einheitsfrontlied«, beide mit Texten von Bertolt Brecht und der Musik von Hanns Eisler,

571 Hugh Thomas: *The Spanish Civil War*, a. a. O., S. 291, 631

aus einer Zeit, als für Kommunisten sogar Sozialdemokraten als Sozialfaschisten galten.

Auch der spanische Kulturphilosoph José Ortega y Gasset (1883–1955) unterstützte die Republik, emigrierte dann aber für Jahre. Die durch ihren im Radio verbreiteten Ruf *»¡No pasarán!«* (»Sie werden nicht durchkommen!«) legendäre Kommunistin Dolores Ibárruri (*La Pasionaria*, 1895–1989) lebte dann in der UdSSR im Exil, unterstützte aber nach Erfahrungen mit den Prager Reformern Eurokommunismus-Versuche in Kontakt mit den KP-Chefs von Spanien (Santiago Carrillo, 1915–2012), von Frankreich (Georges Marchais, 1929–1997) und Italien (Enrico Berlinguer, 1922–1984). Für Francos Sieg von 1938 blieb bezeichnend, dass der konträre Ruf *»¡Han passado!«* (»Sie sind durchgekommen«) zur Siegeslosung wurde und Papst Pius XII. unverzüglich zu »Spaniens katholischem Sieg« gratuliert hatte. Hitler wiederum drohte Kanzler Kurt Schuschnigg (1897–1977), ein weiter unkooperativ bleibendes Österreich könne »zu einem anderen Spanien werden«.[572]

Erst nach Francos Tod und einem neuerlichen Putschversuch wurde Spanien mit der Verfassung von 1978 zur Demokratie. UNO-Mitglied war es erst seit 1955, da es wegen der Hitler- und Mussolini-Nähe einem jahrelangen Boykott unterlag, was Österreich trotz seiner klerikal-faschistischen Phase vor 1938 und dem begrüßten »Anschluss« ans Deutsche Reich erspart geblieben ist. Unter Franco waren Zehntausende Gegner noch für Jahre inhaftiert. Unzählige davon kamen um. Erst nach Aufhebung der Täter schützenden Amnestiegesetze konnte ein Exhumieren von 150.000 verschwundenen Republikanern und 4.000 Exekutionsopfern beginnen.[573] Endlich Aufklärung verlangt wird auch über das Schicksal unzähliger Säuglinge solcher Familien, die nach in Geburtsstationen vorgetäuschtem Kindestod an katholische Heime oder regimetreue Adoptiveltern übergeben worden waren.

Barcelona selbst hatte zum Einflussbereich Karthagos, zum Römischen Reich, zum Westgotenreich, für hundert Jahre zum

572 Hugh Thomas: *The Spanish Civil War*, a. a. O., S. 651, 754

573 Aleida Assmann: *Der europäische Traum. Vier Lehren aus der Geschichte*, München 2018, S, 108ff.

muslimischen Andalusien gehört, wurde als Spanische Mark karolingische Provinz, dann Teil Aragoniens – mit Valencia als Konkurrentin – und ab 1469 des vereinigten Spaniens, das mit der Entdeckung Amerikas zur Weltmacht aufstieg. Ab Kaiser Karl V. (Carlos I., 1500–1558) entstammten alle Könige dessen spanischer Habsburg-Linie, die 1700 ausstarb, was nach dem Spanischen Erbfolgekrieg Bourbonen an die Macht brachte, die bis zu Italiens Vereinigung auch im Königreich beider Sizilien herrschten (▸ NEAPEL ▸ PALERMO). Wegen der damaligen welthistorischen Zäsur konzentriert sich Fernand Braudels Mammutwerk zur Geschichte des Mittelmeeres auf die Epoche von Philipp II. (1527–1598), dem Sohn von Karl V. und Zeitgenossen von Galileo Galilei (1564–1642), William Shakespeare (1564–1616), Michelangelo (1475–1564), Elisabeth I. (1533–1603), als dort Katalanen, Genua und Venedig Europas Handel dominierten.[574]

Im 19. Jahrhunderts wurde Barcelonas Stadtentwicklung maßgeblich vom fortschrittlichen katalanischen Stadtplaner Ildefons Cerdà (1815–1876) geprägt, als bewusste *urbanización* mit einem großzügigen Raster damals höchst innovativer Benutzbarkeit von Dachflächen, Dachgärten, Innenhöfen und großzügigem öffentlichem Raum. Es wurde zur exponiert bürgerlichen Stadt, was nicht ahnen ließ, welche revolutionären Kräfte bald freigesetzt würden. Durch die Freundschaft von Antoni Gaudí (1852–1926) mit dem kunstsinnigen schwerreichen Unternehmer Eusebi Güell (1846–1918) entstanden höchst eigenwillige Bauten wie der Palau Güell, dessen Stadtpalais, prächtige Apartmenthäuser oder der Park Güell. 1882 hatte Gaudí mit dem durch Spenden finanzierten, sich bis heute hinziehenden Bau der riesigen Sagrada-Familia-Basilika mit ihren vielen Türmen begonnen, deren Statik auf komplexen Hängemodellen basiert. Bis zu seinem hundertsten Todestag 2026 soll sie nun doch noch fertiggestellt werden. George Orwell hielt sie für »eines der hässlichsten Gebäude der Welt« und empörte sich über den »schlechten Geschmack« der Anarchisten, weil »sie die Kirche nicht in die Luft sprengten, solange sie die Gelegen-

574 Fernand Braudel: *Das Mittelmeer und die mediterrane Welt in der Epoche Philipps II*, a. a. O.

heit dazu hatten«.[575] Das hätte auch Luis Buñuel (1900–1983) mit Picassos berühmtem *Guernica*-Bild gern getan, dessen »bombastische Machart ebenso wie die wohlfeile Politisierung von Malerei« er überhaupt nicht mochte.[576] Solche ideellen Kontroversen deuten an, wie sehr in Spanien antiautoritäre und anarchistische Traditionen auf Resonanz gestoßen waren, was schließlich Barcelona zu deren Hochburg machte. Schon der legendäre Anarchist Pjotr Kropotkin (1842–1921) war nach Spanien gereist, um dem nachzuspüren, was er dann in seinem einflussreichen Buch *Gegenseitige Hilfe in der Tier- und Menschenwelt* von 1902 zur Theorie ausgearbeitet hat. Auch die herrschaftsfreien Vorstellungen von Michail Bakunin (1814–1876) in *Staatlichkeit und Anarchie* von 1873 begeisterten – oder der ukrainische Anarchist Nestor Machno (1888–1934), für den sich auch die aus den USA ausgewiesene Anarcho-Pazifistin Emma Goldman sehr interessiert hatte.

Deshalb gab es in Barcelona Hoffnungen, die Bürgerkriegssituation für eine in Europa beispiellose anarchistische Revolution zu nutzen. Unternehmen und Privatbesitz wurden kollektiviert, Betriebskomitees zur Leitung eingesetzt. Selbstverwalteten Betrieben gelang es sogar, ihre Produktivität zu beweisen. Der von dieser Brüderlichkeit und Freiheit begeisterte George Orwell fand sich dort »in die einzige Gemeinschaft von nennenswerter Größe in Westeuropa« integriert, »wo politisches Bewusstsein und Zweifel am Kapitalismus normaler waren als das Gegenteil«.[577] Die Anarchistin Mercedes Comaposada (1901–1994) konnte trotz Patriarchats mit ihrer feministischen Organisation und der Zeitung *Mujeres Libres* einflussreich werden. Dem Anarchisten Buenaventura Durruti (1896–1936) widmete Hans Magnus Enzensberger noch 1972 einen eigenen Band, ihn mit der eindeutigen Aussage zitierend: »Die spanische Revolution muss einen anderen Weg als die russische gehen. Sie darf sich nicht nach der Losung entwickeln: ›Eine Partei an die Macht, alle anderen ins Gefängnis.‹«

575 George Orwell: *Mein Katalonien*, Zürich 1975, S. 278
576 Luis Buñuel: *Mein letzter Seufzer. Erinnerungen*, Königstein/Taunus 1983, S. 73
577 George Orwell: *Mein Katalonien*, a. a. O., S. 132

Denn: »Das Volk soll entscheiden, welches Regime es wünscht.« Bei der die linksmarxistische POUM unterstützenden Philosophin Simone Weil (1909–1943) heißt es zur damaligen Lage: »Die, mit denen wir sprachen, waren noch nie im Leben zur Messe gegangen. (Leute verschiedenen Alters.) Ob es sehr viel Hass gegen die Reichen gab? Ja; aber noch mehr unter den Armen.« Die Neuorganisation der Arbeit werde akzeptiert: »Wir tun, was das Komitee bestimmt.« In Barcelona war sie überzeugt, »dass hier wirklich eine Revolution stattgefunden hat, und man hier wirklich eine jener historischen Perioden miterlebt, von denen man in den Büchern gelesen und seit der Kindheit geträumt hat, 1792, 1871, 1917. Mögen diesmal die Folgen glücklicher sein!« Denn überall wurde offensichtlich: »Die Macht gehört dem Volk. Die Männer im blauen Overall haben das Kommando übernommen. Eine außerordentliche Zeit ist angebrochen, eine jener Epochen, die bisher nie lange gedauert haben, wo diejenigen, die immer nur gehorcht haben, die Verantwortung für das Ganze selber tragen. Es ist klar, dass es dabei nicht ohne Schwierigkeiten abgeht.« Zugleich sei es jedoch »einfach nicht wahr, dass die Revolution automatisch ein höheres, klareres und intensiveres Bewusstsein vom sozialen Prozess hervorbringt. Das Gegenteil trifft zu, wenigstens wenn die Revolution die Gestalt des Bürgerkriegs annimmt« – denn dann »geht jedes Verhältnis zwischen den Prinzipien und der Wirklichkeit verloren«.[578]

Im lange vom Krieg verschonten Barcelona blieben solche Hoffnungen nur bis zu den Mai-Ereignissen von 1937 greifbar, als es unter den wichtigsten republikanischen Fraktionen vom zentralen Telefónica-Gebäude aus plötzlich zu Schießereien, Verhaftungen, Handgranaten- und Mordanschlägen kam, ohne dass Ursachen erkennbar wurden. Obwohl sich alle als Antifaschisten verstanden, war die interne Gegnerschaft unvermutet so exzessiv wie davor gegenüber Francos katholischen Nationalisten. Anhänger der sowjetisch gesteuerten spanischen Kommunisten (PCE) und

578 Hans Magnus Enzensberger: *Der kurze Sommer der Anarchie. Buenaventura Durrutis Leben und Tod*, Roman, Frankfurt am Main 1972, S. 175, 185, 202f., 221

der eher rechten katalonischen Sozialisten (PSUC) kämpften offensiv gegen die Anarchosyndikalisten der Gewerkschaft (CNT), deren Anarchisten-Gruppe (FAI) und die Linksmarxisten (POUM), während Volksarmee und Polizei neutral blieben.[579] Plötzlich gab es Geheimgefängnisse. In einem davon wurde etwa der POUM-Führer Andrés Nin (1892–1937) gefoltert und ermordet. Keinerlei Abweichung sollte mehr geduldet werden. Im Kern ging es um »die Auseinandersetzung zwischen Kommunisten und Anarchisten«, so George Orwell. Ihm zufolge begann der »allgemeine Umschwung nach rechts« bereits Ende 1936, »als die UdSSR anfing, die Zentralregierung mit Waffen zu versorgen, und als die Macht von den Anarchisten auf die Kommunisten überging«. Denn »besonders die kommunistische Partei, mit der Sowjetunion im Rücken, hatte ihr ganzes Gewicht gegen die Revolution geworfen«, war doch selbst »den militanten Arbeitern in allen Ländern« jahrelang beigebracht worden, »dass Demokratie ein höflicher Name für Kapitalismus sei«.[580] Für unkontrollierbare anarchistische Experimente mit radikaler Landreform und gemeinwirtschaftlichen Betrieben sollte es keinerlei Freiräume mehr geben. Jeder Verdächtige galt nun als Faschist und Trotzkist. Selbst der dann nach Mexiko entsandte Trotzki-Mörder Rámon Mercader (1913–1978) stammte aus Barcelona. Anfang 1938 trafen die Stadt dann noch deutsche und italienische Bomben. Ab Jänner 1939 kontrollierten sie Francos Truppen. Deutschland, Italien und die UdSSR nutzten den Bürgerkrieg und Angriffe auf die Zivilbevölkerung zur Erprobung von Taktiken und Material, als Vorstufe von Kommendem.

Zwei Generationen nach Francos lähmender Diktatur ist auch in Spanien vieles endlich so, wie es längst hätte sein können, mit Katalonien als bevölkerungsreichster und wohlhabendster Region. Barcelona entwickelte sich zu einer der attraktivsten Städte Europas, trotz akuter, teils im Bürgerkrieg wurzelnder katalanischer

579 Mit der Sowjetunion verbündet: *Partido Comunista de España* (PCE) sowie die eher rechte *Partit Socialista Unificat de Catalunya* (PSUC)
Gegner: Anarchosyndikalisten der *Confederación Nacional del Trabajo* (CNT) mit ihrem politischen Organ der *Federación Anarquista Ibérica* (FAI) sowie Linksmarxisten der *Partido Obrero de Unificación Marxista* (POUM)

580 George Orwell: *Mein Katalonien*, a. a. O., S. 65, 68, 87, 187

Separatismus-Konflikte mit langen Haftstrafen, was akzeptierte Autonomieregelungen erfordern würde. Nur London, Paris, Berlin und Rom ziehen in Europa derzeit mehr Besucher an. Bereits das Flughafengebäude des katalanischen Architekten Ricardo Bofill signalisiert deutlicher als anderswo weltoffene Urbanität. Die legendäre Flamenco-Tänzerin La Chana (Antonia Santiago Amador), eine Romni, stammt aus der Stadt. Die Sopranistin Montserrat Caballé (1933–2018) und der Tenor José Carreras begeisterten weithin als Stimmen aus Barcelona ebenso wie das Cello des legendären Katalanen Pablo Casals (1876–1973). Der FC Barcelona liefert global beachtete Erregungspotentiale. Rund um die Flaniermeile Rambla und die Plaça de Catalunya wird seit den Anlagen der Sommerolympiade 1992 avancierte Architektur wichtig genommen: Die Palau Sant Jordi Arena von Arata Isozaki, der bunt schillernde Glasturm Torre Gloriès von Jean Nouvel, das Barcelona Hotel von Ricardo Bofill, die goldene Fischskulptur »El Peix« von Frank Gehry oder der verschlungene Kommunikationsturm von Santiago Calatrava. Mit dem *Museum Fondació Joan Miró* von Josep Lluís Sert und dem Museum für zeitgenössische Kunst von Richard Meier erhielt die bildende Kunst signifikante neue Gebäude. Das Schifffahrtsmuseum *Museu Marítim* und das größte dem Mittelmeer gewidmete Aquarium am alten Hafen repräsentieren eindrucksvoll Barcelonas weltoffene mediterrane Orientierung. Im früheren Königspalast, dem Palau Reial de Pedralbes, hat die *Union für den Mittelmeerraum* ihren Sitz.

Eugene Delacroix: *Die Freiheit führt das Volk*, 1830
Zur Julirevolution 1830

Allons enfants de la Patrie … Aux armes, citoyens …
Marseillaise

MARSEILLE

Weil die kurz vor der Erstürmung des Tuilerienpalastes am 10. August 1792, die zur Absetzung und Hinrichtung von König Ludwig XVI. führte, als Unterstützer der Revolution aus Marseille anmarschierten 500 Freiwilligen in Paris mit einem bei ihnen beliebten neuen Kampflied begeisterten, wurde es *Marseillaise* genannt und zur Nationalhymne erklärt, was es mit Unterbrechungen blieb. Auch in der Julirevolution von 1830 wurde es oft gesungen: *Allons enfants de la Patrie … Aux armes, citoyens …*

In *Die Freiheit führt das Volk* wiederum, dem rasch populären Gemälde von Eugene Delacroix (1798–1863) zu dieser neuerlichen Revolution, stürmt die Inkarnation der Freiheit noch unentschlossen wirkender Arbeiter und Bürger über die Barrikaden voran. Diese anonyme, barbusige Heldin mit der Jakobinermütze und dem volksnahen Namen Marianne ist seit der Revolution von 1789 eine Ikone Frankreichs, der Republik, der Nation, was Büsten, Statuen, Bilder weithin präsent halten, als Symbol so bedeutsam wie die blau-weiß-rote Trikolore. 1830 war dieses in Paris auch von Heinrich Heine (1797–1856) bewunderte Bild Ausdruck von Hoffnungen auf eine weitere Revolution. Bestärkt wurden jedoch primär bürgerlich-liberale Kräfte und damit ein das Land kommerzialisierender Kapitalismus mit einer noch fast rechtlosen Arbeiterschaft in den expandierenden Fabriken.[581] Um radikale Ziele ging es erst wieder 1848 und in der Pariser Kommune von 1871. Weil damals Frankreichs Eroberung von Algerien einsetzte, viermal so groß wie das Mutterland, auch Delacroix nach Marokko und Algerien reiste, ergibt das Bezüge zu Marseille, seinem größten Hafen und ›Tor zum Orient‹.

Als Grundzug des damaligen Imperialismus verbanden sich »das überflüssig gewordene Kapital und die überflüssig gewordenen Arbeitskräfte« und verließen »gemeinsam ihre Heimat«, so Hannah

581 Eugène Delacroix: *Dem Auge ein Fest. Aus dem Journal 1847–1863*, Hg.: Kuno Mittelstädt, Berlin 1979, S. 8

Arendt lakonisch. Das »gewährte sozialen Verhältnissen, vor allem der Klassengesellschaft, und politischen Strukturen, dem Nationalstaat, eine Gnadenfrist von fast einem halben Jahrhundert«.[582] Als schließlich eine Million Algerienfranzosen zurückkehren mussten, siedelten sie sich oft nahe dem Mittelmeer an, nun ihrerseits noch lange diskriminiert. Parallel dazu war das sich industrialisierende Frankreich jedoch auch Einwanderungsland. Nach den Zehntausenden im 19. Jahrhundert nach Marseille gezogenen Italienern waren protestantische Schweizer und Deutsche eine Zeit lang die größten neuen Zuwanderergruppen, von denen einige Unternehmerdynastien begründeten. Nach dem Massaker von Chios von 1822, wegen des Aufstands nationalistischer Griechen, hatten sich viele griechische Kaufleute angesiedelt (▸ SALONIKI). Deren Beziehungen integrierten Marseille noch besser in ein verzweigtes Netz »mit Hafenstädten wie Konstantinopel, Odessa, Smyrna, Saloniki, Triest oder Livorno«. Wie dort entstand eine Wirtschaftsbourgeoisie mit »Clans der Reeder und Händler«, ritualisierten Lebensformen, starkem Familienzusammenhalt und zweckmäßigen Eheschließungen. Auch viele pauschal ›Türken‹ oder ›Levantiner‹ genannte Händler agierten von Marseille aus, Libanesen, Syrer, Griechen, Armenier. Die Einnahme Algiers war »in Marseille enthusiastisch begrüßt« worden, weil das die Geschäfte belebte. Bereits 1830 gab es Raddampfer-Verbindungen mit Neapel, dann mit Alexandria und ab 1841 mit Algier, bald darauf die Bahnverbindung mit Paris. Der Ausbau des Hafens in Erwartung der Suezkanal-Eröffnung machte ihn nach dem Vorbild Londons »zu einer geschlossenen Welt für sich«. Marseiller Ziegel und Seifen aus Palm- und Erdnussöl, einst eine arabische Innovation, wurden berühmt. Die vielen Nudelfabriken bezogen russischen Weizen aus Odessa, die Zuckerraffinerien den Grundstoff aus der Karibik. Frankreichs Kolonialreich expandierte rund um die Berliner Kongo-Konferenz von 1884/85 drastisch. Mauretanien, Senegal, der französische Sudan, Guinea, Elfenbeinküste, Obervolta (heute Burkina Faso) und Dahomey (Benin) wurden

582 Hannah Arendt: *Elemente und Ursprünge totaler Herrschaft* (New York 1951), München 2019, S. 332, 339

administrativ zu *L'Afrique occidentale française*, Gabun, der Mittlere Kongo und der Tschad zu *L'Afrique équatorial française*, Nordwestafrika dominierend. 1895 kam Madagaskar hinzu.[583]

1914 machten die 100.000 Italiener fast ein Viertel der Bevölkerung Marseilles aus. Willkommen waren sie keineswegs, wie »das äußerst brutale Italienerpogrom von 1893 in Agues-Mortes mit fünfzig Toten« zeigte.[584] Wegen vieler Streiks der zunehmend politisierten und gewerkschaftlich organisierten Arbeiter wurden auch »erstmals Arbeitskräfte aus Nordafrika angeworben, herablassend *mouzabis* genannt«, die »anspruchslos, streikresistent und beliebig einsetzbar« waren. Massen ›seiner Kolonialvölker‹, so die paternalistische Auffassung, bekam Frankreichs Bevölkerung erstmals als Soldaten des Ersten Weltkriegs zu sehen, die meist in Marseille ankamen: »Mehr als 550.000 Algerier, Tunesier, Marokkaner, 250.000 Asiaten aus Indochina sowie Zigtausende Schwarzafrikaner, Madegassen, Leute von den Antillen oder aus Neukaledonien.« Diese Eindrücke vom ungeahnten Lebensstandard im Mutterland der Menschenrechte und wie sie dort trotz aller gefährlichen Einsätze behandelt wurden – aber auch das gleiche Ausgesetztsein im Krieg –, »sollten die kolonialen Beziehungen gründlich verändern«. Als Plattform weltweiter antikolonialer Intentionen entstand etwa die *Liga gegen Imperialismus*. Die Nation selbst wurde durch Schulpflicht und Amtssprache systematisch zur Sprachgemeinschaft gemacht, denn noch um 1790 hatten die meisten andere Sprachen als Französisch gesprochen: »Keltisch, Deutsch, Okzitanisch, Katalanisch, Italienisch oder Flämisch«. »In Nord- und Südfrankreich sprach so gut wie niemand Französisch.« Auch das seit den mittelalterlichen Troubadour-Dichtungen literarisch einflussreiche Provenzalisch / Okzitanische des Südens verschwand weitgehend aus dem Alltag, blieb aber über regionale Dialekte präsent.[585] Schockierend wirkte die Ankunft Tausender traumatisierter

583 Günter Liehr: *Marseille. Porträt einer widerspenstigen Stadt*, Zürich 2013, S. 29f., 32, 35, 64, 746

584 Pierre Rosanvallon: *Die Gesellschaft der Gleichen*, a. a. O., S. 174

585 Jürgen Osterhammel: *Die Verwandlung der Welt*, a. a. O., S. 406, 1116 | Günter Liehr: *Marseille*, a. a. O., S. 119 | Eric J. Hobsbawm: *Nationen und Nationalismus*, a. a. O., S. 75

und verwahrloster armenischer Flüchtlinge aus der Türkei, aus Syrien, dem Libanon. Marseilles Bürgermeister fühlte sich überfordert und verlangte von der Regierung, »diese erbärmlichen Menschenherden« umgehend zurückzuschicken. Aber gerade Armenier wurden zum »Musterbeispiel der Integration«. Damals kamen auch »christliche Assyro-Chaldäer aus Mesopotamien und Griechen aus Kleinasien, Opfer des türkisch-griechischen Bevölkerungsaustauschs«. Aus Korsika wanderte um diese Zeit mehr als die halbe Bevölkerung aus. Für sie und ihre Clanstrukturen wurde Marseille ein zentraler Stützpunkt. Da Algerier für Frankreich lange kein Visum brauchten, waren bald »rund 150.00 Bewohner der Stadt nordafrikanischer Herkunft«.[586] Vor allem aus Portugal, Algerien und Marokko gab es über Jahre viele Zuwanderer. Wegen leichter erreichbarer Staatsbürgerschaft liegt das Land mit etwa sieben Prozent Ausländern insgesamt nur knapp über dem EU-Durchschnitt (Deutschland 11,7 %, Österreich 15,7 %).

Unmittelbar nach dem Zweiten Weltkrieg »lebten in Marseille rund 10.000 Juden«, die den Deportationen entkommen waren. Wegen der erzwungenen Abwanderung aus der arabischen Welt erhöhte sich ihre Zahl bis zum Jahr 2000 auf etwa 80.000, womit Marseille am Mittelmeer die bedeutendste jüdische Gemeinde außerhalb Israels ist, was bis zur Shoah Saloniki gewesen war (▸ SALONIKI ▸ TEL AVIV–JAFFA). Schematisch auf Religion bezogen sind das zehn Prozent der 850.000 Einwohner, während 120.000 Muslime vierzehn Prozent ausmachen, aber deutlich zunehmen, weshalb manche Quellen dreißig bis vierzig Prozent nennen. 20.000 Buddhisten aus Ostasien machen knapp zwei Prozent aus, bei etwa drei Viertel nominellen Christen.[587]

Hatte die haltlose Verurteilung von Frankreichs erstem jüdischen Generalstabsoffizier Alfred Dreyfus (1859–1935) als angeblichem Spion für Deutschland 1895 die Nation in wütende Antisemiten und deren Gegner gespalten, mit dem vergeblichen Klärungspamphlet von Émile Zola (*J'accuse…!*), wirkte sich das bis hin zu Israels Staatsgründung aus. Denn das nationale Ideen kom-

586 Günter Liehr: *Marseille*, a. a. O., S. 83, 85, 90, 94, 95, 97, 100, 101, 250, 256
587 Alexander Kluy: *Jüdisches Marseille*, a. a. O., S. 49

primierende Buch *Der Judenstaat* von Theodor Herzl (1860–1904) entstand unter dem Eindruck dieser Kontroversen, die er als Korrespondent der Wiener *Neuen Freien Presse* miterlebte. Derzeit hat das laizistische Frankreich die mit fast 500.000 Mitgliedern größte jüdische Gemeinde Europas, die drittgrößte nach Israel und den USA. Antisemitische Bedrohungen nehmen wieder zu; einige Tausend emigrierten zumindest zweitweilig nach Israel. Als über Generationen wichtigstes Asylland des Kontinents neben England, Belgien, den Niederlanden, der Schweiz und Schweden hatte es vor allem die polnische, russische, serbische, bulgarische, italienische, spanische und lateinamerikanische Emigration angezogen.

Werden frühere Einwanderungsbewegungen einbezogen, haben in Marseille »90 % der Bevölkerung Vorfahren, die nicht aus Frankreich stammen«.[588] Als weit problematischer gelten jedoch längst die vielen Menschen aus früheren Kolonien, obwohl Algerien ein Teil Frankreichs war und kein anderes Land Europas »engere und bessere Kontakte zur islamischen Welt« hat.[589] Wie auch sonst vielerorts ergibt das markante innenpolitische Spaltungen. Im Departement Marseille verdeutlichte dieser Umstand die Präsidenten-Stichwahl von 2017: Emmanuel Macron 57,8 Prozent, Marine Le-Pen 43,2 Prozent, die gerade am Mittelmeer mit der rechtsextrem agitierenden nationalen Sammlungsbewegung *Rassemblement National* überall mehr als 40 Prozent erreichte, was sich drastisch von den Ergebnissen in Paris unterschied: Macron 89,7 Prozent, Le-Pen 10,3 Prozent.[590] Erhellende Erkenntnisse zu solchen Verschiebungen von weit links nach weit rechts, von Kommunismus-Sympathien zu aggressiv-nationalistischem Patriotismus, liefert die autobiografische Analyse von Didier Eribon *Rückkehr nach Reims*. Trotz generationenlangen Umgangs mit Fremden schlagen Mentalitätsverschiebungen eben oft in Aversionen um, sobald jedwede gegenseitige Bereicherung negiert wird und Fremde ohne klärende Diskussionen und solidarische Maßnahmen öffentlich ständig zur Bedrohung stilisiert werden.

588 Wikipedia: Marseille
589 Jürgen Osterhammel: *Die Verwandlung der Welt*, a. a. O., S. 631
590 Wahlergebnisse Frankreich 2017: https://www.drawingdata.net/france2

Dabei waren gerade Marseille und der Süden Frankreichs im 20. Jahrhundert exemplarisch für höchst akute Flüchtlingskrisen, weil sich dort ab 1933 von Hitler-Deutschland Bedrohte aus ganz Europa versammelt hatten, in der Hoffnung, noch irgendwo Asyl zu erhalten. Wem es bis zum rasch errungenen deutschen Sieg im Juni 1940 nicht gelungen war, nach England, Schweden, in die USA oder anderswohin zu entkommen, dem blieb nur die vorerst noch unbesetzte Zone Frankreichs als letztes Refugium vor höchst unsicheren nächsten Etappen, über Marseille als einzigem Überseehafen des Südens oder über die spanischen Grenze nach Lissabon. Legal gelang das nur wenigen. Parallelen zu heute sind unübersehbar. Aber völlig konträr zu gegenwärtigen Zwangslagen mussten und wollten Flüchtlinge damals verzweifelt weg aus Europa, wo sie nirgends mehr willkommen und von totalitärer Gewalt bedroht waren. Solidarität hielt sich trotz aller Menschenrechtsdeklarationen in Grenzen, denn 1940/41 waren selbst in Frankreich viel mehr Menschen, als es später zugaben, überzeugt, Hitler-Deutschland werde wegen seiner Blitzsiege auf lange Zeit den Kontinent beherrschen.

Wie derzeitige EU-Verhandlungen zur Flüchtlingsfrage war auch die Konferenz von Évian im Juli 1938 praktisch ergebnislos geblieben, trotz Teilnahme von Vertretern aus 32 Staaten und 24 Nichtregierungsorganisationen, obwohl Jüdinnen und Juden und politisch Verfolgte aus Deutschland und Österreich bereits extrem gefährdet waren. Initiiert von Präsident Franklin D. Roosevelt (1882–1945), konnte sie nicht am Völkerbundsitz Genf stattfinden, weil die Schweiz keine Irritation Deutschlands wollte. Außer den von der Konferenz anerkannten »600.000 Flüchtlingen« gab es jedoch auch »eine Million Juden in Polen, die der polnische Außenminister als für Polen ›überzählig‹, also potentiell staatenlos, erklärt hatte«, so Hannah Arendt, »und eine nicht abschätzbare Zahl rumänischer Juden«, denen wie auch sonst weithin das Gleiche drohte. Um sich nicht zu verpflichten, drängten die Regierungen sogar darauf, dass »das Flüchtlingswerk des Völkerbundes mit der größtmöglichen Geschwindigkeit liquidiert werden müsse«.[591]

591 Hannah Arendt: *Elemente und Ursprünge totaler Herrschaft*, a. a. O., S. 589, 591

Ein heutiges Äquivalent dazu sind meist unzureichend finanzierte Nachfolgeorganisationen wie UNHCR oder die wahltaktische »Balkanroute geschlossen«-Propaganda. Für das primär betroffene Frankreich wurde dezidiert erklärt, es »sei nur ein Transitland und daher nicht mehr bereit, Flüchtlingen auf Dauer Zuflucht zu gewähren«, obwohl »Asyl für politische Flüchtlinge« zu seinen Traditionen gehörte. Überaus deutlich wurde, »dass kein Land der Welt bereit war, mehr Flüchtlinge als irgend nötig aufzunehmen«.[592] Zusagen gab es keine, auch keine Regelungen für koordinierte Verfahren. Selbst der Flüchtlingsschutz war völkerrechtlich nie geregelt worden. Da das nahe bei Genf liegende Évian auch der Markenname eines bekannten Mineralwassers ist, wie auch Vichy, der spätere Regierungssitz General Pétains, lässt das an demonstrativ ›unschuldige Hände‹ einer lavierend Probleme vor sich herschiebenden Diplomatie denken, was sichtlich politisch so gewollt war, bestärkt von deutlich antisemitischen Tendenzen. Schon weil Deutschland 1933 und Italien 1937 den Völkerbund verließen und die USA nie beitraten, war es in Krisen kaum zu Entscheidungen oder gar wirksamen Sanktionen gekommen.

Was auf Évian an militanten Maßnahmen gegen Flüchtlinge folgte, deckt sich trotz der totalitären Bedrohung über weite Strecken mit heute von manchen Regierungen und rechten Parteien Gefordertem, obwohl das Flüchtlingsdasein ein zentraler Anlass ist, um solidarisch für Menschenrechte und Menschenwürde zu sorgen. Aber kurz nach der Évian-Konferenz hatte die Schweizer Regierung im Oktober 1938 sogar die Visapflicht für Juden mit deutscher Staatsbürgerschaft eingeführt und die Kennzeichnung ihrer Pässe mit einem ›J‹ durchgesetzt. Die »Reichspogromnacht« vom 9./10. November 1938 demonstrierte, was noch kommen könnte. Aber den als Juden verfolgten 1.000 Passagieren der im Mai 1939 von Hamburg nach Kuba abgehenden *St. Louis* war dort wie in den USA und Kanada die Aufnahme verweigert worden. Sie musste nach Antwerpen zurück. Die USA begrenzten

592 Anne Klein: *Flüchtlingspolitik und Flüchtlingshilfe 1940–1942. Valerian Fry und die Komitees zur Rettung politisch Verfolgter in New York und Marseille*, Berlin 2007, S. 57, 297, 451

ihre Einwanderungsquote aus Deutschland weiterhin auf 25.954 Plätze pro Jahr, obwohl Immigranten als fester Bestandteil ihrer Geschichte gelten. Bekräftigt wurde, dass die latent kolportierte Vorstellung vom weltoffenen kulturellen »Schmelztiegel« USA ein verklärender Mythos ist, da bei Zuwanderung und im Land selbst stets mit einer sozial »feinstufigen Hierarchisierung« nach Herkunft und Status reagiert wird.[593] Den Zuzug nach Palästina hatte Großbritannien bereits 1937 »von ca. 41.000 Personen pro Jahr auf 12.000 reduziert«, nahm aber dann selbst Tausende Verfolgte und 10.000 in eigenen Zügen gesammelte bedrohte Kinder auf. Von Marseille aus waren schließlich fast nur noch Ziele im Mittelmeerraum erreichbar, aber ohne Schutzgarantien. Denn Frankreichs mit Deutschland kollaborierende Vichy-Regierung erließ bereits »im Sommer 1940 antijüdische Gesetze« und kontrollierte Marokko, Algerien, Tunesien, Libanon und Syrien. So kam es, dass etwa in Tanger »zahlreiche jüdische Flüchtlinge gestrandet« waren. Von in Casablanca anlegenden Schiffen wurden Emigranten sogar »in Lagern in der Wüste« interniert.[594] Über Frankreich nach Algier entkommen war etwa Berta Zuckerkandl (1864–1945), eine wichtige Akteurin des Wiener Kulturlebens.[595] In der neutralen Türkei fanden immerhin etwa 1.000 deutschsprachige Exilanten Zuflucht (▸ ISTANBUL | KONSTANTINOPEL). Mexiko nahm Flüchtlinge auf, oft blieb aber nur der weite Weg nach Shanghai. Für viele der 18.000 dorthin Gelangten hatte Ho Feng Shan (1901–1997), Chinas Konsul in Wien, die rettenden Dokumente ausgestellt. 1937/38 konnte wiederum der Siemens-Manager John Rabe (1882–1950) Zehntausende Chinesen während der japanischen Massaker von Nanking/Nanjin in seiner Schutzzone halbwegs beschützen. Auch dass sich vermögende Flüchtlinge in akzeptierte Touristen verwandeln, war außer Kraft gesetzt. Sogar der mit Ölgeschäften zum reichsten Mann der Welt gewordene, in Istanbul aufgewachsene Armenier Calouste Gulbenkian (1869–1955)

593 Jürgen Osterhammel: *Die Verwandlung der Welt*, a. a. O., S. 646

594 Anne Klein: *Flüchtlingspolitik und Flüchtlingshilfe 1940–1942*, a. a. O., S. 48, 51, 53, 55, 64, 278, 287

595 Theresia Klugsberger, Ruth Pleyer (Hg.): *Berta Zuckerkandl. Flucht! Von Bourges nach Algier im Sommer 1940*, Wien 2013

konnte 1942 erst nach langen Verhandlungen erwirken, mit seiner Kunstsammlung aus Paris nach Lissabon zu ziehen. Dafür bekam die Stadt dann das *Museu Calouste Gulbenkian* mit erlesener europäischer und außereuropäischer Kunst und eine weitere, viele Projekte finanzierende Stiftung. Für Mittellose mussten Hilfsorganisationen die beträchtlichen Kosten übernehmen. Aus Deutschland Ausgebürgerte wurden zu Staatenlosen. Statt verfolgte Gruppen pauschal anzuerkennen, wurde jeder Fall individuell geprüft, was solche Verfahren zum Glücksspiel machte. Ohne gefälschte Dokumente und jede Menge Illegalität ließ sich kaum etwas erreichen, eben weil es fast keine legalen Wege mehr gab, was bei derzeitigen Debatten um Schlepper und ihnen angeblich als Seeretter zuarbeitende NGOs ostentativ negiert wird. Die übliche Rede von »Asylmissbrauch« und »Illegalen« beeinflusst sogar viele Verfahren. Denn so wie damals hegen zuständige Beamte oft »ein tiefes Misstrauen gegenüber NGOs« und verdächtigen sie, »lediglich Geld verdienen« zu wollen. Aber: »Hätten wir die Ehrenamtlichen nicht gehabt, das System wäre kollabiert«, so ein Report zur Lage in Österreich.[596] Solange es um Flüchtlinge aus dem Osten ging, aus der DDR, aus Ungarn 1956, aus Jugoslawien, ist nie so negativ von Helfern die Rede gewesen. Auch aus dem brennenden Smyrna waren 1922 etwa 60.000 hilflos Ausharrende von privaten Hilfsorganisationen gerettet worden, mit dem Methodistenpastor Asa Jennings als wichtigstem Initiator. (▸ IZMIR | SMYRNA)

Für nach Südfrankreich entkommene Flüchtlinge konnte vor allem durch das New Yorker *Emergency Rescue Committee* etwas getan werden, das Spenden für deren Rettung sammelte. Dessen im August 1940 nach Marseille entsandter Delegierter, der Journalist Varian Fry (1907–1967), wurde zur Schlüsselfigur der Flüchtlingshilfe, weil er gegen alle Widerstände etwa 4.000 Menschen ein Entkommen ermöglichte, bis er im Juni 1942 wegen »subversiver Tätigkeit« ausgewiesen wurde, analog zu heutigen Vorwürfen gegen Helfer. Seine Gruppe blieb aber aktiv und auch er

596 Ferry Maier, Julia Ortner: *Willkommen in Österreich. Was wir für Flüchtlinge leisten können und wo Österreich versagt hat*, Innsbruck 2017, S. 17, 46

hat in Lissabon noch einige Monate weitergearbeitet. Varian Frys in Marseille als *Centre Américain de Secours* agierendes Komitee »war die erste und lange Zeit die einzige Organisation in Südfrankreich«, so die akribische Studie von Anne Klein dazu, »die aktive Fluchthilfe leistete. Zu diesem Zweck mussten beglaubigte Schriftstücke und Identitätsnachweise besorgt, die Emigrationswilligen in sicheren Unterkünften versteckt und eine Fluchtroute ausgearbeitet werden. Es bedurfte vor allem einer gut funktionierenden Infrastruktur, um die Weiterreise unbemerkt von staatlichen Autoritäten auf den Weg zu bringen. Die Willkür und Undurchschaubarkeit von Gesetzen und bürokratischen Kontrollen löste bei vielen Flüchtlingen Ängste vor einem Grenzübertritt aus. Unter Berücksichtigung topografischer Faktoren und durch den Rückgriff auf personelle Netzwerke aus dem Spanischen Bürgerkrieg wurde die Weiterreise über die Iberische Halbinsel bis nach Lissabon organisiert.«[597] Manchmal gelangen noch Schiffspassagen, meist blieb nur der Weg über die Pyrenäen zur letzten Fluchtmöglichkeit per Schiff.

Varian Fry hatte eilig unter Mitwirkung von Exilanten in den USA wie Thomas Mann (1875–1955), Jan Masaryk (1886–1948), dem Leiter von Österreichs *Revolutionären Sozialisten* Joseph Buttinger (1906–1992) und Gewerkschaftsorganisationen vorbereitete Listen mitbekommen, um vor allem als Regimegegner bekannten Intellektuellen, Künstlern, Wissenschaftlern und Sozialisten die Ausreise in die USA zu ermöglichen. Rasch ging es aber auch um Hunderte andere, »die meinten, dass sie ebenfalls auf der Liste stehen sollten«. Von Polizeispitzeln umgeben, konnte aber niemandem geholfen werden, so Varian Fry in seinen Erinnerungen, »den nicht irgendwelche Leute kannten, denen wir vertrauen konnten«. Denn jede Denunziation hätte das gesamte Netzwerk gefährdet. Wegen häufiger Hausdurchsuchungen ging es offiziell immer nur um lokale humanitäre Unterstützung. Der hilfreiche tschechische Konsul Vladimir Vochoč (1894–1985) stellte Pässe aus, obwohl sein Land nicht mehr existierte; auch polnische oder litauischen Pässe konnten noch beschafft werden. Angebliche Entlassungs-

597 Anne Klein: *Flüchtlingspolitik und Flüchtlingshilfe 1940–1942*, a. a. O., S. 10, 251

papiere aus Internierungslagern waren käuflich zu haben. Der Wiener Zeichner Willi Spira alias Bill Freier (1913–1999) wurde zum genialen Pass- und Dokumentenfälscher des Komitees und überlebte noch einige KZs. Die aus Wien gekommene Lisa Fittko (1909–2005) betreute die Pyrenäen-Routen, über die auch Wiens Starkabarettist Karl Farkas (1883–1971) entkam, dessen kongenialer Partner Fritz Grünbaum (1880–1941) im KZ Dachau umkam. Dass Franz Werfel (1890–1945) und Alma Mahler-Werfel (1879–1964) »zwölf Koffer mitgebracht hatten«, musste ihnen ausgeredet werden. Auch Heinrich Mann (1871–1950), dessen Frau Nelly Mann (1898–1944) und ihr Sohn Golo Mann (1909–1994) gelangten über die Berge nach Lissabon auf das griechische Schiff *Nea Hellas*. Damit entkamen auch Alfred Polgar (1873–1955), Stefan Zweigs erste Frau Friderike Zweig (1882–1971), die österreichischen Sozialisten Karl Hans Sailer (1900–1957), Otto Leichter (1897–1973), Wilhelm Ellenbogen (1863–1951). Obwohl der Philosoph Walter Benjamin (1892–1940) mit Fittkos Hilfe im Süden bereits über der Grenze war, nahm er sich aus Furcht vor Auslieferung das Leben. Von deren Geheimdienst koordiniert, schafften es noch viele versprengte britische Soldaten »in alle Häfen des Mittelmeeres, nach Syrien, Nordafrika, Gibraltar, Rabat und Casablanca«.[598]

Bereits für 25.000 Flüchtlinge und Kämpfer des Spanischen Bürgerkriegs war an der spanischen Grenze das Lager Gurs errichtet worden, wo zeitweilig auch etwa 40.000 »unerwünschte Personen« und dann oft in deutsche KZs deportierte »Internierte nach dem Anti-Juden-Gesetz« inhaftiert waren. Manchen gelang es, von dort freizukommen, für die dann gesorgt werden musste, denn stets drohte die Abschiebung nach Deutschland. Tausende Spanier wurden von den Behörden sogar ›»zur Zwangsarbeit an der Trans-Sahara-Bahn in die Wüste deportiert«. Für Opfer des Faschismus gegründet, versuchte Frys Komitee, als unlösbares Dilemma, »alle zu retten«. Dazu heißt es am Ende seines Berichts:

598 Varian Fry: *Auslieferung auf Verlangen. Die Rettung deutscher Emigranten in Marseille 1940/41*, Frankfurt am Main 2009, S. 37, 45, 57, 79, 196 | Herbert Lackner: *Die Flucht der Dichter und Denker. Wie Europas Künstler und Wissenschaftler den Nazis entkamen*, Wien 2017

»Zumindest mussten wir es versuchen.«[599] Jede gelungene Rettung verwob sich »mit er Erinnerung an die Ermordeten« und an vielfaches Scheitern. Denn Anfang 1941 befanden sich »in der südlichen Zone 150.000 Flüchtlinge, darunter 73.000 Spanier, die nach dem Bürgerkrieg ins Land gekommen waren, und 50.000 Deutsche, die meisten davon Juden«.[600] Zeitweilig in Südfrankreich Internierte wie Jean Améry (1912–1978) oder Ernst Busch (1900–1980) wurden schließlich ausgeliefert, überlebten aber. Auch Résistance-Kämpfer wie Stéphane Hessel (1917–2013) kamen direkt ins KZ Buchenwald. Sein Manifest *Empört Euch!* von 2011 machte seinen lebenslangen Einsatz für Menschenrechte neuerlich bewusst. Der Résistance-Repräsentant Jean Moulin (1899–1943) starb an den schweren Folterungen durch die Gestapo. Etwa 15.000 Spanier kamen in deutsche KZs, die meisten, wie 2.500 Franzosen, nach Mauthausen-Gusen an der Donau.

Neben den zahllosen anonym Gebliebenen zählten zu den so Geretteten namhafte Künstler wie André und Jacqueline Breton, Marcel Duchamp, Max Ernst, Marc Chagall, Jacques Lipchitz und schreibende Intellektuelle wie Hannah Arendt, Claude Lévi-Strauss, Lion und Marta Feuchtwanger, Anna Seghers, Walter Mehring, Siegfried Kracauer, Alfred Polgar oder Franz Werfel. Intern hatte Eleanor Roosevelt (1884–1962) immer wieder unterstützend mitgewirkt. Unter Nennung von Prominenten war es viel leichter, Spendengelder zu akquirieren. Mit dem Kriegseintritt der USA im Dezember 1941 erlahmte das Interesse an weiterer Fluchthilfe. Deren damalige Ansätze wurden nach dem Krieg jedoch zu einem von der CIA infiltrierten und gesteuerten, offensiv antikommunistischen *Covert Network*, so ein Studientitel dazu, was wegen dieser politischen Einseitigkeit dem ursprünglichen *Emergency Rescue Committee* noch undenkbar gewesen wäre.[601]

Die Anfang 1941 mit Varian Frys Hilfe ermöglichte Abreise von Claude Lévi-Strauss (1908–2009), André Breton (1896–1966),

599 Varian Fry: *Auslieferung auf Verlangen*, a. a. O., S. 242, 280
600 Anne Klein: *Flüchtlingspolitik und Flüchtlingshilfe 1940–1942*, a. a. O., S. 87, 447
601 Eric Thomas Chester: *Covert Network. Progressives, the International Rescue Committee, and the CIA*, London 1995

Victor Serge (1890–1947, ein »Gefährte Lenins«) und Anna Seghers (1900–1983) erfolgte in Marseille durch »Spaliere der mit Helmen und Maschinenpistolen ausgerüsteten Wachposten« unter »Rippenstößen und wüsten Beschimpfungen«. Endlich in Martinique, wurden »alle Passagiere in einem ›Lazarett‹ genannten Lager« interniert, auf weitere Möglichkeiten wartend.[602]

Hannah Arendt (1906–1975) wiederum hatte sich in Paris mit Walter Benjamin angefreundet und dann aus dem Lager Gurs entkommen können. Im Mai 1941 gelang ihr mithilfe Varian Frys über die Pyrenäen dann von Lissabon aus die Flucht nach New York. In ihrem zentralen Werk *Elemente und Ursprünge totaler Herrschaft* heißt es dazu, »dass alle Flüchtlinge praktisch staatenlos und nahezu alle Staatenlosen Flüchtlinge waren«. Zwangsläufig würden deshalb immer mehr Menschen lernen, »unter Bedingungen absoluter Gesetzlosigkeit zu leben und in der Illegalität ihren besten und verlässlichsten Schutz zu sehen«. Denn tatsächliche »Gleichheit vor dem Gesetz« erreichen sie »nur auf dem Weg der Kriminalität«, indem Strafgesetze auf sie angewendet wurden. So muss ein Interesse entstehen, »in einem unentwirrbaren Chaos von Flüchtlingen, Staatenlosen, ›Wirtschaftsflüchtlingen‹ und Touristen zu verschwinden«. Zwar galt das Asylrecht »seit den frühesten Anfängen politischer Organisation« als heilig, »innerhalb einer nationalstaatlich organisierten Welt« ist es jedoch »kein Recht mehr«, sondern beruhe »auf Duldung« und den Zufällen keineswegs konsequent rechtsstaatlicher bürokratischer Verfahren. Dabei kannte weder das 18. noch das 19. Jahrhundert Menschen, »die, obgleich sie in zivilisierten Ländern leben, sich in einer Situation absoluter Rechtlosigkeit befinden«.[603]

Immer hoffnungsloser war die Lage, als im November 1942 deutsche Truppen auch den Süden Frankreichs besetzten. Im Hafen von Toulon versenkte sich Frankreichs Kriegsflotte selbst, um nicht an Deutschland zu fallen. Ihr Überlaufen zu den Alliierten und Freien Franzosen war sichtlich noch undenkbar. Be-

602 Claude Lévi-Strauss: *Traurige Tropen* (1955), Berlin 2018, S. 17ff.

603 Hannah Arendt: *Elemente und Ursprünge totaler Herrschaft*, a. a. O., S. 578, 583f., 584, 588, 592, 595

reits Wochen darauf war Marseille unmittelbar betroffen, denn SS- und Wehrmachtseinheiten sprengten große Teile der Altstadt am Hafen, weil deren vermischte Bevölkerung als kaum kontrollierbares Aktionsfeld krimineller Banden galt. Denn für NS-Ideologen ging es – alle tatsächlichen Ursprünge der Menschen in Europoa negierend – ausdrücklich um die ausufernde rassistische »Säuberung des europäischen Mutterlandes von den sich ausbreitenden Krankheitskeimen Afrikas und Syriens«,[604] wie als Ankündigung derzeit kursierender Abwehrhaltungen. An die 30.000 Bewohner kamen in Arbeits- oder Konzentrationslager. Für den Hafenzugang brauchte es deutsche Genehmigungen. Obwohl als Kriegsverbrechen gewertet, wurde für diese Aktionen nie jemand zur Verantwortung gezogen, weil Deutschland nach 1945 nicht auslieferte und selbst keine Anklagen erhob. Französische Polizeikräfte und Behörden waren immer restriktiver der nationalsozialistischen Politik gefolgt und verpflichtet, Personen auf Verlangen an Deutschland zu übergeben. Noch im April 1944 waren die 44 jüdischen ›Kinder von Izieu‹ nach Auschwitz-Birkenau deportiert worden. Bei einem Bombenangriff auf Marseille kamen 500 Menschen um. Als im August 1944 alliierte und französische Truppen an der Côte d'Azur landeten, wurde kurz nach Paris auch Marseille befreit.

»Die Avantgarde der französischen Résistance«, so Günter Liehr in seinen Marseille-Recherchen, waren ursprünglich von der Kommunistischen Partei betreute Gruppen, in denen sich »Spanier, Italiener, Polen, Rumänen, Armenier, osteuropäische Juden, ehemalige deutsche Spanienkämpfer der Internationalen Brigaden« gesammelt hatten, was »nach dem Krieg erst einmal verdrängt wurde«, weil der Mythos von Frankreichs Résistance die Feindseligkeiten gegen Anhänger des Freien Frankreichs überstrahlen sollte. Wichtige Unterstützung hatte die britische *Special Operations Executive* (*SOE*) geliefert, mit Nancy Wake (1912–2011), die antijüdische Übergriffe in Wien miterlebt hatte und sich als exponierte Agentin zuerst in Marseille für Flüchtlinge engagierte und dann an Résistance-Anschlägen beteiligte. Ihr französischer

604 Alfred Rosenberg: *Der Mythos des 20. Jahrhunderts*, München 1939, S. 104

Mann wurde als Mitwisser exekutiert. Auf Racheakte und willkürliche Verhaftungen nach der Befreiung folgten in Marseille bald 817 Gerichtsverhandlungen. Von 73 Todesurteilen wurden 41 vollstreckt. Eine Zeit lang wurde versucht, manche Fabriken selbstverwaltet weiterzuführen.[605]

Wie erst viel spätere Wrackfunde bestätigten, war Antoine de Saint-Exupéry (1900–1944) bei einem Aufklärungsflug am 31. Juli 1944 nahe Marseille ins Meer gestürzt. Durch seine zahllosen Afrikaflüge waren die Weiten der Sahara bis hin zu *Der kleine Prinz* von 1943 als fremdartiger Reflexionsraum in die Literatur eingegangen (von *Nachtflug, Wind, Sand und Sterne* bis *Die Stadt in der Wüste*). Nach ganz anderen Afrikaerfahrungen in Äthiopien war Arthur Rimbaud (1854–1891), an akutem Knochenkrebs leidend, in einem Spital in Marseille am 10. November 1891 gestorben. Für seinen Biografen Jacques Rivière (1886–1925) war er »der große Zerstörer aller Solidarität unter den Dingen, der überall wieder Einsamkeit aufrichtet«. Die eigene Situation in der Fremde beschrieb Rimbaud oft als höchst ambivalenten Zustand. »Ich bin maßlos erschöpft«, heißt es einmal, »ich habe keine Anstellung im Augenblick. Ich habe Angst, das wenige, das ich habe, zu verlieren. Stellt euch vor, ich trage andauernd 16 Tausend und einige Hundert Goldfranken in meinem Gürtel: das wiegt 8 Kilo und das verpasst mir heftige Durchfälle. Doch nach Europa kann ich nicht gehen, aus mehreren Gründen: zunächst würde ich im Winter sterben; dann bin ich schon zu sehr an das unruhige und kostenlose Leben gewöhnt.«[606] Seine acht Kilo Gold wären heute 400.000 Euro wert. Um Freiheit und Gold, vor allem aber um Rache und Gerechtigkeit geht es auch in *Der Graf von Monte Christo*, nachdem dieser von Marseilles Gefängnisinsel Château d'If entkommen konnte. Alexandre Dumas der Ältere (1802–1870) machte diese Geschichte zum Klassiker. Wie erwähnt war sie in den politischen Vorlesungszirkeln Alexandrias sehr populär. Sein Zeitgenosse, der Zeichner, Grafiker, Maler und Karikaturist Ho-

605 Günter Liehr: *Marseille*, a. a. O., S. 182, 211f., 215

606 Jacques Rivière: *Rimbaud* (Paris 1930), München 1979, S. 188f. | Arthur Rimbaud: *Eine Zeit in der Hölle. Licht-Spuren*, München 1979, S. 200

noré Daumier (1808–1879) stammte aus Marseille, wie Antonin Artaud (1896–1948), Propagandist eines »Theaters der Grausamkeit« oder der sprunghaft zwischen Kommunismus, Christentum, Islam, selbst der Holocaust-Leugnung pendelnde Philosoph Roger Garaudy (1913–2012). Von Marseille aus erneuerte der Choreograf Maurice Béjart (1927–2007) das Ballett. Solche weithin Wirkende deuten – so zufällig Geburtsorte auch sind – Konfusionen von Marseilles Geschichte an.

Dafür wurde immer wieder der Gegensatz zu Paris und dessen Zentralismus bestimmend. So war in Marseille während der Pariser Kommune von 1871 eine »freie Föderation autonomer Kommunen« propagiert worden, als kühnes, basisdemokratisches Modell für ganz Frankreich. Regierungstruppen verhinderten jede Weiterarbeit daran jedoch sofort; »rund tausend Gefangene wurden in die Verliese des Château d'If gesteckt«. 1905 war der weitere Ausbau zur Handelsmetropole mit dem Fortschrittsmonument Pont Transbordeur gekrönt worden, eine den Eiffelturm konkurrierende 50 Meter hohe Stahlkonstruktion als neuartige Schwebebahnbrücke über den Hafen. Im Krieg weitgehend zerstört, wurde sie nicht mehr rekonstruiert. Mit den Kolonialausstellungen von 1906 und 1922 hatte sich Frankreichs Stolz auf Marseille konzentriert. Millionen Besucher bewunderten Gebäude und Folklorevorführungen seiner ›zu zivilisierenden Völker‹. Der damals in Frankreich lebende, mit dem Pseudonym Ho Chi Minh (1890–1969) zum berühmten Gegner im Indochinakrieg gewordene vietnamesische Revolutionär, verspottete solche grotesken Präsentationen in der kommunistischen *L'Humanité*. Auch am ersten Kongress der *Parti communiste français* in Marseille hatte er teilgenommen. Weltweit Aufsehen erregte, als dort 1934 ein Attentäter Jugoslawiens König Alexander I. und Frankreichs Außenminister Louis Barthou erschoss, den die Ustascha Ante Pavelićs und mazedonische Revolutionäre entsandten. In der Zwischenkriegszeit war die Stadt von der Herrschaft des Korsen Simon Sabiani (1886–1956) geprägt. Ursprünglich Kommunist, wechselte er zur *Parti socialiste communiste* und agitierte angesichts der stärker werdenden Rechten – als Parallele zu Mussolini – zunehmend mit der Parole »Ordnung, Autorität, Nation«. Mit striktem Klientelsystem, Postenvergaben und engen Kontakten zur Unterwelt hielt er sich mit seinem »Marseiller Rathausfaschismus« an der Macht. Weil die Stadt seit dem Ersten Weltkrieg »in Frankreich den größten Anteil von Arbeitern und Immigranten« hatte, führte das immer öfter zu »Wellen von Fremdenfeindlichkeit« gegen ein als »Konzentrat des Südens« betrachtetes »ungewöhnliches Bevölkerungsgemisch«. Denn dieses »unfranzösische Gesindel« mache Marseille zum »gefährlichen Laboratorium der ethnischen Vermischung und der Zerstörung nationaler Werte«, so die weithin kolportierte Stigmatisierung der Stadt. Darauf eingehend, schloss sich Simon Sabiani der nationalistischen *Parti populaire français* des Hitler-Verehrers Jacques Doriot (1898–1945) an und wurde ein prominenter Kollaborateur, als die Pétain-Losung *»Travail, Famille, Patrie«* Brutalitäten der Okkupation überdecken sollte, auf eine faschistische »neue Ordnung« Europas setzend. Selbst im oft störrischen Marseille war Pétain »enthusiastisch empfangen« worden. Deswegen wurden aber vorsorglich Hunderte suspekte Personen einige Tage auf Schiffen kaserniert, darunter der Flüchtlingshelfer Varian Fry. Simon Sabiani entkam schließlich mit klerikaler Hilfe nach Argentinien und starb in einer Kolonie französischer Faschisten in Barcelona.[607]

Nach dem Krieg prägte der Bürgermeister Gaston Deferre (1910–1986) für dreißig Jahre die Kommunalpolitik, mit einer Allianz aus Sozialisten, Zentristen und Konservativen »als Bollwerk gegen die Kommunistische Partei«. Als kühnes Projekt des Neubeginns konnte Le Corbusier seine Unité d'Habitation errichten, eine auf Stützen stehende Wohnmaschine, die als Monolith kaum urbane Vernetzungen braucht (▸ ALGIER). Zu Marseilles Ruf einer unfranzösischen Stadt kam jener als Zentrum von Kriminalität, Prostitution, Glücksspiel, Schutzgeld, Drogen und für den »Frauenexport nach Lateinamerika« hinzu. Dieses Gangstermilieu hält Jean-Pierre Melvillles Film noir *Der zweite Atem* mit Lino Ventura präsent, der in *Armee im Schatten* auch Zwiespältigkeiten der Résistance thematisierte (Lino Ventura, Simone Signoret, Paul Meurisse). Auf Mafiabosse wie Paul Carbone (1894–1943) und François

607 Günter Liehr: *Marseille*, a. a. O., S. 53, 59, 94, 116ff., 119, 121, 126, 129, 137, 145, 163, 198

Spirito (1900–1967), enge Freunde des Faschisten Simon Sabiani, die schon »mit Waffenlieferungen an die Franco-Truppen« enorm profitiert hatten, bezog sich der Gangsterfilm *Borsalino* von 1970, mit Alain Delon und Jean-Paul Belmondo. In *The French Connection I+II* wiederum ging es um den Heroinhandel mit den USA, denn eine Zeit lang sollen »80 Prozent des US-Konsums« an Heroin aus den Labors von Marseille gekommen sein, »ausschließlich für den Export« hergestellt, was landesinterne Probleme vermied. Dies konterkarierend, erreichte die Grundmotivation in der Stadt ungeahnte Höhen, als der dubiose, mehrfach verurteilte Investor Bernard Tapie mit *Olympique Marseille* 1993 gegen den *AC Milan* sogar Europapokalsieger der UEFA-Champions League wurde. Diese Euphorie bestärkte das Projekt »Euroméditerranée«, »das größte Stadtentwicklungsvorhaben Europas«, wodurch Marseille, parallel zum damaligen Vorbild Barcelona, 2013 ebenfalls »Europäische Kulturhautstadt« wurde.[608] Neben der Sanierung der Innenstadt symbolisieren die signifikanten Bürotürme von Zaha Hadid und Jean Nouvel diesen erneuerten Willen zur Innovation.

Mit Blick auf das Mittelmeer wirkt die Geschichte der *Club Méditerranée* (*Club Med*) jedoch wie eine Parabel zur Kommerzialisierung einst als dezidiert alternativ geltender Initiativen. Denn er entstand 1950 als Alles-inklusive-Zeltlager auf Mallorca, gestartet vom Belgier Gérard Blitz (1912–1990) und dem Franzosen Gilbert Trigano (1920–2001), als preiswertes naturnahes Ferienangebot eines gemeinnützigen Vereins, bald mit Perlenketten als bargeldlosem Zahlungsmittel. Die Gründer waren in der Résistance aktiv gewesen, Trigano, aus einer jüdischen Kaufmannsfamilie Algeriens stammend, wurde dann Chefreporter der kommunistischen *L'Humanité*. Schließlich zur Aktiengesellschaft mit Beteiligung der Fiat-Familie Giovanni Agnellis geworden, gehört die *Club Méditerranée S. A.* mit 15.000 Beschäftigten aus 96 Ländern inzwischen einer chinesischen Investorengruppe. Für die problemlos touristisch erlebbare Entgrenzung und Vernetzung der Welt war der *Club Med* ein Pionier. Nur sei diese, so der britische Historiker

608 Günter Liehr: *Marseille*, a. a. O., S. 130, 131, 139, 227, 242f., 277 | Jean-Claude Izzo: *Die Marseiller Trilogie*, 3 Bände, Kriminalromane, Zürich 2013/15

David Abulafia sarkastisch, ohnedies längst »ein einziger großer Mittelmeerraum« geworden, mit sich immer weiter angleichenden Lebensweisen, was er auch der EU vorwirft, weshalb er sogar für den Brexit eintrat.[609] Durch diese Trennung bleibt paradoxerweise eine in der Europäischen Union nur in Irland und auf mediterranen Inseln, in Malta und Zypern, heimisch gewordene ›Fremdsprache‹, das Englische, ihre *Lingua franca*.

Vom Mittelmeer bis zu den Britischen Inseln, nach Island und ins heutige Dänemark gelangte als erster in die Annalen eingegangener Einzelgänger übrigens Pytheas von Massalia (ca. 380–310 v. u. Z.), ein Zeitgenosse Alexanders des Großen. Aufgebrochen vom heutigen Marseille, damals bereits ein Stützpunkt griechischer Seehändler, machen überlieferte Angaben über Orte, Zinnabbau oder Bernstein plausibel, dass er tatsächlich bereits so weit nach Norden vorgedrungen war. Europas erste Verbindung zum Christentum wiederum soll sich durch Maria Magdalena ergeben haben, die es, nach miterlebter Kreuzigung und Auferstehung vor Verfolgungen über das Meer flüchtend, mit ihrem Boot nach Saintes-Maries-de-la-Mer an der Rhône-Mündung verschlagen habe, wo sie dann als Einsiedlerin lebte. Präsent blieb diese Legende auch deswegen, weil sie seit langem manche Gläubige aufgrund später systematisch diskreditierter Quellen im Stillen sogar als geheime Ehefrau von Jesus und Mutter eines gemeinsamen Kindes betrachten, eine für die Kirche bisher undenkbare, zu vieles infrage stellende Version. Auch der Apostel Jakobus der Ältere soll dann früh in Spanien aufgetaucht sein, woran die Jakobswege nach Santiago de Compostela erinnern.

Gerade die Franken der Kreuzzüge – wie alle aus Europa Kommenden genannt wurden – exponierten sich im Auftrag von Päpsten schließlich kämpferisch zum Schutz heiliger Stätten, agierten aber dort wie rücksichtslose Kolonialherren. Frankreich wurde auch oft Vertragspartner des Osmanischen Reichs, wenn es der Machtbalance in Europa diente. In Syrien und im Libanon war es früh einflussreich und zeitweilig Mandatsmacht. Napoleons als Zivilisierungsmission gedachte Ägypten-Expedition

609 David Abulafia: *Das Mittelmeer*, a. a. O., S. 810

hatte Sichtweisen verändert. Die ›Integration‹ Algeriens ab 1830 endete jedoch 1962 nach langen Kämpfen als beidseitig traumatisches Desaster. Frankreichs Weltmachtambitionen hatten sich zwar nach dem Verlust Neufrankreichs in Kanada 1763 und dem Verkauf der riesigen Louisiana-Gebiete 1803 an die USA auf das Mittelmeer, auf Afrika und Indochina orientiert, die von ihm beanspruchte frankophone Zivilisierung ergab jedoch ebenso langwierige Konflikte wie im eher handelsorientierten British Empire. Dass einmal zwischen Tanger, der Levante und Kleinasien auch weit über eine Million Franzosen lebten und Tausende Spanier, Italiener, Juden, Griechen, Engländer, Malteser, Armenier wichtige zivile Akteure waren, macht deutlich, welche Chancen auf eine integrative Mittelmeerkultur in Kolonialzeiten ruiniert wurden. Denn sich unter Gleichberechtigten zu integrieren, ist bestenfalls eine Zeit lang regional zustande gekommen, aber dann durch neue Nationalismen fast überall obsolet geworden.

Für einen Freigeist wie Paul Valéry (1871–1945) war Frankreichs mediterrane Küste seine »Ursprungslandschaft«, weil er dort in der Hafenstadt Sète »an einem Punkt zur Welt gekommen« war, den er sich »auch selber ausgesucht hätte«. Mit vielen Texten und als Leiter des *Centre Universitaire Méditerranéen* in Nizza gehörte er wie Fernand Braudel (1902–1985) zu den besonders markanten Stimmen, die sich ein Europa ohne engste mediterrane Beziehungen nicht vorstellen konnten. In seiner Begeisterung noch nicht durch Nachkriegsentwicklungen irritiert, waren für ihn die großen Zusammenhänge relevant als ständige kulturelle Interaktion, deren Fruchtbarkeit wirksamer blieb als Kriege, Krisen und religiöse Abgrenzungen. Zwar meinte Paul Valéry provokant, Europa sei »gleichsam ein Kap der alten Welt, ein westlicher Ausläufer Asiens«, blicke aber deswegen von Natur aus nach Westen. Im Süden jedoch »grenzt es an ein ruhmreiches Meer«, von dem die »Entfaltung dieses europäischen Geistes« ausgegangen ist. Das müsse für Europas Perspektiven stets relevant bleiben, denn »alle Völker, die an seine Küste kamen, haben sich durchdrungen; sie haben Waren und Hiebe getauscht, haben Häfen und Kolonien gegründet, in denen nicht nur Handelsgüter, sondern auch Religionen, Sprachen, Sitten, technische Errungenschaften ausgetauscht wurden. Ja, schon lange ehe Europa das uns bekannte Aussehen annahm, hatte sich im östlichen Becken des Mittelmeeres eine Art Voreuropa entwickelt. Ägypten, Phönizien waren sozusagen Vorformen der Kultur, für die wir uns entschieden haben. Dann kamen die Griechen, die Römer, die Araber, die iberischen Völker.« Auch »die Kelten, die Slawen, die germanischen Völker verspürten den Zauber dieses vornehmsten der Meere.«[610]

Es als Transferfläche ausstrahlender Städte zu sehen, weist zurück bis zu Herodot, wie eingangs betont, dem noch keineswegs klar war, »warum man eigentlich den Erdteilen« rund ums Mittelmeer, »die doch ein zusammenhängendes Land sind, drei Namen gibt«.[611] Globale kulturgeschichtliche Parallelen machen bereits die grandiosen Felsbilder der Höhlen dieser Regionen anschaulich. Die bis zu 30.000 Jahre alten in der Henri-Cosquer-Höhle bei Marseille wurden erst 1985 bei Tauchgängen entdeckt. Ihr Eingang liegt heute 37 Meter unter dem Meeresspiegel. Der Besuch ist strengstens untersagt.[612]

Wie als kulturpolitische Bestärkung einer vor allem ideell zu aktivierenden *Union für das Mittelmeer* steht nun am alten Hafen Marseilles das als französische Abkürzung *MuCEM* genannte *Museum der Zivilisationen Europas und des Mittelmeers*. Auf eine ferne Zukunft verweist, dass in Cadarache im Hinterland der Stadt, das als gewagt geltende ITER-Projekt eines EU-Konsortiums die Kernfusion als fast unerschöpfliche Energiequelle erschließen soll …

610 Paul Valéry: *Werke*, a. a. O., Band 7, Seite 43f., 453
611 Herodot: *Historien*, a. a. O., S. 269
612 Jean Clottes, Jean Courtin: *Grotte Cosquer bei Marseille. Eine im Meer versunkene Bilderhöhle*, Sigmaringen 1995

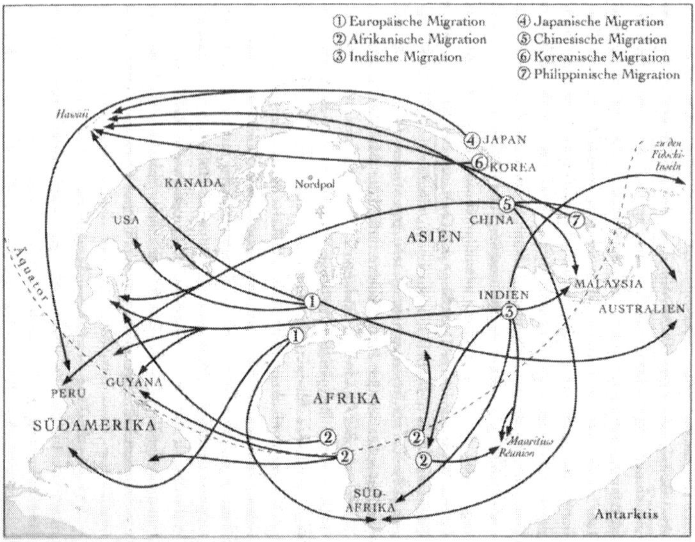

Globale Migration
Michael North: *Zwischen Hafen und Horizont. Weltgeschichte der Meere*, München 2016

ALLE MENSCHEN SIND FREI UND GLEICH
AN WÜRDE UND RECHTEN GEBOREN.
SIE SIND MIT VERNUNFT UND GEWISSEN
BEGABT UND SOLLEN EINANDER IM
GEISTE DER BRÜDERLICHKEIT BEGEGNEN.

ART. 1 DER ALLGEMEINEN ERKLÄRUNG DER MENSCHENRECHTE.

GLOBALE MOBILITÄT?

GLOBALE FLÜCHTLINGSZAHLEN. 2013 waren laut dem Flüchtlingskommissariat der Vereinten Nationen UNHCR 51,2 Millionen Menschen auf der Flucht, davon 33,3 Millionen im eigenen Land. Ende 2014 war ihre Zahl auf 59,9 Millionen gestiegen. 38,2 Millionen Personen davon wurden innerhalb ihres Heimatstaates vertrieben. Ende 2015 gab es weltweit 65,3 Millionen, ein Jahr später 65,6 Millionen Flüchtende. Davon waren 2015 40,8 Millionen, 2016 40,3 Millionen innerhalb des eigenen Landes auf der Flucht, die meisten anderen flohen in Nachbarstaaten. Ende 2018 gab es 70 Millionen Flüchtlinge – die höchste erfasste Zahl seit dem Zweiten Weltkrieg.

MIGRATION. 2017 lebten 257,7 Millionen Menschen in Staaten, in denen sie nicht geboren wurden. Als höchste Zahl entfielen auf die Vereinigten Staaten 49,8 Millionen Migranten, gefolgt von Saudi-Arabien und Deutschland mit jeweils 12,2 Millionen und Russland mit 11,7 Millionen Migranten. Der Staat mit der größten Zahl Auswanderer im Jahr 2017 war Indien (16,6 Millionen), gefolgt von Mexiko (13 Millionen), Russland (10,6 Millionen), China (10,0 Millionen) und Bangladesch (7,5 Millionen).

VERNETZUNG. Version 6 des Internetprotokolls stellt derzeit 10^{38} Internetadressen zur Verfügung (100 Sextillionen), womit theoretisch jedes Atom jedes Menschen auf der Welt eine eigene vernetzbare Adresse haben könnte.

REISEFREIHEIT. 2018 wurden nach Angaben der UNWTO über 1,4 Milliarden weltweite grenzüberschreitende Reiseankünfte gezählt. 1950 waren es 25 Millionen. 2018 verzeichnete allein Deutschland 222,5 Millionen Flugpassagiere. Bis 2037 seien weltweit 8,2 Milliarden Flugpassagiere zu erwarten …[613]

613 Wikipedia: Fluchtbewegung, Migration | IPv6 Internet Protocol Version 6 | Statistiken zum Tourismus weltweit

EUROPÄISCHE LEBENSWEISE …

Als Ausklang dieser Recherchen ist daran zu erinnern, dass jeder Mensch von sich aus Europäerin, Europäer, also »in Europa« sein kann, »ohne auf dem Territorium eines europäischen Nationalstaates leben zu müssen«, so die beispielhaft anzuführende philosophische Überzeugung von Jacques Derrida (1930–2004), der aus Algerien stammte.[614] Mit geografischer Herkunft habe das nichts zu tun, weil es vor allem um anzueignende Einstellungen zu jenen kollektiven demokratischen Freiheiten geht, die Europa und seine entwicklungsfähige Unbestimmtheit eben besonders attraktiv machen. Dem würde der langjährige Präsident der EU-Kommission aus Luxemburg Jean-Claude Juncker sicher zustimmen, lehnt er doch die weithin kursierende Vorstellung dezidiert ab, »dass die europäische Lebensweise der Emigration entgegengesetzt ist«, denn »die Akzeptanz von Menschen, die aus der Ferne kommen, ist Teil der europäischen Lebensweise«. Dem EU-Parlament sagte er 2019 zum Abschied: »Bekämpfen Sie den dummen Nationalismus!«[615] Für Navid Kermani wiederum, der mit iranischen Eltern in Deutschland zum einflussreichen Autor wurde, ist unabdingbar: »Ein Europa, das sich verschließt, ist kein Europa mehr.«[616]

Schon deshalb ist es absurd, Europa ohne das Mittelmeer zu denken, was sich aber wegen der vielen Flüchtlinge verfestigt hat. Riskiert wird sogar, durch immer rigidere Verfahren und eine Seerettung limitierende maritime Abschottung seine Weltoffenheit drakonisch einzuschränken, obwohl es nur marginal von den weltweiten und vermutlich auch künftigen Fluchtbewegungen betroffen ist, wie nebenstehende Daten belegen. Bei den innenpolitisch so dominierenden Debatten dazu werden die Realitäten

614 Jacques Derrida, in: Jürgen Habermas, Jacques Derrida: *Philosophie in Zeiten des Terrors*, Hg.: Giovanna Borradori, Berlin 2004, S. 155

615 Jean-Claude Juncker, *Falter*, Wien, Nr. 38/2019 (Franz Kössler) | Medienberichte

616 Navid Kermani: Nach Europa. Rede zum 50. Jahrestag der Wiedereröffnung des Burgtheaters in Wien, Zürich 2005, S. 46

globaler Migration jedoch ostentativ ausgeblendet – als kollektive Weltfremdheit, so als ob sich das beenden ließe. Denn Migration wird es geben, solange bei Lebenschancen krasse Ungleichheiten bestehen, primär abhängig vom Geburtsort, Status und Vermögen der Eltern. Asyl wiederum machen Kriege und Katastrophen weiter notwendig, sofern Menschenrechte überhaupt relevant bleiben. Wie sehr das seit jeher die Welt prägt, zeigt die Grafik am Beginn dieses Abschnitts. Würden außer Flüchtlingen und Emigranten auch die Millionen Sklaven aus Afrika, transferierte Indigene und Kontraktarbeiter ausgewiesen, ergäbe das in jeder Phase drastische Gegenbilder zu auf Sesshafte fixierten Vorstellungen. Gründlichere Einsichten und Initiativen dazu sind so überfällig wie beim Klimaschutz. Global bleibt die interne Freizügigkeit der EU zwar eine Utopie, aber gerade deshalb sind für sie faire Asyl- und Einwanderungsregeln als globales Modell unabdingbar.

Denn die vom Internet forcierte Mobilität gilt zwar fast grenzenlos für Informationen, Kapital, Waren und Dienstleistungen, nicht jedoch für Personenfreizügigkeit – als markantes Strukturmerkmal einseitiger Regulierungen, die beim internationalen Arbeitskräfteaustausch »total versagt« haben (Eric J. Hobsbawm). Kamen in den beiden Dekaden vor 2000 weitere 22 Millionen Einwanderer in die USA, nach Kanada und Australien, hatten auch Europa »im 19. Jahrhundert und bis zum Ersten Weltkrieg« über 50 Millionen Menschen verlassen, als kaum je infrage gestellte Ausbreitung ihrer Dominanz.[617] Damals versuchten auch »mehr als 29 Millionen Inder und 19 Millionen Chinesen in Ländern um den Indischen Ozean und im Südpazifik« einen Neubeginn.[618] Für Personen gab es noch Anfang des 20. Jahrhunderts kaum Grenzformalitäten, selbst bei Emigrationswellen nur punktuell, wie bei den zunehmend kulturell orientierten Selektionen auf Ellis Island vor New York City. Ob nach Indien oder in die USA, »jeder ging, wohin er wollte, und blieb, solange er wollte«, so Stefan Zweigs *Erinnerungen eines Europäers*, »ohne einen Pass

617 Eric J. Hobsbawn: *Nationen und Nationalismus*, a. a. O., S. IX, XII | Saskia Sassen: *Migranten, Siedler, Flüchtlinge*, a. a. O., S. 58

618 Jürgen Osterhammel: *Die Verwandlung der Welt*, a. a. O., S. 249, 781

zu besitzen oder je einen gesehen zu haben«, allerdings vieles rückblickend verklärend, weil er meinte, »vor 1914 hatte die Erde allen Menschen gehört«.[619] Dabei gilt global weiterhin »ein Zwei-Klassen-Menschenrecht«, so etwa der Historiker Philipp Blom insistierend. »Wer im reichen Westen geboren ist, hat einfach mehr Rechte, mehr Freiheiten, mehr Chancen – und das auch auf Kosten anderer.«[620] Am Mittelmeer wird das derzeit krass erkennbar, obwohl Europa von dort aus Gestalt angenommen hat. Menschen von jenseitigen Küsten gelten nun vielen als zu fremdartig, obwohl es abwegig ist, so zum Beispiel der indische Nobelpreisträger Amartya Sen, Personen »nach den Kulturen zu klassifizieren, denen sie angeblich ›angehören‹«, da dies jede Individualität oder »die Bedeutung von nichtreligiösen Werten« negiert, so als ob Kultur »etwas Gleichbleibendes« wäre.[621] Überdies war die gemeinsame Geschichte im Mittelmeerraum nie so exzessiv gewaltsam wie am Kontinent selbst, wo politischer Extremismus so zerstörend wirkte wie kaum sonst wo. Deshalb müsste das »kosmopolitische Europa« als Fortsetzung »der europäischen Aufklärung«, so der Soziologe Ulrich Beck (1944–2015), »ein Projekt des Widerstandes« bleiben, da es »nach dem Zweiten Weltkrieg politisch bewusst als Antithese zum nationalistischen Europa und seiner moralischen und physischen Verwüstung« begründet wurde.[622] Ausgrenzende nationale Identitäten und Mythen liefern jedoch weiter politischen Konfliktstoff, aber auch Weltoffenheit ist leicht als unverbindlich zu diskreditieren. Konkreter wird es, so der Philosoph Kwame Anthony Appiah, wenn mit Kosmopolitismus nicht bloß eine internationalisierte, hinreichend liberale Lebensweise gemeint ist, sondern vor allem »eine Haltung Fremden gegenüber, die man als Mitbürger sieht, nicht so nah wie unsere Familie, auch nicht

619 Stefan Zweig: *Die Welt von gestern. Erinnerungen eines Europäers*, Frankfurt am Main 2007, S. 463

620 Phlipp Blom: Festrede zur Eröffnung der Salzburger Festspiele, 27. Juli 2018, *Der Standard*, Wien, 28. Juli 2018

621 Amartya Sen: *Die Identitätsfalle. Warum es keinen Krieg der Kulturen gibt*, München 2007, S. 54, 56, 89

622 Ulrich Beck: *Der kosmopolitische Blick oder: Krieg ist Frieden*, Frankfurt am Main 2004, S. 252f.

so nah wie unsere Nachbarn, auch nicht so nah wie die eigenen Landsleute. Aber eben auch nicht so fern, dass ihr Schicksal uns gleichgültig bleiben könnte«, was jedoch ein »Imperialismus der Identitäten« häufig außer Kraft setzt.[623] Dabei müsste nach den Aufklärungsprinzipien jedes Menschenleben gleichwertig sein – trotz des Dilemmas von Rettungspriorität in Krisensituationen.

Um dennoch positive Perspektiven präsent zu halten, wurde hier primär zu Perioden nachgeforscht, in denen Menschen verschiedener Herkunft rund ums Mittelmeer ein halbwegs tolerantes Zusammenleben möglich war, bis ein Ausgrenzungsdruck zunahm. Denn eine selbstverständliche, weltoffene Urbanität zu erhalten, hängt – wie deren Destruktion – von materiellen Bedingungen und sich in sozial komplexen Konstellationen durchsetzenden Einstellungen ab. Resümierend vergleichen lässt sich das nur bedingt. Denn Auslöser für in Zerstörung und Fremdenhass umschlagende Animositäten sind oft nicht vorherzusehen. Allein mit Varianten von Nationalismus, Rassismus, Klassenkampf, Habgier oder Religion sind sie kaum begründbar. Aber ein Ablehnen oder Vertreiben als fremd Geltender hat Gesellschaften fast durchwegs durch Verhärtung geschadet. Kommen »Fremde« in großer Zahl, bedeutet es jedoch noch keine »Bereicherung für alle«, so der Migrationsforscher Paul Scheffer, da die Situation beidseitig »ein Gefühl des Verlustes, das Gefühl, eine vertraute Welt zu verlieren«, auslösen kann. Nach Phasen der Kontaktvermeidung und ersten Konflikten brauche es »Versuche der Verständigung« und Varianten des Zusammenlebens, damit Fremde nicht zum »passivsten und abhängigsten Teil« werden. Da es um die Reaktion der »Gesellschaft als Ganzes« gehe, scheiterte zuletzt »kein einziges Beispiel von Massenmigration«, so dessen Analyse.[624]

Auch die Kulturwissenschaftlerin Aleida Assmann will den Begriff Nation nicht einer gegen Fremde gerichteten Agitation überlassen, da es für Zugehörigkeit weiterhin kaum Alternativen

623 Kwame Anthony Appiah: »Privilegiert zu sein ist keine Straftat«, Gespräch mit Ijoma Mangold, *Die Zeit*, Hamburg, Nr. 39/2019, 24. September 2019

624 Paul Scheffer, in: Isolde Charim, Gertraud Auer Borea (Hg.): *Lebensmodell Diaspora*, a. a. O., S. 85ff.

gebe.[625] Im Land geboren zu sein ist kein Kriterium. Entscheidend sind für die Vielfalt aller Einwohner offene *liberale* Demokratien, was die Rede vom Neoliberalismus begrifflich verwirrt hat. Deren offensive Gegner sind die eigentlichen, integrationsunfähigen Fremden, solange sie ein Zusammenleben mit Andersdenkenden – und Zugewanderten – verweigern. Zwischen nationaler Hysterie und ebenso verbreiteter Staats- und Systemverachtung sind solidarisch mitgestaltbare Freiräume und Chancen für Eigenes essenziell: als durch genauere Kenntnis fundierter kritisierbare, vom sozialen Umfeld geprägte, oft bloß temporäre Heimat, von der es – geografisch oder ideell – mehrere geben kann. Erst engagiertes Reformstreben konstituiert von Obrigkeitsangst freie *Citoyens* – als Verbesserungen anstrebender Verfassungspatriotismus.

Wird statt des Rechtsstaats die Nation zum Heimatersatz stilisiert, »beginnt die Ideologie« (Ulrike Guérot). Da jede Gemeinschaft, so Benedict Anderson (1936–2015) in *Die Erfindung der Nation*, »eine vorgestellte politische Gemeinschaft« ist, »vorgestellt als begrenzt und souverän«, nichts von Natur oder spirituell Vorgegebenes, wie es Identitätsideologien unterstellen, sollten sich Konzepte in Richtung »Nation Europa« und »Republik Europa« öffnen. Im Kern gehe es um »Staatsbürgergemeinschaft« als »institutionalisierte Solidarität« (Marcel Mauss), »ethnisch neutralisiert«. Wegen absehbarer Primäridentifikationen könnte letztlich sogar »ein globales Netzwerk aus Städten [und ihrem Umland] die heutigen Nationen ablösen«, so Ulrike Guérot, für kühnere EU-Perspektiven argumentierend.[626] Auch für die EU müsse vieles konkreter werden, so Aleida Assmann in *Der europäische Traum*, nur versäumte ihr zufolge der Staatenverbund bislang,

625 Aleida Assmann: Die Wiederaneignung der Nation. Erinnerung, Identität, Gefühle, Vortrag am 15. Oktober 2019 in Wien, Institut für die Wissenschaft vom Menschen

626 Benedict Anderson: *Die Erfindung der Nation. Zur Karriere eines folgenreichen Konzepts*, Frankfurt–New York 1996, S. 15 | Ulrike Guérot: *Was ist die Nation?*, Göttingen 2019, S. 25, 48, 59, 125, 159, 176 | *Warum Europa eine Republik werden muss! Eine politische Utopie*, Bonn 2016 | Ulrike Guérot, Verena Humer, Robert Menasse, Milo Rau (Hg.): *The European Balcony Project or The Emancipation of the European Citizen*, Berlin 2020

»sich als eine vorgestellte Gemeinschaft zu konstituieren und ein klar kommunizierbares Selbst- und Leitbild zu erfinden«. Dieses setze »eine europäische Verständigung« über Geschichte und deren Nachwirkungen voraus, als »gemeinsames Wissen von der doppelten Gründung Europas, zuerst nach 1945 aus der Zerstörung durch den Zweiten Weltkrieg und der Ermordung der Juden und später nach 1989 aus weiteren 40 Jahren Sowjetdiktatur«. »Der europäische Traum ist damit eine Antwort auf den Alptraum von Krieg, Zerstörung und Menschheitsverbrechen und beruht auf der Überzeugung, dass die europäischen Staaten gemeinsam in der Lage sind, diese Vergangenheit zu überwinden und die wachsenden Herausforderungen der Gegenwart und Zukunft zu bestehen.«[627]

Die ungarische Philosophin und vehemente Orbán-Kritikerin Ágnes Heller (1929–2019) wiederum warnte im letzten Interview vor ihrem Tod insistierend vor zu Patriotischem. Denn »ethnischer Nationalismus führt immer zu Krieg«. Öffentlich geläufiger sollte sein, dass Europa »den Universalismus erdacht« hat – »das heißt, alle Menschen sind gleich und frei geboren«. Es habe aber auch »den ethnischen Nationalismus erfunden, der das eigene Volk über die anderen stellt. Diese zwei Grundgedanken können gegeneinander ausgespielt werden. Diese Situation haben wir jetzt. Ein Paradox. In der französischen Konstitution von 1791 heißt es, alle Menschen sind frei geboren, daher gibt es Menschenrechte, *les droits de l'homme*. Daneben ist auch von Staatsbürgerrechten, *les droits du citoyen*, die Rede. Man hat nicht gedacht, dass Menschenrechte und Staatsbürgerrechte einander widersprechen können. Jetzt ist das der Fall. Diesen Konflikt muss man austragen, ohne eines der beiden zu opfern«, um »Europa als eine Einheit liberaler Demokratien« zu stärken. Denn nur »in einer liberalen Öffentlichkeit«, so auch Carolin Emcke in ihrem Buch *Gegen den Hass*, »bleibt der Raum für Widerspruch, für Selbstzweifel und auch Ironie als Genre des Uneindeutigen erhalten«.[628]

627 Aleida Assmann: *Der europäische Traum*, a. a. O., S. 75, 77f., 80, 81 | *Menschenrechte und Menschenpflichten. Schlüsselbegriffe für eine humane Gesellschaft*, Wien 2018

628 Ágnes Heller im Gespräch mit Sophie Menasse, *Der Standard*, Wien, 28. September 2019 | Carolin Emcke: *Gegen den Hass*, Frankfurt am Main 2016, S. 183

Eine prosperierende, vieles ausgleichende Friedenszone wie die Europäische Union gelang an ihr gegenüberliegenden Küsten jedoch nicht einmal in Ansätzen. Denn »die Zerschlagung des Osmanischen Reiches«, so Wolfgang J. Mommsen, »hat Folgen gehabt, die bis heute die Weltpolitik in bedenklicher Weise beeinflussen«, da das »einseitig den Interessen der westlichen Welt« diente. »Zu einer wirklichen politischen Emanzipation der arabischen Welt kam es nicht.«[629] Relevant bleibt, dass die Gründungsmitglieder der späteren EU außer Luxemburg Küstenländer sind, aber nur Frankreich und Italien Mittelmeeranrainer. Glaubwürdiger wurde Europa erst, als jene Mächte, »die zuvor für ein halbes Jahrtausend die Welt beherrschten«, so Timothy Snyder, »dazu gezwungen waren, sich nach Europa zurückzuziehen, wo sie etwas Neues erschufen«.[630] Teile Osteuropas wurden trotz mentaler Spaltungen halbherzig integriert. Auch der Europarat wirkt primär nach Osten, mit der Ukraine, Moldau, Russland, Armenien, Georgien und Aserbeidschan als Mitgliedern, am Mittelmeer aber nur mit der Türkei, so als ob es dort ansonsten aussichtslos wäre. Weil die EU wie kaum eine Weltgegend von Krisenzonen umgeben ist, in Nordafrika, der Levante, der Ukraine, bleibt diffus, inwieweit dortige Krisen als neue Annäherung überwindbar sind. Als spiegelbildlicher Kontrast dazu hat aber auch die EU mit Destruktionskräften zu kämpfen, wenn rechte, destabilisierende Revolten anstrebende Kräfte und zunehmender Nationalismus ohne markante Kontrapositionen weiter Rückhalt bekommen. Den Mittelmeerraum in EU-Perspektiven einzubeziehen wird umso relevanter, wenn sich Atlantik- und NATO-Beziehungen als unzuverlässig herausstellen. Aber trotz vieler, allerdings öffentlich kaum vermittelter, Projekte erreichte selbst die *Union für das Mittelmeer* bisher wenig. Dabei sollte dieses »bis ins Jahr 2020« (!) »zum saubersten Meer der Welt« werden und bald eine Zone »des Friedens und der Stabilität«, des »gemeinsamen Wohlstands und der Förderung des gegenseitigen Verständnisses unter den Völkern der Region«.[631]

629 Wolfgang J. Mommsen: *Der Erste Weltkrieg*, a. a. O., S. 11f.
630 Timothy Snyder: Judenplatz 1010. Eine Rede an Europa, a. a. O.
631 Simone Höllmüller: *Barcelona-Prozess*, a. a. O., S. 6, 16, 18

»Über alle Grenzen hinweg ziehen Millionen Menschen vom Land in die Städte. Von ihnen hängt unsere Zukunft ab.«
Dough Saunders: *Arrival City*, München 2011

URBANITÄT

Von den zwanzig in diesem Band kommentierten Hafenstädten an Mittelmeer und Schwarzem Meer, in denen 40 Millionen Menschen leben, liegen zwölf in Europa, einschließlich Istanbuls (was bisweilen verdrängt wird), acht an ihm gegenüberliegenden Küsten, davon drei in Asien und fünf in Nordafrika. Fest steht, dass sich die ökonomischen Sphären vom Meer der Antike zum Atlantik verschoben haben, ab 1600 nach Amsterdam, nach London, New York und nun weiter nach Ostasien. Als Teil und Gegenüber Europas bleiben diese Landschaften und Städte mit ihren Atmosphären als Kontrast zu Gewohntem für jedes Welterlebnis essenziell, auch wenn viele Zonen längst durch Devastierung und Tourismusanlagen im Wortsinn verfremdet sind. In welchem Maß diese vielfältige, für Europäisches grundlegende mediterrane Urbanität dann doch oft unter Ausgrenzungsdruck geriet, wie heute häufig auch anderswo, wird hier nochmals resümierend kommentiert.

Denn gerade der fruchtbare Mittelmeerraum, Europas ursprüngliche Basis, verlor seit Generationen Millionen Auswanderer, was bewusst machen kann, wie drastisch sich Bedingungen ändern und wo davon profitiert wird. Städte wiederum, stets als Möglichkeitsorte geltend, bilden sich ihrerseits durch ständige Migration. Als Häfen begünstigen sie darüber hinaus Erfahrungen mit Grenzenlosigkeit. Weil in Städten auch »Machtlose Geschichte schreiben«, kann die Straße dort ein exemplarischer »Ort des bürgerschaftlichen und politischen Wandels« sein, als konkreter öffentlicher Raum für Artikulationen. Hier kann gefordert werden, was durch Wahlen, Parlamente oder Rechtsprechung unerreichbar scheint, wie Saskia Sassen zur Straßenöffentlichkeit konstatiert. Sogar »die Grenzen der überlegenen militärischen Macht« werden aufgezeigt. Ermöglichen Stadträume jedoch nicht »eine Art kollektives Lernen über Vielfalt«, können sie unvermutet »zu Orten mörderischer Attacken« werden. Deshalb treten derzeit immer mehr Städte gegen eine populär gewordene nationale »Politik der Abschreckung« auf, Gestaltungsfreiräume von Kommunen für schutzbedürftige Fremde nutzend: *Cities of Refuge* wie Barcelona, Palermo (*Charta von 2015*), *Solidarity Cities*, das *Intercultural Cities Programme* von über hundert Städten.[632]

In der über Jahrhunderte dominierenden Mittelmeermetropole Konstantinopel/Istanbul zeigte sich besonders drastisch, dass sie ihre nationale Harmonisierung nach 1918 »arm und provinziell« machte, waren doch »multiple Identitäten« davor »zur Essenz der Stadt« geworden. Keine Großstadt Europas hatte bis dahin »eine solche Transformation« ihrer zuvor so vielfältigen Bevölkerung erfahren. Denn es gab um 1900 erstmals, seit Muslime herrschten, »wieder eine christliche [europäisch orientierte] Mehrheit«, auch weil »etwa 100.000 Immigranten aus Westeuropa« zugezogen waren.[633] Damals lebten dort »43 Prozent Muslime, meist Türken, je 17 Prozent Griechen und Armenier, 5 Prozent Juden und 16 Prozent fremde Untertanen«, mehrheitlich Griechen mit eigener Staatsbürgerschaft.[634]

Alexandria wiederum hatte in der Moderne sein »goldenes Zeitalter von 1860 bis 1960«. Durch Zehntausende Zuwanderer aus Europa und osmanischen Provinzen gehörte es »eher zur Mittelmeerkultur als zur Islamischen Welt«.[635] Der militanter werdende Nationalismus hat es dann »eines Teils seiner Substanz beraubt. Zum einen finanziell, aber auch an Menschen, und das waren nicht nur die Besitzenden. Griechen, Italiener, Franzosen, Malteser, Briten zu Tausenden, all die Minderheiten«, die wegmussten, vor allem auch Zehntausende Juden, bis hin zum armenischen Schneider und italienischen Zahnarzt. Das Land war zwar »unabhängiger, aber auch härter, ärmer und feindseliger geworden«. Allzu vieles ging verloren: »Das Seidengespinst, das sich Schicht für Schicht in dieser Stadt abgelagert hatte, all die Farben, ein buntscheckiges, zerbrechliches Gewebe. Eine Wirklichkeit aus Fleisch und Stein, ein Schmelztiegel, der unsere ganze Sehnsucht

632 Saskia Sassen: Die Globale Straße. Zur Erzeugung des Politischen; Margit Mayer: Chancen und Grenzen der *Solidarischen Stadt*, in: Ayse Caglar (Hg.): *Urbaner Protest. Revolte in der neoliberalen Stadt*, Wien 2019, S. 61ff., 143ff.

633 Philip Mansel: *Constantinople*, a. a. O., S. 49, 424

634 *Meyers Großes Konversationslexikon*, Leipzig–Wien 1905

635 Philip Mansel: *Levant*, a. a. O., S. 261, 290

nach Öffnung und Vermischung mit anderen aufnahm, in dem sich unsere Toleranz entwickelt hatte.«[636]

Als Saloniki, ebenso exemplarisch für eine über Jahrhunderte selbstverständliche Diversität, durch den Balkankrieg von 1912 zu Griechenland kam, lebten in der Region vor allem Slawen (550.000), Türken (330.000), Griechen (170.000), Juden (56.000), Walachen (27.000) und muslimische »Zigeuner« (22.000), ferner Albaner, Bulgaren, Serben und Armenier. Die über 100.000 Einwohner der Stadt selbst waren zur Hälfte Juden.[637] Um diese unverzüglich griechisch zu machen, wurden bis auf ein historisches Relikt alle 26 Minarette zerstört. Muslime mussten schließlich fortziehen. Als größte jüdische Stadt am Mittelmeer war sie »Zentrum ihres kulturellen und intellektuellen Lebens«, bis deutsche Truppen das Land besetzten und 45.000 Jüdinnen und Juden in Auschwitz ermordet wurden – als entsetzliches Ende legendärer Urbanität.

In seiner kosmopolitischen Blütezeit um 1900 lebten im zum türkischen Izmir gewordenen Smyrna 135.000 Griechen, 75.000 Muslime, 35.000 Juden, 10.000 Armenier, 6.500 Italiener, 2.500 Franzosen, 2.200 Österreicher, 1.500 Engländer (meist Malteser) und 210 Deutsche. Es hatte eine vielsprachige Presse, griechische, französische, armenische, englische und deutsche Schulen, 42 Moscheen, 22 griechische, katholische, protestantische und armenische Kirchen und 5 Synagogen.[638] Dieses urbane Leben endete in der nationalistischen Katastrophe des griechisch-türkischen Krieges von 1922, als die Stadt in Flammen aufging und die meisten am Hafen eingekesselten Menschen umkamen.

Entwickelte sich vom Kriegshafen Sewastopol aus die Krim zu einer kosmopolitischen Côte d'Azur, blieb Odessa weithin ein Sonderfall, weil es 1794 ausdrücklich als neue Stadt für Fremde gegründet worden war. Selbst die ersten drei Statthalter und Gouverneure waren Ausländer. Von den 400.000 Einwohnern um 1900 sind nur knapp die Hälfte Russen gewesen (nach damaliger Definition), ein Drittel waren Juden, neun Prozent Ukrainer, vier Pro-

636 Selim Nassib: Stern des Orients, a. a. O., S. 189, 190
637 *Meyers Großes Konversationslexikon*, Leipzig–Wien 1902
638 *Meyers Großes Konversationslexikon*, Leipzig–Wien 1909

zent Polen, drei Prozent Deutsche, vier Prozent anderer Herkunft, vor allem Griechen, Armenier, Franzosen, Tataren, Weißrussen. Für größere Sprachgruppen gab es eigene Schulen, seit 1865 eine Universität und ein Opernhaus. In der jüdischen Folklore war »Wie Gott in Odessa leben« ein geflügeltes Wort.[639] Das endete abrupt mit der Machtübernahme der Bolschewiken und ihrem »Hass auf die Intelligenzija«, auf Juden, auf jede Privatinitiative mit den deutschen Gräueln als weiterem Fanal.[640]

Dubrovnik wäre noch 1991/92 fast von nationalistischem Furor zerstört worden. Deutlicher als in anderen Mittelmeerhäfen Europas musste in Triest »die Idee des Nationalismus fremd erscheinen«, war es doch als zentraler Hafen Österreich-Ungarns, »a city of the world«.[641] Slowenen, Italiener, Ladiner, Friauler, Kroaten wanderten aus dem Umland zu. Aus Österreich, Deutschland und der Schweiz Gekommene waren so prominent vertreten wie Griechen, Levantiner und Juden. Erst der offensive Italianità-Nationalismus und der Anschluss an Italien beendeten 1918 diese Weltoffenheit. Ursprünglich war die ganze Stadt auf der Flucht, denn 1382 hatte Österreichs Herzog Leopold III. »die freiwillige Unterwerfung« von Triest angenommen, das sich unter den Schutz eines größeren Staatsverbandes stellen wollte.[642]

Venedig hatte als »Europas erste tatsächliche Kolonialmacht« trotzdem von früh an »seriös und kontinuierlich mit islamischen Ländern zusammengearbeitet«. Aus Staatsräson blieben Ämter Venezianern vorbehalten. In seinen Erfolgszeiten war es weltweit der einzige Staat, »dessen Regierungspolitik ausschließlich ökonomische Interessen verfolgte«.[643] Stadtstaaten passten jedoch ab 1800 nicht mehr zur imperialen Neuordnung Europas. Weit »moderner als Venedig« war sein Konkurrent Genua, die »kommerziell aktivste Metropole der Vormoderne«, im 16. Jahrhundert für Europa »die reichste Stadt der Welt«. Auf Dauer Venedigs staatlich-byzantinischer Tradition überlegen, machten es der zugelassene

639 Steven J. Zipperstein: *The Jews of Odessa*, a.a.O., S. 1, 32
640 Emma Goldman: *Gelebtes Leben*, a.a.O., S. 966
641 Jan Morris: *Trieste*, a.a.O., S. 115, 129, 132f.
642 Wikipedia: Triest
643 Roger Crowley: *City of Fortune*, a.a.O., S. 242, 243, 373f.

»Individualismus seiner Entscheidungsträger und ihre vielfältigen Interessenslagen« zum »Vorläufer für die moderne Idee des freien Kapitalismus und der Marktwirtschaft«.[644] Heute prosperiert es wie das von Zuwanderung geprägte Marseille, das 1940 zur Flüchtlingsstadt wurde, und wie Barcelona, einst im Bürgerkrieg Stützpunkt der republikanischen Internationalen Brigaden. Das vernachlässigte Neapel, im 17. Jahrhundert größte Stadt Europas, erholte sich erst allmählich von seiner Degradierung nach der Vereinigung Italiens. Heute wirkt es für eine South-South-Migration sehr anziehend.

Wie in Izmir/Smyrna zeigte sich 1975 in Beirut drakonisch, »wie schnell sich eine Stadt auflösen konnte«, weil sich im ›Paris der Levante‹ die Milizen nomineller Christen, Sunniten und Schiiten mit ständiger Einmischung von außen 15 Jahre lang gegenseitig umbrachten.[645] Die Geschichte von Tel Aviv–Jaffa wiederum ist so komplex und kontrovers wie jene von Israelis und Palästinensern. Tripolis wurde bereits unter italienischer Herrschaft Ausgangsort grauenhafter Gewalt. War Tunis zeitweilig eine progressive Enklave, wurde Algier nach dem mörderischen Krieg mit Frankreich sogar ein »Mekka der Revolutionäre«, das »Freiheitsbewegungen aus aller Welt nicht nur Kost und Logis, sondern auch diplomatische Unterstützung und militärische Ausbildung« geboten hat. Heute darf man dort »sich nicht öffentlich küssen. Frauen dürfen nicht öffentlich rauchen und Männer nicht vor ihren Vätern.« Islamisten haben aber offenbar »keine Chance mehr in Algerien«.[646] Was auslebbare Freiheiten betrifft, war Tanger noch im 20. Jahrhundert moderner »als der Großteil Europas«.[647] Palermo wiederum schaffte als »nahöstliche Stadt mitten in Europa« einen beeindruckenden Neuanfang, gerade auch in Bezug auf Flüchtlinge und Migranten. Denn »wer in Palermo lebt, ist Palermitaner«, so sein Bürgermeister Leoluca Orlando. »Wir Palermitaner sind niemals Rassisten gewesen« und »jeder Mensch habe das Recht zu entscheiden, wo er besser leben könne«.[648]

644 Manfred Pittioni: *Genua*, a. a. O., S. 165, 166, 173
645 Philip Mansel: *Levant*, a. a. O., S. 325
646 Alice Schwarzer: *Meine algerische Familie*, a. a. O., S. 21, 22, 129, 175
647 Dieter Haller: *Tanger*, a. a. O., S. 25
648 Quellen: Medienberichte, siehe Kapitel Palermo

Fluchtweg Mittelmeer
Foto: taz.de, dpa 2019

ZIVILGESELLSCHAFT

Dass das Mittelmeer, statt als Feriendestination wahrgenommen zu werden, durch Flüchtlingstragödien mediale Aufmerksamkeit bekommt, war vor kurzem noch unvorstellbar. »Einst Symbol des Lebens«, ist es »heute zu einem Symbol des Todes geworden« (Aleida Assmann).[649] Historisch relevant bleibt, dass es auch im 20. Jahrhundert als eine Fluchtchance gesehen wurde, allerdings um aus Europa wegzukommen. Reagiert wurde ähnlich restriktiv wie heute. Denn sogar als das Leben Hunderttausender Flüchtlinge am Kontinent selbst bedroht gewesen ist, war die Konferenz von Évian im Juli 1938 praktisch ergebnislos geblieben, trotz der Teilnahme von Vertretern aus 32 Staaten und 24 Nichtregierungsorganisationen (NGOs). Überaus deutlich war damals schon, »dass kein Land der Welt bereit war, mehr Flüchtlinge als irgend nötig aufzunehmen«.[650] Über die Zeiten hinweg symptomatisch bleibt, wie willfährig die Schweiz im Oktober 1938 für Juden aus Deutschland die Visapflicht einführte, Kuba, die USA und Kanada 1939 das Flüchtlingsschiff *St. Louis* abwiesen oder Frankreichs Vichy-Regime im Sommer 1940 antijüdische Gesetze erließ. Staatlicherseits war kaum noch mit Unterstützung zu rechnen. In Südfrankreich wurde Varian Fry (1907–1967) – wie im Abschnitt Marseille kommentiert – mit einem lokalen Team zur Schlüsselfigur der Flüchtlingshilfe, weil er gegen alle Widerstände etwa 4.000 Menschen ein Entkommen ermöglichte, oft über die Pyrenäen und Lissabon, darunter Dutzende gefährdete Intellektuelle, Politiker, Künstler, Schriftsteller, Wissenschaftler, bis er im Juni 1942 wegen »subversiver Tätigkeit« ausgewiesen wurde, analog zu heutigen Vorwürfen gegen Helfer. Für vom Faschismus Bedrohte gegründet, versuchte Frys *Emergency Rescue Committee* als unlösbares Dilemma »*alle* zu retten«, wozu es am Ende seines Berichts heißt: »Zumindest mussten wir es versuchen.«[651]

649 Aleida Assmann: *Der europäische Traum*, a. a. O., S. 189
650 Anne Klein: *Flüchtlingspolitik und Flüchtlingshilfe 1940–1942*, a. a. O., S. 451
651 Varian Fry: *Auslieferung auf Verlangen*, a. a. O., S. 242, 280

Jede gelungene Rettung verwob sich »mit der Erinnerung an die Ermordeten« und an vielfaches Scheitern. Denn Anfang 1941 befanden sich »in der südlichen Zone 150.000 Flüchtlinge, darunter 73.000 Spanier, die nach dem Bürgerkrieg ins Land gekommen waren, und 50.000 Deutsche, die meisten davon Juden«.[652] Wenn überhaupt, so ließ sich nur mit gefälschten Dokumenten und illegalen Mitteln etwas erreichen. Die 45.000 Jüdinnen und Juden Salonikis sind 1943 unter rigider militärischer Kontrolle bereits völlig chancenlos gewesen.

Die nationalistische Katastrophe von Smyrna/Izmir hatte sich auf einige Tage im September 1922 konzentriert. Denn alliierte Kriegsschiffe nahmen fast nur eigene Staatsangehörige auf. Die Rettung von etwa 60.000 hilflos im Flammeninferno am Hafen ausharrenden Flüchtlingen organisierte Asa Jennings (1877–1933) mit seinem *American Relief Committee.* »Die meisten Menschen waren mit Schiffen der privaten Helfer entkommen«, heißt es dazu dezidiert. Ein US-Diplomat notierte, er schäme sich »der menschlichen Rasse anzugehören«. Schätzungen »gehen von 100.000 Toten in Smyrna und 160.000 unter türkischer Bewachung Deportierten aus«, von denen kaum jemand überlebte.[653]

Solche bei Nationalismus- und Rassismus-Exzessen versuchten Rettungsmaßnahmen belegen, was sogar unter friedlichen, aber innenpolitisch desperaten Zuständen zuletzt weithin offensichtlich wurde: »Hätten wir die Ehrenamtlichen nicht gehabt, das System wäre kollabiert.«[654] Heute leichtfertig von Illegalen, geschlossener Balkanroute und ausschließlich kriminellen Schleppern zu reden – die nur mangels legaler Wege ein höchst lukratives, rücksichtslos brutalisierbares Geschäftsfeld haben –, demonstriert neben dem üblichen Zynismus auch krasse Blindstellen im Geschichtsbewusstsein. Werden Interventionen einer engagierten Zivilgesellschaft notwendig, macht das stets kenntlich, dass offizielle Stellen untätig bleiben oder blockieren. Durch verfließende Grenzen zwischen

652 Anne Klein: *Flüchtlingspolitik und Flüchtlingshilfe 1940–1942*, a. a. O., S. 87, 447

653 Giles Milton: *Paradise Lost*, a. a. O., S. 326, 352ff., 372 | Philip Mansel: *Levant*, a. a. O., S. 219f.

654 Ferry Maier, Julia Ortner: *Willkommen in Österreich*, a. a. O., S. 46

Staat und Privat sind zwar Arbeitsteilungen schneller verfügbar, andererseits kaschiert das staatliche Zuständigkeiten. Zu erinnern ist daran, dass sich für humanitäre Interventionen die längste Zeit kaum wer verantwortlich fühlte. Dafür war das wegen der unversorgten Verwundeten der Schlacht von Solferino zustande gekommene *Internationale Komitee vom Roten Kreuz* ein markanter Anfang. Ohne das Wirken seither entstandener Hilfsorganisationen sähe die Welt anders aus. Wie die EU und die UNO bekamen sogar einige private Gründungen den Friedensnobelpreis: *Internationales Komitee vom Roten Kreuz* (gegr. 1863), *Amnesty International* (gegr. 1961), *Internationale Kampagne für das Verbot von Landminen* (gegr. 1995), *Ärzte ohne Grenzen* (gegr. 1971). Mit Anfängen im London von 1787 gilt *Anti-Slavery International* als älteste Menschenrechtsorganisation weltweit. Ab einer gewissen Größe sind das längst Sozialunternehmen, die sich im ›Markt für Hilfsprojekte‹ professionell um Finanzierung und weite Einsatzfelder kümmern, aber Spendenbereitschaft bisweilen auch wirkungslos missbrauchen. Initiativen einer von Toleranz und demokratischen Prinzipien geprägten Zivilgesellschaft gehen oft von spontan gebildeten Gruppen und NGOs aus, wie jene in Smyrna oder Marseille. Zur akuten Seenotrettung im Mittelmeer trugen etwa die *Alarm-Phone-Initiative*, *SOS Méditerranée* & *Ärzte ohne Grenzen* bei – oder *Sea Watch*, *Mission Lifeline*, *Sea-Eye* und *Ocean Viking*. Inzwischen soll es weltweit »mehr als 20.000 international tätige NGOs« geben. Es braucht aber eine glaubwürdige Legitimation, denn als Zivilgesellschaft stilisieren sich auch obskure Gruppen. Gelingt öffentlicher Druck, können solche Initiativen durchaus einflussreich sein, so wie Julian Assange und Chelsea Manning als Whistleblower, Italiens weltoffene *Sardinen*-Bewegung oder *Fridays for Future*. Im Wechsel von latenter Opposition in politische Gremien werden sogar »neue Formen des Regierens« gesehen als Tendenz zu »Cosmocracy«, als »the first-ever world policy«, weil es um globale Probleme gehen kann, die sonst so oft bloße Randthemen bleiben.[655] Allein zu Asyl und Zuwanderung wäre

655 Thomas Davis: *NGOs. A New History of Transnational Civil Society*, London 2013, S. 1 | John Keane: *Global Civil Society?*, Cambridge 2004, S. 97 |

vieles neu zu regeln: Anträge im Ausland, Ausgleichszahlungen unwilliger EU-Länder, kompetentes Personal (Sachverständige, Übersetzungen, Rechtsberatung), Arbeitsbewilligungen, Stopp oft zynischer Abschiebungen, Fachausbildung (nutzbar wo auch immer), unterstützte Rückkehrprogramme für jene, die wieder nach Hause streben …

Wegen der absurden Renationalisierung von Problemen können *UNHC*, *World Food Programme*, die *Internationale Organisation für Migration* (*IOM*) oder das *Europäische Unterstützungsbüro für Asylfragen* (*EASO*) am Mittelmeer nicht einmal rudimentäre Funktionen übernehmen. Mit den militärischen, nun nicht mehr rettend eingreifenden EU-Operationen *Sophia, Irini* und mit *Frontex* geht es ostentativ um Abschreckung und Waffenembargokontrollen. NGOs wiederum sind von Europa aus oft wirksamer, weil es dafür Finanzierungschancen, Aktivistinnen und Aktivisten gibt, die in Polizeistaaten viel mehr riskieren. Gerade seit 2015 zeigte sich eklatant, wie viele helfende Hände aus vielen Ländern aktiv wurden, um möglichst zu verhindern, dass im Mittelmeer kontinuierlich mehr Flüchtlinge sterben als sonst wo je in Grenzzonen, weil sie Schutz und ein menschenwürdiges Leben erhofften. Wie drastisch solche Schicksale heute noch sein können, halten angeschwemmte Leichen und in Lkws Erstickte evident. Solche Bilder werden rasch verdrängt wie frühere Katastrophen, etwa der ersten Migranten aus Europa im 1607 gegründeten Jamestown in Virginia. Denn diese sind, obwohl zu Kannibalen geworden, alle hilflos verhungert.[656]

Trotz Mithilfe privater Gruppen sind Aufnahmelager wie jenes in Moria auf Lesbos eklatante Stätten der Schande. Für den dort recherchierenden UN-Menschenrechtsaktivisten Jean Ziegler ist es die korrupte »Vorhölle einer apathischen Bürokratie« und demonstriere »die unfassbare Heuchelei der europäischen Regierungen«. Anzuerkennen sei endlich, dass es für Verfolgte »keinen

Frank Adloff: *Zivilgesellschaft. Theorie und politische Praxis*, Frankfurt am Main 2005 | Jürgen Schmidt: *Zivilgesellschaft. Bürgerrechtliches Engagement von der Antike bis zur Gegenwart*, Reinbek bei Hamburg 2007

656 Richard Wells: *Winter des Schreckens. Jamestown und die ersten Siedler*, TV-Dokumentarfilm, Story House Productions, USA 2016, Arte 2019

illegalen Grenzübertritt« gibt.[657] Im Vergleich beeindruckte, so eigene Mitarbeitserfahrungen, wie viele Flüchtlinge aus Afghanistan ab 1980 in Europa und Nordamerika aufgenommen wurden, was noch durch Anträge in Botschaften und Konsulaten möglich war, und wie konsequent über drei Millionen durchwegs illegal (!) in das bitterarme Pakistan Geflohene – so viele wie nun in die dafür extra finanzierte Türkei – »unter loser UNHCR-Koordination betreut wurden und wie viele seriöse internationale NGOs sich beteiligten, was die derzeitige Situation rund ums Mittelmeer als krassen menschenrechtlichen Rückschritt erkennbar macht. Hätten doch die dortigen Lager viel früher ähnlich systematisch versorgt werden müssen, nur wurden Budgets für internationale Organisationen drastisch gekürzt, was sogar ›die Essensrationen für syrische Flüchtlinge‹ in Jordanien betraf und ›mit ein Grund für die sogenannte Flüchtlingskrise 2015 war‹«.[658] Zur Kontrollverlust-Kritik an Angela Merkels humanitärer Willkommens- und »Wir schaffen das«-Position kam es früher nie. Nun jedoch sind Asyl, Menschenrechte und Menschenwürde »zum äußersten Testfall der Identität der EU geworden« (Aleida Assmann).[659]

Aber Entwicklungen zu illiberaler Demokratie, zu Postdemokratie unterminieren ein soziales und politisches Mitwirken der Zivilgesellschaft.[660] Zwar sind (a-)soziale Medien die neue Basis solcher Bewegungen, bestärken aber auch Überwachungsmethoden, mit anonymen Hasspostings eine Denunziantengesellschaft und mit elektronischen Algorithmen eine das politische Klima manipulierende Meinungsbildung. Der Tendenz nach geht es somit in erster Linie um Demokraten gegen Nichtdemokraten wie um Akteurinnen und Akteure mit glaubwürdiger Integrität.

657 Jean Ziegler: *Die Schande Europas*, a.a.O., S. 38, 111, 129

658 Christian Reder: *Noch Jahre der Unruhe … Ali M. Zahma und Afghanistan*, Wien 2018, S. 12 | Anna Giulia Fink im Gespräch mit Günter Nooke, Afrikabeauftragter der deutschen Kanzlerin Angela Merkel, *Der Standard*, Wien, 20. Oktober 2017

659 Aleida Assmann: *Der europäische Traum*, a.a.O., S. 187

660 Colin Crouch: *Postdemokratie*, Frankfurt am Main 2008

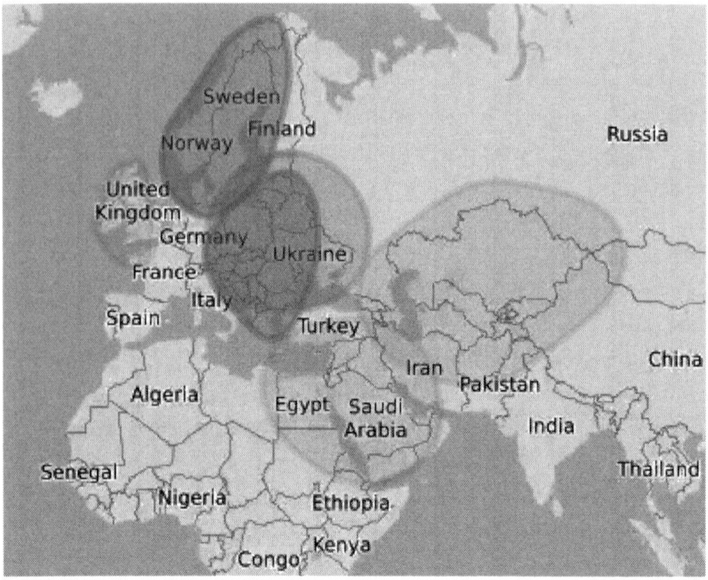

DNA-Analyse der genetisch verzweigten Herkunft des Autors
Osteuropa 55,2 %, Nord-und Westeuropa 39,9 %,
Mittlerer Osten 3,2 %, Zentralasien 1,7 %
www.myheritage.at

»The True Born Englishman – a mixture of all kinds«
Daniel Defoe 1701

DNA-RELATIONEN

Neue Erkenntnisse zur Ähnlichkeit aller Menschen können – wie nebenstehend abgebildet – DNA-Analysen in Genen gespeicherter und von ihnen weitergegebener Erbinformationen liefern. Offenkundig wird, wie absurd-eindimensional die Fixierung auf eine angeborene ethnisch-nationale Identität ist und wie abwegig, mit Herkunft und Aussehen sogar völlig fiktive »Rassenzugehörigkeiten« und Normabweichungen zu begründen. Denn großflächige Raumbezüge machen auf befreiende Weise Diversität erkennbar und ermöglichen Reflexionen zu imaginären Gen-Verbindungen zahlloser unbekannter Menschen. Fremdenfeindlichkeit lässt sich damit bei dafür Anfälligen allerdings kaum entkräften, da sie sich durchwegs stereotyp gegen Gruppen richtet und jede Ausnahme bloß irgendeine fiktive Regel bestätigt. Da Umstände und Ort der Geburt nie selbst gewählt und zufällig sind, kann das immerhin die Horizonte um Herkunftsort oder Lebensmittelpunkt erweitern und davon üblicherweise abgeleitete, angeblich unveränderliche Identitäten fragwürdiger machen, denn auch »Kultur ist nichts anderes als ein Ensemble erworbener Eigenschaften«.[661]

Weil DNA-Daten nur in Kriminalfällen klärend wirken, sonst aber durchwegs Vernetzungen aufzeigen, ist bei Schlussfolgerungen Ironie angebracht, sind doch selbst zwischen Mensch und Schimpanse die Gen-Unterschiede minimal. Raumdimensionen zeigen jedoch auch ohne familiengeschichtliche Belege, wie grenzüberschreitend Verwandtschaften über Generationen sind. Im dargestellten Beispiel haben sie Skandinavien, Osteuropa, Adria und Ägäis als Kernregion, mit Ausläufern weit über den Mittleren Osten hinaus nach Ägypten, Arabien und Äthiopien, in Zentralasien selbst bis Afghanistan, Kasachstan, China und in die Mongolei. Was daran tatsächlich real ist, entzieht sich derzeit weiteren Über-

661 Ernest Gellner: *Pflug, Schwert und Buch*, a. a. O., S. 12 | Richard Dawkins: *Das egoistische Gen*, Wiesbaden 2007

prüfungen. Entkräftet wird damit jedoch jede eingeengte Sicht auf die menschliche Existenz an sich.

Unter Einbeziehung der Frühgeschichte, wie einleitend zu den günstigen Bedingungen am Mittelmeer kommentiert, hatte sich ein zivilisiert zu nennendes Verhalten bereits angedeutet, so der Evolutionsbiologe Jared Diamond, als es »mit dem Aufkommen von Häuptlingsreichen vor rund 7.500 Jahren« dazu kam, dass »Menschen erstmals in der Geschichte vor die Notwendigkeit gestellt« wurden, »regelmäßig mit Fremden zu verkehren, ohne ihnen gleich nach dem Leben zu trachten«. Dabei blieb es bekanntlich nicht, denn erste sogenannte Reiche bildeten »Angehörige einer einzigen ethnischen und sprachlichen Gruppe« stets »durch Vereinigung oder Eroberung«. Diese wurden mit ihrem durchwegs »multiethnischen, multilingualen Charakter« zum Normalfall, lebten schließlich selbst »in den ältesten und anerkanntesten Nationalstaaten wie etwa England, Frankreich und Spanien Menschen der unterschiedlichsten Nationalität, Sprache und ethnischen Herkunft«.[662]

Für Geschichte und Alltag blieb relevant, dass eine Gewöhnung an Fremde jedoch kaum ausreicht, um tiefsitzende Ressentiments gegen anders aussehende, sich anders verhaltende Menschen zu überwinden, offenbar weil ein Selbstbewusstsein auf Abgrenzungen angewiesen ist, hochmütige Feindseligkeiten aber auch ständig geschürt werden. Dabei ist wissenschaftlich längst gesichert, dass Leben aus Sternenstaub entstand und alle Menschen ursprünglich aus Afrika kamen. Selbst in China wird das akzeptiert, wo lange auf unabhängiger Abstammung beharrt wurde. Auch die »semitischen Sprachen *Aramäisch* (die Sprache Jesu Christi und der Apostel), Hebräisch und Arabisch«, »die von den Verfassern des Alten und Neuen Testaments und des Korans« gesprochen wurden, dürften als afroasiatische Sprachen aus Afrika stammen, was Eurozentriker und Rassisten nachhaltig verwirren müsste.[663] Wegen kaum vorstellbarer Zeitdimensionen

662 Jared Diamond: *Arm und Reich*, a. a. O., S. 333, 344 | Eric J. Hobsbawm: *Nationen und Nationalismus*, a. a. O., S. 46

663 Jared Diamond: *Arm und Reich*, a. a. O., S. 474f.

der Urgeschichte wäre zumindest ein Schulbuch-Konsens darüber naheliegend, dass »die meisten Europäer von Bauern aus dem Nahen Osten abstammen« als weit zurückreichende Verwandtschaft.[664] Schließlich hatten diese begonnen, durch Landwirtschaft und erste Städte Europas Grundlagen zu schaffen.

Überdies bestehe »in der Forschung weitgehend Einigkeit«, so der Prähistoriker Hermann Parzinger »dass sich der *Homo sapiens* des Jungpaläolithikums ab 40.000 vor heute in seinen kulturellen Fähigkeiten nicht mehr grundlegend vom heutigen Menschen unterscheidet«.[665] Was seither geschieht, ist dem Menschen selbst und seinen Organisationsweisen zuzuschreiben: ständige Kriege, zugelassene Machtstrukturen, Ausbeutung, latent aktivierbare Tendenzen zu Aggressivität – als mysteriöse Konstante sozialer und psychischer Zustände und individuellen Verhaltens.

Um dabei tatsächlich weiterzukommen, bedurfte es eben »ungezählter Jahrtausende« bis zur *Erklärung der Menschenrechte*, so Hannah Arendt. Weil sie »seither die Grundlage aller Republiken« bildet, begann damit »die politische Neuzeit« als Start weiterer Emanzipationskämpfe.[666] Mit den unveräußerlichen Rechten auf »Leben, Freiheit und das Streben nach Glück« von 1776 waren die Vereinigten Staaten vorangegangen, Frankreich 1789 mit den »Menschen- und Bürgerrechten«. Als *Allgemeine Erklärung der Menschenrechte* der UNO 1948 neuerlich, aber rechtlich nicht bindend kodifiziert, konkretisiert sie die programmatische Utopie von Freiheit, Gleichheit und Solidarität. Erst die *Europäische Menschenrechtskonvention* verpflichtet Mitgliedsstaaten, bleibt aber etwa bei Diskriminierungsverbot und Geschlechtergleichheit weitgehend ohne Konsequenzen. Sogar von Justiz und Exekutive werden oft genug selbst Menschenrechte sehr dehnbar ausgelegt, wenn das politisch geduldet oder gefördert wird – vor allem gegenüber Frauen, Schutzlosen, Flüchtlingen.

Wie sehr sich gleichsam DNA-Hierarchien unterstellende Vorurteile nationalistisch bis rassistisch steigern können, verdeut-

664 Niall Ferguson: *Krieg der Welt*, a. a. O., S. 20
665 Hermann Parzinger: *Die Kinder des Prometheus*, a. a. O., S. 62
666 Hannah Arendt: *Elemente und Ursprünge*, a. a. O., S. 601, 604

lichen einige in diesem Band kommentierte Ereignisse. Zwar gab es rund ums dicht besiedelte Mittelmeer immer wieder lange Phasen friedlicher Koexistenz, es sind aber auch für unsinnige, weltweit verzweigte Rassismus-Tendenzen mediterrane Ursprünge lokalisierbar. Denn in griechischen Kolonien am Schwarzen Meer »begann die Idee von ›Europa‹ mit all ihrer Arroganz, all ihren Implikationen von Überlegenheit, all ihren Annahmen über Priorität und edlere Herkunft, all ihren Ambitionen auf ein natürliches Recht der Vorherrschaft«, wie Neil Ascherson zum »Birthplace of Civilisation and Barbarism« plausibel konstatiert.[667] Auch für Ernest Gellner waren sich »die alten Griechen«, in ihrem Chauvinismus von Aristoteles bestärkt, »ihrer kulturellen Einzigartigkeit und Überlegenheit in höchstem Maße bewusst«.[668] Der griechische Nationalismus wurde dann sogar »Vorbote späterer ethnischer Säuberungen in der Region«, so Jürgen Osterhammel zur *Verwandlung der Welt* im 19. Jahrhundert.[669] Dass Stadtluft frei macht, galt immer nur für wenige.

Auch ein angeblich wissenschaftlicher Rassismus hat mit Randgebieten Europas am Schwarzen Meer zu tun. Weil der Göttinger Anthropologe und Mitbegründer der Rassenkunde Johann Friedrich Blumenbach (1752–1840) einen Schädel aus dem Kaukasus »für den ›perfektesten‹« hielt, galten ihm, obwohl selbst von der Gleichheit der Menschen überzeugt, »die Georgier für die schönsten Menschen überhaupt und die ganze Region für das ›Vaterland‹ der Menschheit«.[670] Selbst US-Behörden operierten daraufhin lange »mit dem Begriff der ›kaukasischen Rasse‹«, der, variierend ausgelegt, hellhäutige Völker Europas, Westasiens, Teilen Indiens und Nordafrikas umfasste. Der Evolutionsbiologe Richard Dawkins empfiehlt, solche Einordnungen durch »ein eigenes Kästchen mit der Beschriftung ›Mensch‹« zu verweigern.[671] Völkisches und nationales Denken bestärkte etwa der mehrbändige Sklaverei recht-

667 Neal Ascherson: *Schwarzes Meer*, a. a. O., S. 8
668 Ernest Gellner: *Nationalismus*, a. a. O., S. 47
669 Jürgen Osterhammel: *Die Verwandlung der Welt*, a. a. O, S. 215
670 Werner Petermann: *Die Geschichte der Ethnologie*, a. a. O., S. 327ff., 401
671 Richard Dawkins: *Geschichten vom Ursprung …*, a. a. O., S. 562f. | Christian Delacampagne: *Die Geschichte des Rassismus*, a. a. O., S. 137

fertigende *Versuch über die Ungleichheit der Menschenrassen* von Arthur de Gobineau (1816–1882). Konträr dazu wurde aber auch ausdrücklich »eine Demokratie der Rassenmischung« propagiert.[672] Nationalsozialisten machten dann ihre »Blut und Boden«-Herrenrasse germanischer »Arier« zum infernalischen Programm rassistischer Vorherrschaft. Aber auch die Europa befreienden US-Armeen hatten eine strikte Rassentrennung. Noch Barack Obamas Wahl zum 44. Präsidenten der USA feierte die *New York Times* mit dem Titel »Racial Barrier Falls« – und hielt das 2008 selbstkritisch für »unthinkable just two years ago«.[673]

Nationale Ursprungssuche intensivierte sich parallel zu den Forschungen *Über die Entstehung der Arten* von Charles Darwin (1809–1882), der bereits 1837 einen Stammbaum des Lebens skizzierte, welcher zuvor unerkannte Zusammenhänge, nicht aber Hierarchien betonte. Seine dann weiterentwickelte nüchterne Sicht auf die Evolution bestärkte Gleichheit, Emanzipation und die Befreiung Ausgebeuteter anstrebende Sozialismus-Varianten, was trotz aller damit verbundener Fehlentwicklungen essenzielle und nachhaltige Fortschritte brachte. Darwins latent revidierte Schlussfolgerungen zu evolutionärer Anpassung und Selektionszufällen wurden jedoch, unzulässig, aber folgenreich, zu Auslese, zum Recht des Stärkeren, zu Rassenhierarchien umgedeutet; ein Überleben durch Kooperation völlig negierend. Kommt es wie derzeit weithin zu einem politischen Rechtsruck, hat das meist mit aktivierbaren Überlegenheitsemotionen zu tun. Ohne Flüchtlinge fänden sich andere, die eigenen Miseren büßende Opfer.

Dabei wäre es als Konsequenz des Wissens über Entstehung und Evolution des Lebens und der DNA-Forschung längst plausibel, von der Verwandtschaft *aller* Lebewesen auszugehen, mit abzusichernden universellen Menschenrechten, Frauenrechten, Kinderrechten, geschützten Tierrechten und umfassender Ökologie als Perspektive, wozu es in explizit traditionellen Kulturen seit jeher Ansätze gab. Personen auf Aussehen, Nationalität oder Religion zu reduzieren, macht blind für die Gesamtheit ihrer

672 Pierre Rosanvallon: *Die Gesellschaft der Gleichen*, a. a. O., S. 155
673 *The New York Times*, 5. November 2008

Eigenschaften, Schwächen und Potenziale. Wie bereits als Kommentar zu dem von ihm miterlebten Bürgerkriegschaos in Beirut aus Amin Maaloufs Buch *Mörderische Identitäten* zitiert, hält er die Ermutigung jedes Menschen für essenziell, »sich in seiner ganzen Vielfalt anzunehmen, seine Identität als Summe seiner verschiedenen Zugehörigkeiten zu begreifen, anstatt sie mit einer einzelnen zu verwechseln, die er zu seiner alleinigen Zugehörigkeit, zu seinem Mittel der Ausgrenzung, manchmal auch der kriegerischen Auseinandersetzung erhebt«.[674] Es genüge eben keineswegs, so seine Präzisierung, »andere Zivilisationen in die Betrachtungen einzubeziehen wie abgesonderte Einheiten. Wir sollten vielmehr dazu fähig sein, die Geschichten zu erzählen, wie es so vielen Menschen gelungen ist, mit unterschiedlichstem kulturellem Hintergrund, verschiedenen Sprachen, abweichenden Verhaltensweisen all die existierenden Sphären der Produktion mitzuprägen. Und das würde bedeuten: der Welt zuhören.«[675]

Aber selbst bei Völkermord kann der Internationale Strafgerichtshof nur punktuell für Gerechtigkeit sorgen, was zeigt, dass sogar eine Art Weltregierung – als Utopie einer reformierten UNO – mit den Konfusionen der Welt kaum zurechtkäme. Immerhin wollte diese unter Kofi Annan (1938–2018) trotz latenter Entmachtung, Budgetproblemen und Pattstellungen im Sicherheitsrat mit dem kühnen *Millenium Project* bereits »bis 2015 [!] weltweit die extremste Armut und den Hunger als Massenerscheinung halbieren, überall einen Grundschulzugang ermöglichen, die Situation von Frauen verbessern, die Sterblichkeit von Kindern und Gebärenden um zwei Drittel senken, HIV/Aids, Malaria und andere Massenkrankheiten entschieden bekämpfen, Umweltschäden durch Nachhaltigkeitsprogramme, Trinkwasserzugang und Slum-Sanierungen stabilisieren. Eine auszubauende *Global Partnership for Development* sollte Diskriminierungen im Handels- und Finanzsystem beseitigen, Good-Governance-Regeln für Unternehmen durchsetzen, Regierungen armer Länder Schulden erlassen, sich

674 Amin Maalouf: *Mörderische Identitäten*, a. a. O., S. 139
675 Amin Maalouf im Gespräch mit Christian Reder, in: Christian Reder, Simonetta Ferfoglia (Hg.): *Transferprojekt Damaskus*, a. a. O., S. 356, 357, 365

an Programmen zur Armutsreduktion beteiligen, Arbeitsplätze für Jugendliche schaffen oder in armen Ländern erschwingliche Pharmaprodukte und Informations- und Kommunikationstechnologien bereitstellen.«[676]

Fortschritte gibt es trotz Entpolitisierung des Geschehens durchaus, durch EU, WFP, WHO, UNESCO, UN-Flüchtlingspakt oder UN-Klimakonferenz. Sogar zum Begrenzen der destruktivsten globalen Auswirkungen des selbst im kommunistischen China als Wohlstandsmotor übernommenen Kapitalismus scheint bisweilen ein Konsens greifbar. Wegen der Unsicherheit über Folgen der Digitalisierung für demokratische Prozesse oder etwa der Manipulationsmacht der IT-Konzerne bleiben Gestaltungsmöglichkeiten jedoch diffus. Gerade deshalb dürfe keineswegs aufgegeben werden, so der New Yorker Soziologe Immanuel Wallerstein (1930–2019), weiter eine solidarische Welt anzustreben, in der »*alle* Gebende und Empfangende wären«. Zum »Treffpunkt von Geben und Nehmen« geworden, müsste es dann nicht weiter um »die Interessen der herrschenden Schichten des modernen Weltsystems« mit seinen exzessiven Arm-Reich-Unterschieden gehen. Es gelte, den »europäischen Universalismus« zu überwinden, der mit seinem »Rassismus und Sexismus« als »Universalismus der Mächtigen immer ein geteilter und verzerrter Universalismus gewesen ist«, damit die Akzeptanz »einer Vielfalt von Universalismen« erreicht werde, »die einem Netzwerk universaler Universalismen ähneln«.[677]

Solche ein anderes Denken fordernde Visionen wirken realpolitisch so weltfremd wie *Die Grenzen des Wachstums* oder frühe Warnungen der Biologin Rachel Carson (1907–1964) in *Der stumme Frühling*, wovon seit fünfzig und mehr Jahren die Rede ist. Um die Verhältnisse in humanitär respektvoller Weise weiter zu verbessern, bräuchte es markante Perspektiven und Rahmenbedingungen für vielfältige Initiativen. Wie gegen Giftgas, Atomwaffen, Landminen oder Spekulationsexzesse und Steuerflucht der Finanz-

676 Christian Reder (Hg.): *Lesebuch Projekte. Vorgriffe, Ausbrüche in die Ferne*, Wien–New York 2006, S. 487, 488 (www.unmilleniumproject.org)

677 Immanuel Wallerstein: *Die Barbarei der anderen. Europäischer Universalismus*, Berlin 2010, S. 8, 92, 97

wirtschaft erzwingen ökologische Schäden, Plastik im Meer und Klimaerwärmung längst tatsächlich weltweit koordinierte Strategien. Dient die Natur weiter bedenkenlos als bloßes Materiallager, wird sie immer weniger zum Gemeingut, ob als Wasser, Luft, Regenwald oder Landschaft. Längst gehören andere Vorstellungen von Reichtum aktiviert, als Abkehr von der in Wohlstandsregionen gewohnten, aber global unhaltbaren *Imperialen Lebensweise* (Ulrich Brand, Markus Wissen) – zumindest als Konsum- und Produktionsweisen verändernde Tendenz.[678]

Das ist für die Europäische Union so essenziell wie die politische Entwicklung ihrer Peripherie am Mittelmeer und Schwarzen Meer und die eigene Konsolidierung als stabile Wirtschafts- und Sozialunion mit durch ihre Programmatik wieder wirkungsvollerem weltpolitischem Einfluss. Eben weil das heutige Europa durch Freizügigkeit und Migration entstanden ist und demografisch auf Zuwanderung angewiesen bleibt, müsste ein Selbstverständnis von Europäischem noch weit entschiedener auf Menschenrechten, Demokratieentwicklung, Gemeinwohl, öffentlichem Raum, plausiblen Asyl- und Einwanderungsregeln, Aufnahmebereitschaft und akzeptierter urbaner Vielfalt aufbauen.[679]

Gerade rund ums Mittelmeer gab es durchaus weltoffene Perioden, in denen sich manches davon bereits anzubahnen schien.

678 Dennis Meadows: *Die Grenzen des Wachstums. Bericht des Club of Rome zur Lage der Menschheit*, München 1972 | Rachel Carson: *Der stumme Frühling*, München 1962 | Ulrich Brand, Markus Wissen: *Imperiale Lebensweise. Zur Ausbeutung von Mensch und Natur im globalen Kapitalismus*, München 2017

679 Manfred Russo: *Projekt Stadt. Eine Geschichte der Urbanität*, Basel 2011 | Doug Saunders: *Arrival City*, a. a. O.

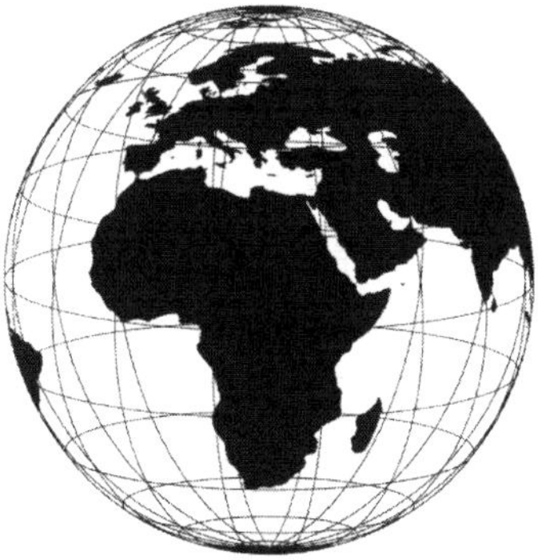

LITERATUR

Abulafia, David: *Das Mittelmeer. Eine Biographie*, Frankfurt am Main 2013

Abu-Lughod, Ibrahim: *The Arab Rediscovery of Europe*, London 2011

Achleitner, Friedrich: *Den Toten eine Blume. Die Denkmäler des Bogdan Bogdanović*, Wien 2013

Aciman, André: *Damals in Alexandria. Erinnerungen an eine verschwundene Welt*, München 1996

Adloff, Frank: *Zivilgesellschaft. Theorie und politische Praxis*, Frankfurt am Main 2005

Akçam, Taner: *Armenien und der Völkermord. Die Istanbuler Prozesse und die türkische Nationalbewegung*, Hamburg 2004

Aksan, Akil (Hg.): *Mustafa Kemal Atatürk. Aus Reden und Gesprächen*, Heidelberg 1981

al-Azm, Sadik J.: *Unbehagen in der Moderne. Aufklärung im Islam*, Frankfurt am Main 1993 | The View from Damascus, *The New York Review of Books*, 15. Juni 2000 | Sadik J. al-Azm im Gespräch mit Christian Reder, in: Christian Reder, Simonetta Ferfoglia (Hg.): *Transfer Projekt Damaskus*, deutsch/arabisch, Wien–New York 2003 | *Islam und säkularer Humanismus*, Tübingen 2005

al-Chamissi, Chaled, *Südwind-Magazin*, Wien, März–April 2019

al-Gaddafi, Muammar: *Das Grüne Buch*, Koblenz 1990

al-Jabri, Mohammed: *Kritik der arabischen Vernunft*, Berlin 2009

al-Koni, Ibrahim: *Die Magier. Epos der Tuareg* (1990/91), Basel 2001

Albath, Maike: *Der Geist von Turin. Pavese, Ginzburg, Einaudi und die Wiedergeburt Italiens nach 1945*, Berlin 2010

Albright, Madeleine: *Faschismus. Eine Warnung*, Köln 2018

Amariglio, Erika Myriam: *Damit es die ganze Welt erfährt. Von Saloniki nach Auschwitz und zurück 1926–1996*, Konstanz 2003

Anati, Emmanuel: *Aux origines de l'art*, Paris 2003 | *World Rock Art. The Primordial Language*, Oxford 2010

Anderson, Benedict: *Die Erfindung der Nation. Zur Karriere eines folgenreichen Konzepts, Frankfurt–New York 1996*

Appiah, Kwame Anthony: »Privilegiert zu sein ist keine Straftat«, Gespräch mit Ijoma Mangold, *Die Zeit*, Hamburg, Nr. 39/2019, 24. September 2019

Arendt, Hannah: *Eichmann in Jerusalem. Ein Bericht von der Banalität des Bösen*, München 1964 | *Elemente und Ursprünge totaler Herrschaft* (New York 1951), München 2019

Asad, Muhammad: *Der Weg nach Mekka* (1954), Düsseldorf 2009

Ascherson, Neal: *Schwarzes Meer*, Berlin 1996

Assmann, Aleida: Die Wiederaneignung der Nation. Erinnerung, Identität, Gefühle, Vortrag, 15. Oktober 2019 in Wien, Institut für die Wissenschaft vom Menschen | *Menschenrechte und Menschenpflichten. Schlüsselbegriffe für eine humane Gesellschaft*, Wien 2018 | *Der europäische Traum. Vier Lehren aus der Geschichte*, München 2018 | *Erinnerungsräume. Formen und Wandlungen des kulturellen Gedächtnisses*, München 1999

Assmann, Jan, Klaus E. Müller (Hg.): *Der Ursprung der Geschichte. Archaische Kulturen, das Alte Ägypten und das Frühe Griechenland*, Stuttgart 2005
Assmann, Jan: *Exodus. Die Revolution der Alten Welt*, München 2015 | *Achsenzeit. Eine Archäologie der Moderne*, München 2018
Ateş, Seyran: *Der Multikulti-Irrtum. Wie wir in Deutschland besser zusammenleben können*, Berlin 2007
Auden, W. H.: *Spain*, London 1937
Augustinus: *Vom Gottesstaat*, München 2007
Babel, Isaak: *Die Reiterarmee* (Moskau 1926), Darmstadt 1980 | *Geschichten aus Odessa und autobiographische Erzählungen*, München 1972 | *Tagebuch 1920*, Hg.: Peter Urban, Berlin 1990
Babur, Zahiruddin Muhammad: *Die Erinnerungen des ersten Großmoguls von Indien. Das Babur-nama*, Zürich 1980
Bade, Klaus J., Pieter C. Emmer, Leo Lucassen, Jochen Oltmer: *Enzyklopädie Migration in Europa. Vom 17. Jahrhundert bis zur Gegenwart*, Paderborn 2007
Baecker, Dirk: *Wozu Kultur?*, Berlin 2003
Bakunin, Michail: *Staatlichkeit und Anarchie* (1873), Berlin 1972
Balibar, Etienne: *Sind wir Bürger Europas? Politische Integration, soziale Ausgrenzung und die Zukunft des Nationalen*, Hamburger Edition 2003
Banfield, Gottfried von: *Der Adler von Triest. Der letzte Maria-Theresien-Ritter erzählt sein Leben*, Graz 1984
Barth, Heinrich: *Die große Reise. Forschungen und Abenteuer in Nord- und Zentralafrika 1849–1855*, Tübingen 1977
Bassani, Giorgio: *Die Gärten der Finzi Contini*, Roman, Berlin 2018
Battuta, Ibn: *Reisen ans Ende der Welt. 1325–1353*, Hg.: Hans D. Leicht, Tübingen–Basel 1975
Bauer, Karl Johannes: *Alois Musil. Wahrheitssucher in der Wüste*, Wien 1989
Baum, Bruce: *The Rise and Fall of the Caucasian Race*, New York 2008
Bauman, Zygmunt: *Die Dialektik der Ordnung. Die Moderne und der Holocaust*, Hamburg 1992
Beck, Ulrich: *Der kosmopolitische Blick oder: Krieg ist Frieden*, Frankfurt am Main 2004
Beckwith, Christopher I.: *Empires of the Silk Road. A History of Central Eurasia from the Bronze Age to the Present*, Woodstock/GB 2009
Bellaigue, Christopher de: *Die islamische Aufklärung. Der Konflikt zwischen Glaube und Vernunft 1798 bis heute*, Frankfurt am Main 2018
Belmonte, Thomas: *The Broken Fountain*, New York 2005
Belting, Hans: *Florenz und Bagdad. Eine westöstliche Geschichte des Blicks*, München 2008
Benali, Abdelkader: *Henri Matisse in Tanger*, Bern–Wien 2019
Benevolo, Leonardo: *Die Geschichte der Stadt*, Frankfurt am Main 2000 | *Die Stadt in der europäischen Geschichte*, München 1999
Benoist-Méchin, Jacques: *Moustafa Kémal ou la mort d'un empire*, Paris 1954
Bensoussan, Georges: *Die Juden der arabischen Welt. Die verbotene Frage*, Leipzig 2019
Bericht zur weltweiten Ungleichheit 2018, https://wir2018.wid.world

Bernal, Martin: *The Afroasiatic Roots of Classical Civilization*, London 1991
Bernecker, Walther L.: *Spanische Geschichte. Vom 15. Jahrhundert bis zur Gegenwart*, München 2003
Bettioni, Maurizio: *Wurzeln. Die trügerischen Mythen der Identität*, München 2018
Bianco, Mirella: *Kadhafi. Der Sohn der Wüste und seine Botschaft*, Hamburg 1975
Bielefeld, Ulrich (Hg.): *Das Eigene und das Fremde. Neuer Rassismus in der Alten Welt?*, Hamburger Edition, Hamburg 1998
Blom, Philip: *Eine italienische Reise*, München 2018 | Festrede zur Eröffnung der Salzburger Festspiele 2018, *Der Standard*, Wien, 28. Juli 2018
Blume, Doris, Christiana Brennecke, Ursula Breymayer, Thomas Eisentraut (Hg.): *Europa und das Meer*, Deutsches Historisches Museum, Berlin 2018
Blumenbach, Johann Friedrich: *Handbuch der Naturgeschichte* (Wien 1832), Reprint Nabu Press 2010
Bogdanović, Bogdan: *Die Stadt und der Tod*, Klagenfurt 1993 | *Die Stadt und die Zukunft*, Klagenfurt 1997 | *Der verdammte Baumeister. Erinnerungen*, Wien 1997 | *Bogdan Bogdanović. Memoria und Utopie in Tito-Jugoslawien*, Hg.: Architekturzentrum Wien, Klagenfurt/Celevoc 2009
Boness, Stefan: *Tel Aviv. The White City*, Fotoband, Text Carsten Hueck, Berlin 2014
Born, Nicolas: *Die Fälschung*, Roman, Reinbek bei Hamburg 1984
Bourdieu, Pierre: *Das Elend der Welt. Zeugnisse und Diagnosen alltäglichen Leidens an der Gesellschaft*, Konstanz 1997 | *Praktische Vernunft. Zur Theorie des Handelns*, Frankfurt am Main 1998 | *Gegenfeuer. Wortmeldungen im Dienste des Widerstands gegen die neoliberale Invasion*, Konstanz 1998 | Pierre *Bourdieu in Algerien. Zeugnisse einer Entwurzelung*, Hg.: Franz Schultheis, Christine Frisinghelli, Graz 2003
Bowles, Paul: *Himmel über der Wüste*, Roman (1949), München 2002
Bradford, Ernle: *Reisen mit Odysseus*, Frankfurt am Main 1999
Brand, Ulrich, Markus Wissen: *Imperiale Lebensweise. Zur Ausbeutung von Mensch und Natur im globalen Kapitalismus*, München 2017
Brandes, Detlef, Holm Sundhaussen, Stefan Troebst (Hg.): *Lexikon der Vertreibungen. Deportation, Zwangsumsiedlung und ethnische Säuberung im Europa des 20. Jahrhunderts*, Wien 2010
Brandes, Jörg-Dieter: *Geschichte der Berber. Von den Berberdynastien des Mittelalters zum Maghreb der Neuzeit*, Gernsbach 2004
Braudel, Fernand, Georges Duby, Maurice Aymard: *Die Welt des Mittelmeeres*, Frankfurt am Main, 1987
Braudel, Fernand: *Das Mittelmeer und die mediterrane Welt in der Epoche Philipps II.*, 3 Bände, Frankfurt am Main 1990 | *Die Dynamik des Kapitalismus*, Stuttgart 1986 | *Sozialgeschichte des 15.–18. Jahrhunderts*, 3 Bände, München 1985
Bredekamp, Horst: *Das Beispiel Palmyra*, Köln 2016
Brewer, David: *Greece, the hidden Centuries. Turkish Rule from the Fall of Constantinople to Greek Independence*, London 2012
Broch, Hermann: *Der Tod des Vergil*, Zürich 1958
Brock, Sebastian P., Susan Ashbrook Harvey: *Holy Women of the Syrian Orient*, University of California Press 1987

Broodbank, Cyprian: *Die Geburt der mediterranen Welt. Von den Anfängen bis zum klassischen Zeitalter*, München 2018
Brook-Sheperd, Gordon: *Slatin Pascha*, Wien 1972
Brown, Lloyd A.: *The Story of Maps*, New York 1979
Brown, Peter: *Die Entstehung des christlichen Europa*, München 1999
Büchner, Karl (Hg.): *Marcus Tullius Cicero: Der Staat*, München–Zürich 1993
Buden, Boris: *Die Schlacht von Babel. Ist Kultur übersetzbar?* Berlin 2005
Bunin, Iwan: *Verfluchte Tage. Ein Revolutionstagebuch* (Berlin 1935), Zürich 2005
Buñuel, Luis: *Mein letzter Seufzer. Erinnerungen*, Königstein/Taunus 1983
Burke, Peter: *Die Explosion des Wissens. Von der Encyclopédie bis Wikipedia*, Berlin 2014
Burton, Isabel: *Arabia, Egypt, India* (1879), Cambridge 2013 | *The Inner Life of Syria, Palestine and the Holy Land* (1875), London 2019
Buruma, Ian, Avishai Margalit: *Okzidentalismus. Der Westen in den Augen seiner Feinde*, München–Wien 2005
Busbecq, Ogier de: *Turkish Letters* (1555–1562), London 2001
Butler, Samuel: *The Atlas of Ancient and Classical Geography*, London 1907
Caglar, Ayse (Hg.): *Urbaner Protest. Revolte in der neoliberalen Stadt*, Wien 2019
Calimani, Riccardo: *Die Kaufleute von Venedig. Die Geschichte der Juden in der Löwenrepublik*, Düsseldorf 1988
Calvino, Italo: *Die unsichtbaren Städte*, Roman, München 2000
Camus, Albert: *Der Mythos des Sisyphos* (1942), Roman, Reinbek bei Hamburg 2001 | *Der Fremde* (1942), Erzählung, Berlin 1996 | *Die Pest* (1947), Roman, Hamburg 1961 | *Tagebücher 1935–1951*, Reinbek bei Hamburg 1997 | *Der erste Mensch* (1994), Reinbek bei Hamburg 1997 | *Hochzeit des Lichts. Impressionen am Rande der Wüste*, Zürich 1968
Canetti, Elias: *Die gerettete Zunge. Geschichte einer Jugend*, Frankfurt am Main 1994 | *Die Stimmen von Marrakesch. Aufzeichnungen nach einer Reise*, Frankfurt am Main 1980
Cardini, Franco: *Europa und der Islam. Geschichte eines Missverständnisses*, München 2000
Carson, Rachel: *Der stumme Frühling*, München 1962
Casanova, Giacomo, Chevalier de Seingalt: *Mein Leben*, Berlin 1998
Cassano, Franco: *Southern Thought and Other Essays on the Mediterranean*, New York 2012
Castles, Stephen, Mark J. Miller: *The Age of Migration. International Population Movements in the Modern World*, London 1998
Césaire, Aimé: *Rede über den Kolonialismus und andere Texte*, Berlin 2010
Champollion, Jean François (Hg.): *Description de l'Égypte*, 21 Bände, Saarbrücken 2007
Charim, Isolde, Gertraud Auer Borea (Hg.): *Lebensmodell Diaspora. Über moderne Nomaden*, Bielefeld 2012
Charim, Isolde: *Ich und die Anderen. Wie die neue Pluralisierung uns alle verändert*, Wien 2018
Chayyām, Omar: *Rubaijat*, übersetzt von Friedrich Rosen, Berlin 2010
Cherki, Alice: *Frantz Fanon. Ein Porträt*, Hamburg 2001
Chester, Eric Thomas: *Covert Network. Progressives, the International Rescue Committee, and the CIA*, London 1995

Chomsky, Noam: *War Against People. Menschenrechte und Schurkenstaaten*, Hamburg 2002
Choukri, Mohamed: *Das nackte Brot*, Roman, Nördlingen 1986
Churchill, Winston S.: *Der Zweite Weltkrieg, Memoiren*, 6 Bände, Bern 1953
Clark, General Mark W.: *Mein Weg von Algier nach Wien*, Velden–Wien 1954
Clauss, Manfred: *Alexandria. Schicksal einer antiken Weltstadt*, Stuttgart 2000
Clottes, Jean, Jean Courtin: *Grotte Cosquer bei Marseille. Eine im Meer versunkene Bilderhöhle*, Sigmaringen 1995
Cohen, Robin: *Global Diasporas. An Introduction*, Abington 2008
Cohen, Robin (Hg.): *The Cambridge Survey of World Migration*, Cambridge 1995
Cohn-Bendit, Daniel, Thomas Schmid: *Heimat Babylon. Das Wagnis der multikulturellen Demokratie*, Hamburg 1992
Cotrugli, Benedetto: *The Book of the Art of Trade* (*Della Mercatura et del Mercante perfetto*, ca. 1400), Kindle-Ausgabe 2017
Crile, George: *Der Krieg des Charlie Wilson*, Wolfenbüttel, 2008 | *My Enemy's Enemy. The Story of the largest covert Operation in History: The Arming of the Muhahideen by the CIA*, London 2003
Crosby, Alfred W.: *Die Früchte des weißen Mannes. Ökologischer Imperialismus 900–1900*, Frankfurt–New York 1991
Crouch, Colin: *Postdemokratie*, Frankfurt am Main 2008
Crowley, Roger: *City of Fortune. How Venice Won and Lost a Naval Empire*, London 2011
Curtin, Philip D.: *The Atlantic Slave Trade. A Census*, Madison 1969
D'Acierno, Pellegrino, Stanislao G. Pugliese (Hg.): *Delirious Naples. A Cultural City of the Sun*, New York 2019
Daniel-Rops, Henri: *Daily Life in Palestine at the Time of Christ*, London 2002
Dante Alighieri: *Die göttliche Komödie*, übersetzt von Friedrich Freiherr von Falkenhausen, Frankfurt am Main 1974
Daoud, Kamel im Gespräch mit Anne-Catherine Simon, *Die Presse*, Wien, 24. Oktober 2017
Darwin, Charles: *Der Ursprung der Arten,* Stuttgart 2018
Darwin, John: *Der imperiale Traum. Die Globalgeschichte großer Reiche 1400–2000*, Frankfurt–New York 2010
Davis, Mike: *Die Geburt der Dritten Welt. Hungerkatastrophen und Massenvernichtung im imperialistischen Zeitalter*, Berlin 2004
Davis, Thomas: *NGOs. A New History of Transnational Civil Society*, London 2013
Dawkins, Richard: *Geschichten vom Ursprung des Lebens. Eine Zeitreise auf Darwins Spuren*, Berlin 2008 | *Das egoistische Gen*, Wiesbaden 2007
Dedijer, Vladimir: *Jasenovac, das jugoslawische Auschwitz und der Vatikan*, Freiburg im Breisgau 1987
Delacampagne, Christian: *Die Geschichte des Rassismus*, Düsseldorf 2005
Delacroix, Eugène: *Dem Auge ein Fest. Aus dem Journal 1847–1863*, Hg.: Kuno Mittelstädt, Berlin 1979
Demandt, Alexander (Hg.): *Mit Fremden leben. Eine Kulturgeschichte von der Antike bis zur Gegenwart*, München 1995 | *Das Ende der Weltreiche. Von den Persern bis zur Sowjetunion*, München 1997
Dergisi, Izmir: The Levantines of Izmir, Izmir Magazine, Nr. 45/2018

Derrida, Jacques: *Grammatologie* (Paris 1967), Frankfurt am Main 1996
Description de l'Égypte, Paris 1809; 2. Auflage, 37 Bände, 1821/26 | Gekürzte Neuausgabe Köln 2007
Dexinger, Ferdinand, Jos Rosenthal: *Als die Heiden Christen wurden. Zur Geschichte des frühen Christentums*, Limburg–Kevelaer 2001
Diamond, Jared: *Arm und Reich. Die Schicksale menschlicher Gesellschaften*, Frankfurt am Main 2009 | *Kollaps. Warum Gesellschaften überleben und untergehen*, Frankfurt am Main 2005 | *Guns, Germs and Steel. A Short History of Everybody for the Last 13.000 Years*, London 1998
Die Bibel. Altes und Neues Testament. Einheitsübersetzung, Stuttgart 1980
Die Botschaft des Koran. Übersetzung und Kommentar: Muhammad Asad (1980), Düsseldorf 2009
Die österreichisch-ungarische Monarchie in Wort und Bild, 24 Bände, Wien 1892
Die Tora. In jüdischer Auslegung, Hg.: W. Gunther Plaut, 5 Bände, Gütersloh 1999
Diem, Peter: *Die Symbole Österreichs*, Wien 1995
Djamiljow, Mustafa: *A History of the Crimean Tatar National Liberation Movement: A Sociopolitical Perspective*, Simferopol 2005
Djebar, Assia: *Durst* (1957), Zürich 2001 | *Die Frauen von Algier* (1980), Zürich 1999 | *Fantasia* (1985), Zürich 1990 | *Weit ist mein Gefängnis* (1995), Zürich 1997 | *Weißes Algerien* (1996), Zürich 2000 | *Oran – Algerische Nacht* (1997), Zürich 2001
Djilas, Milovan: *Der Krieg der Partisanen. Memoiren 1941–1945*, Wien 1978
Drakulić, Slavenka: *Keiner war dabei. Kriegsverbrechen auf dem Balkan vor Gericht*, Wien 2004
Drif Bitat, Zohra: *Inside the Battle of Algiers*, Washington D. C. 2017
Duby, Georges, Michelle Perrot (Hg.): *A History of Women in the West*, Cambridge/Mass., 5 Bände, 1994
Dülffer, Jost: *Jalta, 4. Februar 1945. Der Zweite Weltkrieg und die Entstehung der bipolaren Welt,* München 1999
Dumas, Alexandre d. Ä.: *Der Graf von Monte Christo*, Köln 2008
Dürr, Hans-Peter: *Für eine zivile Gesellschaft*, München 2000
Durrell, Lawrence: *Schwarze Oliven. Korfu – Insel der Phäaken,* Reinbek bei Hamburg 1968 | *The Alexandria Quartet*, London 2012
Eberhardt, Isabelle: *Sandmeere 1 und 2*, Reinbek bei Hamburg 1983
Eby, Cecil D.: *Hungary at War. Civilians and Soldiers in World War II*, Pennsylvania State University 1998
Eisenstein, Sergej M.: *Über mich und meine Filme*, Hg.: Lilli Kaufmann, Berlin 1975 | *YO. Ich selbst. Memoiren*, Hg.: Naum Klejman, Walentina Korschunowa, 2 Bände, Wien 1984
Eliade, Mircea: *Schmiede und Alchemisten*, Stuttgart 1980
Elon, Amos: Was ist falsch gelaufen? Kurze Geschichte des Staates Israel, in: *Israel und Palästina. Umkämpft, besetzt, verklärt*, Edition *Le monde diplomatique*, Berlin Nr. 21, 2017
Elsenhans, Hartmut: *Frankreichs Algerienkrieg 1954–1962. Entkolonialisierungsversuch einer kapitalistischen Metropole. Zum Zusammenbruch der Kolonialreiche*, München 1974

Emcke, Carolin: *Gegen den Hass*, Frankfurt am Main 2016 | *Weil es sagbar ist. Über Zeugenschaft und Gerechtigkeit*, Frankfurt am Main 2013
Endriss, Beate-Ursula, Bernd M. Scherer, Wolfgang Storch (Hg.): *Das weiße Meer. Erkundungen des Mittelmeers*, Frankfurt am Main 1998
Enzensberger, Hans Magnus: *Der kurze Sommer der Anarchie. Buenaventura Durrutis Leben und Tod*, Roman, Frankfurt am Main 1972
Epikur: *Wege zum Glück*, Hg.: Rainer Nickel, Düsseldorf 2005
Eribon, Didier: *Rückkehr nach Reims*, Berlin 2016
Esen, Orhan, Stephan Lanz (Hg.): *Self Service City: Istanbul*, Berlin 2005
Exenberger, Andreas: *Außenseiter im Weltsytem. Die Sonderwege von Kuba, Libyen und Iran*, Wien 2002
Fabrio, René del: Italienische industrielle Arbeitskräfte in West- und Mitteleuropa im späten 19. und frühen 20. Jahrhundert, in: Klaus J. Bade, Pieter C. Emmer, Leo Lucassen, Jochen Oltmer: *Enzyklopädie Migration in Europa. Vom 17. Jahrhundert bis zur Gegenwart*, Paderborn 2007
Fagan, Brian F.: *Aufbruch aus dem Paradies. Ursprung und frühe Geschichte der Menschen*, München 1991
Falcone, Giovanni, Marcelle Padovani: *Inside Mafia*, München 1992
Fallmerayer, Jakob Philipp: *Fragmente aus dem Orient* (1845), München 1963
Fanon, Frantz: *Die Verdammten dieser Erde*. Vorwort Jean-Paul Sartre, Reinbek 1969
Fara, Patricia: *4000 Jahre Wissenschaft*, Heidelberg 2010
Faroqui, Suraiya: *Kultur und Alltag im Osmanischen Reich. Vom Mittelalter bis zum Anfang des 20. Jahrhunderts*, München 1995
Fartacek, Gebhard: *Pilgerstätten in der syrischen Peripherie*, Wien 2003
Faßler, Manfred: *Kampf der Habitate. Neuerfindung des Lebens im 21. Jahrhundert*, Wien–New York 2011
Faßler, Manfred, Claudius Terkowsky (Hg.): *Urban Fictions. Die Zukunft des Städtischen*, München 2006
Fassmann, Heinz, Anton Pelinka: *Wir haben nichts zu fürchten als die Furcht selbst. Europa und die Flüchtlinge*, Wien 2017
Fathy, Hassan: *Architecture for the Poor. An Experiment in Rural Egypt*, Chicago 2000
Favrod, Charles-Henri: Über ein halbes Jahrhundert Algerien, in: Michael von Graffenried, Sid Ahmed Hammouche (Hg.): *Im Herzen Algeriens*, Ausstellungskatalog Museum für Gestaltung Zürich, Bern 2002
Ferguson, Niall: *Krieg der Welt. Was ging schief im 20. Jahrhundert?*, Berlin 2006
Fermor, Patrick Leigh: *Die Entführung des Generals*, Zürich 2015
Fest, Joachim C.: *Hitler. Band 2: Der Führer*, Frankfurt am Main 1976
Figes, Orlando: *Nataschas Tanz. Eine Kulturgeschichte Russlands*, Berlin 2003 | *Die Tragödie eines Volkes. Die Epoche der Russischen Revolution 1891–1924*, Berlin 1998
Finkelstein, Israel, Neil A. Silberman: *Keine Posaunen vor Jericho. Die archäologische Wahrheit über die Bibel*, München 2006
Fleming, Fergus: *The Sword and the Cross*, London 2003
Flusser, Vilém: *Ende der Geschichte. Ende der Stadt?*, Wien 1992
Forsyth, Frederick: *Die Akte Odessa*, Roman, München 2013
Foucault, Michel: *Die Ordnung der Dinge* (Paris 1966), Frankfurt am Main 1974 | *Archäologie des Wissens* (Paris 1969), Frankfurt am Main 1973

Frankopan, Peter: *Licht aus dem Osten. Eine neue Geschichte der Welt*, Berlin 2016
Freud, Sigmund: *Die Traumdeutung*, Frankfurt am Main 1972
Friedell, Egon: *Kulturgeschichte der Neuzeit. Die Krise der europäischen Seele von der Schwarzen Pest bis zum Ersten Weltkrieg*, München 1927–1931
Fry, Varian: *Auslieferung auf Verlangen. Die Rettung deutscher Emigranten in Marseille 1940/41*, Frankfurt am Main 2009
Gabler, Neal: *Ein eigenes Reich. Wie jüdische Emigranten Hollywood erfanden*, Berlin 2004
Gabrieli, Francerso (Hg.): *Die Kreuzzüge aus arabischer Sicht*, München 1976
Gall, Alexander: *Das Atlantropa-Projekt. Die Geschichte einer gescheiterten Vision. Herman Sörgel und die Absenkung des Mittelmeers*, Frankfurt am Main 1998
Galland, Antoine: *Les mille et une nuits: contes arabes* (Übersetzung aus dem Arabischen von *Tausendundeine Nacht*), 12 Bände, Paris 1704–1708
Gaziel: *Nach Saloniki und Serbien. Eine Reise in den Ersten Weltkrieg*, Berlin 2016
Gehrke, Hans-Joachim: *Alexander der Große*, München 2013
Geisen, Thomas, Christine Riegel, Erol Yildiz (Hg.): *Migration, Stadt und Urbanität. Perspektiven auf die Heterogenität migrantischer Lebensweisen*, Wiesbaden 2017
Gellner, Ernest: *Bedingungen der Freiheit. Die Zivilgesellschaft und ihre Rivalen*, Stuttgart 2001 | *Nationalismus. Kultur und Macht*, München 1999 | *Pflug, Schwert und Buch. Grundlinien der Menschheitsgeschichte*, Stuttgart 1990
Gestring, Norbert, Jan Wehrheim (Hg.): *Urbanität im 21. Jahrhundert*, Frankfurt am Main 2018
Gibb, H. A. R. (Hg.): *The Travels of Ibn Battuta*, 3 Bände, New Delhi 1993
Gibbon, Edward: *The Decline and Fall of the Roman Empire* (1776/88), New York 1995
Gleich, Michael, Dirk Maxeiner, Michael Miersch, Dabian Nicolay (Hg.): *Life Counts. Eine globale Bilanz des Lebens*, Berlin 2000
Gobineau, Arthur de: *Versuch über die Ungleichheit der Menschenrassen*, Paris 1853/55
Godard, Jean-Luc: *Film Socialisme. Dialoge mit Autorengesichtern*, Zürich 2012 | »Es kommt mir obszön vor«. Interview von Katja Nicodemus, *Die Zeit*, Hamburg, Nr. 41, 6. Oktober 2011
Goethe, Johann Wolfgang: *Tagebuch der Italienischen Reise 1786*, Hg.: Christoph Michel, Frankfurt am Main 1976
Goglia, Luigi: *Omar Al-Mukhtar. The Italian Reconquest of Libya*, London 1986
Goldman, Emma: *Gelebtes Leben* (1931), 3 Bände, Berlin 1978–1980
Gombrich, Ernst H.: *Eine kurze Weltgeschichte für junge Leser*, Köln 2018
Goñi, Uki: *The Real Odessa*, London 2002 (*Odessa: Die wahre Geschichte*, Berlin 2006)
Gramsci, Antonio: *Gefängnishefte*, 10 Bände, Hamburg 2003 | *Literatur und Kultur*, Hamburg 2012
Greenblatt, Stephen: *Die Geschichte von Adam und Eva. Der mächtigste Mythos der Menschheit*, München 2018
Gresleri, Giuliano: *Le Corbusier. Reise nach dem Orient*, Zürich 1991
Grossman, Wassili, Ilja Ehrenburg (Hg.): *Das Schwarzbuch. Der Genozid an den sowjetischen Juden*, Hg. der deutschen Ausgabe: Arno Lustiger, Reinbek bei Hamburg 1994
Grossman, Wassili: *Leben und Schicksal*, Roman, Berlin 2007
Grousset, René: *Die Steppenvölker, Attila–Dschingis Khan-Tamerlan*, München 1970

Guérot, Ulrike, Verena Humer, Robert Menasse, Milo Rau (Hg.): *The Europwan Balcony Project or The Emancipation of the European Citizen*, Berlin 2020
Guérot, Ulrike: *Was ist die Nation?*, Göttingen 2019 | *Der neue Bürgerkrieg. Das offene Europa und seine Feinde*, Berlin 2017 | *Warum Europa eine Republik werden muss! Eine politische Utopie*, Bonn 2016
Guerra de la Vega, Ramón: *Madrid 1931–1939. Il República y Guerra Civil*, Madrid 2005
Gust, Wolfgang (Hg.): *Der Völkermord an den Armeniern 1915/16*, Springe 2005
Haarmann, Harald: *Die Indoeuropäer. Herkunft, Sprachen, Kulturen*, München 2013
Haarmann, Maria (Hg.): *Der Islam. Ein Lesebuch*, München 2002
Haarmann, Ulrich: *Geschichte der arabischen Welt*, München 2001
Habermas, Jürgen, Jacques Derrida: *Philosophie in Zeiten des Terrors*, Hg.: Giovanna Borradori, Berlin 2004
Hadjar, Abdallah, Paul Amash: *The Church of St. Simeon the Stylite and other Archaeological site in the Mountains of Simeon and Halaqa*, Aleppo o. J.
Hall, Stuart: *Das verhängnisvolle Dreieck. Rasse, Ethnie, Nation*, Berlin 2018
Haller, Dieter: *Tanger. Der Hafen, die Geister, die Lust*, Bielefeld 2016
Halmer, Maria, Anton Pelinka, Karl Semlitsch (Hg.): *Was bleibt von der Shoah? Kontext, Praxis, Nachwirkungen*, Wien 2012
Hamann, Brigitte: *Bin ich zu ungeduldig? Vier Jahre mit meiner syrischen Freundin Fatima*, Wien 2019
Hamburger Institut für Sozialforschung (Hg.): *Verbrechen der Wehrmacht. Dimensionen des Vernichtungskriegs 1941–1944*, Ausstellungskatalog, Hamburg 2002
Hammer-Purgstall, Joseph von: *Geschichte des osmanischen Reiches*, 10 Bände, Pest 1827–1833
Han, Petrus: *Soziologie der Migration*, Stuttgart 2000
Harari, Yuval Noah: *Eine kurze Geschichte der Menschheit*, München 2013
Harrer, Gudrun: *Nahöstlicher Irrgarten. Analysen abseits des Mainstreams*, Wien 2015 | *Kriegs-Gründe. Versuch über den Irak-Krieg*, Wien 2003
Harris, Robin: *Dubrovnik. A History*, London 2006
Haussig, Hans Wilhelm: *Die Geschichte Zentralasiens und der Seidenstraße in vorislamischer Zeit*, Darmstadt 1992
Hegel, Georg Friedrich Wilhelm: *Vorlesungen über die Philosophie der Geschichte* (1821–1831), Stuttgart 1961
Heins, Volker: *Das Andere der Zivilgesellschaft. Zur Archäologie eines Begriffs*, Bielefeld 2002
Heinz, Marlies: *Altsyrien und Libanon. Geschichte, Wirtschaft und Kultur vom Neolithikum bis Nebukadnezar*, Darmstadt 2002
Heller, Ágnes: Der *Affe auf dem Fahrrad: Eine Lebensgeschichte*, Berlin–Wien 1999
Hemingway, Ernest: *Wem die Stunde schlägt*, Roman, Frankfurt am Main 1949
Herodot: *Historien*, Hg.: H. W. Haussig, Stuttgart 1971
Herzl, Theodor: *Der Judenstaat. Versuch einer modernen Lösung der Judenfrage* (Leipzig–Wien 1896), Berlin 2013 | *Altneuland. Ein utopischer Roman* (Leipzig 1902), Berlin 2016
Hessel, Stéphane: *Empört Euch!*, Berlin 2011
Hilberg, Raul: *Die Vernichtung der europäischen Juden*, 3 Bände (englische 1961, deutsche Erstausgabe Berlin 1982), Frankfurt am Main 1999

Hitler, Adolf: *Mein Kampf*, München 1936
Hobsbawm, Eric: *Nationen und Nationalismus. Mythos und Realität seit 1780*, Frankfurt am Main 2005 | *Das imperiale Zeitalter 1875–1914*, Frankfurt am Main 2004 | *Das Zeitalter der Extreme. Weltgeschichte des 20. Jahrhunderts*, München 2003
Hochschild, Adam: *Schatten über dem Kongo. Die Geschichte eines der großen, fast vergessenen Menschheitsverbrechens*, Stuttgart 2000 | *Sprengt die Ketten. Der entscheidende Kampf um die Abschaffung der Sklaverei*, Stuttgart 2007
Höllmüller, Simone: *Barcelona-Prozess: Union für den Mittelmeerraum. Mittelmeerunion*, Tübingen 2009
Homer: *Ilias. Odyssee*, übersetzt von Johann Heinrich Voß, München 1979
Hourani, Albert: *Die Geschichte der arabischen Völker. Von den Anfängen des Islam bis zum Nahostkonflikt unserer Tage*, Frankfurt am Main 2001
Hughes, Bettany: *Istanbul. Die Biographie einer Weltstadt*, Stuttgart 2017
Hunt, Tristram: *Friedrich Engels. Der Mann, der den Marxismus erfand*, Berlin 2017
Huntington, Samuel P.: *Der Kampf der Kulturen. The Clash of Civilizations. Die Neugestaltung der Weltpolitik im 21. Jahrhundert*, München 1996
Ibn Khaldūn (Chaldūn): *Die Muqaddima. Betrachtungen zur Weltgeschichte*. Übertragen und mit einer Einführung von Alma Giese unter Mitwirkung von Wolfhart Heinrichs, München 2011
Ijad, Abu: *Heimat oder Tod. Der Freiheitskampf der Palästinenser*, Düsseldorf 1979
Insight Guide Turkey, London o. J.
Institut du Monde Arabe (Hg.): *De Delacroix à Renoir. L'Algérie des peintres,* Ausstellungskatalog, Paris 2003
Institut für Marxismus-Leninismus beim Zentralkomitee der Kommunistischen Partei der Sowjetunion (Hg.): *Geschichte des Großen Vaterländischen Krieges der Sowjetunion in 6 Bänden*, Berlin 1962/1968
Internationaler Militärgerichtshof Nürnberg (Hg.): *Der Nürnberger Prozess gegen die Hauptkriegsverbrecher vom 14. November 1945 bis 1. Oktober 1946*, 23 Bände, Nürnberg 1947, Reprint 2001
Izzo, Jean-Claude: *Die Marseiller Trilogie*, Kriminalromane, Zürich 2013/15
Jellinek, Georg: *Die Erklärung der Menschen- und Bürgerrechte: Ein Beitrag zur modernen Verfassungsgeschichte* (Leipzig 1895), Berlin 2016
Joas, Hans: *Sind die Menschenrechte westlich?*, München 2015
Joyce, James: *Dubliners* (1914), London 2000 | *Ein Porträt des Künstlers als junger Mann* (1916), Roman, Zürich 2012 | *Ulysses* (1922), Roman, übersetzt von Hans Wollschläger, Berlin 2006
Judt, Tony: *Geschichte Europas von 1945 bis zur Gegenwart*, Frankfurt am Main 2009
Juergensmeyer, Mark: *Die Globalisierung religiöser Gewalt. Von christlichen Milizen bis al-Qaida*, Hamburg 2009
Jullien, François: *Es gibt keine kulturelle Identität. Wir verteidigen die Ressourcen einer Kultur*, Berlin 2018
Kahlmeyer, Andre: *Die Internationalisierung der Stadt Saloniki im Jahre 1912/13 im Lichte des Zerfallsprozess des Osmanischen Reichs*, München 2004
Kalter, Frank (Hg.): *Migration und Integration*, Wiesbaden 2008
Kammerer, Peter (Hg.): *Pier Paolo Pasolini. Afrika, letzte Hoffnung*, Hamburg 2011

Kantorowicz, Ernst: *Kaiser Friedrich der Zweite*, Düsseldorf 1927
Karsh, Efraim, Inari Karsh: *Empires of the Sand. The Struggle for Mastery in the Middle East 1789–1923*, Harvard University Press, 2001
Kavafis, Konstantinos: *Das Gesamtwerk*, München 1997
Kawakibi, Nazih: Zur Stadtentwicklung von Damaskus, in: Christian Reder, Simonetta Ferfoglia (Hg.): *Transferprojekt Damaskus*, deutsch/arabisch, Wien–New York 2003
Kaylan, Muammer: *The Kemalists. Islamic Revival and the Fate of Secular Turkey*, New York 2005
Kazantzakis, Nikos: *Alexis Sorbas*, Roman, Reinbek bei Hamburg 1955
Keane, John: *Global Civil Society?*, Cambridge 2004
Keller, Fritz: *Ein Leben am Rande der Wahrscheinlichkeit. Si Mustapha alias Winfried Müller: Vom Wehrmachtsdeserteur zum Helden des algerischen Befreiungskampfes*, Wien 2017
Kepel, Gilles: *Chaos. Die Krisen in Nordafrika und im Nahen Osten verstehen*, München 2019 | *Das Schwarzbuch des Dschihad. Aufstieg und Niedergang des Islamismus*, München 2002 | *Der Prophet und der Pharao. Das Beispiel Ägypten: Die Entwicklung des muslimischen Extremismus*, München 1995
Kerényi, Karl: *Die Mythologie der Griechen*, 2 Bände, München 1994
Kermani, Navid: *Gott ist schön. Das ästhetische Erleben des Koran*, München 1999 | *Nach Europa. Rede zum 50. Jahrestag der Wiedereröffnung des Burgtheaters in Wien*, Zürich 2005
Keynes, John Maynard: *Newton, the Man*, London 1942, http://mathshistory.st-andrews.ac.uk/Extras/Keynes_Newton.html
Khuri-Makdisi, Ilham: *The Eastern Mediterranean and the Making of Global Radicalism, 1860–1914*, London 2013
Ki-Zerbo, Joseph: *Die Geschichte Schwarz-Afrikas*, Wuppertal 1979
Kienitz, Friedrich Karl: *Das Mittelmeer. Schauplatz der Weltgeschichte von den frühen Hochkulturen bis ins 20. Jahrhundert*, München 1976
King, Charles: *The Black Sea. A History*, Oxford 2004
Kirsch, Hans-Christian (Hg.): *Der Spanische Bürgerkrieg in Augenzeugenberichten*, München 1971
Klein, Anne: *Flüchtlingspolitik und Flüchtlingshilfe 1940–1942. Valerian Fry und die Komitees zur Rettung politisch Verfolgter in New York und Marseille*, Berlin 2007
Kluge, Alexander: *Pluriversum. Die poetische Kraft der Theorie*, Hg.: Museum Folkwang, Leipzig 2017
Klugsberger, Theresia, Ruth Pleyer (Hg.): *Berta Zuckerkandl. Flucht! Von Bourges nach Algier im Sommer 1940*, Wien 2013
Kluy, Alexander: *Jüdisches Marseille und die Provence*, Wien 2013
Koestler, Arthur: *Ein spanisches Testament*, (London 1937), Wien 2018 | *Sonnenfinsternis* (London 1940), Stuttgart 1946 | *Der dreizehnte Stamm. Das Reich der Khasaren und seine Erben*, München 1977
Köhlmeier, Michael: *Gedenkrede im österreichischen Parlament*, 4. Mai 2018
Kölnischer Kunstverein (Hg.): *Projekt Migration*, Köln 2005
Koselleck, Reinhart: *Zeitschichten. Studien zur Historik*, Frankfurt am Main 2000 | *Vergangene Zukunft. Zur Semantik geschichtlicher Zeiten*, Frankfurt am Main 2000

Krämer, Gudrun: *Der Vordere Orient und Nordafrika ab 1500*, Frankfurt am Main 2016
Kraus, Karl: *Die Fackel*, 12 Bände, Obertshausen 1976
Kreiser, Klaus: *Istanbul. Ein historisch-literarischer Stadtführer*, München 2001
Kreisky, Bruno: *Zwischen den Zeiten. Erinnerungen aus fünf Jahrzehnten*, Berlin 1986
Kropotkin, Pjotr: *Gegenseitige Hilfe in der Tier- und Menschenwelt* (1902), Berlin 2018
Kuckenburg, Martin: *Als der Mensch zum Schöpfer wurde. An den Wurzeln der Kultur*, Stuttgart 2001
Kurrent, Friedrich: *Texte zur Architektur*, Salzburg 2006
Lackner, Herbert: *Die Flucht der Dichter und Denker. Wie Europas Künstler und Wissenschaftler den Nazis entkamen*, Wien 2017
Lampedusa, Giuseppe Tomasi di: *Der Leopard*, Roman, München 1959
Lancaster, Jordan: *In the Shadow of Vesuvius. A cultural History of Naples*, London 2009
Landes, David: *Wohlstand und Armut der Nationen. Warum die einen reich und die anderen arm sind*, Berlin 1999
Lane–Poole, Stanley: *The Barbary Corsairs* (1890), London 1984
Lawrence, T. E.: *Die sieben Säulen der Weisheit*, Berlin 2018
Lay, Maxwell G.: *Die Geschichte der Straße. Vom Trampelpfad zur Autobahn*, Frankfurt–New York 1994
Le Corbusier: *Œuvre complète*, Band 2 von 1929–1934, Basel 1995
Le Monde diplomatique: Grenzgebiete. Mauern, Schmuggel, Reisefreiheit, Nr. 22, Berlin 2018 | *Israel und Palästina. Umkämpft, besetzt, verklärt*, Nr. 22, Berlin 2017 | *Atlas der Globalisierung*, Paris 2009
Leggewie, Claus: *Zukunft im Süden. Wie die Mittelmeerunion Europa wiederbeleben kann*, Hamburg 2012
Lendvai, Paul: Halbwahrheiten über Migration, *Der Standard*, Wien, 9. April 2019
Lepenies, Wolf: *Die Macht am Mittelmeer. Französische Träume von einem anderen Europa*, München 2016
Les Arméniens 1917–1939, Beirut 2006
Lévi-Strauss, Claude: *Traurige Tropen* (1955), Berlin 2018
Levi, Carlo: *Christus kam nur bis Eboli* (1945), Roman, München 1985
Lewis, Bernard: *Die Wut der arabischen Welt. Warum der jahrhundertelange Konflikt zwischen dem Islam und dem Westen weiter eskaliert*, Frankfurt–New York 2004 | *What went wrong? Western Impact and Middle Eastern Response*, Oxford 2002 | *The Muslim Discovery of Europe*, London 2000 | *The Multiple Identities of the Middle East*, London 1999 | *Stern, Kreuz und Halbmond. 2000 Jahre Geschichte des Nahen Ostens*, München 1997
Lewitscharoff, Sibylle, Najem Wali: *Abraham trifft Ibrahim. Streifzüge durch Bibel und Koran*, Berlin 2018
Liehr, Günter: *Marseille. Porträt einer widerspenstigen Stadt*, Zürich 2013
Lilie, Ralph-Johannes: *Byzanz. Das zweite Rom*, Berlin 2003
Lindemann, Uwe, Monika Schmitz-Emans (Hg.): *Was ist eine Wüste? Interdisziplinäre Annäherung an einen interkulturellen Topos*, Würzburg 2000
Loti, Pierre: *Constantinople in 1890*, Istanbul 2002 | *Die Wüste*, Bremen 2002
Lovell, Mary S.: *A Rage to Live. A biography of Richard and Isabel Burton*, London 1999
Luce, John W.: *Die Landschaften Homers*, Stuttgart 2000

Luft, Stefan: *Abschied von Multikulti. Wege aus der Integrationskrise*, Gräfelfing 2006
Lukrez: *De rerum natura* (*Über die Natur der Dinge*), München 2017
Lurker, Manfred (Hg.): *Wörterbuch der Symbolik*, Stuttgart 1979
Maalouf, Amin: *Der Heilige Krieg der Barbaren. Die Kreuzzüge aus der Sicht der Araber*, München 1997 | *Mörderische Identitäten*, Frankfurt am Main 2000 | *Die Auflösung der Weltordnung*, Berlin 2010 | Amin Maalouf im Gespräch mit Christian Reder, in: Christian Reder, Simonetta Ferfoglia (Hg.): *Transferprojekt Damaskus*, deutsch/arabisch, Wien–New 2003
Maani, Sama: *Warum wir Linke über den Islam nicht reden können*, Essay, Klagenfurt/Celovec 2019
MacGregor, Neil: *A history of the World in 100 objects*, London 2011
Machiavelli, Niccolò: *Erörterungen über die erste Dekade des Titus Livius*, Berlin 1981 | *Der Fürst*, Hg.: Philipp Rippel, Stuttgart 2003
Macke, August: *Die Tunisreise. Aquarelle und Zeichnungen*, Köln 1988, Neuausgabe Berlin 2014
Maenchen-Helfen, Otto J.: *Die Welt der Hunnen. Eine Analyse ihrer historischen Dimension*, Wien 1978
Magris, Claudio, Angelo Ara: *Triest. Eine literarische Hauptstadt in Mitteleuropa* (1982), München 2014
Mahler-Werfel, Alma: *Mein Leben*, Frankfurt am Main 1960
Maier, Hans (Hg.): *Wege in die Gewalt. Die modernen politischen Religionen*, Frankfurt am Main 2000
Maier, Ferry, Julia Ortner: *Willkommen in Österreich. Was wir für Flüchtlinge leisten können und wo Österreich versagt hat*, Innsbruck 2017
Mak, Geert: *Die Brücke von Istanbul. Eine Reise zwischen Orient und Okzident*, München 2007
Malaparte, Curzio: *Kaputt* (1944), Frankfurt am Main 2007 | *Die Haut* (1948), Wien 2006
Mandela, Nelson: *Der lange Weg zur Freiheit*, Frankfurt am Main 1997
Manfred Pittoni: *Genua – die versteckte Weltmacht 1000–1700*, Wien 2011
Mansel, Philip: *Constantinople. City of the World's Desire 1553–1924*, London 1995 | *Levant. Splendour and Catastrophe on the Mediterranean*, London 2011
Marcu, Valeriu: *Die Vertreibung der Juden aus Spanien* (1934), München 1991
Marx, Karl, Friedrich Engels: *Das Kommunistische Manifest* (1848), Einleitung Eric Hobsbawm, Hamburg–Berlin 1999 | *Die Deutsche Ideologie*, MEW Band 3, Berlin 1990 | *Russlands Drang nach Westen. Der Krimkrieg und die europäische Geheimdiplomatie im 19. Jahrhundert*, Zürich 1991
Matisse, Henri: *Über Kunst*, Zürich 1982
Mattioli, Aram: Terra promessa: Italien und Libyen 1911–1943 in: Christian Reder, Elfie Semotan (Hg.): *Sahara. Text- und Bildessays*, Wien–New York 2004 | *Die Zeit*, Hamburg, Nr. 21/2003
Matvejević, Predrag: *Der Mediterran. Raum und Zeit*, Zürich 1993
Mauss, Marcel: *Die Nation oder der Sinn fürs Soziale*, Hg.: Michael Fournier, Jean Terrier, Frankfurt 2017
Mazis, John Athanasios: *The Greeks of Odessa. Diaspora Leadership in Late Imperial Russia*, New York 2004

Mazower, Mark: *Der dunkle Kontinent. Europa im 20. Jahrhundert*, Berlin 2000 | *Griechenland unter Hitler. Das Leben während der deutschen Besatzung 1941–1944*, Frankfurt am Main 2016 | *Salonica. City of Ghosts. Christians, Muslims and Jews 1430–1950*, London 2005
Mbembe, Achille: *Kritik der schwarzen Vernunft*, Berlin 2014
Meadows, Dennis: *Die Grenzen des Wachstums. Bericht des Club of Rome zur Lage der Menschheit*, München 1972
Meddeb, Abdelwahab: *Die Krankheit des Islam*, Heidelberg 2002
Mekhaled, Boucif: *Chroniques d'un massacre. 8 mai 1945, Sétif, Guelma, Kherrata*, Paris 1995
Merridale, Catherine: *Iwans Krieg. Die Rote Armee 1939–1945*, Frankfurt am Main 2006
Meyers Großes Konversationslexikon, Leipzig–Wien 1902/09
Michelet, Jules: *Das Meer* (Paris 1861), Frankfurt am Main 1987
Miller, Henry: *Der Koloss von Maroussi*, Reinbek bei Hamburg 1960
Milton, Giles: *Paradise Lost. Smyrna 1922: The Destruction of Islam's City of Tolerance*, London 2009
Moller, Violet: *The Map of Knowledge. How Classical Ideas Were Lost and Found: A History of Seven Cities*, London 2019
Mommsen, Wolfgang J.: *Der Erste Weltkrieg. Anfang vom Ende des bürgerlichen Zeitalters*, Frankfurt am Main 2004
Moore, Barrington: *Ungerechtigkeit. Die sozialen Ursachen von Unterordnung und Widerstand*, Frankfurt am Main 1984
Morgenthau, Henry: *Ambassador Morgenthau's Story*, New York 1919
Morris, Ian: *Wer regiert die Welt? Warum Zivilisationen herrschen oder beherrscht werden*, Frankfurt am Main 2011
Morris, Jan: *Trieste and the Meaning of Nowhere*, Boston 2002
Motadel, David: *Für Prophet und Führer. Die Islamische Welt und das Dritte Reich*, Stuttgart 2017
Müller-Uri, Fanny: *Antimuslimischer Rassismus*, Wien 2014
N'Diaye, Tidiane: *Der verschleierte Völkermord. Die Geschichte des muslimischen Sklavenhandels in Afrika*, Reinbek bei Hamburg 2010
Nabokov, Vladimir: *Petrograd 1917. Der kurze Sommer der Revolution* (Berlin 1922), Berlin 1992 | *Erinnerung, sprich*, Reinbek bei Hamburg 1991
Napoleoni, Loretta: *Die Ökonomie des Terrors. Auf den Spuren der Dollars hinter dem Terrorismus*, München 2004
Nassib, Selim: *Stern des Orients* (*Oum*, Paris 1994), Zürich 1999
Nationale Befreiungsfront (Hg.): *Algeriens Charta '76*, Frankfurt am Main 1979
Naumann, Friedrich: *Mitteleuropa*, Berlin 1915
Neubacher, Hermann: *Sonderauftrag Süd-Ost 1940–1945. Bericht eines fliegenden Diplomaten*, Göttingen 1956
Nicolaisen, Johannes, Ida Nicolaisen: *The Pastoral Tuareg. Ecology, Culture, and Society*, 2 Bände, New York–London 1997
Nirenberg, David: *Anti-Judaismus. Eine andere Geschichte des westlichen Denkens*, München 2015
Operschall, Christian, Charlotte Teuber (Hg.): *Libyen. Die verkannte Revolution?*, Wien 1987

Orga, Irfan: *Portrait of a Turkish Family*, London–Istanbul 2004
Orlando, Leoluca: *Der Tagespiegel*, Berlin, 3. Juli 2018 (Werner Bloch)
Ortese, Anna Maria: *Neapel liegt nicht am Meer*, Berlin 2019
Orwell, George: *Mein Katalonien*, Zürich 1975 | *1984*, Rastatt 1950
Osterhammel, Jürgen, Niels P. Petersson: *Geschichte der Globalisierung, Dimensionen, Prozesse, Epochen*, München 2007
Osterhammel, Jürgen: *Die Verwandlung der Welt. Eine Geschichte des 20. Jahrhunderts*, München 2009 | *Die Flughöhe der Adler. Historische Essays zur globalen Gegenwart*, München 2017 | *Die Entzauberung Asiens. Europa und die asiatischen Reiche im 18. Jahrhundert*, München 1998
Österr. Gesellschaft für Architektur (Hg.): *Wilhelm Schütte. Architekt, Frankfurt, Moskau, Istanbul, Wien*, Wien 2019
Ostrogorsky, Georg: *Geschichte des byzantinischen Staates*, München 1975
Otterbeck, Christoph: *Europa verlassen. Künstlerreisen am Beginn des 20. Jahrhunderts*, Köln 2007
Oz, Amos, Shira Hadad: *Was ist ein Apfel? Sechs Gespräche über Schreiben und Liebe, Schuldgefühle und andere Genüsse*, Berlin 2019
Palmer, Alan: *Verfall und Untergang des Osmanischen Reiches*, München 1997
Pamuk, Orhan: *Der Blick aus meinem Fenster*, München 2006
Parker, Geoffrey: *Die militärische Revolution. Die Kriegskunst und der Aufstieg des Westens 1500–1800*, Frankfurt am Main 1990
Parzinger, Hermann: *Die Kinder des Prometheus. Eine Geschichte der Menschheit vor der Erfindung der Schrift*, München 2014 | *Die frühen Völker Eurasiens. Vom Neolithikum bis zum Mittelalter*, München 2006
Pears, Edwin: *The Fall of Constantinople being the Story of the Fourth Crusade* (London 1885), London 1987
Penn, William: *An Essay Towards the Present and Future Peace of Europe by the Establishment of an European Dyet, Parliament or Estates* (London 1693), Hildesheim 1983
Penter, Tanja: *Odessa 1917. Revolution an der Peripherie*, Wien 2000
Perdigão, José de Azeredo: *Calouste Gulbenkian. Collector*, Lissabon o. J.
Perrault, Gilles: *Unser Freund der König von Marokko. Abgründe einer modernen Despotie*, Leipzig 1993
Perthes, Volker: *Das Ende des Nahen Ostens, wie wir ihn kennen. Ein Essay*, Berlin 2015
Petermann, Werner: *Die Geschichte der Ethnologie*, Wuppertal 2004
Petritsch, Wolfgang: *Epochenwechsel. Unser digital-autoritäres Jahrhundert*, Wien 2018
Pinker, Steven: *Gewalt. Eine neue Geschichte der Menschheit*, Frankfurt am Main 2011
Piri Reis Bahrije: *Das türkische Segelhandbuch für das mittelländische Meer vom Jahre 1521*, Berlin 2012
Pittioni, Manfred: *Genua – die versteckte Weltmacht*, Wien 2011
Popper, Karl: *Die offene Gesellschaft und ihre Feinde*, Tübingen 2003
Power, Arthur: *Gespräche mit James Joyce*, Frankfurt am Main 1996
Preiser-Kapeller, Johannes: *Jenseits von Rom und Karl dem Großen. Aspekte der globalen Verflechtung in der langen Spätantike 300–800 n. Chr.*, Wien 2018
Puzo, Mario: *Der Pate*, Roman (1969), Reinbek bei Hamburg 2001
Radkau, Joachim: *Die Ära der Ökologie. Eine Weltgeschichte*, München 2011

Randa, Alexander: Byzanz und der Donauraum, in: *Der Donauraum. Forschungsinstitut für den Donauraum und Mitteleuropa*, Wien 1958
Rath, Ari: *Ari heißt Löwe. Erinnerungen*, Wien 2012
Reder, Christian (Hg.): *Kartographisches Denken*, Wien–New York 2012 | *Lesebuch Projekte. Vorgriffe, Ausbrüche in die Ferne*, Wien–New York 2006
Reder, Christian, Elfie Semotan (Hg.): *Sahara. Text- und Bildessays*, Wien–New York 2004
Reder, Christian, Erich Klein (Hg.): *Graue Donau, Schwarzes Meer. Wien, Sulina, Odessa, Jalta, Istanbul*, Wien–New York 2008
Reder, Christian, Peter Sellars, Gerald Bast, Willi Resetarits (Hg.): *Kosmopolitische Impulse. Das Integrationshaus in Wien*, Wien–New York 2010
Reder, Christian, Simonetta Ferfoglia (Hg.): *Transferprojekt Damaskus, Urban orient-ation*, deutsch/arabisch, Wien–New York 2003
Reder, Christian: *Noch Jahre der Unruhe … Ali M. Zahma und Afghanistan*, Wien 2018 | *Deformierte Bürgerlichkeit*, Wien 2016 | *Daniel Defoe. Ein Essay über Projekte, London 1697*, und *Lesebuch Projekte, Vorgriffe, Ausbrüche in die Ferne*, Wien–New York 2006 | *Forschende Denkweisen. Essays zu künstlerischem Arbeiten*, Wien–New York 2004 | *Afghanistan, fragmentarisch*, Wien–New York 2003 | *Wörter und Zahlen. Das Alphabet als Code*, Wien–New York 2000 | Karatschi, Kabul, Damaskus … Zu Arbeitserfahrungen in angeblichen Chaosstädten. In: Manfred Faßler, Claudius Terkowsky (Hg.): *Urban Fictions. Die Zukunft des Städtischen*, München 2006 | Entwicklungsperspektive: die Bandengesellschaft, in Wolfgang Müller-Funk (Hg.): *Die berechnende Vernunft. Über das Ökonomische in allen Lebenslagen*, Wien 1993
Richards, Keith: *Life*, with James Fox, London 2010
Richter, Dieter (Hg.): *Neapel. Eine literarische Einladung*, Berlin 2008
Richter, Dieter: *Der Süden. Geschichte einer Himmelsrichtung*, Berlin 2009
Rill, Bernd: *Kemal Atatürk*, Reinbek bei Hamburg 2006
Rimbaud, Arthur: *Eine Zeit in der Hölle. Licht-Spuren*, München 1979
Rivière, Jacques: *Rimbaud* (Paris 1930), München 1979
Rodinson, Maxime: *Islam und Kapitalismus*, Frankfurt am Main 1971
Rogoff, Irit: Not There Of. Alternative Kartographien der Ambivalenz, in: Christian Reder (Hg.): *Kartographisches Denken*, Wien–New York 2012
Röpke, Wilhelm: *Die Lehre von der Wirtschaft*, Bern 1994
Rorty, Richard: *Kontingenz, Ironie und Solidarität*, Frankfurt am Main 1992
Rosanvallon, Pierre: *Die Gesellschaft der Gleichen*, Hamburg 2013
Rosenberg, Alfred: *Der Mythos des 20. Jahrhunderts*, München 1939
Rotbard, Sharon: *White City. Black City. Architecture and War in Tel Aviv and Jaffa*, London 2015
Rouse, Irving: *Migrations in Prehistory*, Yale University 1986
Ruffing, Reiner: *Ágnes Heller. Pluralität und Moral*, Opladen 1992
Rufin, Jean-Christope: *Das Reich und die Neuen Barbaren*, Berlin 1993
Rushdie, Salman: *Die satanischen Verse*, Reinbek bei Hamburg 2006
Russo, Manfred: *Projekt Stadt. Eine Geschichte der Urbanität*, Basel 2016
Sab'in, Ibn: *Die Sizilianischen Fragen*, Freiburg im Breisgau 2005

Said, Edward W.: *Am falschen Ort. Autobiografie*, Berlin 2000 | *Kultur und Imperialismus, Einbildungskraft und Politik im Zeitalter der Macht*, Frankfurt am Main 1994 | *Orientalismus* (1978), Frankfurt am Main 1981
Saint-Exupéry, Antoine de: *Südkurier* (1928), Berlin 1967 | *Nachtflug* (1931), Düsseldorf 2017 | *Wind, Sand und Sterne* (1939), Düsseldorf 2010 | *Flug nach Arras* (1942), Reinbek bei Hamburg 1966 | *Der kleine Prinz* (1943), Köln 2015 | *Die Stadt in der Wüste* (1948), Düsseldorf 2009
Samsinger, Elmar: *Morgenland & Doppeladler. Eine Orientreise um 1900*, Wien 2006
Sand, Shlomo: *Die Erfindung des jüdischen Volkes. Israels Gründungsmythos auf dem Prüfstand*, Berlin 2010
Sarr, Felwine: *Afrotopia*, Berlin 2019
Sartorius, Joachim (Hg.): *Alexandria. Fata Morgana*, Stuttgart 2001
Sassen, Saskia: *Migranten, Siedler, Flüchtlinge. Von der Massenauswanderung zur Festung Europa*, Frankfurt am Main 1996 | *Das Paradox des Nationalen. Territorium, Autorität und Rechte im globalen Zeitalter*, Frankfurt am Main 2008 | *Ausgrenzungen. Brutalität und Komplexität in der globalen Wirtschaft*, Frankfurt am Main 2015
Saunders, Doug: *Arrival City. Über alle Grenzen hinweg ziehen Millionen Menschen vom Land in die Städte. Von ihnen hängt unsere Zukunft ab*, München 2011
Schäffter, Ortfried: *Das Fremde. Erfahrungsmöglichkeiten zwischen Faszination und Bedrohung*, Opladen 1991
Schauber, Vera, Hans Michael Schindler (Hg.): *Bildlexikon der Heiligen, Seligen und Namenspatrone*, München 1999
Scheffer, Paul: *Die Eingewanderten. Toleranz in einer grenzenlosen Welt*, München 2008
Schiffers, Heinrich: *Libyen, Brennende Wüste – blühender Sand*, Berlin 1975
Schiller, Friedrich: *Die Verschwörung des Fiesco zu Genua. Ein republikanisches Trauerspiel*, Reclam o. J.
Schimmel, Annemarie: *Mystische Dimensionen des Islam*, Aalen 1979
Schinkel, Karl Friedrich: *Reisen nach Italien. Tagebücher, Briefe, Zeichnungen, Aquarelle*, Berlin 1979
Schivelbusch, Wolfgang: *Das Paradies, der Geschmack und die Vernunft. Eine Geschichte der Genussmittel*, Frankfurt am Main 1985
Schlögel Karl: *Das sowjetische Jahrhundert. Archäologie einer untergegangenen Welt*, München 2018 | *Im Raume lesen wir die Zeit. Über Zivilisationsgeschichte und Geopolitik*, München 2003
Schmidinger, Thomas: *»Die Welt hat uns vergessen«. Der Genozid des ›Islamischen Staates‹ an den JesidInnen und die Folgen,* Wien 2019
Schmidt, Jürgen: *Zivilgesellschaft. Bürgerrechtliches Engagement von der Antike bis zur Gegenwart*, Reinbek bei Hamburg 2007
Schmitt, Carl: *Land und Meer. Eine weltgeschichtliche Betrachtung*, Köln-Lövenich 1981
Schoeps, Julius H. (Hg.): *Theodor Herzl 1860–1904. Wenn Ihr wollt, ist es kein Märchen*, Text-Bild-Monographie, Wien 1995
Schreiner, Stefan (Hg.): *Die Osmanen in Europa. Erinnerungen und Berichte türkischer Geschichtsschreiber*, Leipzig–Weimar 1985
Schulze, Reinhard: *Geschichte der islamischen Welt im 20. Jahrhundert*, München 1994
Schütte-Lihotzky, Margarete: *Erinnerungen aus dem Widerstand 1938–1945*, Hamburg 1985

Schwarzenbacher, Thomas: *Le Corbusier. Von der »arabischen Lektion« zur »Lektion des Mzab«*, Dissertation, Universität für angewandte Kunst Wien, Wien 2017
Schwarzer, Alice: *Meine algerische Familie*, Köln 2018
Schwenken, Helen: *Rechtlos, aber nicht ohne Stimme. Politische Mobilisierungen um irreguläre Migration in der Europäischen Union*, Bielefeld 2006
Segev, Tom: *Die ersten Israelis. Die Anfänge des jüdischen Staates*, München 2008 | *Es war einmal ein Palästina. Juden und Araber vor der Staatsgründung Israels*, München 2005
Selg, Anette, Rainer Wieland (Hg.): *Die Welt der Encyclopédie*, Frankfurt am Main 2001
Sen, Amartya: *Die Identitätsfalle. Warum es keinen Krieg der Kulturen gibt*, München 2007 | *Ökonomie für den Menschen. Wege zu Gerechtigkeit und Solidarität in der Marktwirtschaft*, München 2000
Sengupta, Kim: Tony Blair and Colonel Gaddafi: The qu estions the former Prime Minister faces over his ties with Libya, *The Independent*, London, 9. Dezember 2015
Sennett, Richard: *Die offene Stadt. Eine Ethik des Bauens und Bewohnens*, München 2018
Shakespeare, William: *Der Kaufmann von Venedig* (1596) | *Othello, der Mohr von Venedig* (1603/04), *Gesammelte Werke*, Köln 2013
Sieder, Reinhart, Ernst Langthaler (Hg.): *Globalgeschichte 1800–2010*, Wien 2010
Simmel, Ernst (Hg.): *Antisemitismus*, Frankfurt am Main 1993
Simpson, Christopher: *Der amerikanische Bumerang. NS-Kriegsverbrecher im Sold der USA*, Wien 1988
Sloterdijk, Peter: *Weltfremdheit*, Frankfurt am Main 1993
Smith, Denis Mack: *Garibaldi. A Portrait in Documents*, Florenz 1982
Snyder, Timothy: *Bloodlands. Europa zwischen Hitler und Stalin*, München 2014 | Judenplatz 1010. Eine Rede an Europa, Wien, 9. Mai 2019, in: Ivan Vejvoda (Hg.): *Brexit. Farce und Tragödie*, Wien 2019
Soames, Mary (Hg.): *Speaking for Themselves. The Personal Letters of Winston ans Clementine Churchill*, London 1999
Solschenizyn, Alexander: *Russland im Absturz*, Wien 1999 | *Der Archipel Gulag*, Bern 1974
Sommer, Michael: *Die Phönizier. Geschichte und Kultur*, München 2008
Sontag, Susan: *Der Liebhaber des Vulkans*, Roman, Frankfurt am Main 1996
Sparr, Thomas: *Grunewald im Orient. Das deutsch-jüdische Jerusalem*, Berlin 2018
Stadler, Karl R.: *Opfer verlorener Zeiten. Die Geschichte der Schutzbund-Emigration 1934*, Wien 1974
Stalin J. W.: *Marxismus und nationale Frage*, in: *Werke* Band 2, 1907–1913, Dortmund 1976, S. 266–333
Stanzel, Franz Karl: *James Joyce in Kakanien (1904–1915)*, Würzburg 2019
Steele, James: *Hassan Fathy*, London 1988
Stempowski, Jerzy: *Von Land zu Land. Essays eines Kosmopolen*, Hg.: Basil Kerski, Berlin 2006
Stevens, Mary Anne (Hg.): *The Orientalists: Delacroix to Matisse. European Painters in North Africa and the Near East*, Royal Academy of Arts, London 1984

Stevenson, David: *1914–1918. Der Erste Weltkrieg*, Düsseldorf 2006
Stiefel, Dieter: *Camillo Castiglioni oder die Metaphysik der Haifische*, Wien 2012
Stroumsa, Jacques: *Geiger in Auschwitz. Ein jüdisches Überlebensschicksal aus Saloniki 1941–1967*, Konstanz 1993
Sulzenbacher, Hannes, Hanno Loewy (Hg.): *All about Tel Aviv–Jaffa. Die Erfindung einer Stadt*, Jüdisches Museum Hohenems, 2019
Svastcs, Oksan: *Jüdisches Istanbul*, Wien 2010
Svevo, Italo: *Ein Leben* (1892), Zürich 2017 | *Senilità* (1898), Zürich 2017 | *Zenos Gewissen* (1923), Zürich 2017
Tabori, George: *Autodafé. Erinnerungen*, Berlin 2007
Taschwer, Klaus: Wie sehr Migranten das alte Rom prägten, *Der Standard*, Wien, 8. November 2019
Teichmann, Gabriele, Gisela Völger (Hg.): *Faszination Orient. Max von Oppenheim, Forscher–Sammler–Diplomat*, Köln 2001
The National Geographic Traveller: *Ägypten*, Hamburg 2002
Thomas, Hugh: *The Spanish Civil War*, London 1968
Thornton, Lynne: *Les Orientalistes. Peintres voyageurs*, Paris 1993
Thukydides: *Geschichte des Peloponnesischen Krieges*, Zürich 1976
Thyen, Johann-Dietrich: *Bibel und Koran. Eine Synopse gemeinsamer Überlieferungen*, Wien 2000
Tibi, Bassam: *Kreuzzug und Djihad. Der Islam und die christliche Welt*, München 1999
Tibi, Bassam (Hg.): *Die arabische Linke*, Frankfurt am Main 1969
Timmermans, Rudolf: *General Franco*, Olten 1938
Todorov, Tzvetan: *Angesichts des Äußersten*, München 1993 | *On Human Diversity. Nationalism, Racism and Exoticism in French Thought*, Harvard University Press 1993
Tolstoi, Leo N.: *Sämtliche Erzählungen*, Hg.: Gisela Drohla, Frankfurt am Main 1982 | *Anna Karenina*, Roman, Köln 2010
Toynbee, Arnold J.: *Der Gang der Weltgeschichte* (Oxford 1946), 2 Bände, Zürich 1970 | *The Western Question in Greece and Turkey. A Study in the Contact of Civilisations*, London 1922
Trojanow, Ilija: *Nomade auf vier Kontinenten. Auf den Spuren von Sir Richard Francis Burton*, Frankfurt am Main 2007 | *Der Weltensammler*, München 2006
Trotzki, Leo: *Mein Leben. Versuch einer Autobiographie*, Frankfurt am Main 1982 | *Geschichte der Russischen Revolution*, Frankfurt am Main 1973
Tschechow, Anton: *Die Steppe. Erzählungen 1887–1888*, Zürich 1976
Tuchman, Barbara W.: *Bible and Sword. England and Palestine from the Bronze Age to Balfour*, New York 1956 | *Der ferne Spiegel. Das dramatische 14. Jahrhundert*, München 1985
Turrini, Peter: Es ist ja auch mein Land!, *Die Presse*, Wien, 3. November 2018
Twain, Mark: *Reisen ums Mittelmeer*, Frankfurt am Main 1996
Valéry, Paul: *Cahiers/Hefte* (Paris 1973/1974), Frankfurt am Main 1992
Vatsyayan: *Kama Sutra*, Übersetzung Richard Francis Burton, Kindle 2012
Vergil: *Aeneis*, Übersetzung Johann Heinrich Voß, Köln 2017
Vernant, Jean-Pierre: *Die Entstehung des griechischen Denkens*, Frankfurt am Main 1982
Vilar, Pierre: *Der Spanische Bürgerkrieg*, Berlin 2005

Villiers, Marq de, Sheila Hirtle: *Sahara. The Life of the Great Desert*, London 2003
Wallerstein, Immanuel: *Die Barbarei der anderen. Europäischer Universalismus*, Berlin 2010 | *Utopistik. Historische Alternativen des 21. Jahrhunderts*, Wien 2002 | *Das moderne Weltsystem I–IV*, Wien 2012
Weinberg, Robert: *Birobidshan. Stalins vergessenes Zion*, Frankfurt am Main 2003
Weiner, Tim: *CIA. Die ganze Geschichte*, Frankfurt am Main 2008
Weinstock, Nathan: *Der zerrissene Faden. Wie die arabische Welt ihre Juden verlor 1947–1967*, Freiburg–Wien 2019
Weithmann, Michael W.: *Balkan Chronik. 2000 Jahre zwischen Orient und Okzident*, Regensburg 2000
Werfel, Franz: *Die vierzig Tage des Musa Dagh*, Roman, Berlin 1978
Westphal, Wilfried: *Tochter des Satans. Die Reisen der Alexandrine Tinne*, Stuttgart 2002
Wiegel, Michael: Nahm Sarkozy Millionen von Gaddafi?, *Frankfurter Allgemeine Zeitung*, 20. März 2018
Wieland, Karin: *Die Geliebte des Duce. Das Leben der Margherita Sarfatti und die Erfindung des Faschismus*, München 2004
Williams, Brian Glyn: *The Crimean Tatars. The Diaspora Experience and the Forging of a Nation*, Leiden 2001
Wollschläger, Hans: *Karl May. Grundriss eines gebrochenen Lebens*, Zürich 1976
Wood, Michael: *Babylons Vermächtnis. Auf der Suche nach den Ursprüngen unserer Kultur*, München 1997
World Wide Fund For Nature (WWF): *Wege aus der Plastikfalle – Was zu tun ist, damit das Mittelmeer nicht baden geht*, 2018
Wörsdörfer, Rolf: *Krisenherd Adria 1915–1955. Konstruktion und Artikulation des Nationalen im italienisch-jugoslawischen Grenzraum*, Paderborn 2004
Wortley Montagu, Lady Mary: *The Turkish Embassy Letters (1716–1718)*, London 2006
Yared, Nazik Saba: *Secularism and the Arab World (1850–1939)*, London 2002
Zeller, Joachim (Hg.): *Jan Sobieski: Briefe an die Königin. Feldzug und Entsatz von Wien 1683* (Warschau 1972), Berlin 1981
Zemon Davis, Natalie: *Leo Africanus. Ein Reisender zwischen Orient und Okzident*, Berlin 2008
Ziegler, Jean: *Die Schande Europas. Von Flüchtlingen und Menschenrechten*, München 2020 | *Ändere die Welt. Warum wir die kannibalische Weltordnung stürzen müssen*, München 2014
Zimmermann, Johann Georg: *Vom Nationalstolz. Über die Herkunft der Vorurteile gegenüber anderen Menschen und anderen Völkern* (Zürich 1768), Zürich 1980
Zipperstein, Steven J.: *The Jews of Odessa. A Cultural History, 1794–1881*, Stanford 1986
Zweig, Stefan: *Sternstunden der Menschheit*, Frankfurt am Main 2007 | *Die Welt von gestern. Erinnerungen eines Europäers*, Frankfurt am Main 2007

FILME

Akkad, Moustapha: *Omar Mukhtar – Löwe der Wüste*, Spielfilm USA/Libyen 1980
Boucault, Mosco Levi: *Corleone. Pate der Paten*, Dokumentarfilm arte 2019
Cacoyannis, Michael: *Alexis Sorbas*, Spielfilm, Anthony Quinn, Irene Papas, GB/USA/GR 1964 | *Iphigenie*, Spielfilm Griechenland 1977, Irene Papas, Tatiana Papamoschou
Carmelot, Jacques: *Killing Gaddafi. Jagd auf den Diktator*, Dokumentarfilm ZDFinfo F 2017
Coppola, Francis Ford: *Der Pate,* Spielfilm-Trilogie USA 1972/74/90, Marlon Brando, Al Pacino, Diane Keaton, Robert Duvall
Curtiz, Michael: *Casablanca*, Spielfilm USA 1942, Humphrey Bogart, Ingrid Bergman
Deray, Jacques; *Borsalino*, F/I 1970, Alain Delon, Jean-Paul Belmondo
Dotan, Shimon: *Die Siedler der Westbank*, TV-Film arte Kanada 2016
Eisenstein, Sergei: *Panzerkreuzer Potemkin*, UdSSR 1925
Fassbinder, Rainer Werner: *Angst essen Seele auf*, D 1974, Brigitte Mira, El Hedi ben Salem
Fellini, Federico: *Fellinis Casanova*, Spielfilm I 1976, Donald Sutherland
Folma, Ari: *Waltz with Bashir*, Graphic-Novel-Film Israel/F/D 2008
Friedkin, William: *The French Connection I,* USA 1971 | John Frankenheimer: *The French Connection II*, USA 1975, beide mit Gene Hackman
Giovannesi, Claudio: *Paranza – Der Klan der Kinder*, Spielfilm I 2019
Godard, Jean-Luc: *Die Verachtung*, Spielfilm F/I 1963, Michel Piccoli, Brigitte Bardot, Jack Palance, Fritz Lang | *Film Socialisme*, F 2010
Gramstadt, Christian: *Das Gift der Mafia – Und das europäische Gesetz des Schweigens*, Dokumentarfilm arte/D 2019
Hathaway, Henry: *Bengali*, Spielfilm USA 1935, Gary Cooper
Kazan, Elia: *Die Faust im Nacken*, USA 1954, Marlon Brando | *Jenseits von Eden* mit James Dean, USA 1951 | *Die Unbezwingbaren*, USA 1963
Klein, William: *The Pan-African Festival of Algiers*, Dokumentarfilm 1969, Nina Simone, Archie Shepp, Miriam Makeba
Kubrick, Stanley: *2001: Odyssee im Weltraum*, Spielfilm USA/GB 1968
Lanzmann, Claude: *Shoah*, Dokumentarfilm Frankreich 1985
Lean, David: *Lawrence von Arabien*, Spielfilm GB 1962, Peter O'Toole, Alec Guiness, Anthony Quinn, Omar Sharif
Loushy, Mor: *Zensierte Stimmen*, mit Amos Oz und Abraham Shapira, Dokumentarfilm 3sat 2015, 1. Juli 2019
Marrant, Alexis: *Mittelmeer in Gefahr*, Dokumentarfilm, arte 2017
Melvillle, Jean-Pierre: *Der zweite Atem*, Spielfilm F 1966, Lino Ventura, Paul Meurisse | *Armee im Schatten*, Spielfilm F 1969, Lino Ventura, Simone Signoret, Paul Meurisse
Mozer, Yarif: *David Ben-Gurion – Israels Übervater*, TV-Film ORF II, 29. 1. 2020

Neame. Ronald: *Die Akte Odessa*, Spielfilm GB/D 1974, John Voight, Maximilian Schell, Maria Schell
Palermo Renaissance, TV-Film arte I/F 2018, 5. Dezember 2018
Pontecorvo, Gillo: *Schlacht um Algier*, Spielfilm Italien/Algerien 1966
Preminger, Otto: *Exodus*, Spielfilm USA 1960, Paul Newman, Eva Maria Saint
Richardson, Tony: *Der Angriff der leichten Brigade*, Spielfilm GB 1968, Vanessa Redgrave, David Hemmings, Trevor Howard
Roeg, Nicolas: *Wenn die Gondeln Trauer tragen*, Spielfilm I/GB 1973, Julie Christie, Donald Sutherland
Rosi, Francesco: *Hände über der Stadt*, Spielfilm I/F 1963, Rod Steiger
Salama, Ben: *Algier – Mekka der Revolutionäre (1962–1974)*, Dokumentarfilm arte F 2014
Schlöndorff, Volker: *Die Fälschung*, Spielfilm D 1981, Bruno Ganz, Hannah Schygulla
Sternberg, Josef von: *An American Tragedy*, Spielfilm USA 1931
Visconti, Lucchino: *Rocco und seine Brüder*, Spielfilm I/F 1960, Alain Delon, Renato Salvatori, Annie Girardot, Claudia Cardinale
Wells, Richard: *Winter des Schreckens. Jamestown und die ersten Siedler*, Dokumentarfilm, USA 2016, arte 2019

PERSONENREGISTER